說郛三種

肆

[明] 陶宗儀 等編

上海古籍出版社

説郛目録

弓第二十一

青箱雜記 吴處厚
冷齋夜話 釋惠洪
癸辛雜識 周密
墨莊漫錄 張邦基
龍川别志 蘇轍
羅湖野錄 釋曉瑩
鶴林玉露 羅大經
雲谿友議 范攄

青箱雜記

宋 吴處厚

王文正公旦相眞宗僅二十年時値四　納欵海内無事天書荐降祥瑞沓臻而大駕封岱祠汾皆爲儀衛使扈蹕處士魏野獻詩曰太平宰相年年出君在中書十四秋西祀東封俱已畢可能來伴赤松遊公與楊文公億爲空門友楊公謫汝州公適當軸每音問不及他事唯談論眞諦而已余嘗見楊公親筆與公云山栗一秤聊表村信蓋汝唯產栗而億與王公忘形交以一秤栗遺之斯亦昔人鷄黍縞紵之意乎

郎中曹琰亦滑稽辯捷嘗有僧以詩卷投獻琰閱其首篇登潤州甘露閣云下觀楊子小琰曰何不道畢吠狗兒肥次又閱一篇送僧云猿啼旅思悽琰曰何不道犬吠張三嫂座中無不大笑

龍圖劉燁亦滑稽辯捷嘗與内相劉筠聚會飲茗問左右曰湯滚也未左右皆應曰已滚筠曰僉曰鯀哉燁應聲曰吾與點也

燁又嘗與筠連騎趨朝筠馬病足行遲燁謂曰馬何故遲筠曰只爲五更三言點緩也燁應聲曰何不與他七上八意欲其下馬徒行也

五代之際天下剖裂太祖啓運雖則下西川平嶺表收江南而吳越荆閩納籍歸覲然猶有河東未殄其後太宗再駕乃始克之海內自此一統故因御試進士乃以六合爲家爲賦題時進士王世則遽進賦曰搆盡乾坤作我之龍樓鳳閣開窮日月爲君之玉戶金關帝覽之大悅遂擢爲第一人

世傳潘閬安鴻漸八才子圖皆策蹇重戴又禹偁贈崔遵度及第詩云且留重戴士風多則國初舉子猶重戴矣

天聖以前烏幘帷用光紗自後始用南紗迨今六十年復稍稍用光紗矣

世傳陳執中作相有壻求差遣執中曰官職是國家的非臥房籠篋中物壻安得有之竟不與

世譏馮道依阿詭隨事四朝十一帝不能死節而余嘗采道所言與其所行參相考質則道未嘗依阿詭隨其所以免於亂世蓋天幸耳石晉之末與　結虜懼無敢奉使者宰相選人道即批奏臣道自去舉朝失色皆以謂墮於虎口而道竟生還又彭門卒以道爲賣己欲兵之湘陰公曰不干此老子事中亦獲免初郭威遣道迓湘陰道語威曰不知此事由中否道平生不曾妄語莫遣道爲妄語人及周世宗欲收河東自謂此行若太山壓卵道曰不知陛下作得山否凡此皆推誠任直委命而行即未嘗有所顧避依阿也又　主嘗問道萬姓紛紛何人救得而道發一言以

對不啻活生靈百萬蓋俗人徒見道之迹不知道之心道迹濁心清豈世俗所知耶余嘗與富文忠公論道之爲人文忠曰此孟子所謂大人也

皇祐嘉祐中未有謂禁士人多馳騖請託而法官尤甚有一人號望火馬又一人號日遊神蓋以其日有奔趨聞風即至未嘗暫息故也

太祖廟諱匡胤語訛近香印故今世賣香印者不敢斥呼鳴鑼而已仁宗廟諱貞語訛近蒸今內庭上下皆呼蒸餅爲炊餅亦此類

杜祁公衍常言父母之名耳可得聞口不可得言則所諱在我而已他人何預焉故公帥并州視事未三日孔目吏請公家諱公曰下官無所諱惟諱取枉法贓吏慚而退

前世有翰林學士本朝咸平中復置翰林侍讀學士以楊徽之夏侯嶠呂文仲爲之又置翰林侍講學士以邢昺爲之則翰林侍讀與侍講學士自楊徽之邢昺等始也

梁祖都汴庶事草創正明中始於今右長慶門東北

創小屋數十間爲三館湫隘尤甚又周廬徼道咸出其間衛士騶卒朝夕喧雜每受詔撰述皆移他所至太平興國中車駕臨幸顧左右曰若此卑陋何以待天下賢俊卽日詔有司規度左昇龍門東北東府地爲三館命內臣督役晨夜兼作不日而成尋下詔賜名崇文院以東廊爲昭文館書庫南廊爲集賢院書庫西廊以經史子集四部爲史館庫凡六庫書籍正副本八萬卷斯亦盛矣

嶺南風俗相呼不以行第唯以各人所生男女小名呼其父母元豐中余任大理丞斷賓州奏案有民韋超男名首卽呼韋超作父首韋遨男名滿卽呼韋遨作父滿韋全男女名插娘卽呼韋全作父插韋庶女名睡娘卽呼庶作父睡妻作嬸睡

嶺南謂村市爲虛柳子厚童區乙傳云之虛所賣之又詩云青箬裹鹽歸峒客綠荷包飯趁虛人卽此也蓋市之所在有人則滿無人則虛而嶺南村市滿時少虛時多謂之爲虛不亦宜乎

又蜀有痎市而間日一集如痎瘧之一發則其俗又

以冷熱發歇爲市喻

昔人謂官至三品不讀相書自識貴人以其閱多故也本朝巨公呂文靖夏文莊楊大年馬尚書皆有人倫之鑒故其賞罰未嘗妄謬而任使之際亦多成功李勣曰無福之人不可與共事斯言信矣

翰林王公洙脩撰錢公延年俱以丁酉八月丑時生王十九日錢二十日錢以嘉祐六年六月卒時王公已病或謂王公起於寒素早歲蹇剝庶可以免災侍郎掌公曰錢雖少年榮進晚卽滯留王雖早歲奇蹇

晩節遷擢長短比折禍福適均王公竟不起
小說載盧樵貌陋嘗以文章謁韋宙韋氏子弟多肆
輕侮宙語之曰盧雖人物不揚然觀其文章有首尾
異日必貴後竟如其言本朝夏英公亦嘗以文章謁
盛文肅文肅曰子文章有館閣氣異日必顯後亦如
其言然余嘗究之文章雖皆出於心術而實有兩等
有山林草野之文則其氣枯槁憔悴乃道不得行著
書立言者之所尚也朝廷臺閣之文則其氣溫潤豐
縟乃得位於時演綸視艸者之所尚也故本朝楊大
青箱雜記　八　六
年宋宣獻宋莒公胡武平所撰制詔皆婉美淳厚過
於前世燕許韋楊遠甚而其爲人亦各類其文章王
安國常語余曰文章格調須是官樣豈安國言官樣
亦謂有館閣氣耶又今世樂藝亦有兩般格調若朝
廟供應則忌麄野嘲哳至於村歌社舞則又喜焉茲
亦與文章相類晏元獻公雖起田里而文章富貴出
於天然嘗覽李慶孫富貴曲云軸裝曲譜金書字樹
記花名玉篆牌公曰此乃乞兒相未嘗諳富貴者故
余每吟咏富貴不言金玉錦綉而唯說其氣象若樓

臺側畔楊花過簾幕中間燕子飛梨花院落溶溶月
柳絮池塘淡淡風之類是也故公自以此句語人曰
窮兒家有這景致也無
唐路德延有孩兒詩五十韻盛傳於世近代洛中致
政侍郎張公師錫追次其韵和成老兒詩亦五十韻
合錄之曰鬢髮盡皤然眉分白雪鮮遇遮延客話傴
僂抱孫憐無病常供粥非寒亦衣綿假溫椎擁背借
力仗揩肩貌比三峰客年過四皓仙喚方離枕上扶
始到門前每愛烹山茗常嫌飯石蓮耳聾如塞纊眼
青箱雜記　八　七
暗似籠烟宴坐羸凭几乘騎困韠鞭頭搖如轉旋唇
動若抽牽骨冷愁離火牙疼怯漱泉形骸將就木囊
橐尚貪錢膠睫乾眵綴粘髭冷涕懸披裘腰懶繫濯
手袖慵揎擡舉衣頻換扶持藥屢煎坐多茵易破行
少履難穿喜婢裁裙布嗔妻買粉鈿房教深下幕牀
遣厚鋪氈琴聽憐三樂圖張笑七賢看嫌經字小敲
喜磬聲圓食罷羹流袂盃餘酒帶涎樂來須遣罷醫
到久相延褻帽縱橫掠梳頭取次纏長吁思往事多
感聽哀弦氣注腰還重風牽口便偏墓松先遺種蓋

石預教鏁客到惟求藥僧來忽問齋養茶懸竈壁瓶
艾𪾢簷椽怒僕空睜眼嗔兒謾握拳心驚嫌蹴踘脚
軟怕鞦韆局縮同寒狖摧頹似餓鳶觀瞻多目眩牽
動即頭旋女嫁求紅燭男婚乞彩錢已聞捎几杖寧
更佩韋絃賓客身非與兒孫事已傳養和屏作伴如
意拂相連久棄登山屐惟存負郭田呻吟朝不樂展
轉夜無眠呼稚臨床畔看書就枕邊冷疑懷貯水虛
訝耳聞蟬束帛非無分安車信有緣伏生甘坐末綺
老讓行先拘急將風夜昏沉欲雨天雞皮塵漸漬鶴

齒食頻塡每憶居郎署常思釣渭川喜逢迎佛會羞
赴賞花筵徑狹容移檻堦危索擁塼好生焚鳥網惡
殺拆漁船既感桑榆日當嗟蒲柳年長思當弱冠悔
不蹔狂顛
文章純古不害其爲邪文章艷麗亦不害其爲正然
世或見人文章鋪陳仁義道德便謂之正人君子及
花艸月露便謂之邪人玆亦不盡也皮日休曰余嘗
慕宋璟之爲相疑其鐵腸與石心不解吐婉媚辭及
覩其文而有梅花賦清便富艶得南朝徐庾體

左氏傳曰魏大名也故魏府號大名府
楊文公談苑稱楚僧惠崇工詩於近代釋子中爲雋
出而歐陽公少師歸田錄亦紀其佳句則不甚多余
嘗見惠崇自撰句圖凡一百聯皆平生所得於心而
可意者今並錄之書楊雲卿別墅云河分崗勢斷春
入燒痕青長信詞云陰井生秋早明河轉曙遲送遠
上人西遊云地形吞蜀盡江勢抱蠻迴江行曉泊云
嶺暮春猨急江寒白鳥稀上谷相公池上作云歸禽
動疎竹落果響寒塘贈陳六府云野人傳相鶴山吏

學彈琴夜坐云香殘水生井宵分月上軒贈凝上人
云掩門青檜老出定白髭長送選客云浪經蛟浦闊
山入鬼門寒經緣公舊寺云遺偈傳諸國留眞在一
峯寒上云河氷堅度馬塞雪密藏鵰喜長公至云久
別年顔改相逢夜話長隱者云多年不道姓幾日旋
移家宿東林寺云鳥歸杉墮雪僧定石沉雲上翰林
楊學士云露寒金掌重天近玉繩低柳氏書齋云蒼
書驚日短彈劒惜春深上王太尉云探騎通番壘降
兵踐漢旗田家秋夕云露下牛羊靜河明桑柘空舟

行云林斷城隍出江分島嶼廻寄梅蘇州云鎖城山月上吹角海鷗驚宿楊侍郎東亭云卷幔來風遠移牀得月多送程至云白浪分吳國青山隔楚天遊靈靜寺云空潭聞鹿飲疎樹見僧行送錢供奉巡警云石劍佩明山雪旌旗濕海雲梅鼎臣河亭云曠野行人少長河去鳥平宿摩公山齋云月高山舍廻霜落石門深送盧經西歸云霜多秦水廻雲盡漢山孤濠梁夜泊云夜閑潮動舸秋廻月臨城崔仰秋居云葉落風中盡虫聲月下多贈裴使君云行縣山迎舸論兵

雲繞旆早行云繁霜衣上積殘月馬前低秋夕云磬斷虫聲出峯廻鶴影沉書韓退之屋壁云稼家臨醜石租地得靈泉秋夕懷長公云秋近草虫亂夜遲霜月低觀宴鄉老云海鷗聽舜樂山鬼醉堯觴贈素上人云中食下林宂夜禪移塚狐晚夏云扇聲猶泛暑井氣忽生秋江行早發云殘月楚山曉孤煙江廟春宿翻經館清少卿房云梵容分古像唐語入新經題工大保道院云鶴傳滄海信僧和白雲詩秋夕懷汪白詩云寒禽栖古柳破月入微雲贈白上人云花遍

泥山月雲衣起海風喜陳助至云樓中天姥月座上杜陵人冬日野望云人歸岡舍廻雁過渚田遙送人牧滎州云山色臨巴廻江流入漢清春申道中云湘雲隨雁斷楚路背人遙贈李道士云松風吹髮亂嵐溜濺碁寒栖霞寺云境閑僧渡水雲盡鶴盤空林邁河亭云古路隨岡起秋帆轉浦斜楊秘監池上云倉寒時動竹露重忽翻荷魏野山亭云嵐重琴碁濕風長枕簟寒塞下云雜磧雁衝雪渡河人上水寄白閣能上人云夜梵通雲實秋香滿石叢陝西道中云關

河雙鬢白風雪一燈青送防秋陽將軍云殺氣生龍劍威風動虎旗瓜州亭子云落潮鳴下岸飛雨暗中峯賀劉舍人云日纏黃道廻春入紫微深除夜云寒燈催臘盡曉角喚春歸幽并道中云雁行沈古戍鵰影轉寒沙送僧歸天台云景齊雲廻合秋生樹動搖過陳摶舊居云亂水僧頻過草林鶴不還宿橫江館云露館濤驚枕空庭月伴琴維那道中云馬渡水河濶鵰盤噴日高國清寺秋居云驚蟬移古柳鬪雀墮寒庭書平上人山房云松風傳夕磬谿霧擁春燈覲

南郊天仗云霓旌搖曙景鳳吹繞春雲贈義省上人云坐石雲生袖添泉月入瓶昇平詞云萬國無刑治三邊不戰平國清寺云暝鶴棲金刹秋僧過石橋呂氏西齋云雲峻僧掃石風動鶴歸松劉參幽居云風暖鳥巢木日高人灌園楊都官池上云竹風驚宿鶴潭月戲春鷺書矯方屋壁云圭竇先知曉盆池別見天送陳舍人巡撫云月露疎寒柝雲濤閃畫旂宿齋上人禪齋云鶴驚金刹露龍蟄玉瓶泉春日寇官贈池上云暄風生木末遲景入泉心七夕云河來天上

潤雲度月邊輕贈王道士云海人來相鶴山犺下聽琴送孫荊州云畫鷁浮秋浪金鐃響夕雲江城晚望云丹楓映郭迥綠與青江深題王太保山亭云危檻含清瑟飛花點玉觴送李泰州云朱旗凌雪卷畫角入雲吹晝上人西齋云孤雲還靜境遠籟發秋空李太傅山莊云園碁分雪石汲井動金沙宫中詞云井寒春氣碧樓轉夕陰清送吳袁州云鳥暝風沉角天清月上旗寄肇公云斜吹鳴金錫歸雲擁石牀塞上云古戍生煙直平沙落日遲嗣上人云拂石雲離箒嘗茶月入鐺舟行云遠嶼迎檣出寒林帶岸迴送延上人云來時雲擁衲別夜月隨筇馬嶺淮亭云路黃崗燒斷風轉浦帆斜上殿前戴太保云劍靜龍歸匣旗閑虎繞竿高謹書齋云品畫逢名嶽横琴憶古賢太一山云雲陰移漢碁石色入秦天塞上送人云地遠羣馬小天潤一鵰平范滘園池云江花凌霰老山溜入池深獵騎云長風躍馬路小雪射鵰天高畧書院云古木風煙盡寒潭星斗深送段工部河北轉運云渡河風動旆巡部雨霑車

冷齋夜話　　釋　惠洪

東坡初未識秦少游少游知其將復過維揚作坡筆語題壁于一山寺中東坡果不能辨大驚及見孫莘老出少游詩詞數百篇讀之乃嘆曰向書壁者豈此郎邪

東坡每日古人所貴者貴其眞陶淵明恥爲五斗米屈于鄉里小兒棄官去歸久之復游城郭偶有羨于華軒漢高帝臨大事鑄印銷印甚于兒戲然其正直

明白照映千古想見其爲人問士大夫蕭何何以知韓信竟未有以答之者

予與李德修游公義過一新貴人貴人留食予三人者皆以左手舉箸貴人曰公等皆左轉也予遂應聲曰我輩自應須左轉知君豈是背匙人一座大笑噴飯滿桉

舒王在鍾山有道士求謁因與棋輒作數語曰彼亦不敢先此亦不敢先惟其不敢先是以無所爭惟其無所爭故能入於不死不生舒王笑曰此特棋隱語也

范仲淹少時求爲泰州西溪監鹽其志欲吞西夏知用兵利病耳而廨舍多蚊蚋文正戲題其壁曰飽去櫻桃重饑來柳絮輕但知離此去不用問前程雖戲笑之語亦愷悌渾厚之氣逼人況其大者乎

唐僧多佳句其琢句法比物以意而不指言某物謂之象外句如無可上人詩曰聽雨寒更盡開門落葉深是以落葉比雨聲也又曰微陽下喬木遠燒入秋山是以微陽比遠燒也

淵材游京師貴人之門十餘年貴人皆前席其家在筠之新昌其貧至饘粥不給父以書召其歸曰汝到家吾倒懸解矣淵材于是南歸跨一驢以一騾挾以布橐橐騾皆斜絆其腋一邑聚觀親舊相慶三日議曰布橐中必金珠也予惟知其迂濶疑之乃問親舊聞淵材還相慶曰君官爵雖未入手必使父母妻兒脫凍餒之厄橐中所有可早出以觀之淵材喜見眉鬚曰吾富可敵國也汝可拭目以觀乃開橐有李廷珪墨一丸文與可竹一枝歐公五代史草藁一巨編

飲無所有

范堯夫謫居永州門門人稀識面客苦欲見者或則問寒暄而已僮掃榻奠枕于是揖客解帶對臥良久鼻息如雷霆客自度未可起亦熟睡睡覺常及暮而去

趙閱道休官歸三衢作高齋而居之禪誦精嚴如老爛頭陀與鍾山佛慧禪師爲方外友唱酬妙語照映叢林性喜食素日須延一僧對飯可以想見其爲人矣

王荆公居鍾山特與金華俞秀老過故人家飲飲罷少坐水亭顧水際沙間有饌器數件皆黃白物意吏卒竊之故使人問司之者乃小兒適聚于此食棗栗食盡棄之而去文公謂秀老曰士欲任大事閱富貴如羣兒作息乃可耳

東坡嘗對歐公誦文與可詩曰美人却扇坐羞落庭下花歐公笑曰與可無此句與可拾得耳世徒知與可掃墨竹不知其高才兼諸家之妙詩尤精絕戲作鷺鷥詩曰頸細銀鈎淺曲脚高綠玉深翹岸上水餘無數有誰似汝風標

洪駒父曰柳子厚詩曰欸靄一聲山水綠欸音奥世俗乃分欸爲二字誤矣如老杜詩曰雨脚泥滑滑世俗爲兩脚泥滑滑王元之詩曰春殘葉密花枝少睡起茶親酒盞疎世以爲睡起茶多酒盞疎多如此類

集句詩山谷謂之百家衣體其法貴拙速而不貴巧遲如前輩曰晴湖勝鏡碧衰柳似金黃又曰事治閑景象摩挲白髭鬚又曰古瓦磨爲硯閑砧坐當床人

以爲巧然皆疲費精力積日月而後成不足貴也

山谷云天下清景初不擇賢愚而與之遇然吾特疑端爲我輩設荆公在鍾山定林與客夜坐對人作詩曰殘生傷性老耽書年少東來復起予各據槁梧同不寐偶然聞雨落堦除東坡宿餘杭山寺贈僧曰暮鼓朝鐘自擊撞閉門欹枕有殘缸白灰旋撥通紅火卧聽蕭蕭雪打囱人以山谷之言爲確論

唐詩有竹逕通幽處禪房花木深之句歐陽文忠公愛之每以語客曰古人工爲發端心雖曉之而才莫

遽欲倣此爲一聯終莫之能以文忠公之才而謂不能詩蓋未易識也

崇寧元年元日粥罷昏睡夢中忽作一詩旣覺輒能記之曰無賴東風試怒號共乘一葉傚驚濤不知兩岸人皆愕但覺中流笑語高三月七日偶與瑩中濟湘江是日大風當斷渡而瑩中必欲宿道林小舟掀舞向浪中兩岸聚觀胆落而瑩中笑聲愈高予紬繹夢中詩以語瑩中瑩中云此段公案三十年後大行叢林也

前輩作花詩多用美女比其狀如曰若教解語應傾國任是無情也動人誠然哉山谷作酴醾詩曰露濕何郎試湯餅日烘荀令炷爐香乃用美丈夫比之特若出類而吾叔淵材作海棠詩又不然曰雨過溫泉浴妃子露濃湯餅試何郎意尤工也

道潛作詩追法淵明其語逼真處數聲柔櫓蒼茫外何處江村人夜歸又曰隔林彷彿聞機杼知有人家住翠微時從東坡在黃州京師士大夫以書抵坡曰聞公與詩僧相從眞東山勝遊也坡以書示潛誦前句笑曰此吾師十四字師號耳

王仲正言老杜詩江蓮搖白羽天棘蔓青絲天棘非烟雨自是一種物曾見于一小說今忘之高秀實曰天棘天門冬也一名顛棘非天棘也王元之詩曰水芝臥玉腕天棘舞金絲則天棘蓋柳也

舒王女吳安持之妻蓬萊縣君工詩多佳句有詩寄舒王曰西風不入小窗紗秋氣應憐我憶家極目江山千里恨依然和淚看黃花舒王以楞嚴經新釋付之有和詩曰青燈一點映窗紗好讀楞嚴莫憶家能

了諸緣如幻夢世間惟有妙蓮花

舒王晚年詩曰紅梨無葉庇華身黃菊分香委路塵歲晚蒼官纔自保日高青女尚橫陳又曰木落岡巒因自獻水歸洲渚得橫陳山谷謂予曰自獻橫陳事見相如賦荊公不應用耳予曰看楞嚴經亦曰於看橫陳事味如嚼蠟

唐詩有曰長因送人處憶得別家時又曰舊國別多日故人無少年荊公用其意作古今不經人道語荊公詩曰木末北山烟冉冉草根南澗水泠泠繰成白

雪桑重綠割盡黃雲稻正青東坡曰桑疇雨過羅紈膩麥隴風來餅餌香如華嚴經舉因知果譬如蓮花方其吐華而果具蘂中

韓子蒼曰丁晉公海外詩曰草解忘憂憂底事花能含笑笑何人世以爲工讀東坡詩曰花非識面嘗含笑鳥不知名時自呼便覺才力相去如天淵

謝逸字無逸臨川人勝士也工詩能文黃魯直讀其詩曰晁張流也恨未識之耳無逸詩曰老鳳垂頭噤不語枯木槎牙噪春鳥又曰貪夫蟻旋磨冷官魚上

竹又曰山寒石髮瘦水落溪毛凋爲魯直所稱賞

仲殊初游吳中自負一蓋見賣餳者從乞一錢餳與之卽就買餳食之而去嘗客館古寺中道俗造之輒就覓錢皆相顧羞縮曰初不多辦來奈何殊曰錢如蜜一滴也甜

石曼卿隱于酒謫仙之流也善戲謔嘗出報慈寺馭者失控馬驚曼卿墮地從吏驚遽扶掖據鞍市人聚觀意其必大詬怒曼卿徐着一鞭謂馭者曰賴我石學士也若瓦學士顧不破碎乎

張丞相好草書而不工當時流輩皆譏笑之丞相自若也一日得句索筆疾書滿紙龍蛇飛動使姪錄之當波險處姪罔然而止執所書問曰此何字也丞相熟視久之亦自不識詬其姪曰胡不早問致予忘之耶

盛學士次仲孔舍人平仲同在館中雪夜論詩平仲曰當作不經人道語曰斜拖闕角龍千丈澹抹墻腰月半稜坐客皆稱絕次仲曰句甚佳惜其未大乃曰看來天地不知夜飛入園林總是春平仲乃服其工

癸辛雜識

宋　周密

王黼盛時庫中黄雀鮓自地積至棟凡滿三楹蔡京對客令點檢蜂兒見在數目得三十七秤童貫既敗籍其家得劑成理中丸幾千斤傳記載之以爲談柄近者官籍賈師憲第果子庫糖霜凡數百甕官吏以爲不可久留難載帳册遂輦棄湖中軍卒輩或乘時竊出則他物稱是可想矣胡椒八百斛領軍輳一屋不足多也

人各有好惡於書亦然前輩如杜子美不喜陶詩歐陽公不喜杜詩蘇明允不喜楊子坡翁不喜史記王充作剌孟馮休著删孟司馬公作疑孟李泰伯作非孟晁以道作詆孟黄次伋作評孟若酸鹹嗜好亦各自有所喜非若今人胸中無眞識隨時好惡逐人步趨而然者且以孟楊馬遷陶杜異世遇諸名公尚有所不合今乃欲以區區之文以求識賞於當世不具耳目之人難矣哉後世子雲之論眞名言也

劉胡面黝黑似漆蠻人畏之小兒啼語云劉胡來便止楊大眼威聲甚振淮泗荆沔之間童兒啼者呼云楊大眼至即止將軍麻秋有威名兒啼輒呼麻秋來即止檀道濟雄名大振魏甚憚之圖以禳鬼江南人畏桓康以其名怖小兒且圖其形於寺中病瘧者寫其形貼床壁無不立愈

楊昊字明之娶江氏少艾連歲得子明之客死之明日有蝴蝶大如掌徘徊翔於江氏之傍竟日乃去及聞訃聚族而哭其蝶復來繞江氏飲食起居不置也蓋明之不能割戀於少艾稚子故化蝶以歸爾李商

嘗作詩記之曰碧桐翠竹名家兒今作翩翩蝴蝶飛山川阻深羅網密君從何處化飛歸李鐸諫議知鳳翔既卒有蝴蝶萬數自殯所以至府宇蔽映無下足處府官弔祭莫接武不相辨揮之不開踐踏成泥其大者如扇逾月方散楊大芳娶謝氏謝亡未殮有蝶大如扇其色紫褐翩翩自帳中徘徊飛集窗戶終日乃去始信明之之事不誣余嘗作詩悼之云帳中蝶化眞成夢鏡裏鸞孤枉斷腸吹散玉簫人不見世間難覓返魂香

楊太眞小字玉環故古今詩人多以阿環稱之按李義山云十八年來墮世間瑶池歸夢碧桃閑如何漢殿穿針夜又向窗中覷玉環荆公詩云瑶池淼漫阿環家又云且當呼阿環乘輿弄溟渤則是以西王毋爲阿環也按西王毋降漢庭遣侍女與上元夫人答云阿環再拜上問起居然則上元夫人亦名阿環

明皇遊月宮一事所出亦數處異開元中明皇與申天師洪都客夜遊月中見所謂廣寒清虛之府下視玉城嵯峩若萬頃琉璃田翠色冷光相射炫目素娥

十餘舞於廣庭音樂清麗遂歸製霓裳羽衣之曲唐逸史則以爲羅公遠而有擲杖化銀橋之事集異記則以爲葉法善而有過潞州城奏玉笛投金錢之事幽怪録則以爲游廣陵非潞州要之皆荒唐之説不足問也

瑞州高安縣旌義鄉鄭千里者有女定二娘巳酉秋千里拖疾危甚女刲股和藥疾遂瘥至次年春汲井之次忽雲湧於地不覺乘空而去人有見若紫雲接引而昇者於是鄉保轉聞之縣縣聞之州乞奏於朝立廟旌表以勸孝爲久之未報然千里爲立仙姑祠禱祈輒應遠近翕然趨之作會幾數千人明年苦旱里士復申前請時洪起畏以立爲宰頗疑有他因閱故牒密遣縣胥廉其事適新建縣有闞氏者顧一婢來歷不明且又旌義人因呼牙儈訊即所謂鄭仙姑也葢此女初巳定姻而與人有姦而孕其父醜之遂宛轉售之傍邑乃設爲仙事以掩之利其施享之入以爲此耳昌黎謝自然華山女詩葢亦可見然則世俗所謂仙姑者豈皆此類也耶

三建湯所用附子川烏天雄而莫曉其命名之義比見建上一老醫云川烏建上頭目之虛風者主之附子建中脾胃寒者主之天雄建下腰腎虛憊者主之此説亦似有理後因觀謝靈運山居賦曰三建異形而同出葢三物皆一種類一歲爲側子二歲爲烏喙三歲爲附子四歲爲烏頭五歲爲天雄是知古藥命名皆有所本祖也

楊凝式居洛日將出遊僕請所之楊曰宜東遊廣愛寺僕曰不若西遊石壁寺凝式舉指曰姑遊廣愛寺

僕又以石壁爲請凝式乃曰姑遊石壁聞者爲之撫掌吳山僧淨端道解深妙所謂端獅子者章申公極愛之乞食四方登舟旋問何風風所向卽從之所至人皆樂施葢楊出無心端出委順跡不同而意則同也

李方叔師友談記及延漏録鐵圍山載仁宗晚年不豫漸復康平忽一日命宮嬪妃主遊後苑乘小輦東向欲登城堞遥見小亭榜曰迎曙帝不悦卽時回輦翌日上仙而英宗登極葢曙字乃英宗御名也又寇

癸辛雜識　八　五

忠愍雜說載哲宗朝嘗創一堂退繹萬機學士進名皆不可意乃自製曰迎端意謂迎事端而治之未幾巖宗由端邸卽大位又晁無咎雜說言仁宗時作亭名曰迎曙已乃悟爲英宗名改之曰迎旭又以爲未安復改之曰迎恩皆符英宗御名也巳上數說未知孰是

簡槧古無有也陸務觀謂始於王荆公其後盛行淳熙末始用竹紙高數寸濶尺餘者簡板幾廢自丞相史彌遠當國臺諫皆其私人每有所劾薦必先呈副封以越薄紙書用簡板緘達合則緘還否則別以紙言其人有雅故朝廷正賴其用於是旋易之以應課習以爲常端平之初猶循故態陳和中因對首言之有文蘽會稽之竹囊括蒼之簡正謂此也又其後括蒼爲軒樣紙小而多其層數至十餘疊者凡所言要切則用之貴其卷還以泯其迹然旣入貴人達官家則竟留不還或別以他槧答之往者御批至政府從官則皆用蠲紙自理宗朝亦用黃封簡板或以象牙爲之而近臣密奏亦或用之謂之御槧葢自古所無也

癸辛雜識　八　六

或云韓信爲吕后所殺韓通爲杜后所殺韓侂胄爲楊后所殺韓震爲謝后所殺四人皆將相皆死於婦人之手亦異矣

凡松葉皆雙股故世以爲松釵獨栝松每穗三鬚而高麗所産每穗乃五鬣焉今所謂華山松是也李賀有五粒小松歌陸龜蒙詩云松齋一夜懷貞白霜外空聞五粒風李義山詩松暄翠粒新劉夢得詩翠粒照晴露皆以粒言松也酉陽雜俎云五粒者當言鬣

自有一種名五鬣皮無鱗甲而結實多新羅所種云
然則所謂粒者鬣也
唐世士大夫重浮屠見之碑名多自稱弟子此已可
笑柳子厚道州文宣廟記云春秋師晉陵蔣堅易師
沙門凝安有先聖之宮而可使桑門橫經於講筵哉
此尤可笑者然樊川集亦有燉煌郡僧正除州學博
士僧慧苑除臨壇大德制則知當時此事不以爲異
也
韓熙載相江南後主即位頗疑北人有鴆死者熙載
懼禍因肆情坦率不遵禮法破其家財售妓樂數百
人荒淫爲樂無所不至所受月俸至不能給遂弊衣
破履作瞽者持絃琴俾門生舒雅執板挽之隨房乞
丐以足日膳後人因畫夜宴圖以譏之然其情亦可
哀矣唐裴休晚年亦披毳衲於歌姬院捧鉢乞食曰
不爲俗情所染可以說法爲人乃知熙載之前已有
此例雖裴公逃禪熙載避禍余謂熙載是世法裴公
是心法心跡不同也
袁彥純同知始以史同叔同里之雅薦以登朝尹京

既以才猷自結上知遂繇文昌躋政府寖寖乎大用
矣適誕辰客有獻詩爲壽云見說黃麻姓字香且將
公論是平章十年舊學資猶淺二紀中書老欲強刑
鼎豈堪金鎖印仙翁已在白雲鄉太平宰相今誰是
惟有當年召伯棠刑鼎指薛蓋以金科賜第仙翁指
葛時已七十舊學則鄭安晚也此詩既傳史聞惡之
旋即斥出
今人呼平章爲辨章見尚書大傳第一曰辨章百姓
百姓昭明史記則又以爲辨章百姓韓文公袁氏先
廟碑亦用辨章二字
今人呼麥麵爲來牟或曰牟粉皆非也廣雅云麳爲
小麥然則來牟自是兩物說文云大麥牟也牟一作
麰又作麰周之所以受瑞麥來牟即今之大麥按小
麥生於秋後二百四十日秀之後六十日成秋種冬
長春秀夏實具四時之氣兼有寒溫熱冷故小麥性
微寒以爲麪則溫麴則熱麩則冷
世稱父之友爲執則父之賓客宜何稱按史記張耳
傳外黃女亡其夫去抵父客漢吳王濞傳周亞夫父

絳侯客東坡贈王定國詩云西來故父客正用此耳
父客二字甚新
余爲國局嘗祠臘充奉禮郎兼太祝同行事官有老
謬者乃加中单於祭服之上而以蔽膝係於肩背間
一時見者掩鼻恐笑不禁幾致失禮竟爲監察御史
所劾王明清玉炤志載元符間有大學博士論奏云
自來冠冕前仰後俯此必是本官行禮之時倒戴差
誤哲宗顧宰臣笑曰如此等豈可作學官可與閑慢
差遣遂改端王府記室未幾感會龍飛遂揆序云

癸辛雜識　八　九

吳興向氏欽聖后族也家富而儉不中節至於屋漏
亦不整治列盆盎以承之有三子常訪名於客長曰
渙次曰汗曰水父不以爲疑也他日有連呼其名曰
渙汗水方悟爲戲已又胡衛道三子孟曰寬仲曰定
季曰宕葢悉從宀其後道亡妻俾友人作志書曰夫
人生三子寬定宕讀者爲之掩鼻葢當時不悟爲語
病也寬後爲京僉宕則多收古物其子公明悉獻之
賈師憲得一官以贓敗
范文正公岳陽樓記有云先天下之憂而憂後天下
之樂而樂其後東坡行忠宣公辭免批答徑用此語
云吾聞之乃烈考曰君子先天下之憂而憂後天下
之樂而樂雖聖人復起不易斯言卿將書之紳銘之
盤盂以爲一言而可以終身行之者歟則今茲爰立
之命乃所以委重投艱而已又何辭乎其後忠宣上
遺表亦用之云葢嘗先天下之憂期不負聖人之學
此先臣所以教子而微臣所以事君此又述批答之
意亦前所未見也
密章二字見晉書山濤等傳然其義殊不能深曉自

癸辛雜識　八　十

唐以來文士多用之近世若洪舜俞行喬行簡贈祖
毋制亦云欲報食飴之德可稽制密之章密字皆從
缶相傳謂贈典既不刻印而以蠟爲之密卽蠟所以
重之密章然劉禹錫爲杜司徒謝追贈表云紫書忽
降於九重密印加榮於密夜李國長神道碑云煌煌
密章肅肅終言王崇術神道碑云没代流慶密章下
賁宋祁作孫奭謚議云密章加等昭飾下泉又祭文
云恤恩告弟子書密章密字乃並從山莫知其義爲
孰是豈古字可通用或他別有所出也

建康溧陽市民同日殺人皆繫獄具以囚上府亦同日就道二囚時相與言監者不虞也夕宿郵舍甲謂乙曰吾二人事已至此死固其分顧事適同口計亦有可爲者我有老毋貧不能自活君到府第稱冤悉以諉我我當兼任之等死耳幸而脱君家素溫爲我養毋終其身則吾死爲不徒死矣乙欣然許之時張定叟以尚書知府事號稱嚴明囚既至皆呼使前問之及乙則曰某實不殺人殺人某者亦甲也張駭與使竟其説曰甲已殺某人即遁去某家不知爲甲所殺也平日與某有隙遂以聞於官已而甲又殺某人乃就捕某非不自明官闇而吏贓故寃不得直也張以問甲甲對如乙言立破械縱之一縣大驚甲既論死官吏皆坐失入抵罪而張終不悟甚哉獄之難明也

癸酉歲慶元秋試兩浙運司幹官臨川龔孟鏌爲考官龔道出慈溪忽夢有人以杯酒飲之且作四字於掌中曉起便覺目視睆睆及入院發策第一道中誤以一祖十三宗爲十四宗於是士子大鬨徑排試官房舍悉遭垂辱至有負笈而逃者龔偶得一兵負去而免劉制使良貴親至院外撫諭遂權宜以策題第二道爲首篇續撰其三久之始定於是好事者作隱辭云龔運幹出題踈脱以十三宗作十四宗劉制使下院調停用第二道爲第一道龔後爲許吏所劾明年秋度宗賓天於是十四宗之語遂驗

墨莊漫錄

宋　張邦基

僕以聞見處其忘也書藏其篋歸耕山間遇力罷釋耒之壟上與老農憩談非敢示諸好事也其間是非毀譽均無容心焉僕性喜藏書隨所寓榜曰墨莊故題其首曰墨莊漫錄

范蜀公乞致仕章四上未允第五章言臣所懷有可去者二謂言青苗不見聽一可去薦蘇軾孔文仲不見用二可去章既上遂得請

毗陵一士人姓常爲蟹詩云水清詎免雙螯黑秋老難逃一背紅蓋譏朱勔父子

王荆公書清勁峭拔飄飄不凡世謂之横風疾雨黄魯直謂學王濛米元章謂學楊凝式以余觀之乃天然如此

崇寧初既立黨籍臣僚論元祐史官云初大臣挾其私忿濟以邪說力引儇浮與其厚善布列史職或毀詆先烈或鑿空造語以厚誣若范祖禹黄庭堅張耒秦觀是也或隱没盛德而不錄若曾肇是也或含糊取容而不敢言若陸佃是也皆再謫降特舊史已盡改矣

王鞏定國爲太常博士常從術士作執茟畫一堂廡庭中有明珠一枚旁置棊局未幾爲御史朱光庭所抨得補外

李商隱錦瑟詩云莊周曉夢飛蝴蝶望帝春心託杜鵑滄海月明珠有淚藍田日暖玉生烟人多不曉劉貢父詩話云錦瑟令狐綯家青衣亦莫能考瑟譜有適怨清和四曲名四句蓋形容四曲耳

崇寧三年邦基伯父文簡公賓老自翰苑拜右丞而伯父倪老後除内相宣和八年文粹中自翰苑拜右丞而其季虚中除内相皆兄弟相代於此扉亦盛事也

孔雀毛著龍腦則相綴禁中以翠尾作帚每幸諸閣擲龍腦以辟穢過則以翠尾掃之皆聚無有遺者亦若磁石引針琥珀拾芥物類相感也

世傳宗室中昔有昏謬（俗呼爲潑撒太尉）一日坐官門見釘校者亟呼之命僕取弊屣令工以革護其首工笑曰

非義扶也公乃悵曰我謬也誤呼汝矣適欲與一錮
漏（俗呼骨路）者耳聞者大笑之

東坡贈黃照道人詩云面顏照人元自赤眉毛覆眼見來烏王立之詩話云元自見來皆俚語也杜子美詩云鑠石藤稍元自落倚天松骨見來枯坡句法此而謂之俚語立之未之思耳

杜子美秦州詩云馬驕珠汗落胡舞白題斜題或作蹄莫曉白題之語南史宋武帝時有西北遠邊有滑國遣使入貢莫知所之裴子野云漢潁陰侯胡白題

將一人服虔注曰白題胡名也又漢定遠侯擊　入滑此其後乎人服其博識予常疑之蓋白題其胡下馬捨之始悟白題乃　人爲氈笠也子美所謂胡舞白題斜　人多爲旋舞笠之斜似乎謂此也

王定國寄詩於東坡答書云新詩篇篇皆奇老拙此回眞不及矣窮人之具輒欲交割與公魏道輔見而笑曰定國亦難作交代秖是且權攝耳

江南李後主常於黃羅扇上書以賜宫人慶奴云風情漸老見春羞到處消魂感舊游多謝長條似相識強垂煙態拂人頭想見其風流也扇至今傳在貴人家

洛中花工宣和中以藥壅培於白牡丹如玉千葉一百五玉樓春等根下次年花作淺碧色號歐家碧歲貢禁府價在姚黃上嘗賜近臣外廷所未識也

田衎魏泰居襄陽郡人畏其吻謔曰襄陽二害田衎魏泰未幾李豸方叔亦來郡居襄人憎之曰近日多磨又添一豸

魏泰道輔自號臨漢隱君著東軒雜錄續錄訂誤詩

話等書又有一書譏評巨公偉人闕失目曰碧雲騢取莊獻明肅太后垂簾時西域貢名馬頸有旋毛文如碧雲以是不得入御閑之意嫁其名曰都官員外郎梅堯臣撰實非聖俞所著乃泰作也

近時傳一書曰龍城錄云柳子厚所作非也乃王銍性之僞爲之其梅花鬼事蓋遷就東坡詩月黑林間逢縞袂及月落參橫之句耳又作雲仙散錄尤爲怪誕殊悞後之學者

楊州蜀岡上大明寺平山堂前歐陽文忠公手植柳

一株謂之歐公柳公詞所謂手種堂前楊柳別來幾度春風者薛嗣昌作守相對亦種一株自牓曰薛公柳人莫不嗤之嗣昌旣去爲人伐之不度德有如此者

劉貢父詩話云文士用事誤錯雖爲缺失然不害其美杜甫詩云功曹無復漢蕭何按光武紀帝謂鄧禹曰何以不掾功曹又曹參嘗爲功曹云酇侯非也貢父之意直以少陵誤耳然前漢高紀云單父人呂公善沛令辟仇從之客因家焉沛中豪傑吏聞令有重

客皆往賀蕭何爲主吏主進令諸大夫曰進不滿千錢坐之堂下云云注孟康曰主吏功曹也然則少陵用此非誤也第貢父偶思之未至耳

元祐六年七夕日東坡時知揚州與發運使晁端彥吳倖晁無咎大明寺汲塔院西廊井與下院蜀井二水校其高下以塔院水爲勝

頃有一士人每於班列中好與秘閣諸公交語好事者戲目之爲館職裏行

王禹玉丞相寄程公闢詩云舞急錦腰迎十八酒酣玉觥照東西樂府六么曲有花十八古有玉東西杯其對甚新也

許洛兩都軒裳之盛士大夫之淵藪也黨論之興指爲許洛兩黨崔鶠德符陳恬叔易皆戊戌生田晝承君李豸方叔皆巳亥生並居潁昌陽翟時號戊巳四先生以爲許黨之魁也故諸公皆坐廢之久

東坡自儋耳北歸臨行以詩留別黎子雲秀才云我本儋州人寄生西蜀州忽然跨海上譬如事遠遊平生生死夢三者無劣優知見不再見欲去且少留後

批云新釀甚佳求一具理臨行寫此以折菜錢宣和中予在京相藍見南州一士人携此帖來粗厚楮紙行書塗抹一二字類顏魯公祭侄文甚奇偉也具理南荒人瓶罌

濟南爲郡在歷山之陰水泉清冷凡三十餘所如舜泉瀑流金線眞珠洗鉢孝感玉環之類皆奇李格非文叔皆爲歷下水記敘述甚詳文體有法曾子固作詩以爆流爲趵突未知孰是

西京進花自李廸相國始

杜子美祭房相國九月用茶藕蓴鯽之奠蓴生於春至秋則不可食不知何謂而晉張翰亦以秋風動而思菰菜蓴羹鱸鱠鱸固秋物而蓴不可曉也

張芸叟作鳳翔吳生畫記秦少游作五百羅漢圖記皆法韓退之畫記俱無愧也

吳中魚市以斗計（一斗爲二觔半）松陵唱和皮日休釣侶詩云一斗霜鱗換濁醪云云吳中買魚論斗酒即稱觔其來遠矣然酒今已用升至市交及蔬亦論觔土風不可革也

世謂子瞻詩多用小說中事而介甫詩則無有也予謂介甫詩時爲之用比子瞻差少耳

世俗以阿阿則則爲歎息之聲李端叔云楚令尹子西將歿家老則立子玉爲之後子玉直則則於是遂定昭奚恤過宋人有鑄肩者昭奚恤阿阿以謝爾後阿阿則則更爲歎息聲常疑其自得於此

韓退之詩云前計頓乖張居然見眞贋廣韻及字書云贋五宴切注僞物也東坡嶺外詩云茯苓無人採千歲化虎魄我豈無長鑱眞贋苦難識韓非子曰齊伐魯索鑱鼎魯以其贋往齊曰鴈也魯曰眞也古乃以鴈爲贋亦借用也今人若作眞鴈人必笑也

予少年在湘陽會紘伯容云唐人能造奇語者無若劉夢得作連州廳壁記云環峰密林激淸儲陰海風毆溫交戰不勝觸石轉柯化爲溪涼颸城壓岡踞高負陽土伯噓濕抵堅而散襲山逼谷化爲鮮雲蓋前人未道者不獨此爾其他刻峭淸麗者不可槩舉學爲文者不可不成誦也

龍川別志

宋　蘇轍

周高祖柴后魏成安人父曰柴三禮本後唐莊宗之嬪御也莊宗没明宗遣歸其家行至河上父母迓之會大風雨止於逆旅數日有一丈夫冒雨走過其門衣弊破裂不能自庇后見之驚曰此何人耶逆旅主人曰此馬鋪卒吏郭雀兒者也后召與語異之謂父母曰此貴人我當嫁之父母恚曰汝帝左右人歸當嫁節度使奈何嫁此乞人后曰我久在宫中頗識貴

人此人貴不可言不可失也橐中裝分半與父母我取其半父母知不可奪遂成婚於逆旅中所謂郭雀兒則周祖也后每資以金帛使事漢祖卒爲漢佐命后父柴三禮既老夜寐輒不覺晝起常寡言笑其家問之不答其妻醉之以酒乃曰昨見郭雀兒已作天子初周祖兵征淮南過宋州宋州使人勞之於葛驛先有一男子一女子不知所從來轉客於市傭力以食父老憐其愿也醵酒食衣服使相配爲夫婦及周祖至市人聚觀女子於衆中呼曰此吾父也市人驅之去周祖聞之使前問之信其女也相持而泣將攜之以行女曰我已嫁人矣復呼其夫視之曰此亦貴人也乃俱挈之軍中奏補供奉官即張永德也及周祖入汴漢末帝以兵圍其第今皇建院是也盡誅其家惟永德與其妻在河陽爲監押末帝亦命河陽誅之河陽守呼永德以勑視之永德曰丈人爲德不成殺未晚也河陽守以爲然雖執之於獄所以餽之甚厚親問之曰君視丈人事得成否永德曰殆必然以柴三禮夢所見爲驗未幾而捷報至周祖親戚盡誅

惟永德夫婦遂極富貴

景德中契丹南牧真宗用寇萊公計親御六軍渡河兵始交而斃其貴將契丹有求和意朝廷知之使供奉官曹利用使於兵間利用見其母於軍中與蕃將韓得讓偶在駝車上坐利用下車饋之食共議和事利用許之歲遣銀絹三十萬疋兩利用之行也面請所遣王者上曰必不得已雖百萬亦可及還上在帷宫方進食未之見使内侍問所遣利用曰此機事當面奏上復使問之曰姑言其畧利用終不肯言而以

三指加頰內侍入白三指加頰豈非三百萬乎上失聲曰太多旣而曰姑了事亦可耳帷宮淺泊利用具聞其語旣對上亟問之利用再三稱罪曰臣許之銀絹過多上曰幾何曰三十萬上不覺喜甚由此利用被賞尤厚然當時朝論皆以三十萬爲過厚惟宰相畢士安曰不如此其所顧不滿和事恐不能久衆未以爲然也然自景德至今將百年自古漢蕃和好所未嘗有畢公之言得之矣

真宗初卽位李沆爲相帝雅敬沆嘗問治道所宜先

沆曰不用浮薄新進喜事之人此最爲先帝問其人曰如梅詢曾致堯等是矣帝深以爲然故終帝之世數人者皆不進用是時梅曾皆以才名自負嘗遣致堯副溫仲舒安撫陝西致堯於閤門疏論仲舒言不足與共事輕銳之黨無不稱快然沆在中書不喜也因用它人副仲舒而罷致堯故自真宗之世至仁宗初年多得重厚之士由沆力也

真宗臨御歲久中外無虞與羣臣燕語或勸以聲妓自娛王文正公性儉約初無姬侍其家以二直省官治錢上使內東門司呼二人者責限爲相公買妾仍賜銀三千兩二人歸以告公不樂然難逆上旨遂聽之盖公自是始衰數歲而捐館初沈倫家破其子孫鬻銀器皆錢塘錢氏昔以遺中朝將相皆花籃大筩之類非家人所有直省官與沈氏議止以銀易之具言於公公嚬蹙曰吾家安用此其後姬妾旣具乃呼二人問昔沈氏什器尚在可求否二人謝曰向私以銀易之今見在也公喜用之如素有聲色之移人如此張公安道守金陵二直省官有一人自南方替還

具爲公道此

張公安道嘗爲予言治道之要罕有能知之者老子曰道非明民將以愚之國朝自真宗以前朝廷尊嚴天下私說不行好奇喜事之人不敢以事搖撼朝廷故天下之士知爲詩賦以取科第不知其它矣言曰木到魚行旣已官之不患其不知政也昔之名宰相皆以此術馭下王文正公爲相南省試當仁不讓於師賦時賈邊李廸皆有名場屋及奏名而邊廸不與試官取其文觀之廸以落韻邊以師爲衆與注疏異

特奏令就御試王文正議落韻失於不詳審耳若合注疏而立異論不可輒許恐從今士子放蕩無所準的遂取捷而黜邊當時朝論大率如此仁宗初年王沂公呂許公猶持此論自設六科以來士之翹俊者皆爭論國政之長短二公既罷則輕鋭之士稍稍得進漸爲奇論以撼朝廷朝廷往往爲之動搖廟堂之淺深既可得而知而好名喜事之人盛矣許公雖復作相然不能守其舊格意雖不喜而亦從風靡矣其始也范諷孔道輔范仲淹三人以才能爲之稱首其

後許公免相晏元獻爲政富鄭公自西都留守入參知政事深疾許公乞多置諫官以廣主聽上方嚮之而晏公深爲之助乃用歐陽修余靖蔡襄孫沔等並爲諫官諫官之勢自此日横鄭公猶傾身下士以求譽相帥成風上以謙虚爲賢下以傲誕爲高於是私說遂勝而朝廷輕矣然予以張公之論得其一不得其二徒見今世朝廷輕甚故思曩川之重然不知其敝也大臣恣爲非横而下無由能動其害亦不細也使丁晉公之時臺諫言事必聽已如仁宗中年其敗已久矣至於許公非諸公並攻其短其害亦必有甚者蓋朝廷之輕重則不在此誠使正人在上與物無私而舉動適當下無以議之而朝廷重矣安在使下不得議哉下情不上通此亦人主之深患也可則從之否則違之豈害於重哉西漢之初事任功臣侯者如絳灌之流不可謂不賢至使賈誼董仲舒皆老死不得用事偏則害生故曰張公得其一不得其二由此言之也

治平中韓魏公建議於陝西刺義勇凡三丁刺一人

每人支買弓箭錢二貫文省共得二十餘萬人深山窮谷無得脱者人情驚撓而兵紀律疎畧終不可用徒費官錢不貲無人敢言其非者司馬君實時爲諫官極言不便持劄子至中書堂魏公曰兵貴先聲後實今諒祚方桀驁使聞陝西驟益二十萬兵豈不振慴君實曰兵之用先聲爲無其實也獨可以欺之於一日之間耳少緩則敵知其情不可復用矣今吾雖益二十萬兵然實不可用不過十日西人知其詳不復懼矣魏公不能答復曰君但見慶曆間陝西鄉兵

初刺手背後皆刺面充正兵憂今復爾耳今已降刺牓與民約永不充軍戍邊矣君實曰朝廷屢失信民間皆憂此事未敢以刺牓爲信雖光亦未免疑也魏公曰吾在此君無憂此言之不信君實曰光終不敢奉信但恐相公亦不能自信耳魏公怒曰君何相輕甚也君實曰相公長在此坐可也萬一均逸偃藩宅人在此因相公見成之兵遣之運糧戍邊反掌間事耳魏公默然竟不爲止其後不十年義勇運糧戍邊率以爲常一如君實之言及君實作相議改役法事

多不便予兄子瞻與其事持論甚勁君實不能堪子瞻徐曰昔親見相公言嘗與韓魏公言義勇無一言假借之者今日作相而不容某一言豈忘昔日事耶君實雖止實不喜也未幾子瞻竟罷役局事

富公知青州歲穰而河朔大饑民東流公以爲從來拯饑多聚之州縣人旣猥多倉廩不能供散以粥飯欺斃百端由此人多饑死死氣熏蒸疫疾隨起居人亦致病斃是時方春野有青菜公出牓要路令饑民散入村落使富民不得固陂澤之利而等級出米以待之民重公令穀米大積分遣寄居閑官往主其事問有健吏募民中有曾爲吏胥走隸者皆倍給其食令供簿書給納守禦之役借民倉以貯擇地爲場掘溝爲限與流民約三日一支出納之詳一如官府公推其法於境內吏胥所在手書酒炙之餽日至人人忻戴爲之盡力比麥熟人給路糧遣歸饑死者無幾作叢冢葬之其間强壯堪爲禁卒者募得數千人刺指揮二字奏乞撥充諸軍時中有與公不相能者持之不報人爲公憂之公連上章懇請且待罪乃得報

自是天下流民處多以青州爲法

張安道知成都日以醫官自隨重九請出觀藥市五更市方合而雨作入五局觀避之至殿上見一道人臨堦而坐往就之相問勞已道人曰張端明入蜀今已再矣醫曰始一至蜀耳曰子不知也凡人元氣重十六兩漸老而耗張公所耗過半矣吾與之夙相好今見子非偶然也解衣裾出藥兩圓曰一圓可補一兩氣醫曰張公雖好道然性重慎恐未信也道人曰所以二圓正爲爾也取一圓并水銀一兩納銚中以

盞蓋之燒之良久札札有聲揭盞以松脂木投之當有異三投而藥成當知此非凡藥也醫徑歸白公試之如其言每投松脂燄起先所坐小亭至三段燄如金色傾出則紫金也乃服其一圓而使醫遍遊成都冀復遇焉後見之孔明廟前復得一圓藥然服之亦無他異

羅湖野錄

宋　釋曉瑩

愚以倦游歸憩羅湖之上杜門卻掃不與世接因追繹疇昔出處叢林其所聞見前言往行不爲不多或得于尊宿提唱朋友談說或得于斷碑殘碣蠹簡陳編歲月浸久慮其湮墮故不復料揀銓次但以所得先後會粹成編命曰羅湖野錄然世殊事異正恐傳聞謬舛適足滓穢先德貽誚後來姑私藏諸以俟審訂脫有博達之士操董狐筆著僧

寶史取而補苴罅漏不爲無益爾

趙清獻公平居以北京天鉢元禪師爲方外友而咨決心法暨牧青州日聞雷有省卽說偈曰退食公堂自凭几不動不搖心似水霹靂一聲透頂門驚起從前自家底舉頭蒼蒼喜復喜剎剎塵塵無不是中下之人不得聞妙用神通而已矣元豐間以太子少保歸一衢與里民不間位貌名所居爲高齋有詩見意曰腰佩黃金已退藏箇中消息也尋常時人要識高齋老只是阿村趙四郎又誌其壽塋曰吾政已致書

七十二百歲之後歸此山地彼眞法身不即不離充
滿大千普現悲智不可得藏不可得置壽瑩之說如
是如是觀其漏泄家風了無剩語豈容裴罷擅美于
前耶若夫身退名遂善始令終不出戶庭心契佛祖
賢于知機遠禍駕言從赤松子游者遠矣
空室道人者直龍圖閣梅公珦之女幼聰慧樂于禪
寂因從夫守官豫章之分寧遂參死心禪師于雲巖
旣于言下領旨自爾叢林知名政和間居金陵圜悟
禪師住蔣山佛眼禪師亦在焉因機語相契二師稱

賞然道韻閑淡似不能言者至于開廓正見雅爲精
峭後于姑蘇西竺院薙髮爲尼名惟久宣和六年趺
坐而終道人生于華胄不爲富貴籠絡傑然追蹤月
上女直趣無上菩提又變形服與鉄磨爲伍至于生
死之際効驗異常非志烈秋霜疇克爾耶
太史黃公魯直元祐間丁家艱館黃龍山從晦堂和
尚游而與死心新老靈源清者尤篤方外契晦堂因
語次舉孔子謂弟子以我爲隱乎吾無隱乎爾吾無
行而不與二三子者是丘也于是請公詮釋而至于
再晦堂不然其說公怒形于色沈默久之時當暑退
涼生秋香滿院晦堂乃曰聞木犀香乎公曰聞晦堂
曰吾無隱乎爾公欣然領解及在黔南致書死心曰
往日嘗蒙苦口提撕常如醉夢依稀在光景中蓋疑
情不盡命根不斷故望崖而退耳謫官在黔州道中
晝臥覺來忽然廓爾尋思平生被天下老和尚謾了
多少唯有死心道人不肯乃是第一相爲也噫世之
所甚重者道而已公旣究明則杜子美謂文章一小
技豈虛也哉

黃龍忠道者初至舒州龍門縱步水磨所見牌云法
輪常轉豁然有省撫掌說偈曰轉大法輪目前包裹
更問如何水推石磨遂寫圖作圓相于後詣方丈呈
佛眼禪師已而禮辭渡九江登廬阜露眠草宿蛇虎
爲隣于山舒水緩處會意則居或數日不食或連宵
不臥髮長不剪衣弊不易方是時死心禪師住黃龍
道重一時學者至無所容忠直前抗論又迫暮持白
木劍造其室而問曰聞老和尚不懼生死是否死心
擬對忠即揮劍死心引頸而笑忠擲劍于地作舞而

出爲給事濟川嘗有請忠住勝業疏畧曰佛眼磨頭悟法輪之常轉炊心室內容慧劒以相揮世以爲實錄云

廬山羅漢小南禪師汀州張氏子州南金泉院乃其故居參祐禪師于潭之道林獲印可隨遷羅漢而掌堂司卽分座接納及祐移雲居以其繼席名重諸方學者翕然歸之時有居士張戒者雅意參道一日南問曰如何張曰不會南復詰之不已張忽領旨遽以頌對曰天不戴兮地不知誰言南北與東西身眠大

海須彌枕石笋抽條也大奇張尋取辭南以二偈示之曰汝到廬山山到汝更誰別我廬山去出門問取嶺頭風大道騰騰無本據又曰頭戴烏巾着白襴山房借汝一年閑出門爲說來時路家在黃陂翠靄間羅漢准世系以黃龍是大父名既同而道望逼亞故叢林目爲小南尊黃龍爲老南然羅漢以傳道爲志閱七寒暑住世四十有三載雖所藴未伸暐然未見當時而垂稱于後世雲居可爲有子矣

富鄭公鎭亳州時迎華嚴顒公館于州治咨以心法既有證入而別後答顒書曰示諭此事問佛必有夙因非今生能辦誠是如此然弼遭遇和尚卽無始以來忘失事一旦認得此後須定拔出生死海不是尋常恩知雖盡力道斷道不出也和尚得弼百千其數何益于事不過得人道華嚴會下出得箇老病俗漢濟得和尚甚事所云淘汰甚多此事誠然每念古尊宿始初在本師處動是三二十年少者亦是十數年侍奉日日聞道聞法方得透頂透底却思弼兩次蒙和尚垂顧共得兩箇月請益更鮮聰明過人能下得

多少工夫若非和尚巧設方便著力摘發何由見箇涯岸雖粉骨碎身無以報答未知何日再得瞻拜但日夕依依也噫先佛特稱富貴學道難況貴極人臣據功名之會而成辦焉此尤爲難耳形以汗簡尊奉顒公而自謂不是尋常恩知豈欺人哉

圓照禪師本公天資純誠而少緣飾初游雲居同數友觀石鼓相率賦頌或議本素不從事筆硯乃戲强之本卽賦曰造化功成難可測不論劫數莫窮年如今橫在孤峰上解聽希聲徧大千儕輩爲之愕然尋

謁懷禪師于池陽景德既領旨而與衆作息莫有知者一日懷設問曰泥犁長夜苦聞者痛傷心調達在地獄中爲甚麽却得三禪天樂所對未有契者懷曰此須本道者下語始得遂亟呼而至理前語問之本曰業在其中自是一衆改觀其後被詔住慧林道契神廟而名落天下其希聲徧大千之語豈苟然哉

蜀僧普首座自號性空菴主參見死心禪師居華亭最久雅好吹鐵笛放曠自樂凡聖莫測亦善爲偈句開導人既而欲追船子和尚故事乃曰坐脫立亡不

若水葬一省燒柴二免開壙撒手便行不妨快暢誰是知音船子和尚高風難繼百千年一曲漁歌少人唱仍别衆曰船子當年返故鄉没蹤跡處妙難量眞風徧繼知音者鐵笛横吹作散場即語緇素曰吾去矣遂于青龍江上乘木盆張布帆吹鐵笛泛遠而没持既聞其水化以偈悼之曰僧不僧俗不俗曾得死心親付囑平生知命只逍遥行道苦無清淨福東西南北放癡憨七十七年恒怪足黍桶裏著到波濤裏洗浴箇中誰會無生曲隨潮流去又流歸莫是菴前戀節竹阿呵呵老大哥快活誰人奈汝何噫生死之故亦大矣普以爲游戲非事虚言觀其所存豈得而議哉

靈源禪師蚤參承晦堂于黄龍而清侍者之名著聞叢林元祐七年無盡居士張公漕江西故欽慕之是時靈源寓興化公檄分寧邑官同諸山勸請出世于豫章觀音其命嚴甚不得已遂親出投偈辭免曰無地無錐徹骨貧利生深媿乏餘珍鄽中大施門難啓乞與青山養病身黄太史魯直憂居里閈有手帖與

興化海老曰承觀音虚席上司甚有意于清兄清兄確欲不行亦甚好蟠桃三千年一熟莫倣退花杏子摘却此事黄龍興化亦當作助道之緣共出一臂莫送人上樹拔却梯也噫江西法道盛于元祐間蓋羣壓叢林者眼高耳況遴選之禮優異如此靈源似偈力辭而太史以簡美之得非有所激而云

南嶽芭蕉菴主泉禪師生于泉南祝髮于崇福院既出嶺造汾陽參禮昭禪師受其印可隱于衡嶽佯狂垢汙世莫能測以楮爲帔所至聚觀遂自歌曰狂僧

一條紙撚不使毳針求細意披來只麽且延時忍觀蚕苦勞檀施縱饒羅綺百千般濟要無過是禦寒僧來舐俗來舐黑地平空山水現五嶽炯凝是翠巒四時浪白為銀線作人云甚模樣剛把漁蓑作高尚雖多素質混然成免效田畦憑巧匠逞金襴與紫袍狂僧直是心無向迦葉頭陀遥見時定將白氎來相讓向伊言我不換老和尚泉平時慈明厚之以友于老南敬之以叔父至于放曠自任簡脱無檢豈非所謂百不爲多一不爲少耶其製楮爲撚無乃矯于修飾

肆意成歌有以諷于浮競由是而觀未容無取也

無盡居士張公天覺蚤負禪學尤欲尋訪宗師與之決擇因朱給事世英語及江西兜率悦禪師禪學高妙聰敏出于流類元祐六年公漕江西按部分寧五禪逆于旅亭顧問至兜率公曰聞師聰敏之名久矣悦遽對曰從悦臨濟兒孫若以聰敏説文章定似都運談禪公雖壯其言而意不平遂作偈命五禪舉揚曰五老机緣共一方神鋒各向袖中藏明朝老將登壇看便請横矛戰一塲悦當其未提綱之語盡貫前者公陰喜之乃游兜率相與夜談及宗門事公曰比看傳燈録一千七百尊宿機緣唯疑德山托鉢話悦曰若疑托鉢話其餘則是心思意解何曾至大安樂境界公憤然就榻屢寢屢起夜將五鼓不覺趯翻溺器忽大省發喜甚即扣悦丈室門謂悦曰已捉得賊了也悦曰贓物在甚麽處公擬議悦曰都運且寢翌旦公有頌云鼓寂鐘沈托鉢回巖頭一拶語如雷果然只得三年活莫是遭他受記來別去未幾悦遂歸寂公登右揆之明年當宣和辛卯歲二月奏請悦謚

號遣使持文祭于塔祠夫蔚爲儒宗而崇佛道未有如公者然非敏手安能激發苟非上根未易承當至于嶽立廊廟展大法施既不忘悦之道義而特與追榮矢心以詞勤勤若此蓋所以昭示尊師重法歟

五祖演和尚在白雲掌磨所一日端和尚至語之曰有數禪客自廬山來詰之皆有悟入處教伊説亦説得有來由舉因緣向伊亦明得教下語亦下得只是未在你道如何演于是大疑即私自計曰既悟了説亦説得明亦明得如何却未在遂參究累日忽然省

悟從前寶惜一時放下關後嘗曰吾因茲出一身白
汗便明得千載清風雪堂行公有頌發揮之曰腦後
一椎喪却全機淨倮倮兮絕承當赤灑灑兮離鉤錐
千載清風付與誰嗚呼中興臨濟法道蓋五祖矣而
于白雲日董厮役辦衆資給其服勤可謂至矣然亦
未聞館以明窻寵以清秩何哉

潼川府天寧則禪師蚤業儒詞章婉縟既從釋得法
于僊首座而爲黄檗勝之孫有牧牛詞寄以滿庭芳
調曰咄這牛兒身强力健幾人能解牽騎爲貪原上

綠草嫩離離只管尋芳逐翠奔馳後不顧傾危爭知
道山遥水遠回首到家遲牧童今有智長繩牢把短
杖高提入泥入水終是不生疲直待心調步穩青松
下孤笛横吹當歸去人牛不見正是月明時世以禪
語爲詞意句圓美無出此右或譏其徒以不正之聲
混傷宗教然有樂于謳吟則因而見道亦不失爲善
巧方便隨機設化之一端耳

龍牙才禪師受潭帥曾公孝序之請既開堂于天寧
有僧致問德山棒臨濟喝今日請師爲拈掇答云蘇
嚧蘇嚧進云蘇嚧蘇嚧還有西來意也無答云蘇嚧
蘇嚧由是叢林呼爲才蘇嚧一日曾延見諸禪因問
曰龍牙答話只蘇嚧如何道林月菴乃應身而顧諸
禪曰借問諸方會也無曾笑曰可聯成一頌以爲禪
悅之樂時座無續者及傳至雲蓋有慈觀長老曰昨
夜虛空開口笑祝融吞却洞庭湖世稱月菴續後二
句豈不孤慈觀耶今徑山法音首座是時與雲蓋法
席目擊其事然月菴道滿天下亦何藉此

成都府世奇首座初于舒州龍門燕坐瞌睡間聞蛙

忽鳴誤聽爲淨髮版響亟趨往有曉之者曰蛙鳴非
版也奇恍然詣方丈剖露佛眼禪師曰豈不見羅睺
羅奇遽止曰和尚不必舉待去自看未幾有省乃占
偈曰夢中聞版響覺後蝦蟆啼蝦蟆與版響山嶽一
時齊由是益加參究洞臻玄奧佛眼屢舉分座且力
辭曰世奇淺陋豈敢妄作模範況爲人解粘去縛如
金篦刮膜脫有差則破睛矣佛眼美以偈曰有道只
因頻退步謙和元自慣回光不知已在青雲上尤更
將身入衆藏其謙抑自守見于佛眼之偈而浮躁衒

露好爲人師者聞奇之高風得不羞哉

潭州東明迂禪師乃眞如喆公之嗣天資雅淡知見甚高晚年逸居溈山眞如菴有志于道者多往親炙之一日閱楞嚴經至如我按指海印發光有僧侍傍指以問曰此處佛意如何迂曰釋迦老子好與三十棒僧曰何故迂曰用按指作甚麽僧又曰汝暫舉心塵勞先起又作麽生迂曰亦是海印發光僧當下欣然曰許多時蹉過今日方得受用也忠道者住山時迂尚無恙相得歡甚然距今未久叢林幾不聞名矣

觀其言論若此則意氣高閑之韻可想見也

饒州薦福本禪師自江西雲門參侍妙喜和尚至泉南小谿于時英俊畢集受印可者多矣本私謂其棗巳且欲發去妙喜知而語之曰汝但專意參究如有所得不待開口吾巳識也既而有聞本入室故謂之曰本侍者參禪許多年逐日只道得箇不會本誚之曰這小鬼你未生時我巳三度霍山廟裏退牙了好教你知由兹益銳志以狗子無佛性話舉無字而提撕一夕將三鼓倚殿柱昏寐間不覺無字出口吻間忽爾頓悟後三日妙喜歸自郡城本趨丈室足纔越閫未及吐詞妙喜曰本鬍子這回方是徹頭尋于徑山首衆遽散席訪友謙公于建陽菴中謙適舉保寧頌五通仙人因緣曰無量劫來曾未悟如何不動到其中莫言佛法無多子最苦瞿曇那一通謙復曰我愛他道如何不動到其中既是不動如何到看他古人得了等閑拈出來自然抓着人痒處本曰因甚麽却道最苦瞿曇那一通謙曰你未生時吾巳三度霍山廟裏退牙了也于是相顧大笑其朋友琢磨之益

蓋如印圈契約之無差至于會心驟然可使後世想望其風采

黃龍震禪師初從丹霞淳公游閱再夏而得曹洞宗旨作頌曰白雲深覆古寒巖異艸靈花彩鳳銜夜半天明日當午騎牛背面着靴衫淳見異之及抵溈山作插鍬井頌曰盡道溈山父子和插鍬尤自帶干戈至今一井明如鏡時有無風帀帀波巳而參草堂清公獲印可尋出世三遷而至百丈道大顯著紹興巳有律師妄踞黃龍禪衲散去主事者走錢塘求王承

宣繼先之書達洪帥張公如瑩堅命震以從衆望既
而主事請致書謝王公震讓曰若王公爲佛法故何
謝之有況吾與之素昧平生主事恧縮而退彼交結
權貴倚爲藩垣者聞其言亦足顏汗紹興以來宗師
言行相應與秋霜爭嚴捨震其誰哉
湖州上方岳禪師少與雪竇顯公結伴游淮山聞五
祖戒公喜勘驗顯未欲前岳乃先往徑造丈室戒曰
上人名甚麽對曰齊岳戒曰何似泰山岳無語戒即
打趁岳不甘翌日復謁戒曰汝作甚麽岳回首以手

畫圓相呈之戒曰是甚麽岳曰老老大大胡餅也不
識戒曰趁爐灶熱更搭一箇岳擬議戒拽拄杖趁出
門及數日後岳再詣乃提起坐具曰展則大千沙界
不展則毫髮不存爲復展即是不展即是戒遽下繩
牀把住戒云既是熟人何須如此岳又無語戒又打
出以是觀五祖眞一代龍門矣岳三進而二遭點額
張無盡謂雪竇雖機鋒頴脫亦望崖而退得非自全
也耶
徐龍圖禧元豐五年自右正言出知渭州既歸分寧

請黃龍晦堂和尚就雲巖爲衆說法有疏曰三十年
前說法不消一箇莫字如今荆棘塞路皆據見向鬧
門只道平地上休起骨堆不知那箇是佗平地只道
喫粥了洗鉢盂去不知鉢盂落在那邊不學瀾絕學
語言在根作歸根證據木刻鷄子豈解從禽羊蒙虎
皮其奈喫草故識病之宗匠務隨時而叮嚀須令向
千歲松下討茯苓逼將上百尺竿頭試脚步直待骸
骨迴迴方與眼上安眉圖佗放匙把筯自由識箇嘜
美喫飯底滋味不是鑊明春骨曷勝末後拳椎法門

中如此差殊正見師豈易遭遇昔人所以涉川游海
今者乃在我里吾鄉得非千載一時事當爲衆竭力
袒肩屈膝願唱誠于此會人天挑屑拔釘咸歸命于
晦堂和尚獅子廣座無畏吼聲時至義屈大衆虔仰
噫今之疏帶俳優而爲得體以字相比麗而爲見工
豈有胸襟流出直截根源若此黃太史爲擘窠大書
鑱于翠琰高照千古爲叢林盛事之傳云
寂音尊者洪公初于歸宗參侍眞淨和尚而至寶峰
一日有客問眞淨曰洪上人參禪如何眞淨曰也有

到處也有不到處客旣退洪姝自不安卽詣眞淨求決所疑眞淨舉風穴頌曰五白猫兒爪距獰養來堂上絕蟲行分明上樹安身法切忌遺言許外甥且作麽生自安身法洪便喝眞淨曰這一喝也有到處也有不到處洪忽于言下有省翌日因違禪規遭剛去時年二十有九及游東吳寓杭之淨慈以頌發明風穴意寄呈眞淨曰五白猫兒無縫罅等閑抛出令人怕翻身逃擲百千般冷地看他成話霸如今也解弄些些從渠歡喜從渠罵却笑樹頭老舅翁只能上樹

不能下自後復閱汾陽語錄至三玄頌荐有所證妙喜老師蓋嘗語此而叢林鮮有知者夫以文華才辯而掩其道徵妙喜亦何由取信于後耶

妙喜老師以紹興四年春入閩抵甘蔗洲廣因蘭若坐夏未終從海上洋嶼揭榜于衆寮曰先德有云雜毒入心識如油入麪永劫不可取今時兄弟參禪不得只爲中毒深入骨髓一句有可得道只管禪將去禪到末後剩得一句時便歡喜如此之輩佛也救不得今後上案只得看經不得看雜文字如違連案出院嗚呼是時衆纔五十五奇而閱八晦朔獲證者十有三焉蓋激厲而然耳

雲居舜禪師世姓胡宜春人以皇祐間住棲賢而與歸宗寶公開先暹公同安南公圓通訥公道望相亞禪徒交往廬山叢林于斯爲盛居無何郡將貪墨舜不忍以常住物結情固位尋有譖于郡將民其衣乃寓太平菴仁廟聞其道行復以僧服寵錫銀鉢盂再領棲賢入院有偈曰無端被譖枉遭迍半載有餘作俗人今日再歸三峽寺幾多道好幾多嗔未幾遷靈

居道愈尊學益盛以偈示衆曰尋求就理兩俱慾不涉二途病亦然孰謂箇中端的處椎胸貧子一文錢嗟夫言忤郡將而獲譴名聞天子而被寵禍福倚伏于舜也亦何足云

湖州甘露寺圓禪師有漁父詞二十餘首世所盛傳者一而已本是瀟湘一釣客自東自西自南北只把孤舟爲屋宅無寬窄幕天席地人難測頃聞四海停戈革金門懶去投書策時向灘頭歌月白眞高格浮名浮利誰拘得遂以是得名于叢林蓋放曠自如者

藉以暢情樂道而謳于水雲影裏真解脫游戲耳

福安南蕩崇覺空禪師生緣姑熟參侍黃龍死心禪師死心惜其福不逮慧以無應世爲囑草堂清公送以偈曰十年聚首龍峰寺一悟真空萬境閑此去隨緣且高隱莫將名字落人間尋棲止天台望高叢林應命崇覺未幾院罹回祿亟勉于土木之役亦無倦誨接嘗頌野狐話曰含血潠人先汚其口百丈野狐失頭狂走驀地喚回打箇筋斗空之天資精悍知見甚高律身精嚴外請不赴有欲迎齊爲架三門乃告以捨家財荷公發心矣背衆食奈我破戒何其固守如此然平居氣凌諸方于學徒亦鮮假詞色真有父風卓然可敬也

建州開善謙禪師平居不倦誨人而形于尺素尤爲曲括右曰時光易過且緊緊做工夫別無工夫但放下便是只將心識上所有底一時放下此是真正徑截工夫若別有工夫盡是癡狂外邊走山僧尋常道行住坐臥決定不是見聞覺知決定不是思量分別決定不是語言問答決定不是試絕却此四箇路頭看若不絕決定不悟此四箇路頭若絕僧問趙州狗子還有佛性也無趙州云無如何是佛雲門道乾屎橛管取呵呵大笑謙之言如雲鄣天布以授學者與夫浮詞濫說何啻天冠地履然福不逮慧出世未幾而卒於謙雖無恨惜乎法門不幸耳

溫州江心龍翔肱禪師天資嚴重能蹤跡其師高菴悟公之爲人其偈句亦精妍叢林煩傳誦之因謝事龍翔游雁蕩戲題龍鼻水以見意曰雨足雲收得暫閑謾將頭角寄空山鼻端一滴無多子引得人人到此間肱後住筠陽洞山退寓雲居三塔而終然雲居乃受道之地流行坎止任之以緣復與高菴冥會此非偶然耳

邵武吳學士諱偉明字元昭參道於海上洋嶼菴與彌光藏主爲法友別去未幾於南劍道中有省乃頌妙喜老師室中所問十數因緣今紀其一曰不是心不是佛不是物通身一穿金鎖骨趙州參見老南泉解道鎮州出蘿蔔遂致書以頌呈謂不自謾也妙喜即說偈證之曰通身一穿金鎖骨堪與人天爲軌則

要識臨濟小廝兒便是當年白拈賊繼而光往邵武相訪亦和之曰通身一穿金鎖骨正眼觀來猶剩物縱使當機覿面提敢保居士猶未徹妙喜亦嘗謂元昭有宗師體裁又稱光爲禪狀元諒其然乎以之追蹤丹霞龐老故事可無媿也

靈源禪師居黄龍昭默堂與東湖居士徐師川夜話遂及陳述古嘗對東坡談禪東坡謂其如説食龍肉且以自所論若食猪肉實美而眞飽也靈源曰此乃東坡早歲遊俊發言不覺負墮當爲明之於是成二

偈東坡笑説嘆龍肉舌底那知已嚥津能省嚥津眞有味會言龍肉不爲珍又何如龍肉即猪肉細語纖言盡入神措彼當年老居士大機曾未脱根塵師川笑曰至哉斯言惜老坡不聞也噫東坡詩有前身自是盧行者之句蓋自知從佛祖中來矣然較所學於述古可謂前言戲之耳靈源欲杜其從而作訛者以偈辨明厥有旨哉

佛鑑禪師元符二年首衆僧於五祖于時太平靈源赴黄龍其席既虛靈源荐佛鑑於舒守孫鼎臣遂命之出世演和尚付法衣佛鑑受而捧以示衆曰昔釋迦文佛以丈六金襴袈裟披千尺彌勒佛身佛身不長袈裟不短會麽即此樣無佗樣自是一衆悚服及禮辭次演曰大凡應世畧爲子陳其四端雖世俗常談在力行何如耳一福不可受盡福盡則必致禍殃二勢不可使盡勢盡則定遭欺侮三語言不可説盡説盡則機不密四規矩不可行盡行盡則衆難住其詞質而理優足以救過遠惡亦猶藥不在精粗愈病者爲良耳

馮給事濟川紹興八年隨僧夏于徑山因題枯髏圖曰形骸在此其人何在乃知一靈不屬皮袋妙喜老師見而謂之曰公何作此見解耶即和曰只此形骸即是其人一靈皮袋皮袋一靈馮於是悚然悔謝是時堂中首座九仙清禪師亦繼之曰形骸在此其人何在日炙風吹掩彩掩彩清乃惠日雅公之嗣

爲福本禪師紹興十年首衆僧於徑山有偈示聰上座曰毒龍猛虎堂前立鐵壁銀山在後横進既無門退無路如何道得出常情聰還鄱陽取道徽州謁大

守吳元昭因出似之吳曰毒蛇猛虎空相向鐵壁銀山謾自橫長笛一聲歸去好更於何處覓疑情吳與本以同參契分更唱迭和與夫捉盃笑語爲治劇餘樂則有間矣若非透脫情境安能爾耶

仰山偉禪師者平時機語叢林鮮傳其見於仰山祖堂自讚曰吾眞難貌班班駮駮擬欲安排下筆便錯又塔銘載示衆曰道不在聲色而不離聲色凡一語一默一動一靜隱顯縱橫無非佛事日用現前古今凝然理何差玄妙喜老師謂其是講因明百法起信

等論師及參得禪了開口更不着經論一字以其說禪方於雲蓋老智云

程待制智道曾侍郎天游寓三衢最久而與烏巨行禪師爲方外友曾嘗於坐間舉東坡宿東林聞谿聲呈照覺總公之偈谿聲便是廣長舌山色豈非清淨身夜來八萬四千偈他日如何舉似人程問行曰此老見處如何行曰可惜雙脚踏在爛泥裏曾曰詩能爲料理否行即對曰谿聲廣長舌山色清淨身八萬四千偈明明舉似人二公相顧嘆服吁登時照覺能

奮金剛椎碎東坡之巢窟而今而後何獨美大顛之門有韓昌黎耶雖烏巨向曾程二公略露鋒鋩豈能洗叢林噬臍之嘆哉

蘇州定慧信禪師蚤以百丈野狐頌得叢林之譽其頌曰不落不眛二俱是錯取捨未忘識情卜度執滯言詮無繩自縛春至花開秋來葉落錯錯誰知普化搖鈴鐸又跲老僧曰俗臘知多少龎眉擁毳袍看經嫌字小問事愛聲高暴日終無厭登階漸覺勞自言曾少壯游嶽兩三遭信爲明眼宗匠此乃其游戲耳

然品題形貌之衰憊摸寫情思之好尚抑可謂曲盡其妙矣

襄陽谷隱顯禪師生於西蜀安樞密之別業田丁家南游參仰山偉公因致問如何是佛向上事偉對以日出東方夜落西顯復進語東方向上更望指示語未竟而偉便打於是有省及住谷隱以仰山忌日對靈拈香曰仰面不見天低頭不見地不知大仰來不來一炷旃檀表勤意顯爲人誠至道學純正安公嘗携家屬致拜且對人曰不意有一佛出吾家地上遂

奏淨覺禪師號以伸敬焉蓋取其組略其所出可謂道一介則一介重也

潭州雲蓋智和尚居院之東堂政和辛卯歲死心謝事黃龍由湖南入山奉覲日已夕矣侍僧通謁智曳屨且行且語曰將燭來看其面目何似生而能致名喧宇宙死心亦絕叫把近前來我要照是真師叔是假師叔智即當胸毆一拳死心曰却是真箇遂作禮賓主相得歡甚及死心復領黃龍至政和甲午十二月十五日示寂時智住開福得其訃音即陞座曰法

門不幸法幢摧五蘊山中化作灰昨夜泥牛通一線黃龍從此入輪廻侍僧編次易入爲由智見而大訶是時智年九十可謂宗門大老矣視死心爲猶子閱訃嘆法幢之摧蓋前輩以法道故云則不然生譽死毀與市輩無異真可羞也

明州和菴主從南嶽辨禪師游叢林以爲飽參及遯居雪竇之前山栖雲菴有志於道者多往見之雪竇主者嫉其勝已因郡守周舍人聞其名而問之對云一常僧耳和遂題三偈于壁徙居杖錫山一日自從南嶽來雪竇二十餘年不下山獨處居菴身已老又尋幽谷養衰殘二日十方世界目前寬拋却雲菴過別山三事壞衣穿處補一條藜杖伴清閑三日黃皮裹骨一常僧壞衲蒙頭百慮澄年老懶能頻對客攀蘿又上一崚嶒和之清名高德出自所守而神慧形跡亦何與於世然猶取忌於時卒致徙居噫德名累人信矣夫

鶴林玉露

廬陵羅大經

余同年李南金云茶經以魚目湧泉連珠爲煑水之節然近世瀹茶鮮以鼎鑊用瓶煑水難以候視則當以聲辨一沸二沸三沸之節又陸氏之法以未就茶鑊故以第二沸爲合量而下未若以金湯就茶甌瀹之則當用背二涉三之際爲合量乃爲聲辨之詩云砌蟲唧唧萬蟬催忽有千車梱載來聽得松風并澗水急呼縹色綠瓷杯其論固已精矣然瀹茶之法湯

欲嫩而不欲老蓋湯嫩則茶味甘老則過苦矣若聲如松風澗水而遽瀹之豈不過於老而苦哉惟移瓶去火少待其沸止而瀹之然後湯適中而茶味甘此南金之所未講者也因補以一詩云松風檜雨到來初急引銅瓶離竹爐待得聲聞俱寂後一甌春雪勝醍醐

趙季仁謂余曰某平生有三願一願識盡世間好人二願讀盡世間好書三願看盡世間好山水余曰盡則安能但身到處莫放過耳季仁因言朱文公每經行處聞有佳山水雖迂途數十里必往遊焉携樽酒一古銀杯大幾容半升酌引一杯登覽竟日未嘗厭倦又嘗欲以木作華夷圖刻山水凹凸之勢合木八片爲之以雌雄筍相入可以折度一人之力足以負之每出則以自隨後竟未能成余因言夫子亦嗜山水如知者樂水仁者樂山固自可見如子在川上與夫登東山而小魯登泰山而小天下尤可見大抵登山臨水足以觸發道機開豁心志爲益不少季仁曰觀山水亦如讀書隨其見趣之高下

唐子西詩云山靜似太古日長如小年余家深山之中每春夏之交蒼蘚盈堦落花滿徑門無剝啄松影參差禽聲上下午睡初足旋汲山泉拾松枝煑苦茗啜之隨意讀周易國風左氏傳離騷太史公書及陶杜詩韓蘇文數篇從容步山徑撫松竹與麛犢共偃息於長林豐草間坐弄流泉漱齒濯足既歸竹窗下則山妻稚子作筍蕨供麥飯欣然一飽弄筆牕間隨大小作數十字展所藏法帖筆蹟畫卷縱觀之興到則吟小詩或艸玉露一兩段再烹苦茗一杯出步溪

邂逅園翁溪友問桑麻説秔稻量晴校雨探節數
時相與劇談一餉歸而倚杖柴門之下則夕陽在山
紫綠萬狀變幻頃刻恍可人目牛背笛聲兩兩來歸
而月印前溪矣唐子西此句可謂妙絶然此句妙矣
識其妙者蓋少彼牽黃臂蒼馳獵於聲利之場者但
見衮衮馬頭塵匆匆駒隙影耳烏知此句之妙哉人
能眞知此妙則東坡所謂無事此靜坐一日得兩日
若活七十年便是百四十所得不已多乎
農圃家風漁樵樂事唐人絶句模寫精矣余摘十首

鶴林玉露　八　三

題壁間每菜羹豆飯後啜苦茗一杯偃卧松窗竹榻
間令兒童吟誦數過自謂勝如吹竹彈絲今記於此
韓偓云聞説經旬不啟關藥窗誰伴醉開顏夜來雪
壓前村竹剩看溪南幾尺山又云萬里清江萬里天
一村桑柘一村烟漁翁醉着無人喚過午醒來雪滿
船長孫佐輔云獨訪山家歇還涉茅屋斜連隔松葉
主人聞語未開門繞籬野菜飛黃蝶薛能云邵平瓜
地接吾廬穀雨乾時偶自鋤昨夜春風欺不在就牀
吹落讀殘書韋莊云南陵酒熟愛相招蘸甲傾來綠
滿瓢一醉不知三日事任他童水作漁樵杜荀鶴云
山雨溪風捲釣絲瓦甌蓬底獨斟時醉來睡着無人
喚流下前灘也不知陸龜蒙云雨後沙虛古岸崩漁
梁攜入亂雲層歸時月落汀洲暗認得山妻結網燈
鄭谷云白頭波上白頭翁家逐船移浦浦風一尺鱸
魚新釣得兒孫吹火荻花中李商隱云城郭休過識
者稀哀猿啼處有柴扉滄江白石漁家路薄暮歸來
雨濕衣張演云鵝湖山下稻粱肥豚柵雞栖對掩扉
桑柘影斜春社散家家扶得醉人歸

鶴林玉露　八　四

范二員外吳十侍御訪杜少陵於草堂少陵偶出不
及見謝以詩云暫往北隣去空聞二妙歸幽棲誠澗
畧衰白已光輝野外貧家遠村中好客稀論文或不
愧重肯款柴扉陳后山在京師張文潛晁無咎爲館
職聯騎過之后山偶出蕭寺二君題壁而去后山亦
之以詩云白社雙林去高軒二妙來排門衝鳥雀揮
壁帶塵埃不憚升堂費深愁載酒回功名付公等歸
路在蓬萊杜陳一時之事相類二詩醖藉風流未易
優劣

日昔士之閒居野處者必有同道同志之士相與往還故有以自樂陶淵明移居詩云昔欲居南村非爲卜其宅聞多素心人樂與數晨夕又云隣曲時來往抗言談在昔奇文共欣賞疑義相與析則南村之隣豈庸庸之士哉杜少陵在錦里亦與南隣朱山人往還其詩云錦里先生烏角巾園收芋栗未全貧慣看賓客兒童喜得食階除鳥雀馴秋水纔深四五尺野航恰受兩三人白沙翠竹江村暮相送柴門月色新又云相近竹參差相過人不知幽花欹滿逕野水細通池歸客村非遠殘尊席更移看君多道氣從此數

追隨所謂朱山人者固亦非常流矣李太白尋魯城北范居士誤落蒼耳中詩云忽憶范野人閒園養幽姿又云還傾四五酌自詠猛虎詞近作十日歡遠爲千歲期風流自簸蕩譴浪偏相宜想范野人者固亦可人之流也

朱文公晚年以野服見客榜客位云滎陽呂公嘗言京洛致仕官與人相接皆以閒居野服爲禮而歎外郡之不能然其旨深矣某已叨誤恩許致其事本末敢遽以老夫自居而比緣久病艱於動作遂不免遵用舊京故俗輒以野服從事然上衣下裳大帶方履比之京衫自不爲簡其所便者但取束帶足以爲禮解帶足以燕居且使窮鄉下邑得以復見祖宗盛時京都舊俗如此之美也余嘗於趙季仁處見其服上衣下裳衣用黃白青皆可直領兩帶結之緣以皂如道服長與膝齊裳必用黃中及兩旁皆四幅不相屬頭帶皆用一色取黃裳之義也別以白絹爲大帶兩旁以青或皂緣之見儕輩則繫帶見卑者則否謂之野服又謂之便服

近時趙紫芝詩云一瓶茶外無祗待同上西樓看晚山世以爲佳然杜少陵云莫嫌野外無供給乘興還來看藥欄即此意也杜子野詩云尋常一樣窗前月纔有梅花便不同世亦以爲佳然唐人詩云世間何處無風月纔到僧房分外清亦此意也欲道古人所未道信矣其難矣紫芝又有詩云野水多於地春山半是雲世尤以爲佳然余讀文苑英華所載唐詩兩句皆有之但不作一處耳唐僧詩云河分岡勢斷春

人燒痕青有僧嘲其蹈襲云河分岡勢司空曙春入燒痕劉長卿不是師兄偷古句古人詩句犯師兄此雖戲言理實如此作詩者豈故欲竊古人之語以爲己語哉景意所觸自有偶然而同者蓋自開闢以至于今只是如此風花雪月只是如此人情物態

詩莫尚乎興聖人言語亦有專是興者如逝者如斯夫不舍晝夜山梁雌雉時哉時哉無非興也特不曾檃括協韻爾蓋興者因物感觸言在於此而意寄於彼義味乃可識非若賦比之直言其事也故興多兼

比賦比賦不兼興古詩皆然今姑以杜陵詩言之發潭州云岸花飛送客檣燕語留人蓋因飛花語燕傷人情之薄言送客留人止有燕與花耳此賦也亦興也若感時花濺淚恨別鳥驚心則賦而非興矣堂成云暫止飛烏將數子頻來語燕定新巢蓋因烏飛燕語而喜己之攜雛卜居其樂與之相似此比也亦興也若鴻鴈影來聯塞上春今飛急到沙頭則比而非興也

魏鶴山詩云遠鍾入枕報新晴衾鐵衣稜夢不成起

傍梅花讀周易一窗明月四簷聲後貶渠陽於古梅下立讀易亭作詩云向來未識梅生時繞谿問訊巡簷索絕憐玉雲倚横參叉愛清黄美煙月中年易裏逢梅生便向根心見華實候蟲奮地桃李妍野火燒原葭炎出方從陽壯爭出門直待陰窮排闥入隨時作計何太癡爭似此君藏用密推究精微前此詠梅者未之及

雲谿友議

唐　范攄

李筌郎中爲荊南節度判官集閫外春秋十卷既成自鄙之曰常文也乃註黃帝陰符經兼成大義至禽獸之至在氣經年𢡟然不解忽夢烏衣人引理而教之其書遂行于世僉謂鬼谷留侯複生也筌後爲鄧州刺史常夜占星宿而坐一夕三更東南隅忽見異氣明旦呼吏于郊市如產男女不以貧富悉取至焉過十餘輩筌視之曰皆凡骨也重令于村落搜訪之

乃得牧羊之婦一子李君悕容曰此假天子也座客勸殺之筌以爲不可曰此胡雛必爲國盜今殺之無難殺假恐生眞矣則安祿山生于南陽異人先知之矣梁代志公讖曰兩角女子綠衣裳端坐太行邀君王一止之月自滅亡解曰兩角女子安字也綠衣祿字也太行山字也一止正字也祿山果于正月死也後李遐問讖曰樵市人將盡函關馬不歸道逢山下鬼環上繫羅衣

顏魯公爲内史邑有楊志堅者嗜學而居貧其妻王惡與處乃賦一詩其略曰漁父尚知谿谷暗山妻不信出身遲荊釵任意插新鬢明鏡從它別畫眉今日便同行路客相逢都是下山時其妻持詩詣州請公牒以求別離顏公案其妻曰楊志堅素爲博學徧覽九經篇詠之間風騷可擬愚妻覩其未遇遂有離心王生之廩既虛豈親黃卷朱叟之妻必去寧見錦衣汚辱鄉閭敗傷風俗若無褒貶僥倖者多將妻王決二十後任改嫁楊志堅贈布絹各二十疋米二十石便署隨軍仍令遠近知悉江左十數年來莫有敢弃

其夫者

古名義士有廖有方挍書元和十年失意後遊蜀至寶雞西界館空旋逝之人于路傍天下譽爲君子之道也書板爲其記後廖君自西蜀取東川路至還靈合驛驛將迎歸私第及見其妻素衣再拜嗚咽情不可任徘徊設饌有同親懿淹留半月僕馬皆飫擬態鹿之珍及賓主之分有方不測何緣如此悚惕尤甚臨別其妻又至相別悲啼又贈畫繪錦一馱其價直數百千驛將曰郎君今春所理胡綰秀才即其妻室

之季兄也始知向埋者姓字復叙平生之吊所遺之
物終不納爲少婦及夫堅意拜上有方又曰僕爲男
子頗察古今偶然整一同流不可當如此厚惠遂促
轡而前馹將奔騎而送逾一馹尚未分離廖君不顧
其物將亦不挈還各仇恨東西物乃弃于林野鄉老
以義士申州州以表奏于中朝其時文武宰寮願識
有方共爲導引明年李侍郎逢吉收有方及第改名
游卿聲振華夷乃唐之義士也其主驛戴克勤堂牒
本道節度甄昇至于極職克勤名義與廖君同遠矣

徐元和巳未歲落第西征過一公署聞呻吟之聲潛
聽而未輟也乃於闇室之内見貧病兒郎問其患疾
與行止强而對曰辛勤數舉未遇知音眄睞叩頭久
而後語唯以殘骸兒相托餘皆不能言擬求救療是
人餓不能起余遂賤鬻所乘鞍馬于村豪備棺殮之
所恨不知其姓字尋爲金門舍人臨岐悽斷後爲銘
曰嗟君没世委空囊幾度勞心翰墨場半面爲君伸
一慟不知何處是家鄉

題紅怨唐明皇代以楊妃號國寵盛宮娥頗皆衰悴
不備掖庭常書落葉隨御水而流云舊寵悲秋扇新
恩寄早春聊題一片葉將寄接流人顧况著作聞而
和之既達宸聰遣出禁内者不少有五使之號焉或
和云愁見啼鶯柳絮飛上陽宮女斷腸時君恩不禁
東流水葉上題詩寄與誰盧渥舍人應舉之歲臨入
御溝見一紅葉命僕搴來葉上乃有一絕句置于巾
箱或示于同志及宣宗既省宮人初下詔許從百司
官吏獨不許貢舉人後渥仕范陽獲其退宮人覩紅
葉而吁怨久之曰當時偶題隨流不謂郎君收藏巾

篋覩其書無不訝焉詩曰流水何太急深宮盡日閑
慇勤謝紅葉好去到人間

蜀僧喻號雲谿子者遁西遐峰厭氣方壯嘗遇玄朗
上人者乃南泉禪宗普願大師之嗣孫也朗公或遇
高才上智者則論六度迷津三明道啓此滅彼住無
營絶色或有愚昧學之流歆其開悟則吟以王士梵
志詩生於西域林木之上因以梵志爲名其言志詩
雖鄙其理眞歸所謂歸眞悟道徇俗乖眞也詩云欺
誑得錢君莫羨得了却是輪它便來往報答甚分明

只是換頭不識面又曰天公未生我冥冥無所知天
公忽生我生我復何爲無衣遣我寒無食令我饑還
爾天公我還我未生時又曰我肉衆生肉形殊性不
殊元同一性命只是別形軀苦痛教他死將來作已
須莫教閻老斷自想意何如又曰多置庄田廣收宅
四隣買盡猶嫌窄雕墻峻宇無歇時幾日能爲宅中
客置造庄田猶未已堂上哭聲身已死哭聲盡是分
錢人口哭元來心裏喜又曰粗行出家兒中心未平
實貪齋行莫遲富齋行則疾貪宅油煮餡愛若波羅

蜜飽日不知慙有罪無休日又曰不願大大富不願
大大貧昨日了今日今日了明晨此之大大目彼之
大大身所損止如此眞成上上人又曰良田收百頃
兄弟猶上商卽是成憂惱珠經虛滿堂滿堂何所用
妻兒日夜忙行坐聞人死不解慙思量買得貧家地
乾枯十樹桑桑下種粟麥四時供父娘嵩謀未入手
抵極願饑荒結得百家怨此身終受殃又曰本是屎
屎袋强將胭粉搽凡人無識見喚作一團花相牽入
地獄此最是冤家又曰生時不供作榮華死後隨車

强吽喚齊頭送到墓門西分你錢財各頭散又曰衆
生頭兀兀常住無明窟心裏雖欺慢口中佯念佛世
無百年人擬作千年調打鐵作門關鬼見拍手笑家
有梵志文生死未入獄不論事有益且得耳根熱白
紙書屏風客來卽與讀空手捻鑪鹽亦勝設酒肉勸
君莫殺命背而生被嗔喫宅宅喫汝輪環作主人又
曰照面不用鏡布施不須財端坐念眞想此便是如
來大皮裹大肉小皮裹小肉生兒不用多了事一箇
足省用分田宅却無橫爭競但存平等心天亦念孤

獨我身雖孤獨未死懷先慮家有五男兒哭我無所
據哭我我不聞不哭我亦去無常忽到來知身在何
處又曰世間何物貴無價是詩書了了說仁義却不
知賢愚深房禁婢妾對客誇妻兒青石梵行路未知
身死時

說郛目錄

弓第二十二
後山談叢 陳師道
林下偶談 吳氏
緗素雜記 黃朝英
捫虱新話 陳善
研北雜志 陸友仁
清波雜志 周煇
壺中贅錄
物類相感志 蘇軾

後山談叢

宋 陳師道

澶淵之役所下一紙書爾州縣堅壁鄉村入保金幣自隨穀不可徙隨在埋藏寇至勿戰故敵雖深入而無得方破德清一城而得不補失未戰而困

澶淵之役眞宗使候萊公相公飲酒矣唱曲子矣擲骰子矣鼾睡矣

韓公再使將見契丹曰主將爲使不能久有言可即道公恐北使來使遂以爲例數請對曰吾不敢也當與君議于館爾契丹劉六符貴用事建議割地及館客怒謂韓公曰公爲主言諸臣利于用兵不爲國計六符豈欲間兩國邪公曰君寧出此願余入爲之耳如宋不過弱數輩不欲戰爾其以戰說者何限六符既喜且懼然終以此得罪也

契丹犯澶淵急書日至一夕凡五至萊公不發封談笑自如明日見同列以聞眞宗大駭取而發之皆告急也又大懼以問公曰陛下欲了此不過五日爾其說請幸澶淵眞宗不語同列懼欲退公曰士庶等止

候駕起從駕而北眞宗難之欲還内公曰陛下旣入則臣不得到又不得見則大事去矣請無還内而行也遂行六軍百司追而及之

楊内翰會云韓遵以易傳楊雄雄傳侯芭自芭而下世不絶傳至沛周鄉鄉傳樂安任奉古奉古傳龐凱凱傳繪所著索緼乃其學也

延師關李誠之以幕府行使方下國宥州牒保安軍故事歲賜盡明年六月乃畢綏不及方請以歲終爲限幕府以聞樞密院牒草報如納李易其草報如故

與遂上奏曰敵人之欲無厭許之不足爲恩而長其貪且示之弱而人不堪其轉輸之勞矣樞密使夏竦劾李擅改制書遣吏部郎訊李曰改保安軍牒非制書也竦不能屈彼亦不敢復請

善書不擇紙筆妙在心手不在物也古之至人耳目更用惟心而已

余與貴人語偶當其心明日使人來求異書士不知有自智專謂出于卷册之間良可悲也

朔人獵而不漁熙寧中官軍復熙河洮水之魚浮取之如拾久而魚潛治世可俯鳥巢惟不暴爾至人入鳥獸不亂群行之著也

蜀人王晁爲舉子詩義左之右之君子宜之而悟針法規矩可得其法不可得其巧捨規矩則無所求其巧矣法在人故必學巧在已故必悟今人學書而擬其點畫已失其法況其巧乎

歐陽公像公家與蘇眉山皆有之而各自是也蓋蘇本韻勝而失形家本形似而失韻夫形而不韻乃所畫影爾非傳神也

唐令民年二十爲丁其下爲推宋次道曰推者稚也避高宗諱闕而爲推邑縉叔曰推者髻也獨髻爲推傳者誤爾蓋唐人不諱嫌梁氏之父茂始以戊爲武溫嘗殺人畏之并諱其嫌耳夫人少而分髻長則合而未冠今人猶然縉叔是也

道士王太初受天心法治鬼神有功于人常謂爲室當使戶牖疎達若四壁隱客終爲鬼所據耳

唐魏鄭公狄梁公張燕公墓棘直而不岐世以爲異而孔林無枳棘也

秦少游有李廷珪墨半錠不爲文理質如金石潘谷見之而拜曰眞李氏故物也我生再見矣王四學士有之與此爲二也墨乃平甫之所實谷所見者其子游以遺少游也又有張遇墨一團面有盤龍鱗鬣悉具其妙如畫其背皆有張遇麝香墨字潘墨之龍畧有大都耳亦姸妙有紋如盤系二物世未有也語曰良玉不琢謂其不借美于外也

張又後子供備使李唐卿嘉祐中以書待詔者也喜墨常謂余曰和墨用麝欲其香有損于墨而竟亦不能香也不若並藏以熏之潘谷之墨香徹肌骨磨研

至盡而香不衰陳惟達之墨一篋十年而麝氣不入但自作松香耳蓋陳墨膚理堅密不受外熏潘墨外雖美而中疎爾

龍圖燕學士肅悟木理造指南車不成出見車馳門動而得其法

祕書丞張鍔嗜酒得奇疾中身而分左常苦寒雖暑月中着襪袴紗綿相半

魚行隨陽春夏浮而遡流秋冬沒而順流漁者隨其出沒上下而取之

韓幹畫走馬絹壞損其足李公麟謂雖失其足走自若也

獐無膽兔無脾豚無筋

澄心堂南唐烈祖節度金陵之宴居也世以爲元宗書殿誤矣趙內翰彥若家有澄心堂書目才三千餘卷有建業文房之印後有主者皆牙挍也

宣城包鼎每畫虎掃溉一室屏人聲塞門塗牖穴屋取明一飲斗酒脫衣據地卧起行顧自視眞虎也復

飲斗酒取筆一揮意盡而去不待成也

閻立本觀張僧繇江陵畫壁曰虛得名爾再往曰猶近代名手也三往于是寢食其下數日而後去夫閻以畫名一代其于張高下間爾而不足以知之世之人强其不能而論能者之得失不亦疎乎

御厨不登彘肉 太祖常畜兩彘謂之神猪熙寧初罷之後有妖人登大慶殿據鴟尾既獲索彘血不得始悟祖意使復畜之蓋彘血解術云

茶洪之雙井越之日注登萊鰒魚明越江瑤柱莫能

相先後而強爲之第者皆勝心耳

熙寧中作坊以門巷委狹請直而寬廣之神宗以太祖創始當有遠慮不許既而衆工作苦持兵奪門欲出爲亂一老卒閉而拒之遂不得出捕之皆獲

都市大賈趙氏世居貨寶言玉帶有刻文者皆有疵疾以蔽映爾美玉蓋不琢也比歲荆揚兩州化洛石爲假帶質如瑾瑜然可辨者以有光也

浙西地下積水故春夏厭雨諺曰夏旱修倉秋旱離鄉浙東地高燥過雨即乾故春得雨即耕然常患少

耳

田理有橫有巳間謂之立土橫土立土不可稻爲其不停水也

許安世家有伯成樽如今羯鼓鞚也

文思殿奉帝者之私凡物必具宣后當國九年不索一物

或勸太祖誅降王久則變生太祖笑曰守千里之國戰十萬之師而爲我擒孤身遠客能爲變乎

吳越錢氏人成丁歲賦錢三百六十謂之身錢民有至老死而不冠者

乖崖在陳一日方食進奏報至且食且讀既而抵案慟哭久之哭止復彈指罵詈久之乃丁晉公逐萊公也乖崖知禍必及巳乃延三大戶於便坐與之博袖間出彩骰子勝其一坐乃買田宅爲歸計以自汙晉公聞之亦不害也余謂此智者爲之賢者不爲也賢者有義而巳寧避禍哉禍豈可避耶

萊公資豪侈自布衣夜常設燭廁間燭淚成堆及貴而後房無雙幸也

水浮百物而不能勝玉可以試玉也

王某公堯秘書晁少監端彥以外姻爲懺罪而戒僧和我乃大唱曰妬賢嫉能罪消滅聞者莫不爲之笑也

錢塘江邊土惡不能堤錢氏以薪爲之木至輒潰隨補其處日取于民家出束薪民以爲苦張夏爲轉運使取石西山以爲岸募捍江軍以供其役于是州無水患而民無橫賦

前世陋儒謂秦璽所在爲正統故契丹自謂得傳國

璽欲以歸太祖太祖不受曰吾無秦璽不害爲國且亡國之餘又何足貴乎契丹畏服

教坊之樂已不齊凡樂作不偕作止不偕止以先後次第而起止故婉而長然亦未始不齊也余于此得爲政之法焉

油絹紙石灰麥糠馬天糞草皆能出火

詩云惟寡婦之笱寡婦乃用笱爾古之漁笱亦有制也

潁諺曰黃鸝口噤蕎麥斗夏中候黃鸝不鳴則蕎麥可廣種也八月一日雨則角田下熟角田豆也角者麥之訛也

釋氏之願儒者所謂志也志則欲遠大遠大則成志在萬里則行不千里而已也

古鏡懸而旋入之四平扣之玉聲

參寥徙兗布衣李南式家甚貧供蔬菽洗補恩爲甚篤他日爲魯子開言之子開曰吾輩當爲公報之使知爲善之效

馬騾驢陽類起則先前治用陽藥羊牛駝陰類起則先後治用陰藥故獸醫有二種

林下偶譚

宋　吳氏

退之慚筆

王黃州以昌黎祭裴太常文甔石之儲常空于私室方丈之食每盛于賓筵爲慚筆蓋不免類俳陳止齋亦以昌黎顏子不貳過論爲慚筆蓋不免有科舉氣余觀昌黎祭薛中丞文豈亦所謂慚筆者邪然顏子論乃少作不足怪二祭文皆爲衆人作則稍屈筆力以略傍衆人意雖退之亦有不得已焉耳

水心文章之妙

四時異景萬卉殊態乃見化工之妙肥瘠各稱妍淡曲盡乃見畫工之妙水心爲諸人墓誌廊廟者赫奕州縣者艱勤經行者粹醇辭華者秀穎馳騁者奇崛隱遯者幽深抑鬱者悲愴隨其資質與之形貌可以見文章之妙

歐公文林

歐公凡遇後進投卷可采者悉錄之爲一冊名曰文林公爲一世文宗于後進片言隻字乃珍重如此今人可以鑒矣

水心能斷大事

水心平生靜重寡言有雅量喜怒不形于色然能斷大事紹興末年光廟不過重華宮諫者盈庭中外洶洶未幾壽皇將大漸諸公計無所出水心時爲司業御史黃公度使其壻太學生王棐仲温密問水心曰今若更不成服當何如水心曰如此却是獨夫也仲温歸以告黃公公大悟而內禪之議起於此

晦翁斬大四

晦翁帥潭一日得趙丞相簡密報已立嘉王爲今上當首以經筵召公晦翁藏簡袖中竟入獄取大四十八人立斬之纔畢而登極赦至

和平之言難工

和平之言難工感慨之詞易好近世文人能兼之者惟歐陽公如吉州學記之類和平而工者也如豐樂亭記之類感慨而好者也然豐樂亭記意雖感慨辭猶和平至於蘇子美集序之類則純乎感慨矣乃若憤悶不平如王逢原悲傷無聊如邢居實則感慨而

失之者也

詞科習氣

東坡言妄論利害攙説得失爲制科習氣余謂近世詞科亦有一般習氣意主于諂辭主于誇虎頭鼠尾外肥中枵此詞科習氣也能消磨盡者難耳東萊早年文章在詞科中最號傑然者然藻繢排比之態要亦消磨未盡中年方就平實惜其不多作而遂無年耳

李習之諸人文字

文字之雅淡不浮混融不琢優游不迫者李習之歐陽永叔王介甫王深甫李太白張文潛雖其淺深不同而大略相近居其最則歐公也淳熙間歐文盛行陳君舉陳同甫尤宗之水心云君舉初學歐不成後乃學張文潛而文潛亦未易到

劉原父文

劉原父文醇雅有西漢風與歐公同時爲歐公名盛所掩而歐曾蘇王亦不甚稱其文劉嘗歎百年後當有知我者至東萊編文鑑多取原父文幾與歐曾蘇王並而水心亦亟稱之于是方論定

近世詩人

大序云亡國之音哀以思退之論魏晉以降以文鳴者其聲清以浮其節數以急其辭淫以哀其志弛以肆近世詩人爭效唐律就其工者論之卽退之所謂魏晉以降者也而況其不能工者乎

太史公循吏傳

太史公循吏傳文簡而高意淡而遠班孟堅循吏傳不及也

賈誼傳贊

褒見曹器遠侍郎稱止齋最愛史記諸傳贊如賈誼傳贊尤喜爲人誦之蓋語簡而意含蓄咀嚼儘有味也

程蘇分黨

山谷稱周濂溪胸次如光風霽月又云西風壯士淚多爲程灝滴東坡爲濂溪詩云夫子豈我輩造物乃其徒蓋蘇氏師友未嘗不起敬于周程如此惜乎後因嘻笑而成仇敵也

孟子文法

孟子七篇不特推言義理廣大而精微其文法極可觀如齊人乞墦一段尤妙唐人雜說之類蓋倣於此也

王介甫初字介卿

王深甫集有臨河寄介卿詩曾南豐集亦有寄王介卿詩能改齋漫錄載南豐懷友篇巻集中所遺者其篇末云作懷友書兩通一自藏一納介卿家

山谷詩與杜牧鄭谷同意

張祜有句云故國三千里深宮二十年以此得名故杜牧云可憐故國三千里虛唱宮詞滿後宮鄭谷亦云張生有國三千里知者惟應杜紫微秦少游有詞云醉卧古藤陰下故山谷云少游醉卧古藤下誰與愁眉唱一盃解作江南斷腸句只今惟有賀方回正與杜鄭語意同

飲墨

俚俗謂不能文者爲胸中無墨蓋亦有據通典載北齊策秀才書有濫劣者飲墨水一升東坡監試呈諸試官云麻衣如再着墨水真可飲山谷次韻楊明叔云睥睨紈袴兒可飲三斗墨又題子瞻畫竹石云東坡老人翰林翁醉時吐出胸中墨唐王勃屬文初不精思先磨墨汁數升酣飲引被覆面卧及寤援筆成篇不改一字人謂勃爲腹藁

食酒

飲酒謂之食酒于定國傳定國食酒至數石不亂如淳曰食酒猶言喜酒師古曰若依如氏之說食字當音嗜此說非也食酒者謂能多飲費盡其酒猶云食

言焉今流俗書輒改食字作飲字失其真也然食酒至數石不亂可謂善飲古今所罕有也柳子厚序飲亦云吾病痞不能食酒至是醉焉

離騷名義

太史公言離騷者遭憂也離訓遭騷訓憂屈原以此命名其文則賦也故班固藝文志有屈原賦二十五篇梁昭明集文選不併歸賦門而别名之曰騷後人沿襲皆以騷稱可謂無義篇題名義且不知而況文乎

坡賦祖莊子

莊子內篇德充符云自其異者視之肝膽楚越也自其同者視之萬物皆一也東坡赤壁賦云蓋將自其變者觀之雖天地曾不能以一瞬自其不變者觀之則物與我皆無盡也而又何羨乎蓋用莊子語意

詩人以艸爲諷

自離騷以艸爲諷諭詩人多效之者退之秋懷云白露下百艸蕭蘭共憔悴青青四墻下已復生滿地樂天咸陽原上艸云野火燒不盡春風吹又生僧贊寧

詩要路花爭發閒門艸易荒後山詩集牆頭霜下艸又作一番新後徐師川詩遍地閒花草乘春傍路生意皆有所譏也

文字有江湖之思

文字有江湖之思起于楚辭嫋嫋兮秋風洞庭波兮木葉下模想無窮之趣如在目前後人多倣之者杜子美云蒹葭離披去天水相與永意近似而語亦老陳止齋送葉水心赴吳幕云秋水能隔人白蘋況連空意尤遠而語加活水心送王成叟庭云林黃橘柚垂渚白蒹葭輕意含蓄而語不費

水心文可資爲史

水心文本用編年法自淳熙後道學興廢立君用兵始末國勢汙隆君子小人離合消長歷歷可見後之爲史者可資焉

緗素雜記

建安黄朝英

黄閤

天子曰黄闥三公曰黄閤給事舍人曰黄扉太守曰黄堂凡天子禁門曰黄闥以中人主之故號曰黄門令秦漢有給事黄門之職是也天子之與三公禮秩相亞故黄其閤以示謙漢舊儀云丞相聽事門曰黄閤

蚩尾

蘇鶚演義云蚩者海獸也漢武帝作栢梁殿有上疏者云蚩尾水之精能辟火災可置之堂殿今人多作鴟字顔之推亦作此鴟劉孝孫始作此蚩尾是水獸作蚩尤字是也蚩尤銅頭鐵額牛角牛耳獸之形也作鴟鳶字恐無意義古老傳云蚩聳尾出于頭上遂謂之蚩尾

夕郎

職林曰初秦漢別有給事黄門之職後漢并爲一官故有給事黄門侍郎余案漢舊儀曰黄門郎屬黄門令每日暮入對青瑣門拜名曰夕郎亦謂之夕拜

軒渠

後漢薊子訓傳云兒識父母軒渠笑悦欲往就之蓋軒渠欲舉其身體以就父母之狀案字説軒上下渠一直一曲受衆小水將達而不驟也而東坡書嘗直草書後云他日黔安見之當捧腹軒渠也恐引此軒渠於義未安

婪尾

蘇鶚演義云今人以酒巡匝爲啉尾即莭命其爵也

云南朝有異國進貢藍牛其尾長三丈一云藍頡水其尾三丈時人倣之以爲酒令今兩盞從其簡也此皆非正行酒巡匝即重其盞蓋慰勞其得酒在後也又云啉者貪也謂處于座末得酒最晚腹癢于酒既得酒巡匝更貪婪之故曰啉尾啉字從口足明貪婪之意此説近之余觀宋景文公守歲詩云迎新送故只如此且盡燈前婪尾杯又東坡寒食詩藍尾忽驚新火後遨頭要及浣花前注引樂天寒食詩三盃藍尾酒一楪膠牙餳乃用藍字盖婪藍一也

乾沒

漢書張湯始爲小吏乾沒與長安富賈田甲魚翁叔之屬交私服虔曰乾沒射成敗也如淳曰豫居物以待之得利曰乾失利曰沒愚謂乾讀爲乾燥之乾蓋謂有所徼射不計乾燥之與沉沒而爲之也又蘇鶚演義云乾沒之說如陸沉之義言乾地而沒不待沉於江湖也故謂之乾沒

貌侵

史記武安侯列傳云武安者貌侵韋昭注云侵音寢

短小也又云醜惡也又漢本傳云蚡爲人貌侵服虔注云侵短小也韋昭則以侵爲寢服虔止讀如本字皆有短小之義而顏師古並無註釋余謂當以侵爲正

阿堵

晉王夷甫雅尚口未嘗言錢一日其妻令以錢繞牀使不得行夷甫晨起見錢閡行謂婢曰舉阿堵物去其措意如此世之學者有賢愚類求阿堵之義而未之得殊不知阿堵初自無據作史者但記一時語言而已顧愷之傳亦云傳神寫照正在阿堵中獨不見此何耶宋景文公寫眞詩云誰謂彼己子而傳阿堵神又荅詩云久謝輪囷器羞言阿堵神皆用此也豈有他意

格五

漢吾丘壽王以善格五召待詔注云格五簺也說文曰行棊相塞謂之簺鮑宏簺經曰塞有四采塞白乘五是也乘五至五即格不得行故云格五簺先代反又世俗有蹙融之戲謂以奕局取一道人各行五棊

即所謂格五也唐資暇集謂融宜作戎此戲生于黃帝蹵鞠意在軍戎也殊無圓融之義又引庾元威著座右方所言蹙戎者即今之蹙融也其說甚佳然謂生於黃帝則又誤矣

刊詔

晉書劉遐傳云時孝武帝觴樂之後多賜侍臣文辭詔義有不雅者遐輒焚毀之其先侍臣被詔或宣揚之故論者以此多遐又徐邈傳云帝宴集酣樂之後好爲手詔詩章以賜侍臣或文辭率爾所言穢雜遐

轉應特收歛還省刊削肯使可觀經帝重覽然後出之是時侍臣被詔者或宣揚之故將議以此多遲

豬伯

家訓云晉羊曼常頹縱任俠飲酒誕節兖州號爲豬伯此字更無音訓梁張纘呼爲𡋤羹之𡋤亦不知所出但耆老相傳世間又有豬豬語蓋無所不施無所不容之意也顧野王玉篇誤爲黑旁沓顧雖傳物猶出張纘之下

慮囚

漢書何武傳云武爲楊州刺史行部錄囚又雋不疑爲京兆尹每行縣錄囚徒還其母輒問有所平反活幾何人顏師古注云省錄之知其情狀有冤滯與不也今云慮囚本錄聲之去者耳音力具反而近俗不曉其意訛其爲思慮之慮失其源矣余案太玄云踦干狴獄三歲見錄集韻云錄音良倨切覧省也蓋唐亦循襲舊史語言以錄爲慮未之攷耳顏氏所謂近俗不曉其意訛其文爲思慮之慮蓋指唐人言也故劉餗嘉話稱高祖平京師李靖見收太宗慮囚見靖引與語奇之又王涯說通作慮此唐人用慮字之明驗也

鄭重

漢王莽傳稱非皇天所以鄭重降符命之意註云鄭重猶言頻煩也顏氏家訓亦云吾亦不能鄭重聊舉近世切要以啓寤汝耳此眞得漢書之意近沈存中筆談言石曼卿事云他日試使人通鄭重則閉門不納亦無應門者即以鄭重爲殷勤又不知何所據而言然不爾曾謂使人通頻煩可乎

伎養

應劭風俗通嘗論太史公記高漸離一名易姓爲人庸保匿作于宋子久之作苦聞其家堂上有客擊筑伎養不能無出言案伎養者謂懷其伎而腹癢也是以潘岳射雉賦亦云從心煩而伎癢李善云有伎藝欲逞曰伎養今史記並作徬徨不能去出言曰彼有善有不善或作徘徊不能無出言是爲俗傳寫誤也故景文公詩云技癢新禽百種啼蓋用此義

醞藉

漢書薛廣德傳云溫雅有醞藉顏師古注云醞言如醞釀也藉言有所薦藉也醞于問切藉才夜切或用蘊字而蘇鶚演義云蘊藉者人雅度之稱也蘊者蓄也藉者藉也藉者積也言蓄美積德之謂陸賈傳云聲名藉甚謂積累聲名之多也或曰聲名藉甚謂狼藉甚盛也蘇鶚解狼籍者物雜亂之貌言狼卧起游戲多藉其草草皆雜亂遂成狼藉之名藉爲籍者遂其語順也

捫蝨新話

宋　陳善

道在六經不在浮屠

吾書中頗有贊訛處便是禪家公案但今人未嘗窺究耳孔子曰二三子以我爲隱乎吾無隱乎爾吾無行而不與二三子者是丘也不知所隱者何事顏回在陋巷一簞食一瓢飲人不堪其憂回也不改其樂不知所樂者何道孟子曰睟然見于面盎于背施于四體四體不言而喻不知所喻者何物此豈區區口

耳所能證也哉易曰精氣爲物遊魂爲變故知鬼神之情狀原始要終故知死生之說而孔子曰朝聞道夕死可矣故子路問死又問事鬼神古之達者類有以知此至其得力處曾子病革而易簀子路臨死而結纓蓋于死生之際其嚴如此顧但設教自有先後耳豈如今之俗學乃全不究以六經爲治世語言至欲求道則以爲盡在浮屠氏嗚呼此宜今世脫空謾語者云所以得肆其欺誕而不顧也耶

楊龜山三經義

楊龜山立著三經義辨以譏正王氏當矣然不作可也

林元齡說易

林元齡謂予言龍門山人者以卜易而善言易蓋嘗與論爻易卦只有六爻而乾坤有用九用六似有七爻何也山人曰易數也數奇則無窮三百八十四爻外則用九用六此所以爲奇也周天三百六十五度四分度之一亦奇數也楊雄作太玄遂有踦贏二贊蓋亦用九用六之謂也不然則易之數窮矣元齡甚

喜其說大抵易之爲書無所不有或以歷數或以卜筮蓋不但性命之說也大衍之數五十其用四十有九而乾用九坤用六則非聖人不能也故曰仁者見之謂之仁智者見之謂之智

中庸非全書

予嘗曾爲中庸說謂中庸者吾儒證道之書也然至今疑自春秋脩其祖廟陳其宗器以下一段恐只是漢儒雜記或因上文論武王周公達孝遂附于此當時雖爲之解然非誠說也又云郊社之禮所以祀上帝也宗廟之禮所以祀乎其先也明乎郊社之禮禘嘗之義治國其如示諸掌乎此尤不可曉按論語或問禘之說子曰不知也知其說者之于天下也其如示諸斯乎指其掌此孔子以當時之禘有不如禮不欲斥言之因以掌而示門人曰其甚易如此耳弟子因而記孔子所謂示諸斯者是指其掌也今中庸乃言治國其如示諸掌無乃非其義乎仲尼當有缺文燕居又曰明乎郊社之禮禘嘗之義治國其如指其掌而已乎予以此知二者皆漢儒誤讀論語之文因而立

說非孔子意也中庸本四十九篇今一篇獨存然以此觀之恐亦非全書

道人說論語

林邦翰爲余言嘗見一道人說論語子釣而不綱弋不射宿頗有理余願聞之邦翰曰道人云此兩句是聖人心存教化聖人本無心于取物其釣而不綱者示其貪則取之也弋不射宿者示其動則取之也其意在于戒世之貪得與妄動者耳不然聖人豈徒爲是弋與釣也哉時一坐莫不稱歎予曰此說本是道

人家一邊所見而已聖人之言要非一端可盡

孟子難讀

孟子之書有言而可爲萬世用者有言之今日而明日不可用者孟子之書要自難讀孟子不見諸侯而見梁惠王學者至今疑之雖然孟子豈無操持者哉此固孟子開卷第一義也孟子之書類多如此學者遂立說以非孟子所謂蚍蜉撼大樹可笑不自量者耶

讀書須知出入法

讀書須知出入法始當求所以入終當求所以出見得親切此是入書法用得透脱此是出書法蓋不能入得書則不知古人用心處不能出得書則又死在言下惟知出知入得盡讀書之法也

讀書牢記則有進益

讀書惟在牢記則日見進益陳晋之一日只讀一百二十字後遂無書不讀所謂日計不足歲計有餘者今人誰不讀書日將誦數千言初若可喜然旋讀旋忘一歲未嘗得百二十字雖然況一日乎予少時實有貪多之癖至今每念腹中空虛方知陳賢良爲得法云

作文貴首尾相應

桓溫見八陣圖曰此常山蛇勢也擊其首則尾應擊其尾則首應擊其中則首尾俱應予謂此非特兵法亦文章法也文章亦要宛轉回復首尾俱應乃爲盡善山谷論詩文亦云每作一篇先立大意長篇須曲折三致意乃成章耳此亦常山蛇勢也

文章貴錯綜

楚辭以日吉對良辰以蕙殽蒸對奠桂酒存中云此是古人欲錯綜其語以爲矯健故耳予謂此法本自春秋春秋書隕石于宋五是日六鷁退飛過宋都說者皆以石鷁五六先後爲義殊不知聖人文字之法正當如此既曰隕石于宋五又曰退飛鷁于宋六豈成文理故不得不錯綜其語因以爲健也楚辭正用此法其後韓退之作羅池碑云春與猿吟兮秋鶴與飛以與字上下言之蓋亦欲語反而辭從耳今羅池碑石刻古本如此而歐陽公以所得李生昌黎集較

之只作秋輿鶴飛遂疑古本爲誤惟沈存中爲始得古文意然不知其法自春秋出蓋自予始發之予乃今知古人文字始終開闔有宗有趣其不苟如此

作文使事之難

文章不使事最難使事多亦最難不使事難于立意使事多難于遣辭能立意者未必能造語能遣辭者未必能免俗此又其最難者大抵爲文者多知難者少

觀人文章

文章雖工而觀人亦自難識知梵志翻著襪法則可以行文知九方皋相馬法則可以觀人文章

晉唐國朝之文

晉無文章惟陶淵明歸去來辭一篇而已唐無文章惟韓退之送李愿歸盤谷序一篇而已予亦謂國朝無文章惟范文正公嚴子陵祠堂記一篇而已

東坡作文用事

東坡省試論刑賞梅聖俞一見以爲其文似孟子置在高等坡後往謝梅梅問論中用堯皐陶事出何書坡徐應曰想當然耳至今傳以爲戲予讀坡應制科試形勢不如德論坡時亦似不曉出處

歐蘇之文

仕宦而至將相富貴而歸故鄉此歐公晝錦堂第一句也其後東坡作韓文公廟碑其破題云匹夫而爲百世師一言而爲天下法語句之工便不減前作議者謂歐公語工于叙富貴坡語工于說道義蓋此二句皆即其人而記其事已道盡二人平生事實如此自非筆端有力那能至是

唐宋文章皆三變末流不免有弊

唐文章三變宋朝文章亦三變矣荆公以經術東坡以議論程氏以性理三者要各自立門户不相蹈襲然其末流皆不免有弊雖一時舉行之過其實亦事勢有激而然也至今學文之家又皆逐影吠聲未嘗有公論實不見古人用心處予每爲之太息

蘇子由文

蘇子由著歷代論以牛僧孺李德裕俱爲一代之偉人以馮道事四姓九君爲非其過庶幾以忠恕格物

者至神宗皇帝御集序乃以曹操比而以挽辭曰最晝廢興寢則又是秦始皇也不知當時下筆之際意果何在

東坡兄弟議論相反

東坡兄弟文章議論大率多同惟子由文字晚年屢省加刊定故與子瞻有相反處蓋以矯王氏尚同之弊耳至子瞻易傳論天地之數五十有五而太衍之數五十者土無成數無定位者專氣故不特見而子由遂曰此野人之說也則似矯枉太過

秦少游文自成一家

呂居休嘗言少游從東坡游而其文字乃自學西漢以予觀之少游文字格似正此所進論策辭句頗若刻露不甚含蓄者此坡不覺望洋而歎也然亦自成一家

蕭統徐鉉文選文粹之陋

柳子厚壽州安豐縣孝門銘自壽州刺史臣承恩而下蓋序也以表爲序亦文之一體也而徐鉉所編文粹乃錄銘于前而于題下注云并壽州刺史表于銘後以附見焉此鉉之陋也高唐神女賦自王曰唯唯以前皆賦也而蕭統爲之序東坡嘗笑其陋若鉉者又何足笑之

杜陶二公詩語天成

陶淵明詩采菊東籬下悠然見南山采菊之際無意于山而景與意會此淵明得意處也而老杜亦曰夜闌接軟語落日如金盤予愛其意度閑雅不減淵明而語句雄健過之每詠二詩便覺當時清景盡在目前二公寫之筆端殆若天成茲爲可貴

杜詩句句可出題目

老杜詩如董仲舒策句句典雅堪出題目餘人詩非不佳但可出題者終少耳好詩與好句正自不同

韓退之符讀書城南

符讀書城南有少長語本魚奴傳云兒能引弓射鳥鼠少長則射狐兔用爲長猶稍長也

周朴杜荀鶴詩

處士周朴有能詩名于唐末歐陽公嘗稱朴詩風暖鳥聲碎日高花影重之句然此杜荀鶴詩非朴句也

見唐風集公言少時見其集今不復傳又言鄭谷詩號雲臺編者今亦不行于世然今市肆實有此集二人唐史皆不爲立傳獨朴死巢亂不屈其節目見巢傳中予家有朴詩百餘篇嘗爲之序異日當別加搜訪遺逸爲全集以傳于世

東坡西湖詩

東坡酷愛西湖嘗作詩云若把西湖比西子淡粧濃抹也相宜識者謂此兩句已道西湖好處公又有詩曰雲山已作歌眉淺山下碧流淸似眼予謂此詩又

是爲西子寫生也要識西子但看西湖要識西湖但看此詩

梅聖俞河豚車螯詩

梅聖俞河豚詩云但言美無厭誰知死如麻歐公食車螯詩亦云但知美無厭誰謂來甚遐便覺牽强不似梅詩爲切題

林子山詩

林子山詩中亦多佳句其自叙過門人指朝郎宅入室渾如野老家人皆許其有隱者之致然輕薄子猶誦其出山詩云尺書中夜至淸曉郎揚鞭人謂子山三詔不起于是聞者莫不絶倒

王荆公論李杜韓歐四家詩

荆公論李杜韓歐四家詩而以歐公居太白之上曰李白詩詞迅快無疎脫處然其識汙下十句九句言婦人酒耳予謂詩者妙思逸想所寓而已太白之胸氣當遊戲萬物之表其于詩寓意焉耳豈以婦人與酒敗其志乎不然則淵明篇篇有酒謝安石每遊山必攜妓亦可謂之其識不高耶

詩有四兩句優劣

予與林邦翰論詩及四兩字句邦翰云梨花一枝春帶雨句雖佳不免有脂粉氣不似朱簾暮捲西山雨多少豪傑予因誦樂天句似茉莉花王勃句似含笑花李長吉桃花亂落如紅雨似簷蔔花而王荆公以爲總不似院落淺沉杏花雨乃似闍提花邦翰撫掌曰吾子此論不獨詩評乃花譜也

詩有格高韻勝之辨

予每論詩以陶淵明韓杜諸公皆爲韻勝一日見林

倖于徑山夜話及此林倖曰詩有格有韻故自不同如淵明詩是其格高謝靈運池塘春草之句乃其韻勝也格高似梅花韻勝似海棠花予聽之矍然若有悟自此讀詩須進便覺兩眼如月盡見古人旨趣然恐前輩或有所未聞

韓文杜詩用字有來處

文人自是好相採取韓文杜詩號不蹈襲者然無一字無來處乃知世間所有好句古人皆已道之能者時復暗合孫吳耳大抵文字中自立語最難用古人

語又難於不露筋骨此除是倒用大司農印手段始得

李杜韓柳有優劣

唐世詩稱李杜文章稱韓柳今杜詩語及太白處無慮十數篇而太白未嘗有與杜子美詩只有飯顆一篇意頗輕甚論者謂以此可知子美傾倒太白至難晏元獻公嘗言韓退之扶導聖教剗除異端是其所長若其祖述墳典憲章騷雅上傳三古下籠百氏橫行濶視于綴述之場者子厚一人而已然學者至今但雷同稱述其實李杜韓柳豈無優劣達者觀之曰可黙喻

歐公變文格而不能變詩格

歐陽公詩猶有國初唐人風氣公能變國朝文格而不能變詩格及荆公蘇黃輩出然後詩格極于高古

唐末詩體卑陋小詞奇絶

唐末詩體卑陋而小詞最爲奇絶今人盡力追之有不能及者予故嘗以唐花間集當爲長短句之宗

以文體爲詩四六

以文體爲詩自韓退之始以文體爲四六自歐陽公

始

顧愷之張長史書畫

顧愷之善畫而人以爲癡張長史工書而人以爲顛予謂此二人之所以精于書畫者也莊子曰用志不分乃凝于神

王右軍蘇東坡字

王右軍書本學衛夫人其後遂妙天下所謂風斯在下也東坡字本出顏魯公其後遂自名家所謂青出

于藁也

前代牌額先掛後書碑石先立後刻

前代牌額必先掛而後書碑石必先立而後刻魏凌雲臺至高韋誕書榜即日皓首此先掛之驗也今則先書而後掛唐吐突承璀欲立石紀功德李絳上言請罷之帝悟命百牛倒石此先立之驗也今則先刻而後立

讖緯害經

五經正文多引讖緯反害正經皆可刪歐陽公昔嘗有劄子論其事今三國志註多引神怪小説無補正史處亦可刪

漢光武唐武宗信圖讖受籙

光武郤祥瑞不受而信圖讖武宗除去浮屠而躬受道之籙此與招一放一何異

佛家悟入

學道之士未聞有自儒書入者或者以爲此治世語言非道賾谿徑彼宗門建立要須一句中具三玄一玄中具三要乃能啓悟學者作將來眼目予以爲不然世尊在日有比丘鈍根無多聞性佛令誦苕箒二字旦夕誦之言苕則已忘箒言箒則又忘苕每自尅責繫念不休忽一日能言曰苕箒于此大悟得無礙下中使學者用心能如誦苕箒則雖笑䟦擊竹猪肉潚案猶可以悟而况治世語言乎

李翺學佛

李翺親從韓退之遊而學佛自若也今之讀韓文者則皆闢佛老然公自言籍湜輩屢叛其教而獨不及翺此又何也

李翺問藥山語

李翺問藥山如何是道藥山以手指上下翺不會山云雲在天水在瓶予始讀此而悟中庸鳶飛戾天魚躍于淵言其上下察之文

黄山谷五觀

山谷嘗約釋氏法作士大夫食時五觀此古人一飯不忘君終食不違仁之意近時士大夫乃多効浮屠家以鉢盂而食之時謂之衣鉢無乃好奇之過

天堂地獄

傅奕與蕭瑀論佛瑀曰地獄正爲是人設耳張唐卿著唐史發潛遂曰蒼天之上何人見其有堂黄泉之下何人見其有獄然予觀國史補李肇云天堂無則已有則賢人生地獄無則已有則小人入如此則又何必較其有無哉

韓退之服硫黄

韓退之譏服食必死而自餌硫黄親見大顛而後作答孟簡書似無持操者或者戲曰退之但立教而已可盡信乎此又可笑

捫虱新話〔八〕　十六

崇觀太學三舍之弊

崇觀三舍一用王氏之學及其弊也文字語言習尚浮虛千人一律嘗見人說當時京師優人有致語云伏惟體天法道皇帝越時立本相公惟其所以秀才和同天人之際而使之無間者禁人也于時觀者莫不絶倒盖數語皆當時之弊也

國朝始置通判

國朝始置通判謂之監州往往與知州爭權錢昆少卿家世餘杭之人嗜蟹嘗求外補或問欲何郡昆曰但得有螃蟹無通判處可矣聞者以爲笑予按大唐傳載元和中郎吏數人省中飲酒因話平生愛尚及憎怕者工部員外周愿獨曰愛宣州觀察使怕大蟲此事始得一對

王沂公李順之優劣

艾慎幾嘗爲予言咸平中王沂公狀元及第日嘗于佛寺供僧一年人以爲難近逮建炎初李順之廷對第一以爲離亂之後亦于楊州僧寺特施錢二緡轉大輪藏欲爲陳亡戰士追福由是聞者笑之謂其所

捫虱新話〔八〕　十七

欲者奢也予謂李公平生滑稽玩侮無所不至乃欲以二千錢爲陳亡之福便可想見其爲人然王李優劣于是可見

竇灌田蚡駡坐

讀竇灌田蚡傳想其使酒駡坐口語歷歷如在目前便是靈山一會儼然未散

東坡行脚僧

東坡嘗言見今行脚僧但喫些酒肉耳予謂坡不獨是行脚僧乃苦行僧也坡蓋自謫黄州後便見學道

工夫晚年筆墨挾海上風濤之氣益窮益工則苦行僧又不是也

徐邈中聖人

魏武帝方禁酒而徐邈私飲至于沉醉從事趙達問以曹事邈曰中聖人達白之武帝帝怒將軍鮮于輔進曰平日酒客謂清者爲聖人濁者爲賢人邈性脩慎偶飲言耳邈遂得免郭璋截君角徐邈中聖人可幷案也

周公晉惠帝語

周公作無逸曰先知稼穡之艱難則知小人之依此古今天下一人也晉惠帝問饑民曰何不食肉糜此亦古今天下一人也

北人不識梅南人不識雪

北人不識梅南人不識雪蓋梅至北方則變而成杏今之江湖二浙四五月間梅欲黃而雨謂之梅雨轉淮而北則杏亦地氣然也語曰南人不識雪向道似楊花然南方楊實無花以此知北人不但不識梅而且無梅雨南人不識雪則亦不識楊花矣予聞關中人不識蟛蟹人有得一乾蟛蟹者或病則掛之門其病遂愈沈存中曰不但人不識鬼亦不識也

段太尉倒用司農印追賊

段太尉倒用司農印以追賊將韓旻足得符印遂還此太尉一時權以濟事也然予在鎮江嘗見林倅云今在州縣獄中或走失罪人但倒用印印所追捕文書賊可必得不知古人還用此法或偶合耶予又觀抱朴子曰古人入山皆佩黃神越章之印行見新虎跡以順印印之虎即去以逆印印之虎即還此亦倒

用印法也但未知其説

歐公收東坡東坡收秦黃

歐陽公不得不收東坡所謂老夫當避路放他出一頭地者其實掩抑渠不得也東坡亦不得不收秦少游黃魯直輩少游歌詞當在坡上少游不遇東坡當絕自立必不在人下也然提奬大成就坡力爲多

牛僧孺李德裕之黨

唐人指牛僧孺李德裕之黨謂牛李之黨新唐書乃嫁其名于李宗閔人指爲牛李非益爲詞何雖欲爲

德裕諱然非其實矣德裕在海南作窮愁志論周秦行記謂僧孺有不臣之志且以爲兩角犢子自顛狂爲牛氏之讖不知兩角犢子自全忠姓也德裕信賢要與僧孺立敵議論偏異多如此類悔悔之氣至老不衰謂非當得乎

捫虱新話（八）　二十

研北雜志

宋　陸友仁

余生好游足跡所至喜從長老問前言往行必謹識之元統元年冬還自京師索居吳下終日無與晤語因追記所欲言者命小子錄藏焉取段成式之語名曰研北雜志庶幾賢于博奕爾

自唐更五代天下大亂江南雖偏霸然文獻獨存得唐遺風

篆法自秦李斯至宋吳興道士張有而止後世的有所據依

趙元考彥若有史例論三卷唐典備對六卷紀元新卷十首游師雄有分疆語錄三卷

虎丘有清遠道士養鶴磵

劉禹錫唐卿常謂繙討書傳最爲樂事忽得一異書如得奇貨人知其如此好求怪僻難知之籍窮其學之淺深唐卿皆推其自出以示之有所不及見者累日尋究至忘寢食必得而後已故當時士大夫多以博洽推之

研北雜志（八）　一

天台山有佘奭題詩甚佳
樓大防言樂之本在聲無知之者而力求于尺度秬
黍之末爲可歎也
廖明略謂范瞱之文秀整温縟
黄釣太常寺壁記云後世以儀爲禮以器爲樂其于
聖賢之道遠矣惟儀與器又皆因陋就寡寖非六經
之故
李明仲誠所著書有續山海經十卷古篆説文十卷
續同姓名録二卷營造法式廿四卷琵琶録三卷馬

經三卷六博經三卷
趙子昻家智永千文爲湯君載借摹易去一百六十
五字
若教樂淫聲過聲凶聲湯聲皆禁之淫聲若鄭衛之
音過聲若哀樂之節凶聲亾國之音若桑間濮上者
湯聲惰慢不恭
袁伯長父謂趙子昻詩法高蹥魏晋爲律詩則專守
唐法故雖造次訓答必守典則
姜堯章作絳帖評旁正曲引有功於古今

累代畫家以王士元郭忠恕爲第一閆畫史言尺寸
層疊皆以準繩爲則殆猶修內司法式分杪不得踰
越
韓侂胄閲古堂圖書皆出于向若水鑒定
吾子行沈困市隱豊碑巨碣不能以自見寫其幽曠
託焉以自逃者也
南康黄可玉嗜古剛潔人也
顧野王玉篇惟越本最善末題會稽吳氏三一孃寫
問之越人無能知者楷法殊精

蒲葵扇唐韻椶字注云蒲葵也乃椶扇耳
吳興朱文中尚奇每倣古物立怪名以紿流俗廬于
弁山之下山多巖谷乃批荆棘求其壯觀者刻作前
人題署姓名年月皆詭異不可考據
張泊素與徐鉉厚善因議事不協遂絶然手寫鉉文
章訪求其筆札藏篋笥甚于珍玩
鄭文寶仕李氏時挍書郎歸宋不復序故官時煜以
環衛奉朝請文寶欲一見慮守衛者難之乃披蓑荷
笠作漁者以見陳聖主寛宥之意宜謹節奉上勿爲

他慮煜忠之
沈立有名山都水記三百卷
鮮于伯機作霜雀堂落成之日會者凡十有二人
朱希真常言山陰富水竹有洛陽許下氣象
南唐雖僭僞一方風流特甚遠今楮墨書画皆爲世
寳人物文章亦盛
金谷園吳越錢氏時廣陵王元璙所作今朱氏樂圃
是其地
趙子昂學士論書云書法以用筆爲上而結字亦須

用工蓋結字因時相傳用筆千古不易右軍字勢古
法一變其雄秀之氣出于天然故古今以爲師法齊
梁間人結字非不古而乏儁氣此又在乎其人然古
法終不可失也
歐陽公集錄古文自穆王以來莫不有之而獨無前
漢時字求之久而不得其後劉原父長得前漢數物
以銘刻遺之由是大償素願葢其難得如此
趙伯昂携懷素狂僧帖玉馬玉人劍璏琕琫李超潘
谷等墨來觀

袁伯長學士博聞洽識江左絶倫謂張伯雨曰宋東
都典故能以歲記之渡江後事能月記之
劉孝標遊東陽山作山志其文富有妙語
長安人言漢阿房建章遺址猶有存者其前殿可容
數千人杜樊川之賦非夸詞也
劉夢得嘗愛終南太華以爲此外無奇愛女几荆山
以爲此外無秀及見九華始悼前言之容易也
天曆初雲南大擾武昌運米至八番一石用楮幣一
千五百貫

宋會五十貫准中統鈔一貫
天下鹽課歲以引計者二百五十六萬四千有奇以
鈔計者歲入之數七百六十六萬一千定
漢銅馬式藏周公瑾家其初破爲數段鑄工以藥銲
柵之復完如新
辛幼安墓在鉛山州南十五里陽原山中
趙子固清放不羈好飲酒醉則以酒濡髮歌古樂府
自執紅牙以節曲其風流如此
季宗元蓄唐摹王右軍周大嫂帖乃開元五年十一

月陪戎副尉張善慶襲
鮮于伯機目趙子昂神情簡遠爲神仙中人
古陶器或言舜時物按三代銅器至今存者多不完舜時更遠陶瓷難完吾子行謂當是秦鑄金人之後合土爲器耳
趙子昂云唐人之畫實描雲水蓋刻畫中有飛動之意後人所難能也
田師孟家有歐陽率更書漢史節
故宋宮中用魚鑰降魚耴匙降匙耴魚古制也

宋肇維陵寢歲以四月科栯前期遣官奏告
東坡云梅二丈聖俞身長秀眉大耳紅顏飲酒過百幾輒正坐高拱此其醉也
張可與家有周昉五星眞形圖昉爲宣州長史日所畫其星法亦昉手自書
竹簡之法絶而不傳米元章得古簡始更制法
畢少董命所居之室曰死軒凡所服皆用上古壙中之物玉如彼含蟬是也
曹公作欹案卧視書周美成又謂之倚書床

唐使兩省官對立謂之蛾眉班
吾家太史云冬至後九日遇壬法當有年
陳思王讀書堂在冀州有人于其側得小玉印文曰曹植私印
徐明叔家書樓榜曰五經藏
鮮于伯機論石以太湖爲第一山次之
嘉興天聖寺有唐宣宗眞蹟羅漢佛牙郡學有戊己扇
魏文靖云咸平錢十文重一兩

汲仲胡先生言終今之世無治之日
吾家太史云漢中之民當春月男女行哭首載白楮幣上諸葛公墓其哭甚哀
今人呼墓地爲明堂唐世嘗詔改爲券臺
余觀中秘所藏前代書畫宋高宗爲上徽宗次之金章宗最下
趙子固目姜堯章爲書家申韓
范文穆云漢家作隸雖不爲工拙然皆有筆勢腕力其法嚴于後世眞行之書精采意度粲然可以想見

筆墨畦徑也
廣雅云兄况于父今俗語爲况益有所本
李仲賓學士言交趾茶如綠苔味辛烈名之曰登
鍾王筆法隋人所得與唐人不同大抵隋多鍾唐多
王爾
歐陽公號醉翁林中子稱醒老兩公不同如此
今人不善乘船謂入苦船北人謂之苦車苦音庫
天寶四載詔太清宮用事停祝版用清詞
世謂正月三日爲田本命浙西人謂之下正三言夏

正之三日俗以是日秤水以重爲上有年則極驗
光武分尚書爲六曹并一令一僕爲八座
丹陽葛魯卿論書云晉宋人書法妙絶未必盡曉字
學
胡汲仲謂趙子昂書上下五百年從横一萬里舉無
此書
余平生見黄荃画雪兔凡三四本蓋僞蜀孟昶卯生
每誕辰荃即画獻也
廬山道士黄可立之言曰寇謙之醮録不如杜光庭
之科範吳筠之詩不如李子廉楊世昌之酒何則
漸近自然
周公謹云姜堯章鐃歌鼓吹曲乃步驟尹師魯皇雅
越九歌乃規模鮮于子駿九誦然言詞峻潔意度高
遠頗有超越驊騮之意
程義父云三老五更更字當作叟今嫂字或作㛐可
以驗知其故
王元之有童名青狷梅聖俞有馬名鐵獺
蜀妓薛濤字度弘

漢人喜獵兩都二京三都子虚賦七發皆說一段獵
事
張説西嶽碑云西嶽太華山者當少陰用事萬物生
華故曰華山然則不當爲去聲也
唐玄宗得楊貴妃時年五十七矣唐紀可攷
莊周曰六經先王之陳迹也子亦曰周之所以痛詆
而務去者去六經之陳迹也
世傳陶學士風光好詞是奉使江南日所作近見沈
睿達集有任杜娘傳書其事甚詳始知陶使吳越非

江南也

研北雜志 〈 〉 十

清波雜志

宋 周煇

士大夫于馬上披凉衫婦女步通衢以方幅紫羅障蔽半身俗謂之盖頭盖唐帷帽之制也籠餅蒸餅之屬食必去皮皆爲北地風埃設舊見說汴都細車前列數人持水罐子旋洒路過車以免埃壒蓬勃江南皆衢皆甃以磚與北方不侔

男子施敬于婦女男一拜婦荅兩拜名曰夾拜古禮也今則不然古之男女皆跪詩曰長跪問故夫或問婦跪如何嘗聞海上之國僧尼婦人皆作男子拜拜

尚不以爲異則跪宜有之

熙寧五年詔賜新及第進士錢三千緡諸科七百緡爲期集費進士諸科舊用甲次高下率錢貧者或稱貸于人過于浮費至是始賜之後以爲例

士大夫欲永保富貴動有禁忌尤諱言死獨溺于聲色一切無所顧避聞人家姬侍有惠麗者伺其主翁屬纊之際已設計賄牙儈俟其放出以售之雖俗有熱孝之嫌不恤也又佩玉以尸沁爲貴酬價增數倍

壙墓之物反爲生人寶玩是皆不可以理詰

東坡自海外歸毗陵病暑著小冠披半臂坐船上夾運河千萬人隨觀之坡顧坐客曰莫看殺我否則素知彼民愛慕坡亦眷眷此地而不忘強伯尸而祝之之意出此

王夫人者一日于看樓見一僧頂笠自樓下過問左右笠甚重內有何物告以行脚僧生生之具皆在焉因嘆曰都是北珠金箔能有多少亟使人追之意欲厚施其僧不顧而去異夫巡門持鉢者

蘭亭序絲竹筦絃或病其說而歐陽公記真州東園泥以畫舫之舟南豐曾子固亦以爲疑

司馬遷文章所以奇者能以少爲多以多爲少唯唐宣公得遷文體蘇子容爲公云

爲文之體意不貴異而貴新事不貴僻而貴當語不貴古而貴淳事不貴平而貴奇宋元獻公序云

大觀東庫物有入而無出只端硯有三千餘枚張滋墨世謂勝李廷珪亦無慮十萬斤

米元章善畫能以古爲今益妙于薰染繼先人在丹徒嘗以自畫寒林見予爲好事者袖去先人復得于元章少年所作楚山清曉圖嘗上于御府今猶可想像爲之病懶未暇也

隆興改元夏符離之役王師入城點府庫有金一千二百兩銀二萬兩絹一萬二千疋錢二萬五十貫米豆共六萬餘石布袋十七萬條

政和三四年間府畿蔡汝之間所出瑪瑙尚方因多作寶帶器玩之屬至宣和以後御府所藏往往變而爲石成白骨色悉爲棄物民間有得之者竟莫測所以特記異耳

南渡後有司降樣下外郡置御爐炭胡桃紋鵓鴿色者若千斤知婺州王居正論奏高宗曰朕平居衣服飲食且不擇美惡隆冬附火止取溫煖豈問炭之紋色也詔罷之宣和間宗室爲爐次索炭既至訶斥左右云炭色紅今黑非是蓋常供熟火也以此類推之豈識世事艱難

宣和五年既渝金人乞盟之請明年遣祕書省校書郎衛膚敏假給事中往賀北酋生辰竣事而旋常賦

外別贈使介各一玉錢北主卽宴坐起離席躬奉之左右傳觀皆驚愕太息錢之製如今之大者其文皆兵端豈虞我或覘其國故外示厚禮俾叵測歟錢今藏衛氏

摸撚翁陶朱集載閩人韓南老就恩科有來議親者韓書一絕示之讀盡文書一百擔老來訪得一青衫娥人却問余年紀四十年前三十三摸撚單父人嘗官于政宣間或云陳君向也

紹興九年金歸我河南地商賈往來攜長安秦漢間

碑刻求售于士大夫多得善價故人王錫老東平人貧甚節口腹之奉而事此一日語共遊近得一碑甚奇及出示顧無一字可辨王獨稱賞不已客曰此何代碑王不能答客曰某知之是名沒字碑宜乎公好尚之篤也一笑而散

東坡教諸子作文或辭多而意寡或虛字少實字多皆批論之又有問作文之法坡云譬如城市間種種物有之欲致而爲我用有一物焉曰錢得錢則物皆爲我用作文先有意則經史皆爲我用大抵論文以意爲主今觀坡集誠然

葉少蘊云某五十後不生子六十後不蓋屋七十後不作官然晚年以子舍之多不免犯六十之戒屋成而公死矣此事得于洪慶善

天聖七年詔士庶僧道不得以朱漆牀榻至宣和間蔡卞家雖卧榻亦用滴粉銷金爲飾趙忠簡公親見之其奢儉不同如此

東坡云如人善博日勝日負王荊公改作日勝日貧坡之孫符云元本乃日勝日貧呂正獻尤不喜人博

有勝則傷人敗則傷儉之語

蘇伯昌初筮長安獄掾令買魚飼猫乃供猪襯腸詰之云此間例以此爲猫食乃一笑留以充庖同寮從而逐日買猫食蓋北品味止以羊爲貴

端拱二年河南府言前鄧州刺史穆彥璋以愛子死不顧生挺身入山林飼餓虎異哉喪明尤天古雖有之此則世未嘗有也

淳化五年翰林學士張洎獻重修太祖紀一卷以朱墨雜書凡躬承聖問及史官採摭事即以朱別之神

宗正史類因誣詆而非實錄厥後刪改亦有朱墨于世其用淳化故事云

邵康節居洛陽宅契司馬溫公戶名園契富鄭公戶名莊契王郎中戶名若使令人爲之得不貽寄戶免科論之譏乎或謂田宅乃三公所予者特未知王之名亦是元祐間人

毘陵士大夫有仕成都者九日藥市見一銅鼎已破闕旁一人贊取之既得叩何所用曰歸以數爐炷香環此鼎香皆聚于中試之果然乃名聚香鼎初不知

何代物而致此異

徽宗嘗命米芾以兩韻詩草書御屏次韻乃押中字行筆自上至下其直如綫上稱賞曰名下無虛士芾即取所用硯入懷墨汁淋漓奏曰硯經臣下用不敢復進御臣敢拜賜又一日米回人書親舊有客于窗隙窺其寫至芾再拜即放筆于案整襟端下兩拜三學士多知其然

孫莘老請益于歐陽公公曰此無他唯勤讀書而多爲之自工世人患作文字少又懶讀書每一書出必求過人如此少有至者疵病不必待人指摘多作自見之孫書于座右

季才元大臨元祐間知汝州時辰州貢丹砂道葉縣遺其二篋乃化爲二雉鬪山谷間耕者獲之人疑其盜縣械送州才元識其異訊得實始免耕者砂能變化可謂異矣夫識其異其誰嗣之

壺中贅録　闕名

踏青節

蜀中風俗舊以二月二日爲踏青節

四養

養筆以硫黄酒舒其毫養紙以芙蓉粉借其色養研以文綾盖貴乎隔塵養墨以豹皮囊貴乎遠濕

凌霄花

凌霄花中露水能損人目又能墮胎

山香

山林窮四和香以荔枝殼甘蔗滓乾柏葉黄連和焚又加松毬棗核梨核皆妙

海棠

世謂海棠無香西蜀潼川府路所屬昌州海棠獨有香

看花

花木譜云越中牡丹開時賞者不問親踈謂之看花局

讀書

遊名山如讀異書倦則數行徤則千里言不論途程以洞心快目而止

物類相感志

宋　蘇軾

總論

磁石引針　琥珀拾芥　蟹膏投漆漆化爲水　皂角入竈突烟煤墜　胡桃燒灰可藏針　酸漿入盂水垢浮　滑石去衣油乾麪相與作　燈心能細乳香　榧子能軟甘蔗　撒鹽入火炭不爆　用鹽擂椒椒味好　川椒麻人水能解　胡桃煮臭肉不臭　瓜得白梅爛　栗得橄欖香　豬脂炒榧皮自脱

部粉和梅牙不酸　茅茶得鹽不苦而甜　井水蟹黃沙淋而清　石灰可以藏鐵器　艸索可以祛青蝇　夏月熱湯入井成氷　蘽湯洗杯青蝇不來　烰炭斷道行蟻自回　油殺諸蟲亦殺螻蟈　狗糞中米鴿食則死　桐油入水池荷死　江茶入水池菱枯　粉蝨畏椒　蜈蚣畏油　松毛可殺米蟲　麝香能祛壁虱　馬食雞糞則生骨眼　蒼蝇叮鼈則生肚蟲　三月三日收薺菜花置燈檠上則飛蛾蚊蟲不投　五月五日收蝦蟆能治瘧疾又治小兒疳　春日火烟青冬日火烟黑　香油抹烏龜眼則入水不沉　唾津抹蝴蝶翅則當空高飛　烏賊過小滿小青梅過小滿黃　蠶過小滿則無絲　蜀葵過小滿則長　乳香久留能生舍利　松根年久則生茯苓　橘樹不宜肥　枇杷不宜糞　羚羊角能碎佛牙　人髮根可粘起舍利　銀杏能醉人　胡桃能碎錢　柿煮蟹不紅　橙合漿不酸　綠橘過江北爲枳　麥得濕氣則爲蛾　麩見肥皂則不就　韃靼見酒駱駝見柳　荊葉逼蚊蟲臺葱逼蝇子

酒能發香藕皮散血　津唾可溶水銀末茶可結水銀　鵓知子午貓眼亦能　清明柳條可止醬醋潮溢　芝蔴其燒烟熏紙被不作聲　榧子煮素羹則甜　薄荷去魚腥　荸薺煮銅則軟甘艸煮銅則硬　苦種日螳螂一齊出　九月九蚊子嘴生花　燕畏艾人　蝎畏蝸牛　礬畏茈茹　斧怕肥皂　螺螄畏雪　落蠏怕霧　河豚殺樹狗膽能生　蜘蛛申日能越燕子戊日不歸家　燈心能煮江鰍　麻葉可逼蚊子物類相感如斯而已

身體

身上生肉丁芝麻花擦之

飛絲入人眼而腫者頭上風屑少許揩之一云珊瑚尤妙

人有見漆多爲漆氣上騰着人而生漆瘡用川椒三四十粒搗碎塗口鼻上則不爲漆所害

指甲中有垢者以白梅與肥皂一處洗則自去

彈琴士指甲薄者用僵蚕燒烟熏之則厚

染頭髮用烏頭薄荷入綠礬染之

食梅子牙軟喫藕便不軟一用韶粉擦之

油手以塩洗之可代肥皂一云將順手洗自落

脚跟生厚皮者用有布紋瓦片磨之

衣服

夏月衣蒸以冬瓜汁浸洗其跡自去

北絹黃色者以雞糞煑之卽白鴿糞煑亦好

墨汚絹綢牛膠塗之候乾揭起膠則墨隨膠而落凡絹可用

血汚衣用溺煎滾以其氣熏衣一宿來日洗之則自落

綠礬百藥煎汚衣服用烏梅洗之

鞋中着樟腦去脚氣用椒末去風則不痛冷

洗頭巾用沸湯入鹽擺洗則垢自落一云以熱麪湯擺洗亦妙

槐花汚衣者以酸梅洗之卽去

蠟靴用黃蠟四兩以二兩粘瀝青入蠟均用

綃作木綿夾裏用杏仁漿之則不吃綃

伏中裝綿布衣無綿珠秋冬則有以燈心少許置綿

上則無珠也

紙被舊而毛起者將破用黃蜀葵梗五七根搥碎水浸涎刷之則如新

笠子油汚或汗透者以烏頭煎濃湯洗之

茶褐衣段發白花點者以烏梅煎濃湯用筆塗發處立還原色

酒醋醬汚衣藕擦之則無跡

梅蒸衣以枇杷核研細爲末洗之其斑自去

氊韈以生芋擦之則耐久而不蛀

紅莧菜煮生麻布則色白如宁
楊梅及蘇木汚衣以硫黃烟熏之然後洗其紅自䏻
落
油汚衣用炭灰熨之或以滑石搽熨之
墨染衣帶濕以油浸透須用炭汁擺之
衣裳蒸壞先以水浸濕次用蘿蔔汁洗之
洗墨汚衣用杏仁細嚼搽之

飲食

炙肉以芝蔴花爲末置肉上則油不流

糟蟹久留則沙見燈亦沙治法用皂角一寸置瓶下
則不沙
煮老鷄以山裏果煮就爛或用白梅煮亦好
枳實煮魚則骨軟或用鳳仙花子
醬内生蟲以馬艸烏碎切入之蟲即死
糟茄入石緑切開不黑
糟薑餅内安蟬殻雖老薑亦無筋
煎白腸用百藥末臨熟撒之則香脆
煮魚羹臨煮熟入川椒多則去䱇

食蒜令口中不臭用生薑棗子同食
煮菱要青用石灰水拌過先洗去灰煮則青
煮蟹用蜜塗之候乾煮之則青
酒中火焰以青布拂之自滅
做飯入朴硝在内則自各粒而不相粘
米醋内入炒鹽則不生白衣
用鹽洗猪臓腸子則不臭
煮鷄子令一層層熟相間者以火煮令一著一滅頻
炒動則層層熟入去

做魚鮓用礬鹽淹去涎洗淨如魚鮓法造
凡雜色羊肉入松子則無毒
藕皮和菱米食則軟而甜
研芥辣用細辛少許與蜜同研則極辣
晒葫蘆乾以藁本湯洗過不引蠅子
桃花飯做飯了以梅紅紙盛之濕後去紙和勻則紅
白相間
酒中置茄子柴灰則酒到夜成水
楊梅核與西瓜子用柿子漆相拌了晒乾自開只揀

取仁
鴨蛋以硇砂画花及寫字候乾以頭髮灰汁洗之則黄直透内
乳齋淘用乳餅醬内妙
灌肺用蒲萄汁洗後入灌物永不老
煮銀杏栗子用油紙撚在内則皮自脱
臘肉内用酒脚醋煮肉紅酒調羹則味甜
夏月魚肉内安香油久亦不臭
紅糟酸入鴨子與酒則甜

用蘿蔔梗同煮銀杏不苦
酒甕面上不見人影不可食
日月蝕時飲損牙
銅器内不可盛酒過夜
煮芋以灰煮之則蘓
煎鹽盆中能煮飯不攪動則不鹹也
榧子與甘蔗同食其查自軟如紙一般
花鹻可煮肉易爛
蘿蔔解醬豆腥蘸醬喫不嗳

煎血入酒糟不出水
晒肉須油抹不引蠅子
麸夏月易壞用白湯煠過自然如初
食荔枝多則醉以殼浸水飲之則解
做灰鹽鴨子月半日做則黄居中不然則偏一云日中做
韶粉去酒中酸味赤豆炒過入亦變
爛橄欖研細燒團魚甚香
荷花蒂煮肉精者浮肥者沉

煮紅鴨子以金櫻根同煮自皆紅
天落水做飯白米變紅紅米變白
飲酒欲不醉服硼砂末
喫栗子於生芽處咬破些吹氣一口剥之皮自脱竹
棗與栗同食無柤
茄柴灰可淹海蜇
寸切稻艸可煮臭肉其臭皆入於艸内
煮燒肉用朴硝仍貫氣在肉内
冬瓜切動未喫盡者三五日皆爛以石灰糝之則不

爛
淹鹹蛤蜊以蘆灰入鹽鹹之味好且不開口要即熟
糟酒醬蝌入香白芷則黄不散
則在日中晒
水蘿蔔滷及鹽虀内做甘露子則不黑以細篾穿之
易取
煮麵令湯清北方用花鹻南方用糠醋撮
煮猪脂及血臟羮不可入椒同煮作猪糞氣臨熟後
入就起

物類相感志八　九

煮老鵞不爛就竈邊取瓦一片同煮即爛如泥羊亦
然
喫西瓜喫子不噯
喫蟹了以蟹鬚洗手則不腥
新煮酒灰氣者開時入水一盞
豆油煎豆腐有味
籬上舊竹篾縳肉煮則速靡
餛飩入香蕈在内不噯

器用

商歎銅器以肥皂塗之燒赤後入梅鍋爍之則黑白
分明
黑漆器上有朱紅字以鹽擦則作紅水洗下
油籠漆籠漏者以馬屁孛塞之即止
柿木以酒醋調礦灰塗之一宿則作間道烏木
漆器不可置蕁莱雖堅漆亦壞
棗木作匙者爲其不餿及不粘飯也
熱碗足盪漆桌成跡者以錫注盛沸湯衝之其跡自
去

物類相感志八　十

銅器或鍮石上青以醋浸過夜洗之自落
琴阮無聲者乃舊而膠解也宜用沙湯洗之
針眼割線者宜用燈燒眼
錫器黑垢上用燖鷄鵞湯洗之
酒餅漏者以羊血擦之則不漏
碗口上有垢用鹽擦之自落
水焊炭缸内夏月可凍物
刀子銹用木賊草擦之則銹自落
以皂角在竈内燒烟鍋底煤并突煤自落

肉案上抹布猪膽洗之油自落
烰炭餅中安猫食不臭夏月亦不臭
藁本湯布拭酒器并酒卓上蠅不來
燭心散以線縛之
餅桶漏用醋調合粉泥之
呵鏡子以津唾画鏡令乾呵鏡自見
燈剪用無名異塗之剪燈則燈自斷
梓木爲舟起蟨
香油蘸刀則刀不脆

琉璃用醬湯洗油自去
椒木作擂槌不臭且香
鐵銹以炭磨洗之鈍以乾烰炭擦之則快
泥瓦火煆過作磨石

藥品

甘遂麵裹煮熟毒自去
服茯苓勿食醋
鉛白煎霜入窰中煎炒
瘡藥中用硫黄氣者以竹葉燒烟薰之則不息

生地黄乾土培之不爛
巴豆大黄同用則反不能瀉人
研乳香爲末口念玄胡索
稻草煮香附子不苦
草烏切碎同米作飯喂雀兒盡皆醉倒
收大黄葉鋪薦上去辟虱
服丹石不可食蛤蜊腹中結痛病

疾病

生瘡毒未愈不可食生薑鷄子則肉突出作塊

喫茶多令人黄
蜂叮痛以野莧菜擣傅之
故聰紙治鼻衄

文房

研墨出沫用耳膜頭垢則散
臘梅樹皮浸硯水磨墨有光彩
礬水寫字令乾以五棓澆之則成黑字
絹布上寫字用薑汁磨及粉則不湮開
肥皂浸水磨墨可在油紙上寫字

肥皂水調顏色可画花燭上
櫟炭灰成花燒之有墨處着無墨處不着
磨黃芩寫字在紙上以水沉去紙則字畫脫在水面上
画上若粉被黑或硫煙熏了以石灰湯蘸筆洗二三次則色復舊
草蔴子油寫紙上以紙灰撒之則見字一云杏仁尤佳
冬月硯凍入酒磨墨不凍

鹽滷寫紙上烘之字墨
冬月令水不冰以楊花鋪硯槽名文房春風膏硯
樺皮燒煙熏紙作故色勝如黑泥
花瓶中欲水不臭用火燒瓦一片在内膠泥亦可
收画法未雨之先晒乾緊捲入匣以厚紙糊縫過梅月取出掛之
收筆東坡用黃連煎湯調輕粉蘸筆候乾收之

果子

收棗子蛀以一層粟草一層棗相間安之

收栗不蛀以栗蒲燒灰淋汁澆二宿出之候乾置盆中用沙覆之
藏西瓜不可見日影見之則芽
收雞頭晒乾入瓶紙紮了復埋之地中
藏金橘於菉豆中則經時不變
藏柑子以盆盛用乾潮沙蓋之土瓜同法
收湘橘用煮湯錫缾收之經年不壞
藏胡桃不可焙焙則油了
藏梨子用蘿葡間之勿令相着經年不爛

梨蒂插蘿蔔上亦不得爛藏香圓同此法
松子仁帶皮則不油
橄欖樹高難採以鹽塗樹則實自落
青梅小滿前嫩脆過後則易黃
新榧子以猪脂炒過則黑皮不著肉
栗子與橄欖同食作梅花香
橄欖與鹽同食則無苦味
梅子與韶粉同食不酸不軟梅葉尤佳
炒銀杏在十個以上則不爆

乾果子蒸了者露之味如新
菱煮過以礬湯綽之紅綠如生
爆栗子銀杏拳一個在手則不爆勿令人知
香員蔕上安芋片則不癆
水楊梅入烰炭不爛

蔬菜

收芥菜子宜隔年者則辣
收冬瓜忌著帚風
生薑社前收無筋

未霜時不可收芋爲其多也
喫茶多腹脹以醋解之
茄子以爐灰藏之可至四五月
小滿前收鹽芥菜可交新
豆豉内用甜瓜頭生者晒乾方可入不然則爛了晒時以爐灰糝之不引蠅子

花竹

養荷花用溫湯入餅中以紙蒙了以花削尖簪則花開且久
蜀葵花削煨了以石灰蘸過令乾插水餅中開至頂而葉不軟
冬青樹上接梅則開洒墨梅
石榴樹以麻餅水澆則花多
梧桐樹閏月多生一葉按六壬梧桐常年十二葉閏年十三葉
養石菖蒲無力而黃者用鼠糞洒之
養牡丹芍藥梔子並刮去皮火燒以鹽擦之插花瓶中或用沸湯插之亦開
鳳仙花欲令再開但將子逐旋摘去則又生花

種蘭去土用水烰炭屑種之
蒲萄樹用麝香入其皮則蒲萄盡作香味
花樹虫孔以硫黃末塞之
木犀蛀者用芝蔴梗帶殼束懸樹上
竹多年者則生米而死急截去離地三尺許通去節以犬糞灌之則餘竹不生米也
海棠花用薄荷水浸之則開
橘柚樹澆肥春分後多死
竹葉以沸湯蘸過則不捲藏攧甲

銀杏不結子於雌樹鑿一孔入雄樹木一塊以泥塗
之便生子
葫蘆照水種自正
草木花被羊食並不發
花紅者令白以硫黄燒煙熏盞子盖花則白
香圓去蒂以大蒜搗爛醃蒂上則滿室香更以濕紙
圍盖上
芝麻柴掛樹上無蓑衣虫
牡丹根下放白朮諸般顔色皆是腰金
物類相感志八　十七
冬瓜蔓上午時用茗帚打之則生多
禽魚
魚瘦而生白點者名虱用楓樹皮投水中則愈
鱉與蛸蛑被蚊子叮了即死
小犬吠不絶聲者用香油一蜆殻灌入鼻中經宿則
不吠
烏骨鷄舌黑者則骨黑舌不黑者但肉黑
鷄未豵者以茗蒂趕之則豵毛倒生
母鷄生子與青一作續麻子喫則常生不抱卵

水中浮萍乾焚煙熏蚊虫則死
竹鷄呌可去壁虱并白蟻
鴉鶻帶帽兒飛去立喚則高去伏地喚則來
馬蝗畏肥皂
鷄黄雙者生兩頭及三足鷄
使蒼蠅不來席上以稻草索數條懸壁間則盡
油殺諸虫
猫兒眼知時有歌云子午線卯酉圓寅申巳亥銀杏
樣辰戌丑未側如錢
物類相感志八　十八
樓葱逼蠅
蚕畏鼓聲則伏而不起亦畏雷故也
燕聚魚
馬誤食鷄糞骨眼生
鷄下卵晨則雄暮則雌日中對日下亦雄
香貍生四個外腎
鷹無肫而有肚子喫肉故也飛禽喫穀者有肫
鷄喫猫飯能啄人
令蛙不鳴三五日以野菊花爲末順風撒之

逼蠅臘月猪脂以餅懸厠上
麻葉燒烟能逼蚊子

雜著

溪中水沫取起令乾爲末入湯中卽冷而不沸
池水渾濁以瓶入糞用箬包札之投水中則清
醉中飲冷水手顫
錫鑞相和硬且脆水淬之極硬
銀銅相雜亦易鎔化
瓮底煤可代火草引火

陳茶末燒煙蠅速去
油紙燈入荷池葉死
金遇鉛則碎
日未出及巳沒下醬不引蠅子
銅錢與胡桃一處嚼之錢易碎
水銀撒了以鍮石引之皆上石
打落器中白礬與韶粉研刷眞皮色不退
蛇畏薑黃
績麻骨插竹園四向竹不沿出芝麻骨亦可

胡麻麪啖犬則黑光而駿
梓木作柱在下手則木響叫云是爭位
杉木烰炭爲末安門柏中開門則自能響
釘月臺板用褰漆樹削作釘以米泔水浸之待乾釘
板易入且堅如鐵
荷花梗塞鼠穴自去
荷花葉煎湯洗鑞器或用荷梗一方用糟醋
染乾皂皮顔色内入杏仁則光且黑
黄蠟與果子同食則蠟自化去

蘿蔔提硝則白煎亦然
伏中不可鑄錢汁不清名爐凍
水缸内養魚三兩個則活不生脚
伏中合醬與麯不生蟲
燈心蘸油再蘸白礬末粘起炭火
鷄子開小竅去黄白了入露水又以油紙糊了日中
晒之可以自升起離地三四尺
收椒帶眼收不帶葉收不變色
伏中收松柴斫碎以黄泥水中浸皮脫晒乾冬月燒

之無䀹竹青亦可

煮象牙用酢淹煮之自軟

說郛目錄

弓第二十三

因話錄 趙璘

同話錄 曾三異

五色線 闕名

五總志 吳炯

金樓子 蕭繹

乾𦠆子 溫庭筠

投荒雜錄 房千里

炙轂子錄 王叡

抒情錄 盧懷

啟顏錄 劉餗

絕倒錄 朱暉

唾玉集 喻文豹

辨疑志 陸長源

開城錄 李石

原化記 皇甫氏

蠡海錄 王逵

澄懷錄 袁[illegible]

因話錄

唐　趙璘

遁遷月令

德宗常暮秋獵苑中天色微寒謂侍臣曰九月衣衫二月袍與時候不相宜欲遁遷一月如何左右皆賀翌日降旨議之李吉甫爲翰林學士承旨先進言聖人上順天時下盡物理宜編之于是李程時亦爲內相議曰臣按月令十月始裘月令是玄宗所定恐不可易上遽止其議

大僚子安得居山

武宗時李德裕薦處士王龜志業堪爲諫官帝問龜誰之子對以王起子帝曰凡處士當是山野之人王龜大僚子安得居山耶德裕無對

不賞父之都虞候而惜之阿乳兒

郭汾陽在河中禁軍無故馳馬犯者輒死南陽夫人乳母之子犯禁都虞候杖殺諸子泣告虞候縱横之狀王比之曰不賞父之都虞候而惜母之阿乳兒汝輩奴材也

好腳門生

李逢吉知貢舉榜成未放而入相及第就中書見座主時謂之好腳跡門生也

讚招隱寺

高陵府君趙公礽至金陵于知府李庶人坐上屢讚招隱寺一日錡宴于寺既歸謂趙公曰常誇招隱寺昨遊看何殊中州也耶公笑曰某所賞者踈埜耳若以遠山將翠幙遮古松用綵物裹腥膻涴鹿跑泉音樂亂山鳥聲不知城中

茶須活水煎

李錡嗜茶能自煎謂人曰茶須緩火炙活火煎之活火者謂炭之有焰方熾者也

晉公不服食

裴晉公不信數術不喜服食每語人曰雞豬魚蒜遇着則食生老病死時至則行

口占進玉帶狀

晉公平淮西賜以玉帶公臨薨却進口占奏狀曰内府之珍先朝所賜既不合將歸地下又不可留在人

間聞者莫不嘆其不亂

陸羽歌

羽本遺小兒爲竟陵能盞寺僧收養至成人後他適聞所養僧卒作歌曰不羨黃金罍不羨白玉杯不羨朝入省不羨暮入臺千羨萬羨西江水曾向竟陵城下來

和尚教坊

元和中有僧文漵者聚衆論說内典託言鄙褻之事不逞同輩爭其音調爲歌曲呼所居爲和尚教坊又

有僧鑑虛作煮肉法行于世

文章託名

才命論稱張燕公華華傳稱韓文公老牛歌稱白樂天佛骨詩稱鄭司農後人所託其名非真者也

御史三院

一曰臺院其僚曰侍御史呼爲端公知雜事者謂之雜端非不雜事謂之散端二曰殿院其僚殿中侍御史新入者知右巡以次左巡號兩使三日察院其僚曰監察御史每公堂會食皆絶若雜端失笑則三院

皆笑謂之烘堂

臺中無不揖

飲酒無起謝之禮但公揖酒赴朝偃息于待漏則有卧揖上馬有馬揖他悉以揖爲禮

諸察院廳名

察院諸廳名看他名禮察謂之松廳廳南有古松也刑察謂之魘廳寢者多魘兵察謂之茶甌廳以其主院中茶茶必以陶器置之躬自緘啓故也吏察主朝官名籍謂之朝簿廳

東讓客非禮

人道尚右以右爲尊先賓客故西讓客主人在東蓋自卑也今人東讓客豈禮哉

閣下

古者三公門有閤而郡守比諸侯亦有閤故有閤下之稱前輩與大官書多呼執事或足下劉子玄與宰相書曰足下韓退之與張僕書曰執事即其例也記室本王侯賓佐之稱他人亦不泛稱惟執事則指左右之人尊卑皆可通用侍者士子亦可通稱非特于道釋也又自卑達尊例云座前尤非也閤下降殿一階座前降几前一等豈可僭用哉

文章李益

李益能文多有貴家子同姓名人謂益文章李益謂貴遊爲門戶李益

七七

李汧公妾名七七善琴與箏

山公

李約有山林之致養一猨因之曰山公也

孟詩韓筆

韓愈能古文孟郊長于五言時號孟詩韓筆

屬意蜂蝶

李賀作歌詩多屬意于花草蜂蝶閒竟不能遠大

時世粧

崔樞夫人治家整肅貴賤皆不許時世粧

會稽二清

越州有名僧二人一曰清江二曰清晝故號二清

幾至失名

皓然以詩謁韋蘇州皆效其詩體韋全不見賞明日以舊制投之韋大歎味曰幾至失名何不但以所工見投而猥希老夫意也耶人各有所得非卒能致也

南榻北榻

公堂會食雜端在南榻主簿在北榻乃舊儀也

同話錄

宋　曾三異

舞柘

舞柘之本出柘枝氏之國流傳誤爲柘枝也其字相近耳

鼗

鼗古樂也今不言播鼗而曰撚梢子世俗之陋也今如擊鼓云超舞云詎縮之類甚多

散樂

散樂出周禮注云野人之能樂舞者今乃謂之路岐人此皆市井之談入士大夫之口而當文之豈可習爲鄙俚

古簫

古簫都下所謂排簫是也今言簫管乃別器箏篆樂也乃琴之流古瑟五十絃自黃帝令素女鼓瑟帝悲不止破之自後瑟止二十五絃秦人鼓瑟兄弟爭之又破爲二箏之名自此始今之制十三絃而古制亦有十二絃者謂之篆箏世俗有樂器而小用七絃名

軋箏今乃謂之纂如是則觱管以二物爲一名纂箏以一名爲二物矣或云槩括分瑟爲兩則恐無爭之義

交倚

交倚謂之繩牀乃外國所制歐公不御之

比疎

古者尚沐故治髮之具櫛而已玉藻曰沐稷而靧梁櫛用禪櫛髮晞用象櫛如此而已然櫛已有比之義詩云其比如櫛箋謂相迫近也至漢書所言比疎則

視禪櫛爲加密矣然猶非今之比疎也注以爲辮髮之飾則今女子首飾所著金翠珍異之梳耳後世憚數沐而櫛用竹以爲去垢之具則與漢所言比疎名雖同而寔又異也

虎子

虎子即溺器也出漢書周禮王府掌王之燕衣褻器注謂清器虎子之屬今俗語云厠馬皆取四足若清器爲旋盆則虎子厠馬之類也

白衣送酒

陶元亮九月把菊王弘送酒本傳無白衣人字白字出續晉陽秋云陶潛重陽日無酒坐菊花中見白衣人擔酒至乃王弘送酒也

榷貨

榷貨非揚搉之義榷獨木橋也乃專利而不許它往之義李侍郎壽翁有奏劄載此記本義出漢書照宗紀制注

饅頭

食品饅頭本是蜀饌世傳以爲諸葛亮征南時其俗

以人首祀神孔明欲止其殺教以肉麵二像人頭而爲之流傳作饅字不知當時音義如何適以欺瞞同音孔明與馬謖謀征南有攻心心戰之説至伐孟獲孰視營障七縱而七擒之豈於事物間有欺瞞之舉特世俗釋之如此耳

衣制

近歲衣制有一種如旋襖長不過腰兩袖僅掩肘以最厚之帛爲之仍用夾裡或其中用綿者以紫皁緣之名曰貉袖聞之起於御馬院圉人短前後襟者坐

襪上不妨脫著短袖者以其便於控馭耳古所謂狐貉之厚以居褻裘長短右袂制皆不如此今以所謂貉袖者襲於衣上男女皆然三代衣冠亂常至於伏誅今士大夫亦服此而不知恠

亂道

唐子西云左傳不亂道却好班史不亂道却不好史記敢亂道却好唐書不敢亂道却不好思之書其好與不好姑未論若言其不敢亂道與敢亂道則切中矣

泰山府君

世言泰山府君海龍王之類鄙俗不可入文字東坡作明州僧寺御書樓銘有杳爾東南山君海王將饗來朝以謹其藏豈惟融化語奇亦見百神受職意甚高也

五倫

人之五倫朋友寓焉而不言師三人行必有我師焉是師寓於朋友中矣然有曰君師有曰父師是君父皆有師之道也人之常尊曰君曰父曰師三者而已記曰師無當於五服五服弗得師不親以此推之君之於臣父之於子力有所不及處賴師之教爾故師之德配君父

絕藝

蔣大防母夫人云少日隨親謁泰山東嶽天下之精藝畢集人有紙一百番鑿爲錢運鑿如飛既畢舉之其下一番未嘗有鑿痕其上九十九番紙錢也又一庖人令一人袒背俯僂於地以其背爲刀几取肉一斤許運刀細縷之撤肉而拭兵背無絲毫之傷列子

載鴻超怒其妻引弓射而怖矢注眸子而眶不睫公子牟曰此乃盡矢之蓺也以前二事較之乃人刀鑿之藝古者鴻超之射人妙誠有之非列子寓言也

賣錫

都下賣錫者作一圓盤可三尺許其上面羅器物之狀數百枚長不過半寸闊無小指甚小者只如兩豆許禽之有足鞋之有帶弓之有弦纖悉瑣細大略皆如此類以針作箭而刷以五色之羽旋其盤買者投一錢取箭射之中者得錫數箭並下有盤方旋而未

止賁錫者唱曰白中其赤中其餘不中逮旋止盤定視之無差賁錫者乃自取箭再旋盤射之以酬之昔中禽之足者不使中禽之翼昔中弓之弦者不使中弓之弰毫厘比昔中者無差焉紀昌視虱三年大如木輪能射而中之葢此類也然懸虱者乃定而視之此郤是旋動亦能見而中之未知定者易而動者難邪是或一道也

聲

聲者氣之精萃也一紙之鬲而氣不能達墻垣之間

聲可得聞聲之感通者甚神故詩能動天地感鬼神樂能治神人和上下皆主其有聲也

古画有據

予家舊画楊妃上馬圖乃明皇幸驪山時故事侍御之人無宅仗衛但有兩璫各挾彈前導意其燕遊戲具非有謂也後乃聞乘輿燕遊前以擊彈代鳴鞘大抵古無有據而不苟用器物制度固有不能言傳因画乃見者

史法

前輩云有三人論史法偶言馬過踏殺一狗云當作如何書甲云馬逸有犬死於其下乙云有犬死於奔馬之下丙云有奔馬踐斃一犬文省而意盡丙爲得法

龍戶

昌黎廣州詩衙時龍戶集上日馬人來馬人乃馬援所留人種也若龍戶往往以爲弦戶而無明文近聞廣人云有一種蘆渟人在海岸石窟中居止初亦無定處三四口共一小舟能没入水數丈過半日乃浮

出形骸飲食衣着非人也能食生魚兼取蜆蛤海物從船人易少米及舊衣以蔽體風浪作即扛挽船置岸上而身居水中無風浪則居船中只有三姓曰杜曰伍曰陳相爲婚姻意此乃龍戶之類

玩鶴

周丞相與客閒步園中玩羣鶴問曰此牝鶴耶牡鶴耶客從旁曰獸爲牝牡禽爲雌雄丞相曰雄狐綏綏狐非獸乎牝鷄之晨鷄非禽乎客不能對雖然牝牡字從牛雌雄字從隹乃禽獸之别也自雄狐牝鷄之

外經史亦不多見

子午針

地螺或有子午正針或用子正丙壬間縫針天地南北之正當用子午或謂今江南地偏難用子午之正故以丙壬參之古者測日景於洛陽以其天地之中也然有於其外縣陽城之地地少偏則難正用亦自有理

伏蠟

僧家所謂伏蠟者謂剃髮之後即受戒若或斷酒色

等若干件每歲禁足結夏自四月十五日至七月十五日終西方之教結夏之時隨其身之輕重以蠟爲其人解夏之後以蠟人爲驗輕重無差即爲驗定而無妄想其有妄想者氣血耗散必輕於蠟人矣湯朝美作本然僧塔銘寫作伏臘之臘蓋未詳此也

姓名

舜姓姚二妃姓嬀夏姓姒商姓子周姓姬秦姓嬴尚書勑降二女于嬀汭因地得姓因姓爲婦人之稱左傳有戴嬀有息嬀詩有大姒有必宋之子王姬驪姬文嬴穆嬴之類是也漢以後婦人如吕后名雉蔡邕之女名琰以名著者甚多孔子之母名徵在專以名言婚禮有所謂問名公羊傳有婦人許嫁字而笄之不知名與字之義如男子乎亦止類今世大小一二之別乎若後世以姬姜爲婦人之通稱則失之矣惟娣姒之姒却不因姓堯之女娥皇女英契之母簡狄秦穆公之女簡璧后稷之母姜嫄又不知此類乃其稱號耶乃其名耶

節史

節史書先立定意欲何爲乃可去取如欲知治亂則取諸君臣賢否刑政升降之間如欲知制度則取諸典章文物因革損益之事如欲知文法則取言辭摹寫融液刪潤之處大抵一史須三數次節也陸務觀爲言如此

孝經序語

孝經序載孔子云吾志在春秋行在孝經趙吉水希弛嘗與予言聞之長者二語出孝經通緯

家宅

五帝官天下三皇家天下故曰官家國家家字本甚重而又以爲上下之通稱今世達官稱府稱宅下焉則稱家書所語五流有宅則宅字反不若家字矣

祭文

歐陽文忠公奉母喪過州郡守屬一同官作祭文再三戒之留意其人唯唯文忠來已逼期郡守索文觀不一再三索之對以但俟其至比至出文令書寫云孟軻之賢母之賢也夫人有子如孟軻夫復何憾文忠公大喜之

避秦

雲水人以小竹様之下爲方邊上爲方蓋邊之中實衣衾之屬蓋之下藏藥物之屬負之於背以行名曰避秦此二字班馬書皆載於四皓事處器物因事以名其源流有如此者

馬門

舟之設屋開門而入其門謂之馬門必先闕後而後能入因其字義析而稱之也鄭山父云嘗見人舉似在何小說中若無它義此說雖近遷就似亦得之矣

侍父發書

張安國守撫州時年未五十其父總得老人在官一日老人在齋中索紅筆發書來有兩吏人來聲喏拱立總得問爲誰對云書表司適閬運使發書來祇應總得遣而去却呼安國來曰撫州書表司是伏事汝我如何使汝當伏侍我發書安國侍立候總得修書封題遣發乃退

三角亭詩

余子清之祖仁廓時因作三角亭詩知名召爲御史

不拜人問其故曰壞心術也予在朝曾見朝列云言官退無所爲不相識者又多不知其事但把相識入逐个思過所謂壞人心術者誠有之矣三亭詩云夜缺一簷雨春無四面花缺一則安知其非三無四則見其止於三昌黎送窮形容五字云非三非四滿七除二以兩句形容五字然則此詩尤當以一句言二數則形容親切

西皮

髹器稱西皮者世人誤以爲犀角之犀非也乃西方

馬鞴自黑而丹自丹而黃時復改易五色相疊馬鐙磨擦有凹處粲然成文遂以髹器倣爲之

蕈羮

千里蕈羮未下鹽豉世多以淡煮蕈羮未用鹽與豉相調和非也蓋末字誤書爲未末下乃地名此二處產此二物耳其地今屬江干

武穆獄案

岳武穆獄案今在莆陽陳魯公家世本無獄辭但大書天日昭昭天日昭昭八字是罪案乃是細書與前

筆跡不同不知後來如何粘成卷也鄭棐之姪親見之

康節知數

邵康節先生至京師士大夫多謁之請問休咎有一人獨問國家運數先生喜曰他人所問皆爲已事子何獨上念國家再三稱嘆謂之曰予某日歸子可於某處相候至期其人往候先生與叔別就肩輿取緘封文字一卷授之曰毋即觀候至家發之視畢焚之其人奉教歸而發視則五代史晉出帝紀也

殤神

九歌國殤非關雲長輩不足以當之所謂生爲人傑死爲鬼雄也江鄉淫祠有馬陂大王爲盜者多祀之亦能出爲靈響俗呼殤神必是小人死鬬忿怒之氣不泯而爲厲者也老母言年十六七時避盜山間一民家與其婦女處于屋後小室間坐忽覺簷間有聲如蝙蝠者老母先聞之而其家婦女未聞也有頃聲稍疾大其婦倉皇出門仰視之扣齒而言曰待去呌丈夫漢歸老母亦隨之到門外仰視但彷彿見空中

有黑影如蝴蝶狀散去問婦人何故如此應曰神道心亦不知爲興數日後盜息歸家以告長上方知其家亦祀此神非良民也殆自捋虎口矣俚俗傳之其聲作於前則吉而勝作於後則凶而負楚俗有此澁官者當知之

璽寶印

璽寶印三者名殊而用一許氏說文曰寶者印也周禮掌節云門關用璽節鄭氏云今之印章也職金吾楬而璽之鄭云璽印也故應劭漢官儀曰璽信也故

尊卑共之月令云固封璽左傳云襄公在楚武子使季冶問璽書而與之是也然劭乃不以周禮爲証豈遺忘邪秦始皇得玉於藍田丞相李斯書其文曰受命于天既壽永昌漢高祖入關子嬰封皇帝璽節降璽乃此也故漢書曰高祖入咸陽得秦璽及即天子位因服御其璽世世傳授號傳國璽及王莽篡位求璽於元后后投之於地璽上螭一角缺董卓焚洛陽徙邦長安掌璽者以投于井孫堅軍城南見井中有光堅因取得之袁紹後逼堅妻取璽紹敗璽歸漢又

傳魏至晋元帝南渡無玉璽北人皆云白版天子後石勒爲冉閔所滅閔得其璽閔敗晋穆帝永和八年鎮西將軍謝尚遣督郵何融購得之相傳至於五代契丹滅晋出帝奉玉璽金印以降契丹謂璽非焉與前史所傳異命求其璽出帝曰泛河自焚玉璽不知所在疑焚之也本朝紹聖三年長安村民段義掘地得玉璽皆言此秦璽也漢以爲傳國寶自五代亡失乃下兩制定驗蔡京等奏以爲考之璽文曰皇帝壽昌者晋璽也受命于天者後魏璽也有德者昌唐璽也惟德允昌晋璽也今云受命于天既壽永昌其爲秦璽無疑此傳國璽之本末也然秦漢以來天子始名璽故許氏直以爲王者印漢舊儀曰秦以前民皆以金玉銀銅犀象爲方寸璽各服所好漢以來天子獨稱璽又以五郡臣莫敢用也豈非以高祖入關得爲傳國寶故璽之名遂增重邪舊儀又曰皇帝六璽皆白玉螭虎紐文曰皇帝行璽皇帝之璽皇帝信璽天子信璽天子行璽天子之璽凡六皇帝行璽賜諸侯王書信璽發兵徵大臣天子行璽外國事天子之

璽事天地鬼神漢書所謂璽者此也王莽遣將率易單于印單于白將率曰漢賜單于璽言璽不言章是則漢賜匈奴印亦通名璽矣唐武后改璽爲寶特此六璽之名耳然章衍通載又謂開元六年改爲傳國璽又何者曰傳國璽則秦璽乃是矣苟以爲唐璽則前有德昌是已傳至五代其名不易初何所改如曰即前六璽則武后固改之矣豈後人易爲璽至玄宗復改邪然後唐應順元年内批有御前新鑄之印乃當時從珂自焚國璽散失倉卒刻鑄耳本朝雍熙三

年改書詔天下合同三印皆爲寶則又書改爲印矣豈非承襲五代喪亡之後至是乃釐正乎慶元六年重陽後五日在塗與兄弟論及旣歸因考訂始末寄宏正姪

十二辰

十二辰屬子午卯酉丑行死處其屬體皆有虧鼠無膽鷄無腎馬無角牛無齒獨兎無唇者卯死甚明餘三物頗配附不合耳

畜

晋人論禽獸知有母而不知有父前輩有言誰家畜不知有父子嘗侍艮齋先生舉此二說先生曰家畜者人亂之也南方畜牧人若不經意北方以畜産爲家貲放騎游牝往往流傳有度洪忠宣公松漠紀聞云饋人以牛則以一牝一牸

官職

唐監牧之官稱職者見於史南渡無監牧之地只買西南之馬聞相隔二三千里徑過數國不知其牧養之法如何然而少用駮馬今世所謂起雲卧雲人方以爲奇大抵不知駮馬也蓋字交母而産者物理以此識之也世傳水艸大王爲金日磾雖未必然自古服牛乘馬以致其用設爲官職唐漢之事甚著豈可如虎豹犀象駈而任之也

紙錢

紙錢起自唐時紙畫代人未知起於何時今世禱祀禳禬者用之刻板刻印染肖男女之形而無口北方之俗歲暮則人畫一枚於臘月二十四日夜佩之於身除夕焚之有謔詞云你自平生行短不公正欺物

瞞心交年夜將燒毀由自昧神明若還替得你可知好裏爭奈無憑我雖然無口肚裏清醒除非是閻家大伯一時間批判昏沉休痴呵臨時恐怕各自要安身

用愁字

周美成詞金陵懷古用莫愁字金陵石頭城非莫愁所在前輩指古誤予嘗守郢郡治西偏臨莫江上石崖峭壁可長數千丈兩端以城續之流傳此爲石頭城莫愁名見古樂府意者是神仙濮江之西岸至今

有莫愁村故謂艇子往來是也莫愁像有石本衣冠甚古不知何時流傳郢中倡女常擇一人名以莫愁示存古意亦僭甚矣

床婆子

崔大雅在翰苑夜直玉堂忽有内降撰文字秉燭視之乃撰祭床婆子文恍然不知格式又無舊案可據甚以爲窘忽思周丞相爲翰長來早有朝見使人邀過院中請問云亦有故事但如常式皇帝遣某人致祭于床婆子之神曰汝典司床簀云然則床婆子名字與世俗同而不可改也偶子舍舉子見辱媪舉此

禮因記之

建隆號

靈隱寺前石岩上有建隆二年巳未歲云云字鑿石上予嘗墨印桊與倪正父言之正父云村人胡鑿蓋亦無處辨証也藝祖以庚申正月初四日受禪之年改年建隆錢塘之地尚屬吳越自有年號乃有建隆巳來殊不可曉

韓佀胄

韓佀胄封平原郡王而官至大師一時獻佞過稱師王晚年伏誅錢伯通在政府奉御筆施行都下撰爲文言曰釋迦佛中間坐羅漢神立兩旁文殊普賢自鬪象祖打殺獅王象祖乃伯通名也謬妄稱呼至是亦可發後世一咲

五色線

宋撰人闕

半面笑

賈弼見人曰愛君美貌欲易君頭許之後能半面笑半面啼兩手把筆文辭各異

肥遺

華山蛇名見則天下大旱

驚蛺蝶

北齊魏伏在京輕薄人號曰驚蛺蝶

審雨堂

古槐中蟻穴也

昌廬

帝王錄有赤雀銜丹書止於昌廬

都公

唐呼左右爲都公

鴛鴦尾

魏志魏文帝夢兩尾落地爲鴛鴦

燈婢

寧王以木婢執燈呼灯婢

風流罪過

北齊郎基爲鄭州長史性清儉惟令人寫書潘子儀遺書曰在官寫書亦是風流罪過

折襪線

韓昭仕蜀王氏爲禮部尚書粗有文章至於琴棊書射亦皆涉獵以此恩幸於王衍時人爲昭事藝如折襪線無一條長也

華獨坐

華歆字子魚

口案

張九齡引囚口撰案卷人謂之張公口案

朱愁粉瘦

朱愁粉瘦兮不生羅綺

醉龍

蔡邕飲酒乃至一石常醉在路上臥人名曰醉龍

鬼笑貧

劉伯龍家貧將營十一之方忽見一鬼在旁撫掌大

笑伯龍嘆曰貧窮固有命遂止

錦雨

夏澍名連陰雨名錦雨

魚倉

青田溪冬天水熱如湯衆魚歸之名曰魚倉

沉著痛快

吳人皇象能草世稱沉著痛快

射木人

後漢時苗當爲壽春令謁治中蔣濟醉不見納醉後

苗歸而刻木書曰酒徒蔣濟以弓矢射之蔣聞之亦不能制

裙腰路

白樂天杭州春望云誰開湖寺西南路艸綠裙腰一道斜

西笑

人聞長安樂則出門西向而笑聞肉味美則過屠門而大嚼

瀟洒侯

陸龜蒙詩藂竹當封瀟洒侯

朱書顯名

杏園宴後於慈恩塔下題名同年人推一善書人記之他時有將相則朱書之

騎火茶

龍安有騎火茶最上不在火前不在火後故也清明改火故曰騎火茶

花妾

收之艷晴賦雜花如妾如婢

乞漿得酒

太歲在午人馬食土歲在辰巳貨妻賣子歲在申酉乞漿得酒

村落如鷄飛

阿含經云人民村邑相近如鷄飛

五總志

江右吳坰

憂患餘生艱棘百焉時方搶攘顧迯生之不暇猶㢈井不汲泥不食矣然於紬繹方册與夫耳目所聞見有可紀述者尚未能結舌閣筆於是因事輒書雜以己語或以古證今亦不獲引其次第非敢爲書記有補於遺亀生五總靈而知事因識其首曰五總建炎庚戌上巳前三日書于蕭寺之道山亭

太白

唐李白嶔崎磊落常醉眠於酒市上遽召見於沉香亭白披襟扶醉以對須臾筆落如風雨時人謂白沉酣中爲文章及與不醉人相對議未嘗錯悞故老杜云天子呼來不上船自稱臣是酒中仙而開元遺事載明皇宴于便殿酒酣謂白曰太后之朝政出多門國由奸倖任人之道如小兒市瓜不擇香味惟揀肥大者白曰今朝用人如淘沙取金剖石採玉皆得精粹者上曰學士過有所飾也以予觀之白本進取之流謟諛之意不忘於胷中向來躭酒不羈特有才無命故以此玩世與次公醒而狂未易同日語也

潦倒

魏天寶間謂客指蘊藉爲潦倒宋武帝舉止行事以劉穆之爲節度此非蘊藉潦倒之士邪而後世以潦倒爲不偶之人誤矣

才絶

唐人謂李白爲天才絶白居易爲人才絶李賀爲鬼才絶白傳與賛皇不協白每有所寄李緘之一笈未嘗開視劉三復或請之荅曰若見辭翰則回吾心矣

東坡云文章如精金美玉市知有價未易以私口舌賤誠哉是言也

龍戶

長安有龍戶見水即知有龍或引出但如鰍退之云衙時龍戶集上日馬人來當是用此而馬人不見于書傳更當詳攷且質於博古者

⿺麥䜌⿺麥遀

于寶司徒儀曰祭用⿺麥䜌⿺麥遀晉制呼爲撮餅又曰寒具

今日饊子桓玄蓄法書名畫冠絶一時一日方食寒具有客至不復拭手出以示之輒多染汚坡題古畫云上有桓玄寒具油

二碧落碑

唐翰王元嘉絳澤二州眞子黃公爲妣妃薦嚴作文立石以表孝誠文雖不同而俱名曰碧落在絳州都刊于天尊之背在澤者立於佛龕之西絳之道館有開元中所立石誌謂荆人陳惟王書

不借

不借草履也謂其易辦人人自有不待假借故名曰不借

清節

有一朝士家藏古鑑自言能照二百里將以獻呂穆公穆公曰吾面不及楪子大安用照二百里爲復有獻硯于王荆公云呵之可得水公笑而却之曰縱得一担所直幾何二公之言雖類質野而清節不爲物移聞者歎服

責詞

冠莱公貶雷州楊文公在西掖旣得詞頭有請于丁晉公公曰春秋無將漢法不道皆其罪也楊深不平之及晉公去位楊尚書制爲責詞曰無將之戒深著於魯經不道之誅難逃於漢法一時快之

丁晉公餞僧

晉公少以文稱南遷作齋僧疏云補仲山之衮雖曲盡於巧心和傅說之羹實難調於衆口至南海有詩云草解忘憂憂底事花名含笑笑何人士大夫傳誦服其精巧而識者譏誚以爲所憂所笑公心知之而

不覺形於歌也

金樓子

梁湘東王繹

麥腸反胃

楊雄作賦有麥腸之談曹植爲文有胃反之論

酒甕飯囊

禰衡云荀彧可強與言餘皆酒甕飯囊

投虎千金不如一豚肩

寒者不貪尺璧而思短衣投虎千金不如一豚肩

箕舌

鋸齒箕舌樝耳鷂鼻

三斗爛腸

殷洪遠云周旦腹中有三斗爛腸

桂華不實

桂華不實玉卮不當

玉華鹽

胡中有鹽瑩徹如冰謂之玉華鹽以供王廚

月額

旦日雨謂之月額

雨懸絲

細雨纖懸絲

玉蔬

始皇遣徐福入海求金菜玉蔬并一寸椹

白烏

蚊也齊桓公臥柏寢謂仲父曰一物失所寡人悒悒

今白烏營營是必饑耳因開翠紗幮進之

蜘蛛隱

龔舍初仕楚王非其欲見飛蟲觸蜘蛛網而死歎曰

仕宦亦人之網羅也遂掛冠而退時人謂蜘蛛隱

白皮牛

大月氐有牛名曰皮牛部其肉明日瘡愈

銅奴錫婢

銅之精爲奴錫之精爲婢

燃石

豫章有水石灌之可以燃鼎

虞吏

山中寅日稱虞吏虎也

當路

狼也

雨師

辰日稱雨師龍也

鯨潮

鯨蜺出穴則水溢爲潮鯨出入有節故潮有期

金鹽玉豉

五茄一名金鹽地榆一名玉豉可以煮石

衆香木

南扶國根旃檀節沉水花鷄舌葉霍膠薰陸

采華草

太極山有華草服之里言

飛車

寄肱之民能爲飛車從風遠行至于禀洲歸則別給

不以視民

能言雞

羅含之雞能言西周之犬能語

雷門

會稽城門鼓聲聞于洛陽號雷門

棗珠

扶餘國美珠如酸棗

天鷄

桃都山大樹有天鷄日出即鳴天下鷄皆鳴

潢池

女國有潢池浴之而孕

玉李

星如玉李月上金波

縠霧

霧生猶縠河垂似帶

脩羊公

有道者化白石羊題脇曰脩羊公

黃妳

書卷言怡神如媪妳

乾𦠆子　唐　溫庭筠

武元衡

武黃門之西川大宴從事楊嗣復狂酒逼元衡大觥不飲遂以酒沐之元衡拱手不動沐訖徐起更衣終不令散宴

鮮于叔明

劍南東川節度鮮于叔明好食臭蟲時人謂之蟠蟲每散令人採拾得三五升卽浮之微熱水中以抽其

氣盡以酥及五味熬之卷餅而啖云其味實佳

權長孺

長慶末前知福建縣權長孺犯事流貶後以故禮部相國德輿之近宗遇恩復資留滯廣陵多日賓府相見皆鄙之將詣闕求官臨行羣公飲餞於禪智精舍狂士蔣傳知長孺有嗜人爪癖乃於步健及諸傭保處薄給酬直得數兩削下爪或洗濯未精以紙裹候其酒酣進曰侍御遠行無以餞送今有少佳味敢獻遂進長孺長孺視之忻然有喜色如獲千金之惠涎流於吻連撮噉之神色自得合坐驚異

蕭俛

貞元中蕭俛新及第時國醫王彥伯住太平里與給事鄭雲逵比舍忽患寒熱詣彥伯求診候誤入雲逵第會門人他適雲逵立於中門俛前趨曰某前及第有期集之役忽患具說其狀逵延坐爲診其臂曰據脈候是心家熱風雲逵姓鄭若覓國醫王彥伯東鄰是也俛赧然而去

李丹

郎中李丹典濠州蕭復處士寄家楚州白田聞丹之義來謁之且無傭保棹小舟唯領一丱歲女僮時方寒衣復單弊女僮尤甚坐於客次女僮門外求火燎手且持其靴去客吏忽云郎中屈處士復卽芒屩而入丹揖之坐畧話平素復忽悟足禮之闕矍然乃起丹曰某爲饑凍所迫高堂慈母處分令入關投親知無奴僕有一小女僮便令將隨參謁朝至此僮駭恐懼公衙失所在客吏已通取靴不得去就踧踖唯惶悚而已丹曰靴與履皆一時之禮古者解襪登席卽

徒跣以爲禮靴本服也始自趙武靈王又有何典據此不足介君子懷但請述所求意遂留從容復願言趨乃云足下相才他日必領重事於是遣使於白田饋遺復母甚厚又餞復以匹馬束帛復後竟爲相

栴權衡

栴權衡吳人也入試不持書策人皆謂奇才及府題出青玉案賦以油然易直子諒之心爲韻場中競講論如何押諒字權衡於庭樹下以短箠畫地起草日晡權衡詩賦成張季遐前趨請權衡所納賦押諒字

以爲師模權衡乃大言曰押字須商量爭應進士舉季遐且謙以薄劣乃率數十人請益權衡曰此韻難押諸公且廳上坐聽某押處解否遂朗吟曰恍兮惚兮其中有物惚兮恍兮其中有諒犬蹲其傍鴟拂其上權衡又講青玉案者是食案所以言犬蹲其傍鴟拂其上也衆大笑

張登

南陽張登制舉登科形貌枯瘦氣高傲物裴樞與爲師友樞爲司勳員外舉公羣至投文樞才詆訶瑕讁登自知江陵鹽鐵院會計到城直入司勳廳冷笑曰裴三十六大有可笑事樞因問登可笑之由登曰笑公驢牙郎博馬價此成笑耳

歐陽詢

長孫無忌嘲詢曰聳髆成山字埋肩不出頭誰教麟裩上畫此一獼猴詢應聲曰索頭連背煖襠裩畏肚寒只緣心溷溷所以面團團上大笑

張元一

則天問張元一外有何可笑元一曰朱前疑著綠逯

仁傑著朱閭知微乘馬馬吉甫乘驢將名作姓李千里將姓作名吳楊吳左臺胡御史右臺御史胡郎胡元禮也天后大笑尋除別官

裴弘泰

裴鈞僕射大宴廵官裴弘泰後至鈞不悅弘泰曰請在座銀器盡斟酒滿之臚飲以賜弘泰可乎鈞許之遂竭座上小爵至觥船凡飲皆竭隨即塡於懷有銀海受一斗以上以手捧而飲盡踏其海捲抱之索馬而去鈞使人問弘泰方箕踞而坐秤所得銀器二百

餘兩不覺大笑

蕭嵩

蕭嵩欲注文選見馮光進釋蹲鴟云今之芋子是著毛蘿蔔嵩大笑

不爵不觥非炮非炙能說諸心庶乎乾𦠆之義

投荒雜錄

唐 房千里

南方酒

新州多美酒南方酒不用麴蘖杵米爲粉以衆草葉胡蔓草汁溲南人呼野葛爲胡蔓草大如卵置蓬蒿中陰蔽經月而成用此合糯爲酒故劇飲之後既醒猶頭熱涔涔有毒草故也南方飲酒即實酒滿甕泥其上以火燒方熟不然不中飲既燒即揭甕趣虛泥固猶存沽者無能知美惡就泥上鑽小穴可容筋以細筩插穴

中沽者就吮筩上以嘗酒味俗謂之滴淋無賴小民空手入市徧就酒家滴淋皆言不中取醉而返南人有女數歲即大釀酒既漉候冬陂池水竭時寘酒罌容固其上瘞于陂中至春漲水滿不復發矣候女將戒因決陂水取供賀客南人謂之女酒味絕美居常不可致也

治蠱草

新州郡境有藥士人呼爲吉財解諸毒及蠱神用無比昔有人嘗至雷州途中遇毒而貌頗異自謂即斃

取吉財數寸飲之一吐而愈俗云昔人有遇毒其奴吉財得是藥因以奴名名之實草根也類芍藥遇毒者夜中潛取二三寸或剉或磨少加甘草詰旦煎飲之得吐卽愈俗傳將服是藥不欲顯言故云潛取而不詳其故或云昔有里媼病蠱其子爲小胥邑宰命以吉財飲之暮乃具藥及旦其母謂曰吾夢人告我若飲是且死亟去之卽仆於地其子又告縣尹縣尹固令飲之果愈豈中蠱者亦有神若二豎哉

刺桐花

刺桐花狀比圖畫者不類其木爲材三四月時布葉繁密後有赤花間生葉間三五房不得如畫者紅芳滿樹

南中僧

南人率不信釋氏雖有一二佛寺吏課其爲僧以督責釋之土田及施財間有一二僧喜擁婦食肉但居其家不能少解佛事土人以女配僧呼之爲師郞或有疾以紙爲圓錢置佛像旁或請僧設食翌日宰羊豕以啖之目曰除齋

嶺南女工

嶺南無問貧富之家敎女不以針縷績紡爲功但躬庖廚勤刀機而已善醯醢葅鮓者得爲大好女矣斯豈遐裔之天性歟故偶民爭婚聘者相與語曰我女裁袍補襖卽灼然不會若修治水蛇黃鱔卽一條必勝一條矣

雷公形

嘗有雷民因大雷電空中有物豕首鱗身狀甚異民揮刀以斬其物踣地血流道中而震雷益厲其夕凌空而去自後揮刀民居屋頻爲天火所災雷民圖雷

以祀者皆豕首鱗身也

雷公墨

凡訟者投牒必以雷墨雜常墨書之爲利

雷耕

雷人陰冥雲霧之夕呼爲雷耕曉視田中必有開墾之迹有是乃爲嘉祥

壽安土棺

壽安之南有土峯甚峻乾寧初因雨而圮半壁銜土

棺棺下有木横亘之木見風成塵而土形尚固邑令滌之泥泊於水粉膩而臘黄剖其腹依稀骸骨因儆近代無以土爲周身之器者載記云夏后氏塈周盖其時也

炙轂子録

唐 王叡

麻鞵

夏殷皆以草爲之屩左氏謂之非屨也至周以麻爲之謂麻鞵貴賤通著之晋永嘉中以絲爲之宫禁内貴妃以下皆著之

靸鞵舄

三代皆以皮爲之靸鞵禮云單底曰履重底曰舄朝祭之服自始皇二年遂以蒲爲之名曰靸鞵至二世

加以鳳首尚以蒲爲之西晋永嘉元年始用黄草爲之宫内妃御皆著之始有伏鳩頭履子梁天監中武帝以絲爲之名解脱履至陳隋間吴越大行而模樣差多及唐大曆中進五朶草履子至建中元年進百合草履子至今其樣轉多差異

旁排

旁排自夷子始也謂之彭排步卒用八尺牛肋排馬軍用朱漆排至今然矣

墓前羊虎

秦漢巳來帝王陵前有石麟石象辟邪石馬之屬人臣墓前石虎石羊石人石柱之類皆以飾壠如生前之儀衛唐朝以爲山陵太宗葬九山關前立石馬陵後門內又有番前勇衛軒禁者一十四人石象皆刻其官氏後漢太尉楊震葬日入壙驅罔象以好食亡者肝腦人家不能令方相立於墓前而罔象畏虎與栢故墓前立虎或說陳倉人掘池得物若羊非羊獻之道逢二童子謂此名爲媼常在地中食亡人腦若欲殺之取栢東南枝插向丘壟由是墓前皆樹栢以

二說各異未知孰是儀禮云大夫樹栢士樹楊按禮經云古之葬者不封不樹後代封墓而又樹焉左傳云爾墓之木拱矣又樹吾墓檟仲尼卒子弟各自守它方持其異木樹之墓則自殷周巳來尊卑之制不必專以罔象之故虞思道西征記云新鄉城西有漢桂陽太守趙越墓墓北有碑碑有石柱東西有亭因以石柱爲名然柱前石人石獸石柱自漢代有之炙轂子曰舜葬蒼梧烏啣土培墓陵丘之石象恐不特楊震也又古詩云古墓犂爲田松栢摧爲薪白楊多悲風蕭蕭愁殺人又詩云墓門有棘然則封樹起於中古也

序樂府

炙轂子曰樂府題解序云樂府之典肇於漢魏歷代文士篇咏實繁或不覩本章便斷題取義贈人利涉則述公無渡河慶彼再婚乃引烏生八九子賦雉班者但美琇錦歌騶馬者但序馳驟若茲者不可勝載遞相祖襲積用爲常欲令後生援以取正頃因涉閱傳記兼諸家文集每有所得輒以紀之歲月積深或成卷軸因以編次目之故爲古題解貽學君子無或

忽之也

雉朝飛齊宣王時處士牧犢子所作也

走馬行樽里牧恭所作也

別鶴操商於陵子所作也

淮南王淮南小山所作也

武溪深馬援南征所作也

吳趨曲吳人以歌其地也

箜篌引亦曰公無渡河舊説朝鮮律卒霍子高妻麗

玉所作也
平陵東義門人所作也
薤露歌蒿里歌並丧歌出田横門人
長歌短歌言人壽命長短巳定不可妄求也
陌上桑一日日出東南隅亦曰艶歌羅敷行祝禁妻
所作也
釣竿古今註云伯常子妻所作也
董游歌古今註云後漢董游所作也
短簫歌古今註云黄帝使岐伯作也

上留地名也北地人有父母死不恤其弟者鄰人之
賢者爲其弟作以諷也
日重光月重輪羣臣爲漢明帝作也
度關山古詩云魏武所作也
對酒古辭魏武所作也
燕歌行晉用爲樂章
秋胡行胡妻死後人哀而賦之
苦寒行魏武賦晉用爲樂
塘上行一日塘上辛苦行魏文甄后作

善哉行　東門行　西門行　煌煌京路行　艶歌
何常有行一日飛鵠行　歩出東門行一日隴西行
滿歌行　櫂歌行　鴈門太守行
巳上樂府相和歌按相和歌並漢魏間謳謡之詞絲
竹更相和爲執節者歌之本一部魏明帝分爲二更
遞夜宿始十七曲後合爲十三曲今所載之外復有
氣出唱精列東光引等三篇自短歌行下晉荀勗采
撰舊詩旋用於漢魏故其數廣
殿前生桂樹樂府鞞舞歌漢代燕享用之不詳所起

其歌又有關東賢女章帝所造
鞞舞本漢樂舞也高祖造
曰鳩篇按晉楊泓舞序云自到江南見白鳧舞或云
白鳧舞卽白鳩舞也察其詞吳人患孫皓之虐政思
從晉也
碣石晉樂魏武帝辭
巳上樂府拂舞篇按前史云自出江西復有濟濟獨
漉等共五篇今讀其詞惟鳩一篇餘並非吳歌未詳
所起也

白紵篇

已上樂府白紵歌按舊史記白紵吳地所出白紵舞也武帝使沈約改其詞爲四時之歌若蘭葉參差排半紅春歌也周處風土記孫權徃征公孫浮海乘船白也時和歌者猶云行行盡紵出於此炙轂子曰白紵細白生紵布也今湖州者最上也按左傳吳季札獻縞帶於子產贈之以紵布也

上之回　巫山高　君馬黃　有所思　雉子班

臨高臺　芳樹

已上樂府鐃歌按漢明帝樂四品其最末曰短簫鐃歌軍中鼓吹之樂舊說黃帝使岐伯所造以建武威揚德業觀戰士也周禮所謂王大捷則令凱樂軍大捷則令凱歌也所謂漢曲艾朱鷺思悲翁艾如張雍離上陵將進酒聖人出上之回遠如期石留共十八曲字皆紕繆不可曉解釣竿篇晉世亦稱爲漢曲已上十八曲恐非是也

隴頭吟　黃鶴吟　望人行　折楊柳　關山月

洛陽道　長安道　驄馬行　紫騮斯　豪俠行

楊花　雨雪　劉生

已上樂府橫吹曲按此曲有鼓角周禮以鼖鼓鼓軍士用角舊說蚩尤氏率魑魅與黃帝戰于涿鹿之野帝始命吹角作龍吟以禦之魏武征烏桓越沙漠軍士聞之悲思於是減爲中鳴尤更悲矣又有胡笳之聲後漸用之又橫吹者笳樂漢博望侯張騫入西域傳其法於西京惟得摩訶兜勒二曲李延年因胡曲變爲之更造新聲二十八解其法乘輿以爲武樂東漢以給邊將和帝時入將三軍得用之魏晉以來

二十八解不復具在世止有出關出塞黃覃子赤之楊合上黃鶴吟隴頭吟折楊柳望人行等十曲皆無其辭若關山月以下十八曲後代所加也

王昭君漢人憐昭君遠嫁爲作歌

子夜晉有女子名子夜所作也

前漢歌晉車騎將軍沈充所作也

烏夜啼臨川王義慶所作也

石城樂宋臧質所作也

莫愁郢州石城女子所作也

襄陽宋劉道彦所作也
已上樂府清商曲南朝舊樂也故蔡邕云清商曲其辭不足采者其曲名有出郭西門陸地行車佚鍾宋堂寢奉法五曲非止王昭君等永嘉之亂中朝舊曲散亂江左樂新聲後魏孝文纂收其所獲南音謂之清商樂即此等是也
相逢狹路間行亦曰長安有狹斜行　出自薊北行
艷歌行　怨歌行　遊子行　豫章行　齊行
飲馬長城窟或云此蔡邕之詞　門有車馬客行

猛虎行　會吟行　東門猛虎吟行或云無行字
結客少年場行　苦熱行　放歌行　鳳雛舊説漢世樂曲也　西上上長安行　怨歌行　白馬篇
昇天行　空城雀　半渡溪　夜起行　獨不見
携手曲　陽春曲　行路難　蜀道難　善哉行
悲哉行　大垂手又有小垂手　秦王卷衣　新城
亦曰長樂宫行　輕薄篇
已上樂府雖存題目相逢狹路間以下皆不知所起
君子有所思以下又無本辭仲尼云有所不知則闕以俟知者今據後人所擬采其意而注之如曹植驚鴦種葛明君箜篌蒲生白馬山都盤古驅車東擬妍歌結客太垂手等擬氣出唱爲猴乾酒行爲於穆精列行爲兩儀陌桑爲望雲有所思爲嗟佳人善哉行爲苦日短長歌行爲日出東門爲推賢爲天地苦寒行爲呼嗟飲馬長城窟爲扶桑蹉生豫章行爲窮達薤露爲天地秋胡行爲在昔妾薄命爲日月齊吟行爲美如太山梁父吟爲八方等篇雖大禹以上亦多是擬古所作後繼之故不錄　如傳休奕秋蘭草摇擺

燕美謝惠連東西晨風前有尊酒陳歌越等行諸家集復有城上麻携手雍堂送歸夾樹渡易水胡無人相棡栢出華陰山近代吳均輩多擬此等並自爲樂府皆闕古辭亦不書以俟知音也
思歸引亦曰操衛女作
水仙操伯牙作也
公無渡河本曰箜篌引　銅雀臺一曰銅雀妓
走馬引　雉朝飛　别鶴操　上門怨　婕妤怨
已上樂府琴曲出琴操記事與本傳相連今並存之

以廣異聞
四愁張平子所作
四聲詩亦張平子所作
情詩漢繁欽所作
招隱漢淮南王引劉安小山所作
反招隱晉王康琚所作
槀砧今何在出樂府
聯句起漢武栢梁宴人作一句
自君之去矣出徐幹

離合體起漢孔融離合其字以成文
盤屈詩盤屈書之是竇滔妻蘇氏廻文詩也
廻文詩廻復讀之也偕韵而成見上注
百年歌毎十歲爲一首陸士衡至百二十時也
步虛辭道家所唱
風入松簡文帝謂之風入陳江總謂之吳歌其文盡
帷簿褻情上句述一語用下句釋之以成云圖綦敗
看子故作然是此類也
已上古題及近代援古題名題漢代雜題多起齊梁

又有古歌詩數千篇亦兩漢之行於世而題目又知
兩頭纖纖五雜俎等體復不類並不載之也炙轂子
曰此部全出樂府題解余加以古今注附之義俟作
者採經史以補之也

滑稽

炙轂子曰滑稽轉注之器也今若以一器物底下穿
孔注之不已之類此人言語捷給應對不窮似滑稽
轉注不已故呼辨捷之人爲滑稽

杼情録

宋　盧懷

江鄰幾

江鄰幾善爲詩清淡有古風蘇子美坐進奏院事謫官後死吳中江作詩云郡邸獄寃誰與辨臯橋客死世同悲用事甚精嘗有古詩云五十踐衰境如我在明年論者謂人莫不用事能令事如己出天然渾厚乃可言詩江天資淳雅喜飲酒鼓琴圍棊人以酒召之未嘗不醉已醉眠人强起飲之亦不辭也或不能

歸卽宿人家商度風韻陶靖節之比云江嘗通判盧州有酒官善琴以坐贓不得出江旦旦就之郡中沙門道士及里社能棊者數人呼與同往郡人見之習熟因畫爲圖前列趨道一人騎馬青蓋其後沙門道士褐衣數人葛巾芒履累累相尋意思蕭散惜時無名手此畫不足傳後何減嵇阮也

竇鞏

竇鞏工爲絶句嘗從軍有別家詩云自笑儒生着戰袍書齋壁上掛弓刀如今便是征人婦好織迴文寄買韜又悼妓東東一篇云芳菲美艷不禁風未到春殘已墜紅惟有側輪車上鐸耳邊長似叫東東

戴衢

戴衢久不第嘗夜吟曰擾擾東西南北情何人於此悟浮生還緣無月春風夜暫得獨聞流水聲又云坐落千門日吟殘午夜燈

李建樞

李建樞詠月云昨夜圓非今夜圓却疑圓處減嬋娟一年十二度圓缺能得幾多時少年

薛宜僚

薛宜僚會昌中爲左庶子充新羅冊禮使青州泛海船艄阻惡風雨至登州却漂回淹泊青州郵傳一年節度使烏漢正尤加待遇有席中飲妓東美者薛頗多情連帥置於驛中薛發日祖筵烏咽流涕東美亦然乃於席中留二詩曰經年郵驛許安棲此會他鄉別恨迷今日海帆飄萬里不堪腸斷對含啼阿母桃芳方似錦王孫草長正如烟行雲行雨今辭夢惆悵歡情却一年薛到國未行冊禮旌節曉夕有聲旋來

疾謂判官苗用曰東美何頻在夢中乎數日致卒苗
攝大使行禮旅櫬回青州東美乃請假至驛素服致
奠哀號拊柩一慟而卒情緣相感頗爲奇事

趙嘏

趙嘏頗有詩名不拘小節飲中贈歌者曰倚風無處
過梁塵雅唱清歌日日新來値漢廷花欲盡一聲留得
萬家春后因酒失悔過以詩上歙州府曰葉覆清溪
艷艷紅路橫秋色馬嘶風猶携一榼郡齋酒傾對青
山憶謝公

李朱厓

李朱厓平泉莊佳景可愛洛中士人詫於江遵遵有
詩曰平泉風景好高眠水色風光滿目前剛欲平他
不平事至今惆悵滿南還江過楊相宅有詩云倚伏
從來事不遥無何平地起青霄纔到青霄却平地門
對古槐空寂寥

敬相

敬相牧廬州有朝客留意飲妓祖送短亭妓車後至
相贈之曰望斷蘇娘小小坡竹壓金鷹展輕莎客鄉

幸有凝情意何必臨尊始轉波

啟顏錄

唐 侯白

諸葛恢

晉諸葛恢與丞相王導共爭姓族先後王曰何以不言葛王而言王葛答曰譬如言驢馬驢寧勝馬也

韓博

晉張天錫從事中郎韓博奉表并送盟文博有口才桓溫甚稱之嘗大會溫使司馬刁彝謂博曰卿是韓盧後博曰卿是韓盧後溫笑曰刁以君姓韓故相問

耳他人自姓刁那得是韓盧後博曰明公未之思耳短尾者則為刁閹坐雅歎焉

王絢

晉王絢彧之子六歲外祖何尚之特加賞異受論語至郁郁乎文哉尚之戲曰可改為耶耶乎文哉（吳蜀之人呼父為爺）絢捧手對曰尊者之名安得為戲亦可道草翁之風必舅（論語云草上之風必偃翁即絢外祖何尚之舅即尚之子偃也）

魏市人

後魏孝文帝時諸王及貴臣多服石藥皆稱石發乃有熱者非富貴者亦云服石發熱時人多嫌其詐作富貴體有一人於市門前卧宛轉稱熱衆人競看同伴怪之報曰我石發同伴人曰君何時服石今得石發曰我昨市米中有石食之今發衆人大笑自後少有人稱患石發者

王元景

北齊王元景為尚書性雖儒緩而每事機捷有一奴名典琴嘗旦起令索食謂之解齋典琴曰公不作齋何故嘗云解齋元景徐謂典琴曰我不作齋不得為

解齋汝作字典琴何處有琴可典

李勣

唐左司郎中封道弘身形長大而臀甚闊道弘將入閣奏事英公李勣在後謂道弘曰封道弘你臀斟酌坐得即休何須爾許大

令狐德棻

唐趙元楷與令狐德棻從駕至陝元楷召德棻同往河邊觀砥柱德棻不去遂獨行及還德棻曰砥柱共公作何語答曰砥柱附參承公德棻應聲曰石不能

言物或憑焉時群公以爲佳對

崔行功

唐崔行功與敬播相逐播帶櫚木霸刀子行功問播云此是何木播曰栟櫚木行功曰唯問刀子不問佩人

邊仁表

唐四門助教弘綽與弟子邊仁表論議弘綽義理將屈乃高聲大怒表遂報曰先生聞義即怒豈曰弘弘又報云我姓既曰弘是事皆弘邊又應聲曰先生雖

曰弘義終不綽座下大笑弘竟被屈而歸

竇曉

唐竇曉形容短小眼大露睛樂彥偉身長露齒彥偉先弄之云足下甚有功德旁人恠問彥偉曰既已短肉又復精進豈不大有功德竇即應聲答曰公自有大功德因何道曉人間其故竇云樂工小來長齋又問長齋之意竇云身長如許口齒齊崖豈不是長齋衆皆大笑

羅刹鬼國

隋令盧思道聘陳陳主用觀世音語弄思道曰是何商人賚持重寶思道即以觀世音語報曰忽遇惡風漂墮羅刹鬼國陳主大慙

絕倒錄

宋　朱暉

題桃符

游廵轄璉滑稽善嘲謔以吏職補官任袁州廵轄彼中有王知縣者游初與之甚親狎後因栝酒失歡游怨之値歲除於庭楊二巨桃符題曰戸封七縣家給千兵夜始分游往賀焉覩其同謁而見也黎明王果來見所題桃符笑指曰此非千文内一聯乎游曰是也王云七縣者何謂游曰君知否内一縣被門下壞

了王不懌而去

老饕賦

老饕賦見于蘇文忠集中近有某應制者爲擬老饕賦雖近俳諧亦有所譏云賦曰齒刺唇揺心煎腹熬常眼落於鐺銚毎情動於厨庖晨之典也掃半碗之豆粥飡數甑之雪糕時方凛也盪二盃之卯酒從一早之醎醎方投著而捫腹一嗳腐而心嘈嗟夫物理豈消兮初躰有偏人情可欲兮賓席難逃海味之去酒也而實憎於小器非肉之不飽也而尤便於大臠蠻圏蠐而巨鼓魚大子而多膠遇若人於春臺饗東家之大牢益新舊宜於和合而生熟異於烹庖飲福者則必覆醆歠醨者嘗亦餔糟毎嘗徧於市食終莫及於家肴切緣孟嘗之門多喜不速之客大抵劉伶之宴悉尊洪量之豪易素得於需卦物可足於蠐螬故先生之願遊者綺席溪不戀乎綈袍利嘴尖頭兮探鄉黨之吉凶尋香逐氣兮褒醵金以遨遊既盍簪而發咲何淨盤而見嘲先生一咲而起尋東司而上茅

婢僕詩

唐李昌符婢僕詩二首其一云不論秋菊與春花箇箇能重空腹茶無事莫教頻入庫緫然閑物要些些曲盡婢之情狀乃知古今如此

唾玉集

宋　喻文豹

星日

嚴君平在蜀持五行看者人臣則勉之以忠人子則勸之以孝後世或取於日或寓於星生旺百端誠爲可鄙如漢高祖入關三百人封侯隨趙括四十萬皆坑之漢兵無一名行衰絶運趙兵無一人在生旺者此理又何爲解昔軍校與趙韓王同年月日生若王有一大遷除軍校有一大責罰有小遷轉則軍校徹

有譴訶此又不知以何而取大抵人事盡則天理見烏可徒信術者而預生妄喜

天子爲座主

馬涓字巨濟爲狀元乃劉元城取涓不循門生之禮曰省試有主文故稱門生殿試朝天子爲座主豈可爲它人門生器之大服

木姓

木尚書待問癸未年爲狀元孝宗問木姓出何代對曰容臣追思故永嘉有魑魅魍魎似魁之誚文豹謂子貢姓端木思即木姓如諸葛司馬夏侯皆分爲兩姓

登科後解嘲

詹乂登科解嘲讀盡詩書五六担老來方得一青衫家人問我年多少五十年前二十三

荆公捨宅

荆公嘗署中與明道先生語公子雱囚首跣足手持婦人冠出問何事公曰新法爲人沮雱箕踞坐大言曰梟韓琦富弼頭于市則法行矣雱卒公恍見其荷

鐵枷如重囚乃捨宅爲半山寺

行令

東坡先生嘗行一令以兩卦名証一故事一人云孟嘗門下三千客大有同人一人云光武兵渡滹沱河未濟既濟一人云劉寬羨汚朝衣家人小過先生云牛僧孺父子犯罪先斬小畜後斬大畜盖爲荆公發也

嘲諱

漁隱叢話云朝廷常遣使高麗後一僧伴宴會中行

令日張良項羽爭一傘良曰京傘羽曰雨傘我便曰許由晁錯爭一瓢由曰油葫蘆錯曰醋葫蘆

常談出處

常談習熟多有不知出處但存方寸地留與子孫耕此賀知章詩近水樓臺先得月向陽花木易爲春杭州巡檢蘇麟上太守范文正公求薦詩

棋詩

蔡州褒信縣有一道人工棋常饒人先自爲詩曰爛柯仙客妙通神一局曾經幾度春自出洞來無敵手

得饒人處且饒人

掁鼻目

太宗子元儼有威聲號八大王有人謁張乖崖投丞相及給事書皆納之袖中無語及八大王書乃曰掁鼻目

拒馬

光祿大夫門外則施行馬闤闠顏延之云闤闠市巷門也

市廛

楊子有田一廛言有百畝之居市井者古者鄉田同一井

俗語切脚字

俗語切脚字勃龍蓬字勃藍盤字突落鐸字窟陀窠字鼎賴壞字骨露錮字屈攣圈字鶻盧蒲字突郎唐字突欒團字吃落角字只零精字不丁𠀀字郎釋典所用合字

西方公據

哲宗問左右蘇軾儀朝章者何服對曰道衣南行時

帶一軸彌陀曰此軾生西方公據也

護法論

張商英字天覺號無盡嘗見梵冊整齊嘆吾儒之不若夜執筆妻向氏問何作曰欲作無佛論向曰旣曰無又何論公駭其言而止後閱藏經翻然有悟乃作護法論

聖節僧人升座

德宗每年生日令僧道及給事中等官大論麟德殿相與問難賚賜有差時以爲上儀曰樂天有三教論

衡我朝聖節昇座本於此

辨疑志

吴郡陸長源

聖姑棺

吴郡太湖中聖姑棺在洞庭山中有聖姑寺并祠其棺在祠中俗傳聖姑死山中已數百年其貌如生遠近求賽歲獻衣服粧粉不絶又有人欲得觀者巫祝寄云慎不可若開便有風雨之變村閭皆虔事之無敢窺者巫又妄傳云有見者衣裝儼然一如生人大曆中福建觀察使李照之子七郎者性情狂肆恃勢不懼程法因率奴輩啓觀棺中唯朽骨骸而已亦無風雨之變

陝州鐵牛

陝州城南有鐵牛出土數尺大如五六斗鐵上有兩穴世人稱是鐵牛鼻又河址道觀中有一條出云是鐵牛尾俗傳陝州北臨大河無此牛卽城不復立河東楊諫立碑以頌之上元中衛伯玉爲陝州刺史發卒掘土以觀鐵牛之勢纔深二丈許其鐵卽絶更無根系遂却於舊處以土拚之

石老化鶴

幽州石老者賣藥爲業年八十忽然腹大十餘日全不下食飲水而巳其疾猶扶持而行比明其子號泣叫四隣云適來有兩白鶴入我父室中吾父亦化爲白鶴同飛去遂指雲中白鶴擗地號叫頃之人異而觀之皆焚香跪拜節度使李懷山及兵馬使朱希釆驗見室中有穿紙格出入處徧問邑人四隣皆言石老化爲白鶴飛去翔翥雲間移時節度使賜石老子米一百石絹一百疋遠近傳石老得仙太清宫道士

段常者續仙傳備載石老得升仙事月餘其子與隣人爭鬬官中推鞫乃爲絹不平云石老病久其夕奄然將終其子以木貫大石縛父屍沉於桑乾河水妄指雲中白鶴是父州縣復差人檢兼於所沉處撈漉得屍懷山怒遂杖殺其子里伍節級科決瘞其石老死屍

女媧墓

潼關北太河中有灘出水可三二尺灘上有一樹古老相傳云本女媧墓女媧鍊石補天欽斷鼇以立地維故墓在大河中水高與高水下與下蓋神之所扶持也於今數年矣立祠於岸載在祀典天寶十三載秋霖雨一百日河水泛溢其灘遂被洪水衝没至今無遺跡乃知向說皆謬耳

太伯

吳閶門外有太伯廟往來舟船求賽者常溢謂廟東又有一宅中有塑像云是太伯三郎里人祭時巫覡云若得福請太伯買牛造華蓋其如太伯輕天下以讓之而適於勾吳豈有顧一牛一蓋而爲人致福哉

又按太伯傳太伯無嗣立弟仲雍太伯三郎不知出何邪

開城錄

唐　李石

池底鋪錦

文宗論德宗奢靡云聞得禁中老宫人每引泉先于池底鋪錦王建宫詞曰魚藻宫中鎖翠娥先皇行處不曾多只今池底休鋪錦菱角鷄頭積漸多是也

辯水

李德裕居廟廊日有親知奉使于京口李曰還日金山下揚子江泠水與取一壺來其人舉棹日醉而忘之泛舟上石城下方憶乃汲一瓶於江中歸京獻之李公飲後嘆訝非常曰江表水味有異於頃歲矣此水頗似建業石城下水其人謝過不敢隱也

齊雲

昭宗乾寧三年鳳翔李茂貞欲構難犯于神京上欲幸太原行止渭北華州韓建迎歸郡中上鬱鬱不樂時登城西齊雲眺望明年秋製菩薩蠻詞二首以寄思云

琵琶

韋應物爲蘇州刺史有屬官因建中亂得國手康崑崙琵琶至是送官表奏入内

惧稱名

文帝對翰林諸學士因論前代文章裴舍人素數稱陳拾遺名柳舍人璟目之裴不覺上顧柳曰陳字伯玉近亦多以字行

原化記

皇甫氏

江東客馬

頃歲江東有一客常乘一馬頗有重性客常于飲處醉甚獨乘馬至半路沉醉從馬上倚着一樹而睡久不動直至五更客奴尋覓方始扶策而馬當時倒地久乃能起病十餘日方愈此人無何以馬賣與宣州館家經二年客後得一職奉使至宣州知馬在焉請乘此馬此馬索覕良久知本主也旣乘遂躍此人於地踐齧頗甚衆救乃免意恨其賣巳也

螺婦

義興吳堪爲縣吏家臨荆溪忽得大螺巳而化女子號螺婦縣令聞而求之堪不從乃以事虐堪曰今要蝦蟆毛鬼臂二物不獲致罪堪語螺婦卽致之令乃謬語曰更要禍斗堪又語螺婦婦曰此獸也須臾牽至如犬而食火糞以爲火令與火試之忽遺糞燒縣宇令及一家皆焚死焉

以珠易餅

賀知章嘗謁賣藥王老問黃白術持一太珠遺之老人得珠卽令易餅與賀食賀心念寶珠何以市餅口不敢言老叟乃曰慳吝未除術何由成

蠡海錄

宋　王逵

諺云月如仰瓦不求自下月如張弓少雨多風蓋月有九行月行八道青白赤黑各二道皆出入于黄道之中故曰九行道不中而過南則爲陽道道不中而過北則爲陰道行陽道則旱行陰道則潦月借爲光月生如仰瓦則行陰道如張弓則行陽道也明矣

雪者雨之凝也因高而寒極故雨凝而爲雪也其雨雪相雜者雲有高低之異也低者則爲雨高者則爲

雪

夫潮之生必自東而起其故何也蓋百川之水盡皆東赴及其氣之至也潮從東起者返本之義存焉然東方卯辰之位卯爲升氣之盛辰爲龍變之鄉是以潮起于東不在于他方也

人之水溝穴在鼻下口上一名人中蓋居人身天地之中也天氣通于鼻地氣通于口天食人以五氣鼻受之地食人以五味口受之穴居其中故名之曰人中或曰人有九竅自人中巳上者皆兩自人中巳下者皆一若天地交泰之義者則鑿矣

禽獸之音偏于一故無智雖有智亦偏一巧舌縱多轉聲亦不具五音也人之音外配五行内應五臓各無欠鈌故人爲萬物之靈也

人之手心抓而不痒人之足心抓之則痒者何也蓋人手心通心氣心屬火喜動故不痒人足心通腎氣腎屬水喜靜故痒

鳥之咮方者趾方近于陰故夜不眠而能飛鳴鳥之咮尖者趾尖純于陽故夜宿而不能飛鳴鳥咮尖而

能夜飛鳴者色純于陰也若鴉頸既白而不純故夜不能飛鳴也

鼠之前爪四指陰也後爪五指陽也故爲陰陽之始終龜之前後爪亦同于鼠故爲陰陽之大用或曰鼠前四後五四時五行也龜前五後四五湖四海也

飛禽爲陽皆食果穀得天陽之氣也走獸爲陰皆食芻藁得地陰之氣也

或問曰獸有屎禽無屎何也答曰獸得陰數陰數無始爲無上故無翼禽得陽數陽數無終爲無下故一

竅而無尿也

五行惟火無定著由木而見形依土而附質因金而顯性遇水而作聲

水火乃陰陽之極坎離之象著坎內含一陽生氣也故水中能容物離中含一陰死氣也故火中不能容物

斸土始則重燥則輕伐木始則重槁則輕是知形附質則重形離質則輕水附土液附木乃重生則重也水離土液離木乃輕絶則輕矣

或問海錯生鹹鹵而其味每淡及獲之醃浸以鹽其味即鹹矣其理何在答曰生氣臨之者常死氣臨之者變生生氣也死死氣也故海錯在海皆澹及其離海鹽醃之即鹹生則氣血行故味不入死則氣血凝故味能入

梓潼文昌君從者曰天聾曰地啞蓋帝君不欲人之聰明盡用故假聾啞以寓意且夫天地豈可以聾啞哉

紫色乃水火陰陽相交既濟流通之義也故天垣曰紫宮又曰紫微者紫宮微妙之所也是以天子之居亦曰紫宸面南拱北之情合矣

凡草木經牛齕之餘必重茂經芊齕之餘必粹稿諺有之曰牛食如澆芊食如燒信夫是蓋生殺之氣致然也

澄懷録

元　袁桷

陶靖節爲柴桑劉遺民亦作柴桑令白香山宿西林寺詩云木落天晴山翠開愛山騎馬入山來心知不及柴桑令一宿西林却便回註柴桑令劉遺民也

花木譜云越中牡丹開時賞者不問親踈謂之看花局澤國此月多有輕陰微雨謂之養花天

河間獻王德從民得書必爲好寫與之留其真本仍金帛賜以招之

楊子撰法言蜀人齎十萬錢願載一名子雲不聽以富人無義正如圈中之鹿欄中之牛安得妄載

韓熙載云花宜香故對花焚香有風味相和其妙不可言者木穉宜龍腦酴醾宜沉水蘭宜四絶含笑宜麝薝蔔宜檀

終南山五老洞碑記墨菊其色如墨古用其汁以書字

東坡云爛蒸同州羊灌以杏酪食之以匕不以箸南都撥心麵作槐葉溫淘糝以襄邑抹猪炊共城香稻薦以蒸子鵝吳興庖人鮓松江鱸鱠既飽以廬山康王谷水烹曾坑鬭品少焉解衣仰卧使人誦赤壁前後賦亦大快事

郭文在山間有石榴楊梅等花爲樵牧所傷文賣醬沽酒以澆花樹人問之曰爲二子洗瘡止痛

皇甫亮三日不上省文宣親詰其故亮曰一日雨一日醉一日病酒

衛濟川養六鶴日以粥飲啖之三年識字濟川檢書皆使鶴啣取之無差

陸羽譔懐素傳踈放不拘細行飲酒以養性草書以暢志貧無紙乃種蕉葉萬餘株以供揮灑人問之曰吾種紙耳

李琰之曰吾好讀書非求身後之名但異見異聞心之所願是以孜孜搜討欲罷不能豈爲聲名勞七尺也

孫蔚家世好學藏書七千餘卷遠近來讀者恒百餘人蔚爲辦衣食

白氏金鎖云書冊以竹漆爲糊逐葉微攤不惟可以

久存字畫兼紙不生毛百年如新此宮中法也
李華燒三城絕品炭以龍腦裹芋魁煨之擊爐曰芊
魁遭遇矣
中宗朝韋武間爲雅會各携名香比試優劣名曰鬭
香韋溫挾椒塗所賜常獲魁
漢張竦以列侯居長安貧無賓客時好事者從之質
疑問事論道說書
鄧禹内文明篤行淳備事母孝子十三人各使守一
藝修整閨門教養子孫皆可爲後世法

坡老性好睡常宿臨安淨土寺有平生睡不足急掃
清風宇句
東晉謝太傅墓碑但樹貞石初無文字葢重難製述
之意也
蘇黃門云人生逐日胸次須出一好議論若飽食煖
衣惟利欲是念何以自別于禽獸
李贊皇云花木以海爲名者悉從海外來
虞伯生與朱萬初帖云深山高居爐香不可缺退休
之久佳品乏絕人爲取老松栢根枝葉實共擣之斫
風肪觧和之每焚一丸足助清苦
山林窮四和香以荔枝殼甘蔗滓乾栢葉黃連和焚
又加松毬棗核梨核皆妙
古人藏書辟蠹用芸芸香草也今人謂之七里香葉
類豌豆作小叢生南人採置席下能去蚤虱
永徽中定州僧欲寫華嚴經先以沉香種楮樹取以
造紙
蘇晉作曲室爲飲名酒窟地上每一塼鋪酒一甀計
塼五萬枚晉日率友朋次第飲之取盡而已

淵明得太守送酒多以春秫水雜投之曰少延清歡
滕達道蘇浩然呂行甫暇日研墨水數合弄筆之餘
便啜飲之
蔡君謨嗜茶老不能飲但把玩而已
唐詢字彦猷好蓄硯客至輒出而玩之有硯録三卷
行於世
眉州象耳山上有李白留題云夜來月下卧醒花影
零亂滿人襟袖疑如濯魄氷壺也
揚雄草玄硯如今制去其圭角汾水王通廟中有通

隋時續六經所磨硯
柳下季死妻自誄門人不能損一字
異物志云廣南以竹爲硯
草綱曰孔明所止獨種蔓菁者取其出甲便可生啗葉舒可煑食久居隨以滋長棄去不惜囘則易尋而採之冬有根可斸食比諸蔬屬其利爲溥
武林箵箕泉出赤山之陰合于惠因澗元末王大痴卜居泉上
黃魯直晚年懸東坡像于室中毎早衣冠薦香肅揖

甚敬或以同時相上下爲問則離席驚避曰庭堅望蘇公門弟子耳安敢失其序
蘇子容聞人語故事必令人檢出處司馬温公聞人言新事即便抄録且必記所言之人故當時謂古事莫語子容今事莫告君實
張旭嗜酒每大醉狂呼走乃下筆或以頭濡墨而書既醒自視以爲神
挿梅每旦當刺以湯挿芙蓉當以沸湯閉以葉少頃挿蓮當先花而後水挿梔子當削枝而搥破挿芍藥牡丹及蜀葵萱草之類皆當燒枝則盡開
李洛公貧暇集云豹性潔善服氣雪霜雨霧慮汚其身伏而不出是豹伏之義
蔡君謨湯取嫩而不取老葢謂團餅茶發耳今旗芽鎗甲湯不足則茶神不透茶色不明故茗戰之捷尤在五沸
東坡遇天色明暖筆硯和暢便作草書數紙非獨以適意使百年之後與同志者有以發之也
凡香須入窨貴燥濕得宜也合和訖乾器收蠟紙封

埋屋地下半月餘
前輩訪人不遇皆不書壁書壁自東坡始遇訪客坐久候人未至則掃壁行
淨因禪師畫其壁倩文與可寫竹一枝云以代老漢說法
董仲舒讀書不窺園者三年法真趙里皆歷年桓榮十五年何休十七年
石能醒酒則李衛公平泉莊物也草能醒酒則開元興慶池南物也

元章有潔癖屋宇器具時一滌之盥手以銀方斛瀉水于手巳而兩手相拍乾不用巾拭客去則滌其坐榻

東皋雜錄江南自春至初夏有二十四番風信呂氏春秋春之德風風不信則花不成

种明逸嗜酒嘗種秫自釀曰空山清寂聊以養和自號雲谿醉侯

顧渚湧金泉每歲造茶時太守先祭拜然後水漸出造貢茶畢水稍減至供堂茶畢巳減半矣太守茶畢遂涸

白樂天入關劉禹錫正病酒禹錫乃餽菊苗虀蘆菔鮓換取樂天六班茶二囊炙以醒酒

太湖石出洞庭西山生水中者佳牛僧孺家諸石以此爲甲

柳氏序訓云余家昇平里西堂書經子史皆有三本一本紙墨籤束以鎮庫一本長將披覽一本次者後生子弟爲業

甕買餅令人乘小艇于黄河中接河源水以釀酒爲崑崙觴芳味絶倫

山齋之用秋采甘菊花貯以紅碁布囊作枕用能清頭目去邪穢采蒲花如柳絮者熟鞭貯以方青囊作坐褥或卧褥春則暴收甚温煖木棉不及也

有人收得虞永興與圓機書一紙剪開字字買之礬卿一字得麻一斗鶴口一字得銅硯一枚房邨一字得芋千頭

宋孫覿曰新第落成市聲不入耳俗軌不至門客至命坐青山當戶流水在左輒譚世事便當以大白浮之使不得言也

說郛目錄

弓第二十四

王氏談錄 王洙
先公談錄 李宗諤
槁簡贅筆 章淵
傳講雜記 呂希哲
繼古叢編 施青臣
南窗記談 闕名
後耳目志 曾肇
群居解頤 高懌
雁門野說 邵思
三柳軒雜識 程棨
負暄雜錄 闕名
中吳紀聞 龔明之
緯畧 高似孫
鉤玄

王氏談錄

太原王洙

訓子

公誨諸子曰忠非必殺身自盡其誠也可令人涖一官苟能竭力于大小之務不自愧于祿食推而廣之至于大事皆忠也至于以身死事蓋古人不幸而遇之耳閨門之內承順父母顏色爲先吾先公中令奉戚氏太夫人極爲子之道太夫人每有小不如意未嘗與先公一言先公必朝服再拜候其色悅而退先

公在金陵餘杭清夜多作詩必召吾起艸或屬數句未成且假寐吾持筆侍側往往至中夜不敢退時吾十五六歲未始知倦今吾愛汝曹不欲以嚴限慈庶事當自勉也

爾雅

公言爾雅文選待文士之秘學也使人知之必譏其所習淺末至規撫裁取不習或問嘗戲曰韓愈詩多用訓故而反曰爾雅注蟲魚定非磊落人此人滅迹也

隸書

公素不習隸書初但徵作八分皇祐中受詔書獻穆公主碑李氏求以古隸寫于是始作隸書旣出人競愛宋丞相曰近世人家柘榼之刻所未及也君謨亦云君之隸字乃得漢世舊法僕之所作但唐謂一本作体隸耳

筆法

公言用筆須圓勁結體須作力正然後以奇古爲工皇祐中受詔與君謨分寫邇英閣二圖公書無逸篇

君謨眞字書孝經旣成上作飛白二軸答之後又受詔分寫集禧觀諸殿榜公書奉福虛福殿二榜君謨書神藻殿二榜

爲文

公誨諸子屬文曰爲文以造語爲工當意深而語簡取則于六經莊騷司馬遷楊雄之流皆以此也又論修身行道至于性命之理旣而曰此皆第一等語汝輩一詞賦亦未能善固未知也然不當不爲汝輩道

讀書記

公嘗言隋王砌作讀書記凡所說書隨意所取疏之後輯而成篇又唐人有臺閣集纂當世名人詩今此二書人家罕有存者

鷄鳴歌

公言人嘗云汝南出鳴鷄考之舊事漢時于汝南取能鷄鳴歌之人其云鳴鷄葢謬也

葬

公言昔觀孔子墓視其地之形勢大與今俗深相符今之術累昔人之所遺耶

子房封留

公言今陳留立祠祀張子房非也所封留沛金彭城有留城是也昔宋武北征過陳留下敎修復其失葢已久矣

爲文

公訓諸子曰壯年爲文當以氣焰爲上悲哀憔悴之詞愼不得法

知字音切

公言學者不可不知音切苟不通終竟爲不識字人

論陰陽拘忌

公言昔有一士人病其家數世未葬亟出錢買地一方稍近爽塏者自祖考及緦麻小功之親悉以昭穆之次葬之都無歲月日時陰陽忌諱與塋穴之法人且譏其易而謂禍福未可知歲中輒遷官秩後其家益盛以此觀之眞達者也今之人稽留葬禮動且踰紀邀求不信之福于祖先遺骸眞罪人也

筆法

江南李主及二徐傳二王撥鐙筆法中朝士人吳遵

路待詔尹希古悉得之吳尤以爲秘所傳二人與范宗傑而已其法五字擫厭抵鉤揭吳又云更有二字曰蹲送者蹲鋒迎送之謂耳若作一字必從之中起之吳笑曰然

讀甘露記

公嘗讀甘露記歎曰無妄之禍乃至于此以此視之軒冕非可戀之物吾日有歸意

唐時金帶

公言李防給事有一金帶唐之制作撻尾刻云龍朔其年紫宸殿宣賜鄭畋其制作與色澤尤奇防卒其子不肖妄以與人臨淄公晏殊留守南郡大會客伎有金帶立其側者公目之覺異于常引視其刻問所從來曰李氏子所假公俛歎久之

京氏律曆

京氏律曆一卷虞翻爲之解其書雖存學者罕究公從秘府傳其書究習遂通屢以占卦甚効

修書進藁

公言修書藁艸隋書尤重謂之初藁每與正本並奏

古事不見所出

公言古事有相承傳用而不見出者甚多如顔回讀書鉄鏑三摧是其一也

秘閣易法

公言秘閣有鄭氏注易一卷文言自爲篇而陸氏太玄篇第亦各異考之足以見古易經之舊次

方藥精通

公言高文莊方藥精通聚奇藥價及巨萬雅尚之一也

繪事後素

公言繪事後素卽考工記所謂後素工也

七言詩

公言古七言詩自漢末蓋出于史篇之體

性貴平淡

公言人性貴乎平淡若加以器識卽所謂宰輔器也蓋宰制方物等之公平甄別不差足任機柄耳昔劉劭論人物亦以平淡爲先也

蘭蕙

公言蘭蕙二艸今人蓋無識者或云藿香爲蕙艸

錄書須黏葉

公言作書冊黏葉爲上雖歲久脫爛苟不逸去尋其葉第足可抄錄次敘初得董子繁露數卷錯亂顛倒伏讀歲餘尋繹綴次方稍完復乃縫綴之弊也嘗與宋宣獻談之公悉命其家所錄書作黏法

少女風

公言管輅云天欲雨樹上已有少女風今俗多云急風翻葉見白者是

靈符石

公少游蜀于江濱得靈符石理堅潤其文尤異

李廷珪墨

公性尤愛墨持玩不厭几案床枕間往往置之常以柔軟物磨拭發其光色至用衣袖畧無所惜慶曆中人有持廷珪墨十丸求售從子參預託公艸文字恐潤其思遠令麾去公後聞之極爲嘆惜後此墨尤難得而屢以萬錢市一丸其品乃有數等其邽字作下邽之邽者爲上作圭絜之圭者次之作珪璧之珪者又次之其云奚庭圭者最下蓋廷珪之本燕人奚初

姓後徙江南其初未奇久而益佳故李主寵其能賜之姓也雖名號有高下其間又自有精粗亦時有僞作者人亦多惑公言若辨之當視其背卽云歙州李廷珪墨歙旁州字之左足與李字之中書可與子字之足貫又與廷字之竪書墨字之右角貫視之上下相通者爲眞公又自能造墨在濠梁彭門常走人取兗州善煤手自和揉妙爲形體蓋光色與廷珪相上下旣成分遺好事悉伏其精嘗以廷珪墨遺君謨朧

西王之子恂謂公曰聞以墨遺君謨橐中必鈌請以

一尤補之

小篆奇古

公亦習古文小篆嘗謂古文至少至許愼所不載及不出孔氏書者悉後人所造學之少所根據小篆源流可究便于施用公用筆奇古慶曆中士大夫家墓銘益多公筆也今上景祐徵號玉冊宜獻宋公受詔寫宋公不習篆公以代書也又章郇公受詔書相國寶奎殿太宗眞宗詩額亦公代之

篆銘嘉量

皇祐中上令少府作嘉量公稽永制度參以周漢旣成自篆刻銘奏御藏于內府詔在集中

碑額

最公所書石隸字則獻穆大長公主碑曹襄悼碑范文正碑晏元獻碑伊先生隔山庵記正字則張少監墓誌濠州四望亭詩莊生臺詩宋宣獻詩書額濠州四望亭南京御史臺讀易堂襄州峴山亭臨芳亭裴嚴寺羊太傅廟西京教忠積慶寺東都李氏鬪燕堂

來鶯堂連亭菻篸亭劉氏藝華堂

古器

景祐中內出古銅鐘鼎彝三器詔公辨其欵識公驗其文稱有周立玉字法參以篆隸形制不與經典相合非遠古時物疑宇文氏時器具上其事詔藏于龍圖閣語在公集中皇祐中又出玉器二一爲四龍行走上騰之形其端廿餘可置物壹爲梳形旁上連寠纓緣可插羽下有柄彫以蜻蜓蝘蜓絕工巧公以爲皆物柄也梳形者疑古人羽扇之柄其他莫可知

辨藥

公示京師市藥須當精別市中稿本多雜以威靈仙不可稱辨往往誤售入藥遂不爲効稿本益柔細而芳香者是

自治之要

公謂諸子曰人之文章美者固譽之不至者未嘗輕視吾心意和平得自治之要險巇貪娼固自不生慾尤僥倖逾絕思慮以其涤汚吾心戕賊天理皆屏之于未萌然事有曲直必當中理令朝廷之士與吾論

事有不直謗毁甚多然吾皆不責固無報復葢吾自信者篤耳此乃汝輩粗識善惡人亦不能欺吾其能以無爲有紿汝輩耶吾既已自力如此更欲汝輩效而爲之不可不勉也

校書

公言校書之例它本有語異而意通者不取可惜葢不可決謂非昔人之意俱當存之　注爲一云作壹一字巳上謂之一云一字謂之一作　公自校杜甫詩有艸閣臨無地之句它本又爲荒蕪之蕪既兩字之它日有人曰爲無

字以爲無義公笑曰文選云飛閣下臨于無地豈爲無義乎唐鄭顥自云夢爲詩十許部有云石門霜露白玉殿蕪苔青意甚惡之後遇宣宗山陵因復戢成公嘗笑曰此杜工部橋陵詩也顥以爲貞陵之祥而更復綴緝亦雖鄙之二也

相知之厚

蔡文忠守南都公時爲書院說書且將薦公而謂公曰欲薦而未有人可令艸奏以叙君之美莫若相煩君自爲之公謝曰某之才不足當公薦令石太祝延年衆所愛重宜置某而薦石蔡公曰石固欲薦之亦當自令艸奏公徐曰得之矣遂命公艸石奏而石爲公艸奏初罷野城尉里中是時晏丞爲留守方修後圃而使諸曹椽賦馴鶴小池戸曹椽玉初邀同賦既成并上臨淄公公喜遇之甚厚及臨淄公還朝力薦爲應天府學講書語在公家傳中是後蔡文忠繼守留鑰復待以上客蔡公既去而宋公來其所以遇之尤加每公事退開羣閤邀公殆日以爲常相對但持書冊論議而已宋公嗜食乾果羅列左右間或相勸

食或以文章示公句意有所欲易及一字不安者必曰君試思之公曰以某句易某字如何曰更試思之或至再三遂用後宋公還朝公亦入上庠又陪佐史局無一日異于初宋公薨公爲之議謚撰著行狀篆勒墓銘諸宋以服帶緡錢遺于公甚厚公不發其封悉還之李邯鄲公戲簡公曰可惜筆端得來盡被車兒推去後老思宋公平昔之知嘗歎曰相知之厚不愧古人今亡矣夫去年公謁告還里中錢于飛侍讀爲留守其妻宋公女也聞錢公晏于郡齋曰是往

者日與君父論書于此齋日吾家爲肴羞尊酒以待者也因泣下明日錢以其妻語語公公亦爲悽然

古今樂律通譜

公洞曉音律自能辨聲度曲嘗究今樂之與古樂所由變而總諸器之同歸以籍于譜至如言黃鍾某聲則屬絃之某抑按金石之某聲考莞之某穴皆衡貫爲表而別之至于胡部諸器亦然雖不知者可一視而究號曰古今樂律通譜又云今胡部樂乃古之清商遺音其論甚詳

芸

芸香艸也舊說爲不食今人皆不識文丞相自秦亭得其種分遺公歲種之公家庭砌下有艸如苜蓿摘之尤香公曰此乃牛芸爾雅所謂權黃華者校之烈于芸食與否皆未可試也

李衛公文

公亟稱李衛公之文謂不減燕許毎讀積薪賦曰雖後束之高處必居上而先焚眞文章之精致也

作文立意

班固典引序唐堯君臣之德迭享天下云股肱既周後援漢劉公言古人作文立意高奇如此後學者可不務哉 一云文當務立意高奇不蹈陳故

爲箴自警

公始爲進士居里中與稽頡頡竇充締交各爲箴以自警

期待之深

公爲舒城尉馬亮鎮廬江始入謁謁公曰君狀貌類宋尚書 白 材質正與君等他日亦不下此人後入上庠暇日謁邢侍讀 昺 識公甚喜歎曰君異時之孫馮也 孫奭馮元方貴顯

上官忌兀日

公云陰陽忌諱固不足泥然亦有不可畧者嘗記丁顧言少卿云昔遊宦蜀中至官有期駐丹江游憩山寺遇老僧問丁公何爲而至丁具以之官告又問期在何時丁又以告僧曰是所謂兀日不可視事弗避之君必以事去君笑而不應既至官月餘竟以事免歸丁深異之于是復道故處從僧謁其術丁屢以

語公臨治頗用之

水漬書冊

公言藏書之家書冊或爲雨漏及途路水潦所漬者皆可大甑中蒸而暴之至一二番乃以物塡壓平處逮乾色雖微漬而略無損壞

雌黃墨

公言雌黃爲墨校書甚良飛研極細堅膠搽爲挺無油甕器中磨親以步藤黃尤佳

詩話

公言舊嘗得句云槐杪青蟲縋夕陽因思昔人似未曾道後閱杜少陵詩有云青蟲懸就日尤歎其才思無所不周也

北方風物

公言昔使契丹戎主觴客悉以玉杯其精妙殆未嘗見也又言北人饋客以乳粥亦北荒之珍其中有鐵脚草採取陰乾投之沸湯中頃之莖葉舒卷如生

書儀

公言唐裴鄭二家書儀皆云凶書須好紙繕寫言語哀雅之稽似非寧戚之義不若以生紙書之語言字札質朴爲稱

亢父城

公言旣舊有亢父城賦甚陋其土昔嘗經行視其地信然

修書

最公所修之書春秋繁露方言杜甫詩高適詩易緯

詩話

公言近人別傳杜甫詩杜鵑行一篇云誰言養雛不

自哺此語亦足爲愚蒙此正破前篇非甫作也

醫

公言昔東都有一醫者姓劉其術甚異通黃帝八十一難經病註者失其旨乃自爲解獻于闕下仍爲人講說自號曰劉難經其治疾察脉無隱不知肘後有二藥奩止藥末數品而已每視人病旋取諸末合和加減分爲劑料日服不盡其數病未愈他日再至曰此藥服不如數耳所餘當有幾人不能欺後以老終

論逸少書

公言每閲王右軍書覺每帖氣勢各異此所謂萬紙不同也

醫茶

公言茶品高而年多者必稍陳遇有茶處春初取新芽輕炙雜而烹之氣味自復在襄陽試作甚佳嘗語君謨亦以爲然

古碑

石舍人楊休典宿州蘄澤岸傍得古碑刻云有周渤海君玄孫伯著之碑問公所謂公者非宇文氏乎公曰然

史官

宋丞相庠與翰林祁皆公布衣之舊同年登科皆貴達益篤契好初宣獻公薦公入史局時邯鄲李公淑領撰著李方貴顯與宋公同列而不相下頗有間隙宋既與公舊勸公毋受命公辟以辱宣獻公知不敢避讓宋怒遽折簡謂公曰自古爲史者不免天菑或人禍子何爲當而不避今且賀子而弔子也

藥性

公言醫藥治病或以意類取至如百合治百合病似取其名嘔血用胭脂紅花似取其色淋瀝治結則以燈心木通似反其類意類相假變化感通不可不知其旨也

唐三宗像

公言舒城縣民李氏者唐宗室之裔有一軸畫上畫玄肅代三帝眞云其先別子所出也其畫亦當時之跡每持以見縣官免科役

王建宮詞

王建宮詞云如今池底林鋪錦公言此卽文公對李公石云云元中舊宮人盡在問之無此事者

楊姓異同

楊修書云修家子云公言子雲自叙爲楊侯之裔自爲楊字恐與華陽之楊異

唐世詩僧

公言唐世詩僧得名者衆然格律一體乏于高遠顧延之所謂委巷中歌謠耳唯皎然特優

解經

公言學者解經或有改字就義者非先儒闕疑之旨往往自議取

起居注

公言穆天子傳左右史之書起居注始于漢世乃有遺法也故今崇文書目以穆傳首記注之列

黄白術

公言先中令在金陵有一術者自言得黄白術請試之初持二藥畚至云丹砂所化也中令不以爲然既而請持歸明日復至皆先所見物也而其一當中印

一指痕乃金瀝也其一如滿盛其瀝而復瀉去者其表則素潔如初遂留二物而去後不知所適

又

公言初赴舉時接一士人稍親久忽謂公曰君若無資乎求開通錢千餘當爲君化少物公曰錢固有而難化也絶得開通曰銅精者皆可數日持銀十兩至視之錢周廓與字隱隱尚在謂公曰君并欲其法乎亦無所秘公笑曰聊試卿法爾吾無所用悉還之後月餘其人卒

丁謂家貲

公言丁謂前敗之一夕買竭都市中金餘産籍没後官斥賣人有買其絲薦一析之得絹凡三百餘端

二蘇草隸

二蘇皆工草隸而舜欽先得名人或吝云公二人優劣公曰才翁筆勢勁媚疑生長也

周官

公云學者多云疑周官初以吾考之殆作而未用之書也以近事比之唐世制六典著當時百官之目最

爲詳悉竟不能遵用

晏相觀書

公言晏丞相自云觀書遇事有可用者必準度所宜使處然後默記如未護用者心常恨之他日臨文速不廢忘

贈日本僧詩

公言祥符中日本僧寂照來朝後求禮天台山先中令守會稽寂照經由來謁寂照善書迹習二王而不習華言但以筆札通意時長兄爲天台宰中令以書

導之兼贈詩云滄波泛𣂏錫幾月到天朝鄉信日邊斷歸程海面遙秋泉吟裡落霜葉定中飄爲愛華風住扶桑夢自消既至天台致書來謝累幅勤至其字體婉美可愛楊文公在禁中識之亦嘗序其事

夢

公言始作禮官時夢入禁苑中引一紫衣人至後亭見上免後踰年荆王薨皇帝受服予時引太常卿入苑中其徑路所至皆夢中所見

汗衫

公言皇祐中人有獻唐昭宗御服汗衫一上有朱字手詔與錢鏐求助兵時隔塞不通蓋審信也獻者朱氏子孫欲求官朝廷留而賜帛遺之

曆官

公言近世司天算楚衍爲首既老昏有弟子賈憲朱吉著名憲今爲左班殿直吉隷太史憲運筭亦妙有書傳于世而吉駮憲棄去餘分于法未盡

贈狄國賓詩

權州三寅八狄國賓自云仁傑之後有告身數通及

代宗時御史中丞狄歸昌請復御膳表具携以示公仍請詩云每讀梁公傳青編日屢開神交慕英烈目喜見雲來一命頒朝祿連章薦楚材凡昇黃綬跌世代乃身媒國賓向以龍圖閣直學士狄棐論得官

詩話

公言杜甫爲詩多用常時事所言王魚蒙葬地者事見韋述兩京記云云有言鐵馬汗常趍者昭陵陵馬助戰是也此類甚多此篇不全

評書

公言好永禪師書嘗得石本千字文手自褫褙服則玩閱至老不倦嘗云今人筆美未能爲書須結體巧常使左方高氣勢自得遒媚乃爲佳也與蔡君謨在西閣朝夕評書君謨每有祈寫求公指其失後語公曰與原叔論書數年自覺倍精昔時人或與公論禪理公曰仲尼絕四毋意毋必毋固毋我蓋不出是也

自强

叔彝云富公才業賢望如此然其心好學善爲文章又樂與人論議經旨及古今興亡治亂雖逐日亦各

有工課夜坐一書室中或至二三更方歸寢此蓋往年曾倅鄆州佐王曾相而曾乃如此所爲富公亦常服其勉勵耳此實士君子規矩其身而不敢自懈易曰君子以自强不息此之謂也

通經

叔彝常云士有曉熟世務兼能作文字者然後能通經史其常潛心于其間故也然則如今天下學者皆能經術然求所謂通經者其人少矣

修慎

韓謙父聞臺官吳中復等疏陳相執中所爲及家私事凡九條謙父乃曰此言必書之史傳施後世而不善之名安可掩哉士君子豈得不修慎哉

訪問

倪義父云某每因往街市或坐次逢河東河北陝西客旅等其必問其事意亦要知茶鹽礬之類及雜物有所更改增添條制之事又可以知省中所行事宜經權便與不便如何也

識明則經明

周伯堅云某于周易與先生之說有不同之處然則君子所患者識耳識明則經明而周流通變矣

不置侍婢

伯堅又云相愛者與家人言以某年高在遠方勸置一女子侍飲食湯藥圖其安逸某乃云自幼年力耕鑿孤貧讀書歷盡艱苦而執志期于粗有所樹立而今幸亦爲人所愛見此苟或如此是棄忘其初心也

作文主之以誠

管允中云凡修學不患作文字不能精在持身立事

自期如何耳然則作文字必主之以誠也中庸曰不誠無物誠之説于聖賢道可謂至大矣

政事

蔡監簿至夫在學云叔彝有書與叔父密學言京師弊政十餘條而叔父已先行其七八與叔彝所聞者暗相合叔父甚喜之時君謨行京兆事

思慮

潘十六十九秀才在富相爲外甥云舅氏往年典郡其嘗于左右修學而舅氏每中夜或獨坐一靜書室

中至二三更但仰靠椅子不知思慮天下何事也

好學

歐大太祝云大人嘗云太師致仕在家每日須看文又喜學書字并草書

又

歐大又云大人在家逐日須作文字而于經史間亦各有工課耳

廉愼

焦秀才云胡内翰于湖州時買物却于他郡致仍一一供税錢也

相人

歐大又云凡相人最好于得失榮辱之際觀其動否便可知其氣之小大也然後見其人之前程也

作官

又云作官須事事要知只如耕犂之具亦要知制作葢臨政利民亦有使處　又云作官須且坐而觀之久而後可發　作官不在文章劉参政作官後不在文章亦全在器業也

持身

焦秀才云錢志通于編勅刑統皆一一節目之又云不患作文字不精患不能持身與立事耳又云君子不以已所藏而推所受

河圖

歐公云河圖之説雖見于書易論語禮記某獨以爲不然葢後之人好恠説耳豈有聖人以已有德而不獲天位非也某以文字正之後世必有信之者一千年後必得一人信之二千年後又必得一人信之又

三千年後又必得一人信之矣以三千年而獲三人見信則後數千年間信者必多則其説行矣

作詩

又云凡作詩并選中唐之名士衆則格試每作三五篇雜于其文字亦然

推誠待物　相纂附

李兵部云唯人推誠待物不要城府而人自和平也某凡于職司十餘年前後應猜防人底文字並不發奏及其　某奏此事乃先奏某亦依違　供折亦不

欲旁損其人也　又云嘗見麗相勸其如公孫弘令脫粟飯布被伊不聽其言豈有六十五歲更造宅營葺所活幾時其愚可知也已又云凡宰相多以已之親戚遂隔朝廷仕宦者豈至公之道邪賈相則不然雖唐詢爲事令作臺官每每言之　又云夫易之咸卦聖人感人心而天下和平此事亦甚大以一人之心感天下使之和平豈非誠哉非以虛受人而人可化哉凡能虛受人則無城府無城府則無疑無疑則誠矣　又云今之居宰相百執之上不慮人之窺伺

而不錯作事天下人之聰明豈可掩哉　又云凡在中書者自平生讀　聖人之道及可用之處反不用之其本爲利祿所汩而聰明有所蔽也　又云今之大臣但家中爲歡樂豈有思天下憂患與國家之安危生平所學當行之事哉

賢者能受毀　大臣欲知典故附

張中行云夫賢者難能受屈辱蓋以其有所負而期于後世也夫譽者人易受而毀者所不能堪然而能堪受人之毀而不動者亦唯賢者能之夫平居無事之時人皆能言可以守道死而不變及有罹患難而當鼎鑊之誅而獨能不易其操者乃爲難耳　又云大臣者欲知國家故事如魏相者則可以爲宰相而治天下者也

作文

歐公云某每日雖無別文字可作亦須尋討題目作一二篇又曰凡看史書須作方畧抄記又曰文字既馳騁亦要簡重

經史

焦秀才云欲作文字與立身先且須積日以養其源可也長源與知仲書曰知日講史記及孟子甚善甚善蓋經書養人根本史書開人才思此事不可一日廢而須自少年積之宜常用此法也

附編錄觀覽書目

集思慮聞見可記事　寫三朝實錄　尋諸司事例文字　抄記本朝名臣所施爲事節　尋求河北河東陝西東西川廣古今戰鬭行師方畧　編錄河北至廣南六處極邊山川地圖　編錄古今凡興利公

私事　求錄古今治水方略地圖等尋訪應譜系文
字　編錄三司錢穀文字究問國家每年二歲科數
與一年京師官吏三軍諸軍請受并内外諸雜支用
多少科有蓄積豐乏之數　訪問兵籍禁軍廂年内
外實增減數多少萬數　編錄應律令刑統文書
訪問内外養馬數多少并　編錄古今養馬買馬法
　編錄水陸舟車轉運方畧　編錄兵家文字　編
錄應械形制法度　編錄四方今有遺利于民事
編錄歷代帝王所尚有益于國家事　編錄應今朝

名臣爲政畧事　尋訪　樂文字　編錄歷代至唐
五代國朝以來貨殖所營爲事　編錄國朝諸將臨
敵制置方畧事　編錄國朝宰相所施爲事　編錄
自來行文書中利害事節　編錄諸官所藏家書目
錄　編錄諸在官所爲方畧　宰相三司　御史臺
　開封府糾察在官刑獄　羣牧司　樞密諫官
大理寺　流内銓　審刑院　安撫　益州北使審
官院　緣邊　轉運　提刑　臺閣故事　觀三朝
寶錄其三百八十卷内太祖五十卷太宗八十卷眞宗一百五十卷孫奭宋綬陳堯佐等同修撰

觀三朝聖政畧十四卷　三朝聖政錄石介　三朝寶錄三十卷王
曾　三朝寶錄十卷呂夷簡　國朝會要一百五十卷慶曆二年張得朝　太宗
故事二十卷富弼　觀文鑒古圖慶曆四年　三朝訓鑒圖十卷皇祐李淑
皇祐方域圖五十卷王洙禹錫　兩朝寶訓三十卷林希　熙豐聖訓
二十卷林虙　仁宗政要四十卷張唐　邇英延英二閣記注三卷賈昌
朝　寶文天人祥異書十卷三十門章得象　聖政記一百五十卷丁謂政
錄節要十二卷　聖範一卷　英祖記略一卷　正統十卷英宗　神武秘
略十卷仁宗　太常因革禮三百卷姚闢韓洵歐陽修李東之　鹵簿圖記十卷
宋綬　紀年通譜十卷文彥博宋庠高若訥　州縣祭社稷儀一卷祥符禮官　閣

門儀制六卷梁顥　元豐郊廟奉祀禮文三十卷　編年通載十卷
張衡　朝制要覽備對六卷畢仲衍　開寶通禮義一百卷盧多遜　禮書
一百五十卷陳用之　樂書陳暘之　大樂圖一卷宋郊　謚法蘓洵　先天記
降聖記　封禪記五十二卷大中祥符　祀汾陰記五十三卷　迎奉聖
像記　續通典一百卷宋白　唐會要一百卷王浦　五代會要三十
卷王浦　冊府元龜一千卷王欽若　太平廣記五百卷李昉等　總類一千卷李
昉等　前史精要丁度
究觀此篇必嘉祐已前巨公所爲其志亦可知也
大抵前輩仕進便作宮業自斯遠大非若後世祿

祿苟科第以盜榮竊寵者惜哉不及見聖人矣太原王洙敬録于家塾

先公談録

宋　李宗諤

宗諤二毛之年丁先公憂旣卒哭朋友勉以毀不滅性之道雖苟延殘喘奈無以庋於朝夕因追録先公昔所常談號泣而書焉捴而謂之曰先公談録第三男宗諤序

師生

先公嘗言座主王公翰林學士戸部侍郎王仁裕也知舉時已年高有數子皆早亾諸孫並幼每諸生至門必延於中堂公與夫人偶坐夫人歐陽氏受諸生拜一如兒孫禮然後

備酒饌命諸生侍坐至於餅餌羨䐘之物皆公與夫人親手調品以授諸生甚於慈母之視嬰兒也公文章之外尤精音律至酒酣則盡出樂器公自取小管色吹笑諸生有善絲竹者亦各使獻其能或間以分題聯句未嘗不盡歡焉忽一日生徒畢集出一詩版縣於客次曰二百一十四門生時并明經童子一百一十四人故禮部侍郎賈黄中即童子榜頭也春風初長羽毛成擲金換得天邊桂鑿壁偷將榜上名何幸不才逢聖世偶將蹤綗罩羣英

衰翁漸老見孫小異日知誰畧有情公後有一孫名全禧終於綿州西昌令一女適河東薛氏甚賢明今亦亾矣

君臣

先公致政之明年正月望夜上御乾元門樓觀燈召公預焉初夕樂作酒三行上起凭闌四顧見燈燭士庶之盛詔移先公近御坐別賜一榻在丞相上上目取御尊斟酒并親授果餌因顧問先公晉漢朝舊事久之聖意甚歡謂左右曰帝都人物駢闐里閈闒遠

非復昔時之隘陋也若方之晉漢則繁富百倍矣此惟李某宿舊尚可記耳上又目先公語侍臣曰李某可謂善人君子矣侍朕二十年兩在相位未嘗有傷人害物之事餘可知也先公但俯伏拜謝至中夜方退先公歸謂諸子曰吾策名筮仕僅五十年內省生平所為雖不能建奇功興勲以耀簡冊然不蔽人之善不忌人之進度德守分不媿屋漏今聖君奬拔兩至相位又保全老朽令退其身又顧盼恩意益厚於往昔又對羣臣目之爲善人君子惟四者有一亦足爲幸吾何人哉而享是具美昔仲尼有言曰善人吾不得而見之矣又謂子夏曰爾爲君子儒又曰季札日有吳延陵君子是知善人君子乃男子極美之稱耳而金口奬諭曲加于老臣吾何以稱之古人受一言之知尚思殺身以報況辱斯言哉爾曹勉勵忠孝之節思聖君之所言念吾身之所行則無忝爾父矣

先公休致之明年年七十一思欲繼白樂天洛中九老之會時吏部尚書宋公琪年七十九左諫議大夫楊公徽年七十五郢州刺史判左金吾衛事魏公丕

年七十六太常少卿致仕李公運年八十水部郎中直秘閣朱公昂年七十一廬州節度副使武公好禮年七十九太子中舍致仕張公允成年八十五吳僧左講經首座贊寧年七十八并公九人欲會於家園合爲九老之會巳形於歌咏布在人口適會蜀寇作亂朝廷方議出師遂是不成會而罷

槁簡贅筆

宋　章淵

余解官南昌後居南墅草堂于若溪濱踰七年矣閉關却掃息交絕游脱粟屢空斷編自娛文有抵捂隨輙定正事或牽連亦皆記載裝藁被簏久而盈積閲視得數十幅不忍與故紙同弃錄爲五卷題曰藁簡贅筆云中國章淵伯深父序

周周蛩蛩

阮嗣宗咏懷詩云周周尚啣羽蛩蛩亦念飢周周鳥

名垂頭屈尾飲於河則没常啣鳥羽然後得飲北有獸曰蛩蛩能擇美草拒虛負之而走以喻君臣相須而濟

金釵十二行

古樂府詞河中之曲咏莫愁云頭上金釵十二行足下絲履五文章後人多誤使爲金釵者十二行不知一人獨插十二行金釵古婦人髻非今比

閉字

顔延年贈王太常詩云側聞幽人居郊扉常晝閉閉又音鼈陶淵明與從弟明遠詩云顧盼莫誰知荆扉晝常閉閉又音别字雖各異其義則一閉字亦音閉謂闔戶也

烏龍

韓渥詩云洞門深閉不曾開橫臥烏龍作妬媒又云栢風不動烏龍睡時有幽禽自喚名又云遥知小閣還斜照羡殺烏龍臥錦茵視鑑子權賢良窮撰古詩無不貫通一日問余曰韓致光詩用烏龍爲何事余答白樂天和元微之夢遊春詩云烏龍臥不驚青龍

飛相逐當是犬爾子權曰何所據余戲之曰豈不聞俚語云拜狗作烏龍後閲沈汾續仙傳云韋善俊携一犬號烏龍化爲龍乘之飛升而去樂天致光詩未必不用此事

笙簧

笙中有簧以火炙之樂家謂之煖笙故陸魯望贈遠詩云妾心冷如簧時時望君煖亦巧於用韻

鱦魚

韓退之答柳柳州食蝦蟆詩云余初不下喉近亦能

稍稍嘗懼淤鑾　平生性不樂漢武帝欲除上林苑東方朔進諫曰土宜薑芋水多鼃魚貧者得以人給家足無飢寒之憂顏師古注云鼃魚卽蛙侶蝦蟆而小長脚蓋人亦取食之

鼃

霍山曰丞相擅減宗廟羔兎鼃師古曰羔兎鼃所以供祭也鼃古者上以祭宗廟下以給食貨而退之云爾何邪白樂天和張十六蝦蟆詩云嘉魚祭宗廟靈龜貢邦家應龍為致雨潤我百穀芽蠢蠢水族中無

用者蝦蟆亦讀漢書不熟也

碧落觀

吳興武康縣延眞觀唐碧落觀也沈休文故宅有唐縣令胡傳美題詩云仙宮碧落應徵書遺迹依然掩故居幢節不歸天杳邈烟霞空鎖日幽虛不逢金簡投雲洞可惜瑶臺疊蘚除欲脫儒衣陪羽客傷心齒髮已凋疎熙寧中孫莘老為湖州守集境內東晉以來詩為吳興集刊行偶遺此詩

評李賀詩

杜牧作李賀詩集序以謂稍加以理奴僕命騷命騷詎可奴僕壞古樂府體無如賀者騁少年粗豪之氣爭詩人比興之義如榮華樂卽擬古少年行云鳶肩公子二十餘皓齒編貝唇激朱氣如虹蜺飲如建瓴走馬夜歸叫嚴更徑往往穿複道遊椒房豈少年夜遊之所何謬甚也

夜合石竹

閑花野草亦隨時輕重唐人詩中多言夜合石竹如遼陽春盡無消息夜合花前日又西山花挿寶髻石

竹繡羅衣是也至今唐書宮殿池臺多作二花自然有富貴氣今人絕不知重矣

詠婦人

自古詠婦人詩云手如柔荑膚如凝脂領如蝤蠐齒如瓠犀螓首蛾眉巧笑倩兮美目盼兮宋玉云增之一分則太長減之一分則太短施朱太赤施粉太白固已的的分其狀貌矣韓退之云清聲而便體秀外而慧中飄輕裾曳長袖粉白黛綠者列屋而閒居妬寵而負恃爭妍而取憐又何費辭之繁至元微之云

近昵婦人暈消眉目綰約頭髮衣服廣修之度匹配色澤尤極怪艷因爲艷詩可謂直狀畧無隱蓄陶淵明作閒情賦固多微詞梁昭明便謂白玉微瑕以此言之宜乎當時深斥以謂淫言綺語入人肌膚偶讀元氏叙詩寄樂天書故錄其語

又

今人見婦人穐車者戲之曰碎挼花打人唐宣宗時有婦人以刀斷其夫兩足宣宗戲語宰相曰無乃碎挼花打人蓋引當時人有詩云牡丹含露眞珠顆美

人折向庭前過含笑問檀郎花強妾貌強檀郎故相惱須道花枝好一面發嬌嗔碎挼花打人

酒令

唐人酒戲極多釣鼇竿堂上五尺庭中七尺紅絲線繫之石盤盛諸魚四十品逐一作牌子刻魚名各有詩於牌上或一釣連二物錄事擇其一以行勸罰爲又有採珠局格與釣鼇實同而名異後人復以名易魚李建中謙謂金吾廻使虞候之名不雅馴乃易以畢卓等古善飲酒人名趙昌言爲之序又有勸酒玉燭酌酒之分數爲勸罰詩狀人之形如體之肥瘦髭之多少所好尚伎藝分爲賞罰詩皆有味其言大抵皆出於釣鼇詩海底仙鼇難比儔黃金頂上有瀛洲當時龍伯如何釣虹作長竿月作鉤請以流霞栢勸登科人十分餘皆類此今不復見爲此戲者人但傳其詩圖其罰格今酒仙投曼倩亦其遺製也

耗磨日

正月十六日古謂之耗磨日張說耗日飲詩云耗磨傳茲日縱横道未宜但令不忌醉翻是樂無爲又云

上月今朝減流傳耗磨辰還將不事事同醉俗中人飲酒如今之社日此日但謂之耗日官司不開倉庫而已

薛濤

蜀妓薛濤字洪度本長安良家子父鄖因官寓蜀濤八九歲知聲律其父一日坐庭中指井梧示之曰庭除一枯梧聳幹入雲中令濤續之應聲曰枝迎南北鳥葉送往來風父愀然久之父卒母孀居韋皐鎮蜀召令侍酒賦詩因入樂籍濤暮年屏居浣花溪着女

冠服有詩五百首

歌挽

韓退之大行皇后挽歌詞云鳳飛終不返劒化會相從王荆公嘗云此非君臣所言近於瀆也王黼奉勑撰明節和文貴妃墓誌云妃齒瑩潔常餌絳丹歷歷可數又云六宮稱之曰韻蓋當時以婦人有標致者俗目之爲韻使荆公見之當云何也

河市樂

劉貢父詩話云俳優言河市樂說者云起居駙馬在

槁簡贅筆　七

南都家樂甚盛諧謔南河市中樂人故得此名其實不然唐元和中時燕吳行記其中已有河市字大都是不隷軍中在事者散樂名貢父謂是今散樂是也乃高駙馬非石也河中在處臨河者皆曰河是如今之藝人於市肆作塲謂之打野泊皆謂不著所今謂之打野呵

子夜吳歌

齊梁以來江南樂府詞多採方言用之穩帖不覺爲俗語吳中下里之曲有云消梨應郎心上冷甘蔗應郎心上甜又云羅裙十二襇小妻也是妾皆有類樂府詞余因爲子夜吳歌二章云消梨得能冷甘蔗得能甜總應郎心上爲儂素比縑桃根復桃葉羅裙十二襇阿郎歡自濃小妻也是妾

白蓮社

遠法師在廬山初修淨土之社凡百有二十三人謝康樂爲鑿東西二池種白蓮求入淨社故號白蓮社然遠公以靈運心雜止之世傳十八賢乃彭城劉遺民豫章雷次宗雍門周續之南陽宗炳南陽張野南

槁簡贅筆　八

陽張銓西林覺寂大師東林普濟大師惠持法師劉賔佛馱耶舍尊者蜀賔佛馱跋陀羅尊者慧睿法師曇順法師曇恒法師道炳法師道敬法師曇詵法師道生法師李伯時畫蓮社圖陶淵明乘籃輿謝康樂乘馬張曲笠二公雖不入淨社常往來山中僧齊巳遠公影堂詩云陶令醉多招不得謝公心亂入無方是也

皷契

禁皷古有契契有二、一曰放皷二曰止皷其制以木

刻字於上凡放皷契出禁門外擊皷然後作止皷契出亦然而更皷止契傳自唐至本朝有司嘗欲易新不許

落花詩

宋景文平生數賦落花詩晚守圃田又賦此題云香歸蜂蜜盡紅入燕泥乾人謂景文與落花俱盡未幾果卒

康節易數

邵堯夫精於易數推往測來其驗如神其母自江鄰

幾家得此書出爲民妻而生堯夫嘗云其學惟先丞相申公與司馬溫公二人可傳先丞相以敏溫公以專數皆以四木火土石爲四行以謂金水皆出於石也皇王帝霸爲四運易詩書春秋爲四經悉符合以相配撰皇極經世其圖書方圓二像或空其中或以墨實之數亦皆四

丘墓

吳興丘墓一村之人皆姓丘有大碑列其族黨稱左史丘明之後云明爲魯國史左弱爲邾國大夫則左

史益魯史官丘明乃姓名也

傳講雜記

宋　呂希哲

青出於藍

程伯淳正叔兄弟嘗事周敦頤後與關中諸張爲友大勝敦頤人以爲青出於藍

武人不可樞臣

蘇子瞻嘗見文富二公言以武人爲樞臣最非國計彼不讀書不知義理臨大節不知所守至和中仁宗不豫諸公議及嗣事王海用時爲樞密輒合兩手掌

向額曰奈此一尊菩薩何

八蜡

八蜡者先嗇也農也郵表也畷也猫也虎也坊也庸也先儒以猫虎合爲一而以昆蟲爲八之一皆非也昆蟲無乃祝辭爾

八珍

八珍者淳熬也淳毋也炮也擣珍也漬也熬也糝也肝膋也先儒不數糝而分炮豚羔爲二皆非也

宴會書問

世人以往來宴會書問爲徒費目力不若不講之愈是未知先王治人道之意人之所以異於禽獸者以有禮樂相交接之道故曰粲然有文以相接驩然有恩以相與此其所以講信修睦而免於爭奪相殺之患者常消禍於未萌也

墨糟陂

都城西南十五里有地名墨糟陂土人惡之目易其名曰好草陂

見父執

予少時詣其父執歐陽公王荊公司馬溫公歐陽公拜則立扶之既再拜但曰拜多其慰撫之如子姪及傳達正獻公語乃變容唯唯見荊公溫公皆先荅拜俟叙述事竟然後跪扶之

竿牘講謁

竿牘講謁君子所重常人所輕甚者至云可削而去之蓋未之思也人之所以異於禽獸者以有禮也有禮則能交易曰天地交而萬物通也上下交而其志同也楊子曰天地交萬物生人道交功勲成夫能交

則相敬而無害相敬而無害此廉讓所以興而爭奪相殺之禍不作是以聖人重之或曰今之所謂竿牘請謁者徒以爲文爾而子重之何也荅曰聖人之教有由中出者樂是也有自外作者禮是也出中出者其文見於外自外作者其情動乎内始則既其文中則既其實其於小人也始則革面命終則與之化矣是禮之教矣雖未能化不猶愈於觸情而徑行者歟而子欲投魚於淵寘猿於木乎

詩

得官修勵齡天子病較僧齋誤藥王鄭州茶肆中題

卒會

溫公熙寧三年辭樞密副使不拜四年自永興路安撫使遷京西路安撫使又辭不赴請西京留臺閒局許之優游多暇訪求河南境内佳山水處凡目之所覩足之所歷窮盡幽勝之趣十數年間勤於登覽於是乃與楚政叔通議王安之朝議耆老六七人時相與會于城中之名園古寺且爲之約果實不過三品肴膳不過五品酒則無筭以爲儉則易供簡則易繼也命之曰眞率會文潞公時以太尉守洛求欲附名於其間溫公不許爲其貴顯弗納也一日路公伺其爲會戒中廚具盛饌直往造焉溫公笑而延之戲曰俗却此會矣相與歡飲夜分而散亦一時之盛事也後溫公語人曰吾不知合放此人入來

李京妻賢

慶曆三年有李京者爲小官吳鼎臣在侍從二人相與通家一日京薦其友人於鼎臣求聞達於朝廷鼎臣即繳書具奏之京坐貶官未行京妻謁鼎臣妻取

別鼎臣妻慙不出東妻立廳事召鼎臣幹僕語之曰我來既爲往還之久欲求一別亦爲乃公嘗有數帖與吾夫禱私事恐汝家終以爲疑索火焚之而去

王嗣宗剛正

眞宗朝王嗣宗守邠土邠舊有狐王廟相傳能與人爲禍福州人畏事之歲時祭祀祈禱不敢少怠至不敢道故嗣宗至郡集諸邑獵戶得百餘人以甲兵圍其廟薰灌其穴殺百餘狐或云有大狐從白光中逸去其妖遂息後人有復爲立廟則已無靈矣嗣宗後

帥長安處士种放者人主所禮每帥守至輒面教之嗣宗不復以言拒之放責數嗣宗聲色甚厲嗣宗怒以手批其頰先是眞宗有勑書令种放有章奏即附驛使詣闕即乘驛訴於上前上特命於嵩山之陽置書院以處之而不加罪嗣宗去郡有人送詩曰終南處士威風減渭北妖狐窟穴空嗣宗大喜歸告其子孫曰吾死更勿爲碑誌但刻此詩于石置墓傍甚爲榮也

奇對

翰林梁狀元灝丱角時從其父至官府畢士安時爲郡官見其有異於人又定目看便廳壁上書字問其父曰此子亦讀書耶曰亦就學又問曾學對屬否曰其師嘗教之但某不識其能否乃指壁間字曰此有一句詩無人得對曰鸚鵡能言爭似鳳灝應聲曰蜘蛛雖巧不如蠶畢大驚異言之家塾自教養之卒成大名

儒臣進講

儒臣講讀內侍先置書册在几案上揭開乃用牙篦指以講讀一葉盡儒臣執牙篦立俟內侍揭過復講讀其不欲勞儒臣如此

繼古藂編

藕花詩　宋　施青臣

韓昌黎古意詩太華峯頭玉井蓮開花十丈藕如船始意退之自爲豪偉之辭後見眞人關令尹喜傳老子曰眞人遊時各坐蓮花之上花輙徑十丈有逆香生蓮逆水闊三千里又北齊修文御覽有花生香一門專載此事諸家集註韓詩皆遺而不收特表出之

詅癡符

胡氏漁隱藂話論楊湜古今詞話中多臆說乃援宋子京江左有文拙而好刻石謂之詅嗤符今湜之言俚甚而鋟板行世殆類是也余按宋景文題三泉龍洞詩西洛田溝爲刻石以石本寄公公荅書有云江左有文拙而好刻石謂詅嗤符非此謂乎余窮其原乃出於顔之推家訓有云吾見世人至無才思自謂清流布醜拙亦已衆矣江南號爲詅癡符然三書一作詅痴一作詅嗤以顔氏詅癡爲正大抵論其文藻骫骳矜伐自衒亦不專爲刻石質之集韻詅音力正切注賣也豈非痴自衒鬻之意

金錯刀

金錯刀名一而義二錢一也刀一也漢食貨志王莽更造大錢又造錯刀以金錯其文曰一刀直五千此錢也續漢書輿服志佩刀乘輿黄金通身雕錯諸侯黄金錯環東觀漢記賜鄧通金錯刀此刀也文選張平子四愁詩美人贈我金錯刀何以報之英瓊瑶杜詩云金錯囊徒罄銀壺酒易賒韓詩云問道松醪賤何須恡錯刀及梅聖俞詩云爾持金錯刀不入鵝眼

貫若此則指爲錢矣孟浩然詩云美人聘金錯纖手膾紅鱗錢昭度詩荷擔萬朶玉如意蟬弄一聲金錯刀若此則指爲刀矣詩家用之不同故分白之

騷篇

楚辭多以九爲義屈原曰九章曰九歌宋玉曰九辯王襃曰九懷劉向曰九歎是也後人繼之者又有如曹植之九愁九詠陸雲之九愍前後祖述必用九者王逸註九辯爲九者陽之數道之綱紀也五臣文選注亦云九者陽之數極自謂否極取爲歌名也二家

之說如此余按山海經曰夏后開上三嬪于天（言戲美人于人帝也）得九辨與九歌以下郭景純注引歸藏開筮曰昔彼九宜是爲帝辨同宮之序是爲九歌考此則九歌九辨皆天帝樂名夏初得之屈原宋玉取諸此也況屈宋騷辭多摘山海經之事迹乎詩亡而後騷作騷亦詩樂之餘泒樂至九而成故周禮九德之歌簫韶之舞奏於宗廟之中樂必九變而可成禮所以必取於九者黃鍾在子太玄以爲子數九得非黃鍾爲王音之宮歟然則屈原而下駕辭歸諫寓諸樂章將以感神之心而感人意亦切矣

玉堂

昔人論玉堂乃前漢殿名至其後也翰苑則名玉堂之署又其後也避諱直曰玉堂是以殿名榜直廬矣余攷玉堂之名不止漢殿也楚蘭臺之宮亦有玉堂（宋玉風賦倘佯乎中庭北上玉堂）東漢文翁講授之室亦名玉堂天上神仙壁記之地亦名玉堂名山仙人所居之地亦有玉堂至於唐人梅詩有云白玉堂前一樹梅今朝忽見數枝開兒家門戶重重閉春色何因得人時此白玉堂則如古樂府君家誠易知易知復難忘黃金爲君門白玉爲君堂堂上罷尊酒使作邯鄲倡非翰苑之玉堂矣然則玉堂之名不始於漢不專於殿云

器勒工名

禮記月令命工師効功陳祭器物勒工名以攷其成器必著名止爲祭器設晉令曰欲作漆器賣者各注王吏者名乃得作家當用淳漆着布器成以朱題年月姓名則知至今粥髹器者以朱識于底自晉然也

堯韭

周益公校正文苑英華序云以堯韭對舜華非一本草注安知其爲菖蒲按梁元帝玄覽賦曰金鹽玉豉堯韭舜華論此也余讀它書亦有用者如顏聚載梁太子賚河南菜啟則云堯韭未儔姬歜非喻又以堯韭對姬歜矣固曰堯韭於本草而不知所以名之之義後見典術曰聖王之仁功濟天下者堯也天星降精于庭爲韭感百陰爲菖蒲焉今菖蒲是也

無它

古人稱無恙無它義各不同自應劭風俗通以恙爲

噬蟲能食人心然爾雅說文皆以憂釋之昔有辨恙非虫者今不贅敘嘗讀顏魯公集有湖州烏程縣妙喜寺碑云晉吳興太守何楷釣臺西北五十步至避它城說文云它蛇也上古患他而相聞得無他乎蓋古人築城以避它也如此則無恙可以爲虛字無它則不可爲虛字也

不敢當

漢史游急就章云石敢當顏師古注曰衛有石錯石買石惡鄭南石制皆爲石氏周有石速齊有石紛如

其後以命族人名敢當所向無敵也余因吳民之廬舍衢陌直衝必設石人或植片石鐫曰石敢當以寓厭禳之旨亦有本也

高春

淮南子曰日經於泉隅是謂高春頓于連石是謂下春故梁元帝遊後園詩斜景落高春又納凉詩高春斜日下唐薛能詩隔溪遙見夕陽春皆本淮南子也已上皆吳氏漫錄云余按高春二字古人用者多矣今附益之南史陳本紀云求衣昧旦仄食高春鄉子厚詩越絶孤城千萬峯空齋不語坐高春李義山詩碧虛隨轉笠紅燭近高春皆以日景爲言也訂之注釋未瞋時上光蒙春曰上春欲瞋時下光蒙春曰下春豈晚日近昏之候乎

讀山海經

山海經漢劉歆典校爲十八篇謂出唐虞之際禹平洪水伯翳主驅禽獸命山川類草木及禹任土作貢而益籌類物之善惡者著山海經也至晉郭璞注序亦云夏后之迹靡刻於將來八荒之事有聞於後裔

亦爲禹初書矣及淳熙庚子尤遂初文定著刊于池陽其跋畧云山海經夏禹爲之非也其間或援啓及有窮后羿之事漢儒或謂伯翳爲之非也然屈原離騷多摘取其山川則言帝嚳葬于陰帝堯葬於陽且繼以文王皆葬其所又言夏耕之尸也則曰湯伐夏桀于章山克之其論相顧之尸也則曰伯夷父生四岳先生龍按此三事則不止及夏啓后羿而已是周初亦嘗及之定爲先秦書信矣大抵如穆天丁傳如竹書紀年多荒怪不經之事皆此類也

滑汰

滑汰東坡秧馬歌以我兩足爲四蹄聳踊滑汰如凫

鷖汰入聲

南窻記談

闕名

論吳元中

士大夫要不可有所好一爲所蔽未有不爲害者房次律平生自視爲何等人是豈逢君之欲託賤役以自售者哉史稱天寳中明皇有逸志數遊幸廣溫泉爲華清宮環宮所置有司區署以琯資機筭時方爲給事中詔總經度驪山疏剔岩藪爲天子游觀此等事在當時韋堅王珙楊愼矜之徒乃當任之琯顧安

而爲之不耻考其平素未必不出於本心殆適中其所好耳可不愼哉徽宗朝有建言請毀艮岳以其地還民方議其請内出圖本宣示宰执吳相元中觀至其間佳處失聲稱善上顧咲曰卿亦好此乎元中一時失言出於無心於義固未有所傷然使在天寳間不知果能不爲房琯耶

辨疑

漢武帝元朔三年詔曰夫刑罰所以防姦也内長文所以見愛也以百姓之未洽於教化朕嘉與士大夫

日新厥業抵而不解其赦天下內長文之語了不可解張晏曰長文長文德也師古曰詔言有文德者即親內而崇長之所以見仁愛之道見謂顯示也顏氏之說雖比張晏爲詳然終不能服人意許少伊右丞言往年江南舊本乃以內爲而文爲史傳寫之誤容或有此而其義通矣近見一士人言前輩校正本乃以內爲而長爲肆文爲赦所以見愛其於下文尤爲貫穿但攺字太多不知果有所據否歐公云讀書有不通因攺易本文而傳會之最爲解經者之敝此言盖譏鄭氏也近世學者多或不免如此

茶

飲茶或云始於梁天監中事見洛陽伽藍記非也按吳志韋曜傳孫皓時每宴饗無不竟日坐席無能否飲酒率以七升爲限雖不悉入口皆澆灌取盡曜素飲不過二升初見禮異時或爲裁減或賜茶荈以當酒如此言則三國時已知飲茶但未能如後世之盛耳逮唐中世榷利遂與煮酒相抗迄今國計賴此爲多

素位有嘗

傅簡獻公事仁英兩朝居言路榻前論事是是非非正色抗議未嘗少有苟容姑息之言退而與人道之亦未嘗少有矜驕自負之色及出爲郡循循然遵奉部條惟謹或問之曰公以直節聞天下今雖爲郡謂當時有所縱捨以自表見奈何俛首奉法如此何以自別於常人乎公曰不然君子素其位而行言官行言事之職牧守行守土之任此古人所以安分而明守也聞者歎服司馬溫公嘗謂邵康節論近代人物

曰清直勇三者人所難能也吾于欽之謂焉康節曰欽之清而不耀直而不激勇而不溢尤爲難矣世以爲知言

天門開

王文正公遺事公幼時見天門開中有公姓名弟旭乘間問之公曰要待我後墓誌寫上言不知此言雖不足據亦可見其實有是事矣龐莊敏公帥延安日因冬至奉祠家廟齋居中夜恍忽間見天象成文云龐某後十年作相當以仁佐天下凡十三年駐視久

之方臧公因作詩記之云冬至子時陽巳生道隨陽長物將萌星辰賜告銘心骨願以寬章輔至平手械之題曰齋誠家紀之詩藏其曾孫益如處用小粉牋字札極草草按實錄自慶曆元年初分陝西四路公與韓忠獻范文正王聖源三公俱爲帥至皇祐三年登庸適十年夫天道遠矣而告人諄諄如此理固有之不可盡詰

後耳目志

宋　曾鞏

東坡詩書

東坡平生詩學劉夢得字學徐季海晚年妙處乃不減李杜顏楊

謝曆日表

先生（謂東萊先生南豐之師也）嘗稱曾子固謝日曆表云臣幸備藩頥聞告朔去親方遠已驚歲月之新許國雖堅更嘆功名之晚以爲妙處全在晚字

過海謝表

先生嘗愛東坡過海謝表云臣無毫髮之能而有丘山之罪宜三黜而未已跨萬里而獨來蓋蕭然出四六畦畛之外

溫公神道碑

先生云東坡作溫公神道碑未用北齊神武皇帝號益指高歡也歡追謚神武皇帝欲以比神宗故不書其名而引其謚此亦文章之關鍵

贈官制

紹興四年陳東歐陽澈贈官制王居正所作也先生嘗稱誦之其詞曰嗚呼古之人願爲良臣以爲良臣身譭美名君都顯號忠臣已嬰禍誅君陷昬惡惟爾東爾澈其殆將有意於忠臣乎抑繇朕不得使爾不幸而不爲良臣也雖然爾籍不得已不失爲忠而顧天下後世獨謂牧何此朕所以八年于茲一食三嘆而不能自已也通階美職豈足爲恩以塞予哀以彰予過使天下後世考古之飾非拒諫之主殆不如是寃而有知享朕兹意

無以

無以欲殺身無以貨財殺子孫無以政事殺民無以學術殺天下後世世以爲劉高尚道人語此乃唐人語也

評歐公文

荆公謂歐公之文如決積水於千仞之溪其淸駛孰能禦之

評東坡文與書

李端叔評東坡文云長江巨浸千里一道滔滔滚滚到海無盡如風雷雨雹之驟作崩騰洶湧之掀擧聳一時之壯觀極天地之變化王履道評東坡書云世學公書者多矣劒拔弩張驥奔猊抉則不能無至於尺牘狎書姿態橫生不矜而妍不束而嚴不軼而豪蕭散容與霏霏如旣雨之雲森疎掩斂熠熠如從月之星紆餘宛轉纚纚如縈蠶之絲恐學者所未到也二公之論頗得其妙

老列莊

老子高於列子列子高於莊子老子之文簡古列子之文和緩莊子之文激烈

五帝本紀

先生云司馬遷五帝本紀學春秋

四忌銘

著書忌早處事忌擾立朝忌巧居室忌好作四忌銘以致吾老

四信

飢信租旅信奴病信藥老信書

領字

脩禊序崇山峻領漢書張耳傳南有五領之戍領字不從山與嶺同黃長睿校眞誥中云領云山領也凡山有長脊有路可越如馬之項領故古但作領字

桉當作盌

孟光舉桉齊眉俗直謂几桉耳呂少衛語林少頡案乃古盌字故舉與眉齊耳張平子四愁詩何以報之青玉案謂青玉盌耳若此類皆不可以習熟忽而不攷爲識者所哂

雜言

憤世俗之難諧如鼓淸廟之瑟未終曲而去

明者見百里而不能自視其一睫智者料萬里而不能自察其五臟

雖有姦偷不能使犬不吠雖有暴政不能使民不詆

如風行水如虫食木自然成文不假琱飾鵬鴳同宇魚龍共波

虫之食木無鋒可見蚕之作繭無罅可尋

自內視外者明自外視內者瞎

惟儉可以勝奢惟朴可以勝華

無私之心如權衡然物之輕重常在外無蔽之心水鏡然物之妍醜常在中

凡人傷巧則可侮之事多傷拙則可侮之事少

群居解頤

唐　高懌

嘲

唐初有裴略者宿衛考滿兵部試判爲錯一事落第此人即向温彦博處披訴彦博特與杜如晦坐不理其訴此人即云少小以來自許明辨至於通博言語堪作通事舍人并解文章兼能嘲戲彦博始回意共語時廳前有竹彦博即令嘲竹此人應聲嘲曰竹風吹青肅肅淩冬葉不凋經冬子不熟虚心未能待國士皮上何勞生節目彦博即云爾解通博言語可傳語廳前屏墻此人走至廳前大聲語曰方今聖上聰明闢四門以待士君是何人物在此妨賢路即推倒彦博曰此意著博此人云非但著博亦當著杜彦博如晦大嘆喜即令送吏部與官

天子親家翁

蕭瑀嘗因宴太宗語近臣曰自知一座最貴者先把酒時長孫無忌房玄齡相顧未言瑀引手取盃帝問曰卿有何説瑀對曰臣是梁朝見隋室皇后弟唐朝左僕射天子親家翁太宗撫掌極歡而罷

未解思量

太宗征遼作飛梯以上其城有應募爲梯首者城中矢石如雨因兢爲先登英公李世勣指之乃語中書舍人許敬宗曰此人豈不大健敬宗曰非健要是未解思量帝聞將罷之

見屈原

散樂高崔嵬善弄癡大帝令給事捺頭向水下良久帝問之曰見屈原云我逢楚懷王乃沉汨羅水汝逢聖明君何爲亦來此帝大咲賜物百段

卷耳

韋慶本女選爲妃詣明堂欲謝而慶本兩耳先卷朝士多呼爲卷耳時長安令杜松壽見慶本而賀之因曰僕固知足下女得妃慶本曰何以知之松壽乃自摸其耳而卷之曰卷耳后妃之德也

見人多忘

中書令許敬宗見人多忘之或語其不聰曰卿自難記若遇何劉沈謝暗中摸索著亦可識

選人被放

吏部侍郎李迥秀好機警有選人被放訴云羞見來路迥秀問從何來曰從蒲津關來迥秀曰取潼關路去選者曰耻見妻子迥秀曰賢室本自相知亦應不怪

逆風張帆

杭州叅軍獨孤守忠領租船赴都夜半急追集船人更無它語乃云逆風必不得張帆衆大哂焉

命名曰乎

祕書監賀知章有高名告老歸吳中明皇嘉重之每

事優異將行流涕上問何所欲曰臣有男未有定名幸陛下賜之歸鄉里之榮上曰爲道之要莫如信乎者信也履信思乎順卿之子必信順人也宜名之乎再拜而受命焉久而語人曰上何謔我也我是吳人乎乃爪下爲子豈非呼我兒爪子也

史思明詩

安祿山敗史思明繼逆至東都遇櫻桃熟其子在河北欲寄遺之因作詩寄去詩云櫻桃一籠子半赤半已黄一半與懷王一半與周至詩成賛美之皆曰明公此詩大佳若能言一半周至一半懷王即與黄字聲勢稍穩思明大怒曰我兒豈可居周至之下周至即其傅也

准勑惡詩

杜佑鎮淮南進崔叔清詩百篇德宗語使者曰此惡詩焉用進時人呼准勑惡詩

重婚

元和初達官中外之親重婚者先以涉溱洧之議就

禮之夕儐相則有清河張仲素宗室李程女家索催粧事仲素朗吟曰舜耕餘草木禹鑿舊山川程久之乃悟曰張九張九舜禹之事吾知之矣群客大咲

嶺南風俗

嶺南地暖草菜經冬不衰故蔬圃之中栽種茄子者宿根二三年者漸長枝幹乃成大樹每夏秋熟時梯樹摘之三年後樹老子稀即伐去別裁嫩者又其俗入冬好食餛飩往往稍暄食須用扇至十月旦率以扇一柄相遺書中以吃餛飩爲題故俗云踏梯摘茄

子把扇喫餛飩

又

嶺南無問貧富之家教女不以針縷紡績爲功但躬庖厨勤刀机而已善醯醢菹鮓者得爲大好女矣俚民爭婚娉者相與語曰我女裁袍補襖卽的然不會若修治水蛇黄鱓卽一條必勝一條矣

妻妬

李福妻裴氏性妬忌姬侍甚多福未嘗敢屬意鎮滑臺日有以女奴獻之者福意欲私之而未果一日乘

間言於妻曰某官已至節度使矣然其所指使者率不過老僕夫人待某無乃薄乎裴曰然不知公意所屬何人卽指所獻女奴裴許諾爾後不過執衣侍膳未嘗得一繾綣福又囑妻之左右曰設夫人沐髮必當來報我旣而果有以沐髮來告者福卽僞言腹痛且召其女奴旣往左右以裴方沐不可遽聞卽告以福所疾裴以爲信然遽出髮盆中問福所苦旣業以疾爲言卽若不可忍狀裴極憂之由是以藥投兒溺中進之明日監軍及從事悉來候門福卽具以告之因言曰一事無成固當有分所苦者虛咽一甌溺耳聞者莫不大笑

優人滑稽

咸通中優人李可及滑稽諧戲獨出輩流雖不能托諷諭然巧智敏捷亦不可多得嘗因延慶節緇黄講論畢次及優倡爲戲可及褒衣博帶攝齊以升坐稱三教論衡偶坐者問曰旣言博通三教釋迦如來是何人對曰婦人問者驚曰何也曰金剛經云敷座而坐非婦人何凡夫坐而後坐也上爲之啓齒又曰太

上老君何人曰亦婦人也問者益以不喻乃曰道德經云吾有大患爲吾有身及吾無身吾有何患倘非婦人何患於有娠乎上大悦又問曰文宣王何人也曰婦人也問者曰何以知之論語曰沽之哉我待賈者也向非婦人奚待嫁爲上意極歡賜予頗厚

講論語

魏博節度使韓簡性麤質每對文士不曉其說心常恥之乃召一孝廉講論語之爲政篇翌日語從事曰近方知古人淳樸年至三十方能行立聞者大笑

假作僧道

南中小郡多無緇流毎宣德音須假作僧道陪位昭宗即位柳韜爲容管宣告使赦下到下屬州自來無僧道皆臨事差攝宣時有一假僧不伏排位太守王弘大怪而問之僧曰役未到差遣偏併去歳已曽作文宣王今年又差作和尚聞者莫不絶倒

署吏爲聖人

自廣南際海中數州多不立文宣廟有刺史不知禮將釋奠即署二書吏爲文宣王亞聖鞠躬於門外或進止不如儀即判云文宣王亞聖各決若干

燒裙

信州有一女子落拓貧屢好歌善飲酒居常衣食甚迫有人乞與州嵓因浣染爲裙墨迹不落會鄰過之出妓設酒良久一婢驚出云娘子誤燒裙其人遽問損處婢曰正燒着大雲寺門

拜僧

僞蜀王先生未開國前西域　僧到蜀蜀人瞻敬如兄釋迦舍於大慈三學院蜀主復謁坐於廳傾都士女就院不令止之婦女列次拜俳優王舍城揚言曰女弟子勤禮拜願後身面孔一似和尚蜀主大咲

那禿鶖

僞蜀王先生晏駕前來大禿鶖鳥遊于摩訶池上顧夐時爲上臣直于内禁遂潜吟二十八字詠曰昔日曽聞瑞應圖萬般徵意不如無摩訶池上分明見仔細看來是那胡

雁門野說

宋　邵思

善記故事

江南二徐大傳也（鉉爲吏部尚書鍇爲中舍舍人）後主岐王六歲時戲佛像前有大琉璃餅爲猫所觸劃然墜地因驚得疾薨詔鍇爲王墓志兩日矣鉉曰受命撰文當早爲之鍇曰文意雖不引猫兒事此故寔見頗記否鉉因取紙筆疏之不過二十事鍇曰都未也適已憶七十餘事鉉曰楚金大能記明日又云夜來復得數事兄

撫掌而已

品藻名書

太宗皇帝嘗出内府古書三百軸雜以山川人物鳥獸花木糊其名氏詔參政賈黄中直舍人院張洎直秘閣刁衎各領一百軸不同日而給謂曰卿可分高下等第進來刁得之尋已品藻一日參政退朝召刁往曰聖旨出畫一百軸令觀某於此藝未嘗經心學士多能幸與銓决既而盡辨之他日舍人亦召刁往出畫如賈所説踰月相决進納備言郡國所書復以九品第之上覆視與舊題不差大喜曰卿何爲各能旌別二臣對曰臣等不曉繪事俱是刁衎所定秘閣由是擅博議之名焉

入倉避兵

開寶八年十一月二十七日夜半金陵城陷大軍將入予六歲矣父母昆弟十三人空宅號泣而出未知藏匿之所天漸明行至廣濟倉東北角姑之子張成家成見予父母泣且言曰兵至矣去將安適此有梯可踰垣入倉大軍若來必不燒倉成家老小幸相隨

而度度訖毁梯勿使人覺父與其言骨肉由是皆入既而成欲去梯父曰不可也我與汝即免後人何從但留之俾來者得踰垣則衆皆濟矣於是果有人沿梯而上復有駕肩日而登者父乃與仲氏取廥中官梯兩隻擲於外至卯辰間大軍既入火照臺城少項果有百餘甲士持赤幟立於墻外寔守倉敖是則張成所謀益得濟者衆由我父不使去梯而又益之也二十八日招安城中多被殺傷惟此間老幼近二千人獲全云

瓦棺寺閣

建康瓦棺寺閣晋哀帝時造逶迤精巧甲於江左年代寖遠而南角久巳欹側唐明皇開元九年七月十一日江淮大風拔木是夜因風雨自正大宋開寳八年十一月二十七日尅復之際爲兵火所焚時巳五百八十餘載矣明年有客自東海來言是夕雪中天上有光自西南引一閣由東北去聞鍾梵鼓樂之音云

宋祖智謀

周世宗巳得淮南李後主令侍中林仁肇出鎭武昌倚爲長城未幾而大宋受命太祖欲先取上游兵帥多憚仁肇未即遣之于特後主弟齊王達質于闕下太祖嘗密令親信往武昌僧院竊取仁肇全身真旣至挂于便殿召齊王視之曰卿識此人否對曰臣不識然有類臣江南林仁肇上曰正是耳近有表并進此像言相次歸朝朕將遣使迎之齊王不省其謀亟使人間行歸白其事由是君臣猜貳仁肇不明而卒

亡國之音

亾國之音信然不止玉樹後庭花也南唐後主精於音律凡度曲莫非奇絶開寳中國將除自撰念家山一曲旣而廣念家山破其讖可知也宮中民間日夜奏之未及兩月傳滿江南

三柳軒雜識

宋 程棨

或曰

或曰平園記客言謂論語凡稱或者其所言皆無可取故畧其姓名如或謂孔子曰子奚不爲政或問禘之說或曰孰謂鄹人之子知禮乎或曰管仲儉乎

貴稻

五穀以稻爲貴古人各以其類配之如以殺雞配爲黍謂野人之飡也以啜菽配飲水謂貧者之孝也以蔬食對菜羹謂貶降之食也惟食稻則對衣錦又祭祀以稻爲嘉蔬公享大夫則以爲吉饎是五穀以稻爲貴

祠山事要

廣德祠山神曰張遊食豨按祠山神事要云王始自長興縣疏聖瀆欲通津廣德化身爲豨從使陰兵後爲夫人李氏所覘其工遂輟食之避豨益以此淮南子載禹治水時自化爲熊以通轘轅之道塗山氏見之慙而化爲石右二事實相類

假葬

胡楷世行嘗言先世由徽來霅買屋廣化寺側修理夾壁得故攢堂一尸僵卧如生觸之則輒應手灰滅遂白有司遷瘞之始聞疑信相半後閱通典有假瘞三年卽吉議郗詵母亡不致喪便於堂北壁外下棺謂之假塟三年卽告衛瓘以其不應除服而議之詵云此方下濕惟城中高故遂塟於所居之宅祭於所養之堂不知其不可之辭求之晉史亦然始印胡言之信

天數

天周九九八十萬里見春秋元命苞去天九萬里見徐整曆歷記地廣東西二萬二千南北二萬六千見河圖括地象自東極至於西極五億十萬九千八百步見山海經山林之大川澤之汪萊菹之生鳥獸之聚者九百一十萬八千十四頃

水石鍾秀

水石鍾秀處夷堅載高州茂名縣黃沙大石嶺理有崖樹景物朱子困師帥桂林以兩石致景廬老幹扶疏上挾雲氣下臨廣漠混然天成痕無斧鑿過汞石

遠矣

古玉

曾見玉麒符如今香囊白玉爲質石碾麒麟又有片玉長可八寸濶三兩指如刀有把名秩衣古帝王旣御袍帶以此抹腰無摺縐又片玉甚薄上鋭下濶多壓舌殉葬含玉也又塊玉如笏名代指講進相以黙顯經籍漢遺物

蘭亭序

世謂蘭亭不入選以絲竹管絃爲病天朗氣清不當

於春時言陵陽韓子蒼云春多氣昏是時天氣清明故可書如杜子美六月風日冷之義絲竹管絃四字乃班孟堅西漢中語梁巳前古文不在選中者尚多何特此序耶

蠱呪

閩廣多蠱或謂凡至旅寓當扣主人云你家有無蠱毒耶問之卽不行夷堅辛部載解毒呪云姑蘇啄摩耶啄蠱吾毒生四角父是穹窿母窮是舍耶女眷屬百千萬吾今悉知汝摩訶鄭景盟集閩廣蠱毒名曰超生有林宰家顯得其二呪曰本師未來祖師來未三百六十祖莫能吾前要友生急急如律令又曰本師來一祖師來未呪作牛呪喫泄草入人腸急急如律令又有手訣稱不能記藥則升麻一味水調服

漁隱

漁樵之隱世固有之未若張芸叟南遷錄所述之者潯陽茸棠湖之南有孟氏者世業漁釣公訪之門闌蕭然竹籬數掩孟生出見葛衫草履容止語言眞是江上漁人畧無異者就茅廡一啜左右皆漁器腥穢

逼人稍卽廳事如富貴家坐調呼須巳可嗟怪頃間延至中堂榱題軒楹皆漆髹塗間之雕采器服鮮然奪目所設酒味茱羮莫不旨嘉久之出妓女三四人皆戚里之士服飾宜所傳皆京師新聲使人終日悅然浮休以爲任俠隱身而致富者異矣哉異矣哉

花客

花名十客世以爲雅戲姚氏殘語演爲三十客其中有未當者輒日因易其一二且復得二十客併著之以寓獨賢之意

牡丹爲貴客　梅爲清客　蘭爲幽客
桃爲夭客　杏爲艷客　蓮爲淨客
桂爲岩客　海棠爲蜀客　躑躅爲山客
梨爲淡客　瑞香爲閨客　木芙蓉爲醉客
菊爲壽客　酴醾爲才客　蠟梅爲寒客今改久
素香爲韻客　瑨花爲仙客今改尊
丁香爲情客　葵爲忠客　木槿爲時客今改庄
桃爲狂客　玫瑰爲刺客　月桂爲癡客
含笑爲佞客　石榴爲村客霞天　鼓子花爲田客

蔓陀羅惡客　孤燈爲窮客　棠梨爲鬼客
棣棠爲俗客兄弟之義不可稱俗今改爲和　木筆爲書客以上見姚氏
芍藥爲嬌客　鳳仙爲泪客　紫薇爲高調客
水仙爲雅客　杜鵑爲仙客　萱草花爲歡客
橘花爲雋客　梔子爲禪客　來禽爲靚客
山礬爲幽客　楝花爲晚客　菖蒲花爲隱客
枇杷爲龐客　玉蕊毬巾客　茉莉花爲神客
凌霄花爲勢客　李花爲俗客　迎春花爲僭客
月丹爲豪客　菱花爲水客以上新添

指南鍼

陰陽家爲磁石引針定南北每有子午丙午之理按本州沽義磁石磨針鋒則能指南然嘗偏東不全南也其洼取新纊中獨縷以半芥子蠟綴于針腰無風處垂之則針嘗指南以針積貫燈心浮水上亦指南然常偏丙位蓋丙爲土火庚辛金其制故知是物類感耳

謔對

淳熙間高曇登對上稱其不爲高談梁相戲云高曇

不爲高談以何對周益公對云甲牧且爲甲牧蓋武臣甲牧見知黔州沈丞相說爲樓貯書時禮佛其上人謂之五體投地之樓以對秦檜一德格天之閣士人之說云一海嚇天之閣對三公亂道之邦

陳文忠

陳文龍志忠興化人度宗朝狀元也德祐末歸守本州北兵入閩不屈生縛之至杭病卒于杭之茁兒橋巷初文龍入太學累試不入格太學守土之神岳侯也一夕夢神請交代意必老死于太學常悒悒不樂

既而赴廷對第一仕宦日顯前夢不復記矣及守鄉州又夢神通書閲書前面曰文代後書年月至元心甚慢之未幾國忘城陷家殘身俘至杭幽於太學之側

蠲紙

温州作蠲紙潔白堅滑大畧類高麗紙東南出紙處最多此當爲第一焉由拳皆出其下然所産少至和以來方入貢權貴求索浸廣而紙戶力已不能勝矣吳越錢氏時供此紙者蠲其賦役故號蠲云

識名

治平中禁中修福寧殿築基址殿心數尺地隳築隨陷土實之更陷又穴咸怪駭之乃穴所陷處深丈許得一石有八大字皆天書不可曉時御書院有能解者詔使辨釋云歲在申酉洪都不守也時諱其事立棄毁之其後累更申酉皆無它虞靖康乙巳丙午金人再犯闕丁未四月二帝北狩今上即位於南京已而駐蹕維揚命宗澤留守東京增修守備以杜充代之皆能反危爲安京城賴以保全至已酉春金人收淮甸大駕南度召杜充赴行在而東京遂不復守矣天書至是乃驗云狄子中日記備載治中事乃其目擊也毎遇申酉歲輒注之曰今亦無它自治平至建炎凡六經申酉子中死又過申酉歲前此經而不驗者豈非人事勝之耶

評花品

余嘗評花以爲梅有山林之風杏有閨門之態桃如倚門市娼李如東郭貧女

論人品

余嘗謂近世鉅公歐文忠似韓退之司馬文正似蘧伯玉荆公似王夷甫蘇東坡似司馬遷文忠似退之夫人能言之然其所以似之者人或不能知之也

負暄雜錄

闕名

蠻紙

唐中國未備多取於外故唐人詩中多用蠻箋字亦有爲也高麗歲貢蠻紙書卷多用爲襯日本國出松皮紙又南畨出香皮紙色白紋如魚子又苔紙以水苔爲之名側理紙薛道衡詩昔時應春色引緑泛青溝今來承玉管布字轉銀鈎又扶桑國出芨皮紙今中國惟有桑皮紙蜀中藤紙越中竹紙江南楮皮

紙南唐以徽紙作澄心堂紙得名若蜀箋吳箋皆染搗而成蜀箋重厚不佳今吳箋爲勝

惡香

廣明中巢寇犯闕僖宗幸蜀關中道傍之瓜悉皆萎死蓋宮嬪多帶麝香所薰遂皆萎落耳

山藷

山藥本名薯蕷避唐代帝諱豫改名薯藥宋英宗諱曙遂名山藥

相墨

墨染紙三年字不昏暗者爲上

中吳紀聞

宋　龔明之

三江口

松江之側有小聚落曰三江口酈善長云松江自湖東北遙七十里至江水分流謂之三江口吳越春秋范蠡去越乘舟出三江之口入五湖之中皆謂此也卽禹貢所謂三江既入者

皐橋

漢皐伯通所居之地有橋梁鴻娶孟光同至吳居伯

通廡下爲人舂役伯通察而異之舍於家皮日休詩皐橋依舊綠楊中閭里猶存隱士風唯我到來居上館不知何處勝梁鴻

紅蓮稻

紅蓮早稻從古有之陸魯望詩云遙爲曉風吟白菊近炊早稻識紅蓮

鬪鴨

陸魯望有鬪鴨一欄頗馴一旦驛使過焉挾彈斃其尤者陸曰此鴨能人言見欲附蘇州上進使者柰何斃之使者懇以囊中金遺之徐問其人語魯望曰能自呼其名爾

復姓

范文正公幼孤隨母適朱氏因從其姓登第時姓名乃朱説也後請於朝始復舊姓表中改用鄭準一聯云志在投秦入境竊同於張祿名非伯越乘舟偶效於陶朱范蠡范雎事在文正用之尤爲切當今集中不載

湧海山

虎丘舊名海湧山闔閭王既葬之後金精之氣化爲虎踞其墳故名虎丘山椒有二伽藍列爲東西樂天有東武丘西武丘詩虎字在唐避諱故曰武

三高亭

越上將軍范蠡江東步兵張翰贈右補闕陸龜蒙各畫其像于吳江鱸鄉亭之旁東坡嘗有詩後易其名曰三高更塑其像臞菴王文傳以其地廣雪灘遷之于長橋之北與垂虹亭相望石湖石范公爲之記文氣與離騷相類後又竄易十數語重刻之愈極精嚴

前輩爲文多不厭改此可爲後學法程也

太公避處

常熟海隅山有石去東止六七十里謂之海濱郎昔太公避紂居之孟子謂太公避紂居東海之濱楊修郎中常作詩記其事

夜船

夜航唯浙西有之然其名舊矣古樂府有夜航船曲皮日休荅陸天隨詩云明朝有物元君信擁酒三瓶寄夜航

吳語

吳人呼來爲釐始於陸德明貽我來牟弃甲復來皆音釐盋德明吳人也言罷則以休繼始前吳王一日語孫武武曰將軍罷休亦吳語也

花客

張敏叔嘗以牡丹爲貴客梅爲清客菊爲壽客瑞香爲佳客丁香爲素客蘭爲幽客蓮爲淨客酴醾爲雅客桂爲仙客薔薇爲媚客茉莉爲遠客芍藥爲近客

蟹

吳之出蟹也舊矣吳越春秋云蟹稻無遺種陸魯望集有蟹志云漁者緯簫承其流而障之曰蟹斷又曰稻之登也率執一穗以給其魁然後維其所之今吳人謂之輸芒

緯堆

昆山縣西數里有村曰緯堆古老相傳云是黃歇緯墓未知是否

東西二嶽

太湖中有東嶽西嶽二山吳王於此嘗置男女二獄楊修郎中詩云雷霆號令雪霜威二獄東西瑣翠眉

幻僧

承天寺普行院有一僧云大至身長尺許人有祈禱置之掌中凶則不拜吉則拜惟所從來時盤溝村中有一漁者嘗於僧云欲更業僧曰汝有何能漁者云它莫能之僧乃曰吾教汝塑泗洲像可以致富漁者曰人不欲之柰何僧曰吾授汝一法遂以千錢與之令像中各置一錢所售之直亦以千錢漁者如所教

人競求買果獲千緡今寺中所藏乃其一也

蠡口

蠡口在齊門之北又有蠡塘在婁門之東古老相傳云范蠡破吳辭越乘扁舟遊五湖潛遊於此遺人馳書詒文種大夫因以名之

蛇化劍

十將墓金匠門城東數里頃有人耕其旁忽青蛇上其足其人遽以刀誅之上半躍入草中不可尋徐視其餘乃劍也入墓欲持歸則不見矣方子通詩載其

事

丁令威宅

陽山法海寺乃丁令威宅鍊丹井存焉號丁令威泉井水至今甘美雖旱不竭交讓巷謂之丼漿巷織里橋謂之吉利橋葑門謂之府門帶成橋謂之載城橋字音之訛罕有知者

結帶巾

宣和初余在上庠時有旨令士人繫結帶巾否則以違制論當時有謔詞云頭巾帶難理會三千貫賞錢新行條制不得向後長垂　服相類法甚嚴人甚畏便縫闊大帶向前面繫稱我太學先輩被人呼保義

與妓下火文

昆山一倡周其姓係郡中籍張子韶爲守時倡忽暴亡適道以訪張守周命作下火文云大家且道可惜許簡甚麼可惜巫山一段雲眼如新水點絳唇昔年綉閣迎仙客今日桃源憶故人休記醜奴兒臉子便須抖擻好精神南柯夢斷何如也一曲離愁別是春大衆還知其人向甚麼處去這裏分明會得驀山溪

畔頭頭盡是喜相逢芳草渡頭處處六幺花十八其或未然更听下句咦與君一把無明火燒盡千愁萬恨心

緯畧

食雪　宋高似孫

單于幽蘇武置大窖中絶不與飲食雨大雪武卧齧雪與氊毛并咽之段頰破匡羌復寇張掖刼下馬大戰力盡　亦引退且行晝夜食雪四十日陳删詩食雪天山近思歸海路長王維詩路逺天山雪家臨海樹秋溫庭筠詩紅淚文姬洛水春白頭蘇武天山雪三詩皆用蘇武事而庭筠末句甚竒

旁午

儀禮曰度尺而午注曰一縱一横曰午漢書霍光傳曰使者旁午師古曰一縱一横爲午猶言交横也盖用此意劉向傳曰螽螾螽午如淳曰螽午猶言雜沓也

乾鵲

詩人以乾鵲對濕螢唯王荆公以爲虔字音見於鵲之彊彊易統卦曰鵲者陽鳥先物而動先事而應淮南子曰乾鵲知來而不知往此修短之分也

碧芙蓉頌

顔延之碧芙蓉頌曰澤芝芳豔擅竒水屬練氣紅荷比符縹玉擢麗滄池飛映雲屋實紀仙方名書靈躅水屬二字全未見人用齊王融謝紫鮓啟曰東越水羞實罄秉時之美南荆任土方揖鮓魚之味劉孝威謝藕啟曰凡厥水羞莫敢相輩水羞二字亦新

箕子名

司馬彪莊子注曰箕子名胥餘書傳所不載

茂陵中書

武帝遺詔以雜道書四十卷置棺中元康二年河東功曹李及入上黨抱犢山採藥於巖室中得此書盛以金箱卷後題日月是武帝時也河東太守張純以箱及書奏上之武帝時左右見之流涕曰此是帝崩時殯物宣帝愴然以書付茂陵宋元憲公詩怪牒派郡來幽經茂陵聚此事與蘭亭入昭陵相類

笳却敵

晉劉琨在晉陽爲　騎所圍乃乘月登樓清嘯賊聞之皆悽然長嘆中夜奏　笳賊又流涕並棄圍走

疇爲群　欲害之疇無懼色援笳而吹爲出塞之聲以動其遊客之思於是群[illegible]垂涕而去二公皆以笳聲却敵眞壯士也

獵碣

周宣王石鼓文韋應物韓退之最所贊善如老杜李潮八分小篆歌亦曰陳倉石鼓亦已訛唯歐陽公以爲可疑者三蘇勗載記曰石鼓文謂之獵碣共十鼓其文則史籀所篆周宣王所創獵碣二字甚生蘇氏用此必有所據任昉述異記曰崆峒山有堯碑禹碣

亦用碣字

燒香

佛圖澄傳曰襄國城塹水源暴竭石勒問澄澄曰今當勑能取水乃置澄上坐繩床燒安息香呪數百言水大至李相之賢已集曰燒香蓋始于此按漢武故事曰昆邪王殺休屠王以其衆來降得其金人之神置之甘泉宮金人者皆長丈餘其祭不用牛羊唯燒香禮拜

解鳥語

魏尚字文仲高皇帝時爲太史曉鳥語楊宣爲河內太守行縣有群雀鳴桑樹上宣謂吏曰前有覆車粟此雀相隨欲往食行數里果有覆車粟秦仲知百鳥之音與之語皆應管輅聞有鳴鵲來在閣屋上其聲甚急輅曰東北一婦昨殺夫牽引西家父離婁候不過日在虞泉之際告者至矣到時果有東北五人來告隣婦手殺其夫詐言西家人與夫有嫌來殺我婿

解六畜語

廣漢陽翁偉能聽鳥獸之音嘗乘蹇馬之野而田間

有放馬者相去數里鳴聲相聞翁偉謂其御曰彼放馬目眇其御曰何以知之曰罵此轅中馬曰蹇馬蹇馬亦罵之曰眇馬御者不信往視馬目竟眇李南乘赤馬行道逢人白馬先鳴而赤馬應之南謂從者曰此馬言汝今當見一黃馬左目盲者是吾子也可告之快行相及從者不信行二里果逢黃馬而左目盲南之馬先鳴而盲者應之其盲果白馬子介葛盧來朝聞牛鳴曰是生三犧皆用之矣東方有國人數數解六畜語蓋偏智之所得矣廷尉沈僧衆校獵中道

而還左右問其故答曰國有邊事當選人丁何以知之答曰南山彪嘯所以知爾

使酒

漢書曰灌夫剛直使酒不好面諛漢季布任俠有名孝文時召爲御史大夫有言其勇使酒難近宋孔顗使酒仗氣醉則彌日不醒僚宗之間多所凌忽

文君誄

西京雜記曰司馬相如死文君爲作誄列女傳曰柳下季死妻自爲誄門人不能損一字古人已如此

重席

戴憑正旦朝賀帝與群臣說經義不通輒奪其席憑重十五席殷亮拜博士諸儒講論勝者賜席亮重席八九

避風

養性經曰治身之道春避青風夏避赤風秋避白風冬避黑風孫思邈論衛生以爲人當避暗風箭風者蓋此之謂也

門多好事

漢張竦以列侯居長安貧無賓客時時好事者從之質疑問事論道說書楊雄家貧嗜酒人稀至其門有好事者載酒餚從學李楷述身賦曰座有清譚之客門多好事之車好事二字巳見竦傳

麈尾

王導麈尾銘曰誰謂質卑御於君子拂穢靜暑虛心以俟許詢白麈尾銘曰蔚蔚秀格偉偉奇姿荏弱軟潤雲散雪霏君子運之探玄理微陸龜蒙麈尾賦有曰叩易論玄驅今駕古散入神明之牘中含道德之

祖此形容揮用之趣獨孤授竹如意賦有曰發奥滌玄遐鈎獨索亦是形容用處優於龜蒙二公所作全不似唐人文章麈之大者曰麈群麋隨之皆依麈尾所轉

日月星

徐整長曆曰衆陽之精上合爲日徑千里周圍三千里下於天七千里又曰月徑千里周圍三千里下於天七千里

風流

晉庾翼與殷浩書曰王夷甫先朝風流士也

水精鹽

李白詩客到但知留一醉盤中秪有水精鹽金僂子曰胡中有鹽瑩澈如水精謂之玉華鹽

鈎玄

闕名

禹舜不返葬

劉公原曰大江之南前代要服舜禹崩巡不返葬禹非不尊敬舜也啓非不孝於父也時京在乎廟貌寃氣則無所不之也秦漢而下崇在墓祭違經棄禮遠事丘墳難以語乎理矣

弟兄永訣

兩浙都轉運使廉希貢中統初平章公之弟累官至正議大夫余在運幙知公最詳公于眞人讀書畧通大義尤喜讀易爲人沉静寡言樂善有守至元二十七年七月末旬下血適其兄叅政公以事來杭八月日疾革沐浴易衣冠而逝家人舉哀久之忽搖手止哭者延賓謂其叅政公曰吾與兄生同胞相離十餘年今幸會於此謂必能永事顔接杯酒之歡數月而別豈一病止此今將永訣寧無一杯飲之相餞乎時久不飲酒叅政公手斟酪漿一杯飲之且謂曰吾父母去矣大兄去矣平章兄去矣五弟六弟又去矣吾

二人各年五十而上死不爲夭汝勿以妻子之故汝心汝之妻子吾竭力以恤之汝去之後吾繼汝去矣公手止曰有囑其弟端及其子可忠侍勉以忠孝促合鞴馬既告辨復卧而逝身後家無一錢行臺賻楮幣五十疋乃得歸中山

少陵骨

秘書郎喬中山云至元十年自來東曹掾出使延安道出鄜州土人傳有杜少陵骨在石中者因往觀之石在州市色青質堅樹於道傍中有人骨一具趺坐

若自生成者與石立化以佩刀削之真人骨也

五不男女

五不男天揵妒變半五不女螺文鼓角綫

說郛目錄

弓第二十五

遯齋閒覽 范正敏
稗史 仇遠
志林 蘇軾
因論 劉禹錫
晉問 柳宗元
窮愁志 李德裕
席上腐談 俞琰

讀書隅見
田間書 林芳
巵記 闕
判決錄 張鷟

遯齋閒覽

宋　范正敏

名賢

妙齡穎悟

楊大年內翰七歲對客談論有老成風年十一太宗聞其名召對便殿授祕書正字且謂曰卿久離鄉里得無念父母乎對曰臣見陛下一如臣父母上歎賞久之

剛果而和

程丞相琳性嚴毅無所推下出鎮大名每晨起據案決事左右皆惴恐無敢喘息及開宴召僚佐飲酒則笑歌歡謔釋如無間於是人畏其　果而樂其曠達

野逸

性度寬弘

羅可沙陽之碩儒也性度寬弘詞學贍麗嘗預鄉薦見黜於禮部遂慨然不復有進取意以疎放自適鄉人共以師禮事焉人有竊刈其園中蔬者可適見因躡足伏草間避之以俟其去又有攘殺其雞者可乃攜壺就之其人慚悚服罪可執其手曰與子幸全里閭不能烹雞以待子我誠自愧乃設席呼其妻孥環坐盡醉而歸終不以語人人由是相誠無犯年六十七而終

詩談

牧之詩

杜牧華清宮詩云長安回望綉成堆山頂千門次第開一騎紅塵妃子笑無人知是荔枝來尤膾炙人口據明皇帝紀以十月至驪山至春即還宮是未嘗六月在驪山也然荔枝盛暑方熟詞意雖美而非事實

唐參軍簿尉

杜甫贈適詩云脫身簿尉中始免捶楚辭韓愈贈張工曹詩云判司卑官不堪說未免捶楚塵埃閒杜牧寄小姪阿宜詩云參軍與縣尉塵土驚劻勷一語不中治鞭箠身滿瘡以此明唐之參軍簿尉有過即受笞杖之刑猶今之吏胥也

花瑞

楊州芍藥名著天下郡圃最其盛處仁宗朝韓魏公

副樞出鎭維揚初夏芍藥盛開忽於蘂中得黃緣稜者四朶土人呼爲金腰帶云數十年閒或有一二朶不常見也魏公開宴召三人者仝賞時王禹玉作監郡王荆公爲幙官陳秀公初授衛尉寺丞爲過客其後四人皆相繼登台輔葢花瑞也

證誤

吉貝

閩嶺巳南多木緜土人競植之有至數千株者采其花爲布號吉貝布余後因讀南史海南諸國傳言林

邑等國出吉貝木其花成時如鵝毛抽其緒紡之以爲布與紵布不異亦染五色織爲班布正此種也

通應子魚

莆陽通應子魚名著天下葢其地有通應侯廟廟前有港港中魚最佳今人必求其大可容印者謂之通印子魚故荆公亦有詩云長魚俎上通三印此傳聞之訛者

朔言無正音

歐公云契丹阿保機李琪集中賜契丹詔乃爲阿布機後有人自朔中歸云朔人實呼爲阿保人以爲傳聞之訛余嘗思之葢其言無正音用華語譯不能無訛謬如漢身毒國亦號捐篤其後改爲乾篤又曰乾竺今遂呼爲天竺矣譯者但取其語音與中國相近者言之故隨時更變而莫能定也

擬古詩

文選有江文通擬古詩三十首如擬休上人閒情云日莫碧雲合佳人殊未來今人遂用爲休上人詩故事又選陶淵明田園詩云種禾在東臯苗生滿阡陌

今此詩亦收在陶淵明集中皆誤也

引易緯文

永叔作傳易圖序云予讀經解至引易曰差若毫釐繆以千里之句怪今易無此文疑易非完書且經解所引按王克論注乃易之緯文永叔於易經求之誤矣

雜評

編詩

或問王荆公云編四家詩以杜甫爲第一李白爲第

四豈白之才格詞致不逮甫耶公曰白之歌詩豪放飄逸人固莫及然其格止於此而已而不知變也至於甫則悲歡窮達發歛抑揚疾徐縱橫無施不可故其詩有平淡易簡者有綿麗精確者有嚴重威武若三軍之師者有奮迅馳驟若泛駕之馬者有寂泊閑静如山谷隱士者有風流醞藉若貴介公子者蓋其詩緒密而思深觀者苟不能臻其閫奥未易識其妙處夫豈淺近者所能窺哉此甫之所以光掩前人而後來無繼也元稹以語兼人人所獨專斯言信矣或者又曰唐人之呼何以李加杜先而語之李杜豈當時之論有所未當歟公笑曰名姓先後之呼豈足以優劣人哉蓋漢之時有李固杜喬者世號李杜又有李膺杜密亦謂之李杜當時甫白復以能詩齊名因亦謂之李杜取其稱呼之便耳退之詩有曰李杜文章在又曰昔年嘗讀李白杜甫詩則李在杜先若曰遠追甫白感至誠又曰少陵無人謫仙死則李居杜後如此則孰爲優劣如今人呼其姓則謂之班馬呼其名則謂之遷固先時白居易與元稹同時唱和人號元白後與劉禹錫唱和則謂之曰劉白居易之才豈眞下二子哉若曰王楊盧駱楊烱固嘗自言余愧在盧前恥居王後益知稱呼前後不足以優劣人也晉王導嘗戲諸葛恢云人言王葛不言葛王何邪恢答曰譬言驢馬豈驢能勝馬邪君若孰稱呼以爲優劣將復有以此戲君者矣或者又曰評詩者謂甫歎白太過反爲白所誚公曰不然甫贈白詩云清新庾開府俊逸鮑叅軍但比之庾信鮑昭而已又云李侯有佳句往往似陰鏗陰鏗之詩又在庾鮑下矣飯顆之嘲雖一時戲劇之談然二人者名旣相逼亦不能無相忌也

人事

安石遇人談文

舒王退謝金陵幅巾杖履獨遊一寺遇數客盛談文史詞辯紛然公在其側人莫之顧有一客徐謂曰君亦知書乎公但唯唯復問君何姓公拱手而答曰安石姓王衆賓惶慚趨謝而退

修寺焚僧

太平興國江東有僧詣闕請修天台寺且言寺成願焚身以報太宗命入內高品衛紹欽督其事紹欽日與僧笑語無間及營繕畢乃積薪于庭呼僧從願僧言願見至尊而謝紹欽不許僧大怖泣告紹欽促令登薪火盛僧欲下紹欽遣左右以杖抑按焚之而退

娶婦離間友愛

姑蘇馮氏兄弟三人甚相友愛其季娶婦逾年輒諷使其夫分異夫怒詬曰吾家義居三世矣汝欲敗吾素業耶婦乃不復言而其仲每對親戚常切齒以語

此婦必敗吾家一日其婦向夫悲泣求去詰之不答固問之始收淚曰妾父母以君家兄弟篤於友義故以妾歸君今仲常欲私我我不敢從每恚怒欲令君逐妾向勸君卜居于外其實慮此使妾不幸爲仲所汙縱君含恥能忍妾亦何面目以見親族乎季怒遂逼其兄析居而孝友衰焉

婦人之妬

婦人之妬出於天性殆不可開諭甚者雖脇以白刃不變也故小說載唐太宗賜房玄齡妻酒事至今以爲口實近世士人中二事尤異皆不欲顯其姓名陳好古通直云四十年前撫州監酒范丞者妻色美而妬范甚寵憚之同輩每休暇招妓燕集皆不得預一夕范輪次直宿謂有告私醸者范晨率吏卒徑往捜捕其同寮李供奉平日與范無間素知其妻妬乃戲取官妓奴履寄置范卧具中須史務吏挈衾褁歸妻披衾見履神色沮喪詰吏所以來吏對不知於是泣怨良久因拊心而呼曰天乎吾至是耶乃入室闔戶而寢頃之范還排戶而入則妻奄然死矣又有人任

湖南倅妻生一子始及晬倅甚愛憐之偶一日郡守在告倅攝郡事會鄰郡太守過郡與倅有舊倅爲開宴命妓佐酒妓中有一人差秀慧者立侍倅側倅頃與語及戲爲酒令笑語方酣見鈴吏擎生肉二盤一置倅前一置客前倅愕問其故則其子之肉也蓋妻忿夫與妓語乃手刃其子封肉以獻其忍毒至此

六虎

延平吳氏姊妹六人皆妬悍殘忍時號六虎其中五虎尤甚凡三適人皆不終平生手殺婢十餘人每至

夜分嘗聞堂廡間喧呼擊朴之聲同室者皆懼五虎怒曰狂鬼敢爾邪命闢戶移榻于中庭乃持刃獨寢於是徹旦寂然人語五虎之威鬼猶畏之也

劉喜焚妻

德州軍士劉喜有氣岸嘗出經年妻與一富人子私通夫歸紿語妻曰汝之前事我盡知之吾不能默默受辱於人又不忍間兩情之好汝能令富人子以百金餉我我則使汝詐爲得病而死者載以凶器而送諸野子夜則潛往奔之如是庶可以滅口妻以爲然

因進百金托以疾逝夫乃納妻于棺膠以大釘遂縱火焚之卽以身自訴于郡將張不疑奇其節而釋其罪

醫巫

田嵓閩人以醫著名尤善治瘵疾察形診候度疾淺深以計所酬之直約定始肯爲治多至五百千少不下百千疾平酬受期以時月未嘗有失嵓後自得瘵疾歷試平日所用之方無一驗者遂死南人信巫有疫癘不召醫惟命巫使行呪禁辛巳年臨江大疫群巫盡死餘人不治多自瘥然則俗巫豈足恃乎

栢木中作笛聲

余尚書靖慶曆中知桂州州境窮僻處有林木延袤數十里每至月盈之夕輒有笛聲發于林中甚清遠土人云聞之已數十年終不詳其何怪也公遣人尋之見其聲自一大栢木中出乃伐取以爲枕聲如期而發公甚寶惜凡數年公之季弟欲窮其怪命工解視之但見木之文理正如人月下吹笛之像雖善畫者不能及重以膠合之則不復有聲矣

腸癢疾

傅舍人爲太學博士日忽得腸癢之疾至其劇時往往對衆失笑吃吃不止數年方愈此疾殆古人所未有

應聲蟲

余友劉伯時嘗見淮西士人楊勔自言中年得異疾每發聲言應答腹中輒有小聲效之數年間其聲浸大有道士見而驚曰此應聲蟲也久不治延及妻子宜讀本草遇蟲所不應者當取服之勔如言讀至雷

尢虫乃無聲乃頓餌數粒遂愈余始未以爲信其後至長河過一丐者亦有是疾環而觀者甚衆因教之使服雷尢丐者謝曰其貧無他伎所以唯求衣食於人者唯藉此耳

腹鳴如鼓

陳子直主簿之妻有異疾每腹脹則腹中有聲如擊鼓遠聞于外過門者皆疑其家作樂腹消則鼓聲亦止一月一作經數十醫皆莫能名其疾

嗜酒

鎮陽有士人嗜酒日常數斗至午後飲興一發則不可過家業由是殘破一夕大醉嘔出一物如古初覩無痕竅至常日欲飲時蟲然而起家人沃之以酒立盡至常日所飲之數而止遂投之猛火中忽爆烈爲十數片士人自此惡酒

諸異

登州海中遇晴霽忽見臺觀城市人物往還者謂之海市東坡嘗一見之又歐公嘗過河朔高唐縣宿驛舍夜聞鬼神自空中過人畜之聲一一可辨父老云二十年曾晝過縣土人謂之海市高唐去海實遠謂之海市切恐不然舊說漢時有人奉使過海忽見漢家宮闕臺殿如在目前使人因具衣冠向闕而拜須臾風駛舟行遂迷所在又酉陽雜俎云有人掘井深巳倍常井數丈不見水忽聞向下車馬人物喧鬧之聲近如隔壁出以告州將州將遣數人驗之不誣欲奏其事恐涉怪而止遽令塞之又湘潭界中有寺名方廣每至四月朔日在東壁則照見維陽官府樓堞居民宇舍影著壁上亦物物可數又家弟公叙曾夜

宿福清紫微院至三鼓忽聞院後讙呼買物之聲正如城市皆是浙音達旦而止明日起覩皆高山峻壁也寺僧云一歲之中凡數次如此人謂之鬼市陰冥之事蓋有非人意所能測者

諧噱

頌蝨

荆公禹玉熙寧中同在相府一日同侍朝忽有蝨自荆公襦領而上直緣其鬚上顧之而笑公不自知也朝退禹玉指以告公公命從者去之禹玉曰未可輕

公輒獻一言以頌蟲之功公曰如何禹玉笑而應曰屢遊相鬚曾經御覽荊公亦為之解頤

長年術

莆傳正知杭州有術士請謁蓋年踰九十而猶有嬰兒之色傳正接之甚歡因訪以長年之術答曰某術甚簡而易行他無所忌唯當絕色慾耳傳正俛思良久曰若然則壽雖千歲何益

崖州地望最重

丁晉公自崖州還與客會飲一客論及天下地理謂

四坐曰海內州郡何處最為雄盛晉公曰唯崖州地望最重客問其故答曰朝廷宰相只作彼州司戶參軍他州何可及也

海南人情不惡

東坡自海南還過潤州州牧故人也出郊迓之因問海南風土人情如何東坡云風土極善人情不惡某初離昌化時有十數父老皆携酒饌直至舟次相送執手流涕而去且曰此回與內翰相別後不知甚時再得相見

應舉忌落字

柳冕秀才性多忌諱應舉時同輩與之語有犯落字者則忿然見於詞色僕夫誤犯輒加杖楚常語安樂為安康忽聞榜出亟遣僕視之須臾僕還冕即迎問曰我得否乎僕應曰秀才康了也

臠壻

今人於榜下擇壻號臠壻其語蓋本諸袁山松尤無義理其間或有意不願就而為貴勢豪族擁逼而不得辭者有一新貴少年有風姿為貴族之有勢力者

所慕命十數僕擁致其第少年欣然而行略不辭遜既至觀者如堵須臾有衣金紫者出曰某惟一女亦不至醜陋願配君子可乎少年鞠躬謝曰寒微得托迹高門固幸待更歸家試與妻子商量如何衆皆大笑而散

作詩尚對偶清切

魏達可朝奉喜為諧談嘗云李廷彥獻百韻詩于一上官其間有句云舍弟江南沒家兄塞北亡上官盡然哀之曰不意君家凶禍重併如是廷彥遽起自解

曰實無此事但爲對屬親切耳

作遨僧夜話詩

許義方妻劉氏每以端潔自許義方嘗出經年忽一日歸語其妻曰獨處無聊得無時與鄰里親戚往還乎劉曰自君之出唯閉戶自守足未嘗履閾義方咨歎不已又問何以自娛答曰唯時作小詩以適情耳義方欣然命取詩觀之開卷第一篇題云月夜招鄰僧閒話

泚志

複名

東漢人無複名者或以問鄉貢進士方絢絢云王莽時禁用兩字名蓋沿襲所致

麻胡

今人呼麻胡以怖小兒其說有二朝野僉載云僞趙石勒虎以麻將軍秋爲帥秋胡人暴戾好殺國人畏之市有兒啼母輒恐之曰麻胡來啼聲即絕至今以爲故事又大業拾遺云煬帝將幸江都令將軍麻胡濬汳胡厓用其民每以木鵝爲試鵝流不迅謂濬河不潔皆抵死百姓惴慄常呼其名以恐小兒小兒夜啼不止呼麻胡來應時止大業拾遺在僉載前當以拾遺爲是或云胡本名祜胡者爲其多髭鬚也

李庭珪墨

唐末墨工李起與其子庭珪自易水渡江遷居歙州本姓奚江南賜姓李氏庭珪始名庭邽其後改之故世有奚庭珪墨又有李庭邽墨或有作庭珪字者僞也墨亦不精庭珪之弟之子文用皆能世其業然皆不及庭珪祥符中治昭應宮用庭珪墨爲染飾今人

間所有皆其時餘物耳有貴族偶誤遺一丸於池中疑爲水所壞因不復取既踰月臨池飲又墜一金器焉乃令善水者取之併得其墨光色不變表裏如新其人益寶藏之

風土

土宜

陝西鳳州妓女雖不盡妖麗然手皆纖白州境內所生柳翠色尤可愛與他處不同又公庫多美醞故世言鳳州有三出謂手柳酒也宣城士人李愈云吾

鄉有四出問何物答曰漆栗筆蜜

動植

禽鳥有智

鸂鶒能勑水故水宿而物莫能害鴆能巫步禁蛇故食蛇啄木遇蠹穴能以觜畫字成符即蠹虫自出鵲有隱巢木故鷙鳥莫能見燕銜泥避戊巳日故巢固而不傾鸖有長水石故能於巢中養魚而水不涸燕惡艾雀欲奪其巢即銜艾置其巢中燕遂避去此皆鳥之有智者也

鴆

有人任領南官至山寺登厠忽有異禽飛集厠前石上跳躍作聲若巫家之禹步者須臾石裂出一青蛇乃銜之而去見者大駭問寺僧云正鴆鳥也蓋惟食毒蛇乃能成其毒

又

蘄州黄梅山有鴆巢于山巖大木中狀類訓狐聲如擊腰鼓巢下數十步無生艸每春生子能飛乃送出山惟二雌雄獨留此與金山石穴二鵝無異

百勞

百勞一名梟一名鵙能捕燕雀諸小禽食之又能禁蛇以其食母不孝故古人磔梟羹又標其首於木故後人標賊首以示衆者謂之梟首余嘗偶居北阿鎮小寺寺後喬木數株有梟巢其上凡生八子子大能飛身皆與母等求食益急母勢不能供即避伏荆棘間群子噪逐不已母知必不能逃乃仰身披翅而卧任衆子啄食至盡乃散去就視惟毛觜存焉

毬魚

海中異物不知名者甚多人大抵以狀名之朱崖之傍有物正如鞠大小質狀無異亦有紋如線語味極肥美土人但呼為毬魚

種松令偃蓋

蘇伯材奉議云凡欲松偃蓋極不難栽時當去松中大根惟留四旁鬚根則無不偃蓋

稗史

元　仇遠

志孝

封股批乳

吾里堂溪袁鎮天性篤孝父晚年得心疾體羸幾死一日刲股肉和湯液以進疾乃愈活十五年而歿家君諱聞祥值母病經年每與醫搜藥皆不愈家君炷香告天刃其右乳煎糜以食僅延母氏數月之命石門毛良孫父久患腹痛瀕死良孫密刲股託他肉以

食之父病尋愈隣家陸氏母病一月危子淬刃批左乳以食之亦愈又有毛婦丁氏養姑甚孝姑病刲股肉作羹食之而痊嗟夫刲肉一也或生或死豈非命耶或者謂割傷股膚爲非孝則過矣夫身乃父母之身也父母病苟可以身代亦爲之矧臠肉之足惜乎古人所謂身體髮膚受之父母不敢毀傷者其意謂鬬狠猖獗殘形之類耳若夫刻所受之肉活幾死之親發於眞情自不容已烏可謂之非孝乎聖人復生不易吾言矣

志善

富隣還券

天台縣有宋氏家本富後貧鬻廬於隣家作一詩與之曰自嘆年來刺骨貧吾廬今已屬西隣殷勤說與東西柳他日相逢是路人富者讀之惻然即以券還之亦不索其值鄉人嘉其誼

志賢

謙益

徐司戶逸字無競天台人號竹溪又號抱獨子少與

朱文公爲友公提舉東常平日過天台訪其家燃燈夜話至鐘鳴而別公嘗托無競作謝恩表書曰可放筆力稍低使人見之無假手之意也其受人推獎如此

賢母

淳祐初元浙漕王楚子文遭論罷官以母夫人年高托言得除以悅母意母曰我已知之汝父昔以諫諍作時相罷去國今汝又如此吾方以爲喜汝復何憂

侵葬塋地

李侑字子列奉化江口人也人有侵葬其先塋之側咸曰請訟之子列曰訟則彼合徙柩也昔季武子成寢杜氏之葬在西階之下請合葬猶許之此特鄰逼爾初豈害吾事也況葬巳掩藏忍使之暴露邪鄉曲賢之

志言

桃符

洪平齋新第後上衛王書自宰相至州縣無不指摘其短大槩云昔之宰相端委廟堂進退百官今之宰

相招權納賄倚勢作威而巳凡及一職必如上式末俱用而巳二字時相怒十年不調洪有桃符云未得之乎一字力只因而巳十年閒

後學訓

慈湖訓後學云腹不飽詩書甚於餒目不接前輩甚於瞽身不遠聲利甚於弃骨不脫俗氣甚於癡

理到之言

楊敬仲先生曰仕宦以孤寒爲安身讀書以飢餓爲進道骨肉以不得信爲平安朋友以相見疎爲久要理到之言也

志異

狙猿朝廟

道州有舜祠凡遇正月初吉山狙羣聚於祠傍以千百數跳踉奮擲狂奔疾趨如是者五日而後去次猶亦如之三日乃去土人謂之狙猿朝廟

志恢

好奇

江西古喻蕭太山好奇之士也名其堂曰堂堂亭

曰亭亭越陳持節某提舉江西日蕭延飲徧歷亭館次觀其扁至洞公因戲之曰此何不名曰洞洞洞蕭爲不懌

優戲

至元丙子北兵入杭廟朝爲虛有金姓者世爲伶官流離無所歸一日道遇左丞范文虎向爲宋殿帥時熟其爲人謂金曰來日公宴汝來獻伎不愁貧賤也如期往爲優戲作諢云某寺有鍾寺奴不敢擊者數日主僧問故乃言鍾樓有巨神神怪不敢登也主僧

亟往視之神即跪伏投拜主僧曰汝何神也答曰鍾神主僧曰既是鍾神如何投拜衆皆大咲范爲之不懌其人亦不顧卒以不遇識者莫不多之嗟夫凡人當困苦之中忽得所謁不低首下心以順承其意則諂貌諛詞以務悅其心求固其寵惟恐失之伶人以亡國之餘瀕危瞵死乃致譏於所欲活之人快其忠憤亦賢矣哉

罔兩

上虞鄭宰治邑有聲及代去邑人作旗帳餞之其一

云鄭君製錦天下無一封紫詔覲皇都邑人借留不肯住誰能舉網羅雙鳧鄭大喜每有宴集必出示之其弟亦作宰而歸無有餞辭頗以爲羞乃曰此非頌兄之美乃譏兄也網即罔雙即兩鳧即鴨其意以爲罔兩鴨也兄怒命焚之

諱名

錢大參良臣自諱其名其幼子頗慧凡經史中有良臣字輙改之一日讀孟子今之所謂良臣古之所謂民賊也遂改云今之所謂爹爹古之所謂民賊也可

咲可咲

志林

宋　蘇軾

太行卜居

柳仲舉自共城來携大官米作飯食我且言百泉之奇勝勸我卜鄰此心飄然已在太行之麓矣元祐三年九月七日東坡居士書

范蜀公呼我卜鄰

范蜀公呼我卜鄰許下許下多公卿而我簑衣篛笠放蕩於東坡之上豈復能事公卿哉居人久放浪不

覺有病忽然持養百病皆作如州縣久不治因循苟簡亦曰無事忽遇能吏百弊紛然非數月不能清淨也要且堅忍不退所謂一勞永逸也

合江樓下戲

合江樓下秋碧浮空光搖几席之上而有茅店廬屋七八間橫斜砌下今歲大水再至居人散避不暇豈無寸土可遷而乃眷眷不去常爲人眼中沙乎

臨皋間題

臨皋亭下八十數步便是大江其半是峨嵋雪水吾飲食沐浴皆取焉何必歸鄉哉江山風月本無常主閑者便是主人聞范子豐新第園池與此孰勝所以不如君子上無兩稅及助役錢爾

陳氏草堂

慈湖陳氏草堂瀑流出兩山間落於堂後如懸布崩雪如風中絮如群鶴舞叅寥子問主人乞此地養老主人許之東坡居士投名作供養主龍丘子欲作庫頭叅寥子不納云待汝一口吸盡此水令汝作

戲書顏回事

顏回簞食瓢飲其爲造物者費亦省矣然且不免於夭折使回更喫得兩簞食半瓢飲當更不活得一十九歲然造物者輒支盜跖兩日祿料足爲回七十年糧矣但恐回不要耳

辨荀卿言青出於藍

荀卿云青出於藍而青於藍氷生於水而寒於水世之言弟子勝師者輒以此爲口實此無異夢中語青卽藍也氷卽水也釀米爲酒殺羊豕以爲膳羞曰酒甘於米膳羞美於羊雖兒童必笑之而荀卿以是爲

辨信其醉夢顛倒之言以至論人之性皆此類也

顏蠋巧於安貧

顏蠋與齊王遊食必大牢出必乘車妻子衣服麗都蠋辭去曰玉生於山制則破焉非不寶貴也然而璞不完士生於鄙野推選則祿焉非不尊遂也然而精神不全蠋願得歸晚食以當肉安步以當車無罪以當貴清淨貞正以自娛嗟乎戰國之士未有如魯連顏蠋之賢者也然而未聞道也晚食以當肉安步以當車是猶然有意於肉於車也晚食自美安步自適

取其美與適足矣何以當肉與車爲哉雖然蠋可謂巧於居貧者也未饑而食雖八珍猶草木也使草木如八珍惟晚食爲然蠋固巧矣然非我之久於貧不能知蠋之巧也

李邦直言周瑜

李邦直言周瑜二十四經略中原今吾四十但多睡善飯賢愚相遠如此安上言吾子以快活未知孰賢與否

劉聰吳中高士二事

劉聰聞當爲須遮國王則不復懼死人之愛富貴有甚於生者月犯少微吳中高士求死不得人之好名有甚於生者

劉伯倫

劉伯倫常以鍤自隨曰死即埋我蘇子曰伯倫非達者也棺槨衣衾不害爲達苟爲不然死則已矣何必更埋

劉凝之沈士麟

梁史劉凝之爲人認所著履即與之此人後得所失

履送還不肯復取又沈士麟亦爲鄰人認所著履士麟笑曰是卿履耶即與之鄰人得所失履送還士麟曰非卿履耶笑而受之此雖小事然處事當如士麟不當如凝之也

八蜡三代之戲禮

八蜡三代之戲禮也歲終聚戲此人情之所不免也因附以禮義亦曰不徒戲而已矣祭必有尸無尸曰奠始死之奠與釋奠是也今蜡謂之祭蓋有尸也猫虎之尸誰當爲之置鹿與女誰當爲之非倡優而誰

葛帶榛杖以喪老物黃冠草笠以尊野服皆戲之道也子貢觀蜡而不悅孔子譬之曰一張一弛文武之道益爲是也

記朝斗

紹聖二年五月望日敬造眞一法酒成請羅浮道士鄧守安拜奠北斗眞君將奠雨作巳而清風肅然雲氣解駁月星皆見魁標皆爽徹奠陰雨如初謹拜首稽首而記其事

唐村老人言

儋爾進士黎子雲言城北十五里許有唐村庄民之老曰允從者年七十餘問子雲言宰相何苦以青苗錢困我於官有益乎子雲言官患民貧富不均富者逐什一益富貧者取倍稱至鬻田質口不能償故爲是法以均之允從笑曰貧富之不齊自古巳然雖天公不能齊也子欲齊之乎民之有貧富有器用之有厚薄也子欲磨其厚等其薄厚者未動而薄者先穴矣元符三年子雲過予言此負薪能談王道正謂允從輩耶

讀壇經

近讀六祖壇經指說法報化三身使人心開目明然尚少一喩試以喩眼見是法身能見是報身所見是化身何謂見是法身眼之見性非有非無無眼之人不免見黑眼枯睛亡見性不滅故云見是法身何謂能見是報身見性雖存眼根不具則不能見若能安養其根不爲物障常使光明洞徹見性乃全故云能見是報身何謂所見是化身根性既全一彈指頃所見千萬縱横變化俱是妙用故云所見是化身此喩旣立三身愈明如此是否

改觀音呪

觀音經云呪咀諸毒藥所欲害身者念彼觀音力還着於本人東坡居士曰觀音慈悲者也今人遭呪咀念觀音之力而使還著於本人則豈觀音之心哉今改之曰呪咀諸毒藥所欲害身者念彼觀音力兩家揔没事

誦經帖

東坡食肉誦經或云不誦坡取水漱口或云一碗水

如何漱得坡云慙愧闍黎會得

誦金剛經帖

蔣仲甫聞之孫景修近歲有人鑿山取銀礦至深處聞有人誦經聲發之得一人云吾亦取礦者以窟壞不能出居此不知幾年平生誦金剛經自隨每有饑渴之念即若有人自腋下以餅餌遺之殆此經變現也道家言守一若饑一與之糧若渴一與之漿此人於經中豈所謂得一者乎

袁宏論佛說

袁宏漢紀曰浮屠佛也西域天竺國有佛道焉佛者漢言覺也將以覺悟群生也其教也以修善慈心爲主不殺生專務清淨其精者爲沙門沙門漢言息也蓋息意去欲歸於無爲又以爲人死精神不滅隨復受形生時善惡皆有報應故貴行修善道以煉精神以至無生而得爲佛也東坡居士曰此殆中國始知有佛時語也雖淺近大畧具足矣野人得鹿正爾煮食之耳其後賣與市人遂入公庖中饌之百方然鹿之所以美未有絲毫加於煮食時也

贈邵道士

耳如芭蕉心如蓮花百節疏通萬竅玲瓏來時一去時八萬四千此義出楞嚴世未有知之者也元符三年九月二十一日書贈都嶠邵道士

記夢參寥茶詩

昨夜夢參寥師携一軸詩見過覺而記其飲茶詩兩句云寒食清明都過了石泉槐火一時新夢中問火固新矣泉何故新荅曰俗以清明淘井當續成詩以紀其事

題李岩老

南岳李岩老好睡衆人食飽下棊岩老輒就枕閱數局乃一展轉云（一本云字下曰我始一局）君幾局矣東坡曰岩老常用四脚棊盤只着一色黑子昔與邊韶敵手今被陳摶饒先着時自有輸贏着了並無一物歐陽公詩云夜凉吹笛千山月路暗迷人百種花棊罷不知人換世酒闌無奈客思家殆是類也

記道人戲語

紹聖二年五月九日都下有道人坐相國寺賣諸禁

方緘題其一曰賣賭錢不輸方少年有博者以千金得之歸發視其方曰但止乞頭道人亦豬術矣戲語得千金然亦未嘗欺少年也

卓契順禪話

蘇臺定惠院淨人卓契順不遠數千里陟嶺渡海候無恙於東坡東坡問將甚麼土物來順展兩手坡云可惜許數千里空手來順作荷擔勢信步而去

僧文葷食名

僧謂酒爲般若湯謂魚爲水梭花雞爲鑽籬菜竟無

所益但欺而已世常笑之人有爲不義而文之以美名者與此何異哉

付僧惠誠遊吳中代書十二

妙摠師叅寥子予友二十餘年矣世所猒知其詩文所不知者葢過于詩文也猒好面折人過失然人知其無心如虛舟之觸物葢未嘗有怒者徑山長老維琳行峻而通文麗而清始徑山祖師有約後世止以甲乙住持予謂以適事之宜而廢祖師之約當於山門選用有德乃以琳嗣事衆初有不悅其人然終不

能勝悅者之多且公也今則大定矣

杭州圓照律師志行苦卓教法通洽晝夜行道二十餘年矣無一念須有作相自辨才歸寂後道俗皆宗之

秀州本覺寺一長老少葢有名進士自文字言語悟入至今以筆研作佛事所與游皆一時文人

淨慈楚明長老自越州來始有旨召小本禪師任法雲寺杭人憂之曰本去則淨慈衆散矣余乃以明嗣事衆不散加多葢千餘人

蘇州仲殊師利和尚能文善詩及歌詞皆操筆立成不點竄一字予曰此僧胸中無一毫髮事故樂與之遊

蘇州定慧長老守欽予初不識比至惠州欽使侍者卓契順來問予安否且寄十詩予題其後曰此僧清逸絕俗語有璨忍之通而詩無島可之寒予往來吳中久矣而不識此僧何也

下天竺淨慧禪師思義學行甚高語練世事高麗非時遣僧來予方請其事於朝使義館之義日與講佛

法詞辨蜂起夷僧莫能測又具得其情以告蓋其才有過人者

孤山思聰聞復師作詩清遠如畫工而雅逸愛放而不流其爲人稱其詩祥符寺可久垂雲清順三闍黎皆予監郡日所與往還詩友也清介貧甚食僅足而久幾於不足也然未嘗有憂色老矣不知尚健否

法穎沙彌叅寥子之法孫也七八歲事師如成人上元夜予作樂滅慧穎坐一夫肩上顧之予謂曰出家兒亦看燈耶穎愀然變色若無所容啼呼求去自爾

不復出嬉游今六七年矣後當嗣叅寥者

予在惠州有永嘉羅漢院僧惠戒來謂曰明日當還浙東問所欲幹者予無以荅之歎念吳越多名僧與予善者常十九偶錄此數人以授惠戒使歸見之致予意且謂道予居此起居飲食狀以解其念也信筆書紙語無倫次又當尚有漏落者方醉不能詳也紹聖二年東坡居士書

王烈石髓

王烈入山得石髓懷之以餉稽叔夜叔夜視之則堅爲石矣當時若杵碎或錯磨食之豈不賢於雲母鍾乳輩哉然神仙要有定分不可力求退之有言我能詘曲自世間安能從汝巢神仙如退之性氣雖出世間人亦不能容叔夜婞息又甚於退之也

三老語

嘗有三老人相遇或問之年一人曰吾年不可記但憶少年時與盤古有舊一人曰海水變桑田時吾輒下一籌爾來吾籌已滿十間屋一人曰吾所食蟠桃棄其核於崑崙山下今已與崑崙山齊矣以余觀之

三子者與蜉蝣朝菌何以異哉

桃花悟道

世人有見古德見桃花悟道者爭頌桃花便將桃花作飯五十年轉沒交涉正如張長史見擔夫與公主爭路而得草書之氣欲學長史書便曰就擔夫求之豈可得哉

修身曆

予由言有一人死而復生問冥官如何修身可以免罪荅曰子宜置一卷曆晝日之所爲莫夜必記之但

不記者是不可言不可作也無事靜坐便覺一日似兩日若能處置此生常似今日得至七十便是百四十歲人世間何藥可能有此効既無反惡又省藥錢此方人人收得但若無好湯使多嚥不下晁無咎言司馬溫公有言吾無過人者但平生所爲未嘗有不可對人言者耳予亦記前輩有詩曰怕人知事莫萌心皆至言可終身守之

錄趙貧子語

趙貧子謂人曰子神不全其人不服曰吾僚友萬乘螻蟻三軍糠粃富貴而晝夜生死何謂神不全乎貧

子笑曰是血氣所扶名義所激非神之功也明日問其人曰子父母在乎曰亡久矣嘗夢見乎曰多矣夢中知其亡乎抑以爲存也曰皆有之貧子曰父母之存亡不待計議而知者也晝日問子則不思而對夜夢見之則以亡爲存死生之於夢覺有間矣物之眩子而難知者甚於父母之存亡子自以神全而不學可憂也哉子嘗與其語故錄之

記與歐公語

歐陽文忠公嘗言有患疾者醫問其得疾之由曰乘船遇風驚而得之醫取多年柂牙爲柂工手汗所漬處刮末雜丹砂伏神之流飲之而愈今本草注別藥性論云止汗用麻黄根節及故竹扇爲末服之文忠因言醫以意用藥多此比初似兒戲然或有驗殆未易致詰也予因謂公以筆墨燒灰飲學者當治昏惰耶推此而廣之則飲伯夷之盥水可以療貪食比干之餕餘可以已佞舐樊噲之盾可以治怯嗅西子之珥可以療惡疾矣公遂大笑元祐三年閏八月十七日舟行入潁州界坐念二十年前見文忠公於此偶

記一時談笑之語聊復識之

論貧士

俗傳書生入官庫見錢不識或怪而問之生曰固知其爲錢但怪其不在紙裹中耳予偶讀淵明歸去來詞云幼稚盈室瓶無儲粟乃知俗傳信而有徵使瓶有儲粟亦甚微矣此翁平生只於瓶中見粟也耶馬后夫人見大練以爲異物晉惠帝問饑民何不食肉糜細思之皆一理也聊爲好事者一笑永叔常言孟

郊詩鬓邊雖有絲不堪織寒衣縱使堪織能得多少

石崇家婢

王敦至石崇家如厠脱故著新意色不作厠中婢曰此客必能作賊也此婢能知人而崇乃令執事厠中殆是無所知也

梁上君子

近日頗多賊兩夜皆來入吾室吾近護魏王葬得數千緡畧已散去此梁上君子當是不知耳

高麗

昨日見泗倅陳敦固道言胡孫作人狀折旋俯仰中度細觀之其相侮慢也甚矣人言弄胡孫不知爲胡孫所弄其言頗有理故爲記之又見淮東提舉黄實言見奉使高麗人言所致贈作有假金銀錠□人皆坼壞使露胎素使者甚不樂輒云非敢慢也恐北人有覘者以爲眞爾由此觀之高麗所得吾賜物北人蓋分之矣而或者不察謂北人不知高麗朝我或以爲異時可使牽制北人豈不誤哉今日又見三佛齊朝貢者過泗洲官吏妓樂紛然郊外而椎髻獸面睢盱船中遂記胡孫弄人語良有理故并記之

記過合浦

余自海康適合浦連日大雨橋梁大壞水無津涯自興廉村淨行院下乘小舟至官寨聞自此西皆漲水無復橋船或勸成蜑並海即白石是日六月晦無月碇宿大海中天水相接星河滿天起坐四顧太息吾何數乘此險也巳濟徐聞復厄於此乎稚子過在旁鼾睡呼不應所撰書易論語皆以自隨而世未有别本撫之而嘆曰天未欲使從是也吾輩必濟巳而果

然七月四日合浦記時元符三年也

送人游浙東

到杭州一游龍井謁辨才遺像仍持密雲團爲獻龍井孤山下有石室室前有六一泉白而甘當往一酌湖上壽院竹極偉其傍智果院有參寥泉及新泉皆甘冷異常當時往一酌仍尋參寥子妙揔師之遺跡見穎沙彌亦當致意靈隱寺後高峰塔一上五里上有僧不下三十餘年矣不知今在否亦可一往

記承天夜游

元豐六年十月十二日夜解衣欲睡月色入戶欣然起行念無與樂者遂至承天寺尋張懷民亦未寢相與步於中庭庭下如積水空明水中藻荇交橫蓋竹栢影也何夜無月何處無竹栢但少閑人如吾兩人耳

游沙湖

黃州東南三十里爲沙湖亦曰螺師店予買田其間因往相田得疾聞麻橋人龐安常善醫而聾遂往求療安常雖聾而穎悟絕人以紙畫字書不數字輒深

了人意余戲之曰余以手爲口君以眼爲耳皆一時異人也疾愈與之同游清泉寺寺在蘄水郭門外二里許有王逸少洗筆泉水極甘下臨蘭溪溪水西流余作歌云山下蘭芽短浸溪松間沙路淨無泥蕭蕭暮雨子規啼誰道人生無再少君看流水尚能西休將白髮唱黃雞是日劇飲而歸

遊白水書付過

紹聖元年十月十二日與幼子過遊白水佛迹院浴於湯池熱甚其源殆可熟物循山而東少北有懸水百仞山八九折折處輒爲潭深者磓石五丈不得其所止雪濺雷怒可喜可畏水厓有巨人迹數十所謂佛迹也暮歸倒行觀山燒火甚俛仰度數谷至江山月出擊汰中流掬弄珠璧到家二鼓復與過飲酒食餘甘煑菜顧影頹然不復甚寐書以付過東坡翁

記遊廬山

僕初入廬山山谷奇秀平生所未見殆應接不暇遂發意不欲作詩已而見山中僧俗皆云蘇子瞻來矣不覺作一絕云芒鞵青竹杖自挂百錢遊可怪深山

裏人人識故侯既自哂前言之謬又復作兩絕云青山若無素偃蹇不相親要識廬山面他年是故人又云自昔憶清賞初遊杳靄間如今不是夢眞個是廬山是日有以陳令舉廬山記見寄者且行且讀見其中云徐凝李白之詩不覺失笑旋入開先寺主僧求詩因作一絕云帝遣銀河一派垂古來惟有謫仙辭飛流濺沫知多少不與徐凝洗惡詩往來山南地十餘日以爲勝絕不可勝談擇其尤者莫如漱玉亭三峽橋故作此二詩最後與摠老同遊西林又作一絕

云橫看成嶺側成峰到處看山了不同不識廬山眞面目只緣身在此山中作廬山詩盡於此矣

記遊松風亭

余嘗寓居惠州嘉祐寺縱步松風亭下足力疲乏思欲就林止息望亭宇尚在木末意謂是如何得到良久忽曰此間有甚麽歇不得處由是如挂鉤之魚忽得解脱若人悟此雖兵陣相接鼓聲如雷霆進則死敵退則死法當甚麽時也不妨熟歇

儋耳夜書

巳卯上元余在儋耳有老書生數人來過曰良月佳夜先生能一出乎予欣然從之步城西入僧舍歷小巷民夷雜揉屠酤紛然歸舍巳三鼓矣舍中掩關熟寢巳再鼾矣放杖而笑孰爲得失問先生何笑蓋自笑也然亦笑韓退之釣魚無得更欲遠去不知海者未必得大魚也

憶王子立

僕在徐州王子立子敏皆館於官舍而蜀人張師厚來過二王方年少吹洞簫飲酒杏花下明年余謫黄州對月獨飲嘗有詩云去年花落在徐州對月酣歌美清夜今日黄州見花發小院閉門風露下蓋憶與二王飲時也張師厚久巳死今年子立復爲古人哀哉

記三養

東坡居士自今日巳往不過一爵一肉有尊客盛饌則三之可損不可增有召我者預以此先之主人不從而過是者乃止一曰安分以養福二曰寬胃以養氣三曰省費以養財元符三年八月

謝魯元翰寄暖肚餅

公昔遺余以暖肚餅其直萬錢我今報公亦以暖肚餅其價不可言中空而無眼故不漏上直而無耳故不懸以活潑潑爲内非湯非水以赤歷歷爲外非銅非鉛以念念不忘爲項不解不縛以了了常知爲腹不方不圓到希領取如不肯承當却以見還

記六一語

頃歲孫莘老識歐陽文忠公嘗乘間以文字問之云無它術唯勤讀書而多爲之自工世人患作文字少

又懶讀書每一篇出即求過人如此少有至者疵病不必待人指摘多作自能見之此公以其嘗試者告人故尤有味

因論

唐　劉禹錫

劉子閒居作因論或問其旨曷歸歟對曰因之爲言有所自也夫造端乎無形垂訓於至當其立言之徒放詞乎無方措旨於至適其寓言之徒蒙之智不逮於是造形而有感因感而有詞匪寓以因爲目因論之旨也云爾

鑒藥

劉子閒居有負薪之憂食精良弗知其旨血氣交沴煬然焚如客有謂予子病病積日矣乃今我里有方士淪跡於醫厲者造焉而美肥跛者造焉而善馳矧常病也將子詣諸予然之之醫所切脉觀色聆聲參合而後言曰子之病其興居之節舛衣食之齊（去聲）乖所由致也今夫藏鮮能安穀府鮮能毋氣徒爲夫疹之囊橐耳我能攻之乃出藥一丸可兼方寸以授予曰服是足以瀹昏煩而鉏蘊結銷蠱慝而歸耗氣然中有毒須其疾瘳而止過當則傷和是以微其齊也予受藥以餌過信而䐜能輕痺能和涉旬而苛癢絶

焉抑搔罷焉踰月而視分纖聽察微蹈危如平嗜欐如精或聞而慶予且閧言曰子之獲是藥幾神乎誠難遺已顧醫之態多啇術以自貴遺患以要財盡重求之所至益深矣予昧者也泥通方而狃旣效猜至誠而惑勸說卒行其言逮再餌半旬厥毒果肆岑岑周體如痁作焉悟而走諸醫醫大吒曰吾固知夫子未達也促和蠲毒者投之瀕於殆而有喜異日進和藥乃復初劉子慨然曰善哉醫乎用毒以攻疹用和以安神易則兩躓明矣苟循往以御變昧於節宣奚獨吾儕小人理身之弊而已

訊甿

劉子如京師過徐之右鄙其道旁午有甿增增扶班白挈羸角齎生器荷農用摩肩而西僕夫告予曰斯宋人梁人亳人潁人之逋者今復矣予愕而訊云予聞隴西公暢轂之止方踰月矣今爾曹之來也欣欣然似恐後者其聞有勞徠之薄歟蠲復之條歟振贍之典歟碩鼠亡歟瘈狗逐歟曰皆未聞也且夫浚都吾政之上游也自巨盜間釁而武臣顓焉牧守由將校以授皆虎而冠子男由胥徒以出皆鶴而軒故其上也子視卒而芥視民其下也鷙其理而蛑其賦民弗堪命是軼于他土然咸重遷也非阽危擠壑不能違之曩者雖歸歟成謠而故態相沿莫我敢復今聞吾帥故爲丞相也能清靜畫一必能以仁蘇我矣其佐嘗宰京邑也能誅鉏豪右必能以法衛我矣奉斯二必而來歸惡待事實之及也予因浩歎曰行積於彼而化行於此實未至而聲先馳聲之感人若是之速歟然而民知至至矣政在終終也嘗試論聲實之

先後曰民黠政頗須理而後勸斯實先聲後也民離政亂須感而後化斯聲先實後也直實以致聲則難在經始由聲以循實則難在克終操其柄者能審是理俾先後終始之不失斯誘民孔易也

歎牛

劉子行其野有叟牽跛牛于蹊偶問焉何形之瑰歟何足之病歟今轂觫然將安之歟叟攬縻而對云瑰其形飯之至也病而足役之過也請爲君畢詞焉我僦車以自給嘗驅是牛引千鈞北登太行南並商嶺

掔以回之叱以聳之雖涉淖躋高轂如蓬而輈不僨及今廢矣顧其足雖傷而膚尚腯以畜豢之則無用以庖視之則有羸伊禁焉莫敢尸也南聞邦君饗士卜剛日矣是往也當要（平聲）售於宰夫余尸之曰以叟言之則利以牛言之則悲若之何子方窶且無長物願解裘以贖將置諸豐草之鄉可乎叟囅然而咍曰我之沽是屈指計其直可以持醪而齧肥飴子而衣妻若是之逸也奚事裘爲且昔之厚其生非愛之也利其力今之致其死非惡之也利其財子惡乎落吾

事劉子度是叟不可用詞屈乃以杖扣牛角而嘆曰所求盡矣所利移矣是以負能覇吳屬鏤賜斯既帝秦五刑具長平威振杜郵死陔下敵擒鍾室誅皆用盡身戕功成禍歸可不悲哉可不悲哉嗚呼執不匱之用而應夫無方使時宜之莫吾害也苟拘於形器用極則憂明已

儆舟

劉子浮于汴涉淮而東方既釋紼纚榜人告予曰方今湍悍而舟盬宜謹其具以虞焉予聞言若厲繇是袽以窒之灰以墐之斛以乾之僕怠而躬行夕惕而晝勤景霾晶而莫進風異響而遄止兢兢然累辰是用獲濟偃檣弭櫂次于淮陰於是舟之工咸沛然自暇自逸或游肆而觴矣或拊橋而歌矣隸也休役以尚寢矣吾曹無虞以宴息矣逮夜分而窾隙潛澍渙然陰潰至乎淹簀濡薦方卒愕傳呼跣跳登墟僅以身脫目未及瞬而樓傾軸墊圻于泥沙力莫能支也劉子缺然自視而言曰曩予兢惕也汨洪漣而無害今予宴安也蹈常流而致危畏之途果無常所哉不

生於所畏而生於所易也是以越子鄰行吳君忽晉宣尸居魏臣怠白公厲劍子西哂李園養士春申易至于覆國夷族可不儆哉嗚呼禍福之胚胎也其動甚微倚伏之矛楯也其理甚明困而後儆斯弗及已

原力

劉子于邁舟次泗濱維舴艋之于傳傳吏適傳呼曰乘驛者方來誰何之則曰力人也雅以力聞於吳楚間中貴人器之謂宜爲爪士獻言于上有旨趣如京師頃其至則仡爲五輩咸碩其體殺其容動睛䁬如

曳趾叏如顧贍遲回飲啜有聲泗濆守伾由將授也說而勞之饗以太牢飲以百壺酒酣氣振求試自矜傍如無人中若有馮有盪舟如沿者扶鼎如飛者絢鏈如麻者開兩弧而脉不債者屣巨石而𧹞如流者異哉果以力駭世而聞于上也異日評於儒家者流有客悱然自奮白斯誠力矣上之不過誇胡人而戲角抵次之不過倅期門而振袀服我之力異然以道用之可以格三苗而賓左袵以威用之可以係六蠃而斷右臂由是而言彼力也長雄於匹夫然猶犇其

騑餼其食我力也無敵於天下亦當蒲其輪鶴其書矣子詰之曰彼之力用於形者也子之力用於心者也形近而易見心遠而難明理乎而言則子之力大矣時乎而言則彼之力大矣且夫小大迭用曷常哉彼固有小矣子固有大矣子所不能齊也客於邑垂涕洟劉子解之曰屠羊于肆適味於衆口也攻玉于山俟知於獨見也貪日得則鼓刀利要歲計而韞櫝多客聞之破涕曰吾方俟多於歲計也歲歟歲歟其我與歟

說驥

伯氏佐戎于朔陲獲良馬以遺予予不知其良也秣之稊秕飲之污池廐歷也上痺而下蒸羈絡也緞索而續韋其易之如此予方病且窶求沽于肆肆之駔亦不知其良也評其價六十緡將剤矣有裴氏子蠃其二以求之謂善價也卒與裴氏裴所善李生雅挾相術於馬也尤工覩之用體眙然視聽然笑既而抃隨之且曰久矣吾之不覯於是也是何柔心勁骨奇精妍態宛如將如華如翔如之備邪今夫之德也全

然矣顧其維駒藏銳于內且秣之乖方是用不說于常目須其齒備而氣振曰則衆美灼見上可以獻帝閑次可以鬻千金裝也聞言竦焉遂儆其僕𨮆其皂筐其惡屜其溲穉以美蔫秣以鄰粒起之居之㶟之抿（音震）之無分陰之怠斯以馬養養馬之至分也居無何果以驥德聞客有唁予以喪其寶且譏其所貿也徵予灑然曰始予有是馬也予常馬畜之今予易是馬也彼寶馬畜之寶與常在所遇耳且夫昔之翹陸也謂將蹄將齧柢以檛策不知其籋雲耳昔之噓吸

也謂爲疵爲癘投以藥石不知其噴玉耳夫如是則雖曠日歷月將頓踣是以曾何寶之有焉繇是而言方之於上則八十其縪也不猶踰於五羖皮乎客設而竦予遂言曰馬之德也存乎形者也可以目取然猶違之若此矧德蘊于心者乎斯從古之歎予不敢歎

述病

劉子嘗涉暑而征熱攻于腠以致病其僕也告痛亦莫能興遠浹日予有瘳醫診之曰疾幸間矣顧熱沴

而未平有遺類焉宜謹於攝衛衛之乖方則病復矣所苦既徵而怠其說倦眠于衾而輿焉倦隱于几而步焉面不能罷頮髮不能栫櫛口不能忘味心不能無思如是未移日而疾也疹（諫錦反）如復瘝于躬進藥求汗凡三澳然後目能視視既分則嚮時之僕巳覗然執梏圉恃予于前矣予訝而曰曩吾與若也病偕呻也譁也若酷而吾徹藥也餌也吾殷而若薄何患之同而痊之異哉僕諄諄而答云巳之被病也兀然而無知有間也亦兀然而無知髮蓬如而忘乎亂面

黚如而忘乎垢洎疾之殺也雖飲食是念無滑甘之思日致復初亦不知也予喟然歎曰始予有斯僕也命之理畦則蔬荒主庖則味乖顴廐則馬瘠常謂其無適能適乃今以兀然而賢我遠甚利與鈍果相長哉僕更矣劉子遂言曰樂於用則豫章貴厚其生則神櫟賢唯理所以曾何膠於域也

晉問

唐　柳宗元

吳子問於柳先生曰先生晉人也晉之故宜知之曰然然則吾願聞之可乎曰可晉之故封太行掎之首陽起之黃河迤之大陸靡之或巍而高或呀而淵景霍汾澮以經其壖若化若遷鈎嬰蟬聯然後融爲平川而侯之都居大夫之邑建焉其高壯則騰突撑拒聳峭鬱怒若熊羆之咆虎豹之嗥終古而不去攫秦搏齊當者失據燕狄慉怯若卵就壓振振業業覷闞

睽盱惕若僕妾其按衍則平盈旋繚紆徐夷延若飛鳶之翔舞洄水之容與以稼則碩以植則茂以牧則蕃以畜則庶而人用是富而邦以之阜其河則濬源崑崙入于天淵出乎無門行乎無垠自匈奴而南以介西鄙衝奔太華運肘東指混潰后土濆濁麋沸黿鼉詭怪于于汩汩騰倒駃越委泊涯涘呀呷欱納摧雜失墜其所盪激則連山參差廣野壞裂轟雷努風撼鍚于崾崩石之所轉躍大木之所擢拔潏泙洞踏者彌數千里若萬夫之斬伐而其舳艫之所負橦檣之所御鱗川林壑雲遁雨驟目而下者榛榛沄沄百舍一赴若是何如吳子曰先生之言豐厚險固誠晉之美矣然晉人之言表裏山河者備敗而已非以爲榮觀顯大也吳起所謂在德不在險皆晉人之藉也願聞其他

先生曰大鹵之金棠谿之工火化水淬器備以充爲棘爲矛爲鍛爲鈎爲鏑爲鏃爲槊爲鏌出太白徵蓐收召搖伏蚩尤肅肅褷褷合衆靈而成之博者狹者曲者直者岐者勁者長者短者攢之如星奮之如

霆運之如縈浩浩奕奕淋淋滌滌熒熒的的若雪山氷谷之積觀者膽掉目出寒液當空發耀英精互繞晃蕩洞射天氣盡白日規爲小鑠雲破霄貼墜飛鳥兮人之兮函人之甲膠角百選犀兕七屬乃使跟超掖夾之倫服而持之南瞰諸華北讐羣夷技擊節制聞於天下是爲善師延目而望之固以拳拘喘汗免胄肉袒進不敢降退不敢竄若是何如吳子曰夫兵之用由德則吉由暴則凶是又不可爲美觀也先軫曰師直爲壯曲爲老況徒以堅甲利刃之爲上哉

先生曰晉國多馬屈焉是產土塞氣勁崖圻谷裂草木短縮鳥獸墜匿而馬蕃焉師師詵詵溶溶紜紜轠轠轔轔或赤或黃或玄或蒼或醇或駹黔然而陰炳然而陽若旌旃旂幟之煌煌乍進乍止乍伏乍起乍奔乍躓若江漢之水疾風驅濤擊山盪壑雲拂而不止搴飲源矯廻食野藸浴川蹙浪噴震播灑濆濆焉若海神駕雪而來下覩其四散惝怳開合萬狀喜者鵲厲怒者人搏決然坌躍千里相角風駛霧鶩斷山抉壑耳摇層雲腹捎衆木寂寥遠游不久而復攫地

跳梁堅骨蘭筋交頸互齧鬪目相馴聚溲更虛昂首張齗其小者則連牽繳繞仰乳俯齕蟻雜絲集啾啾濼濼旅走叢立其材之可者收斂攻教掉手飛靡指毛命物百步就羈牽以佈息御以王良超以范鞅軒以欒鍼以佃以戎獸獲敵摧若是何如吳子曰恃險與馬者子不聞乎故曰冀之北土馬之所生是不一姓請置此而新其說

先生曰晉之北山有異材梓匠工師之爲宮室求大木者天下皆歸焉仲冬既至寒氣凝成外凋內貞濬液不行乃堅乃良萬工舉斧以入必求諸巖崖之欹傾磵壑之紆縈凌巑岏之杪顛漱泉源之淦潛根絞怪石不土而植千尋百圍與石同色羅列而伐者頭抗河漢刃披虹霓聲振連巒秭塡層谿丁丁登登硍硍稜稜若兵車之乘凌其響之所應則濆濆淵淵洶洶夔夔若騫若崩若螭龍之鬪風霆相騰其殊而下者札嶘捎殺摧崒坱圠霞披電裂又似共工觸不周而天柱折鵾鶴鶖鶬號鳴飛翔貙豻虎兕奔觸讋慄伏無所入遯無所脫然後斷度收羅捎危顛芟繁柯

乘水潦之波以入于河而流焉盪突硉兀轉騰冂没類泰神驅石以梁大海抵曲鱗蹙匯流雷解前者汨越後者迫隘乃下夫龍門之懸水摺拉頹踏捽首軒尾澒入重淵不知其幾百里也濤波之旋滔山觸天既渟既平彌望悠焉良久乃始昂屹涌溢挺拔而出林立峰峙穿雲蔽日渙然自撓復就行列渾渾而去以至其所睢良工之指顧叢臺阿房長樂未央建章昭陽之隆麗詭特皆是之自出若是何如吳子曰吾聞君子患無德不患無土患無土不患無人患無人

不患無宮室患無宮室不患材之不已有先生之所
陳四累之下也且虒祁既成諸侯叛之
先生曰河魚之大上迎波濤羅壅津涯千里雷馳重
馬輕車遂以君命矢而縱觀焉大罟斷流修網亘山
罩罶麗星織紝其間巨舟軒昂仡仡廻環水師更呼
聲裂商顏於是鼓譟沓集而從之扼龍吭拔鯨鰭戮
白黿逐毒螭叱馮夷立水湄搜攪流離掬縮推移梁
會網蹙騰天彌圍掉躃擁蹄以登夫歷山之垂如川
之歸如山之摧如雲之披其有乘化會神振拔漣淪

晉問　五

摘奇文出怪鱗騰飛濤而上逸生雷電於龍門者猶
仰綸飛繳頓踏而取之莫不脫角裂翼呀𡁠匍匐復
就臠切莫保龍籍具糅五味布列雕俎風雲失勢沮
散遠去若夫魦鱎鮪鯉鰋鱧魴鱮之瑣屑茂裂者夫
固不足悉數漏脫紘目養之水府而三河之人則已
塡溢饜飫腥膏鳥鹵聞胎炙之美則掩鼻蹙頞賤甚
糞土而莫顧者也若是何如吳子曰一時之觀不足
以夸後世口舌之味不足以利百姓姑欲聞其上者
先生曰猗氏之鹽晉寶之大也人之賴之與穀同化

若神造非人力之功也但至其所則見溝塍畦畹之
交錯輪囷若稼若圃敞兮勻勻渙兮鱗鱗邐瀰紛屬
不知其垠俄然決源釃流交灌互澍若枝若股委曲
延布脈寫膏浸潗濕滑汩瀰高掩庳漫壠冒塊決決
沒沒遠近混會抵值堤防瀴瀛沛濊偃然成淵滐然
成川觀之者徒見浩浩之水而莫知其以及神液陰
漉甘鹵密起孕靈富媼不愛其美無聲無形熛結迅
詭廻眸一瞬積雪百里皛皛纍纍奮僨離析鍛圭椎
璧眩轉的皪乍似隕星及地明滅相射水裂雹碎巃

晉問　六

嵸增益大者印纍小者珠剖涌者如坻坳者如缶口
晶熠煜熒駭電走亘步盈車方尺數斗於是裒斂合
集舉而堆之皓皓乎懸圃之巍巍嶢乎漾乎狂山太
白之淋漓駭化變之神奇卒不可推也然後驢贏牛
馬之運西出秦隴南過樊鄧北極燕代東逾周宋家
獲作鹹之利人被六氣之川和均兵食以征以貢其
賚天下也與海分功可謂有濟矣若是何如吳子曰
魏絳之言曰近寶則公室乃貧豈謂是耶雖然此可
以利民矣而未爲民利也先生曰願聞民利吳子曰

安其常而得所欲服其教而便於己百貨通行而不
知所自來老幼親戚相保而無德之者不苦兵刑不
疾賦力所謂民利民自利者是也
先生曰文公之霸也援秦破楚囊括齊宋曹衛解裂
魯鄭震恐定周于溫奉冊受錫夾輔糾逖以爲侯伯
齊盟踐土低昂玉帛天子恃焉以有諸侯諸侯恃焉
以有其國百姓恃焉以有其妻子而食其力叛者力
取附者仁撫推德義立信讓示必明行所嚮達禁止
一好尚春秋之事公侯大夫策文馬馳軒車出入環

連貫于國都則有五筵之堂九几之室大小定位左
右有秩飧牢饔餼交錯文質饗有嘉樂宴有庭實登
降好賦犧象畢出犒勞贈賄率禮無失六卿理兵大
戎小戎鐘鼓丁寧以討不恭車埒萬乘卒半天下鼓
之則震㳽之則畏其號令之動若水之源若輪之旋
莫不如志當此之時咸能驩娛以奉其上故其民至
于今好義而任力此以民力自固假仁義而用天下
其遺風尚有存者若是可以爲民利也乎吳子曰近
之矣然猶未也彼霸者之爲心也引大利以自嚮而
摟他人之力以自爲固而民乃後焉非不知而化不
令而一與乎吾嚮之陳者故曰近之矣猶未也
先生曰三河古帝王之更都焉而平陽堯之所理也
有茅茨采椽土型之度故其人至于今儉嗇有溫恭
克讓之德故其人至于今善讓有師錫僉曰疇咨之
道故其人至于今好謀而深有百獸率舞鳳凰來儀
於變時雍之美故其人至于今和而不怒有昌言儆
戒之訓故其人至于今憂思而畏禍有無爲不言垂
衣裳之化故其人至于今恬以愉此堯之遺風也願

以聞於子何如吳子離席而立拱而言曰美矣善矣
其蔑有加矣此固吾之所欲聞也夫儉則財用足而
不淫讓則遵分而進善其道不鬭謀則通於遠而周
於事和則仁之質戒則義之實恬以愉則安而久於
其道也至乎哉今主上方致太平動以堯爲準先生
之言道之奧者若果有貢於上則吾知其易易焉也
舉晉國之風以一諸天下如斯而已矣敬再拜受賜
　茅坤曰予覽子厚所託物寓言甚多大較由遷謫
　辟徼日月且久薄書之暇情思所嚮輒鑄文以自

娛云其旨似別托而其調實近于風騷矣

窮愁志

唐 李德裕

予頃歲吏道所拘沉迷簿領今則幽獨不樂誰與晤言偶思當世之所疑惑前賢之所未及各爲一論世乎箴而體要謂之窮愁志凡三卷消此永日聊以解憂地僻無書心力久瘵每懷多聞之思頗有闕疑之恨貽於朋友以俟箴規

文章

魏文典論稱文以氣爲主氣之清濁有體斯言盡之矣然氣不可以不貫不貫則雖有英辭麗藻如編珠綴玉不得爲全璞之寶矣鼓氣以勢壯爲美勢不可以不息不息則流宕而忘返亦猶絲竹繁奏必有希聲窈眇聽之者悅聞如川流迅激必有洄洑逶迤觀之者不厭從兄翰常言文章如千兵萬馬風恬雨霽寂無人聲蓋謂是矣近世誥命惟蘇庭碩叙事之外自爲文章才實有餘用之不竭沈休文獨以音韻爲切重輕爲難語雖甚工旨則未遠夫荆璧不能無瑕隋珠不能無纇文旨既妙豈以音韻爲病哉此可以

言規矩之内不可以言文章外意也較其師友則魏文與王陳應劉討論之矣江南唯於五言爲妙故休文長於音韻而謂靈均以來此秘未覩不亦誣人甚矣古人辭高者蓋以言妙而適情不取於音韻意盡而止或篇不拘於隻耦故篇無定曲辭寡累句譬諸音樂古詞如金石琴瑟尚於至音今文如絲竹鞞迫於促節則知聲律之爲弊也甚矣世有非文章者曰辭不出於風雅思不越於離騷模寫古人何足貴也余曰譬諸日月雖終古常見而光景常新此所以

爲靈物也余嘗爲文箴今載於此曰文之爲物自然靈氣怳惚而來不思而至杼軸得之淡而無味琢刻藻繪珍不足貴如彼璞玉磨礱成器奢者爲之錯以金翠美質既雕良寶所棄此爲文之大盲也

折羣疑相

夫相之相在乎清明將之相在乎雄傑清明者珠玉是也爲天下所寶雄傑者虎兕是也爲百獸所伏然清者必得大權不能享豐富雄者必當昌侈不能爲大柄兼而有之者在乎粹美而已余項歲莅淮海屬縣有玗貽而山多珉玉剖而爲器清明洞澈雖水精明氷不如也而價不及凡玉終不得爲至寶以其不粹也清而粹者天也故高不可測清而澈者泉也故深亦可察此其大畧也余嘗精而求之多士以才爲命婦人以色爲命天賦是美者必將有以貴之才高者雖孟嘗眇小蔡澤折頞亦居萬人之上色美者雖鉤弋之拳李夫人之賤亦爲萬乘之偶然不如而粹者必身名俱榮福祿終泰張良是也擇士能用此術可以拔十得九無所疑也

禱祝

語曰丘之禱久矣又曰祭則受福豈非聖人與天地合德與日月合明與鬼神合契無所請禱而禱必感通唯牧伯之任不可廢也失時不雨稼穡將枯閉閤責躬百姓不見若非避羣望則皆謂太守無憂人之意雖在畎畝不絶歎音余前在江南毀淫祠一千一十五所可謂不諂神黷祭矣然歲或大旱必先令掾屬祈禱積旬無效乃自躬行未嘗不霑雨隨車或當宵而應其術無他唯至誠而已將與祭必閒居三日

清心齋戒雖禮未申於洞酌而意已接於神明所以治郡八年歲皆大稔江左黎庶謳歌至今古人乃有剪爪致詞積薪自誓精意上達雨必滂沱此亦至誠也苟誠能達天性能及物焉用以肌膚自苦燋爛爲期動天地感鬼神莫尚於至誠故備物不足報功禴祭所以受福余以爲人患不誠天之去人不相遠矣

黃冶

或問黃冶變化余曰未之學也焉却無有然天地萬物皆可以至理索之夫光明砂者天地自然之寶在

石室之間生雪床之上如初生芙蓉紅苞未拆細者環拱大者處中有辰居之象有君臣之位光明外澈採之者尋石脉而求此造化之所鑄也倘至人道與者用天地之精合陰陽之粹濟以神術或能成之若以藥石鎔鑄術則疎矣昔人問楊子鑄金而得鑄人以孔聖鎔冶顔子至於殆庶幾亦猶造化之鑄丹砂矣方士固不足恃劉向葛洪皆下學上達極天地之際謂之可就必有精理劉向鑄作不成得非天意吝此神機不欲世人皆知之矣

祥瑞

夫天地萬物異於常者雖至美至麗無不爲妖覩之宜先戒懼不可以爲禎祥何以言之栢靈之世多鸑鳳丘墳之上生芝草神仙之物食之上可以凌倒景次可以保永年生於丘墳豈得爲瑞若以孝思所致則瞽瞍之墓曾晳之墳宜生萬枝矣何者爲仁孝之瑞唯甘露降於松栢縞鹿素烏馴擾不去皆有縞素之色足表幽明之感貞元中余在甌越有隱者王遇好黃冶之術暮年有芝草數十莖産於丹竈之前遇

自以爲名在金格暢然滿志逾月而遇病卒齊中書抗有別業在若耶溪忽生芝草百餘莖數月而中書去世又餘姚守盧君名從在郡時有芝草生於督郵屋梁上五綵相鮮若樓臺之狀其歲盧君爲叛將栗鍠所害置遺骸於屋梁之下並耳目所驗非自傳聞由是而言則褒姒驪姬皆爲國妖以禍周晉綠珠窈娘皆爲家妖以災喬石不可不察也又黃河清而聖人生徵應不在於當世明矣柳谷玄石爲魏室之妖啓將來之端亦不可不察也是以宜先戒懼以消桑

觳雉雊之變耳

喜徵

陸賈偁蟢子垂而百事禁不徵其故何也凡人將有喜兆必垂於冠冕余常思之蓋以人肖圜方之形稟五形之氣有生之最靈者也如景如火忽有歘然感氣發於圓首之上其榮盛也如陽氣發生烟溽煴煦其變衰也如秋氣索然寂寞沉悴雖不能自覩其鑒明者必可察之唐舉許負疑用此術所以望表而知窮達何以明之淑春愛景必有蟢子垂於簷楹之間室有明燭膏爐必垂於屏幃之際喜氣將盛故集於冠冕之上以此推之無所逃也

席上腐談

宋　俞琰

邵康節曰動物自首生植物自根生自首生命在首自根生命在根又曰飛者栖木食木鷹鷂之毛猶木也走者栖草食草虎豹之毛猶草也飛之類喜風而斂于飛上走之類喜土而利于走下在水者不瞑在風在地者瞑走之類上睫接下飛之類下睫接上類使然也水類出水即死風類入水即死然有出入之類者龜蟹鵝鳧之類是也

牛順物乘順風而行則順馬健物遡逆風而行則健

瑣碎錄云魚逆水而上鳥向風而立取其鱗羽之順也有微風不知所從來但觀鳥之所向

龜陰物其足六北方坎水之數也行必北首驗之果然

周禮山虞仲冬斬陽木仲夏斬陰木在山南爲陽在山北者爲陰仲冬日南至仲夏日北至皆日光之所及也是故木之面南者在水則面向上

肝屬木當浮而反沉肺屬金當沉而反浮何也肝實

而肺虛也石入水則沉而南海有浮石之山木入水則浮而南海有沉水之烏木虛實之相反也

爾雅云鳥之雌雄不可別者以翼左掩右爲雄右掩左爲雌張華博物志亦載此說陶隱君曰鳥之雌雄難別舊云其翼左覆右是雄又燒毛納水中沉者是雄浮者是雌

魏伯陽參同契云男生而伏女偃（一作仰）其軀非徒生時著而見之及其死也亦復效之本在交媾定制始先褚氏遺書云陽氣聚面故男子面重溺死必伏陰

氣聚背故女子背重溺死必仰走獸溺死伏仰皆然

素問云升降出入無器不有注云壁悉戶牖兩面伺之皆承來氣衝擊于人是則出入氣也以物投井及葉下翩翩不疾皆升氣所礙也虛管溉滿捻上懸之水固不泄爲無升氣而不能降也空瓶小口頓溉不入爲氣不出而不能入也故曰升降出入無不有予幼時有道人見教則劇燒片紙納空瓶急覆于銀盆水中水皆湧入瓶而銀盆鏗然有聲蓋火氣使之然也又依法放于壯夫腹上挈之不墜即如銅水滴捻其竅則水不滴放之則滴修養家存神于泥丸則丹田之氣上升蓋神之所至氣亦隨之而住也房中術所謂手按尾閭吸氣嚥津雖得其緒餘而亦不泄

欲知時辰陰陽常別以鼻鼻中氣陽時在左陰時在右亥子之交兩鼻俱通丹家謂玉洞雙開是也

馬病死者不可食食之殺人而肝爲甚醫書云馬火畜也有肝而無膽木臟不足故食其肝者死

內則云狼去腸狸去脊兎去尻狐去首豚去腦魚去乙鱉去醜鄭氏云皆爲不利人也

魚去乙鄭氏註云魚體中害人者東海鰫魚有骨名乙在目傍狀如篆乙食之鯁人不可出爾雅云魚枕謂之丁魚腸謂之乙魚尾謂之丙子謂鄭玄謂乙爲魚骨爾雅則以爲魚腸皆以其爲如篆書乙字也若以狼去腸推之則魚之乙非腸矣乃魚骨也

唐詩云杜宇呼名語巴江學字流蓋以江勢曲折如巴字或謂蛙形象出蚓形象之此皆魚骨象乙之意也陸龜蒙謂鴨能言能自呼其名或謂自呼其名者鴨鵲貓狗亦皆能之豈特鴨與杜宇

古享禮猶今前筵古宴禮猶今後筵杜預曰享有禮貌設几不倚爵盈而不飮肴乾而不食宴則折俎相與共食

古之素積卽今之細摺布衫也荀子云皮弁素積楊倞註云素積爲裳用十五升布爲之蹙其腰中故謂之素積一升八十縷十五升千二百縷葢細布也

玉藻云士不衣織鄭氏註云織染絲織之釋文云織織音志今訛爲注遂稱織絲爲注絲志注聲相近也或爲爲苧絲則又轉訛矣

北方毛叚細軟者曰子毳子謂毛之細者毳溫柔貌書堯典云鳥獸氄毛是也今訛爲紫茸

幞頭起于周武帝以幅巾裹首故曰幞頭幞字音伏與幞被之幞同今訛爲僕

韓退之元和聖德詩云以紅綃帕首葢以紅綃轉其頭卽今之抹額也帕首幞頭本只是一物今分爲二物

霽見官妓舞柘枝戴一紅物體長而頭尖儼如角形想卽是今之罟姑也瑣碎錄云柘枝舞本北魏柘拔之名易拓爲柘易拔爲枝

琵琶又名韓婆唐詩琶字皆作入聲音𡌴王昭君琵琶壞使　人重造而其形小昭君笑曰渾不似今訛爲　撥四

觱栗二字出詩說文觱作畢朱晦菴曰篳篥元名悲栗言其聲悲壯也悲觱畢三聲皆相近

古之承霤以木爲之用行水卽今之承落也

二十八宿有房日兎畢月烏丹書云烏　兎葢謂日月之交也易以離爲日陽中有陰也坎爲月陰中有陽也

讀書隅見　宋　亡名氏

古今之士無立錐無盖瓦者甚衆饑寒亂心有能安於恬素者亦是天分學力過人處學子與士大夫得做好人須是有以養其外以外養護内養夾持得秉彝住便是聖賢地位三代時人人有田眞是内養底本領孟子曰無恒産者無恒心無恒産而有恒心惟士爲能正處爲士者無田失其恒心也蘇秦曰使我有洛陽二頃田安能佩六國相印乃是説無恒産至

此孔明告蜀先主臣成都有桑八百株薄田十五頃子孫衣食自有餘饒亦是説有田可以自給蘇老泉亦云洵有山田二頃非凶歲可以無饑有田者眞可以養氣可以立身世有田而喪氣殺身者此又不足道矣若無田而衣食行古之道如孟東野輩韓文公烏得不重拳拳

豫章生在衆木至七年而後枝葉始别稗麥生在麥田中其形似麥更無分别及至穟生方知非麥要人物材質之良與不良須待久而後見

文章家貴于風行水上衆星麗天此一説也回旋曲折開闔收縱千變萬化俱要自然與天地萬物相似六經上文章法度極多今姑以詩三百篇一兩字言之便見與天地萬物相似處黍離之詩其一曰彼黍離離彼稷之苗其二曰彼黍離離彼黍之穗其三曰彼黍離離彼黍之實自苗而穗自穗而實誦此詩者黍之生毓成熟可見矣庭燎之詩其一曰夜如何其夜未央其二曰夜如何其夜未艾其三曰夜如何其夜鄉晨誦此詩者一夜之漏刻疾徐可問矣由淺而

深作文最妙若夫感動之情箴規之意與文章法度節奏一步通一步多少涵畜讀之令人神爽如桃夭之詩句法又變其一曰灼灼其華其二曰有蕡其實其三曰其葉蓁蓁字眼上皆有造化作詩者尤不可以不知

開基人君乾卦似之中興人君復卦似之自然其覆露蒼生同一造化

伊呂之後孔孟最善用兵者孔子曰臨事而懼好謀而成孟子曰天時不如地利地利不如人和孔子八

個字孟子十二個字見得極是分明孫武吳起談兵法累千萬言大段是暗昧

余嘗謂主客之間有數等人其上則師其客其次則友其客又其次則客其客下此則與主客胥失矣及見秦少游論袁紹之亡其言曰其亡不在於官渡之敗而在於殺田豐且曰師士者王友士者霸臣士者强失士者憂何秦坑焚之不思耶

靜中所得最多動時所損不少惟能以道爲靜者僅得之矣周孝王元年佛入涅槃是時佛已有因果法

弟王化未熄佛法未敢彰露自漢以來與徼外諸國通佛法至中國遂大國燧者以南史傳海南諸國攷之其莊嚴金碧正如今佛事去處矣時中朱泰應從事泰應嘗使於尋國泰應謂國中實佳但人褻露可怪耳師子國乃天竺旁國也其國舊無人止有鬼神及龍居之諸國商賈來市易鬼神不見其形祇出於珍寶題其所堪價商人依價取之諸怪事大率如此今中國之人往往奉佛欲死後超至西方極樂世界但未曾攷究不知其境耳佛書言語有可取俗人卻不知之豈知中土卽佛上耶所謂佛國者人多詭怪耶是褻露又無衣冠止有鬼神及龍居之有何可樂緯思所以爲佛國者必其人機械心忘故也

字亦有義田家耕用亥日蓋亥日之地直上是天倉星以建辰月祭靈星以求農耕靈星是天田星在於辰位故農字從辰陳后山云金陵人喜解字以同田爲富分貝爲貧

作記之法禹貢是祖自是而下漢官儀載馬弟伯封禪記儀爲第一其體勢雄渾莊雅碎語如畫不可及

也其次柳子厚山水記法度似出於封禪儀中雖能曲折回旋作碎語然文字止於清峻峭刻其體便覺卑薄

李賀以歌詩謁韓吏部時爲國子博士分司送客歸極困門人呈卷解帶旋讀之首篇鴈門太守行曰黑雲壓城城欲摧甲光向日金鱗開卻援帶命邀之

田間書　　宋　林芳

言非也不言非也當言而言則其言順不當言而言則其言暴不見鐘鼓乎扣之則鳴不扣而自鳴者人莫不以爲異也

或問舟不覆於龍門而覆於衷坌車不摧於太行而摧於康逵有諸曰有無它難者人所畏易者人所忽是以古之君子難其難而不易其易

愼言以養其德持氣以養其體事之至近而所繫至

大者莫過於言氣

愛子之道在於教教子之道在於嚴嚴斯成也愛而不教猶不愛也教而不嚴猶不教也區區於飲食服餙者末矣俗所貴我所賤俗所賤我所貴非我異於俗俗異於我也

盡民之力必傷盡馬之力必蹶

事神不如事心心在斯神在舍心而神神有不神者矣

江海爲能大者以其合衆流而歸虛也是故以謙虛巳而後能容人可以理諭而不可以利誘者其唯君子乎小人則知誘而巳矣

火非風不然風撲火則息舟非水不行水入舟則沒國非民不治民慾國則亂

木可雕而病於越度金可鑄而疾於躍冶木越度金躍冶雖有良工巧將安施是故君子養質以成器

不有暴獸無以知麟之仁不有惡鳥無以知鳳之瑞不有貪人無以知聖之德能以愛妻子之心愛父母則天下無不孝能以愛父母之心愛君則天下無不

忠享萬鍾之祿食不過於一七處萬間之厦卧不盈於一席木不能弃土而生魚不能弃水而活人不能弃信而立天以氣運人以識運鬼神其氣識之變乎

或曰海有虫拳然而生者謂之墨魚其腹有墨遊於水則以墨蔽其身故捕者往往迹墨而漁之噫彼所自蔽者適所以自禍也歟人有恃知亦足以鑒

會友人游山轍語曰人有殘縑敗素繪一山一水愛之若異寶得之必千金至於日與眞景會則畧不加喜毋乃貴僞而賤眞邪行樂之眞今日政在我輩春

雨旣霽春風亦和或坐釣於鷗邊或行歌於犢外百年瞬息歡樂幾何肴核盤盃隨意所命毋以豐約拘也檄書馳告盍勇而前

林子夜對客有粉羽飛繞燭上以扇驅之旣去復來如是者七八終於焦首爛額猶撲撲必期以死人莫不咲其愚也予謂聲色利欲何啻膏火鑠金有蹈之而不疑滅其身而不悔者亦寧免爲此虫嘆哉噫

余嘗步自橫溪有二叟分石而釣其甲得魚至多且易取其乙日亾所獲也乙乃投竿問甲曰食餌同釣

之水亦同何得失之異邪甲曰吾方下釣時但知有我而不知有魚目不瞬神不變魚忘其爲我故易取也子意乎魚目乎魚神變則魚游矣奚其獲乙如其教連取數魚予咲曰旨哉

判决錄

唐　張鷟

科罪

太學生劉仁軌等省試落第撾鼓申訴准式卯時付問頭酉時收策試日晚付問頭不盡經業更請重試臺付法不伏

劉仁軌青襟冑子黃卷書生非應奉之五行異王充之一覽天下第一希聞胡廣之才日下無雙罕見黃童之譽春秋一日徒棄光陰文史三冬虛淹歲序有

司試策無鼂錯之中科主者銓量落公孫之下第理合逡巡斂分退坐授銓豈得俛仰自之肆情撾鼓狀稱問頭付晚策自難周銓退者旣恨獨遲簡得者不應偏早訴人之口皆有愛憎試官之情終無向背傲不可長驕不可盈若引窺覘之門恐開僥倖之路豸冠奏劾自合甘從馬𡡉無冤何煩苦訴宜從明典勿信浮辭

評允

主爵員外郎梁璨奏左僕射魏宰無汗馬勞御

史大夫李加爲佐命功並妄爵也請皆追奪

疏茅建社剪桐開國隆定鬥于昌基茂勤王之令典公侯珪組百代相仍帶礪山河千秋不絶祇如吳鄧四縣東海之功臣蕭曹萬家西京之佐命莫不甘棠敎化光宣召伯之風大樹辭榮獨擅將軍之氣魏宰智不動俗曾無汗馬之勳李加謀不出凡詎展饑鷹之効無功而祿不可勵勳臣無德而官如何奬朝士昔豕突命賞僞新于是覆亡羊爛封侯更始由其喪敗並爲爵人失敘錫土無罔目遵操斧之柯豈踵覆車之轍

辯雪

杜俊對仗遺箭于仗内御史彈付法

杜俊幼乏過庭少虧函丈濫荷苴茅之蔭叨居蘭桂之叢故得佩韘龍軒腰鞬鳳闕不能翕肩斂氣對龢帳以兢兢俛首曲躬臨玉階而側足豈得欽承聖旨曾無戰灼之心侍奉天威敢縱胡盧之笑石慶謹厚未著于朝儀鄧通驕淫已塵于國典不恭之罪付衛瑨以懲科無禮之愆從日磾而訓戒雖仗内落箭未見遺弓律有正條相須乃坐二罪俱發自合從重而論一狀既輕不可累成其過

番異

御史嚴宣前任洪洞縣尉日被長史田順鞭之宣爲御史彈順受贓二百貫勘當是實順訴宣挾私彈事勘問宣挾私有實順受贓不虚

田順提輿晉埊襄珮汾陽作貳分城叅榮半刺性非卓茂酷甚崔林鞭危寗以振威辱何夏而逞志嚴宣昔爲郊尉雌伏喬玄之班今踐憲司雄飛杜林之位

祁奚舉薦不避親讐鮑永繩愆寧論貴賤許揚大辟詎顧微嫌振白鷺之清塵糺黃魚之濁政貪殘有核贓狀非虚此乃爲國鋤凶豈是挾私彈事二百鐶坐法有常科三千獄條刑茲罔捨

判罷

工部員外郎趙務支蒲陝布供漁陽軍幽易絹入京百姓訴不便務款布是麤物將以供軍絹是細絹擬貯官庫

趙務鳴鶴登朝含雞伏奏轉箸之斂未見稱奇聚米

之能無聞播美張蒼之善筭圖用詎肯留情馮勒之巧計軍儲曾何介意廻長作短異趙達之精心變近成遥殊顧談之屈指蒲陝之布却入漁陽幽易之絹返歸隴同北蘇之適越類東走之望秦人之情乎緊獨無也細絹稱以納庫麤布貯以充軍非直運者苦勞抑亦兵家買怨宜從削黜以肅頑愚

判留

飛騎將軍劉恭膂力强群弓馬超衆眇其一目恐不堪侍奉欲放歸鄉里又惜其身材

主上股肱是爲心膂漢高之得樊噲廓去妖氛曹公之有典韋克寧衰宇劉恭力齊烏獲勇若專諸非無孟悅之才實兼任鄙之狀登城斷布所向無前荷石投人誰當餘勇越稷門之宇俊健有聞舉大國之關驍雄可尚昔子夏喪目猶講授于西河左丘失明亦脩書于東魯殷堪雖眇作牧于江濱丁儀止婚與嗟于魏帝用大掩小棄短從長川澤納汙山藪藏疾蛇銜輝乘不以細纇爲嫌虹氣連城不以微瑕致損大材可錄小疹何傷既要所須宜依舊定

駁正

洛陽人祁玄泰賄司勳令徐整作僞勳插入申奏大理斷泰爲首整爲從泰不伏

止戈爲武靜亂之嘉謀致果爲毅安邊之茂軌疇庸命賞將酬犬馬之功書勞策勳用答鷹揚之效祁玄泰奸回足務是狙詐于千端徐整乾没爲懷縱狼心于百變動揮筆注官逐賄成將此白丁插名黃綬雖復龍蛇共澤善惡斯殊終是鷄鶴同群是非交錯整行詐業泰受僞勳兩並日拙爲非一種雷同獲罪執

行故造造者自合流刑囑請貨求求者元無首從

駁審

山陽公主爲子求內官親得侍衛

山陽分輝若木派浪咸池七襄之駕既嚴萬金之禮斯盛張敖勳舊竊湯沐之徵滋實固名宗霑脂粉之餘潤但任人以器有國之大經官不私親前王之令範拜官牀下時聞丞相之男乞衛宮中唯允左師之息燕王之請身入侍竟不從依館陶之爲子求郎終無允許若有言有行夷越可以正除無德無功昆季

寧容濫及宜銓其器識察其無能待得實才方可詳
擇

未滅

付法計贓十五匹斷絞不伏

令史王隆每受路州文書皆納賄錢被御史彈

王隆忝沾趨吏幸列胥徒祿雖給于斗儲官未階于
尺木雞卵之餽雖避嫌疑鵝目之錢若爲窺覘每受
一狀皆取百文未申疵面之功翻起黑頭之患獵青
鳧之小吏觸驄馬之嚴威因事受財實非通理枉法
科罪頗涉深文宜據六贓式明三典

案寢

禮部奏海州奏朱鴈集岐州奏白麟見及薦郊
廟二項俱無空信州中未知合附與否

典朕三禮大舜委于姜尼分敕六經成王任于刑伯
建茲歲首實曰春官敦叙九族之親欽若五常之教
祀地郊天之典舉其宏綱朝日夕月之儀撮其機要
岐州俯瞵八水斜瞻鸞鷟之峯海部近控三山廻瞰
鯨鯢之穴陳敬所奏瑞鴈翻朱薛泰申文祥麟孕素

艷丹霞于日羽晃若朝輪晶白雪于霜毛皎同秋練
既無狀驗空有奏章尋鳥跡于雲空察人刑于水鏡
刻猿猴于棘刺尚且見欺説 于天宫誰堪誣信
語同捕影不可誣神狀等繫風如何薦廟管窺其事
案記爲宜

說郛目錄

弓第二十六

東園友聞
劉馮事始　劉存　馮鑑
西墅記談　潘遠
遺史紀聞　詹玠
姑蘇筆記　羅志仁
南部新書　錢希白
龍城錄　柳宗元
桂苑叢談　馮翊
義山襍記　李商隱
文藪襍著　皮日休
法苑珠林
蒼梧雜志　胡珵
青瑣高議　劉斧
祕閣閒話
耕餘博覽

東園友聞

元　闕名

信義湯

昔見周草窻先生弁陽客談有信義湯一服盖修竹先生筆也其方云信義等分每晨至暮服之無斁自然心廣體胖積以歲月日用常行惟信義是服不患不到聖賢地位也

客談

虎林先生所書客談皆六經語而于儀禮尤致意焉觀此則先生之學可見先生嘗爲困學老人館賓鮮于深敬之敎其二子鮮于聞先生之訓其學益進先生戲曰某敎其子乃敎其父相與一笑

休糧方

胡牧仲先生以經學名世行義聞望著于東南國初金宋諸老宗之吳興趙承旨嘗有詩挽之曰淚濕黔婁被情傷郭泰巾觀此則先生之爲人可知矣所謂獨行不愧影獨寢不畏衾先生其人也弟汲仲先生亦特立獨行一毫不苟耻趙承旨嘗爲羅司徒以禮

請先生作其父墓銘先生悖然怒曰我豈爲宦官作墓銘邪觀此則其剛介可知當時承旨爲司徒以金百定奉先生潤筆是日先生在陳其子千里以情白座上諸客勸先生受先生卻之愈堅聞先生之風諛墓而求金者寧不自警乎先生送蔡如愚歸東陽詩云薄糜不繼襖不裹謳吟猶是鐘球鳴嘗語惟善曰此余秘寄藏中休糧方也

臺諫

世祖暮年桑哥專權納賄中書之政漸弛上初不知

也時徹里爲御史中丞力言之至再不聽且怒命速古而赤批其頰遣之一日上方燕坐便殿中徹里公上作色迎謂之曰徹里又欲言桑哥耶公曰然臣謂思之國家置臺諫猶人家畜犬也譬則賊至而犬吠主人不見乃箠犬犬遂不吠豈良犬乎上悟頷之未幾桑哥敗憲使臺諫一如公天下寧有亂邪

丘真人

至順庚午赴南宮嘗侍虞奎章坐談及東平富人新居落成有丘真人者道行重一時凡欲徼福利者莫其道爭迎致之幸其一至咸自慰足富人以禮致眞人將冀一言以頌其居眞人既入室默不一語輒以所持鐵杖于墻壁窗戶頻毁裂之亟出富人怏怏卒家人羅拜以希解悟眞人曰若室完美蔑以加矣雖然完必毁吾不先毁之若將無以圖厥終今毁矣若宜思其毁而欲完者克保全之則若與若子孫庶幾歌斯哭斯永終無替富人悅服

習俗之厚

吳興陳伯敷翰林編修時爲璋言參政王公繼學自

筮仕京師遊宦四方久去鄉里及拜中書參議歸省逮里門舍騎徒步遇長者輒拜過市有老翁坐肆公趨拜肆下翁倨坐曰小大久不見汝汝來奚自公曰自京師翁曰仕否公曰忝參議中書翁又曰小大朝廷官爵不可得在意公逡巡拜謝翁倨坐如故吁中原習俗之厚王公謙德之隆君子所樂道也（小大早幼之稱）

同籍

余客京口聞有閔仲達陳子方者幼同讀書長同習吏事又同籍杭郡吏循次錄敘則陳在先閔乃以許

先之陳終無幾微怨嫉意適故人約陳偕入京達官貴卿交薦以仕尋僉憲浙西閔方以日月壓掾憲府聞陳之來歎曰何面目見之稱疾不出陳下車亟問吏曰閔仲達何不見邪咸以疾對陳曰非疾憚我也我將見之及其門閔皇懼出肅陳曰吾與君交至深誼至篤君昔先我而吏郡者命也非此吾所就寧至是耶今又幸同處苟有未至方賴于君何稱疾爲宜亟出閔感激從事相好如初

五聲韻

杜清碧先生本以翰林待制聘至杭日有所編五聲韻自大小篆隸以至外化蕃書及國朝蒙古新字靡不收錄題曰華夏同音一日康里子山平章公夔夔見訪語及聲律之學因問國字何以用司字爲首先生答曰正如嬰兒初墮地時作此一聲乃得天地全氣也平章甚善其說

譎詐

上海民有以譎詐而致富者丙申夏四月其居燬于兵爲卒所執索窖藏物民紿之曰此非我居我逃難至此耳我居距此纔百餘步汝欲窖可同往卒然之民遂導卒至其故人之居發地數處終不得窖卒知其紿已怒而殺之

族未廣

昔有富翁方與客對談適一人垢衣獘屣如屠沽者自外至翁肅容而起迎之上坐退而拱立其人曰汝坐翁乃坐客問翁曰彼何人邪翁曰某族叔父也客哂之曰吾族則無此翁曰但君族未廣耳客大慙

劉馮事始

宋　劉存　馮鑑

詩三字至八字皆自毛詩

三字若鼓淵淵醉歸之類四字若關關雎鳩在河之洲之類五字若誰謂雀無角何以穿我屋之類六字若俟我于庭乎而充耳以清乎而美之類七字若交交黃鳥止于棘之類八字若節南山云我不敢效我友自逸之類

曲張續長

世本曰揮于作弓夷則作矢皆黃帝臣弓之神名曲張矢之神名續長

齋戒六丁

春秋命成圖曰黃帝請問太一長生之道太一曰齋戒六丁可功成注云丁卯丁寧戒卯戒慎也

神魚子英祠

列仙傳子英者舒鄉捕魚得赤鯉愛其色養之經年長丈餘角翼皆具子英乘之飛昇而去後歸亦乘此赤鯉人爲立祠焉

黃帝六相

管子黃帝得六相而天地理風后明天道太常審地理奢龍辨東方祝融辨南方大封辨西方后土辨北方謂之黃帝六相

崇玄館學士

唐明皇置崇玄館命生徒習道德經莊列文子以門下侍郎陳希烈兼崇玄館大學士檢校兩京宮觀又別置道學隸崇玄館課試如明經謂之道舉

曳白

天寶中御史中丞張倚男奭判入高等爲人所訴明皇于勤政樓親臨覆試終日不能措一辭謂之曳白

中書通事舍人

魏置通事郎堂誥命進置中書通事舍人北齊改爲中書舍人隋號內史舍人唐初因之龍朔中改爲西臺舍人光宅中改爲鳳閣舍人開元中改爲紫微舍人復爲中書舍人

四匭

唐天后垂拱二年置匭四枚共爲一室以銅鑄四面

各依方色東曰延恩有以養人勸農之事及賦頌求官爵者投之南曰招諫有言時政得失及直言正諫者投之西曰伸寃有披陳屈抑者投之北曰通玄象非常災變及隱秘者投之天寶以匭音同鬼改爲獻院後又改知匭使掌其四匭

門狀

古者削竹木以書姓名故爲之刺後以紙書謂之名紙至唐時李德裕爲相貴盛人務加禮每通謁改具銜起居謂之門狀

苾蒭

尊勝經號僧曰苾蒭比物本草有五義一生不背日二冬夏常淸三體性柔軟四香氣遠勝五引蔓傍布爲佛之徒弟理亦宜然故以爲之名也

僧爵秩

後魏太祖以沙門法果爲輔國宜城子畧加忠信侯卒後贈老壽將軍胡靈公隋文以沙門彥琮爲翻經館學士甚寵

解脫履

單底曰履重底曰舄永嘉中爲伏鳩頭鳳頭履梁武帝以絲爲之曰解脫履

羃䍦

唐初以隋制宫人乘馬着羃䍦雖爲　服而全障蔽永徽後帷帽施裙漸成爲淺露天后朝帷帽大行羃䍦遂廢

帛拜代香纓

古者婦始見舅姑持香纓以拜五色采爲之隋牛弘議以素絹八尺中擗名曰帛拜以代香纓

卷白波

古有酒令名卷白波起于東漢初擒白波賊如席卷故酒席言之以快人意耳

偏提

酌酒器元和間謂之注子後仇士良惡其名同鄭注乃去其柄安系名謂曰偏提

白肥修脊

貞元中穆寧爲刺史方食其子列侍熊白及鹿修曰乃白肥修脊相資爲宜即以白裹修而進因以羊雜

白爲生

虎幄雲幕

說文在上曰幕在旁曰帷女媧作雲幕衛侯爲之虎幄幄亦帷帳之類

愽陸

聲諾曰愽陸采名也六隻骰子皆六

西墅記譚

唐　潘遠

辨碧落碑

降有碑篆千餘字李氷陽愛之其中有碧落碑二字謂之碧落碑後有識者云有唐十三祀龍集敦片哀子李訓等爲母造道門尊像

鳳尾諾

齊高帝使江夏王學鳳尾諾一學便工帝以玉麒麟賜之叅諸侯牋奏皆批曰諾諾字有尾若鳳焉

詩語暗合

元白酬和千篇元守浙東白牧蘇臺置驛遞詩筒及云有月多同賞無盃不共持其句都是暗合處耳

空梁落燕泥

隋煬帝作詩有押泥字者羣臣皆以爲難和薛道衡後至詩成有空梁落燕泥之句帝惡其出已因事誅之臨刑問道得空梁落燕泥

錦帳三十里

京師名倡曰嬌陳如姿藝俱美陛州尹一見求納焉

陳如日得錦帳三十里乃可蓋戲之也

骰子緋賜

明皇與楊妃彩戰將北惟重四可解連叱之果重上悅顧高力士令賜緋之遂不易

胎髮筆

南朝有姥善作筆以胎髮作者尤佳又有筆工名鉄頭能瑩管如玉世莫傳其法焉

金鼇光

于頔在海南日一夜方三更忽曉如日初出移時復暗徧嶺南悉時復有客言某日夜見海中大鼇浮出目光照耀天地如白晝徐徐復沒驗其日正同

輔唐山

大和先生服餌得道請于高密牢山合煉明皇許之改牢山爲唐令居之

定婚店

韋固未娶道遇異叟持婚牘令固以赤繩之乃曰此店北賣菜媼女乃公妻後爲貴人取去果然

野狐落

宋次道爲西洛詩以野狐落五鳳樓言野狐落唐人宮名宮人所聚也

遺史記聞　宋　詹玠

衣錦將軍

錢鏐臨安人里中有大木鏐幼時常戲其下後爲吳越國王宴父老山林皆覆錦名其木衣錦將軍

范攎子詩

唐末吳人范攎子處士子七歲能詩贈隱居者云掃葉隨風便澆花趂日陰處士方于曰此子必垂名因作夏日詩云閑雲生不雨病葉落非秋于曰惜其不

壽爾未幾果卒

金蓮燭

宣宗將命令狐綯爲相前數日夜召吏深方歸院以御前金蓮燭賜以送歸院吏望見燭以爲駕幸已而綯至時以爲榮

手印屏風

明皇所幸美人王氏數夢人招飲客會具言于上上口必術士所爲汝若再往以物誌之其夕夢中又往因就研中濡手印于屏風上既悟即告潜索於外果于東明觀中得其手印紋而道士已遁矣

如意女子詩

如意中有女子七歲能詩則天召見試之令賦送別兄弟云別路雲初起離亭葉乍飛所嗟人異鴈不作一行歸

龍興倉

沐都興國寺也舊有龍興寺周世宗廢爲食國初寺僧屢訴求復爲寺大宗怒其煩瀆遣使封劒誅之且曰懼即斬不懼再奏僧行臨刑不懼使以聞太宗甚

喜即日如其請復改爲寺

抱琴踰垣

眞宗祀汾陰登山望林麓中有亭檻問曰何所乃隱士魏埜草堂遣使往召之埜方鼓琴教鶴舞聞使至抱琴踰垣遁去使聞上甚嘆美之

釜中龍

南唐時有蒼頭持龍水圖求貨或得之將鬻以服忽釜中雲蒸起見二龍騰躍穿壁而去

清非生

太子中允王綸有女十八一日晝寢若魘有物憑附而語稱清非生呼其女爲燕華君能三十六體天篆又能詩後數月如故皆不能記矣

姑蘇筆記

宋　羅志仁

父子立論不同

老泉論高帝云帝嘗語呂后曰周勃重厚少文然安劉氏必勃也可令爲太尉方時劉氏安矣勃又將誰安耶高帝之以太尉屬勃也知有呂氏禍矣然其不去呂后何也勢不可也東坡論高帝云或曰呂后雖悍亦不思其爲變故欲立趙王此又不然自高帝之時而言之計呂后之年當死於惠帝之手呂后雖悍亦不思奪其子以與姪惠帝既死而呂后始有邪謀此出於無聊而帝逆之父子立論亦自不同如此

薛萬回

薛昂賦蔡京君臣慶會閣詩云逢時可謂眞千載拜賜應須更萬回時人謂之薛萬回賈秋壑柄國時浙漕朱峻深源每有劄子禀事必稱云萬拜覆時人謂之朱萬拜深源晦翁曾孫

隱逸

錢文僖公演雖生富貴家而文雅樂善出天性晚以

使相留守西京時通判謝絳堂書記尹洙留守推官歐陽修皆一時勝彥遊宴吟詠未嘗不同洛下多水竹奇卉凡園圃勝處無不到有郭延卿者居水南少與張文定呂文穆公遊累舉不第以文行稱於鄉閭張呂繼相善更薦之得職官延卿亦未出仕幽亭藝花足迹不及城市至是年八十餘矣一日文僖率僚屬訪之去其居一里外屏騎從腰輿張蓋及門不告以名氏洛下士族多過客衆延卿不常出見莫知其何人也但所出相接道服對談而已數公疎爽闓明

皆天下之選延卿笑曰陋巷罕有過從平日所接之人亦無如數公者老夫幸甚惟願少留對花小酌於是以陶尊果蔌而進文僖愛其高逸亦留而不辭而吏報申牌府史牙兵列庭中延卿徐曰公等何官而從吏之都也尹師魯揖文僖語之曰留守相公也延卿笑曰不圖相公肯顧野人遂相與大笑又曰尚能飲否文僖欣然從之又飲數盃盤肴無少加於前而談笑自若而已辭去延卿送之門顧而曰老病不能造謝希勿誚也文僖登車茫然自失語歐公諸人曰此眞隱者也渠視富貴爲何等物邪嘆息累日

又

宣和間廣川董逌爲鎮江府教官有李逈者高尚不出人亦頗宗仰之董時往見與之欵語出所著書及所嘗獻朝廷者又知其通於治道皆切時用非尋常事文釆取人娛悦者董回白知府虞樊曰治下有隱君子盍訪之虞問爲誰董以李逈字叔友對虞曰斯人則願見久矣一日携具邀董而入叔友預辭未嘗製衫帽虞許野服相見至門下車與董步而入叔友

降階迎客神清蕭散虞守甚高之既飲叔友起愬虞曰逈有母年八十矣願得薦逈名于朝丐處士號庶逈恩可記虞唯而去明日董詣之曰胡不見請而遽啓此齒叔友色愧悔曰恐其不再來耳董具以語諸生共嗟惜之予謂虞守不失爲有錢文僖之遺風而李叔友有愧於郭延卿多矣

賈秋壑醮詞

賈秋壑德祐乙亥八月生日建醮詞語云老臣無罪何衆議之不容上帝好生奈死期之已迫適值垂弧

之且預揚易簀之詞切念臣際遇三朝始終一節爲
國任怨但知存大體以杜私門遭時多難安敢顧微
軀而思末路屬國　遜臣之分順率驕兵悍將以徂
征用命不前致成酷禍惜無所用爲有後圖衆口皆
詆其非百喙難明此謗四十年勞悴悔不及留侯之
保身三千里流離猶恐置霍光於赤族仰慙覆載俯
愧劬勞伏願皇天厚土之鑒臨理考慶宗之昭格豈
自道所自爲也讀之雖可笑可哀其文自好

題梁

張于湖代爲和州守設廳題梁云宋乾道丁亥正月
朔旦郡守胡昉新作黃堂其綏靖和民千萬年永無
斁詞翰奇偉至今猶存彭大雅帥蜀築重慶城幕客
門士各撰記誦俱不當其意雅乃自記十七字云大
宋嘉熙庚子制臣彭大雅城渝爲蜀根本大字深刻
之諸人歎服文子布衣位至方伯連率功名震耀其
胸次亦不凡矣文本不工然吐辭超勝以少少勝多
多暗合于湖想見豪氣

意合

東坡言梅二丈長身秀眉大耳紅頰飲酒過百盞輒
正坐高拱此其醉也然不可謂之能飲益謂聖俞剛
正不爲酒所動矣馮當世好佛知太原以書寄王平
甫曰并門歌舞妙麗但閉目不觀惟自以談禪爲事
平甫荅曰若如所論卽明公未達禪理閉目不觀已
是一重公案平甫此論與東坡意合

南部新書

宋　錢希白

落星石

祕省內落星石薛稷畫鶴賀知章草書郎餘令畫鳳相傳號爲四絶

瀑泉

司空圖舊隱三峯天祐末移居中條山王官谷周廻十餘里泉石之美冠於一山北巖之上有瀑泉流注谷中溉良田數十頃至今子孫猶存爲司空之莊耳

墜井

白樂天之母因看花墜井後有排擯者以賞花新井之作左遷襃皇嘗題柱曰此人一生爭得水喫

夢爲虎趂

武宗夢爲虎所趂命京兆同華格虎以進至太中郎屬虎

諫遊

上在驪山華淸宮値元夜欲出遊陳玄禮奏曰宮外曠野湏有預備必欲夜遊願歸城闕上不能奪

鷄兎筭

鷄兎筭國史譜紀之尚不明上下頭下下脚脚卽折半下見頭除脚見脚除頭上是鷄下是兎

弄子忘恚

李訥僕射性卞急酷尚奕棋每下子安詳極于寬緩往躁怒作家人輩則密以奕具陳于前訥覩便忻然改容以取其子布弄忘其恚矣

滋水

滋水驛在長樂驛之東肅皇在藩日此廳廳西壁畫

一胡頭因題曰喚出眼何用苦深藏縮却鼻何畏不聞香

五花

荊南舊有五花館待賔之上地也故蔣肱上成汭詩云不是上名台姓字五花賔館敢從容

置權量

柳仲郢拜京兆尹置權量於東西市使貿易用之禁私製者北司史入粟違約仲郢殺而尸之自是人無敢犯

野狐

野狐泉店在潼關之西泉在道南店後坡下舊傳云野狐掊而泉涌店人改爲冷淘過者行旅止焉今法饌中有野狐泉者以蓁粉爲之亦象此也

五縣天子

王延彬獨據建州稱僞號一旦大設爲伶官作戲辭云只聞有泗州和尚不見有五縣天子

草市

蜀東西川之人常互相輕薄西川人言梓州者乃我

東門之草市也豈得與我耦哉椓仲郢爲東川節度使聞之謂幙賓曰吾立朝三十年清華備歷今日始得爲西川作市令聞者皆笑之故世言東西兩川人多輕薄

刺血濡章

駙馬都尉鄭贊潛曜睿皇之外孫尚明皇第十二女臨晉長公主母郎代國長公主也開元中毋寢疾曜刺血濡奏章請以身代及焚章獨神道許三字不化翌日主疾間鄭固命左右勿敢言其請天之章門客

尹靈琛之詞也靈琛爲人言之

薜荔

武翊皇以三頭冠絶一代後惑婢薜荔苦其冢婦盧氏雖李紳以同年爲護而衆論不容終至流竄狀頭宏詞勑頭是謂三頭

六籍奴婢

劉蕡精於儒術嘗看文中子忿然言曰才非殆庶擬上聖述作不亦過乎客曰文中子於六籍何如蕡曰若以人望人文中子於六籍猶奴婢之於郎主也世

遂以文中子爲六籍奴婢

少白

裴洎入相之年才四十四鬢髮盡白

臼塘

衛中行自福察有贓流於播州會赦北還死于播之館置于臼塘中南人送死無棺槨之具稻熟時理米鑿木若小舟以爲臼土人呼爲臼塘

事決於子

令狐綯在相毎朝廷大事一取決於子滈如元載之

用伯和李吉甫之用德裕

龍城錄

唐　柳宗元

吳嶠精明天文

吳嶠霅溪人也年十三作道士時煬帝元年過鄴中告其令曰中星不守太微主君有嫌而旺氣流萃於秦地子知之乎令不之信至神堯即位方知不誣嶠精明天文即袁天罡之師也

魏證嗜醋芹

魏左相忠言讜論贊襄萬機誠社稷臣有日退朝太

宗笑謂侍臣曰此羊鼻公不知遺何好而能動其情侍臣曰魏徵好嗜醋芹每食之欣然稱快此見其真態也明旦召賜食有醋芹三杯公見之欣喜翼然食未竟而芹已盡太宗笑曰卿謂無所好今朕見之矣公拜謝曰君無為故無所好臣執作從事獨僻此收斂物太宗默而感之公退太宗仰睨而三歎之

上帝追攝王遠知易總

上元中台州一道士王遠知善易於觀感間曲盡微妙善知人死生禍福作易總十五卷世祕其本一日

因曝書雷雨忽至陰雲騰沓直入卧内雷殷殷然赤電遶室暝霧中一老人下身所衣服但認青翠莫識其制作也遠知焚香再拜伏地若有所待老人叱起怒曰所泄者書何在上帝命吾攝六丁雷電追取遠知方惶懼據地起旁有六人青衣已捧書立矣老人責曰上方禁文自有飛天保衛玉笈金科祕藏玄都汝是何者輒混藏紬帙據其所得實以告我遠知戰悸對曰青丘元老以臣不逮故傳授焉老人頤頷頃曰上帝赦下汝仙品已及於授度期展二十四年二

紀數也遠知拜命次旋風飀起坼帷裂幰時已二鼓明月在東星斗燦然俱無影響所取將書乃易總耳遠知志頗自失後閉戶不出經歲不食人因竊聞中但聞勸酧交歡竟不知爲誰也光定中召至京玉清觀安泊間或逃去如此者數次天后封金紫光祿大夫但笑而不謝一日告衆遺言屍赴東流湍水中天后不允其語敕葬闕明原上後長壽中台州有人過海阻風飄蕩船欲坼妄行不知所止忽見書船一葉渺自天末來驚視之乃遠知也漸相近台人拜而呼之遠知曰君涉險何至於此告台人此洋海之東十萬里也台人問歸計奈何遠知曰借子迅風正西一夕可到登州爲傳語天壇觀張光道士台人既辭去舟回如飛羽但覺風毣毣而過明日至登州方知遠知死久矣訪天壇道士其徒云死兩月矣方驗二人皆仙去

武居常有身後名

武居常天后高祖也少時遊洛下人呼爲猴頰郎以居常頤下有鬚若猿頷也其上有四靨一日伊水上

遇一丐者曰郎君當有身後名面骨法當刑然有女當八十年後起家暴貴壽亦浸微居常不信後卒如言句者豈非異人乎

房玄齡爲相無嗣

居玄齡來買卜成都日者笑而掩象曰公知名當世爲時賢相奈無嗣相紹何公怒時遺直已三歲在側日者顧指曰此兒此兒絶房氏者此也公大悵而還後皆信然也

韓仲卿夢曹子建求序

韓仲卿一日夢一烏幘少年風姿磊落神仙人也拜求仲卿言某有文集在建鄴李氏公當名出一時肯爲我討是文而序之俾我亦陰報耳仲卿諾之去復回曰我曹植子建也仲卿旣寤撿鄴中書得子建集分爲十卷異而序之卽仲卿作也

趙師雄醉憩梅花下

隋開皇中趙師雄遷羅浮一日天寒日暮在醉醒間因憩僕車於松林間酒肆傍舍見一女人淡粧素服出迓師雄時已昏黑殘雪對月色微明師雄喜之與之語但覺芳香襲人語言極清麗因與之扣酒家門

得數杯相與飲少頃有一綠衣童來笑歌戲舞亦自可觀頃醉寢師雄亦懵然但覺風寒相襲久之時東方已白師雄起視乃在大梅花樹下上有翠羽啾嘈相須月落參橫但惆悵而爾

李太白得仙

退之嘗言李太白得仙去元和初有人自北海來見太白與一道士在高山上笑語久之頃道士於碧霧中跨赤虬而去太白聳身健步追及共乘之而東去此亦可駭也

韓退之夢吞丹篆

退之常說少時夢人與丹篆一卷令强吞之傍一人撫掌而笑覺後亦似胸中如物噎經數日方無恙尚由記其上一兩字筆勢非人間書也後識孟郊似與之目熟思之乃夢中傍笑者信乎相契如此

寧王畫馬化去

寧王善畫馬開元興慶池南華蕚樓下壁上有六馬滾塵圖內明皇最眷愛玉面花驄謂無纖悉不備風

鬃霧鬣信偉如也後壁雖有五馬其一者失去信知神妙將變化俱也

含元殿丹石隱語

開元末含元殿火去基下出丹石上有隱語不可知云天漢二年赤光生栗木下有子傷心遇酷此亦不能辨也

景州龍見三頭

開元四年景州水中見一龍三頭時州中大水後一日有風自龍見處西南來飛屋拔木半晝暝

神堯皇帝破龍門賊

神堯皇帝拜河東節度使九月領大使擊龍門賊毋端兒夜過韓津口時明月方出白霧初澄於小橋下有二人語言明日毋大郎死我輩勤亦不少矣神堯停馬問二人再拜起泣曰某二人漢兵也昨奉東嶽命嶽神管押七十人付龍門助將軍討賊某二人尸骨在此因少憩於此亦自感傷兼欲先知於將軍耳神堯詳其言深切詢其姓氏但笑謝言將軍貴人也其僕卒之賤分不當逾言訖蒼惶辭去言大隊至矣

倏忽不見傾疾風如過矢風塵蔽天而過神堯嘿喜之明日破賊發七十二矢皆中而復得其矢信知聖王所向至靈亦先爲佐佑焉

明皇夢遊廣寒宮

開元六年上皇與申天師道士鴻都客八月望日夜因天師作術三人同在雲上遊月中過一大門在玉光中飛浮宮殿往來無定寒氣逼人露濡衣袖皆濕頃見一大宮府榜曰廣寒清虛之府其守門兵衛甚嚴白刃粲然望之如凝雪時三人皆止其下不得入天師引上皇起躍身如在煙霧中下視王城崔巍但聞清香靄鬱視下若萬里琉璃之田其間見有仙人道士乘雲駕鶴往來若遊戲少焉步向前覺翠色冷光相射目眩極寒不可進下見有素娥十餘人皆皓衣乘白鸞往來舞笑於廣陵大桂樹之下又聽樂音嘈雜亦甚清麗上皇素解音律熟覽而意已傳頃天師亟欲歸三人下若旋風忽悟若醉中夢廻爾次夜上皇欲再求往天師但笑謝而不允上皇因想素娥風中飛舞袖被編律成音製霓裳羽衣舞曲自古洎

今清麗無復加於是矣

任中宣夢水神持鏡

長安任中宣家素畜寶鏡謂之飛精識者謂是三代物後有八字僅可曉然近籀篆云水銀陰精百鍊成鏡詢所得云商山樵者石下得之後中宣南鶩洞庭風浪洶然因泊舟夢一道士赤衣乘龍詣中宣言此鏡乃水府至寶出世有期今當歸我矣中宣因問姓氏但笑而不荅持鏡而去夢廻亟視篋中已失所在

夜坐談鬼而怪至

君誨嘗夜坐與退之余三人談鬼神變化時風雪寒甚㸃外㸃㸃火明若流螢須臾千萬㸃不可數度頃入室中或為圓鏡飛度往來乍離乍合變為大聲去而三人雖退之剛直亦為之動顏君誨與余但匍匐掩目前席而已信乎俗諺曰白日無談人談人則害生昏夜無談鬼談鬼則怪至亦知言也余三人後皆不利

裴武公夜得鬼詩而化為燼

開元末裴武公軍夜宿武休帳前見一介冑者擲一

龍城錄　八

紙書而去武公取視乃四韻詩云屢策羸驂歷亂峒叢嵐映日晝如曛長橋駕險浮天漢危棧通岐觸岫雲却念淮陰還得計又嗟忠武不堪聞䕡興盡係前生數休衙英雄勇冠軍武公得詩大不悅紙隨手落為燼信知鬼物所製也出師大不利武公射中臆下病月餘薨

房玄齡有大譽

房玄齡幼拜日王通說其文謂此細眼奴非立忠志則為亂賊輔帝者則為儒師綽有大譽矣

閻立本有丹青之譽

閻立本畫宣王吉日圖太宗文皇帝尚為題中諸公皆議論東都從幸上出示圖於諸臣稱為越絕前世已而忽藏於衣袖笑謝而退自是立本有丹青之譽

王宏善為八體書

王宏濟南人太宗幼日同學因問為八體書太宗既即極因訪宏而鄉人竟傳隱去是亦子陵之徒歟

張昶著龍山史記注

沈休文有龍山史記注即張昶著昶後漢末大儒而

龍城錄　九

世亦不稱譽余少時江南李青之來訪余求進此文後為火所焚更不復得豈斯文天欲秘者耶

龍城無妖邪之怪

郴州舊有鬼名五通余始到不之信一日因發篋易衣盡為灰燼余乃為文醮訴於帝帝懨我心遂爾龍城絕妖邪之怪而庚士亦得以寧也

王漸作孝經義

國初有孝子王漸作孝經義成五十卷事亦該備而漸性鄙朴凡鄉里有鬬訟漸即詣門高聲誦義一卷

反爲漸謝後有病者卽請漸來誦書壽亦得愈其名藹然余時過汴州適會路逢一老人亦談此事頗亦敬其誠也

晉哀帝著書深闡至理

晉哀帝著丹青符經五卷丹臺錄三卷青符子卽神丘先生也深闡至理而近世有胡宗道海上方士得其術

老叟講明種蓺之言

余南遷度高鄉道逢老叟師年少於路次講明種蓺

其言深耕槪種時耘時耔却牛馬之踐履去螟蝥之戕害勤以朝夕滋之糞土而有秋之利蓋富有年矣若夫堯湯之水旱霜雹之不時則在夫天也余感此言將書諸紳贊於治民理生者無所施而不可而又至言也

李明叔精明古器

建康李生名照字明叔眞可人書生好古博雅者一日就京師謁余裹飯從游於溱渭之間此人眞意甚巧而淡然蔽於古器凡自戰國洎於蕭梁之間譜所載者十得五六而皆精製奇巧後世莫追然生頗爲文思澁設諸勤求古器心在於文書間亦足以超偉於當代也

賈奭著書仙去

賈奭河陽人字師道與余先人同室讀書爲人謹順少調官河南尉才吏也後五十歲棄家隱伊陽小水鄉和樂村鳴皐山中著書二十卷號鳴皐子逾年不知其所終山中人竟言仙去然詭幻莫之信也有子餗字子美亦有才然不逮於父風

開元藏書七萬卷

有唐惟開元最備文籍集賢院所藏至七萬卷當時之學士蓋爲楮無量裴煜之鄭譚馬懷素張說佚行水陸堅康子元輩凡四十七人分司典籍靡有闕文西賊遽興兵火交紊兩都灰燼無存惜哉

明皇識射覆之術

上皇始平禍亂在宮所與道士馮存澄因射覆得卦曰合因又得卦曰斬關又得卦曰鑄印乘軒存澄曆謝曰昔此卦三靈爲最善黃帝勝炎帝而筮得之所

請合因斬關鑄印乘軒始當果斷終得嗣天上皇掩其口曰止矣黙識之矣後即位應其術焉

明皇夢姚宋當爲相

上皇初登極夢二龍一符自紅霧中來上大隸姚崇宋璟四字协之兩大樹上宛延而去夢廻上召申王圓兆王進曰兩木相也二人名爲天遣龍致於樹即知崇璟當爲輔相兆矣上歎異之

太宗沉書於滹沱

太宗文皇帝平王世充於圖籍有交關語言構怨連

結文書數百事太宗命杜如晦掌之如晦復稟上當如何太宗曰付諸曹吏行頃聞於外有大臣將自盡者上乃復取文書背裹一物疑石重上親裹百重命中使沉滹沱中更不復省此與光武焚交謗數千章者何異

尹知章夢持巨鑿破其腹

尹知章字文叔絳州翼城人少時性懵夢一赤衣人持巨鑿破其腹若内草茹於心中痛甚驚寤自後聰敏爲流輩所尊開元中張説長諸朝上召見延英上問曹植幽思賦何爲遠取景物爲句意旨安在知章對以植所謂賦作不徒然若倚高臺之曲嵎望且重也處幽僻之閑深位至卑也望翔雲之悠悠嗟朝霽而夕陰以爲物無止定之意而上多攺易也顧秋華之零落歲將暮也感歲暮而傷心年將易也觀躍魚於南沼使智者居於明非得志也聆鳴鶴於北林愁且和也搦素筆而慷慨守文而感也揚太雅之哀吟憫其時也仰清風以嘆息思濯煩也寄予思於悲絃志在古也信有心而在遠措者大也重登高以臨川

及上下也何余心之煩錯寧翰墨之能傳意不盡也此幽思所以賦也上敬異之擢禮部侍郎集賢院正字

高皇帝宴賞牡丹

高皇帝御群臣賦宴賞雙頭牡丹詩惟上官昭容一聯爲絶麗所謂勢如連璧友心若臭蘭人者使夫婉兒稍知義訓亦足爲賢婦人而稱量天下何足道哉此禍成所以無赦於死也有文集一百卷行於世

魏證善治酒

魏左相能治酒有名曰醽淥翠濤常以大金甖内貯盛十年飲不歇其味即世所未有太宗文皇帝嘗有詩賜公稱醽淥勝蘭生翠濤過玉薤千日醉不醒十年味不敗蘭生即漢武百味旨酒也玉薤煬帝酒名公此酒本學釀於西域人豈非得大宛之法司馬遷所謂富人藏萬石葡萄酒數十歲不敗者乎

裴令公訓子

裴令公常訓其子凡吾輩但可文種無絶然其間有成功能致身為萬乘之相則天也

華陽洞小兒化為龍

茅山隱士吴綽素擅潔譽神鳳初因採藥於華陽洞口見一小兒手把大珠三顆其色瑩然戲於松下綽見之因前詢誰氏子兒奔忙入洞中綽恐為虎所害遂連呼相從入欲拔之行不三十步見兒化作龍形一手握三珠塡左耳中綽素剛膽以藥斧斲之落左耳而三珠已失所在龍亦不見出不十餘步洞門閉矣綽後上皇封素養先生此語賈宣伯說

賈宣伯有治三蟲之藥

賈宣伯有神藥能治三蟲止熬黄栢木以熱酒沃之别無他味一日過松江得巨魚置於水品中因投水刀圭藥魚引吸中即死取視則見八足若爪利焉後吴江有怪土人謂蛟為害宣伯以數刀圭投潭中明旦老蛟死浮於水而水蟲莫知數皆為藥死山人此藥云本受之於閤皁山王天師乃仙方耶而涉海者亦貮需焉故書之

李休甫以毒虐弄正權

惠州一娼女震厄死於市衢脇下有朱字李林甫以毒虐弄正權帝命列仙舉三震之疑此女子偃月公

後身耶譎而可懼元和元年六月也

張復條山集論世外事

張復澧州人飽書帙作條山集三十卷論世外事此人兼得神鬼趣隱不仕有文集行于世

羅池石刻

羅池北龍城勝地也役者得白石上微辨刻畫云龍城柳神所守驅厲鬼山左首福土氓制九醜余得之不詳其理特欲隱予於斯歟

劉仲卿隱金華洞

賈宣伯愛金華山即今雙谿别界其北有仙洞俗呼爲劉先生隱息處其内有三十六室廣三十六里石刻上以松炬照之云劉嚴字仲卿漢室射聲校尉當恭顯之際極諫被貶於東陬隱迹於此莫知所終即道士蕭至玄所記也山口人時得玉篆牌俗傳劉仲卿每至中元日來降洞中州人祈福壽谿口邊得此者當巨富此亦未必爲然然仲卿亦梅子眞之徒歟

趙昱斬蛟

趙昱字仲明與兄冕俱隱青城山從事道士李珏隋末煬帝知其賢徵召不起督讓益州太守臧賸强起昱至京師煬帝縻以上爵不就獨乞爲蜀太守帝從之拜嘉州太守時犍爲潭中有老蛟爲害日久截没舟船蜀江人患之昱涖政五月有小吏告昱會使人往青城山置藥渡江溺死者没舟航七百艘昱大怒率甲士千人及州屬男一萬人夾江岸鼓噪聲振天地昱乃持刀没水須江水盡赤石岸半崩吼聲如雷昱左手執蛟首右手持刀奮波而出州人頂戴事爲神明隋末大亂潜以隱去不知所終時嘉陵漲溢水勢汹然蜀人思昱頃之見昱青霧中騎白馬從數獵者見於波面揚鞭而過州人爭呼之遂吞怒眉山太守薦章太宗文皇帝賜封神勇大將軍廟食灌江口歲時民疾病禱之無不應上皇幸蜀加封赤城王又封顯應侯昱斬蛟時年二十六珏傳仙去亦封佑應保慈先生

宋單父種牡丹

洛人宋單父字仲儒善吟詩亦能種藝術凡牡丹變

易千種紅白鬭色人亦不能知其術上皇召至驪山植花萬木色樣各不同賜金千餘兩内人皆呼爲花師亦幻世之絶藝也

桂苑叢談

唐　馮翊

張綽有道術

咸通初有進士張綽者下第後多遊江淮間頗有道術常養氣絶粒嗜酒耽碁又以爐火藥術爲事一旦覩天大哂命筆題云爭奈金烏何頭上飛不住紅爐謾燒藥玉顏安可駐今年花發枝明年葉落樹不如且飲酒莫管流年逝人以此異之不喜裝飾多歷旗亭而好酒杯也或人召飲若遂合意則索紙剪蛺蝶三二十枚以氣吹之成列而飛如此累刻以指收之

俄皆在手見者求之即以他事爲阻常遊鹽城多爲酒困非類輩欲乘酒試之相競較力留繫是邑中醒乃述課得陳情二首以上狄令乃立釋之詩所紀惟一篇云門風常有薫蘭馨鼎族家傳霸國名容貌靜懸秋月彩文章高振海濤聲訟堂無事調琴軫郡閣何妨醉玉觥今日東漸（音夫）橋下水一條從此鎮長清自後狄宰多張之才次求其道日久延接欲傳其術張以明府勳貴家流年少而宰劇邑多聲色狗馬之求未暇志味玄奧因贈詩以開其意云何用梯媒向外求長生只在内中修莫言大道人難得自是行心不到至他日將欲離去乃書琴堂而别後人多云江南上昇初去日乘醉因求搗網剪紙鶴二隻以水噀之俄而翔翥乃曰汝先去吾即後來時狄公亦醉不暇拘留遂得去其所題云張綽張綽自不會天下經書在腹内身却騰騰處世間心即逍遥出天外至今江淮好事者記綽時事詩極多

太尉朱崖辯獄

太尉朱崖出鎮浙右有甘露知主事者訴交代得常住什物被前主事隱用却常住金若干兩引證前數輩皆有遞相交割文字分明衆詞皆指以新得替者爲用之且初上之時交領既分明及交割之日不見其金鞫成具獄伏罪昭昭然未窮破用之所由或以僧人不拘細行而費之以是無理可伸甘之死地一旦引慮之際公疑其未盡徵以意揣之髡人乃具寔以聞曰居寺者樂於知事前後主之者積年已來空交分兩文書其寔無金郡衆以某孤立不雜輩流欲

乘此擠排之因流涕不勝其冤公乃憫而惻之曰此固非難也俛仰之間曰吾得之矣乃立從召兜子數乘命闒連僧入對事咸遣簾子畢令門不相對命取黃泥各令模前後交付下次金樣以憑證據僧既不知形段竟模不成公怒令刻前輩皆一一伏罪其所排者遂獲清雪

崔張自稱俠

進士崔涯張祜下第後多遊江淮常嗜酒侮謔時輩或乘飲興即自稱俠二子好尚既同相與甚洽崔因

醉作俠士詩云太行嶺上三尺雪崔涯袖中三尺鐵一朝若遇有心人出門便與妻兒別由是往往播在人口崔張真俠士也以此人多設酒饌待之得以互相推許一旦張以詩上牢盆使出其子授漕渠小職得堰俗號冬瓜張二子一椿兒一桂子有詩曰椿兒遶樹春園裏桂子尋花夜月中人或戲之曰賢郎不宜作等職張曰冬瓜合出祜子戲者相與大哂後歲餘薄有資力一夕有非常人裝飾甚武腰劍手囊貯一物流血於外入門謂曰此非張俠士居也曰然張揖客甚謹既坐客曰有一讎人十年莫得今夜獲之喜不可已指其囊曰此其首也問張曰有酒否張命酒飲之客曰此去三數里有一義士余欲報之則平生恩讎畢矣聞公氣義可假余十萬緡立欲酬之是余願矣此後赴湯蹈火爲狗爲雞無所憚張且不吝深喜其說乃扶囊燭下籌其縑素中品之物量而與之客曰快哉無所恨也乃留囊首而去期以却回及期不至五鼓絕聲東曦既駕杳無蹤跡張慮以囊首彰露且非已爲客既不來計將安出遣家人將欲埋

之開囊出之乃豕首矣因方悟之而歎曰虛其名無其實而見欺之若是可不戒歟豪俠之氣自此而喪矣

班支使解大明寺語

太保令狐相出鎮淮海日支使班蒙與從事俱遊大明寺之西廊忽覩前壁題云一人堂堂二曜重光泉深尺一點去冰旁二人相連不欠一邊三梁四柱烈火然添却雙勾兩日全諸賓至而顧之皆莫能辨獨班支使曰一人非大字乎二曜者日月非明字乎尺

一者寸土非寺字乎點去氺旁水字也二人相連天字也不欠一邊下字也三梁四柱烈火無然字也添却雙勾兩日全比字也以此觀之得非大明寺水天下無比八字乎衆皆恍然曰黄絹之奇智亦何異哉降歎彌日詢之老僧曰頃年有客獨遊題之而去不言姓氏

賞心亭

咸通中丞相姑臧公拜端揆日自大梁移鎮淮海政績日聞未期周歲加水土移風易俗甚洽羣情自彭門亂常之後藩鎮瘡痍未平公按轡躬巳而治之補

綴頹毁整葺壊網功無虚日以其郡無勝遊之地且風亭月榭旣巳荒凉花圃釣臺未愜深旨一朝命於戲馬亭西連玉鉤斜道開闢池沼構葺亭臺揮斤旣畢革其所芳春九旬都人士女得以遊觀一旦聞淛右小校薛陽陶監押度支運米入城公喜其姓同曩日朱崖左右者遂令詢之果是其人矣公愈喜似獲古物乃命衙庭小將代押留止別館一日公召陶同遊閒及往日蘆管之事陶因獻朱崖陸咆元白所撰

歌一曲公亦喜之卽于兹亭奏之其管絶微每於一觱栗管中常容三管也聲如天際自然而來情思寛閑公大佳賞之亦贈其詩不記終篇其發端云虚心纖質鴈銜餘鳳吹龍吟定不如於是賜賫甚豊出其二子皆授牢盆倅職初公構池亭畢未有名因名賞心諸從事以公近諱蕃賞字有尚也公曰宣父言徵不言在言在不稱徵且非内官宫妾何避其疑哉遂不改作其亭自秦畢階逆乃爲芻豢之地歎乎公孫弘之東閣劉屈氂後爲馬廐亦何異哉

方竹柱杖

太尉朱崖公兩出鎮于淛右前任罷日遊甘露寺因訪别于老僧院公曰弟子奉詔西行祇别和尚老僧者熟于祇接至于談話多空教所長不甚對以他事由是公憐而敬之煮茗旣終將欲辭去公曰昔有客遺筇竹杖一條聊與師贈别亟令取之須臾而至其杖雖竹而方所持向上節眼鬚牙四面對出天生可愛且朱崖所實之物卽可知也别後不數歲再領朱方居三日復因到院問前時柱杖何在曰至今實之

公請出觀之則老僧規圓而淋之矣公嗟歎再彌日自此不復目其僧矣太尉多蓄古遠之物云是大宛國人所遺竹唯此一莖而方者也昔者友人嘗語愚云往歲江行風阻未得前去沿岸野步望出嶺而去忽見蘭若甚多僧院覩客來皆扃門不內獨有一院大敞其戶見一僧翹足而眠以手書空顧客殊不介意友生竊自思書空有換鵝之能翹足類坦牀之事此必奇僧也直入造之僧雖强起全不樂客不得已而問曰先達有詩云書空蹺足睡路險仄身行和尚

其庶幾乎僧曰貧道不知何許事適者晝房門拔匙攤客不辭而出嗚呼彌天四海之談澄汰鼈揚之對故附于此

杜可均却鼠

禧宗末廣陵有窮丐人杜可均者年四十餘人見其好飲絕粒每日常入酒肆巡坐求飲亦不見其醉甚自量其得所人有憐之者命與之飲三兩杯便止有姓樂者列酒旗於城街之西常許以陰雨往諸旗亭不及即令來此與飲可均有所求亦不造矣或無所獲必乃過之樂亦無阻一旦遇大雪詣樂而求飲覩主事者白云既已虧損即須據物陪來樂不喜其說可均乃問曰何故曰有人將衣物換酒收藏不謹致鼠齧壞杜曰此間屋院幾何曰若干杜曰某弱年曾記得一符甚能却鼠即不知可有驗否請書以試之術或有驗則盡此室永無鼠矣就將符依法命焚之自此鼠蹤遂絕不知何故杜屬府城傾陷之後秦畢重圍之際容貌不改皆為絕粒耳

李將軍為左道所悞

護軍李將軍全皐罷淮海日寓于開元寺以朝廷艱梗未獲西歸一旦有一小校紹介一道人云能爐火之事護軍乃延而客之自此常與之善一日話及黃白事道人曰唯某頗能得之可求一鼎容五六萬已來者得金二十餘兩為每日給水銀藥物火候足而換之莫窮歲月終而復始李喜其說顧囊有金帶可及其數以付道人諸藥既備用火之後日日親自看驗居數日覺有微倦乃令家人親愛者守之數日既滿齋沐而後開金色爍然的不虛矣李拜而信之三

日之內添換有一日道人不來藥爐一切如舊疑惧之俄經再宿初且訝其不至不得已啟爐而視之不見其金矣事及導引小校代填其金道人杳無蹤跡

沙彌辯詩意

乾符末有客寓止廣陵開元寺因友會語愚云頃年在京權寄青龍寺日見有客嘗訪寺僧屆賓署屬主者忽遽不暇留連翌日復至又遇要地朝客不得展敬別時又來亦阻他事客怒色取筆題門而去詞曰龕龍東去海時日隱西斜敬文今不在碎石入流沙

僧衆皆不能詳獨有沙彌能解之衆問其由則曰龕龍去矣乃合字也時日隱西寺字也敬文不在苟字也碎石入沙卒字也此不遜之言辱我曹矣僧人大悟追前人杳無蹤由客云沙彌乃懿皇朝文皓供奉

客飲甘露亭

有甘露寺僧語愚云吳王收復浙右之歲明年夏中夜月瑩無雲望江澄澈如畫諸徒侶悉已禪寂竟無人蹤禽犬皆息矣獨某黙黙持課時亦惜其皎月沉房廊臨江恰幽靜俄有數人自西軒而來領僕廝輩携酒壺直抵望江亭而止皆話今宵明月江水清澄得與諸人邂逅相遇且不辜茲景矣僧窺之而思曰中夜禁行客自何來必是幽靈異人乎乃於窻際俯伏而伺之既至坐定命酒羅列果食器皿隨時所有東向一人南朝之衣清揚甚美西坐一人北　之服魁梧壹壹北行一人逢掖之衣指東向者設禮而坐南行一人朱衣霜簡清瘦多髯飛杯之頃東向者語西坐曰項羽重瞳猶有烏江之敗湘東一目寧爲四海所歸果致如是乎　服乃笑而言曰往者賢金昆

不竪籬棘見未萌吾子豈有向來之患乎由是二客各低頭不樂南向朱衣曰時世命也知復何爲且某又忽致此二三君子以爲何如東向者曰朝代雖姝古今一致俾公縱無滿宮多少承恩者似有客華妄也亦恐不脫此難北向逢掖衣曰此猶可也大忌者滿身珠翠將何用唯與豪客拂象牀大患此也朱衣欷歔低頭而已東向曰今日得恣縱江南之遊皆乏風流矣僕記云邑人種得西施花千古春風開不盡可謂越古超今矣酒至西行北服曰各徵曩日臨危

一言以代絲竹自吟自送可乎衆曰可北服乃執杯而吟曰趙壹能爲賦鄒陽解獻書可惜西江水不救轍中魚次至逢掖舉杯而歌曰偉哉横海鱗壯矣垂天翼一旦失風水翻爲螻蟻食巡至東向曰功遂侔昔人保退無智力既涉太行險玆路信難陟以至朱衣乃朗吟曰握裏龍蛇紙上鸞逡巡千幅不將難顧雲已往羅隱耄更有何人逞筆端吟罷東樓晨鐘遽鳴僧戸軋然而啟欻爾而散竟無蹤矣僧之聰慧不羣多有遺之者愚故得而録其畧焉

崔英

崔英年九歲在秦王符堅宫内讀書堅殿上方臥諸生皆趨英獨緩步徐而問之英曰陛下如慈父非桀紂君何用畏乎又問卿讀何書曰孝經堅曰有何義曰在上不驕堅爲之起更問有何義曰自天子至于庶人章上愛下下敬上堅曰卿好待十七必用卿爲大夫英曰日月可重見陛下至尊不可再覩洪恩士或可用則用何在後期堅曰須待十七必召卿也及期拜諫議大夫

高瀫

高瀫爲滄牧善捕賊有人失黑牛背上有白毛韋道建曰高瀫捉賊無不獲矣得此可爲神瀫乃詐爲州縣市牛皮不限多少倍酬其直使主認之因獲是賊

高延宗

高延宗北齊文帝之弟縱恣過度爲齊牧乃於樓上溺而使人向上張口承之又以豬肉和糞以飼左右

崔弘度

崔弘度隋文時爲太僕卿嘗戒左右曰無得誑我後

因食鱉問侍者曰美乎曰美弘度曰汝不食安知其美皆杖焉長安爲之語曰寧飲三斗醋不見崔弘度寧茹三斗艾不逢屈突蓋蓋同時虐吏也

王梵志

王梵志衞州黎陽人也黎陽城東十五里有王德祖者當隋之時家有林檎樹生癭大如斗經三年其癭朽爛德祖見之乃撤其皮遂見一孩兒抱胎而出因收養之至七歲能語問曰誰人育我及問姓名德祖具以實告因林木而生曰梵天後改曰志我家長育

可姓王也作詩諷人甚有義旨蓋菩薩示化也

法慶

釋法慶煬帝時在長安先天寺造丈六夾紵像未成暴亡時寶昌寺僧大智亦卒三日而還良久云見宮殿若王者見法慶在一像前語曰法慶造像未畢何乃令我死檢簿者曰命祿俱盡像曰須成我矣可給荷葉以終其事言訖大智再生衆異之往問法慶亦話說其驗迹竟不能食每旦食荷葉一枚齋時三枚如此五年功就而卒

崔膺

崔膺博陵人也性狂少長於外家不齒及長能文首出衆子作道旁孤兒歌以諷外氏其文典而美常在張建封書院憐其才引爲上客善爲畫時因酒與偶畫得一疋馬爲諸小兒竊去一旦將行營大叫稱膺失馬張公令捕之廂將問毛色應云膺馬昨夜猶在穩下監軍怒請食之建封與監軍先有約彼此不相違建封曰却乞取崔膺軍中遂捨之

任廸

任廸簡爲天德軍判官飲酒吏誤以醋供廸簡以李景略令酷發之必死乃强飲之吐血而歸軍中人聞皆泣感後景畧卒軍請爲主自衛佐拜中憲爲軍使後鎮亦定

采娘

鄭代肅宗時爲潤州刺史兄侃嫂張氏女年十六名采娘淑貞其儀七夕夜陳香筵祈於織女是夕夢雲輿雨蓋蔽空駐車命采娘曰吾織女祈何福曰願丐巧耳乃遺一金針長寸餘綴於紙上置裙帶中令三

日勿語汝當奇巧不爾化成男子經二日以告其母母異而視之則空紙矣其針迹猶在張數女皆卒至娠母病而不言張氏有恨言曰男女五人皆卒復懷何爲將復服藥以損之藥至將服采娘昏奄之內忽稱殺人母驚而問之曰某之若終當爲男子毋之所懷是也聞藥至情急是以呼之母異之乃不服藥采娘尋卒既葬母悲念乃收常所戲之物而匿之未逾月遂生一男子有動所匿之物兒郎啼哭張氏哭女孩兒郎啼哭罷郎愈及能言常戲弄之物乃采娘後

身也因名曰叔子後及位至柱史

唐衢

周鄭客唐衢有文學老而無成善哭每一聲音調哀切聞者泣下常遊太原遇享軍酒酣乃哭滿座不樂主人爲之罷宴矣

靈徹

越僧靈徹得蓮花漏於廬山傳江西廉使丹以惠遠山中不知刻漏乃得銅葉制器狀如蓮花置盆水之上底孔漏水半之則沉毋晝夜十二沉之節雖冬夏

雲陰月黑無所差矣

義山雜記

唐　李商隱

象江太守

滎陽鄭璠自象江得怪石六其三聳而鋭上又一如世間道士存思圖畫人肺胃肝腎次第懸絡者又一空中而隱外若癯瘦殃痾病不作物者又一色紺冰而理平漫彈之好聲璠爲象江三年不病瘴平安襆食乃還長安無家居婦兒寄止人舍下計藝六石道費俸六十萬璠嗜好有意極類前輩人

華山尉

陶生有恒人善養又善與人遊又善爲官會昌初生病骨熱且死是年長安中進士爲陶生誄者數十人生在時吾巳得之矣及既死吾又得之

宜都内人

武后纂既久頗放縱耽内習不敬宗廟四方日有叛逆防豫不暇時宜都内人以唾壺進思有以諫者后坐帷下倚檀机與語問四方事宜都内人曰大家知古女卑於男耶后曰知内人曰古有女媧亦不正是

天子佐伏羲理九州耳後世嬢姥有越出房闥斷天下事者皆不得其正多是輔昏主不然抱小兒獨大家革天姓改去釵釧襲服冠冕符瑞日至大臣不敢動眞天子也然今內之弄臣狎人朝夕進御者久未屏去妾疑此未當天意后曰何內人曰女陰也男陽也陽尊而陰卑雖大家以陰事主天然宜體取剛亢明烈以消羣陽陽消然後陰得志也今狎弄日至處大家夫宮尊位其勢陰來陽也陽勝而陰亦微不可久也大家始今日能屏去男妾獨立天下則陽之剛

亢明烈可有矣如是過萬萬世男子益削女子益專妾之願在此后雖不能盡用然即日下令誅作明堂者

齊魯二生

程驤

右一人字蟠之其父少良本鄆盜人也晩更與其徒畜牝馬艸一廐私作弓矢刀杖學發冢抄道常就迥遠坑谷無廬徼處依大林木蚤夜偵候作姦李師古貪諸土貨下令卹商鄆與淮海近出入天下珍寶日不絶少良政貲以萬數每旬時歸妻子輒置食飲勞其黨後少良老前所置食有大脔連骨以牙齒稍脫落不能食其妻輒起請黨中少年曰公子與此老父椎埋剽奪十數年意不計天子有活人今其尚不能食況能在公子叔行耶公子此去必殺之艸間無爲鐵門外老捕盜所俎快少良默憚之出百餘萬謝其黨曰老嫗眞解事敢以此爲諸君别衆許之與盟曰事後敗出約不相引少良由是以其貲發擧貿轉與隣伍重信義卹死喪斷魚肉葱薤禮拜畫佛讀佛

書不復出里閈意若大君子能悔咎前惡者十五年死子驤率不知後一日有過其母罵之曰此種不良庸有好事耶驤泣問其語母盡以少良時事告之驤號哭數日不食乃悉散其財踰年驤甚苦貧就里中舉負給薪水灑埽之事讀書日數千言里先生賢之時與饘粥布帛使供養其母後漸通五經歷代史諸子雜家往往同學人去其師從驤講授又其爲人寬厚滋茂動静有繩墨人不敢犯烏重胤爲鄆帥喜聞驤與之錢數十萬令市書籍驤復以其餘餐諸生其

里閭故德少良者亦常來與驟孳息其貨數年復致萬金驟固不以爲巳有繩契管鍵雜付比近用度費耗了不勘詰道益高開成初相國彭城公遣其客張谷聘之驟不起

劉乂

右一人字乂不知其所來在魏與焦濛閻冰田滂善任氣重義大軀有聲力嘗出入市井殺牛擊犬豕羅網鳥雀亦武時因酒殺人變姓名遁去會赦得出後流入齊魯始讀書能爲歌詩然恃其故時所爲輒不

能俛仰貴人穿屐破衣從尋常人乞丐酒食爲活聞韓愈善友天下士步行歸之既至賦冰柱雪車二詩一旦居盧仝孟郊之上樊宗師以文自任見乂拜之後以爭語不能下諸公因持愈金數斤去曰此諛墓中人所得耳不若與劉君爲壽愈不能止復歸齊魯乂之行固不在聖賢中庸之烈然其能面道人短長不畏卒禍及得其服義則又彌縫勸諫有若骨肉此其過人無限

文藪雜著

唐　皮日休

讀司馬法

古之取天下也以民心今之取天下也以民命唐虞尚仁天下之民從而帝之不曰取天下以民心者乎漢魏尚權驅赤子於利刃之下爭寸土於百戰之内由士爲諸侯由諸侯爲天子非兵不能威非戰不能服不曰取天下以民命者乎由是編之爲術術愈精而殺人愈多法益切而害物益甚嗚呼其亦不仁矣

蚩蚩之類不敢惜死者上懼乎刑次貪乎賞民之於君由子也何異乎父欲殺其子先紿以威後啗以利哉孟子曰我善爲陣我善爲戰大罪也使後之士于民有是者雖不得土吾以爲猶土焉

請行周典

周禮載師之職曰宅不毛者有里布田不耕者出屋粟凡民無職事者出夫家之征日休曰征税者非以率民而奉君亦將以勵民而成其業也今之宅樹花卉猶恐不奇減征賦惟恐不至苟樹桑者必門咄戶

笑有能以不毛而稅者哉如曰必也居不樹桑雖勢家亦出里布則途無踝丐之民矣今之田貧者不足於耕耨轉而輸於富者富者利廣占不利廣耕如曰必也田不耕者雖勢家亦出屋粟則途無餓斃之民矣今之民善者少不肖者多苟無世守之業必鬭雞走狗格簺擊鞠以取食於游閑太史公曰刺繡文不如倚市門是也如曰必也凡民無職事者出夫家之征則世無遊墮之民矣此三者民之最急者也有國有家者可不務乎周公聖人也周典聖人之制也未

有依聖制而天下不治者執事者以爲如何

正尸祭

聖人知生足其事事之知死不足其思制之生象其死窮其思也尸象其生極其敬也夫禮者足以守不以加加則弊足以加不以闕闕則怠足以闕不以廢廢則亂故祀享立尸于廟王則迎有拜有酳尸有酢所以立象生之敬也今視唐禮皇帝神降而拜象乎妥尸受福于神象乎酢尸嗚呼唐有天下化乎三百年其禮典赫然可以蹵漢蹴魏豈不能守周孔禮制哉故曰不以加加則弊禮無匜盥之文漢魏以來加之是也以加不以闕者周官射人祭祀則贊射牲王親射也自漢魏以來惟以毛血爲薦是也足以闕不以廢古者屈到嗜芰屈建薦之謂乎非禮梁氏祀以蔬食是也嗚呼讀漢魏及梁書代無其人忍使其禮弊怠廢闕相接至此耶豈天使之然俟吾唐之人補其逸典哉是宗廟祭尸不當廢也已

惑雷刑

彭澤縣鄉曰黃花有農戶曰逢氏田甚廣已牛不能

備耕嘗僦他牛以兼其力逢氏之猾惡爲一鄉之師焉得他牛則晝役夕歸箠耕于烈景笞耨于晦昃未嘗一息容其殆忽一日猝雷發山逢氏震死日休曰逢氏之猾惡天假雷刑絕其命信矣夫生民之基不過乎稼穡之功皆不爲是畜之力哉則天之保牛齊乎民命也宜矣今逢氏苦其力天則震死如燕趙無賴少年推之以私享烹之以市貨法不可戢刑不可威則天之保牛皆不降于雷刑哉則逢氏之死吾不知是天地也

悲摯獸

匯澤之場農夫持弓矢行其稼穡之側有苕墳爲農夫息其傍未久苕花紛然不吹而飛若有物娛視之虎也䟣踉哮闞視其狀若有所獲負不勝其喜之態也農夫謂虎見巳將遇食而喜者乃挺矢匿形伺其重娛發貫其腹雷然而踣及視之枕死麕而斃矣意者謂獲其麕將食而娛將娛而害曰休曰噫古之士獲一名受一位如巳不足於名位而巳豈有喜於富貴娛於權勢哉然反是者獲一名不勝其驕也受一位不勝其傲也驕傲未足於心而刑禍巳滅其屬其不勝任與夫獲死麕者幾希悲夫吾以名位爲死麕以刑禍爲農夫庶乎免於今世矣

諸莊生

莊生免范蠡之子死至矣夫范蠡子復取其金則怒乃言於楚王死之嗚呼夫交者以義合至死不離也以利合者全於利前者鮮矣况利死之後哉則莊生謂畢事而歸金其言信矣至其取金則復言而死之焉有夫歸金之心也哉是莊生與范蠡果曰利合也或曰莊生非利金而渝言是范蠡之子利金而渝言也曰夫赦者楚之甞汰也范蠡不謂乎赦爲楚之甞汰以其兄自合不死非莊生之力也故取夫金是愚豎之纖鄙也何足責哉如莊生與范蠡義合則取金之信以易乎人命也哉是果曰利合兼不全於利前者也

旌王宇

王莽竊弄漢柄擅斥帝族當其時有名臣名士身被漢祿者闔朝皆然也莫不廻忠作佞變直爲邪曾不敢一㥋莽色以平帝得親乎外氏者也而宇乃以爲謀事泄受禍日休旌之曰若宇之道真忠烈之士哉不以其父得天下爲利以友道爲慮不以巳將爲天子之子爲貴以愆咎爲戒嗚呼宇之道大不負天地幽不慙鬼神貞不愧金石明不讓日月於臣子之義備矣而班氏忘讚皮子旌之美夫

斥

古者將在軍君命有所不受若穰苴之斬莊賈孫武之僇宮嬪魏絳之辱楊干是也如建者爲軍正丞設

御史有奸在建職當以狀聞自有天子之刑名如擅斬者乃一夫之暴賊上吏者也以辱國威國威者軍刑者也夫軍政之職當申明其法于軍帥亦不可擅行誅殺也正且不可況又丞哉嗚呼漢不以是僇建以正其罪反以詔命賞之嘻妄矣過直近乎暴物過訐近乎擅命有之不戢在家爲賊子在國爲亂臣其建之謂矣

無項託

符朗著符子言項託詆訕夫子之意者以吾道將不

勝於黃老嗚呼孔子門唯稱少故仲尼曰顔氏之子其殆庶幾乎又曰賢哉回也嘆其道與巳促固不足夫蔽之也如託之年與回少遠矣託之智與回又遠矣豈仲尼不稱之於其時耶夫四科之外有七十子七十子外有三千之徒其人也有一善仲尼未嘗不稱之豈於項氏獨掩其賢哉必不然也嗚呼項氏之有無亦如乎莊周稱盜跖漁父也墨子之稱墨尿媚嬋也豈足然哉豈足然哉

法苑珠林

闕名

孫壽

顯慶中平州人有孫壽於海濵遊獵遇野火草木蕩盡唯有一叢茂草獨不焚疑草中有伏獸遂燭之以火竟不爇壽甚怪之入草中窺視乃獲一函金剛般若經其傍又有一死僧顔色不變火不延燎蓋由此也如知經像非凡所測孫壽親自說之

李觀

唐隴西李觀顯慶中寓止滎陽丁父憂乃刺血寫金剛般若心經隨願往生經各一卷自後院中恒有異香非常馥烈鄰側亦常聞之無不稱歎中山郎徐令過鄭州見彼親友具陳其事

五侯寺僧

後魏范陽五侯寺僧失其名誦法華爲常業初死權殮隄下後改葬骸骨並枯唯舌不壞雍州有僧誦法華隱白鹿山感一童子供給及死置尸巖下餘骸並枯唯舌不朽

醴泉

太山之東有醴泉其形如井本體是石也欲取飲者皆洗心跪而挹之則泉出如流多少足用若或汚慢則泉縮焉蓋神明之異常者也

柳儉

邢州司馬柳儉在隋大業十年任岐州岐陽宮監義寧元年坐誣枉繫大理寺儉至心誦金剛經若經有兩紙未通不覺眠睡夢一婆羅門僧報云檀越宜誦經令遍即應得出儉忽寤勤誦不懈經二日忽有敕

喚就朝堂放免又儉別時夜誦經至三更忽聞有異香散漫滿宅至曉不絶益感應所致也儉至終計誦經得五千餘遍

蒼梧雜志

宋　胡珵

酒債

孫權叔濟嗜酒不治生產嘗欠人酒緡謂人曰尋常行處欠人酒債欲質此縕袍償之酒債尋常行處有本此

望闕亭

李衛公在珠崖郡北有望闕亭公題詩云獨上江亭望帝京鳥飛猶是半年程碧山也恐難歸去百匝千

遭繞郡城城南小禪院因步遊之見老僧壁內掛十餘葫蘆公指曰中有藥物乎僧曰非也皆人骨灰耳太尉當軸朝列爲私憾黜於此者貧道憫之因收其骸焚之貯其灰俟其子孫來訪耳公惕然如失返走心痛是夜卒

柳樹

柳樹高六七尺無枝葉葉如束蒲在上其實如瓠繫之顛實外皮如葫蘆膚中有汁升餘清如水味美于蜜食其膚則不饑食其汁則增渴又有如兩眼處俗

人謂之越王頭

青瑣高議

元　劉斧

雪擁藍關

韓退之姪湘有仙術方退之在朝暇日湘種頃刻花上擁出詩一聯云雲橫秦嶺家何在雪擁藍關馬不前未幾退之言佛骨貶潮州一日途中遇雪俄有一人冒雪而來乃湘也湘曰憶花上之句乎公詢其地乃藍關嗟嘆久之爲續其詩載集中

迷樓

迷樓記云浙人項昇能構宮室先進圖本帝大悅詔有司營之經歲而成工巧之極自古無有帝幸之大喜顧左右曰使眞仙遊其中亦當自迷也可目之曰迷樓后帝幸江都唐帝入京見迷樓曰此皆民人膏血所爲乃命焚之經月火不滅

揷竹表忠

寇萊公赴貶雷州道出公安剪竹揷於神祠之前而祝之曰準之心若有負于朝廷此竹必不生若不負朝廷此竹當再生其竹果生又云公貶死於雷州詔

還楚道過公安民皆迎祭斬竹揷地以挂紙錢而焚之尋復生笋成林邦人神之號曰相公竹

議醫

夫醫之爲道尤難於他術從來久矣方其疾也雖金玉滿堂子弟骨肉環圍莫能爲計必得良醫以起之卽醫之爲功非小焉至輒人之性命者也此所以良醫患少而庸醫患多也不意爲庸醫持其疾反覆寒熱弗辯形脉是亟其疾使加焉則從而失者有之余嘗患其若是前集嘗言之矣意不爲諸君得也誠欲

士君子治病得其人云耳

本朝善卜

仁廟時後苑有水亭將壞方議修整帝以記年月日詔苗達而問焉達乃籌於帝前奏云若人則其人見病必恐不起如物則將壞之兆帝甚喜以東帛賜之以旌其術

士子對荆公論文

王荆公介甫時處金陵一日幅巾杖屨獨遊山寺遇數客盛談文史詞辨紛然公坐其下人莫之顧有一客徐問公曰亦知書否公唯唯而已復問公何姓公拱手答曰安石姓王衆人惶恐遽慚俯而去

出侍姬皆處女

王筠李順亂蜀之後凡官於蜀者多不挈家以行至今成都府王尤有此禁張詠知益州單騎赴任是時一府官屬憚張之嚴峻莫敢蓄婢媵者張不欲絕人情遂自置侍婢以侍巾幘自此官屬稍置侍姬矣張在蜀四年被召還闕呼婢父母出貲以嫁之皆處女也

大桶載食物

張僕射齊賢體質豐大飲食過人尤嗜肥猪肉每食數斤天壽院風藥黑神丸常人服之不過一彈丸耳公常以五七兩爲大劑夾以胡餅而頓食之淳化中罷相知安州安陸山郡未嘗識達官見公飲啗不類常人舉郡驚訝一日食客厨吏置一金漆大桶於廳窺公所食如其物投桶中至暮酒漿浸漬漲溢滿桶

殺猫生子

治平三年咸平朱沛家粗豐足尤好養鵓鴿編竹爲

室數動踰百一日爲猫捕食其鴿沛乃斷猫之四足猫轉堂室之間數日乃死他日猫又食鴿又斷其足前後所殺十數猫後沛妻連産二子俱無手足皆棄之沛終不悟惜哉

一門二相

本朝大丞相呂公蒙正大丞相夷簡一門二丞相二十年居政地鈞陶群品運斡元化四方畏服天下一和終始一節玉立無玷曳青紫者盈門嗚呼盛哉

本朝丞相賈黄中丞相昌朝一門二相公在鈞軸百

度條舉卿士大夫各安其職天下稱爲賢相美哉

三元一家

大丞相王曾青州解元南省省元殿前狀元樞密馮京鄂州解元南省省元殿前狀元楊學士寘開封府解元南省省元殿前狀元本朝太平百餘年文物最爲隆盛數路得人推進士爲上第天聖三元纔三人耳繼之者又何其稀也

鹿啣牡丹

宮中牡丹品最上者御衣黄次曰甘草黄次曰建安黄次皆紅紫各有隹名終不出三花之上他日宮中貢一尺黄乃山下民王文仲所接也花面幾一尺高數寸祗開一朶絳幃籠護之帝未及賞會爲鹿啣去帝以爲不祥有佞人奏云釋氏有鹿啣花以獻金仙帝私曰野鹿遊宮中非隹兆也殊不知應祿山之亂也

秘閣閑話　闕名

金梭

蔡州丁氏女精于女工每七夕禱以酒果忽見流星墜筵中明日瓜上有金梭自是巧思益進

辟蠹

熊山野好訪異物有石龜石桃石棗之類嘗夢人自云姓石相依附後得一石人長尺餘眉目皆具今世有石燕石蟹之類又松亦化爲石龍州有魚石子置

書籍中能辟蠹

司書鬼

司書鬼曰長恩除夕呼其名而祭之鼠不敢嚙蠹魚不生

官市

南部新書云自貞元來多令中官强買市人物謂之官市

本草白字

善醫者取本草白字藥用之多驗黒者是漢人益之者也

耕餘博覽

宋 闕名

念佛生蓮

昔天台黄巖寺僧畜一鴝鵒常隨僧念佛不待僧教亦自念得一日立死籠中僧葬之生紫色蓮花穿土而出大智律師爲之頌曰籠中立死渾閑事化紫蓮花也大奇

各携一囊

盧杞遇馮盛于塗各携一囊杞發盛囊有墨一枚杞大笑盛正色曰天峰煤和針魚腦入金谿子手中録離騷古本比公日提綾文刺三百爲名利奴顧當孰勝巳而搜杞囊果是三百刺

櫻桃詩

安祿山亦好作詩作櫻桃詩云櫻桃一籃子一半青一半黄一半寄懷王一半寄周贄或請以一半寄周贄句在上則叶韻祿山怒曰豈可使周贄壓我兒子耶

異嗜

宋南康公劉邕嗜瘡痂比於鰒魚唐劒南節度使鮮于叔明嗜臭蟲每採拾得三五升浮於微熱水洩其氣以酥及五味熬卷餅食之云天下佳味權長孺嗜人爪甲見之輒流涎

說郛目録

弓第二十七

雞肋編　莊綽
泊宅編　方勺
吹劍録　俞文豹
投轄録　王明清
鑑戒録　何光遠
暇日記　劉跂
佩楚軒客談　戚輔之
志雅堂雜抄　周密
浩然齋視聽抄　周密
瑞桂堂暇録
陵陽室中語　范季隨
碕覺寮雜記　朱翌
昭德新編　晁迥
山陵雜記　楊奐

雞肋編

宋　莊綽

昔曹孟德旣平漢中欲因討蜀而不得進守之又難爲功操出敎唯曰雞肋而已外曹莫能曉楊修獨曰夫雞肋食之則無所得棄之則殊可惜公歸計決矣阿瞞之績無見于策而其空言竟著于後是豈非雞肋之借邪方其㯭蘆菔晁茨而餓于墻壁之間幸而得之雖不及于兎肩視牛骨爲愈矣予之此書殆類于是故以雞肋名之紹興三年二月九日清涼莊季裕云

筯展之謎載于前史鮑昭集中亦有之如一士弓衣泉非衣金卯刀千里草之類其原出于及正止戈而詩人因作字謎王介甫作字謎云兄弟四人兩人大一人立地二人坐家中更有一兩口便是凶年也好過又作謎云常隨措大官人滿腹文章儒雅有時一面紅粧愛向花前月下至于酒席之間亦專以文字爲戲嘗爲令云有商人姓任名鈓販金與錦至關關吏告之任鈓任入金錦禁急又云親兄弟日日昌堂

兄弟火火炎堂兄弟令令衿又云掘地去土添水成池皆無有能酬者又爲字中一點謎云寒則重重疊疊熱則四散分流兄弟四人下縣三人入州在村裡只在村裡在市頭只在市頭又爲疊字下兩點謎云兄弟二人同姓同名要若識我先識家兄不識我家兄知爲誰人婦字謎云左七右七横山倒出甑謎云將軍是個五行精日月燕山望石城待得功成身又退空將心腹爲蒼生

健兒之語見于晉段灼梁陳伯之傳至唐尤多余少

時過荆南白牌驛見豐碑刻唐官銜有招募健兒使其碑石正白驛因得名或云淩置大晟樂取石爲磬未知信否

陳州城外有厄臺寺乃夫子絶糧之地今其中有一字王佛云是孔子像舊榜文宣王因風雨洗剝但存一字王而釋氏附會爲一字王佛也其侍者冠服猶是顔淵之狀如杜甫之作十姨天下如是者不可勝數

米芾元章或云其母本產媪出入禁中以勞補其子爲殿侍後登進士第善書尤工臨摹人有古帖假之率多爲其換易眞本至于紙素破汙皆能爲之卒莫辨也有好潔之癖任太常博士奉祠太廟乃洗去祭服藻火坐是被黜然亦不能忘情其知漣水軍日先公爲漕使每傳觀公牘未嘗滌手余昆弟訪之方授刺見已脊與矣以是知其僞爲也宗室華源邳王仲家多聲妓嘗欲驗之大會賓客獨設一榻待之使數卒解衣袒臂奉其酒饌是姬環于他客杯盤狼籍久之亦自遷坐于衆賓之間乃知潔癖非天性也然人

物標致可愛故一時名士俱與之游其作文亦狂怪嘗作詩云飯白雲留子茶甘露有兄人不省露兄故嘗叩之乃曰只是甘露哥哥耳大觀中至禮部員外郎知淮陽軍卒

越州在鑑湖之中繞以秦望等山而魚薪難得故諺云有山無木有水無魚有人無義里俗頗以爲諱言及無魚則怒而欲爭矣又井深者不過丈尺淺者可以手汲霖雨時平地發之則泉出然旱不旬月則井已涸矣皆謂泉乃横流故爾因滅裂不肯深浚致源

不廣也又諺云地無三尺土人無十日歡此語二浙皆云

浙西諺云蘇杭兩浙春寒秋熱對面厮啜背地厮說言其反覆如此又云兩夜便寒晴便熱不論春夏與秋冬言其無常也此言亦通東西爲然九州以揚名地本其水波輕揚爲目漢三王策亦有三湖輕心之戒大抵人性類土風西北多土故其人重厚曾荆揚多水其人亦明慧文巧而患在輕淺肝鬲可見于眉睫間不爲風俗所移者唯賢者爲能耳

孫眞人千金方有治蠱方以故梳篦二物燒灰服云南人及山野人多有此猶未以爲信嘗泊舟嚴州城下有茶肆婦人少艾鮮衣靚妝銀艾簪花其門戶金漆雅潔乃取著衣鋪几上捕蝨投口中幾不輟手旁人笑語不爲羞而視者亦不怪之乃以方之所云不妄也又在劍川見僧舍凡故衣皆煑于釜中雖禪衣亦然蝨皆浮于水上此與生食者小間矣其治蝨則置衣茶藥焙中火逼令出則以熨斗烙殺之

事魔食菜法禁甚嚴有犯者家人雖不知情亦流于遠方以財產半給告人餘皆沒官而近時事者益衆云自福建流至溫州遂入二浙睦州方臘之亂其徒處處相煽而起聞其法斷葷酒不事神佛祖先不會賓客死則裸葬方殮盡飾衣冠其徒使二人坐于尸旁其一問曰來時有冠否則答曰無遂去其冠逐一去之以至于盡乃曰來時何有曰有胞衣則以布囊盛尸皆云事之後致富小人無識不知絕酒肉燕祭厚葬自能積財也又始投其黨人皆館穀焉凡物用之無間謂爲一家故有無碍彼之說以是誘惑其衆

其魁謂之魔王爲之佐者謂之魔翁魔母各誘他人但忘人出四十九錢于魔翁處燒香魔母得聚所得緡錢以時納于魔王歲獲不訾云亦誦金剛經取以色見我爲邪道故不事神佛但拜日月以爲眞佛其說經如是法平等無有高下則以無字連上句大抵多如此解釋俗訛以魔麻謂其魁爲麻黃或曰云易魔王之名也其初授法設誓甚重然以張角爲祖雖死于湯鑊終不敢言角字傳云何執中官台州州獲事魔之人勘鞫久不能得或云處州龍泉人其鄉邑

多有事者必能察其虛實乃委之窮究何以禳物百數則能識其名則非是而置一羊角其名皆言之至角則不言遂決如獄如不事祖先裸葬之類固已害親俗而又謂人生爲苦者殺之是救其苦也謂之度人殺人多者則可以成佛故結衆集乘亂而起甘嗜殺人最爲大患尤憎思釋氏蓋以戒殺與之爲戾耳但禁令大嚴每有告者株連既廣又當籍沒全家流于與死無等必協力同心以拒官吏州縣憚之率不敢按反致增多余謂簿其刑典其去籍財之令但治

其魁首則可以弭矣

天下方俗各有所諱亦有謂而然渭州潘源諱賴云始太祖微時往鳳翔謁節度使王彥才得錢數十遂過原州臥于日間而樹陰覆之不移至今猶存謂之龍泉木至潘源與市人博大勝邑人欺其客也毆而奪之及即位亡幾欲遷發此縣故以賴爲耻然未知以欺爲賴其義何見常州諱打爺賊云有子爲五伯而父犯刑恐他人撻之楚而自施杖焉雖有愛心于禮教則疏矣楚州人諱烏龜頭云郡城象龜形嘗被攻而術者教以繫其首而破也泗州多水患故諱靠山子眞州多回祿故諱火柴頭漣水池褊多荒人以食蘆爲諱蘇州人喜盜諱言賊世云范文正知杭州乃平江人警夜者避不敢言賊乃曰看參政鄉人是可笑也而京師僧諱和尚稱曰大師尼諱師姑呼女和尚南方舉子至者諱蹄者謂蹄爲爪與獠同音也而秀州之諱佛種以昔有回頭和尚以姦敗良家多爲所染故爾衛率諱乾醫家以顛狂爲陽盛而然宜乾者謂是也俗謂神氣不足爲九百或以乾爲九數

又以處呼之亦重陽之義耳蜀人諱云以其近風也劉寬以客罵奴爲畜產恐其被辱而自殺浙人雖父子友用以畜生爲戲語而對子孫呼父祖名爲傷毀之極在龍泉見村人有刻石而名蠻名嬌之類可耻賤者問之云欲難犯又可怪也

漢史云燕地初太子丹養賓客勇士不愛後宮美女民化以爲俗至今猶然賓客相過以婦侍宿嫁娶之夕男女無別反以爲榮後頗稍止然終未改方南北過好每燕集亦用娼妓聞半皆良皆以色選差如中

國之庸役更代不以爲耻也後復燕山諸將嘗大會公指名以召諸娼莫有至者怪而問之云待之輕薄故不來蓋以衆客共邀一妓始爲厚也凡娼皆以子爲名若香子花子之類無寒暑必繫錦裙其家仕族女子皆髠首許嫁方兩髮冬月以苦蔞塗面謂之佛妝但皆傳而不洗至春煖方滌去久不爲風日所侵故潔白如玉也今使中原婦人盡汙於殊俗漢唐和親之計蓋未爲屈也

諺云不麥過不入靖康元年麥多高于人者旣大雨

所損十八順昌谷道人种云大風先倒無根樹傷寒偏死下虛人王恬智嘗云犯色傷寒猶易治傷寒犯色最難醫王舟元素云治風先治脾治疾先治氣皆衞生之要也

小人之相亦多有相驗者有一絕載云欲識爲人賤先須看四般飯遲屙屎疾睡重著衣難蓋無不應

汝陰尉李重舒漢臣山陽人生平戒殺云釋教令置蝨于綿絮筒中久亦飢死有人教于青草葉上經宿霑露則化爲青蟲飛去試之信然皆背折而化

瘡發于足脛骨傍肉多難合北人謂之臁瘡南人呼爲骭瘡其實一也然西北之人千萬之中患者乃無一二婦人下實血壯尤罕斯疾南方婦女亦多苦之蓋俗喜飲曰酒食魚鮝鮝有鹽而味鹹則散血走下魚乃發熱作瘡酒以麴蘖有毒三物氣味皆入于脾腎而足骭之間二脈皆由之故發之瘡必在其所間曰魚鹽之地海濱傍水民食魚而鹽使人熱中鹽者勝血（魚發瘡則熱中之驗鹽發熱則勝血之徵）其民皆黑色踈迂其病皆爲癰瘍（血熱而弱故善爲癰瘍）又本草云酒大熱有毒能行百

藥服藥人不長以酒下遂引藥入于四肢滯血化爲癰疽今白酒麴中多用草烏頭之藥皆有大毒甚于諸藥釋經謂甘刀刃之蜜忘截舌之患況又害不在目前者乎諺謂病從口入禍從口出信矣

大人以大對小而言耳而世惟子稱父爲然若施之于他則衆駭笑之矣今略舉經史子傳之所云以證其失焉易乾卦九五飛龍在天大人造也注大人賢人君子論語畏大人注大人卽聖人孟子大人者不失赤子之心注大人謂國君惟大人爲能格君心之

非謂輔臣大人正已而物正爲大丈夫不爲利害動搖者養其小者爲小人養其大者爲大人注務口腹者爲小人治心志者爲大人如大人之爲大人者言不必信義亦類此惟漢高祖云始大人以臣爲亡賴霍去病云不早自知爲大人遺體崔豹有大人少有英稱晉陳騫云大人大臣唐裴戣云大人病痛苦輒然皆呼其父而跪受扣頭曰從大人議則又名其叔張傳云王遇大人益解范滂云惟大人割不忍之恩益謂之母唐柳宗元謂劉禹錫之母亦曰無辭以白

其大人注大人長老稱尊事之也岑彭傳韓歆南陽大人注謂大家豪右高駢傳女巫王奉先謂畢師鐸曰揚州災有大人死秦彥曰非高公邪呼韓單于傳大人相離久之後漢北凶　大人車利涿唐益麻父爲東都大人則　亦指尊長爲大人也梁元帝金樓子云荆間有人名我地大人向父稱我向子恒稱名此其異也又有名子爲大人者北人恒呼子爲大人此尤異也又且韃使單于謂漢天子我大人

丈人行注云丈人尊長之稱也故荆軻傳高漸離家丈人召使前擊筑杜甫贈韋濟詩云丈人試靜聽而柳宗元呼妻父楊詹爲丈人母獨孤氏爲母故今時維揚呼婦翁爲然亦不敢名尊老以畏我笑至呼父爲爺謂母爲媽以兄爲哥舉世皆然問其義則無說而莫知以爲醜風俗移人咻于衆楚豈特是而已哉爹字雖見于南史梁始興王儋云始興王人之爹救人急如水火何時復來亂哺我荆楚方言謂父爲爹乃音徒我切又與世人所呼之音不同也

高宗南幸舟方在道中海泊近岸執政不登舟朝謁

行于沮洳則躡芒鞋呂元直時爲宰相故同列戲曰草履更將爲赤舄謂時傍舟水深乃積稻稈以進參政范覺民曰稻稭聊以當沙堤

油通四方可食與然者無如胡麻爲上俗呼芝麻言其性有八稜謂雨暘時薄收大旱方大熟開花向下結子向上炒焦壓榨才得生油膏車則滑鑽鍼乃澁也而河東食大麻油氣臭與荏子皆堪作雨衣陝西又食杏仁紅藍花子蔓菁子油亦以作燈但祇以蔓菁子熏目致失明今不問爲患山東亦以蒼耳子作

油此當治風有益江湖小胡麻多以桐油爲燈但烟濃汙物畫像之類尤畏之污衣不可洗以冬瓜滌之乃可去色青而味甘悞食之令人吐痢飲酒或茶皆能蕩滌益南方酒中多灰爾嘗有婦人悞以膏髮粘結如椎百治不能解竟髠去之又有旁毘子油其根即烏藥村落人家以作膏火其烟尤臭故城市罕用烏桕子油如此可灌燭廣南皆用處婺州亦有顆州食魚油頗腥氣宣和中京西大歉人相食煉腦爲油以食販于四方莫能辨也

定州織刻絲不同大機以熟色絲綿經于木棦音楷上隨所欲作花草禽獸狀以小梭織緯時先踈其處方以雜色線綴于經緯之上合以成文以相連承望空視之如雕鏤之象故名刻絲如婦人一衣終歲方就雖作百花使不相類益亦可緯線非通梭所織也單州成武縣織薄縑脩廣合于官度而重才百銖望之如露著故浣之亦不紕踈鴈陵有一種絹幅甚狹而光密蚕出獨早舊嘗端午充貢涇州雖小而皆能織茸毛爲線織方勝花一疋只重十四兩者宣和間一疋鐵錢至四百千又出葸鍮石襯盡之類甚工巧尺一對至五六千番攝子毋放兩貫夘窄出綿紬鳳翔出案几其天生曲材者亦直數十緡原州善造鈌銜鐙水綳隱花皮作鞍之華好者用七鎜銆音溈廁飾以高價殊多者費直千緡西夏興州出良弓中國購得之每張數百千時邊將十數獻童貫者河間善造篦箕刀之以水精美玉爲靶鈒鏤如絲髮陳起宗爲詹度機宜罷官至有數百副衞州開化山僻人粗魯而製茶籠鈌鎖亦侔蘇州以黃草心織布色白而細幾

若羅縠越尼皆善織謂之寺綾者乃北方隔織耳名著天下婺州紅邊羅東陽花羅皆不減東北但絲縷中細不可與無極臨淥等比也

衞瓘家人炊飯墮地盡化爲螺歲餘及禍石崇家稻米飯在地經宿皆化爲螺皆致滅族之應

鄭注未敗前褚中藥化爲蠅數萬飛去裴楷家炊黍在甑或變如拳或作葛菁子期年而卒

管中窺豹世人惟知爲王獻之事而其原乃魏武令中語也魏志注建安八年庚申令曰議者或以軍吏

者之言一似管中窺豹歟

唐初賊朱粲以人爲糧置碓磨寨謂啖醉人如食糟豚每覽前史爲之傷嘆而自靖康丙午歲金狄亂華六七年間山東京西淮南等路荆榛千里米斗至數十千且不可得盜賊官兵以至民居更互相食人肉之價賤于犬豕壯者一枚不過十五斤軀暴以爲腊登州范温率忠義之人紹興癸丑歲泛海到錢塘有至行在猶食者老瘦男子婦女更謂之饒把火婦人少艾者名之下羨羊小兒呼爲和骨爛又通目爲兩脚羊唐止朱粲一賊今百倍于前數殺戮焚溺飢餓疾疫陷墮其死已衆又加之以相食杜少陵謂喪亂死多門信矣不意以老眼親見此時嗚呼痛哉

釣絲之半繫以荻梗謂之浮子視其沒則知魚之中鉤韓退之釣魚詩云羽沉知食駛則唐世蓋浮以羽也

按常袞集有謝賜緋表云内給事潘某奉勅旨賜臣緋衣一副并魚袋玉帶牙笏等臣學愧聚螢才非倚馬典墳未博謬陳良史之官辭翰不工叨辱侍臣之列唯知待罪敢望殊私銀章雪明朱紱電映魚須在手虹玉橫腰祇奉寵榮頓忘驚惕蜉蝣之詠恐刺國風螻蟻之誠難酬天造則知唐世玉帶施於緋衣而銀魚亦懸於玉帶也本朝宗室凡南班環衛官皆以皇伯叔姪加於御上更不書姓袒免外親亦然熙寧中始有換授外官者則去皇屬而加姓宣和中人并姓除之時以爲非靖康中乃復舊制常袞集載李譓除祕書監詞云昔劉歆父子代典文籍今之祕書豈可避親再從叔正議大夫守光祿卿同正員嗣澤王諶幼嗣潘國夙章忠孝蓋唐世非期親不加皇屬雖出閤外任亦不著姓而以尊從載於銜上似爲得也然本朝宗子皆復各而連宗字派服御見不知之又漢唐以來所弗逮者

趙叔問爲天官侍郎肥而喜睡又厭賓客在省還家常掛歇息牌於門首呼爲三覺侍郎謂朝回飯後歸第也

范覺民作相方三十二歲肥白如冠玉旦起與裹頭帶巾必皆攬鏡時謂三照相公

泉福二州婦人轎子則用金漆雇婦人以荷福州以爲肩擎至他男子則不肯肩也廣州波斯婦繞耳皆穿穴帶環有二十餘枚者家家以篋爲門人食檳榔唾地如血北人嘲之曰人人皆唾血家家盡篋門又婦女凶悍喜鬬訟雖遭刑責而不畏恥寢陋尤甚豈秀美之氣中於綠珠而已邪

關右塞上有黃羊無角色類麞鹿人取其皮以爲衾褥有夷人造嗒酒以荻管吸於瓶中老杜送從弟亞赴河西判官詩云黃羊飫不羶蘆酒還多醉蓋謂此

也

張易之行成之族孫則天臨朝太平公主引其弟昌宗入侍昌宗薦易之器用過臣朝令召見俱承辟陽之寵右補闕朱敬則諫曰臣聞志不可滿樂不可極嗜欲之情愚智皆同賢者能節之不使過度則前賢格言也陛下内寵已有薛懷義張義之昌宗固應足矣邇聞尚食奉御柳模有侍子良賓潔白美須眉左監門衛長史侯長自云陽道壯偉過於薛懷義專欲自進堪充宸内供奉無禮無義溢于朝聽臣愚職在諫諍不敢不奏則天勞之曰非卿直言朕不知此賜綵百段唐史舊書載詳斯語父子兄弟君臣薦進獻納如此亦可謂之穢史矣

易正義釋朵頤云是動義如手之捉物謂之朵也今世俗以手引小兒學行謂之朵莫知其義以此觀之乃用手捉則當爲朵也

自中原遭朔方之禍人死于兵革水火疾飢墜厭寒暑力役者蓋不可勝計而避地二廣者幸獲安居連年瘴厲至滅門如平江府洞庭東西二山在太湖中

非舟檝不可到驕騎寇兵皆莫能至然地方共幾百里多種柑橘桑麻糊口之物盡仰商販紹興二年冬忽大寒湖水遂冰米船不到山中小民多皆餓死富人遣人負載蹈冰可行遽又氷拆陷而沒者亦衆泛舟而往率遇巨風激水舟皆積氷凍重而覆溺復不能免又是歲八月十八日錢塘觀潮往者時特盛岸高二丈許上多積薪人皆乘薪而忽風駕洪濤出岸激薪崩摧死者有數百人

通應江水鹹淡得中子魚出其間者味應珎美上下

十數里魚味卽異頗難多得故通應子魚名傳天下而四方不知乃謂子魚大可容印者爲佳雖山谷之傳聞以帶印紫魚爲披錦黃雀之對也至云鯗魚皆言通三印則傳者亦悞正可謂一魔爲比矣以子名者謂子多爲貴也

紹興三年八月浙右地震地生白毛韌不可斷時平江童謠言地上白毛生老少一齊行臺臣論其事因下求言之詔宰相呂頤由此以罪罷按晉志武帝咸康初孝武太元二年十四年地皆生毛近白祥光孫

盛以爲人勞之異其後征劒代徵歛賦役無寧歲天下勞擾百姓疾怨焉時軍卒多掠婦人有母子無隨軍而行謂之老少軍方韓劉自建康鎭江更戍旣而敎移屯池州韓復分軍江寧江寧王瓊往湖南岳飛赴江外行在卽至九江郭仲荀赴明州老少之行已數十萬人也

白樂天詩云歲盞能推藍尾酒辛盤先勸膠牙餳又云三盞藍尾酒一楪膠牙餳而東坡亦云藍尾忽驚新火後樂天寒食詩云三盞藍尾酒遨頭要及浣花前成都太守自正月二十出遊至四月十九月至浣花乃止余嘗見唐小說載有翁姥共食一餅忽有客至云使秀才婪泥於是二人所喫甚微末乃授客其得獨多故用貪婪之字如歲盞屠蘇酒是飲至老大最後所爲多則亦有貪婪之意以餳膠牙俗亦於歲日琥珀餳以驗齒之堅脫然或用餃子然二者見之唐之寒食與今世異乎

兩浙婦人皆事服飾口腹而恥其營生故小民有不能供其費者皆從其私通謂之貼夫公然出入不以爲恠如近寺居人其所貼者皆僧行也多至有四五

焉浙人以鴨爲名大諱北人但知鴨作羹雖甚熱亦無氣後至南方乃知鴨若只一雄則雖合而無卵須則二三始有子其以爲諱者蓋爲是耳不在於無氣也

北人南牧上皇遽遜位彼將及都城乃與蔡攸一二近侍微服乘花綱小舟東下人皆莫知至泗上徒步至市中買魚酬價未諧估人呼爲保義上皇顧攸咲曰這漢毒也歸猶賦詩就用紅魚羹故事初不爲戚

凡自古兵亂郡邑被焚毀者有之雖盜賊暴必賴室

盧以處故須有存者靖康之後北人侵陵王國霹處異俗凡所經過盡焚毁如曲阜先聖舊宅自魯其王之後無復葺治

衢信萬山所環路不通驛部使率數十歲不到居人流寓得以安處三年春隅邑人以私怨告衆事魔有白馬洞繆羅者殺保正怒其乞取其第四女者輒衣赭服傳布喧動至遣官兵往捕一方被害蓋自朔方之禍如前載避地二廣者以瘴厲滅門徙家洞庭者以湖氷絶食蓋九州之内幾無地能全其生者豈一

時之人數當爾邪少陵謂喪亂死多門信矣

范文正公四子長子純仁材高善知人通兵書學道家能出神一日方坐觀書妹婿蔡交以杖擊戶神驚不歸自爾遂失心然居喪猶如禮草文正行狀皆不怳失至其得疾之歲即書曰天下大亂遂擲筆于地蓋其心之定也有子早逝止一孫女喪夫以病狂嘗閉於室中窗外有大桃樹花適盛開一夕斷櫺登木食桃花幾盡明旦有見其裸身坐于樹杪以梯下之自是遂愈再嫁洛人奉議郎任婿以壽終

建炎後俚語有見當時之事者如仕途捷徑無過賊上將奇謀是受招又云欲得官殺人放火受招安欲得富趕着行在發酒醋

興化軍莆田縣去城六十里有通應廟江水在其下亦曰通應地迎仙水極深緩海潮之來亦至廟所故其水鹹淡得中取灌卉木花葉鮮潔多佳魚味別常産

參政孟庾夫人徐氏有奇疾每發於聞見即舉身戰慄至於幾絶其見母與弟皆逐去母弟至終不相見

又惡聞徐姓及打銀打鐵聲買物不得見有與錢亦不欲一支嘗有一婢使之十餘年甚得力極喜之一日偶問其家所爲業婢曰打銀疾遂發後更不可見竟逐去之至於其他皆無所差失醫祝無能施其術蓋前世所未嘗有也

甄徹字見獨本中山人後居宛丘大觀中登進士第時林攄爲同知樞密院當唱名讀甄爲堅音上皇以眞音攄辨不遜呼徹問之則從帝所呼攄遂以不識字坐黜後見甄氏舊譜乃徹之祖屯田外郎復所記

云舜子商均虞周封於陳爲楚惠王所滅至烈王時有陳通奔周王以爲周將美以其族以舜居陶甄之職命爲甄皆通之後而居中山於邯鄲爲近按許氏說文甄陶也從瓦垔音居延反吳書孫堅入洛屯軍城南甄官井上有五色氣令人入井探得傳國璽堅以甄與已名音協以爲受命之符卽三國以前未有音爲之人切者矣孫權卽位尊堅爲武烈皇帝江左諸儒爲吳諱故以陶甄之甄因音其之相近者轉而音眞說文顛蹎蹎闐以眞爲聲烟咽以甄爲聲馴涎

以川爲聲侁以詵先爲聲此先中韻互以爲聲也況吳人亦以甄爲旃則愈近矣其後秦爲世祖符堅隋爲高祖楊堅皆因吳音甕避其諱然秦有其土止一十五年隋帝天下才二十七載避諱不久尋則還復旣殊漢慶賀又異唐內爲景字且不易惡能遽敗故世處鎮定者猶守舊姓奈何俗罕識本音縱不以眞見呼又乃有以爲堅字久後從俗致溷本眞是用正厥音㕘攷世系叙爲家譜云余按千姓編通作二音而張孟押韻眞與甄皆之人切云舜陶甄河濱因以爲氏又稽延切而稽延之音察與免而不言陶與氏也堅字音經璽切與甄之音異矣嘉祐中王陶作徽之曾祖說馬濟墓錄云甄以舜陳氏出於陳避吳符諱時有爲河南北避訛音莫能分本之於古乃識其眞

臨安府城中有七寶山車駕駐蹕時御史中丞辛丙殿中侍御史常同監御史魏矼明震周綱皆上居其上人遂呼爲五臺山來晁駐蹕臨安以府廨爲行宮紹興四年決事明堂更營府廨以爲亨所其基卽錢

氏時握發殿吳人語訛乃云惡發殿謂錢王怒卽乘此座也時殿柱大者每條一百四十千足總木價六萬五千餘貫其費可見言者屢及而不能止　紹興之後巨盜多命官招安率以宣贊舍人寵之時以此官爲恥然清流者其錄官下皆有兼字盜賊輩則無矣若遥郡者盡以忠者處之其徒亦稍有解者甚非勵蕩欲安反側之意也

古所謂媵妾者今世俗西北名曰祗候人或云左右人以其親近爲言已極鄙俚而浙人呼爲貼身或曰

横床江南又爲横門尤可咲

江南人謂社日有霜必雨丙辰春社繁霜濃厚是日果大雨

米帝亮隸州人爲鄧州教官有喬世賢者恃力輕忽偶與朱相値遽問之曰君必帝何亮朱報云何世無賢今日未問君姓名將出何云喬愕然不能答蓋古雖有喬姓而音亦莫知其由至唐始有彝及知之咸云　貴姓也

余家故書有吕縉叔夏卿文集載淮陰節婦傳云婦

年少美色事姑甚謹夫爲商與里人共財出販深相親好至通家往來其里人悦婦之美因同江行會傍無人即排其夫水中指水泡曰他日此當爲證既溺里人大呼求救得其尸已死則號慟爲之制服如兄弟厚爲棺歛送終之禮甚備錄其行橐一毫不私至所販貨得利亦均分著籍既歸盡舉以付其母爲擇地土葬日至其家奉其母如已親若是者累年婦以姑老亦不忍去且感里人之恩亦喜其義也姑以婦尚少里人未娶親之猶子故以婦嫁之夫婦尤歡睦後有兒女數人一日大雨里人者獨坐簷下視庭中積水竊咲婦問其故不直告愈疑之叩之不已里人以婦相歡又有數子待之必厚故以誠語之曰吾以愛汝之故害汝前夫其死時指水泡爲證今日泡水竟何能爲此其所以咲也婦亦咲而已後伺里人之出即訴於官鞫實其罪而行法焉婦慟痛哭曰以吾之色而殺二夫亦何以生遂赴淮而死此書吕氏既無而余家者亦散于兵火姓氏皆不能記姑識其畧

歷曆日中治水龍數乃自元日之後逢辰爲支節是得寅卯在大日爲豐年之兆

楚州有賣魚人姓孫頗能言時災福時呼孫賣魚宣和間上皇聞之召至京師館于寶籙宮道院一日懷蒸餅一枚坐一小殿時日高拜跪既久上覺微餒孫見之即出懷中蒸餅云可以點心上皇雖訝其意然未肯接孫云後來此亦難得食也時莫悟其言明年遂有沙漠之行人始解其讖

吳行正嘗著漫堂集載顧況老夫子作詩云老人哭愛子淚下皆成血老人年七十不作多時別每誦詩

哭之哀甚未幾復生子非熊能道前世事云在冥中
聞父哭并詩不勝哀懇於冥復爲况子非熊仕至起
居舍人宋明發晉叔紹興辛亥十月末在蒼梧失子
其子未病時書窓壁皆作十月十日字既卒夢於其
母且復爲子壬子十月十日於五羊復得子其事頗
與非熊類可謂異矣晉叔賢厚宜有子者志載晉叔
宋　成人丁巳爲浙西提舉市舶其室王氏亦睢陽
人景融之女同老之孫也
太史公作伯夷傳但云伯夷叔齊孤竹君之二子也
雞肋編　八　二十六
而論語音注引春秋少陽篇謂伯夷姓墨名允一名
元字公信叔齊名智字公達夷齊謚也陸德明取之
不知少陽篇何人所著今有此書否如趙岐謂孟軻
字則未聞而李輪注蒙求引史記云字子輿今觀史
記則未嘗有劉孝標亦云子輿困臧倉之訴五臣注
爲孟軻是也
沈存中筆談載雷火鎔寶劍不鞘不斷與王冰注素
問謂龍火得水而熾投火而滅皆非世情可料余守
南雄州紹興丙辰八月二十四日視事是日大雷破
樹者數處而福惠寺普賢像亦裂其所乘獅子凡金
所飾與像面悉皆銷釋而其餘采色如故與沈所書
益相符也
淵聖皇帝以星變責躬詔云嘗膳百品十減其七枚
滅宮女凡六千餘人則道君朝膳以百計矣見吳行
承言摘文集
廣南里俗多撰字畫父子爲恩奎爲隱不長不矮如
此甚衆又呼舊爲官姑家竹轝迓子女婿作駙馬
皆中州所不敢言而歲除爆竹軍民環聚大呼萬歲
雞肋編　二十七
尤可駭者
吳行正平仲云余爲從官與數同列往見蔡京坐于
後閣京諭女童使焚香久之不至坐客竊怪之已而
報云滿蔡捲簾使相見風自他室而出靄若雲霧濛
濛對坐不見而言火之烈既歸衣冠芬馥數日不歇
計非數十兩不能如是之濃也其奢侈大抵如此
廣州可耕之地少民多種柑橘以圖利嘗患小虫損
食其實惟樹多蟻則虫不能生故園戶之家買蟻於
人遂有收蟻而販者用猪羊脬音泡盛脂其中張口置

蟻穴傍侯蝗入中則持之而去謂之養相蝗

信州弋陽縣海棠滿山村人至并花伐以爲薪廣南以根喚猪處州龍泉以筍亦然温州四時有蘭各一種衡州萊陽縣有桃一株結子而不甚實廣州有無核枇杷海南有無核荔枝一株嚴州通判廳下有花數種而合爲一樹云見於唐杜牧詩中宣和間欲移取屢以盤根卒不可徙而止然其花中無能名者

王介甫作韓魏公挽詩云木稼曾云達官怕山摧果見哲人萎時華山崩京師木稼爲中的人多不見木

稼出處按舊唐書五行志開元二十九年十一月二十九日雨木氷凝凍裂數日不見寧王見而歎曰諺云樹木稼達官怕必有大臣當之其月王薨

窟礧子亦云魁礧子作偶人以戲嬉舞歌本喪家樂也漢末始用之於嘉會齊後王高諱尤所好高麗亦有之見舊唐音律志今字作傀儡

泊宅編

宋　方勺

韓退之多悲詩三百六十言哭泣者三十首白樂天多樂詩二千八百言飲酒者九百首

自古繼世宰相前漢所稱韋平而已漢袁陽二族最盛不過三四人唯李唐一門一相者良多至裴氏趙郡李氏一家皆十七人秉鈞軸何其盛也本縣父子繼相韓吕之後未聞

自古相國最久者唯召公三十六年一朝宰相最多

者唯武后

今之巧宦者皆謂之鑽班固云商鞅挾三術以鑽孝公狄武襄公靑本拱聖兵士累立戰功致位樞府旣貴時相或諷其去面文者但笑不荅仁廟亦宣諭之對曰臣非不能殆欲留以爲天下士之勸

烏程之東數十里有泊宅村予買田村下因閲金石遺文昔顏魯公守湖州張志和浮家泛宅往來苕霅間此乃志和泊舟之所也續仙傳志和越人而唐史以爲婺人予喜卜築之初聞同閭之高風遂得友其

人於千載因作詩識之王侍郎漢之一見號予泊宅少翁仍爲作眞贊曰形色保神璩無初終粉飾大鈞而爲之容是曰泊宅之少翁

秦之長城西起臨洮盡遼海今但究其下以來往堅之若紫雲橫亘沙漠上

自登州岸一潮度海即至島島有五所即禹貢之羽山西漢梅福自九江尉去隱爲吳門卒今山陰有梅市鄉山曰梅山即其地也

閩廣多種木綿紡績爲布名曰吉貝海南蠻人織爲

中上出細字雜花卉尤工巧即古所謂白疊布李琮詩有腥味魚中墨衣成木上綿之句

螺填器本出倭國物象百態頗極工巧非若今市人所集者

世言行李據左氏杜預云使人也唐李濟翁云當作行使余按史記皐陶爲大理一本大李又天官書曰熒惑爲李徐廣注云外則理兵內則理政又黃帝有李法一篇顏師古曰李者法官之號摠兵刑故名李法北史叙傳李氏先爲堯之理官因爲氏後改曰李則李與理其義自通蓋人將有行必先治裝如孟子之言治任鄭當時之言治行理亦治也左傳且一介行李又曰行李之命

今州縣獄皆立皐陶廟以時祠之蓋自漢已然范滂繫獄吏俾祭皐陶滂曰皐陶賢者知滂無罪將理之於帝如其無知祭之何益

許昌士人張孝基娶同里富人女富人只一子不肖斥逐之富人病且死盡以家財付孝基與治後事如禮久之其子丐於途孝基見之惻然謂曰汝能灌園

乎荅曰如得灌園以就食何幸孝基使灌園其子稍自力孝基恠之復謂曰汝能管庫乎荅曰得灌園已出望外況管庫又何幸也孝基使管庫其子頗馴謹無他過孝基徐察之其能自新不復有故態遂以其父所委財產歸之其子自此治家勵操爲鄉閭善士不數年孝基卒其友數輩游嵩山忽見旌幢騶從滿野如守土大臣竊視之專車者乃孝基也驚喜前揖詢其所以致此孝基曰吾以還財之事上帝命主此山言訖不見

曾幾學士兒皆早慧中子纔十歲一日謂父曰孔子歿時宰予必不行心喪三年問何以驗之荅曰予親喪以朞爲久況師乎其姊曰只恐聞於汝安乎之語不敢違也乃兒從旁對曰記得夫子沒時宰予已先亾矣

建炎己酉秋杭州清波門裏竹園山平地涌血須臾成池腥聞數里明年金人殺戮萬人即暗竹園也又云熙寧八年冬杭州涌血者三升

唐律禁食鯉違者杖六十豈非鯉李同音彼自以爲

泊宅編　八　四

裔出老君不敢斥言之至號鯉爲赤鯶公舊說鯉過禹門則爲龍仙人琴高子英皆乘以飛騰古人亦戒食之非以其能變化故邪

方言曰齊宋之間凡物盛多謂之寇注云今江東有小凫其多無數俗謂寇凫陸龜蒙集有暴禽一篇正謂野凫害稼而作

人有所不爲然後可以有爲凡物亦然裴氏新書曰虎豹無事行步若不勝其軀鷹在衆鳥之間若睡寐然蓋積怒而後全剛生焉此越人所以滅吳之道也

有稱中興野人和東坡念奴嬌詞題吳江橋上車駕廵師江表過而覩之詔物色其人不復見矣炎精中否歎人才委靡都無英物北騎長驅三犯闕誰作長城堅壁萬國奔騰兩宮幽恨此恨何時雪草廬三顧豈無高卧賢傑天意眷我中興吾皇神武踵曾孫周癸河海封疆俱效順狂敵何煩灰滅翠羽南廵扣閽無路徒有衝冠髮孤忠耿耿劒鋩冷浸秋月

古者尚書令史防禁甚密宋法令史白事不得宿外雖八座命亦不許李唐令史不得出入夜則鎖之韓

泊宅編　八　五

愈爲吏部侍郎乃曰人所以畏鬼以其不見鬼如可見則人不畏矣選人不得見令史故令史勢重任其出入則勢輕始不禁其入自文公始

吹劒錄

宋　俞文豹

余以文字之緣漫浪江湖者四十年乃今倦游索居京國掩關守泊條理故書以昔見聞與今所得信筆錄之莊子云吹劒者吷而已吷許劣反謂無韻也淳祐三年人日序

李太伯不喜孟子謂孔子教人尊王孟子教人爲王蓋是時周室微弱不齒於七國故孟子但知有齊宣梁惠爾孔子作春秋於吳楚越之君子稱曰子未嘗

王之孟子於齊梁之王則偃然稱之子以見此時雖孟子亦不知有周王矣齊宣王問湯放桀武王伐紂臣弑其君可乎或者宣王見周室微弱有問鼎之心故設爲是問孟子而有尊王之心欲引其君以當道而爲湯武之地則當托以應天順人之心而乃曰賊仁者謂之賊賊義者謂之殘殘賊之人謂之一夫聞誅獨夫紂矣未聞弑君也故前輩謂湯武非賢君伊呂非賢臣孟子非賢人韓文公伯夷頌無一辭及武王末後方云雖然微二子則亂臣賊子接跡于後世矣其罪武也凛然如刀鋸斧鉞之加而鋒鋩不露自佛入中國凡爲其徒作碑記者皆務爲梵語獨公送文暢序不肯自叛其教所謂法度森嚴也

君之視臣如草芥則臣視君如寇讐君雖不君臣不可以不臣何至如此不如賈誼云主上遇其臣如犬馬彼將以犬馬自待劉公摯亦云謂人以犬馬彼將以犬馬自爲

古大賢雖左氏孟子稱夫子止曰仲尼不敢名焉唐文宗賜裴度詩我家柱石裴憂來學丘禱以天子而

名聖人又用其語故無嫌李白乃云鳳歌笑孔丘韓文公云柄用儒雅崇丘軻荆公云驅馬臨風想聖丘馬子才云何必嫌恨傷丘軻然此猶可也杜子美醉時歌儒術於我何有哉孔丘盜跖俱塵埃以百世帝王之師名呼而儕之盜跖何止得罪於名教

原涉云家人寡婦始自約敕時意慕宋伯姬爲人不幸爲盜賊所污遂行淫泆雖知其非而不能改柳子厚河間傳亦此意也如涉所云自足以勸戒何必極狀其淫蕩之醜又捕蛇說即苛政猛於虎之謂禮記

以八字言盡之子厚乃六百字文曰勝質日衰可以觀世變矣

溫公不好佛謂其微言不出儒書而家法則云十月就寺齋僧誦經追薦祖先象山知荆門上元當設醮乃講洪範錫福章以代之

易惟四卦言酒而皆險難時需需于酒食坎樽酒簋貳困困於酒食未濟有孚於飲酒

長恨歌上窮碧落下黃泉兩處茫茫都不見人謂是目連救母孟浩然詩春眠不覺曉處處聞啼鳥夜來

風雨聲花落知多少人謂是盲子

荆公宅乃謝安所居地有謝公墩公賦詩曰我坊名字偶相同我宅公墩在眼中公去我來墩屬我不應墩姓尚隨公人謂與死人爭地界

杜子美流離兵革中其咏内子云香霧雲鬟濕清輝玉臂寒何時倚虛幌雙照淚痕乾歐文忠范文正矯矯風節而歐公詞云寸寸柔腸盈盈粉淚樓高莫近危欄倚又薄倖辜人終不憤何時枕上分明問文正詞云都來此事眉間心上無計相回避又明月樓高休獨倚酒入愁腸化作相思淚讀林和靖梅詩及春水淨於僧眼碧晚山濃似佛頭青之句可想見其清雅而長相思詞云君淚盈妾淚盈羅帶同心結未成江頭潮已平情之所鍾雖賢者不能免豈少時作邪

漢馬臻爲會稽守立鑑湖淹浸家宅有千餘人詣闕訴臻坐棄市順帝遣使覆按並不見人撿其名籍皆是死者乃廟而祀之會稽志

月與日並明皆天子所敬事而詞人墨客以姮娥之説吟謔嘲弄極其褻狎至云一二初三四娥眉天上

安待奴年十五正面與君看

丙午丁未年中國遇之必災近衢士上丙午丁未龜鑑謂自秦昭襄五十二年迄五代凡二十一次其年皆不靖文豹聞乾興間營定陵信用徐仁旺請用山前地丁晉公堅主山後仁旺奏云坤水長流災在丙午年内丁奉直射禍當丁未歲中及靖康丙午時事更易次年丁未高宗渡江淳熙丁未高宗上仙其説皆驗然淳祐丁未則無他異惟自夏迄冬不雨所在湖波河井枯竭爾雖然仁旺所言則一時事耳而歷

代皆忌此兩年何也意者丙午丁未在天之中丙丁屬火皆在午位旺鄉五行中惟水火不宜旺旺則不可休藥非有道盛時興王盛德未易當也故大撓作甲子於丙午丁未則配以天河水以水能制火也戊午己未則謂之天上火以戊己土蓋其上庶不燄燄也

伯樂姓孫名陽伯樂星掌天馬陽善御故名焉同時九方歅亦善相馬列子謂之九方皐

避煞之說不知出於何時按唐太常博士李才百巳

曆載喪煞損害法如巳日死者雄煞四十七日囘殺十三十四歲女雌殺出南方第三家殺白色男子或姓鄭潘孫陳至二十日及二十九日兩次囘喪家故俗世相成至忌期必避之然旅邸死者即日出殯煞囘何處京城乃傾家出避東山曰安有執親之喪欲全身遠害而扃靈柩於空屋之下又豈有爲人父而害其子者乃獨卧苫塊中煞夕帖然無事而俗師又以人死日推筭如子日死則損子午卯酉生人犯之者入斂時雖孝子亦避甚至婦女皆不敢向前一切付之老嫗家僕非但枕籍磾扱不仔細而金銀珠寶之類皆爲所竊記曰凡附於身者必誠必信勿之有悔焉耳矣蓋亡人所隨身者惟柩中物耳可不身臨之此惟老成經歷平時以此戒其子弟庶幾臨時不爲俗師所惑

温公曰世俗信浮屠以初死七日至七七日百日小祥大祥必作道場功德則滅罪生天否則入地獄受剉燒舂磨之苦夫死則形朽腐而神飄散雖剉舂磨燒又安得施唐李舟曰天堂無則已有則賢人生地

獄無則已有則小人入今以父母死而禱佛是以其親爲小人爲罪人也

伊川曰吾家治喪不用浮屠蓋鳴鑼鈸[illegible]人樂也天竺人見僧必飯之因作此樂今用之於喪家可乎文豹謂外方道場惟啓散時用鐃鼓終夕諷唄講說猶有懇切懺悔之意今京師用瑜珈法事惟即從事鼓鈸震動驚感生人尚有聞之頭疼腦裂況亡靈乎至其誦念則時復數語仍以梵語演爲歌諷如降黄龍等曲至出殯之夕則美少年長指爪之僧出弄花鈸

花鼓鎚專爲悅婦人掠錢物之計見者常恨不能揮碎其首此東山所以決意不用而室人交謫群議沸騰雖屹立不動而負謗不少予嘗舉似諸明達是者十八九獨一老師曰魯人獵較孔子亦獵較註云較奪禽獸時俗所尚孔子從之者爲祭祀也漢符融曰古葬者衣之以薪惟妻子可以行志自佛入中國以來世俗相承修設道場今吾欲矯俗行志施之妻子可也施之父母人不謂我以禮送終而謂我薄於其親也溫公至不信佛而有十月齋僧誦經追薦祖考

之訓朱壽昌灼背燃頂刺血寫經求得其母公及韓蘇諸公歌詠其事江西尚理學黄少卿葦卒其子塤欲不用僧道親族内外群起而排之遂從半今半古之說祭享用葷食追修緇黄孝子順孫追慕誠切號泣昊天無所籲哀雖俗禮教猶屈意焉余謂此又是一見惟識者擇焉

越滅吳夫差自殺使蔽其面曰吾無面目見子胥注曰今面幎音覓始於此

女以行稱者既醉詩曰釐以士女注云女有士行也漢烈女傳搜次材行晉烈女傳載循六行班姬女史箴有婦行篇然古今志婦人者止曰碑曰誌未嘗稱行狀近有鄉人志其母曰行狀不知何所據

投轄錄

宋　王明清

迅雷倏電劇雨飄風波濤噴激蛟龍隱見亦可謂之怪矣以其自有觀者乆以為常故佛之異鬼神之情狀若石言于晉神降于野齊桓之疾彭生之厲存之書傳亦為不然可乎齊諧志怪由古及今無慮千帙僕少年時性所嗜讀家藏目覽緗集靡至十踰六七間有以新奇事相告語者思欲識之以續前聞因仍未能屬者屏迹杜門居多暇日記意曩歲之所剽竊

遺忘之餘僅數十事筆之簡編因念悟言一室親友情話夜漏既深共談所覩皆側耳聳聽使婦輩斂足稚子不敢左顧童子顏變于外則坐愈欣怡忘倦神躍色揚不待投轄自然肯留故命以為名後之與僕同志者當如斯言之不誣紹興已卯十月朔旦序

祥符中封禪事竣宰執對于後殿真宗曰治平無事乆欲與卿等遊一二處未能今日可矣遂引群公及内侍數人入一小殿殿後有假山甚高山面有洞上既先入復招群公從行初覺甚暗行數十步則天宇豁然千峰百嶂雜花流水盡天下之偉觀少焉至一所重樓複閣金碧照耀有二道士貌亦奇古來揖上執禮甚恭上亦荅之良厚邀上至席上再三遜謝然後坐群臣再拜居道士之次所論皆玄妙之旨而殽醴之屬有非人間所見也鸞鵠舞于庭笙簫振林木至夕而散道士送上出門而別曰萬幾之暇無惜與諸公頻見過也復由舊路以歸臣下因以請于上上曰此道家所謂蓬萊三山者也群臣自失者累日後亦不復再往不知何術以致之此予聞歐陽文忠公云

章丞相初來京師年少美風姿嘗日晚獨步禁街覩車數乘輿衛甚嚴遠見一婦人美而艷揭簾目逆丞相因信步隨之不覺至夕婦人以手招丞相遂登車與之共載至一甲第甚雄壯婦人以身蔽丞相雜衆人以入院不甚深邃若乆無人居者少選前婦人始至備饌之屬亦珍甚丞相因問其所婦人笑而不荅自是婦人引儕類輩送往來甚衆且俱姝麗詢之皆不顧而言他每去則又以巨鎖扃之如是累日夕丞

相體爲之弊意甚彷徨一姬年差長忽發問曰此非郎所遊之地何至此耶我之主翁行迹多不循道理寵婢多而無嗣息每鈎至年少之徒與群妾合久則斃之此地凡數人矣丞相惶駭曰果爾爲之奈何姬曰觀子之容非碌碌者似必能脫主翁翌日入朝甚早今夕解我之衣以衣子且不復鎖子門俟至五鼓吾將來呼子子亟隨我登廳我當以厮役之服披子隨前騶以出可以無患矣爾後愼勿以語人亦不復由此街不然吾與若彼此禍不旋踵以詰旦果來扣

戶丞相用其術遂免于難丞相旣貴猶以語族中所厚善者云後得其主翁之姓名但不欲曉於人耳

一李平仲云蔡元長自長安易鎭西川道華山舊聞毛女之異思得一見向曉從者見岳廟燒紙錢爐中有物盛異以告元長亟往視之乃一婦人也遍身皆毛色如紺碧而髮若漆目光射人顧元長曰萬不爲有餘一不爲不足言訖而去其疾如飛旣至成都命追寫其像以祀之元長親語先太師如此并模其像見之云

呂源子厚守吉州日嘗令修城掘土得一舊棺旣舁置江中始得石誌於傍乃昔人父葬其子者其畧曰畧後十六甲子東平公守此郡吾兒當出而從河伯之遊矣筭術之精有如此者又知未世事莫非前定也

鑑戒錄

宋　何光遠

朱太祖統四鎮除中令日名温與崔相國連構大事崔每奏太祖忠赤遷之關東國無患矣昭宗遽勑太祖改名全忠議者全字人王也又在中心甚不可也近臣亦奏上方悔焉敕命既行追之弗及後果有大梁三帝之號是時四分天下其在中心乃賜名之應也

裴休相公性慕禪林往往拇衲所有兒女多名師女僧兒潛令嬖妾承事禪師留其聖種當時士俗無不惡之李德裕相公性好玄門往往冠褐修彭祖房中之術求茅君點化之功沙汰緇徒超升術士但無所就身死朱崖議者以裴李二公累代台鉉不守諸儒之行各迷二教之宗翻成點汚空門妖㛅玄教自莊老之後彭黄以來未有因少女以長生皆向陰丹而損壽夫慾心之難制氣之難防者也至若心中造業身外求真梁武帝爲寺奴豈褫困死長孫后號觀音婢難懺產亡所謂善不可不修財不可不捨感之與

黨者非也近以二公之行識者笑焉所以時人譏晉公曰趙氏兒皆尼氏女師翁兒郎晉公兒却教術士難推算胎月分張與阿誰

虞少卿洮蜀之醫也長與祖初佐蜀董太尉璋久患渴疾遣押衙李彥求醫孟蜀祖遣虞卿而往虞卿既至董公曰璋之所患經百名醫而無微瘥者何也虞卿對曰君之疾非唯渴漿而似渴士得其多士不勞藥石而自愈矣董公大悅時董公有面南之志虞卿故以此言譏之又曰洮聞天有六氣降爲六淫淫生六疾害於六腑者陰陽風雨晦明也是以六淫隨焉六疾者寒熱入腹感心也是以六腑隨焉故心爲離宮腎爲水藏晦明勞役百疾生焉大凡視聽至煩皆有所損心煩則亂事煩則變機煩則失兵煩則反五音煩而損耳五色煩而損目滋味煩而生疾男女煩而減壽古者男子莫不戒之君今日有萬思時有萬機樂淫于外女淫於内渴之難療其由此乎

俗云樓羅騾之大者蘇鶚云幹子謂之樓羅樓字從手旁作摟爾雅云摟聚也此說近之然南史項惟傳

云蹲夷之儀樓羅之辨又談苑載朱真曰詩云太樓羅乃止用樓羅字又五代史劉銖傳曰諸君可謂樓羅兒矣乃加人焉

司馬溫公考異云張萬歲掌國馬唐統紀曰萬歲三代典郡牧恩信行隴右故隴右人謂馬歲爲齒爲張氏諱也按公羊傳晉獻公謂荀息曰吾馬之齒亦已長矣然則爲馬歲爲齒有自來矣豈爲張氏諱哉

史記甘羅者甘茂孫也茂既死甘羅年十二事秦相文信侯呂不韋後因說趙有功始皇封爲上卿未嘗

爲秦相也世人以爲甘羅十二爲秦相太誤也唐資暇集又謂秦相者是羅祖名茂以史記考之又不然茂得罪於秦王亡秦入齊又使於楚王欲置相於秦范蜎以爲不可故秦卒相向壽而茂竟不復入秦卒於魏以此觀之則茂亦未嘗相秦也杜牧之偶題云甘羅昔作秦丞相其以不考其實而爲之說也蘇鶚演義云

前史稱腰帶十圍者甚衆近者北史又云庾信身長八尺腰帶十圍圍者環繞之義古制以圍三徑一即一圍者三尺也豈長八尺之人而繫三十尺之腰帶乎甚非其理此圍蓋取兩手大指頭指相合爲一圍即今謂之一搦是也大凡中形之人腰不過六尺七尺今一小圍是一尺則身八尺腰帶一丈得其宜矣

又沈存中筆談云杜甫武侯廟栢詩霜姿溜雨四十圍黛色參天二千尺四十圍乃是徑七尺無乃太細長乎余謂存中善九章算術獨於此爲誤何也四十圍若以古制論之當有百二十尺圍有百二十尺即徑四十尺矣安得云七尺也若以人兩手大指頭指

相合爲一圍則一圍是一小尺即徑一丈三尺三寸又安得云七尺也武侯廟栢當從古制爲定則徑四十尺其長二千尺又宜矣豈得以大細長譏之乎老杜號爲詩史何肯妄爲云云也存中又云防風氏身廣九畝長三丈又云姬室畝廣六尺九畝乃五丈四尺如此防風之身乃一餅啗耳此又誤也案禹戮防風氏賦云可一畝廣及長三丈蓋古者畝廣六尺長六百尺防風氏身廣九畝六尺長三十尺乃爲得理乃云九畝不知得之於何書然當以賦爲正而存中

之説誤也宋子京春詞云新年十日逢春日紫禁千觴獻壽觴寰海歡心共傳蓬宅家慶祚與天長案李濟翁資暇集云公郡縣主宮禁呼爲宅家子蓋以至尊以天下爲宅四海爲家不敢斥呼故曰宅家亦猶陛下之義至公主以下則加子字亦猶帝子也又謂何宅家子阿助詞也急語乃以阿宅家子爲茶子既而亦云阿茶子或削其子遂曰阿茶一説漢魏以來宮中之尊美之呼曰大家子今悉訛以大爲宅焉故昔人屬對云都尉指揮都尉馬大家齊與大家茶

南史文學傳周興嗣傳云武帝以三橋舊宅爲慈光寺敕興嗣與陸倕各制寺碑及成俱奏帝以興嗣所製自題及銅表銘栅塘碣檄魏文王羲之書千字並使興嗣爲文每奏帝稱善賜金帛又案劉公嘉話云千字文梁周興嗣編次而有王右軍書者皆當時集字成之也

禽徵孟蜀光天元年太祖寢疾經旬文州進白鷹茂州貢白兔群臣議曰聖人本命是兔鷹兔至甚相刑貢二禽非以爲瑞退鷹留兔帝疾必痊敕命不從是歲晏駕又通正年有大禿鶖鳥颺于摩訶池上顧太尉敻時爲小臣直於内庭遂潜吟二十八字咏之曰昔日曾看瑞應圖萬般祥瑞不如無摩訶池上分明見仔細看來是那胡至光天元年帝崩乃禿鶖事之徵也

俚詩陳裕秀才下第遊蜀詧棄舉業唯事屑眾覩物便嘲其中數篇亦堪采擇雖無教化於當代誠可取笑於一時詠渾家樂云晨起梳頭午不休一窠精魅鬧啾啾阿家解舞清平樂新婦能拋白木毬著綠挑

牌吹觱篥賜緋盟器和粱州天晴任爾渾家樂雨下還須滿舍愁又北郡南州處處過平生家業一驢馱囊中錢物衣裝少袋裏胭脂胡粉多滿于面貼平聲窮措大蕭娘身瘦鬼姮娥怪來喚作渾家樂骨子猶兒盡唱歌過舊居云昔日顏回宅今爲果飯家不聞吟秀句只會餔胡麻豉汁鍋中沸粕糕案上葩朝朝宜早起擔從自誰家有一秀才忽驟酒家青衣爲婦裕嘲之曰秀才何事太忽忽琴瑟無媒便自通新婦旋裙纏離體外姑托布尚當胸菜闘個個皆鉗項粳米

頭頭盡剪鬃一自上和逃走後至今失却親家翁又
咏大慈寺齋頭鮮于閻黎云酒熟終朝没缺時高堂
大舍養肥屍行婆滿院多爲婦童子成行半是兒半
折掇齋窮措大笑迎搽粉阿尼師一朝若也無常至
劒樹刀山不放伊又大慈寺東地有放生池蜀人競
以三元日多將鵝鴨放在池中裕當門書絶句自此
放生者稍息矣鵝鴨同群世所知蜀人競送放生池
比來養狗圖雞在不信閻黎是野狸裕淺咏天王一
絶因暴疾而終亦由神折天年抑又神之靈也詩曰

瞎眉努目張乾嗔便作閻浮有力神禍福豈有泥捏
漢燒香供養弄蛇人

暇日記

宋 劉跂

正月解凍水二月白蘋水三月桃花水四月瓜蔓水五月麥黄水六月山礬水七月荳花水八月荻苗水九月霜降水十月復槽水十一月走凌水十二月蹙凌水元祐雜春初部管成人夫到滑州大河上聞如此

李誠明仲言堂屋前要不背三陽今人家作竹廊非也始糞爲水水生木則青徐次

之木生火則荆楊次之序火生土兖豫次之土生金梁雍終焉此九州五行之序

中都縣馹有賈同云驛至而稱官事過而名馹智永千文闕字太宗令王著寫足之楊文公談藪中說樂毅論逸少名本千載一遇四字合有四點在其傍史記樂毅傳贊中載夏侯論可見

興國浴室院東殿水大士像僧令宗所畫子瞻云丘文播弟子

楚州勝因院有曹仁熙畫水有一筆長一丈八無襍

續處曹慶中年八十時作

金陵人家門上書符曰目山㲉

彭澤縣在江東岸山崦中必無東日但有西照僧崇普說望竿可以度遠處高下其法用長一尺橫一尺如丁字就口邊望之

元祐七年賀正（旦）使耶律建卒于滑州（驛）人倒懸其尸出滓穢口鼻中又以筆管刺皮膚出水以白礬塗尸令瘦但令支骨以歸

邵先生堯夫雍於所居作便坐曰安樂窩兩旁開窻

日日月編

劉原父晚年病不復識字日月見女皆不能認人言永與中多發冢墓求古物致此

賣于野言人言趙過始為牛耕也然冉耕何故字伯牛當如牛耕其來遠矣

成都不打晚衙鼓劉仲張潛夫皆說云孟蜀多以晚鼓戮人埋毬場中故鳴鼓則鬼祟必作自是承例不打鼓

錢乙言渠（大也）病周髀髀周者[illegible]草磁石主周髀涯凡髀𨻶血脉上下不能左右去為周髀乙以藥使痺氣歸支體以寬心腹之苦故手足攣而心腑無恙

中都縣西門榜曰講堂門父老言孔子為宰講說之所也故以名門

錢乙言熊膽奇藥家有小兒不可無此佳者色通明如米粒用草莛點入水轉如飛惟性急者良膽入水亦能轉但緩耳勇士所聚為膽故也

髮上生心之餘眉旁生肺之餘鬚下生腎之餘先白者一藏衰董耕言王絳州道人說章丘劉道人說行

氣云天門常開鼻地戶常閉口取之倒根（丹田）出之到蔕（頂）綿綿若存用之不既審能行之自然蟬蛻

鎮國神寶宋仁宗諭曰奉宸庫有外國所貢玉一塊廣尺厚半尺此希世之物可作一寶因命梁適撰名曰鎮國神寶

受命寶范鎮言仁皇服用之物今皆葬之如受命寶服用之如傳國璽可也其議弗用竟別造余記元符獲寶赦云陋秦制之非工則是別造明矣

琴絃用生天門冬碎之同煑色白如玉皆如小麥[illegible]

米等長歷見人說

北人樹上晒乾菜冬春食之詩所謂棲葅言如馬棲然

浙江賊號曰白日鬼多在舟船作禍彼中人見誕謾者指爲白日鬼

雞頭一斗用防風四兩換水浸之乆乆益佳他果煮以防風水浸之經月不壞陳彦和每用之至和初京師大疫太醫進方有用犀角内出二株解之其一即通天犀也内侍御舜舉請以爲御所服帶上曰豈急於服御而不以療民立命碎之鐵鎚碓金銀百十年不壞以椎皂角則一夕碎破鞭以箠馬愈乆愈潤以擊杖隨即折裂

孟伯饒說宋用臣種栁睿思殿角常栁五株批開急合爲一取圓直麻縷繫牛矢泥固濟深藏之一年有三年力

杜二丈和叔說往來史流都下鞠獄取水晶十數種以入初不踰既出乃案牘故暗者水晶承日照之乃見

舊說象膽在足余見寧陵簿田世程說象嘗死三象其二膽果在足其一不在足或言膽隨四時在四足未必然也皮骨齒皆輸内香藥庫其肉斤賣肉理段段不相屬味各不同舊說象肉千味其然邪

佩楚軒客談

元　戚輔之

高踈仙玉峯山四畔皆幽蘭日采數十花酌明水箋
離騷自謂靈均有知當領吾意也
端淳間薦紳四絕楊嗣翁琴趙中父棋張温夫書趙
子固畫嗣翁號守齋温夫字節之子固號彝齋
木瀆張思聰撫古帖自名鳳凰翻身
杭杜試燈花詩周弁翁擅場云繁花不結三春夢零
落空餘寸草心周密字公謹

趙碧瀾由柞字右之琴爲霜夜水
安溪山多竹雞山中人云春食蘭花
檇李天聖寺有唐宣宗書跡御題羅漢本
潛昉字庭堅號紫崖有鶴字紫鄉
李龍字和父笠澤人家吳興三匯之交効元白歌詩
不樂仕進年登耄期自作墓銘云孰生予孰死予予
自不知爲文之徒詩之徒今瘞於斯孰知伯道之無
兒未幾死趙文曜爲誌葬之河道濔山間梅樹百株
趙德符題碣曰宋詩人雪林李君之墓

趙子固謂江堯章爲書家申韓
吳琚節使蓄雷氏琴號九霄環珮周弁翁釀白醪字
曰秋玉金應桂字一之雅標度能歐書受知賈似道
晚居西湖南山中築蒸薜山房左弦右壺中設圖史
古奇器客至撫摩諦玩清談灑灑不得休每肩輿入
城府幅巾氅衣望之若神仙然
丙子之變宮娥多北遷有王昭儀下張瓊英題滿江
紅于南京夷山驛云太液大容渾不似丹青顏色常
記得春風雨露玉樓金闕名播蘭簪妃后裏暈生蓮

臉君王側忽一聲鼙鼓拍大來繁花歇龍虎散風雪
滅千古恨憑誰說對山河日二泪沾巾血客館夜驚
塵土夢宮車曉轉關山月問嫦娥垂顧肯相同容圓
缺
浩然齋有古龍涎香自復古詹思東閣瓊英勝古清
觀清燕閱古以下凡數十品
李宗元云中原人以黃華（王庭筠子端也）字爲珍祕猶江南
珍温夫也然明昌中任仲謀字亦淳無江南鋒稜澆
薄氣

又云俗以鏡𪗋縣玉籖但知爲美觀至見錫骨綠處
兩强不相下以數千載傳世出土物古之不足一旦
磨蕩壞之有餘鏤花香印東京有咸順極其瓌異其
後羅昇趙彥先陳邦彥使馬玉劾之比宋工緻
續曲洧舊聞酒名
玉井秋香　薌林秋露（向伯恭）
黃嬌（段子新）　萼綠春（范方元）
翁仲雲（易毅夫）　清無底
金盤露（軟脧者）　桃花雨（芳洌者）
佩楚軒客談（八）　三
銀光（胡長之）　露雲（范至能）
桂子香（楊萬里誠齋自釀名今冽香）　孟氏在
蜀時製十樣錦名
長安竹　天下樂鵬團宜男
𥨪界地　方勝
獅團　象眼
八俗韻　鐵梗襄荷
謝堂節使有石刻千卷號爲金石友
故宮中周鏤金合砿黃發燭名着合
平金銅虎𢈔兵制也皆刻篆云某處發兵符腹上皆
成癸字
趙學士子昂論作詩用虛字殊不佳中兩聯塡滿方
好出處纔使虛已下字便不古一又云歌曲八字一
拍當云樂節非句也天樂不同拍版以鼓爲節當對
云與鼓同猶佳
張仲實爲官時作字目云碁高一着量減三分能書
大字會篆碑文
米老與時書自辨非顛世謂之辨顛帖
佩楚軒客談（八）　四
高續古東墅亭館名
秀堂　踈閣　分繡閣
是堂　雪廬　京觀
聽雪齋　雪壑　清香館
魚庄　曆齋　綠漪
墨沼　游雅齋　藏書寮
踈寮　蘭磴　集硯亭
朝丹霞　藻景亭　巖壑臺
光碧鄉　剡興亭　蓬萊游

探春塢　霽雪亭　耶溪月
水蘭徑　楊明麓　雪岗
西窑　鶖峯　巖壑
雲霞鴨脚皮日休名曰玉棐
唐官中以診脉爲對脉

志雅堂雜抄

元　周密

龔聖予云禊序有大業間石本其後有隋諸臣印信然則在智永未藏之先此帖亦嘗入御府

廖瑩中群玉號葯州邵武人登科爲賈師憲平章之客嘗爲太府丞知某州皆以在翹館不赴於咸淳間嘗命善工翻刻淳化閣帖十卷絳帖二十卷皆逼真仍用北紙佳墨模搨幾與眞本並行又刻小字帖十卷王橚所作賈氏家廟記盧芳喜所作秋壑記九歌又刻陳簡齋去非姜堯章任希夷處郴南四家遺墨十三卷皆精妙先是賈師憲用和翻開定武蘭亭凡三年而後成至賞之以勇爵絲髮無遺恨幾與定本相亂又轉爲小字刻之靈璧石版世綵堂益其堂名也

高宗朝手卷書前上用乾卦圓印其下有希世藏匣卷後下用紹興印墨迹無上而卦印止有希世紹興印徽宗朝墨迹用雙龍鳳印用泥金題彩青絹狭簽頭

沈草庭云以麦酒脚塗靈壁石其黒如漆洗之不脱
極妙

斵琴名手唐雷霄雷威雷珏郭亮皆蜀人沈鐐張越
皆江南人蔡叡僧智仁衛中正慶曆中朱仁濟馬希
仁馬希先崇寧中並宋人

元豐間米元章自號恭門居士其印文大正後人帯
印其後並不用之

金花定碗用大蒜汁調金描畫然後再入窯燒永不
復脱凡碾工描玉用石榴皮汁則見水不脱

酒醋缸有裂破縫者可先用竹箍定卽於烈日中晒
令十分乾仍用炭燒縫上令極熱却以好瀝青末糝
縫處令融液入縫内令滿更用火略烘塗開永不滲
漏勝於油灰多矣

伯幾云今所謂骨蠟犀乃蛇角也以至毒能解毒故
云蠱毒犀

宣和殿所藏殷玉鉞長三尺餘一段美玉文藻精甚
三代之寶也後歸大金今入大元每大朝會必設乎
外庭

絳帖第九卷大令書一卷第四行内面行字右邊轉
筆正在破處隱然可見今本乃無右邊轉筆全不成
字其面字亦字與第五行第七行亦不同又第七行
第一字舊本卽書止字今本乃草書心字筆法且俗
以此推之今之所見皆非舊本

衡州有花光山長老仲仁能作墨梅所謂花光梅是
也

李公麟山陰圖畫許玄度王逸少謝安石支道林縫
用步姓之印步元章與伯時説許玄度王逸少謝安

石支道林當時同遊適於山陰南唐顧宏中遂畫爲
山陰圖三吳老僧寶之莫肯借傳伯時率然弄筆隨
元章所説想像作此瀟洒有山陰放浪之思元豐壬
戌正月二十五日與何益之李公麟䙡季道同觀李
琮記

浩然齋視聽抄

元　周密

雪多作於戊巳日嘗攷丁亥冬雪率多餘近戊子十二月八日巳未雪十八日巳巳夜雪二十七日戊寅夜雪大率丙丁戊子皆雪日也趙雲洲云凡遇戊午巳未日天必變雨或遇亢壁二宿直日則可免餘宿不可免

癸酉十月李應山開淮閫於維揚一日午後忽見大裂其軍馬旗幟無數始焉皆紅旗繼而皆黑凡茶頃乃合見者甚多次年北軍至

今人書不宣備文選楊修荅臨淄侯牋末曰造次不能宣備

𩲡音麝出羯鼓錄稽康琴賦云間遼故音庳絃長故徽鳴庳者𩲡也兩年之間遼則有𩲡故云

山王自禮記玉藻山王時行樂記總干山王洭正立也

圓夢本南唐近事馮僎舉進士時有徐文幼能圓其夢

今世呼葡萄枇杷皆爲入聲樂天詩云酒餘送盞推蓮子燭泪堆盤壘葡萄又深山老去惜年華况對東溪野枇杷其音自唐然矣

對偶之佳者曰九州四海聖主忠臣憶載萬年爲父爲毋平生能著幾輛屐長日惟消一局棋有文事有武備無智謀無勇功數點雨聲風約住一枝花影月移來柳搖臺榭東風軟花壓闌杆春晝長勸君更盡一杯酒與爾同消萬古愁天下三分明月夜揚州十里小紅樓梨園弟子白髮新江州司馬青衫濕

格言媒巳之長有醜其色暴人之短與汝爲敵位早言高非汝職交淺言深植荆棘出於汝口者無迹入於人耳者不可滌汝如弗戒雖悔何益

留有餘不盡之巧以還造物留有餘不盡之意以還朝廷留有餘不盡之財以還百姓留有餘不盡之福以還子孫馬壁梧常題于壁不知誰語也

以煑酒脚塗靈壁石其墨如漆水不脫極妙

斲琴名手唐雷霄雷威雷珏郭亮皆蜀人沈鐐張鉞皆江南人蔡叡僧智仁衛中立中慶曆中朱仁濟馬希仁

馬舉先崇寧中並宋人
北方名琴春雷玉振流泉並御府不出左高寒玉石復
琴混木剝成冠古韻磬秋蕭伯成金儒高彥敬萬壑松郭裕之環
響廉端父玉壺氷趙玉溪間素紫霞第一琴玉鶴玉鴈皆宣和御
府欣歸金人大雅趙菊坡松雪同上浮磬趙節齋奔雷樊澤民百琴當第一
存古張受益秋澗泉陽守齋玉玲瓏楊伯修百納太平吳國年趙仁濟
修道人吳越國王公令李公畧得云其家用物也
元豐間米元章自號鹿門居士其印文炅正後人芾
即其後並不用之伯機云今所謂骨咄犀乃蛇角也

視聽抄　八　三

以至毒能解毒故曰蠱毒犀
宋少帝辛未九月二十八日申時生辛未巳亥巳丑壬申甲戌
正月十一日登位號天瑞節丙子三月十七日北遊
宋高祖劉裕丁亥生庚申即位國號宋丙子渡江國
亡凡七百二十年至趙太祖丁亥生庚申即位國號
宋先丙子浮李正後丙子大元渡江國亡據人所云
未放
法令之書其別有四勑令格式也神宗聖訓曰禁於
已然之謂勑禁於未然之謂令設於此以待彼至之
謂格設於此使彼効之之謂式
宋張海餉自三山大洋經至燕京自言自古所未嘗
行此道昉自今始然杜少陵出塞詩云漁陽豪俠地
擊鼓吹笙竽雲帆轉遼海粳稻來東吳越羅與楚練
照曜輿臺軀又昔遊云幽燕盛用武供給亦勞哉吳
門持粟帛泛海凌蓬萊然則自昔燕地皆海運非始
於今也
韃靼有拘歌者元係大根腳其家陵替典賣罄盡偶
有向者延遼日所獲一蒼玉印方四寸上有蛟螭紐

視聽抄　八　四

以敢篋注之出售欲鈔一錠無酧價者偶有言於崔
中丞遂取觀之且模其文令識篆人辨之其文曰受
命于天既壽永昌放之乃秦璽於是徑進之上方乃
進表稱甲午正月二十五日也陳東山甲午四月自
燕國言此
吳諺曰正月逢三亥湖田變成海謂之水大也壬辰
年正月初六日巳亥十八日辛亥三十日癸亥是歲
大澇湖田顆粒不收癸巳正月亦有三亥然一亥在
立春前是歲無水災

瑞桂堂暇錄

闕名

帝王世紀曰庖犧氏作八卦神農重之爲六十四卦黄帝堯舜引而伸之分爲三易至夏人因炎帝曰連山殷人因黄帝曰歸藏文王廣六十四卦著九之爻曰周易王弼虞翻韓康伯孔穎達及淮南子皆云伏犧巳重爲六十四卦乾鑿度亦曰庖犧氏畫爲六十四卦文王作爻辭周公作象辭鄭氏則曰神農重卦葢本世紀之言司馬遷楊雄言文王重之非是辭曰

八卦成列象在其中因時重之爻在其中昧其文義爲伏犧分曉觀十三卦制作其重卦名皆文王前如神農耒耜之教葢取諸益之類昭然可證至于卦辭則作于文王爻辭作于周公馬融釋經陸續序太玄及弼並依此說若以爻辭爲文王則辭多文王後事明夷六五可見韓宣子聘魯見易象乃嘆周公之德則爻辭爲周公作矣孔子十翼乃上下象上下象上繫言説卦序卦雜卦班固亦云十翼作于孔子或疑春秋傳穆姜之筮得文言是時未有孔子安得孔子作或曰此左氏之繆或曰古有是語孔子用之

孟子春秋天子之事葉石林謂春秋不特天子之事乃天之事也葢天子僅可賞罰一時之諸侯卿大夫時王之得失諸得而治之故曰春秋爲天子之事大有四時賞以春夏刑以秋冬既因魯史之舊每年必書春夏秋冬石林謂自隱至哀凡十二公以象天之十二月謂十二爲天之大數是矣但以二百四十二年象天之二十四氣則失之鑿春秋惟桓公以不義得國經于四年七年闕秋冬十四年十七年或書夏

不書月或書月不書夏桓公惟元年二年十年十八年書王餘並不書王以著桓之不知有王然桓之薨王乃使榮叔錫之命此爲不當故春秋王不書天削天字以是貶其餘如書求金求車之類直書而不恕深時王之失此非天子之事而何

平王東遷而雅亡齊桓霸而王風亡楚莊霸而諸侯國之風皆亡讀隱公之春秋見王迹熄而天下爲五霸矣讀定哀之春秋見霸迹熄而天下爲戰國也呂東萊云春秋之時堯舜禹湯文武之澤幾絶而僅存

戰國秦漢之風方生而未艾此正是世變接頭處夫子定書乃以秦誓繼于帝王百篇之後其或繼周者百世可知也夫子固已知周必秦矣

周禮儀禮並周公作儀禮三百卽周禮威儀三千卽儀禮周禮遭秦藏于山岩屋壁得不亾漢武帝時有季氏者獲之以上河間獻王獨缺冬官千金訪求不得補于考工記奏上祕省時儒以爲非是不行卽藝文志周經六篇是也至劉歆始識以爲太平之迹乃立學官在三禮中最晩出康成注

文章各有體六一公爲一代文章冠冕亦以其事事合體如作詩卽幾及李杜碑銘記序卽不减韓退之作五代史卽與司馬子長並駕作四六一洗崑體作奏議庶幾陸宣公游戲小詞亦無愧唐人花間集葢得文章之全者如東坡之文固不可及詩如武庫戟矛已無不利鈍且未嘗作史曾子固之古雅蘇老泉之雄健固文章之傑然皆短于詩山谷詩騷妙于天下而散文頗覺繁碎其實文人葢亦各有所長而全美之爲難

老泉携東坡潁濱謁張文定公時方入習制科業將應詔文定公與語奇之館于齋舍翌日文定公忽出六題令人持與坡潁云請學士擬試文定密于壁間窺之兩公得題各坐致思潁濱于題有疑指以示坡坡不言弟舉筆倒敲几上云管子注潁濱疑而未决也又指其次東坡以筆勾去卽擬撰出以納文定閲其文益喜勾去一題乃無出處文定欲試之也次日文定見老泉云皆天才長者明敏尤可愛然少者謹重成就或過之所以二公皆愛文定而潁濱感之尤深

文章以蹈襲爲難昌黎作樊紹述誌稱其必出于巳不蹈襲前人一言一句觀絳守居園池記用瑶翻碧瀲等語誠然矣歐公跋之以詩曰嘗聞絳守居偶來登覽周四隅異哉樊子性可吁心欲獨去無古歟窮荒探幽入無有一語結曲百盤紆孰云已出不剽襲句法乃學盤庚書國史補云元和之後文筆學奇于韓愈學澀於樊宗師韓之文如水中鹽味色裏膠青未嘗不用事而未嘗見其用事之迹盡去陳言

足起八代之衰然或者又謂坐茂樹濯清泉卽定詞飲石泉蔭松栢也飄輕裾翳長袖卽洛神揚輕袿翳修袖也昌黎豈肯學人言語亦偶然相類爾杜牧之阿房宮賦六王畢四海一蜀山兀阿房出陸修長城賦云千城絕長城列秦民竭秦君滅儕輩在牧之前則阿房宮賦又是祖長城句法矣牧之云明星熒熒開妝鏡也綠雲擾擾梳曉鬟也渭流漲膩棄脂水也烟斜霧橫焚椒蘭也雷霆乍驚宮車過也轆轆遠聽不知其所之也盛言秦之奢侈楊敬之作華山賦有

云見若只咫田千畝矣見若環堵城千雉矣見若杯水池百里矣見若蛭垤臺九層矣蜂窠聯聯起阿房矣小星熒熒焚咸陽矣華山賦杜司徒佑常稱牧之乃佑孫亦是傚牧之所作信矣文章不蹈襲爲難也

六十甲子之有納音何也曰此以金木水火土之音而明之也律一六爲水二七爲火三八爲木四九爲金五十爲土然五行之中惟金木有自然之音水火土必相假而後爲音蓋水假土火假水土假火故金音四九木音三八水音五十火音一六土音二七此不易之論也何以言之甲己子午九也乙庚丑未八也丙辛寅申七也丁壬卯酉六也戊癸辰戌五也巳亥四也甲子乙丑其數三十有四四者金之音也故曰金戊辰己巳其數二十有三三者木之音也故曰木庚午辛未其數三十有二二者火也土以火爲音故曰土甲申乙酉其數三十十者土也水以土爲音故曰水戊子己丑其數三十有一一者水也火以水爲音故曰火凡六十皆然此納音之所起也大抵六十甲子曆也納音律也支者納音之別也此天地自

然之數河圖生數也生者左施故以中之土而生西方之金而生北方之水而生東方之木而生南方之火而復生中央之土洛書尅數也尅者右轉故以中央之土而尅北與西北之水而尅西與西南之火而尅南與東南之金而尅東與東北之木而又尅中央之土此圖書生尅自然之數也

東坡自謫海南歸人有問其遷謫艱苦者坡答曰此乃骨相所招少時入京師有相者云一雙學士眼半箇配軍頭與日文章雖當知名然有遷徙不測之禍

今日悉符其語

紹興中張九萬以拆字說吉凶秦檜一日獨坐書閣召九萬至以扇柄就地畫一字問曰如何九萬賀曰相公當加官爵檜曰我位爲丞相爵爲國公復何所加九萬曰土上一畫非王而何當享眞王之貴其後竟封郡王又封申王

翟欽甫金人也衆飲清菴甫至衆不之識俾賦清菴欽甫故掘起一句云爲問清菴何以清衆拍手大笑及賦第二句霜天明月照蓬瀛衆失色連賦廣寒宮

裏琴三弄白玉樓頭笛一聲金井玉壺秋水冷石田茅屋暮雲平夜來一枕遊仙夢十二瑤臺獨自行衆始知爲欽甫愧謝延之上坐

有士人訪一妓在閫府侍宴候稍久遂賦一詞寄之云春風捏就腰兒細繫滴粉裹兒不起從來只向掌中看怎忍在燭花影裏酒紅應是鉛華褪暗蹙損眉峯雙翠夜深沉一掬綉鞋兒靠那箇屏風立地詞至爲閫師所見喜其詞語清麗明日呼士人來竟以此妓與之

易安居士李氏趙丞相挺之子諱明誠字德夫之內子也才高學博近代鮮倫其詩詞行于世甚多嘗見其爲乃夫作金石錄後序使人嘆息見世間萬事眞如夢幻泡影而終歸于一空而已

紹興四年玄黓壯月朔甲寅日易安堂顯有士人求見韓魏公說親喪二女未嫁願有以周之公退顧所爲有爲之戚夫人收酒器得一大合送之士人對使者曰相公何薄我也叱不受公曰吾因疑甚薄也復裒一合送至士人又怒罵不受使者曰相公實無所

有非薄君也士人不顧使者持回公又裒一合以往士人笑以書授使者曰吾事已辦不願受也向來蓋欲觀公度量耳

簡池劉先祖號後溪朱文公高弟平生好施不顧家有無來謁者皆周之一日晨坐煖閣夫人方梳沐有舊友來訪公令夫人出閤迎士人者進夫人遂挈沐具偶遺金釵一公適起入內夫人從窗隙中見士人拾所遺釵入懷未穩公將出夫人挐公衣袖止之少項公乃出客退問其故夫人曰偶遺小釵彼方收拾

未穩士以貧得之可少濟不欲遽恐之公與夫人俱賢如此

瑞桂堂暇錄　　九

陵陽室中語

宋　范季隨

僕嘗請益作詩下字之說法當知何以曰正如奕棊三百六十路都有好着顧臨時如何耳公曰詩道無有窮盡如少陵出峽子瞻過海後詩愈工若使二公出峽過海後未死作之不已則尚有妙處又不止于是也又云大槩作詩要從首至尾語脉聯屬有如理詞狀古詩云喚婢打鶯兒莫教枝上啼啼時驚妾夢不得到遼西可爲標準又云目前景物自古及今不知凡經幾人道過一下筆要不蹈襲故有終篇無一句可解者蓋欲新而不及固不可曉耳又云杜少陵八句近體詩卒章有時而對然語意皆卒章之詞今人學之臨了作却作一景聯一篇之意無所歸大可笑也又云明妃曲古今人所作多矣今人多稱王介甫者白樂天只四句含不盡之意云駋使歸時憑寄語金錢早晚贖蛾眉君王若問妾顏色莫道不如宫裡時又云唐末人詩雖格致卑淺然謂其非詩則不可今人作詩雖句語軒昂但可遠聽其理格不可究

陵陽室中語　　一

一日有座問公曰然如少陵輩詩云使君自有婦而
無車馬喧之類是也
家父嘗具飯招公與呂十一郎昆仲中呂郎中先生
至過僕書室取案間書讀乃江西宗派圖也呂云安
得此書切勿示人乃少時戲作耳他日公前道有語
公語曰居仁却如此說宗派圖本作一卷連書諸人
姓字後豐城邑官制石遂如禪門宗派高下分爲數
等初不爾也

猗覺寮雜記

朱翼

北人食麪名餺飥楊雄方言餅謂之飥齊民要術青
麪麥麪堪作飯及餅飥甚美磨盡無麩則飥之名已
見于漢魏五代史李茂貞傳朕與宮人一日食粥一
日食不托不托俗語當以方言爲正作餺飥字
李廷尉之改變籀文蔡中郎之雜用分篆王右軍之
損益鍾張蓋愈妙而愈失其眞也
陸羽著書甚多君臣契三卷源解三十卷江表四

譜十卷南北人物志十卷吳興歷官記三卷湖州刺
史記一卷占夢三卷
茶樹初採爲茶老則爲茗
太乙君名臘天翁姓張名堅前天翁姓劉西王母又
名婉衿
弓神名曲張箭神名續長弩神名遠望刀神名脫光
劒神名飛揚
張彥遠云書畫道殊不可混詰書即約字以言價畫
則無涯以定名

王粲好驢鳴張南渠亦好驢鳴戴叔鸞母好驢鳴

昭德新編

宋　晁迥

揚湯止沸不如徹新制心息慮不如簡緣

夫曲終而奏雅猶勝終不變其淫聲年老而修善猶勝終不改其前過

物生而後有象象而後有滋滋而後有數是知萬物皆有數也矣夫人以有涯之數而營無涯之事多見其不知量也

老子曰名與身孰親愚因而展轉別得新意而自言

身與心孰親心與性孰親

昔向予平讀易盛稱損益二卦愚初未詳古人之意今日讀易至此而愛其損卦懲忿窒慾益卦遷善改過損益之要其在茲乎

樂天知命故不憂窮理盡性故不疑少私寡欲故不貪澄神定靈故不動四者備矣一以貫之

水靜極則形象明心靜極則智慧生

植福之道救人饑寒最爲急務若使脫衣與人自忍嚴寒之凍此則難事的不能行者已錦衣有餘見彼

窮民受凍必當取其剩者與此至寒之人

夫心者靈之府也神棲於其間苟心謀之則神知之神知之則天地神明知之未有善惡不謀於心者旣謀於心則神道知察無遺於分毫則禍善惡淫不差矣

山陵雜記

元 楊奐

漢水出鮒魚之山帝顓頊葬于陽九嬪葬于陰四蛇衛之

帝嚳葬于狄山之陰

舜葬蒼梧之野有鳥如丹雀自丹洲而來吐五色之氣氤氳如雲名曰憑霄雀能群飛銜土以成墳

禹到大越上苗山更名山曰會稽因死葬焉穿地深七尺土無潟泄下無流水壇高三尺土堦三等周圍方一畝

王季歷葬于渦水之尾水嚙其墓見棺文王曰譆先君必欲一見羣臣百姓也天故使明水見之于是出而爲之張朝百姓皆見之

太公封于營丘比及五世皆反葬于周五世之後乃葬于齊

穆天子葬盛姬于樂池之南大匠御棺日月之旂七星之文鐘皷以葬視皇后之葬法謚曰哀淑人是曰淑人丘

齊桓公墓在臨淄縣南二十一里牛山上亦名鼎足山一名牛首堈一所三墳晉永嘉末人發之初得版次得水銀池有氣不得入經數日乃牽犬入中金蠶數十簿珠襦玉匣繒綵軍器不可勝數又以人殉葬骨肉狼籍

宋襄公葬其夫人醯醢百甕

晉侯請隧隧延道天子之禮諸侯懸棺而封

宋文公卒厚葬用蜃炭益車馬始用殉重器備槨有曰阿棺有翰檜

魏惠王死葬日天大雨雪至于牛目壞城郭

闔閭葬女于郡西名爲三女墳

闔閭冢在閶門外名虎丘下池廣六十步水深一丈五尺銅槨三重墳池六尺玉鳧之流扁諸之劍三千方圓之口三千時耗魚腸之劍在焉十萬人築治之取土臨湖口築三日而白虎踞上故號爲虎丘

會稽若耶大冢越絶句踐葬先君夫鐔冢也

山陰越王允常墓在木客山水經注勾踐都瑯琊欲移允常塚塚中生分風飛沙射人人不能近勾踐謂不欲遂止

勾踐子墓在夫山越絶書夫山大冢勾踐庶子冢也去縣十五里

始皇營建冢壙積年方成而周章百萬之師已至其下乃使章邯領作者七十萬人以禦難弗能禁項羽入關發之以三十萬人三十日運物不能窮關東盜賊取槨銷之

始皇墳周廻七百步下周三泉刻玉石爲松柏以明月珠爲日月

項籍屠咸陽殺子嬰掘始皇帝塚大掠而東

文帝治霸陵皆瓦器不以金銀銅錫爲飾因其山不起墳

文帝葬于芒碭明帝葬于洛南皆不藏珠玉不造廟不起山陵陵墓雖卑而埾高

碭山梁孝王冢以石爲藏行一里許到藏中中有數尺水有大鯉魚靈異人不敢犯有至藏者輒有獸噬之其獸似豹

臨江閔王榮以孝景前四年爲皇太子四歲廢爲臨

江王三歲坐侵廟壖地爲宫上徵榮榮詣中尉府對簿中尉郅都責訊王王恐自殺葬藍田鷰數萬銜土置冢上百姓憐之

漢廣川王去疾好發冢發晉靈公冢得玉蟾蜍一枚大如拳腹空容五合水光潤如新玉取以盛書滴

平陽公主嫁衛青青與主合葬冢在華山葬時發上得銅槨一枚

光武建武二十六年初作壽陵帝曰古者帝王之葬皆陶人瓦器木車茅馬使後世之人不知其處

漢明帝永平十三年初作壽陵制令流水而已

東平王冢在東平傳言王思歸京師其塚上松栢皆西靡

孝靈皇帝葬馬貴人贈步摇赤紱青羽蓋駟馬也

初平二年孫堅進至雒陽掃除陵廟得傳國璽于城南甄宫井中

漢末關中亂有發前漢時宫人冢者猶活既出復如舊郭后愛念之常置左右問當時宫内事了了有次第

魏武帝臨終遺命曰汝等登銅雀臺常望吾西陵墓田

曹操簒漢有天下歿後恐人發其塚乃設疑冢七十二在漳河之上

魏邴原有女早亡太祖愛子蒼舒亦没太祖求合葬原辭曰非禮太祖乃取甄氏女合葬

中山恭王衮傳云衮疾困勑令官屬曰昔衛大夫蘧瑗葬濮陽吾望其墓常想其遺風願託賢靈以弊髮齒營吾兆域必往從之

太康元年汲縣民盗發魏王墓或言安釐王冢得竹書數十車皆簡編蝌蚪文字束晳爲著作隨宜分析皆有實證古書有易卦似連山歸藏文有春秋似左傳

晉張士然請湯武諸孫置守冢人

五胡時慕容儁夢石虎齧其臂寤而惡之購求其尸而莫知之後宫嬖妾言虎葬東明觀下于是掘焉下度三泉得其棺剖棺出尸尸僵不腐儁罵之曰死尸安敢夢生天子也

晉東海越王尸爲石勒所焚如裴氏求招魂葬
吴越公主墓在小越伏龍山
乾德四年詔吴越立禹廟于會稽置守陵五戸長吏
春秋奉祀

説郛目録

弓第二十八

雞肋　趙崇絢
桯史　岳珂
雲谷雜記　張淏
船窻夜話　顧文薦
野人閒話　景焕
植杖閒談　錢康功
東齋記事　許觀
澹山雜識　錢功
坦齋通編　邢凱
桃源手聽　陳賓
韋居聽輿　陳直
仇池筆記　蘇軾

雞肋

宋　趙崇絢

余嗜書如簡中之蠹魚讀書如瀛莫之蔑畫性根弗靈無彊記能寘一編於几硯間隨筆錄之久而成卷以類抄聚其可去者十一亦有可觀者焉別爲一卷名曰雞肋云

從理入口目有重瞳之異

漢周亞夫從理入口竟以餓死南史有水軍都督褚蘿面甚尖危從理入口竟保衣食而終　舜目重瞳項羽亦重瞳子而死垓下隋魚俱羅目有重瞳爲煬帝所忌斬東都市

羊侃勇力

南史羊侃膂力絕人所用弓至二十石馬上用六石弓嘗於兗州堯廟蹋壁直上至五尋橫行得七跡四橋有數十人長八尺大十圍侃執以相擊悉皆破碎少時仕魏爲郎以力聞魏帝嘗謂曰郎官謂卿爲武豈羊質虎皮乎試作武狀侃因伏以手扶殿沒指後歸梁高祖幸樂遊苑侃預宴時少府奏新造兩刃矟成長二丈四尺圍一尺三寸帝令賜侃試之執矟上馬左右擊刺特盡其妙觀者登樹帝曰此樹必爲侍中折矣俄而果折因號矟爲折樹矟侃性豪侈姬妾列侍儛人張淨婉腰圍一尺六寸能掌上舞又有孫荆玉能反腰帖地銜得席上玉簪

肉飛仙

北史沈光仕隋太子勇引署學士驍捷跅弛禪定寺中幡竿高十餘丈適値繩絕非人力所能反光因取索口銜拍竿而上直至龍頭繫繩畢手足皆放透空而下以掌拓地倒行十餘步觀者嗟異時人號爲肉飛仙

蕭詧惡見婦人

南史梁王蕭詧尤惡見婦人相去數步遙聞其臭經御婦人之衣不復更着

劉邕嗜瘡痂

南史劉邕嗣南康郡公性嗜瘡痂以爲味似鰒魚嘗詣孟靈休灸瘡痂落床上邕取食之靈休大驚邕荅云性之所嗜靈休瘡痂未落者悉褫取以飴邕邕旣

去靈休與何勗書劉邕同見噉遂舉體流血曰南康國吏二百許人不問有罪無罪遞互與鞭瘡痂常以給膳

到彥之初擔糞

南史到彥之初以擔糞自給後以功至南豫州刺史封建昌縣公

婦人有鬚

唐李光弼母有鬚數十長五寸許封韓國太夫人二子光弼封臨淮郡王光進封武威郡王皆爲名將死

葬長安南原將相祭奠凡四十四幄

男子乳生湩

後漢李善本南陽李元蒼頭元家疾疫相繼死惟有孤兒續始生數旬諸奴婢欲殺續分財善潛負續逃親自哺養乳爲生湩　唐元德秀兄子襁褓喪親無資得乳媪乃自乳之數日湩流能食乃止

累世有列傳

晉呂虔有佩刀工相之以爲必登三公可服此刀以與王祥祥臨薨以刀授弟覽曰汝後必興足稱此刀覽後奕世多賢才覽孫導至十一世孫褒歷兩晉宋齊梁陳後周凡七十餘人皆有列傳如羲之獻之徽之弘僧達曇首僧綽僧虔儉皆有孫裔此史傳所無也若河東裴十代有傳非一祖流傳又晉謝氏及南史江氏亦數代有傳皆不及也

千里駒

漢劉德　魏曹休　晉傅咸　劉曜　符朗
宋張敷　梁蕭暎　王規　劉杳　王茂
任昉　齊丘仲孚　袁昂　北魏李孝伯

袁躍　北齊馮翊　王潤　崔昂　元文遥
後周杜杲　隋張乾威　唐李嶠　成王千里

知囊

史記秦樗里子號知囊漢鼂錯以辯號知囊東漢魯匡王莽時爲羲和有權數號知囊晉宣帝舉兵廢曹爽桓範出赴爽宣帝曰知囊往矣　杜預號知囊

八達

魏曹爽傳李勝明帝時人目勝堂有四窻八達各有王名　諸葛誕八人號八達晉光逸與胡母輔之謝

鯤畢卓等八人裸袒酣飲謂八達晉宣帝兄弟八人俱以達爲字時號八達

萬石君

漢石奮號萬石君馮揚宣帝時爲弘農太守八子皆二千石號萬石君東漢秦彭與群從同時爲二千石者五人三輔號萬石秦氏唐張文瓘高宗時爲侍中四子皆至三品人謂之萬石張家又西漢嚴延年兄弟五人皆至大官東海號其母曰萬石嚴嫗

佩六印

蘇秦佩六國相印漢五利將軍佩六印謂五利天士地士大通天道五將軍樂通侯凡六印　戰國犀首亦佩五國相印唐王忠嗣爲河西隴右節度使權朔方河東節度使佩四將印

噀酒救火

後漢欒巴噀酒救成都火郭憲噀酒救齊國火晉佛圖澄噀酒救幽州火

水鏡

蜀龐德公以司馬德操爲水鏡晉衛瓘竒樂廣曰此人之水鏡北史蔡大寶見柳莊嘆曰襄陽水鏡復在於茲

撲鏡

魏夏侯惇爲流矢傷左目毎照鏡恚怒輒撲鏡於地蜀張裕曉相術毎舉鏡自知刑死未嘗不撲鏡於地吴孫策殺于吉後被創方差引鏡自照見吉在鏡中因撲鏡大叫創裂而死

倒用印

唐朱泚僞迎天子段秀實倒用司農印以追其兵五

代劉皇后遣人殺郭崇韜李崧倒用都統印以定人心

大人跡

史記始皇時有大人見臨洮脚跡六尺　漢武帝求神仙公孫卿至東萊言見大人長數丈跡甚大魏咸熙二年大人見襄武縣跡長三尺三寸唐則天長安元年司刑寺囚僞作大人跡五尺改元大足

猿臂善射

漢李廣　吴太史慈　前趙劉淵　後唐李存孝

垂手下膝

蜀先主　晉武帝　後周太祖　陳武帝宣帝　前趙劉曜　秦苻堅　後秦姚萇　南燕慕容垂　五代南漢劉龑　蜀王衍　南史陳柳皇后皆垂手下膝又北魏李祖昇南史宋王元初隋劉元進手垂過膝皆以誅死

口吃人

韓非　司馬相如　楊雄　周昌　魯恭王　魏明帝　鄧艾　宋孔顗　後周盧柔　鄭偉　隋盧楚

唐李固言　南唐孫盛

古人嗜好

文王嗜菖蒲　武王嗜鮑魚　吳王僚嗜魚炙　屈到嗜芰　曾晳嗜羊棗　公儀休嗜魚　王莽嗜鰒魚　王右軍嗜牛心　宋明帝嗜蜜漬鱁鮧　齊宣帝嗜起麪餅鴨臛　高帝嗜肉膾　陳後主嗜驢肉　齊蕭穎胄噉白肉膾至三斗　後魏辛紹先嗜羊肝　唐陸鴻漸嗜茶　魏明帝好槌鑿聲

夢筆

江淹夢五色筆　王珣夢人與大筆如椽　紀少瑜嘗夢陸倕以一束青鏤筆授之　唐李嶠夢人遺之雙筆　李白夢筆生花

軍中有女子

梁湘東王嘗出軍有人將婦從者王曰才愧李陵未能先誅女子將非孫武遂欲驅戰婦人徐君蒨爲諮議參軍幼聰明應聲曰項籍壯士猶有虞兮之愛紀信成功亦資姬人之力　北魏太武令古弼征馮弘高麗救軍至弘令婦人被甲居中其精卒及高麗陳

兵於外遂東奔高麗　唐韓弘惡李光顏忠力思有以抗鱴之乃飾名姝遺光顏光顏大合將校置酒使者引侍姝至秀曼都雅一軍驚視光顏徐曰我去室家久以爲公憂誠無以報德然將士皆棄妻子蹈白刃奈何獨以女色爲樂厚賂使者遣之將卒感激　王智興破姚海獲美妾三人智興曰軍中有女子安得不敗卽斬以狥　隋文帝以韋孝寬爲元帥擊尉遲迥孝寬有疾每卧帳中遣婦人傳敎命　唐柴紹吐谷渾党項寇邊敕紹討之　據高射紹軍紹安坐

令人彈琵琶使二女舞　疑之休射覩紹侗其解以
精騎銜擊

古人酒量

漢于定國爲廷尉食酒至數石不亂冬月治請讞飲酒益精明　鄭康成飲酒一斛　盧植能飲一石　晉周顗飲一石　劉伶一石五斗解酲　前燕皇甫眞飲石餘不亂　後魏劉藻一石不亂　南齊沈文季飲至五斗妻王錫女飲酒亦至三斗對飲竟日而視事不廢　鄧元起飲至一斛不亂　北史栁謇之飲

一石不亂　陳後主與子弟日飲一石　孔珪飲酒七八斗

漢兩張禹

前漢張禹字子文成帝時爲丞相封安昌侯後漢張禹字伯達和帝時爲太傅安帝時以定策功封安鄉侯

晉兩劉毅

字仲雄公正峭直武帝時爲尚書左僕射一字希樂與劉裕起義兵討桓玄爲豫州刺史

唐兩李光進

其先皆蕃部人皆爲名將建節越一乃光弼之弟一乃光顔之兄

玉環

明皇雜錄唐睿宗所御琵琶曰玉環楊貴妃小名曰玉環

玉樓

李賀爲白玉樓記集仙傳王母所居龜臺有玉樓十二又道家以兩肩爲玉樓故坡詩凍合玉樓寒起粟

光搖銀海眩生花

銀河

道家以目爲銀河乾脵子裴鈞大宴有銀河受一斗飲器也

白鳥

陸機詩疏鷺謂之白鳥夏小正閩蚋謂之白鳥

玄駒

爾雅云駒小鳥也夏小正謂蟻曰玄駒古今注謂黑鱓爲玄駒

夜光

鄱陽傳夜光之璧古今注螢火一名夜光淮南子月名夜光

司花女

南部烟花記煬帝令袁寶兒持花號司花女續仙傳鶴林寺杜鵑花開有紅裳女子遊花下謂殷七七曰妾久司此花今爲道者開之

繞梁

列子韓娥歌音繞梁樂書繞梁樂器也與箜篌相似

宋武帝大明中沈懷遠爲之懷遠亡其器亦絶矣又楚莊王琴名繞梁

莫難

古今注莫難珠色黄出東　鄴中記扇之奇巧者名莫難

小蠻

白樂天詩楊柳小蠻腰即白公侍兒也若晩春酒㬎尋夢得云還携小蠻去試覓老劉看即酒榼也

忽雷

洽聞記鰐魚一名忽雷樂府雜録文宗朝内庫琵琶號大忽雷小忽雷

桯史

汴京故城

宋　岳珂

開寶戊辰藝祖初修汴京大其城址曲而宛如蚓詘焉耆老相傳謂趙中令鳩工奏圖初取方直四面皆有門坊市經緯其間井井繩列上覽而怒自取筆塗之命以幅紙作大圈紆曲縱斜旁注云依此修築故城即當時遺迹也時人咸罔測多病其不宜於觀美熙寧乙卯神宗在位遂欲改作鑿苑中牧豚及內作

坊之事卒不敢更第增陴而已及政和間蔡京擅國亟奏廣其規以便宮室苑囿之奉命宦侍董其役凡周旋數十里一撤而方之如矩墉堞樓櫓雖甚藻飾而蕩然無曩時之堅樸矣一時迄功第賞侈其事至以表記兩命詞科之題槩可想見其張皇也靖康北馬南牧粘罕斡离不揚鞭城下有得色曰是易攻下令植砲四隅隨方而擊之城既引直一砲所望一壁皆不可立竟以此失守太宗沉幾至是始驗宸筆所定圖承平時藏秘閣今不復存

行都南北內

行都之山肇自天目清淑扶輿之氣鍾而爲吳儲精發祥肇應宅緯負山之址有門曰朝天南循其阯爲太宮又南爲相府斗拔起數峯爲萬松八盤嶺下爲鈞天九重之居右爲複嶺設周廬之衛止焉舊傳讖記曰天目山垂兩乳長龍翥鳳舞到錢塘山明水秀無人會五百年間出帝王錢氏有國世臣事中朝不欲其語之聞因更其末章三字曰異姓王以遷之讖實不然也東坡作表忠觀碑特表出其事而識始章

建炎元年之災六龍南巡四朝奠都帝王之眞於是乎驗朝天之東有橋曰望仙仰眺吳山如卓馬立顧紹興間望氣者以爲有鬱葱之符秦檜顓國心利之請以爲賜第其東偏卽檜家廟而西則一德格天閣之故基也非望挺凶鬼瞰其室檜薨于位熺猶戀戀不能決去請以其在常州通判烜爲光祿丞留湓家廟以爲復居之萌芽言者風聞遂請罷烜併遷廟主于建康遂空其居高宗將倦勤詔卽其所築新宮賜名德壽居之以膺天下之養者二十有七年清蹕躬

朝歲時燁奕重華繼御更慈福壽慈凡四修鴻名宮
室石皆無所更稍北連甍為今佑聖觀蓋普安故邸
莊文魏王光宗皇帝寔生是間今上亦於此開甲觀
之祥益知天瑞地靈章明有待斗筲負乘固莫得而
褒撫云

犇麤字說

王荊公在熙寧中作字說行之天下東坡在館一日
因見而及之曰丞相賾微窅窮制作某不敢知獨恐
每每牵附學者承風有不勝其鑿者姑以犇麤二字

言之牛之體壯於鹿鹿之足速於牛積三為字而其
義皆反之何也荊公無以荅迄不為變黨伐之論於
是浸闊黃岡之貶蓋不特坐禍村也

隆興按鞠

隆興初孝宗銳志復古戒燕安之鴆躬御鞍馬以習
勞事倣陶侃運甓之意時召諸將擊鞠殿中雖風雨
亦張油帟布沙除地羣臣以宗廟之重不宜乘危交
章進諫弗聽一日上親按鞠折旋稍久馬不勝勩逸
入廡間簷甚低觸於楣挾陛驚哮失色亟奔湊馬巳
馳而過上手擁楣垂立扶而下神采不動顧指馬所
往使逐之殿下皆稱萬歲蓋與藝祖抵城挽鬣事若
合符節英武天縱固宜有神助也

宣和御畫

康與之在高皇朝以詩章應制與左璫狎適睿思殿
有徽祖御畫扇繪事特為卓絕上時持玩流涕以起
羹牆之悲璫偶下直竊攜至家而康適來留之燕飲
漫出以示康紿璫入取殽核輒泚筆几間書一絕于
上曰王輦宸游事巳空尚餘奎藻繪春風年年花鳥

無窮恨盡在蒼梧夕照中璫有頃出見之大怒而康
巳醉無可奈何明日伺間叩頭請死上大怒亟取視
之天威頓霽但一慟而巳余嘗見王盧溪作宣和殿
雙鵲圖詩曰玉鏁宮扉三十六誰識連昌滿宮竹內
苑寒梅欲放春龍池水暖鴛鴦浴宣和殿後新雨晴
兩鵲飛來東向鳴人間畫工貌不成君王筆下春風
生長安老人眼曾見萬歲山頭翠華轉恨臣不及宣
政初痛哭天涯觀畫圖盧溪與之雖非可倫擬者第
詳玩詩語似不若前作簡而有味云

鐵券故事

苗劉之亂勤王兵向闕朱忠靖勝非從中調護六龍反正有詔以二凶爲淮南兩路制置使令將部曲之任時正彥有挾乘輿南走之謀傳不從朝廷微聞而憂之幸其速去其屬張逵爲畫計使請鐵券既朝辭遂造堂袖劄以懷忠靖曰上多二君忠義此必不吝顧吏取筆判奏行給賜令所屬檢詳故事如法製造不得任滯二凶大喜是夕遂引遁無復譁者時建炎三年四月己酉也明日將朝郎官傳宿扣漏院白急

速事命延之入傳曰昨得堂帖給賜二將鐵券此非常之典今可行乎忠靖取所持帖顧執政秉燭同閱忽顧問曰檢詳故事會檢得否曰無可檢又問如法製造其法如何曰不知又曰如此可給乎執政皆笑傳亦笑曰已得之矣遂退後傳論功遷一官忠靖嘗自書其事云

優伶詼語

秦檜以紹興十五年四月丙子朔賜第望仙橋丁丑賜銀絹萬匹兩錢千萬綵千縑有詔就第賜燕假以教坊優伶宰執咸與中席優長誦致語退有參軍者前褒檜功德一伶以荷葉交椅從之詼語雜至賓歡既洽參軍方拱揖謝將就椅忽墮其幞頭乃總髮爲髻如行伍之巾後有大巾鐶爲雙疊勝伶指而問曰此何鐶曰二勝鐶遽以朴擊其首曰爾但坐太師交椅請取銀絹例物此鐶掉腦後可也一坐失色檜怒明日下伶於獄有死者於是語禁始益繁芮燁令伶等吻禍蓋其末流焉

朝士留刺

秦檜爲相久擅威福士大夫一言合意立取顯美至以選階一二年爲執政人懷速化之望故仕於朝者多不肯求外遷重內輕外之弊頗見於時有王仲荀者以滑稽游公卿間一日坐于秦府賓次朝士雲集待見稍久仲荀在隅席輒前白曰今日公相未出堂衆官久伺某有一小話願資醒困衆知其善謔爭竦聽之乃抗聲曰昔有一朝士出謁未歸有客投刺于門閽者告之以某官不在留門狀俟歸呈稟客忽勃然發怒叱閽曰汝何敢爾凡人之死者乃稱不在我

與某官厚故來相見某官獨無諱忌乎而敢以此言目之邪我必竢其來面白以治汝罪闔拱謝曰小人誠不曉諱忌願官人寬之但今朝士留謁者例告以如此若以爲不可當復作何語以謝客客曰汝官既出謁未回第云某官出去可也闔愀然蹙額曰我官人寧死却是諱出去二字滿坐皆大笑仲荀出入秦門預褻客老歸建康以死談辭多風可雋味秦雖煽語禍獨優容之蓋亦一吻流也

紫宸廊食

余爲邑薄日瑞慶節隨班上壽紫宸殿是歲虜方拏兵北邊賀使不至百官皆賜廊食余待班南廊日已升見有老兵持二鬃牌至金書其上曰輒入御厨流三千里既而太官供具畢集無帟幕限隔僅以鐐竈刀机自隨縣甍簷下侑食首以旋鮓次暴脯次羊肉雖玉食亦然且一小楪如今人家海味楪之制合以玳瑁而金托之封其兩旁上以黃紙書品嘗官姓名以待進御坐既御合班拜舞用樂伶人自門急趨折檻以兩襘爲作止之節廊下設額襠寘俎于前有肴核曾以銀而厚其唇爲之一耳頗不便於飲上鐫紹興十二年某州所造蓋和議成而舉彌文責之外郡以期速集也每舉酒衹合自東廡入廊餕繼至適盧陵薄子文在旁因言此蓋祖舊制在汴京時天造草昧一日長春節欲盡宴廷紳有司以不素其奏不許令市肆隨其有以進仍詔次序勿改以昭示儉之訓如賜宴貢院前二醆止以果實薦無品食蓋當時市之者未至耳其第三醆亦首以旋鮓云余聞之典儀吏曰宅日戒贊在廷則百官皆稱壽而退無賜食七

十年矣此乃適因其不來而舉行者故竊志之

阜城王氣

崇寧間望氣者上言景州阜城縣有天子氣甚明徽祖弗之信既而方士之幸者頗言之有詔斷支隴以泄其所鍾居一年猶云氣故在特稍晦將爲偏閏之象而不克有終至靖康僞楚之立踰月而釋位遜既僭遂改元阜昌且祈于主者調丁繕治其故甞表鍾者力役彌年民不堪命亦不免於廢也二僭皆阜城人卒如所占云

太歲方位

建隆三年五月詔增修大內時太歲在戌司天監以興作之禁移有司冊繕西北隅藝祖按視見之怒問所繇司天以其書對上曰東家之西即西家之東太歲果何居焉使二家皆作歲且將誰凶司天不能荅於是即日治撤一新之今世士大夫號於達理者毎易一椽覆一簣齗齗拘泥不得即决稽之聖言思過半矣

慶元公議

趙忠定既以議者之言去國善類多力爭而逐韓平原之權遂張公議譁然日有懸書北闕下者捕莫知主名太學生敖器之（陶孫）亦有詩其間曰左手旋乾右轉坤群公相扇動流言狼胡無地歸姬旦魚腹終天痛屈原一死固知公所欠孤忠賴有史長存九原若遇韓忠獻休說渠家末代孫一時都下競傳既乃知其出於器之平原聞之亦不之罪也器之後登進士第今猶在選調中

逆曦月妖

逆曦未叛時嘗歲校獵塞上一日夜歸笳鼓競奏轅載錦韉曦方垂鞭四視時盛秋天宇澄霽仰見月中有一人焉騎而垂鞭與己惟肖問左右所見皆符殊以爲駭嘿自念曰我當貴月中人其我也揚鞭而揖之其人亦揚鞭乃大喜異謀繇是益决德夫兄至蜀安大賓（丙）與之讌親言之夫妄心一萌舉目形似此正與投棓天池者均耳月妖何尤

雲谷雜記

宋　張淏

臚句傳

叔孫通傳群臣朝十月儀設九賓臚句傳按字書聲絶爲句外此無他義云臚句傳者卽傳臚也句字乃衍文故注史記但云傳從上下爲臚而已蘇林注漢書乃析臚句爲二事云上告下爲臚下告上爲告不知何據而云鄭康成儀禮注謂臚爲梟則臚傳蓋梟相遞傳也國語云風聽臚言於市辨妖祥於謡又莊

子有大傳臚傳之語此最可據以一書證林説其妄可知矣

紫蓋黄旗

吴書陳化使魏魏文帝因酒酣嘲問曰吴魏峙立誰將平一海内者乎化對曰易稱帝出乎震加聞先哲知命舊説紫蓋黄旗運旺東南帝心竒其辭又江表傳初丹陽曰玄雲使蜀得司馬徽與劉廙論運命歷數事玄詐增其文以誑國人曰黄旗紫蓋見於東南終有天下者荆揚之君乎六朝以來都於東南故黄旗紫蓋之語文士多引用之雖皆知其爲符瑞事而罕有究其義者李善最號傳洽其注文選紫蓋黄旗之句亦不過引司馬徽書而已予嘗見薛道衡隋高祖功德頌云談黄旗紫蓋之氣恃龍蟠虎踞之險雖知黄旗紫蓋爲氣終以未得其所自爲恨一日讀宋書符瑞志云漢世術士言黄旗紫蓋見於斗牛之間江東有天子氣胸中於是釋然因知讀書不厭於多也

玉帳

杜子美送嚴公入朝云空留玉帳術愁殺錦城人又送盧十四侍御云但促銅壺箭休添玉帳旂王洙於玉帳術句注云兵書也後來增釋者不過曰唐藝文志有玉帳經一卷而已至玉帳旂句則云見空留玉帳術注然玉帳術謂之兵書則可句中無術字則不當引前注蓋洙與增釋者俱不得其詳也按顔之推觀我生賦云守金城之湯池轉絳宫之玉帳又袁卓遁甲專征賦曰或倚直使之遊宫或居貴神之玉帳蓋玉帳乃兵家厭勝之方位謂主將於其方置軍帳

則堅不可犯猶玉帳然其法出於黃帝遁甲以月建前三位取之如正月建寅則巳爲玉帳主將宜居李太白司馬將軍歌云身居玉帳臨河魁戌爲河魁謂主將之帳在戌也非深識其法者不能爲此語

月令字誤

月令仲夏云令民毋艾藍以染毋燒灰鄭氏注爲傷火氣也火之氣於是爲盛火之滅者爲灰按文全無義理若謂傷火氣故仲夏之月令民毋得燒灰則當若古者太原寒食不舉火然後可是可一笑耳季秋

乃有草木黃落乃伐薪爲炭之語意灰字必是炭字但無他據未敢斷以爲是後讀呂不韋春秋十二月記仲夏云無刈藍以染無燒炭高誘注草木未成不欲夭物季秋云草木黃落乃伐薪爲炭注草木節解斧入山林伐林作炭詳二注其義甚曉然則灰當爲炭無可疑已灰炭二字相類一時書寫之誤鄭氏注書之時畧不致審遽任意爲解殊可恨不常之書漢人於文字間多所引用非特記禮者取以爲月令於班固律歷志中伶倫取竹嶰谷等事皆本其書今人罕讀之惜哉

書後押字

方勺泊宅編云東坡就逮下御史獄張安道上書力陳其可貸之狀劉莘老蘇子容同輔政子容曰昨得張安道書不稱名但著押字莘老曰某亦得書尚未啓封令取視之亦押字也其事人罕知故記之予按東觀餘論云唐文皇令群臣上奏任用眞草惟名不得草遂以草名爲花押韋陟五朵雲是也魏晉以來法書至梁御府藏之皆是朱异姚懷珍等題名於首尾紙縫間故謂之押縫或謂之押尾祗是書名耳後

人花押乃以草記其自書故謂押字蓋沿襲此耳唐人及國初前輩與人書牘或只用押字與名用之無異上表章亦或爾近世遂施押字於移檄或不書已名字而別作形模非也又孫公談圃云先朝人書狀簡尺多用押字非自尊也從簡省以代名耳今人不復識見押字便怒則書用押字其來亦久矣劉蘇二公與方勺偶不知之也予頃在武陵於畢文簡公諸孫處見文簡與寇萊公一帖尾用押字押字之下却

有拜荅二字此正以押字代名也景德間士大夫質厚故此風尚存至元豐間相去方七十餘年已爲罕見今固不復有矣

太祖達生知命

太祖創業垂統其睿謀英畧盛烈豐功刻之琬琰照若日星已不待言但達生知命了然不惑親上山陵於優游豫暇之日處分大事於頃刻談笑之間此有唐虞以來未之見也初大祖生於西京甲馬營開寶九年西幸還其廬駐蹕以鞭指其巷曰朕憶昔得一

名馬兒爲戲群兒屢竊之朕埋於此不知在否斸之果然上愛山川形勝樂其土風有遷都之意李懷忠爲雲騎指揮使諫曰東京正得皇居之中黄汴環流漕運儲廩可仰億萬不煩飛輓況國帑重兵宗廟禁掖若太山之安根本不可輕動遂寢議拜安陵奠哭爲別曰此生不得再朝於此也即更衣服弧矢登闕臺望西北鳴弦發矢指矢委處謂左右曰即此乃朕之星堂也以向得石馬埋於中又曰朕自爲陵名曰永昌是歲果晏駕又潛耀日嘗與一道士遊於關河無定姓名自曰混沌或又曰真無與祖宗三人者每劇飲爛醉生善歌能引其喉於杳冥之間作清微之聲時或一二句隨天風飄下推祖宗聞之曰金猴虎頭四真龍得其位至醒詰之則曰醉夢豈足憑邪至膺圖受禪之日乃庚申正月初四日也自御極不再見下詔草澤徧訪之或見於轘轅道中或嵩洛間後十六載乃開寶乙亥歲上巳祓禊駕幸西洛生醉坐於岸陰下笑揖太祖曰別來喜安上大喜亟遣中人密引至後掖恐其遁急回蹕見之一如平時抵掌浩

飲上語生曰我久欲見汝決疑一事無它我壽還得幾多在生但曰過是年十月二十日夜晴則可延一紀不爾則當速措置上酷留之舁泊後苑苑吏或見宿於木末鳥巢中止數日不見嘗切切記其語至所期之夕上御太清閣以望氣是夕果晴星斗明燦上心方喜俄而陰霾四起天地陡變驟降移仗下閤急傳宮鑰開門召開封尹即太宗也延入大寢酌酒對飲宦官宮妾悉屏之但遙見燭影下太宗時或避席有不可勝之狀飲訖禁漏三鼓殿雪已數寸上引拄

斧歡雪顧太宗曰好做好做遂解帶就寢鼻息如雷
是夕太宗留宿禁内五鼓周廬者寂無所聞帝已崩
矣太宗受遺詔於柩前即位逮曉登明堂宣遺詔罷
聲動引近臣環玉晨瞻聖體玉色溫瑩如出湯沐二
事可謂夐絶前古而實錄正史雖粗載登闕臺發矢
事而極簡畧至顧命之詳則皆不記乃雜見於他書
故特表出之

上祭于畢

史記周紀武王上祭于畢馬融云畢文王墓地名也

司馬貞索隱曰按文有上字當作畢星予按後漢蘇
竟傳畢爲天下主網羅無道之君故武王將伐紂上
祭于畢求天助也據此則畢爲畢星甚曉然馬融墓
地之說非矣惜乎索隱不能引此爲証

藏金石刻

秦漢以前字畫多見於鍾鼎彝器間至東漢時石刻
方盛本朝歐陽公始酷嗜之所藏至十卷自既爲䟦
尾又命其子棐提其大要而爲之說曰集古目錄晚
年自號六一居士集錄盖其一也其門人南昌曾公
亦集古篆刻爲金石錄五百卷後來趙公明誠所蓄
尤富凡二千卷其數正倍於歐公渚金石錄三千卷
石林葉公夢得又取碑所載事與史違誤者爲金石
類攷五十卷近時洪文惠公适集漢魏間碑爲隸釋
隸凡四十八卷昭武李公内類其所有起夏后氏竟
五季著於錄者亦千卷號博古圖正訛謬廣異聞皆
有功於後學隸釋復錄其刻文前代遺篇墜敉因得
槩見於方册間此尤可貴也

神道

能改齋漫錄葬者墓路稱神道自漢已然襄陽耆舊
傳光武立蘇嶺祠刻二石鹿挾神道楊震碑首題太
尉楊公神道碑銘爲証予按漢書高惠文功臣表云
戚國侯李信成坐爲大帝承相侵神道爲隸臣又霍
光傳光夢夫人修大其塋制起三幽闕築神道此二
事皆在前當以爲據盖不始於後漢但表所謂神道
疑宗廟之路也

飲茶盛於唐

飲茶不知起於何時歐陽公集古錄䟦於茶之見前

史蓋自魏晉以來有之予按晏子春秋嬰相齊景公時食脫粟之飯炙三弋五卵茗菜而已又漢王褒童約有五陽（一作武都）買茶之語則魏晉之前已有之矣但當時雖知飲茶未若後世之盛也郭璞注爾雅云樹似梔子冬生葉可煮作羹飲茶然茶至冬味苦豈復可作羹飲邪飲之令人少睡張華得之以爲異聞遂載之博物志非但飲茶者鮮識茶者亦鮮至唐陸羽著茶經三篇言茶者甚備天下益知飲茶其後尚茶成風回訖入朝始驅馬市茶德宗建中閒趙贊始興

茶稅興元初雖詔罷貞元九年張滂復奏請歲得緡錢四十萬今乃與鹽酒同佐國用所入不知幾倍於唐矣

門下

門下省掌管詔令今詔制之首必冠以門下二字此制蓋自唐已然傳亮修張子房廟教首曰紀綱唐呂延濟注云紀綱爲主簿之司教皆主簿宣之故先呼之亦由命今出制首言門下是也

櫻桃

櫻桃亦云含桃呂不韋春秋羞以含桃先薦寢廟注云含桃鸎鳥所含食故言含桃櫻桃二字頗爲雅而前輩罕曾引用

木劒

近世官府騶從所持假劒以木爲之號曰木劒隋禮儀志漢自天子至于百姓無不佩刀蔡謨議云大臣優禮皆劒履上殿非侍臣解之蓋防刃也近代以來未詳所起東齊著令謂爲象劒言象於劒又南史陳始興王叔陵傳左右取朝服所佩木劒以進此皆假劒之始然始於佩服而已不知何時遂爲輿衛之飾

溫公得人心

司馬溫公元豐末來京師都人奔競競觀卽以相公目之左右擁塞馬至不能行及謁時相於私第市人登樹騎屋窺之隷卒或止之曰吾非望而君願一識司馬公耳至於呵叱不退而屋瓦爲之碎樹枝爲之折及薨京之民罷市而往吊粥衣以致奠巷哭以道車者蓋以千萬數上命戶部侍郎趙瞻內侍省押班馮宗道護其喪歸葬瞻等還告民哭公哀甚如哭其

私親四方來位歷葬者蓋數萬人而嶺南封州父老相率致祭且作佛事以薦公者其詞尤哀炷香於首頂以送公葬者九百餘人京師民畫其像刻印粥之家置一本飲食必祝焉四方皆遣人購之京師時畫工有致富者蔡京南遷道中市飲食之類及知爲京皆不肯售至於詬罵無所不道州縣護送吏卒驅逐之稍息人之賢不肖於人心得失一至於此兒童謂君實走卒知司馬温公蓋千載一人而已

登聞鼓

文昌雜錄登聞鼓院未知起于何代因讀唐會要顯德五年有抱屈人賫鼓於朝堂訴遂令東西都各置登聞鼓自此始予按世說元帝時張闓私作都門蚤閉晚開群小患之詣州府訴不得理撾鼓公車上奏其表又晉范堅傳邵廣二子撾登聞鼓乞恩又後魏刑罰志世祖闕左懸登聞鼓人窮冤則撾登聞鼓又隋刑法志高祖詔四方詞訟有枉屈縣不理者令以次經郡及州仍不理乃詣闕申訴有所謂愜聽撾登聞鼓是則登聞鼓其來已久非始于唐也呂不韋春秋堯置欲諫之鼓粥子禹治天下門懸鐘鼓鐸磬而置鞀爲名於簨簴曰教寡人以獄詞者揮鞀二事當爲登聞鼓之始

船窗夜話

宋　顧文薦

巫覡致妖

吉贛地近歐粤其俗右鬼父老言巫覡挾邪以登人門妖怪隨至當令絶之

解斷腸草毒

斷腸草形如阿魏葉長尖條蔓生虧三葉以上即死乾者或收藏經久作末食亦死如食未久即以天汁灌可解其毒此草近人則葉動將嫩葉心浸水涓滴

入口即百竅潰血其法急以伏卵不生雛者細研和香油灌之乃盡吐出惡物而甦少遲不可救矣一名胡蔓草余聞醫家言凡中一切毒即以香油飲之無傷予家君嘗於大暑中苦痢諸藥不止以意用乾葛烏梅甘草三味濃煎一碗服之遂愈凡痢疾者腸滑烏梅能澁腸可也蕎骨鯁用犬涎穀芒用鵝鴨涎皆以此意推之

腸金杵臼

孝宗嘗患痢衆醫不效德壽憂之過宮偶見小藥局道中使詢之曰汝能治痢否曰專對科遂宣之至請問得病之由語以食湖蟹多故致此疾遂令胗脉醫曰此冷痢也其法用新米藕節細研以熱酒調服如其法杵細酒調數服而愈德壽乃大喜就以金杵臼賜之乃命以官至今呼為金杵臼嚴防禦家可謂不世之遇

瘡癤

本草王不留行乃剪金花其性熱貼瘡癤以潰膿甚有神効俗謂之金剪刀草余隣人汪彪一日爲沸湯

澆爛膚肉其痛甚殷偶一賣油魏生至亟拾草作藥爛塗傅之痛即定詰之知其爲蛇瘳草須五葉者爲佳此草春而結實如圓鈞者俗傳食之能殺人諺云要死食蛇毒蓋常詢之耆舊言此物不致殺人但能發冷疾耳

桃符

洪平齋新第後上衛王書自宰相至州縣無不掊撫其短大槩云昔之宰相端委廟堂進退百官今日之相招權納賄倚勢作威而已凡及一職必如上式末

俱用而已二字時相怒十年不調洪有桃符云未得之乎一字力只因而已十年閒

後學訓

昔人云腹不飽詩書甚於餒目不接前輩謂之瞽身不遠聲利甚於弃骨不脱俗氣甚於痼瘍敬仲先生曰仕宦以孤寒爲安身讀書以饑餓爲進道居家以無事爲平安朋友以相見疎爲久要理到之言也

錢塘詩

有越僧作錢塘懷古詩云天定終難恃武功不堪雙淚濕東風百年南渡斜陽外十里西湖片雨中燕子來時龍輦去楊花飛徹鳳樓空倚闌曾向西湖望山掩江城霧氣籠

治血悶

陸曮奉化人以醫術行于時新昌徐氏婦病產不遠一百里輿致之門及婦已死但胸堂間猶微熱陸入視之良久曰此血悶也能捐紅花數十斤則可以活主人亟購如數陸乃爲大鍋以煮之候湯沸遂以三木桶盛湯于中取窻格籍婦人寢其上湯氣微又

復進之有頃婦人指動半日遂蘇蓋以紅花能活血故也

偏腸

四明延壽寺一僧自首至臍平分寒熱莫曉所以徧問醫無識者雖以意投藥皆不効街有道人囊藥就市人皆忽之旣出不得已召而問之曰此何疾也道人曰此生偏腸毒也藥之而愈

野人閒話

宋　景煥

前蜀王孟氏一朝人間聞見之事也其中有功臣瑞應朝廷規制可紀之事則盡自史官氏一代之書此則不述故事件繁雜言語猥俗亦可警悟於人者録之編爲五卷謂之野人閒話時大宋乾德三年乙丑歲三月十五日序

班令

蜀後主孟氏諱昶字保元尊號睿文英武仁聖明孝

皇帝道號五簡子承高纂業性多明敏以孝慈仁義在位三紀已來尊儒尚道貴農賤商城内人生三十歲有不識米麥之苗者每春三月夏四月有遊花院者遊錦浦者歌樂掀天珠翠填咽貴門公子華軒彩舫遊百花潭窮奢極麗諸王功臣已下皆置林亭異果名花其傻臺皆此類也自大軍收後蜀主知數運有歸即納欵識者聞之嘉嘆蜀主能文章嘗爲箴誡諸子各令刊刻於坐隅謂之班令

紅梔子花

蜀王昇平嘗理園苑異花草畢集其間一日有青城山申天師入内進花兩粒曰紅梔子種賤臣知聖上理苑囿輒取名花兩樹以助佳趣賜與束帛皆至朝市散於貧人遂不知去處宣令内園子種之不覺成樹兩栽其葉婆娑則梔子花矣其花斑紅六出其香襲人蜀王甚愛重之或令圖寫於團扇或綉入於衣服或以絹素鵝毛做作首飾謂之紅梔子花及結實成梔子則異於常者用染素則成赭紅色甚妍翠其時大爲貴重

火龍

大軍未至前自春及夏無雨蝗大作一旦漢川什仿縣石井中夜有十尺火龍騰躍而出浩浩昇天而去乃至鱗甲首足明耀粲然大風吼天草木皆拔餘燼墜地延燒數百家翌日有一人披髮衣青布袴奔走於街巷中高聲唱言有神人使作無爺無母救你流汗滿面困乏喘氣而口不覺停兩日亦不知所在復又鵶鶻鳴於庭射之不中(俗呼禿秋)故老見之曰此鳥至少主歸命咸康時來此時又來當有興替乎皆秘

而不奏未幾大軍入界

書畫八人

自蜀主好事故藝能之士精於書畫者衆矣沙門曇域學李陽冰篆曇域則申天師門人也工部員外郎昭畮倣韓擇木八分書昭畮乃杜光庭門人僧曉巒攻張草聖曉巒則夢龜弟子皆超木而差肩也獨黄少監金師邊鸞雀竹處士滕昌祐梁廣化野人姜道隱本張藻松石道隱不事譚論不與人交往不冠帶不跪人謂之攩頭相國李昊爲著名道德常任綿竹

山中李司議文才繼閻立本寫眞書畫八人皆妙絶當代野人平生討莊老之書有暇而性好圖龍與忽至即畫百尺之狀縱意揮畫苟不稱意則抹之不啻千餘軀而巳飄飄然雲陰雨景似有蜿蜒之勢擲筆無掌自爲怡逸嘗以爲適意之作亦嘗撰集證筆訣三卷傳於世

靈砂餌胡孫

優旃楊千度者善弄胡孫於闤闠中常飼養胡孫十餘頭會人言語亦可取笑於一時一日内廐胡孫維絶走殿上閧蜀主令人射之不中三日内豎奏千度善弄胡孫試令執之遂詔千度謝恩訖胡孫十餘頭亦向殿上叉手拜揖立内廐胡孫亦舍上竄之千度高聲唱言奉勅把下舍上胡孫來手下胡孫一時上舍齊手把捉内廐胡孫立在殿前蜀主大悦賜千度優緋衫錢帛收係教坊有内臣因問胡孫何以教之似會人言語對曰胡孫乃獸實不會人言語千度常餌之靈砂變其獸心然後可教之内臣深訝所説其事或有好事者知之多以靈砂飼胡孫鸚鵡犬鼠等以教之

食杏仁法

翰林辛寅孫頃年在青城山居其居則古先道院在一峰之頂内有塑像黄姑則六代玄宗之子也一夕夢見召寅孫謂曰汝可食杏仁令汝聰利老而彌壯心力不倦亦資於年壽矣汝可有道性又不終在此須出山佐理當代寅孫夢中拜請其法則與怡神論中者同玄宗孫申天師元有怡神論語卷下卷中有神仙秘方三十首則丼草爲首右食杏仁法次之杏

仁七個去皮尖早晨鹽漱了內於口中久之則盡去其皮又於口中𩞃之逡巡爛嚼和津液如乳汁乃頓嚥但日日如法食之一年必換血令人輕健安泰黄孫遂日日食之至今老而輕健年踰從心猶多著述

旌節花

王侍中處回嘗於私第延接布素之士蓋亦尋藥術神仙之道有道士龐眉大鼻布衣繿縷仙童從後造謁王公於竹葉上大書道士王桃枝奉謁王公從容置酒觀其言論清風颯然甚仰之因曰弟子有志清

閒思於青城山下致小道院居住道士曰未也偶喚山童取鍬細斸階前土尺餘囊中取花子種之令以盆覆土逡巡盆花巳生矣漸隨日長大頃長五尺以來層層有花爛然可愛道士曰聊以寓目適性此仙家旌節花也王公命食不飡唯飲數杯而退曰珍重善爲保愛旋出門失所之後王公果除二節鎮方致仕自後往往有人收得其花種

植杖閒談

宋　錢康功

漢興帝

漢獻帝禪位之歲改元延康蜀後主亡國之歲改元炎興晉愍帝即位之歲改建鄴郡爲建康郡宣和捕朝廷謂端明非本朝殿改官制曰延康殿學士靖康三年今上即位法東漢中興建元之號改曰建炎已酉歲駐驆江寧府以江寧昔號建康寧藩邸王封符合（今上舊封康王）改名建康府三年號者皆出一時所見而

不知乃前代末季之稱也故識者憂之

吳會

平江府州署之南名吳會（黄外反）坊按漢蔡邕傳亡命江海退迹吳會注引會稽高遷事椽爲苗事又諸葛亮說荊州形勢曰東連吳會王羲之爲會稽內史時朝廷賦役繁重吳會尤甚石宗論伐吳之功曰吳會僭逆指言孫氏則吳會當是吳郡與會稽尤言吳越也蓋不獨謂姑蘇今坊名吳會未知何據而然前漢吳王濞傳上患吳會輕悍即吳會也

契丹

契丹使每歲至中國索食料多不時異珍之物州縣挑動公之使　入其境稍深則必索猪肉及胃臟之屬從者莫能曉蓋燕北地產羊俗不畜猪驛司馳騎疲於奔命無日不加箠楚所以困之耳既困程與送伴者飲率盡醉然公翊日乘騎如故初不病酲也蓋取隨行大杯酌勸於伴者不能勝屢至委頓臨别痛飲達旦及敘違馬上幾不能相挹後聞虜中責伴者以失機沙袋擊之至死

談命

臨安中凡在御街中士大夫必遊之地天下術士皆聚焉凡挾術者易得厚獲邇來數十年間向之術行者皆多不驗惟後進者術皆奇中有老於談命者下問後進汝今之術即我向之術何汝驗我若何不驗後進者云向之士大夫之命占得祿貴生旺皆是貴人今之士大夫之命多帶刑煞衝擊方是貴人汝不見今日為監司郡守帥閫者日以殺人為事老者嘆服

薛道衡

薛道衡空梁落燕泥之句詩名昔昔鹽樂苑以為羽調曲玄怪錄此遷蘇三娘唱阿鵲鹽曲又有突厥鹽皇帝鹽白鶴鹽神雀鹽疎勒鹽滿坐鹽歸國鹽唐詩媚賴吳娘唱是鹽更奏新聲刮骨鹽謂之鹽者吟行曲引之類樂府解題謂之枝鼓曲也

東齋記事

宋　許觀

聯句所始

漁隱蔡話曰雪浪齋日記云退之聯句古無此法自退之斬新開闢予觀謝宣城有聯句七篇陶靖節有聯句一篇杜工部有聯句一篇則諸公以先為之退之亦是沿襲其舊退之斬新開闢則非也今攷之漁隱所言亦未為得聯句實起於漢栢梁臺非始於靖節諸人也又何遜李白顏真卿皆有是作亦不特宣

城工部而已

人事物

今人以物相遺謂之人事韓退之奏韓弘人事物狀云奉勅撰平淮西碑文伏緣聖恩以碑本賜韓弘等今韓弘寄絹五百疋與臣充人事物未敢受領謹錄奏聞又杜牧謝許受江西送撰韋丹碑綵絹等狀云中使奉宣聖旨令臣領受江西觀察使許于臯所寄撰韋丹遺愛碑文人事綵絹共三百疋乃知此稱自唐已有之

蒜髮

今人年壯而髮白者目之曰蒜髮猶言宣髮也今蒜髮又通稱而知宣髮少矣宣髮見於陸德明說卦釋文中此固人所知也而蒜髮書傳間或未知見獨本草蕪菁條下有云蔓菁子壓油塗頭能變蒜髮此亦可據也

關羽印

紹興中洞庭漁人獲一印方僅二寸制甚古紐有連環四兩兩相貫上有一大環總之蓋所以佩也魚者

以為金競而訟于官辨其文乃壽亭侯印四字關羽嘗封為漢壽亭侯人疑必羽佩也遂留長沙官庫守庫吏見印上時有光焰囘白于官乃遣人送荆門關羽祠中光怪遂絕淳熙四年玉泉寺僧真慈將獻之東宮印已函而未發或光焰四起衆皆驚愕遂不復獻

無置錐地

今俗謂人之至貧者則曰無置錐之地此語蓋自古有之韓非子云堯無膠漆之約於當世而道行舜無

置錐之地宇内而德結又史記優孟傳孫叔敖爲楚相死其子無立錐之地又後漢郭丹後蜀諸葛亮傳俱有此語

呼臣呼卿

主者稱臣盖是謙卑而已上下通行不特稱於君上之前也如齊太子對醫者文摯云臣以死爭之虢君見扁鵲曰寡臣幸甚呂公謂漢高祖曰臣少好相人高祖謝項羽曰將軍戰河(臣戰河北)南之類是也晉宋間彼此相呼爲卿自唐以來唯君上以呼臣庶士大夫不復敢以稱謂矣

稱萬歲

萬歲之稱不知起於何代商周以來不復可攷呂氏春秋宋康王飲酒室中有呼萬歲者堂上悉應戰國策馮驩燒債劵民稱萬歲藺相如奉璧入秦秦王大喜左右皆呼稱萬歲韓非子巫覡之祝人曰使君千秋萬歲之聲聒耳新序梁君出獵歸入廟中呼萬歲曰幸今日也紀信乘黄屋載左纛曰食盡漢王降楚呼萬歲陸賈奏新語左右皆稱善呼萬歲漢武帝登嵩高呼萬歲者三元帝送許后入太子家謂左右酌酒賀我左右呼萬歲馮異傳趙臣將兵助異并送縑穀軍中皆稱萬歲王望曰今日雖擊牛釃酒勞饗軍士皆稱萬歲伏王馬授封侯乃首請上雅壽掾史皆稱萬歲吳茸寧入魏營斬數十級還入營作鼓吹稱萬歲是則慶賀之際上下通稱之初無禁制不知自何時始專爲君之祝也

崔豹

韓子倉書崔豹古今注後云崔豹漢魏閒人也嘗干

戈擾攘時能自見於翰墨雖小道亦足觀士生無事時圓冠方履飽食嬉戲亦足愧矣予按劉孝標世說注云晉百官名崔豹字正能燕國人惠帝時官至太傅是則非漢末魏都間人蓋子蒼初不得其詳以意度其爲是時人故不免於悞

斷屠

高承事物紀原唐刑法志武德二年詔斷屠日不行刑會要曰武德二年正月二十四日詔自今以後每年正月五月九月及每月十齋日並斷屠按此則斷

屠之始起于唐高祖也承所紀非也隋高祖仁壽二年詔六月十三日是朕生日宜令海内爲武皇帝后斷屠則此制隋已有之不始於唐已

有功漢書

劉歆顔游春有功於漢書葛洪云洪家世有劉子駿漢書百卷歆欲撰漢書編錄漢事未得締構而亡故書無宗本止雜記而已試以此考校班固所作殆是全取劉書有小異同耳固所不取不過二萬許言顔游春師古之叔也嘗撰漢書決疑十二卷時稱爲大

顔後師古爲太子承乾注班書多資取其義是二公有功於漢書多矣今日但知班固師古而已知歆及游春者鮮故予因表出之以示好事者游春有唐史畧載於師古傳末其詳則見於顔眞卿集

檄書露布所始

文章緣起漢陳琳作檄曹操文謂檄文起於琳也以文心雕龍攷之巳有張儀檄楚書隗囂檄亡新文矣又司馬相如喻蜀文文選作喻蜀檄文則檄不始於陳琳隋禮義志後魏每攻戰尅捷欲天下知聞乃書帛建於竿上名爲露布其後相因施行如隋志所言則露布始見於後魏時事物紀原引世說袁虎倚馬爲桓溫作北伐露布見於晉二者俱未爲得漢賈逵爲馬超作伐曹操露布自後漢巳有之豈書帛揭竿實自後魏始耶然露布之語其來亦久矣漢官儀凡制書皆璽封唯赦贖令司徒印露布要郎此也

竹之異品

竹之異品頗多成都古今記云對青竹竹黄而溝青故每節若間出云此竹今浙中亦有之唯會稽頗多

彼人呼黄金間碧玉辰州有一種小竹曰龍孫竹生山谷間高不盈尺細僅如針凡所以爲竹無不具前輩詩有小竹如針能具體即此也武陵桃源山有方竹四面平整如削堅勁可以爲杖子頃在湖湘間見有以竹爲桶者其徑幾二尺羅浮山記云第三峯有竹大徑七尺圍節長丈二葉若芭蕉名龍公竹松窻雜錄有異竹篦長二百餘尺玉篇云籌竹甚可爲舟龍公竹及籌竹雖未親覩以前所見推之詎不可信哉

佛書

佛書見於中國世謂起於後漢明帝時今攷之蓋明帝之前既有劉向列仙傳曰歷覩百家之中以相撿驗得仙者百四十六人其七十四人已在佛經霍去病傳收休屠登天金人張晏曰佛徒祀金人也顔師古曰今佛像是也漢武故事曰昆邪王殺休屠王以其衆來降得其金人之神置之甘泉宮金人皆長丈餘其祭不用牛羊惟焼香禮拜上使依其國俗祀之魚豢魏畧西域傳曰哀帝元壽元年博士弟子景盧

受大月氏王使伊存口傳休屠經此皆明帝未遣使取經之前也使明帝之前未有佛書則傅毅對明帝所言何從而得之隋書經籍志云其書久已流布遭秦之世所以湮滅其説必有所據也

刀耕火種

沅湘間多山農家惟植粟且多在岡阜每欲布種時則先伐其林木縱火焚之俟其成灰即布種於其間如是則所收必倍盖史所言刀耕火種也

鐘鳴漏盡

今言人之衰老者則曰鐘鳴漏盡隋柳彧傳伏見詔以上柱國和平子爲杞州判史其人年垂八十鐘鳴漏盡老令判舉所損殊大人皆以此言始於彧非也田豫爲并州刺史遷尉衛年老求遜位司馬仲達以爲豫克壯書諭未聽豫荅書曰年過七十而以居位譬猶鐘鳴漏盡而夜行不休是罪人也當以此爲始豫書見於魏書本傳

孝宗聖德

初隆佑太后升遐時朝廷欲建山陵兩浙漕臣曾公

卷謂帝陵寢今存伊洛不日復中原即歸伏矣宜以攢宮爲名僉以爲當遂卜吉於會稽民間塚墓有附近者往往多徙而之佗高宗思陵興役之際孝宗嘗密敕無得輒壞人墳墓其愛人恤物一至如此文王之澤及朽骨未足多也

二赤松

赤松子有二其一神農時爲雨師服水玉龍入火不燒即張子房從之游者事見劉向列傳其一則晉之皇初平常牧羊忽見一道士將至金華山石室中後

服松脂茯苓成仙易姓爲赤曰赤松子即此石爲羊者事見葛洪神仙傳今婺州金華山赤松觀乃其飛昇之地

謚號

傳曰古者生無爵死無謚謚法周公所爲謚者行之迹也累積平生所行事善惡而定其名也是必死後方有謚今攷之亦有不然者如楚熊通自立爲楚武王趙佗自稱爲南越王蜀杜禹自號望帝此固顯然自爲稱號者也若周公謂伯禽曰我文王之子武王

東齋記事　八　九

之弟成王之叔父伍子胥謂楚使者云報汝平王欲國不滅釋吾父兄吳越春秋云是時周之成王楚之平王皆生存已有此稱此皆不可曉者劉向說苑攷成王作今王楊倞釋荀子謂成王乃後人所加正以生存不當有謚爲疑故臨文未免遷就其說

五大夫

泰始皇下泰山風雨暴至休於樹下因封其樹爲五大夫初不言其爲何樹也後漢應劭作漢官儀始言爲松葢松栢在泰山之小天門至邵時猶存故知其爲松也五大夫葢秦爵之第九級如曹參賜爵七大夫遷爲五大夫是也後人不解遂謂松之封大夫者五故唐人松詩有不羨五株封之句葢循襲不攷之過也紹興上虞縣有村市曰五夫故老云有焦氏墓於此後五子皆位至大夫因而得名近世好事者或異其說曰此秦封松爲五大夫之地也紹興間王十朋爲郡幙官採訪所聞作會稽風俗賦得此遂以爲然故賦中有楓挺千丈松封五夫之句疏於下云上虞有地名五夫始皇封松爲五大夫之處葢越人但

東齋記事　八　十

知始皇嘗上會稽刻石頌德不知封松乃在太山時非在會稽時也而十朋復失於致審遂以爲實余嘗過其處見道旁古石塔有刻字嘗可讀乃會昌三年余珠所記云草市曰五夫因焦氏立塋於此孝感上聖而爲名焉乃知五夫之名實由焦氏惜乎十朋之不見也

禮部韻

古者字未有反切故訓釋者但曰讀如某字而已至魏孫炎始作反切其實出於西域梵學也舟從聲韻

日盛宋周顒始作四聲切韻行於時梁沈約又撰四聲譜以爲在昔詞人累千歲而不悟而獨得胸襟窮其妙旨自謂入神之作繼是若夏侯該四聲韻畧之類紛然各自名家矣至唐孫愐始集爲唐韻諸書遂爲之廢本朝眞宗時陳彭年與晁迥戚綸條貢舉事取字林韻集韻畧字統及三蒼爾雅爲禮部韻凡科場儀範悉著爲格又景祐四年詔國子監以翰林學士丁度修禮部韻畧頒行初崇政殿説書賈昌朝言舊韻畧多無訓解又疑單聲與重疊字不韻義理致

舉人詩賦或誤用之遂詔度等以唐諸家韻本刊定其韻窄者凡三十處許令附近通用疑單聲及叠出字皆於字下注解之此葢今所行禮部韻也吴曾漫錄嘗論景祐修韻畧事既不得其始徒屑屑於張希文鄭天休修書先後之辨爾予因嘆近時小學幾至於廢絶遂摭聲韻之本末備論於此庶覧者得以攷云

堯九男

孟子曰堯使九男二女以事舜於畎畝之中趙岐注云堯典曰釐降二女不見九男獨丹朱以徹嗣之子釐不以距堯求禪其餘八庶無事故不見於堯典予按吕不韋春秋云堯有子十人而與舜貴公也然自丹朱之外不特八庶子而已皇甫謐帝王世紀云堯娶散宜氏之女曰女皇生丹朱又有庶子九人其數正與不韋春秋合葢使事舜時朱以的子故不在所遣中趙岐云八庶葢未之攷耳

二洪崖先生

洪崖先生有二其一三皇時伶倫得仙者號洪崖神

仙衛叔卿與數人博戲於華山石上其子度世曰不審與父並坐者誰也叔卿曰洪崖先生許由巢父耳郭璞詩左挹浮丘袖右拍洪崖肩即此是也其一唐有張氳亦號洪崖先生按本傳又豫章職方乘云氳晉州神山縣湛露殿十六年洪州太疫氳至施藥病者立愈州以上聞玄宗意其爲氳驛召之果氳也常服烏方帽紅蕉衣黑犀帶跨白驢從者負六角扇垂雲笠鐵如意往來市間人莫知其歲耳今人好圖其像者即此是也豫章有洪崖葢古洪崖得道處也後

張洪崖亦至其處

阿堵

顧真子錄古今之語大都相同但其字各別耳古所語阿堵乃今所語兀底也王衍口不言錢家人欲試之以錢繞床不能行因曰去阿堵物謂口不言去却錢但云去却兀底耳後人遂以爲阿堵物眼爲阿堵中皆非是蓋此阿堵同一意也予按晉人所稱不止此兩事而已殷浩見佛經云理亦應阿堵上桓溫止新亭大陳兵衛呼謝安及王坦之欲於坐害之安舉

目徧歷溫左右衛士謂溫曰安聞諸侯有守在四隣明公何須壁間著阿堵輩溫笑曰正自不能不爾若更以二者爲證其義尤見分明

後漢人亦有二名字

歐陽公集古錄目楊震碑陰題名跋云此碑所書河間賈伯錡博陵劉顯祖之類凡百九十人疑其所書皆是字爾蓋後漢時見於史傳者未嘗有名兩字者也予按前漢書　傳王莽秉政令中國不得有二名因使使者以風單于宜上書慕化爲一名漢必加

重賞單于從之上書言幸得備藩臣竊樂太平聖制臣故名囊知牙斯今謹更名曰知莽大悅白太后遣使者荅諭厚賞賜焉當莽時故有禁既光武即位以來士大夫相循襲復名者極少但不可謂無也蘇不韋字公先有傳附於蘇章傳後孔僖二子曰長彥季彥又有劉騊駼嘗與劉珍校定東觀書謝承漢書有云中丘李智名靈彥郭太傳有張孝仲范特祖召公子許爲康司馬威此數人者出於芻牧置郵屠沽卒伍决非以字行者其爲名無可疑如此之類見於書

傳中今可攷也

酒名齊物論

唐子西謫居惠州嘗醞酒二種其和者名養生主稍勁者爲齊物論

澹山雜識

宋　錢功

族婿兇虐

余有族叔景直供奉取宗室女屢殺婢使元符中直爲郵酒家官余曾飯于其家見婢子二人出執酒器口豁逾寸耳垂及項面目淋漓腰背傴僂眞地獄中囚徒也駭汗不能食亟出謂叔曰何致若此直但太息不敢言明年聞猝死乃夫又移其長子至與其婿同載歸其婿乃宗室子是其親姪也自高郵攬載客貨并客之二婢至穀熟風雨夜投入汴河其事後聞

全家死獄中婿亦鎖之云

蠅子水心亭

張文潛喜飲酒能及斗余每過先君未嘗不醉吾家酒器惟銀葵花最大幾容一升一日先君以盤盞飲之潛意不快謂先君曰願借水心亭飲之先君卽命換盞且問文潛所以名文潛曰飲必有餘瀝蠅子正飛在殘盞上豈非人之水心亭乎坐客皆大笑

産鯉魚

余爲海州太守或云郡門外有魚户飯店家一婦産鯉魚十四頭相續而出極爲痛楚生畢而斃魚獨無恙予初未之信臨行飲于天寧正見其夫爲作齋呼來問之信然

維揚無燕子

余自少年愛維揚欲卜居自兖守罷遂集室于揚亦旣五年忽春深巢燕不歸竟以疑之黙訪諸寺觀州宅皆不至不二年一城丘墟矣

獄囚自脱枷杻

謝賓文景溫初任爲獄官忽倉皇自外入急闔中門

家人問之乃但云有囚善作法也自脱去枷杻勢必見害其家一老僕告之曰可速往取筆搨子搨其兩中指復杻之必無能爲景溫亟出用其言賊遂不能神

東坡借磚

某年十三歲時見東坡過先君具言世有豪傑之士隱而不見于世者余鄉隱居君子余失其姓名世居眉山之中坡卽葬時會期日巳迫而墓磚未足謀之

於人皆曰當往見此君則立可辦也但多游獵又所居山林貿絶未易見試往圖之東坡凡兩日始得至其居又俟至日暮吾伏于道左方見其從數騎歸乃鏊少年也既下馬始通謁少年易服出迎於門外執禮無違坐定問其所以東坡具以告少年日易事爾請具飯且宿于此當令如期辦所須少頃數青衣童跪進盤餐皆今日所擊之鮮也進酒數大白飲啖旁若食兼數人飯畢始從容從榻翌日遣僕馬送坡下山三日無耗明日且下手破土坡甚疑悔欲罪元告

者是夕至晚磚猶無一口至者明曉視其墓地之側則五萬口斬斬然羅列矣衆皆驚歎畢再往謁謝卒不得見送所直亦不得達豪哉

龐安時

龐安時蘄州蘄水人也隱於醫四方之請者日滿其門安時亦饒於田産不汲汲於利故其聲益高余嘗見其還自金陵過池陽先君命余往謁之隨行四五大官舟行李之盛侔部使者一舟所載聲樂也一舟錙重也一舟厨傳也一舟諸色技藝人無不有也然其人自適不肯入京醫之妙亦近世所無也

坦齋通編

宋　邢凱

晝當作畫

孟子去齊宿於晝晝當作畫字之誤也按史記田單傳聞畫邑人王蠋賢劉熙註畫音獲齊西南近邑也後漢耿弇討張步進軍畫中遂攻臨淄按之即此可證

註書未是

左傳昭公二十四年萇弘引泰誓曰紂有億兆夷人

亦有離德予有亂臣十人同心同德杜預注云今泰誓無此語按泰誓中篇實有之但離心離德改爲亦有離德耳預豈偶忘之耶

執氷而踞

左傳執氷而踞杜預以氷爲箭筩初疑其不然及觀詩大叔于田抑釋棚忌註棚氷所以覆矢鬯弓師古釋文棚音氷所以覆矢也馬氏云櫝員蓋也今韻畧註云箭房之蓋棚通作氷知預之說爲有據也

郭公

春秋書夏五郭公人皆以爲闕文夏五固無可疑至郭公胡氏以爲郭亡盖齊威有郭何故亡之問父老有善善惡惡之對然以公爲亡疑其未然按春秋書有蜚有蜚謂昔無而今有也至盞之一字僖文宣哀之世凡六書之而無它說以此爲例恐郭公亦止是一物直書之以記異爾本草布穀一條江東呼爲郭公豈此物邪

顏孟十哲

顏孟十哲子雖齊聖不先父食顏回曾參子也享于

殿上顏路曾皙父也貌于廊廡沒而有知其歆祀乎子思師也而列于下孟軻門弟子也而坐于上亦其可乎宜別立室祀顏路曾皙子思庶存名分

改易地名

詩人好改易地名以就句法如大孤山旁有女兒港小孤由對岸有澎浪磯韓子蒼詩小姑已嫁彭郎去大姑常隨女兒住四者之中所不改者女兒港耳蜀大散關有喜歡鋪東坡入贛詩人遇喜歡來遠夢地名皇恐泣孤臣自下而上第一灘在萬安縣前名黄

公灘坡乃更爲皇恐以對喜歡盧陵志二十四灘坡詩乃云十八灘頭一葉身亦非也

伏波

作詩文之類如用馬援字但以伏波則不可須加一馬字乃是葢前漢已有路博德爲伏波將軍矣見史記衛青傳從霍驃騎軍有功封符離侯

古今涓日

古今涓吉外事用剛日內事用柔日如甲子爲剛乙丑爲柔至爲簡易甲午治兵壬午大閱吉日庚午既

差我馬皆外事也故用剛丁丑蒸巳丑嘗凡祭之用丁用辛內事也故用柔日然社祭用甲郊以日至亦不拘也後世術家既多互相矛盾褚先生云武帝聚會占家問某日可娶婦乎五行家曰可堪輿家曰不可又有建除叢辰天人太乙曆家凡七種所言吉凶相半制曰避諸死忌以五行爲主今觀諸曆一日之內有吉有凶當如武帝主一家可也鄭鮮之啓宋武明旦見蠻人是四廢荅曰吾初不擇日此亦可廢見殷芸小說

西方聖人

列子述孔子曰西方有聖人佞佛者以爲指釋氏而言皆妄也國語姜氏曰西方之書有之曰懷與安實疾大事汪云周詩誰將西歸西方之人皆謂周也予謂孔子果有是言謂昔文王也於佛何與至王通直指佛爲西方聖人其學可知矣

巫覡致妖

吉贛地近歐粤其俗右鬼父老言巫覡挾邪以登人門妖怪隨至當令絕之因觀漢武惑欒大之術至封

侯賜第大夜祠於家將以下神神未至而百鬼集乃信父老之言不誣

刑天

洪內翰語靖節詩刑夭無千歲當作刑天舞干戚字之誤也周益公辨其不然按段成式雜俎天山有神名刑天黃帝時與帝爭神帝斷其首乃曰吾以乳爲目臍爲口操戈戚而舞不止則知洪說爲是

干姓

干于皆姓也干古寒切千姓編云望出滎陽潁川朱

有干犨晉有干寶著搜神記干本姓邗周叔王邗叔之後子孫去邑爲干漢有干定國魏將軍干禁望出東海河南是干與于爲二姓甚明今晉書干寶傳著于作于文選晉武革命論則云干令升諸書引搜神記則云于寶周禮記則云于寶字畫之差相承之久遂至無辨良可嘆也

桃源手聽

宋　陳賔

制敵

嘗論戰守和皆應敵之具而非制敵之本本乃在夫可以戰可以守可以和者此爲實其腹心而運用四支之道也蓋盡吾所以治中國者則戰之中有和有守守之中有和有戰和之中亦有戰有守如環無端迭相爲用其變不同則其所以應之者亦不一要令制敵在我而其力常有餘欲戰則爲唐太宗欲守則

爲漢光武欲和則爲漢文帝如斯而已苟惟先外而後内執一而廢二以橐兵爲戰以畫地爲守以解弛爲和則戰乃秦氏隋氏之戰守乃朱梁之守而其和乃石晉之和矣此刻舟守株之論不通之甚也

詔市牛筋

孝宗朝詔婺州市牛筋五千斤時侍郎李椿字翁爲守奏一牛之筋才四兩今必求此是欲屠二萬牛也上悟爲收前詔

駢語

八萬四千母陀羅臂示現衆生煩惱林三十二應具足妙身成就無量功德海

自作墓銘

白樂天自作醉吟先生傳醉吟先生墓誌銘

東坡書扇

東坡爲錢塘縣時民有訴扇肆負錢二萬者逮至則曰天久雨且寒有扇莫售非不肯償也公令以扇二十來就判事筆隨意作行草及枯木竹石以付之才出門人競以千錢取一扇所持立盡遂悉償所負

論筆

尖齊圓健禿偏弱

開肘爲一弓

薩波多論云西天度地以開肘爲一弓去村店五百弓不遠不近以閑散處爲蘭若今若以唐尺計之度二里許也 通鑑費氏本唐武帝記

春雪詩

南昌士人周伯仁和人春雪詩照天不夜梨花月落地無聲柳絮風

宗室

有服宗室爲宗室無服宗室子

史越王歸里

史越王罷相歸里經從慈溪邑宰蔣鶚遠迎既見邑吏而下皆參羅拜庭下越王答拜蔣宰局脊請免王曰閤下與之有名分某與之爲鄉曲

座右銘

張德遠座右銘云夫血氣不可以勝人勝人者理也剛不可屈物屈物者柔也懷疑於人人未必疑而已

先疑矣逆詐于人人未必詐而已先詐矣揚人之善人將揚其善掩人之惡人將掩其惡待我以不誠而我應之以誠則彼自媿犯我以非禮而我服之以理則彼自服我以容人則易人以容我則難望人太深則生怨察物太明則取憎

蹠柳

壬辰二月三日在金陵預閲字顯忠兵馬司最後折柳環插毬場軍士馳馬射之其矢鏃濶於常鏃畧可寸餘中輒斷之名曰蹠柳其呼蹠若詐聲樞帥洪公

語予曰何始予曰始蹛林故事耶漢書匈奴傳秋馬肥大會蹛林服虔曰蹛音帶師古曰蹛者繞林而祭也鮮卑之俗自古相傳秋天之祭無林木者尚植柳枝衆騎馳繞三周乃止此其遺法按此即予言有證其相馳蹛之外加弓矢爲則又益文矣

筆法

錢鄧州若水嘗言古之善書鮮有得筆法者唐陸希聲得之凡五字擫押鉤抵格用筆雙鉤則點畫遒勁而盡妙矣謂之撥鐙法希聲自言昔二王皆傳此法

自斯公以至陽冰亦得之希聲以授沙門䛒光䛒光入長安爲翰林供奉希聲猶未達以詩寄䛒光曰筆下龍蛇似有神天池雷雨變逡巡寄言昔日不龜手應念江頭洴澼人䛒光感其言因引薦希聲於貴倖後主宰相刁衎言江南後主得此法書絶勁復增二字曰導送今待詔尹熙古亦得之時所書爲一時之絶李無惑工篆亦得其法査道始習篆患其體勢柔弱熙古教以此法仍雙鉤用筆經半年始熟而篆體勁直甚佳

小篆

李無惑同安人善小篆爲翰林待詔蓋斯公陽冰之後未見其比徐鉉鄭文寶査道高紳端妙又過於陽冰士大夫家藏之以爲寳

韋居聽輿

宋　陳直

狀元兆

福州舊有讖云獅兒走狗吼狀元在門首皆莫曉至黃朴賜第之年九日其家相對屋上瓦獅墮地群犬走而吠之已而黃魁天下

文公葬

朱文公之葬衡棺術家云斯文當不墜丁卯臘月三日過湖州守孔應得說文公初至劉夫人家因為壽

藏嘗叩之名術者有龍歸後唐之兆繇一日至麻龍歸賭十木牌自山溪販至者問其所從來以從唐沙鎮對遂令導往果得奇境

盤溝大聖

蘇州承天寺西廡後普賢院有神曰盤溝大聖神濟州盤溝民沈翁父業塑尤工甫嬰孩翁死嫗語其子我不作福汝父以貧喪奈何因發願飯僧詰朝即有來者自是不輟以及一紀或於別次謝其不倦且叩所業出一把粟受其子曰以是塑佛像像置一粒於中有禱者擎出祝吉則拜凶則否一藥取錢一百二十日售數人毋使移請若所禱輒之於家其像常州無錫徐侍郎梓官濟得以歸後人承天供奉無間也閱歲已百靈響如昔先帝嘗宣像入內賜僧牒二以之雙井之黃酒為記其像為聖相高可尺許製甚朴而神采欣悅如生乞塑者莫比

埋祭

相州新安祠壘嵐皆用埋葬或以為異康植守廣德不為信至用郡印印其封翊日發視無有或以為見

異物恐未必然此蓋周禮以貍死祭山林川澤注云祭山林曰埋祭川澤曰沈然則尚矣

惜牛得壽

溫州平陽有蕭寺丞震少夢神人告以壽止十八至十七歲父帥蜀不欲從詰之以夢告父父以茫昧强之行至郡有盛集蜀俗主帥治任大宴酒三行例進玉筯羮每取乳牸烙鐵鑽其乳而出之乳凝筋上以為饌蕭子偶至庖見繫牛即知其故亟以白父索食牌判免此味蕭又乞增禾字於其上已而復夢神言

有陰德不獨免夭可望期頤果至九十餘

受刑無血

景僧錄受刑無血通鑑宋景平元年魏陷虎牢先泄城中井人馬渴乏被創者不出血又聞李廷芝死亦無血

夫人妬

周益公夫人妬有媵公盼之夫人縻之庭公過之當暑媵以渴告公以熟水酌之夫人窺于屏曰好個相公爲婢取水公笑曰獨不見建義井者乎

仇池筆記

宋 蘇軾

月蝕詩

玉川子月蝕詩以蝕月者月中蝦蟇也梅聖俞作日蝕詩以食日者三足烏也此因俚說以寓意戰國策日月晹暉於外其賊在内則俚說亦舊矣

平中宮

杜子美詩自平中宮呂太一世不能解其意而妄者以爲唐有平中宮偶讀玄宗實錄有中官呂太一叛於廣南杜詩云自平中宮呂太一下文有南海收珠之句見書不廣輕改文字鮮不爲笑

陽關三疊

舊傳陽關三疊今歌者每句再疊而已若通一首又是四疊皆非是每句三唱以應三疊則叢然無復節奏有文勛者得古本陽關每句皆再唱而第一句不疊乃知唐本三疊如此樂天詩云相逢且莫推辭去聽唱陽關第四聲第四聲者勸君更盡一杯酒也以此驗之若一句再疊則此句爲第五聲今爲第四聲

則第一何不疊審矣

記天心正法呪

王君善書符行天心正法爲里人療疾驅邪僕嘗傳此呪法當以傳王君其辭曰汝是已死我我是未死汝汝若不吾祟吾亦不汝苦

吸蟾蜍氣

富彥國在青社河北大饑民爭歸之有夫婦襁負一子棄之道左空家中而去後歸鄉過此家欲取其骨則兒尚活肥健於未棄時家中有大蟾蜍如半輪氣

咻咻然意兒呼吸此氣故不食而健自爾遂不食年六七歲肥理如玉其父抱兒來京師以示兒醫張荊筐張曰物之能蟄燕蛇蝦蟇之類是也能蟄則不食而壽千歲若聽其不食不娶則得道矣父喜携去今不知所在

獲古鏡

元豐中余自齊安過古黄州獲一鏡其銘云漢有善銅出自白陽取鑄爲鏡清明而光左龍右龍輔之兩傍其字如菽大篆款甚精妙白陽疑白水之陽其銅黑色如漆照人微小古鏡皆然此道家聚形之法也

井花水

時雨降多置器廣庭中所得甘滑不可名狀瀹茶煮藥皆美而有益其次井泉甘冷者乾以九二化坤坤以六二爲坎故天一爲水人能服井花水甘潔與服石硫黄鍾乳等非其人服之亦能發背腦爲疽又分至日取水儲之後七日輒生物如雲母狀

勃遜之

勃遜之會議於潁或言洛人善接花歲出新枝而菊品尤多遜之曰菊當以黄爲正餘可鄙也昔叔向聞

鬷蔑一言得其爲人予于遜之亦云

禁同省往來

元祐元年余爲中書舍人時執政患本省事多漏洩欲於舍人廳後作露籬禁同省往來余曰諸公應須簡要清通何必栽籬插棘諸公笑而止明年竟作之暇日讀樂天集有云西省北院新構小亭種竹開窗東道騎省與李常侍窗下飲酒作詩乃如唐時得西掖作窗以通東省而今日本省不得往來可嘆也

張平叔制詞

樂天行張平叔戶部侍郎判度支制誥云吾坐而決事丞相以下不過四五而主計之臣在焉以此知度制主計盍坐而論事也不知四五者悉何人乎叔議鹽法至爲刻剝事見退之集今樂天制誥亦云計能析秋毫吏畏如夏日其人必小人也

賀下不賀上

賀下不賀上此天下通語士人歷官一任得外無官謗中無所愧於心釋肩而去如大熱遠行雖未到家

得清凉館舍一解衣漱濯已足樂矣況於致仕而歸脫冠珮訪林泉顧平生一無可恨者其樂豈可勝言哉余出入文忠門最久故見其欲釋位歸田可謂切矣他人或苟以藉口公發於至情如飢者之念食也顧勢有未可者耳觀與仲儀書論可退之節三至欲以得罪病而去君子之欲退其難如此可以爲進者之戒

書李若之事

晉方技傳有韋虛者父母使守稻牛食之虛見而不驅牛去乃理其殘亂者父母怒之虛曰物各欲食牛方食奈何驅之父母愈怒曰卽如此何用理亂者爲虛曰此稻又欲得生此言有理虛固有道者耶呂猶母足得痿痺病十餘年虛療之去頃數步坐瞑目寂然有頃曰扶起夫人坐猶曰夫人得疾十年豈可倉卒令起耶虛曰且試扶起兩人夾扶而立少頃去夾者遂能行學道養氣者至足之餘能以氣與人都下道士李若之能之謂之布氣吾中子迨少羸多疾若之相對坐爲布氣迨聞腹中如初日所照溫溫也蓋

若之曾遇得道異人於華岳下云

記道人問眞

道人徐問眞自言濰州人嗜酒狂肆能啖生葱鮮魚以指爲鍼以土爲藥治病良有驗歐陽文忠公爲青州問眞來從公游久之乃求去聞公致仕復來汝南公常館之使伯和父兄弟爲之主公常有足疾狀少異醫莫能喻問眞教公汲引氣血自踵至頂公用其言病輒已忽一日求去甚力公留之不可曰我有罪我與公卿游我不復留公使人送之果有冠鐵冠丈

夫長八尺許立道周俟之問真出城顧村童使持藥筍行數里童告之求去問真於髻中出小瓢如棗大再三覆之掌中得酒滿掬者一以飲童子良酒也自爾不復知其存亡而童子徑發狂亦莫知其所終軾過汝陰公具言如此其後貶黃州而黃岡縣令周孝孫暴得重腿疾軾試以問真口訣授之七日而愈元祐六年十一月二日與叔弼父季默父夜坐話其事事復有甚異者不欲盡書然問真要爲異人也

記羅浮異死

有官吏自羅浮都虛觀游長壽中路覩見道室數十間有道士據檻坐見吏不起吏大怒使人詰之至則人室皆亡矣乃知羅浮凡聖雜處似此等異境平生修行人有不得見者吏何人乃獨見之正使一凡道士見已不起何足怒吏無狀如此得見此者必前緣也

東坡昇仙

吾昔謫黃州曾子固居憂臨川死焉人有妄傳吾與子固同日化去且云如李長吉時事以上帝召他時先帝亦聞其語以問蜀人蒲宗孟且有歎息語今謫海南又有傳吾得道乘小舟入海不復返者京師皆云兒子書來言之今日有從黃州來者云太守何述言吾在儋耳一日忽失所在獨道服在耳蓋上賓也吾平生遭口語無數蓋生時與韓退之相似吾命在斗間而身宮在焉故其詩曰我生之辰月宿斗直且曰無善聲以聞無惡聲以揚今謗我者或云死或云仙退之之言良非虛爾

冲退處士

章詧字隱之本閩人遷於成都數世矣善屬文不仕晚用太守王素薦賜號冲退處士一日夢有人寄書召之者云東岳道士書也明日與李士寧游青城濯足水中詧謂士寧曰脚踏西溪流去水士寧荅曰手持東岳寄來書詧大驚不知其所自來也未幾詧果死其子禩亦以逸民舉仕一命乃死士寧蓬州人也語黙不常或以爲得道者百歲乃死常見余成都曰子甚貴當策舉首已而果然

記鬼

泰太虛言實應民有以嫁娶會客者酒半客一人竟起出門主人追之客若醉甚將赴水者主人急持之客曰婦人以詩招我其辭云長橋直下有蘭舟破月衝烟任意游金玉滿堂何所用爭如年少去來休倉皇就之不知其爲水也然客竟亦無他夜會說鬼參寥舉此聊爲之記

李氏子再生説冥間事

戊寅十一月余與儋耳聞城西民李氏處子病卒兩日復生余與進士何旻同往見其父問死生狀云初

昏若有人引去至官府幕下有言此誤追庭下一吏云可且寄禁又一吏云此無罪當放還見獄在地窟中隧而出入繫者皆儋人僧居十六七有一嫗身皆黃毛如驢馬械而坐處子識之蓋儋僧之室也曰吾坐用檀越錢物已三易毛矣又一僧亦處子鄰里死已二年矣其家方大祥有人持盤飧及錢數千云付其僧僧得錢分數百遺門者乃持飯入門去繫者皆爭取其飯僧飯所食無幾又一僧至見者擎跪作禮僧曰此女可差人速送還送者以手擘墻壁使過復見一河有舟使登之送者以手推舟舟躍處子驚而寤是僧豈所謂也藏菩薩耶書此爲世戒

道士張易簡

吾八歲入小學以道士張易簡爲師童子幾百人師獨稱吾與陳太初者太初眉山市井人子也余稍長學日益遂第進士制策而太初乃爲郡小吏其後余謫居黃州有眉山道士陸惟忠自蜀來云太初已尸解矣蜀人吳師道爲漢州太守太初往客焉正歲日見師道求衣食錢物且告别持所得盡與市人貧者

反坐于戟門下遂卒師道使卒舁往野外焚之卒罵曰何物道士使吾正旦舁使人太初微笑開目曰不復煩汝步自戟門至金鴈橋下趺坐而逝焚之舉城人見烟焰上眇眇焉有一陳道人也

辨附語

世有附語者多婢妾賤人否則衰病不久當死者也其聲音舉止皆類死者又能知人客事然皆非也意有奇鬼能爲是耶昔人有遠行者欲觀其妻於已厚薄取金釵藏之壁中忘以語之既行而病且死以告

其僕既而不死忽聞空中有聲眞其夫也曰吾已死以爲不信金釵在某處妻取得之遂服喪其後夫歸妻乃反以爲鬼也

治眼齒

歲日與歐陽叔弼晁无咎張文潛同在戒壇余病目昏所以熱水洗之文潛曰目忌點洗目有病當存之齒有病當勞之不可同也治目當如治民治齒當如治軍治民當如曹參之治齊治軍當如商鞅之治秦頗有理故追錄之

夢南軒

元祐八年八月十一日將朝尚早假寐夢歸縠行宅遍歷蔬圃中已而坐於南軒見庄客數人方運土塞小池土中得兩蘆菔根客喜食之予取筆作一篇文有數句云坐於南軒對修竹數百野鳥數千既覺惘然思之南軒某君名之曰來風者也

石普見奴爲祟

石普好殺人以投爲娛未嘗知暫悔也醉中縛一奴使其指使投之汴河指使哀而縱之既醒而悔指使畏其暴不敢以實告居久之普病見奴爲祟自以必死指使呼奴示之祟不復出普亦愈

陳昱被冥吏誤追

今年三月有書吏陳昱者暴死三日而蘇云初見壁有孔有人自孔擲一物至地化爲人乃其亡姊也攜其手自孔中出曰冥吏追汝使我先見吏在旁昏黑如夜極望有明處空有橋榜曰會明人皆用泥錢橋極高有行橋上者姊曰此生天也昱行橋下然猶有在下者或爲烏鵲所啄姊曰此網捕者也又見一橋

曰陽明人皆用紙錢有吏坐曹十餘人以狀及紙又至者吏輒刻除之如抽貫然已而見冥官則陳襄述古也問昱何故殺乳母昱曰無之呼乳母至血被面抱嬰兒熟視昱曰非此人也乃門下吏陳周也遂放昱還曰路遠當給竹馬又使諸曹撿已籍曹示之年六十九官左班殿直曰以平生不燒香故不甚壽又曰吾輩吏此一報即不同矣意謂當超之昱還道見追陳周往既蘇周果死

記異

有道士講經茅山聽者數百人中講有自外入者長大肥黑大罵曰道士奴天正熱聚衆造妖何爲道士起謝曰居山養徒資用乏不得不爾罵者怒少解曰須錢不難何至此作此乃取釜竈杵臼之類得百餘以少藥鍜之皆爲銀乃去後數年道士復見此人從一老道士鬚髮如雪騎白驢此人腰插一騾鞭從其後道士遥望叩頭欲從之此人指老道士且搖手作驚畏狀去如飛少頃即不見

猪佛母

眉州青神縣道側有一小佛屋俗謂之猪母佛云百年前有牝猪伏於此化爲泉有二鯉魚在泉中云蓋猪龍也蜀人謂牝猪爲母而立佛堂其上故以名之泉出石上深不及二尺大旱不竭而二鯉莫有見者余一日偶見之以告妻兄王愿愿深疑意余之誕也余亦不平其見疑因與愿禱於泉上曰余若不誕者魚當復見已而二鯉復出愿大驚再拜謝罪而去此地應爲靈異青神文及者以文病求醫夜過其側有髽而負琴者邀至室及辭以文病不可留而其人苦留之欲曉乃遣去行未數里見道傍有劫賊所殺人赫然未冷也否則及亦未免耳泉在石佛鎮南五里許青神二十五里

王翊夢鹿剖桃核而得雄黄

黄州岐亭有王翊者家富而好善夢於水邊見一人爲人所毆傷幾死見翊而號翊救之得免明日偶至水邊見一鹿爲獵人所得已中幾鎗翊發悟以數千贖之鹿隨翊起居未嘗一步捨翊又翊所居後有茂林果木一日有村婦林中見一桃過熟而絶大獨在

木杪乃取而食之翊適見大驚婦人食已棄其核翊取而剖之得雄黄一塊如桃仁及見而吞之甚甘美自是斷葷肉齋居一食不復殺生亦可謂異事也翊一作詡

記范蜀公遺事

李方叔言范蜀公將薨數日鬚髮皆變蒼郁然如畫也公平生虚心定氣數盡神往而血氣不衰故發於外耶然范氏多四乳固與人異公又立德如此其化也必不與萬物同盡蓋有不可知者也元符四年四

月五日

記張憨子

黄州故縣張憨子行止如狂人見人輒罵云放火賊稍知書見紙輒書鄭谷雪詩人使力作終日不辭時從人乞予之錢不受冬夏一布褐三十年不易然近之不覺有垢穢氣其實如此至於土人所言則有甚異者葢不可知也

記女仙

予頃在都下有傳太白詩者其畧曰朝披夢澤雲又

云笠澤青茫茫此非世人語也葢有見太白在肆中而得此詩者神仙之道眞不可以意度紹聖元年九月過廣州訪崇道大師何德順有神仙降於其室自言女仙也賦詩立成有超逸絶塵語或以其託於箕箒如世所謂紫姑神者疑之然味其言非紫姑所能至人有入獄鬼群鳥獸者託於箕箒豈足怪哉崇道好事喜客多與賢士大夫爲游其必有以致之也哉

孫抃見異人

眉之彭山進士有宋籌者與故參知政事孫抃夢得同赴舉至華陰大雪天未明過華山下有牌堠云毛女峰者見一老姥坐堠下鬢如雪而無寒色時道上未有行者不知其所從來雪中亦無足跡孫與宋相去數百步宋先過之亦怪其異而莫之顧孫獨留連與語有數百錢挂鞍盡與之旣追及宋道其事宋悔復還求之已無所見是歲孫第三人及第而宋老死無成此事蜀人多知之者

參寥求醫

龐安常爲醫不志于利得善書古畫喜輒不自勝九

江胡道士頗得其術與予用藥無以酬之爲作行草數紙而已且告之曰此安常故事不可廢也參寥子病求醫於胡自度無錢且不善書畫求予甚急予戲之曰子粲可皎徹之徒何不下轉語作兩首詩乎龐胡二君與吾輩遊不日索我於枯魚之肆矣

王元龍治大風方

王游元龍言錢子飛有治大風方極驗常以施人一日夢人自云天使已以此病人君違天怒若施不已君當得此病藥不能愈子飛懼遂不施僕以爲天之

所病不可療耶則藥不應服有効藥有効者則是天不能病當是病之祟畀是藥而假天以禁人耳晉侯之病爲二豎子李子豫赤丸亦先見於夢蓋有或使之者子飛不察爲鬼所脅若余則不然苟病者得愈願代受其苦家有一方能下腹中穢惡在黃州試之病良已今後當常以施人

延年術

自省事以來聞世所謂道人有延年之術者如趙抱一徐登張元夢皆近百歲然竟死與常人無異及來

黃州聞浮光有朱元經尤異公卿尊師之者甚衆然卒亦病死時中風搐搦但實能黃白有餘藥金皆入官不知世果無異人耶抑有而人不見此等舉非耶不知古所記人虛實無乃與此等不大相遠而好事者緣飾之耶

單驤孫兆

蜀人單驤者舉進士不第頗以醫聞其術雖本於難經素問而別出新意往往巧發奇中然未能十全也仁宗皇帝不豫詔孫兆與驤入侍有間賞賚不貲已而大漸二子皆坐誅賴皇太后仁聖察其非罪坐廢數年今驤爲朝官而兆已死矣予來黃州鄰邑人龐安常者亦以醫聞其術大類驤而加之以鍼術絕妙然患聾自不能愈而愈人之病如神此古人所以過人也元豐五年三月予偶患左手腫安常一鍼而愈聊爲記之

僧相歐陽公

歐陽文忠公嘗語少時有僧相我耳白於面名滿天下脣不着齒無事得謗其言頗驗耳白於面則衆所

共見脣不着齒余亦不敢問公不知其何如也

費孝先卦影

至和二年成都人有費孝先者始來眉山云近遊青城山訪老人村壞其一竹牀孝先謝不敏且欲償其直老人笑曰子視其下字云此牀以某年月日某造至某年月日爲費孝先所壞成壞自有數子何以償爲孝先知其異乃留師事之老人受以易軌革卦影之術前此未知有此學者後五六年孝先以致富今死矣然四方治其學者所在而有皆自託於孝先眞

僞不可知也聊復記之

辨五星聚東井

天上失星崔浩乃云當出東井已而果然所謂億則屢中者耶漢十月五星聚東井金水嘗附日不遠而十月日在箕尾此浩所以疑其妄以余度之十月爲正㽞十月乃今之八月爾八月而得七月節則日猶在翼軫間則金水聚於井亦不甚遠方是時沛公初得天下甘石何意諂之浩之說未足信也

辟穀說

洛下有洞穴深不可測有人墮其中不能出饑甚見龜蛇無數每旦輒引首東望吸初日光嚥之其人亦隨其所向効之不已遂不復饑身輕力强後卒還家不食不知其所終此晉武帝時事辟穀之法以百數此爲上妙法止於此能服玉泉使鉛汞具體去仙不遠矣此法甚易知易行天下莫能知知者莫能行何則虛一而靜者世無有也元符二年儋耳米貴吾方有絶糧之憂欲與過子共行此法故書以授之四月十九日記

郛目録

弓第二十九

暘谷漫録 洪巽
友會談叢 上官融
野老記聞 孫穀祥
灌畦暇語 闕名
澗泉日記 宋虎
步里客談 陳唯室
雲齋廣録 李獻民

續骫骳說 朱昂
西齋話記 祖士衡
雪舟脞語 王仲暉 闕
西軒客談 闕名
蒙齋筆談 鄭景璧
廬陵雜說 歐陽修
昌黎雜說 韓愈
漁樵閒話 蘇軾

暘谷謾錄

宋　洪巽

京都中下之戶不重生男每生女則愛護如捧璧擎珠甫長成則隨其資質教以藝業用備士大夫採拾娛侍名目不一有所謂身邊人本事人供過人針線人堂前人劇雜人拆洗人琴童棋童廚子等級截乎不紊就中廚娘最爲下色然非極富貴家不可用余以寶祐丁巳參閫寓江陵嘗聞時官中有舉似其族人置廚娘事首末甚悉謾申之以發一笑其族人名

某者奮身寒素已歷二倅一守然受用淡泊不改儒家風偶奉祠居里便嬖不足使令飲饌且大粗率守念昔留某官處晚膳出京都廚娘調羹極可口適有便介如京謾作承受人書祝以物色皆不屑教未幾承受人復書曰得之矣其人年可二十餘近回自府第有容藝能筭能書但夕遣以詣直不下旬月果至初憩五里頭時遣夫先申狀來乃其親筆也字畫端正曆敘慶新即日伏事左右末乞以四轎接取庶成體面辭甚委曲殆非庸碌女子所可及守一見爲之破顏及入門容止循雅紅衫翠裙參侍左右乃退守大過所望少選親朋皆議舉杯爲賀廚娘亦遽致使廚之請守曰未可展會明日且具常食五盃五分廚娘請食品菜品質次守書以子之食品第一爲羊頭僉菜品第一爲蔥虀餘皆易便者廚娘謹奉旨數舉筆硯具物料內羊頭五分各用羊頭十個也蔥韭五碟合用蔥五斤它稱是守因疑其妄然未欲遽爾以儉鄙姑從之而密覘其所用翌旦廚師告物料齊廚娘發行奩取鍋銚盂勺湯盤之屬令小婢先捧以行

爍爛耀目皆是白金所爲大約止該五七十兩至如刀砧雜器亦一一精緻傍觀嘖嘖廚娘更團襖圍裙銀索攀膊掉臂而入據坐胡床徐起切抹批臠慣熟條理眞有運斤成風之勢其治羊頭也漉置几上剔留臉肉餘悉擲之地衆問其故廚娘曰此皆非貴人所食矣衆爲拾頓它所廚娘笑曰若輩眞狗子也衆雖怒無語以答其治蔥韭也取蔥輒微過湯沸悉去鬚葉視楪之大小分寸而裁截之又除其外數重取條心之似韭黃者以淡酒醯浸漬餘棄置了不惜凡

所供備馨香脆美濟楚細膩難以盡其形容食之舉筯無羸餘相顧稱好旣徹席廚娘整襟再拜曰此日試廚幸中台意照例支犒守方遲難廚娘曰豈非待檢例採囊取數幅紙以呈曰是昨在某官處所得支賜判單也守視之其例每展會支賜或至于券數疋家聚或至三二百千雙足無虛拘者守破慳勉强私竊喟嘆曰吾輩事力單薄此等筵宴不宜常舉此等廚娘不宜常用不兩月託以宅事善遣以還其可笑如此

暘谷謾錄　三

齊大饑黔敖爲食於路以待餓者而食之有餓者蒙袂輯屨貿貿然來黔敖左奉食右執飲曰嗟來食楊其目而視之曰予唯不食嗟來之食以致於斯矣從而謝焉終不食而死且以文意言之楊其目而視之終不食而死其上皆當有餓者二字從而謝焉其上當有黔敖二字檀弓之鈌字如此

子鼠丑牛寅虎卯兔辰龍巳蛇午馬未羊申猴酉鷄戌犬亥豬爲十二相屬前輩具未有明所以取義者余曩見庇家璩公選云子寅辰午申戌俱陽故取相屬之奇數以爲名鼠五指虎五指龍五指馬單蹄猴五指狗五指丑卯巳未酉亥俱陰故取相屬之偶數以爲名牛四爪兔兩爪蛇兩舌羊四爪鷄四爪猪四爪其說極有理必有所據惜不及詳聞之今璩以下世久矣不敢掩其善遂筆於此

世俗爲善謔者多析字爲謎然無文理極多不足稱傳說曩聞同僚推坐者間舉儉字謎一人立三人坐兩人小兩人大其中更有一二口教子如何過恐多有所本非一時所能撰其正大明白眞善謔而有益者豈特可助談話而已故筆之也

暘谷謾錄　四

友人張堂宗以片紙錄示奇竹事云同邑者安福西鄉地名下庄有周俊叔者嘗得十二時竹一根于其州植之家庭以非土地所生風氣所宜也久不笋及笋矣又多憔悴不竹故歷十有餘年笋而竹者纔得三竹繞節凸生子丑寅卯辰巳午未申酉戌亥凡十二字點畫可數余喜而請曰造物生化之妙一至此矣前事固未始見聞也煩君轉覓一枝遺余杖策庶日日摩娑時時警省是亦前人惜寸陰分陰之義雖

然愛其周之愛其未必周之能割愛否也宗與周固愛奇然分以遺愛者是爲眞愛而能分以遺愛奇者是以爲眞愛奇者也吾必有以復命而表吾言之不妄矣

道字有數義非先王之法言不敢道此類道爲說何莫由斯道也此類訓道爲導道千乘之國此類訓道爲治可離非道也此類訓道爲理以今俗語指官員亦位爲一道官御衣服領緣爲一道領緣大槩以道街路至於官司符引據牒亦曰幾道士之文義策論訓幾道則未詳訓義

友會談叢

宋 上官融

以足唐段成式言大曆中有乞兒無兩手以右足夾筆而爲手寫經此誠詭遇也然今京師有一婦人年四十餘全無兩臂又雙肩如削循行衢道求丐爲事每梳頭髮右足夾櫛左足綰髮及繫衣洗面亦如之其輕捷穩便與手無異人多擲錢贈之亟伸足取貫串緡之上略無凝滞予爲兒時見之雖出處不定將一紀而豐凶寒暑彼且無恙又段言景德中因事到岳州曾見一婦人無兩臂但用兩足刺繡鞋片纖緻尖巧手相若服飾頗潔而止之處觀者如堵人競以錢投之意世有無徒之人手足具完且不能自養乃甘死溝壑是具手臂反不如此二婦人足也悲夫引以驗成式之言知不誣云

聚斂故滄洲節度使米信本行夏部落以軍功論官至進之節度使加節鉞儉嗇聚斂爲時所鄙京師龍和曲足大第外營田圓內造邸舍日入計算何嘗千緡其長子簪任供養官以信之故不敢自專但于富

室厚利以取錢自用謂之老倒還兼典契券爲約其詞以若父死鍾聲纔絕本利齊到之語豈謂信纔腹目而亟還也于是私募僕夫十餘輩飾珍異以袍帶令頓于宅左右俟其出門擁被而去鞍馬服玩脩極珍異其黨則京師搖脣舌獵炮炙之徒日有數十謂其嬉遊則信陵孟嘗諸公子謂其用度則石崇王濟爲鄙夫諂佞互攻襲駭不悟而復大言人間之物靡有難致錢去便到其速如神致于延會有奉其歡心者器皿之具盡傾與之嘗謂盡此生逸樂惟我而已

至信之卒時已用過十餘萬緡乃齊約交速及信塟畢藉其餘者皆信時十去五六焉外無官俸內無私帑閨門百口之給不可去者如以恣縱蕩費更愈于前以至鬻田園貨邸店費周歲而日入之緡亦絕其弟方四歲乳母之與家人竊議若此子不改我輩皆爲餧殍乳母乃抱小兒詣府陳訴是時眞宗在宗壽邸尹開封聞之赫怒其上言舉餘財與所訴之弟供奉者非出之簪一不著身仍除其班簪四索然無歸寄跡旅店乃歷自來遊從之處求衣食人既數次亦皆厭矣遂于京師多假獄卒搖鈴子夜軍之力以糊口素不服勞又以疎怠被逐京師貨樂者多假用獅子胡孫爲戲簪聚人供奉者形貌幺麼頦頰尖薄克肖胡孫很悉質終戲場焉韋龍質頸跳擲不已傍觀爲之顧厚而彼殊無怪也噫公侯裔一旦如此有其父必生其子何足怪哉

義僕　呂蒙周任江南幕職既受代與室家奴僕輩從泛舟而歸內一僕患病未得愈蒙周以船小暑毒妨于出處又慮相染心頗厭之因江行擠于中流僕者

久熱被體忽得水涼兼善游泳雖困憊且甚强隨波上下相次至岸有漁叟愍之置于家占身席間聞兩岸喧然僕者力扶出望見蒙周之船傾倒波間篙楫莫制移時遂沉溺僕者雪涕嗟嘆與漁父具聞官司官司俾爲索焉不數日盡得蒙周及家人之屍而病僕已間矣于是悉心致哀昇致其櫬而焚之辨析立標揜瘞乃踰越險阻白其親屬不懷擠江之怨焉夫趍走人事職爲愚賤蒙周厭其臥疾致其死地是不仁也及茲傾沒僕當鼓舞而幸災乃不念舊惡力爲

至張掩塵而告其族比世之名列章服而體曳紳組者外貌是人矣其中心未必如斯人也

輕言 柳如京嘗與鄂渚潘闐爲莫逆交尚氣自任潘嘗嗤自衒之端拱中與金州途出睢陽潘先卜居在彼迎謁河滨時炎酷柳云可偕往傳舍就凉宵話也自到傳舍止于廳事中堂扃鑰甚祕柳怒將笞驛吏驛吏曰此非敢靳舊傳宿者多不自安向無人居十稔矣柳强曰吾文章可以驚鬼神膽氣可以讋夏續有凶怪因而屏之于是啓戶掃除靜處其中闐思

口古人尚不敢欺暗室何紿我之甚豈有人不畏神乎乃謂柳曰今夕且歸製少湯餅淩晨用籍手爲別此室虛寂請公深省可也柳不答闐出密謂驛吏曰柳公我之故人常輕言自衒聊作戲術渠無致訝也闐薄暮方來以煤染身衣豹犢鼻吐牙披髮執巨錘由外垣上正據廳脊俯視堂前是夜月色晴霽洞鑒毛髮柳尚不寐正斂衣循墻而思闐行吼之柳悚然舉目初不甚惧再呼之自覺惶恐遽云某假道赴任暫憩使館非意干忤幸乞恕之闐遂數柳平生幽隱不法之事揚言曰陰府以汝積累如此俾吾持符追攝便須行也柳乃忙然設拜曰事誠有之其如官序未達宦事未了盛年昭代忍便捨焉倘垂恩庇誠有厚報言訖再拜繼之以泣闐徐曰汝識吾否柳曰上下士不識聖者乃曰吾即是潘闐也柳知其所爲誠不勝慙阻再三邀闐下屋闐曰公性格躁暴不奈人戲也日必辱我以惡言矣于是潛遁柳亟歸舟解纜去聞者爲之絕倒柳河東剛毅人人皆畏之一旦爲相知所浼幾于泣血古人云雖能言之不能行之

此之謂也况其下者乎

胡孫 瀛州團練使李廷渥涖邊郡日虞人獲子母胡孫爲天性其子甚小繫在馬院其子跳躍出院爲鵰所搏母號呼奮擲晝夜不絕一旦嚙葦鞭而逸之捕莫見忽之庖竊小臟置于溝上潛身屋檐間俟鵰下攫跳而擒之遂決雙目次除兩翅乃攜至廐舍剖其腹磔裂腸胃陳之于前哀號數聲以祭其子然後寸寸斷之肉皆折爲糜焉廐吏驚報廷渥覩而嘆息遂令人送入山中噫天性之 猶于人也教被于賢則

慶愛生于心周旋而不失其正者厥惟上智乎橫目
啞啞識又愚下惑于遠而泥于近舍其本而存其末
猜嫌于是起慈愛以絕之且藥脯之許黃臺之詩見
聞而終弗悟者其心不如禽獸也悲夫

麟州府在黃河西古雲中之地乃蕃漢雜居黃茅土
山高下相屬極目四顧無十步平坦廨舍廟宇覆之
以瓦民居用土止若柵焉架險就中重復不定上引
瓦爲溝雖大尉亦不浸潤其梁柱榱題頗甚華麗下
者方能細窺城邑之外穹廬窟室而已人性頑悍不

循禮法公事惟吏稍識去就除茲而下莫吾知也俗
輕生重死悔性亡義凡育女稍長靡由媒妁暗有期
會家不之問情之至者必相挈奔逸于山岩掩映之
之處並首而臥紳帶置頭各悉力緊之倏忽雙斃一
族方率親屬尋焉見不哭謂男女之樂何足悲悼用
綵繒都包其身外裹之以毡椎牛祭設乃以其草密
加纏束然後擇峻嶺架木爲高丈呼爲女柵遷尸于
上云于飛生天也二族于其下擊鼓飲酒盡日而散
予大中祥符七年隨侍至聞土人多言却不之信是
時王師折惟中出巡邊徼拉予偕往遂深入不毛往
往見女柵救于嶺上而新者龜角宛然與俗如此其
低徊眤愛又如此嗚呼州境去京不及二千里而土
風差殊可駭若此則邕州溪洞　沪之蠻蜑前達名
公書其惟以此思彼眞爲實錄

野老記聞

宋 孫穀祥

先人舊在唯室陳先生講席及見諸所從游如和靖尹先生之流有野老記聞數篇未暇詮次姑録梗槩於此

林文節作啓謝諸公於蘇子由有一聯云父子以文章冠世邁淵雲司馬之才兄弟以方正决科冠鼂董公孫之對言淵雲司馬皆蜀人及紹聖中行子由謫詞云父子兄弟挾機權變詐驚愚惑衆子由捧之泣

日某兄弟固無足言先人何罪邪紹聖初在外制行元祐諸公謫詞是非去取固時相風旨然而命詞似西漢詔令有王言體於蘇子瞻一詞尤不草草蘇見之曰林大亦能作文章邪其詞有云若譏朕過失亦何所不容乃代予言詆誣聖考乖父子之恩害君臣之義在於行路猶不戴天顧視士民復何面目又曰雖汝軾文足以惑衆辯足以飾非然而自絕君親又將誰懟

或問新唐書與史記所以異余告之曰不辨可也唐書如近世許道寧輩畫山水是眞畫也太史公如郭忠恕畫天外數峯畧有筆墨然而使人見而心服者在筆墨之外也

子瞻問歐陽公曰五代史可傳否公曰修於此竊有善善惡惡之志蘇公曰韓通無傳惡得爲善善惡惡公默然通周臣也陳僑兵變歸戴永昌通擐甲誓師出抗而死

子由作文潞公麻詞云郭氏有永巷之嚴裴公有緑野之勝乃餞文公歸洛致語耳非王言也子由代兄

作中書舍人啓稱伏念某草茅下士蓬蓽書生子瞻以筆圈伏念某用但早末三字蔡元長作間宗艮麻詞曰遂升開府之司

退之作平淮西碑功歸裴度李愬不服後命段文昌爲之東坡作上清儲祥宮碑後坐元祐黨人所爲命蔡元長易之文詞相去什伯矣

蔡元長題泗州塔名泗州大聖之塔及魯直過改題爲大聖僧伽之塔

靖康末人立張邦昌顛博文作赦書云無德者亡

知謳歌之已去當仁不讓信歷數之有歸等語無非吠堯之辭聞者駭愕及以大寶歸上表云孔子從佛肸之召意在尊周紀信乘漢王之車誓將誑楚

宣和乙巳上皇內禪吳敏元中建議及謝門下侍郎表云上皇勧勤授皇圖於元子微臣攝直適視草於禁中初無一言以贊大議君子與其不伐

司馬文正不喜孟子作疑孟十餘篇皆求瑕語余欲作辨疑示後人未暇也晁說之以道自云受學於司馬公因作詆孟一書江南僧宗果云晁以道可謂不

善學柳下惠矣

國朝修史書盜賊王捉鬼之屬不滿數千人亦載於史義似未安齊豹書盜而不名春秋之法也

狄青爲樞密使自恃有功驕蹇不恭怙惜士卒每得衣糧皆負之曰此狄家爺爺所賜朝廷患之時文潞公當國建言以兩鎮節度使出之青自陳無功而受兩鎮節旄無辠而出典外藩仁宗亦然之及文公以對上道此語且言狄青忠臣公曰太祖豈非周世宗忠臣但得軍情所以有陳橋之變上默然青未知到中書再以前語白文公文公直視語之曰無他朝廷疑爾青驚怖卻行數步青在鎮每月兩遣中使撫問青聞中使來即驚疑終日不半年病作而卒皆文公之謀也

蔡京爲翰林承旨陳瑩中已言治亂之分在京用否蔡元康濟問之曰京小人也尤好交諸宦者京得志則宦者用京與宦者得志天下何以不亂靖康初貶京分司與瑩中贈諫議大夫命齊下

方惟深子通隱於吳吳人宗之以詩行其詩格高下

似晚唐諸人絕不喜蘇子瞻詩文至云淫言褻語使驢兒馬子決驟胡文仲連因語及蘇詩云清寒入山骨草木盡堅瘦子通曰做多自然有一句半句道得著也余問何至曰子通及識蘇公蘇公之譏評詩文殆無逃者子通必嘗見薄於蘇故終身銜之

李景夏問章子厚曰鄒浩諫立后何不與聞曹埸了卻實獄遠貶就其名聲子厚自失良久曰君不知先帝怒甚

李漢老云汪彥章孫仲益四六各得一體汪善鋪敘

孫善點綴

林季野觀舂直詩紬繹再四云詩未必篇篇佳但格制高耳

蔡京與了翁有筆硯之舊了翁深疾之嘗入朝已立班上御殿差晚杲日照耀衆莫敢仰視京注目久而不瞬謂同省曰此公眞大貴人也或曰公明知其貴胡不少貶而議論之間有不恕何耶了翁誦老杜詩曰射人先射馬擒賊先擒王且此人得志乃國家之大賊天下之大蠹遂以急速公事請䟽京悖逆姦詐

十事

楊龜山見李伯紀責降中造宅謂人曰李三好鬧不得

余嘗論作詩文若不得其道則千詩一詩千句一句自少壯至老熟猶旦暮也居仁之於詩每一見一變至於今駸駸乎其未已此豈偶然哉山谷云詩意無窮人之才有限以有限之才追無窮之意雖淵明少陵不能盡也然不易其意而造其語謂之換骨法規模其意形容之謂之奪胎法

韓退之答李翺書老蘇上歐公書最見爲文養氣妙處西漢自王褒以下文字專事詞藻不復簡古而谷永等書雜引經傳無復已見而古學遠矣此學者所宜深戒

漢高紀詔令雄健孝文紀詔令温潤去先秦古書不遠後世不能及至孝武詔令始事文釆亦寖衰矣

凡讀史每看一傳先定此人是何色目人或道義或才德大節無虧人品既定然後看一傳文字如何全篇文體既已了然後採摘人事可爲何用奇詞妙語

可以佐筆端者紀之如此讀史庶不空遮眼也若於此數者之中只作一事工夫恐未爲盡善耳此唯室看史法

東坡三馬贊振鬣長鳴萬馬皆瘖此皆記不傳之妙學文者能涵泳此等語自然有入處

東坡云意盡而言止者天下之至言也然而言止而意不盡尤爲極致如禮記左傳可見

石林每夜必延諸子女兒婦列坐說春秋聽者不悅翁翁又請說春秋耶

石林作文必有格詔慈上仙石林入郡中制服館於州北空相寺方致思作慰表聞門人有見之者方坐復有謁者至石林出迎接案上有一編書題云文格十七啓之乃唐人慰表十三篇皆當時相類者

石林凡看文字採兩字以上對句舉子用作賦入仕用作四六顯達作制誥兩字議論舉子用作論策入仕用作長書顯達用作劄子

陳瑩中云元豐乙丑爲禮闈檢點官時范淳夫同在院與淳夫同舍因語及顔子不遷怒不貳過范公言

惟伯淳先生能之余問曰伯淳謂誰范公默然久之曰君乃不知有程伯淳乎余謝曰生長東南實未知之余時年二十九自是常以寡陋自愧

易乾卦一陰生爲姤二陰生爲遯陰小人象陰至於二則二與五相應是君子與小人相應而君子則當遯矣故二陰生卦則爲遯此沈濬道源云

齊地有蟲類蚯蚓大者人謂之曲善擘地以行呼之聲也孟子所謂吾必以仲子爲巨擘者即蚯蚓之大者蓋先嘗謂蚓而後充其操注以爲大指非也

今之與楊墨辯者如追放豚既入其苙又從而招之説者以爲苙闌也非也香白芷之類異名豚之所甘既放之得所又招之非善治邪説者也

秦相檜自遭施全見刺之後常御處一閤雖奴僕非命不敢輒入季年違豫三衙楊存中成閔趙密往問疾召入室中款語久之言及近日表勳酒頗佳表勳賜酒名也各贈兩器皆降階謝復坐顧無僕從自攜出室亦見駕馭之術

税欲外嚴而内寬酒欲内嚴而外寬

顯仁遺詔曰東宫有千八百三千萬緡奇數爲獻遺世多疵文潞公遺張貴妃燈籠錦事甚曖昧蓋家人之節不謹故爾文公初不知也然公安受其謗而不辯益見文公之容

釋氏但知極高明而不能道中庸原其學本於和順於道德至理於義則違之故治國不得

胡如村言嘉祐以前士風宰相與庶官書啓具銜前名後押字外封全寫銜封皮上頭乘簽子云書上某官士人用名紙有官即不用刺慰人即用名紙如見

士人敬之者亦用門狀見常人即以手狀

淮畦暇語

朱 無名氏

淮畦暇語者何老圃瞭類之云也嘗憶蚤年血氣未定鋪方紙運寸管自許不落人後亟起以干時名即甚苦辛力盡志殫僅能如願終以枯腸不貯機穽不能隨世低昂中年以來漸識悔悟顧胸中有所謂不可刮磨者憎不得吐則更自懲艾伏不敢發迺知昔時所爲苦辛以求者大可怪咲非但無益抑爲身妨吁大丈夫亦安往而失其貧賤者哉於是决去脫謝

纓弁故丘之旁有地彌亟蛇行趨隰土氣沃衍甘井在前不病於汲除治以蒔蔬曰咸宜哉夫籍暄於春陽射利者不爭賫潤於泉脉乾没者不忌而又繼目以從事其爲力可以不匱率歲而計入其爲收亦足糊口毎風日好時臯壤悅暢負杖曳履暫出郊墅比隣之人保相與立曹相與談忽覺吻頤咄咤故態横發或童顛之叟或粗有知識之少年時相顧捧腹一咲意雖不倫亦似可惜因取而疏之以其緣隙日適有得也故以暇語題辭

堯不有其耳目者也寄其視於舜而四目以照寄其聽於舜而四聰以達堯與舜一體之化也故舜饗大功二十堯無得而名老圃曰堯舜之事不可以不察也無以則有如秦之二世矣乎二世惟不能視也而寄其目於高庭下步不容跬高指鹿以爲馬二世惟不能聽也而寄其耳於高盜彌山東民胥仇焉而瞶不得聞身死望夷之下秦祀忽諸雖葅醢高庸何能及故曰堯舜之事不可以不察也

甯戚欲干齊桓公厥路無從飯牛車下逢桓公夕出

乃叩角而疾歌商聲之詩詩曰南出矸白石爛生不逢堯與舜禪短布單衣不掩骭黃昏飯牛至夜半長夜漫漫何時旦桓公聞而異之命後車載以歸與語大悅擢爲上客而預聞國事其後楊惲以列卿被放因與孫會宗書其中有秦聲之詩詩曰田彼南山蕪穢不治種一頃荳落而爲萁人生行樂爾須富貴何時是時有與惲不相能者謄其語以上聞孝宣帝大怒下之吏當以大臣怨悱罪及三族老圃曰噫南山一也其託以諷亦一也致其情辭甯語尤爲深切一則以封一則以族豈所遇者不同歟抑楊涉於有情而甯特由於疎遠者歟夫人主内貯私意則聰明不開聰明不開則橫生忌諱橫生忌諱則直言不聞而朝廷有非辜矣讒忌之嘗來又乘之以危中國士噫曾謂孝宣其不及齊桓公者遠矣

仙人海春居髑髏山善嘯術太山道士鍾約往來敬其藝願學焉而無由一日春變其形爲石約不知之乃坐旁石上仰春面而嘯春所化石應之而發聲傾山動澗雲霧爲之下墜約知是春驚起再拜以祈請

爲春哀其誠因教以三術凡不飲不食乃得嘯而風生於虛也老圃曰夫氣出於虛則凝而不散留於實則鬱紆而不達聲在於虛則圓而不息留於實則澌盡而不發虛之於術則大矣豈唯嘯昔則然古之善事其心者萬形錯陳目接於化而不恒風生於虛其細矣夫

沈約以佐命元勳位冠梁朝晚年新進用事者忌其固位取約所爲鹿葱詩乘間以白武帝帝意已不能堪未幾得道士赤章事遂大發怒約以憂死其詩曰

野馬不可騎鬼絲詎宜織爾非苹與蒿豈佚麋鹿食

老圃曰君子之於言不可以無擇也身處嫌疑之地而口陳形迹之語加以媟孽之人爲搆於旁約之不免也固宜故曰禍藏於耿微不可以不戒

昔蒲且子善弋者也詹何聞而説之從受其術而以釣聞於營國近吳道子亦師張顛筆法而世傳其畫以爲卓絶老圃曰古之善學者不師其同而師其所以同同者跡也所以同者心也故騏驥善走絶其羣矣今馬之能走者豈必隨其餘生哉顧所以滅景追

風者有不在是故也彼學弋而得釣臨書而善畫者特轉移之頃耳古之善學者蓋又有爲方而不以矩爲圓而不以規及其又進於此則注其想動其神千變萬化其迹旁岐結曲而不可以爲方其所以師焉者炳炳如丹夫是之謂善學廼如吮毫而知筆畫之豐省蹲磯以辨竿綫之浮沉詹吳且不爲而況不爲詹吳者乎故曰禹行而舜趨子張氏之賤儒也

黄仲秉問事心養生之術於老圃老圃曰心奚足事生奚足養夫因虛而遲想想成則以虛而爲實實不可以爲常也復且向於虛矣昨之所謂實者一聚之烟也從無而有形形立則以無而爲有亦不可以爲常也復且向於無矣昨之所謂有者一窖之塵也故曰心奚足事生奚足養且烟之起也止塵之囂寂定氣除了復何在子嘗試觀所謂灰矣乎五木之火皆寄傳於木焱焰既合五者如一火木之極然後積而成灰木而火火轉而灰灰之所藏者深矣生之謂性性之動者之謂情性本定也而不必有其定者焉是水中之波也情之有所轉也而不必有其轉者焉是沙中之金也沙中之金由積以聚聚則極而爲沉其

沉也重水中之波由湛而揚揚則極而爲浮其浮也輕積輕者所以幻虛也積重者所以幻有也嗚呼吾所聞於吾師者止是矣心奚足事生奚足養子亦嘗擇焉於吾言可矣

澗泉日記　宋　宋虎

素書云足寒傷心張無盡註謂冲和之氣生於足而流於四支而心爲之君氣和則天君樂氣乖則天君傷矣名位足以誘人奉養足以移人知本者不移於名位克儉者不移於奉養明道以求本節用以從儉自然爲世偉人

老蘇論史遷之傳廉頗也議救閼與之失不載焉見之趙奢傳傳酈食其也謀撓楚權之繆不載焉見之

留侯傳傳固之傳周勃也汗出浹背之恥不載焉見之王陵傳傳董仲舒也議和親之疏不載焉見之匈奴傳皆功十而過一焉者也苟功十而過一焉苟列一以庇十後之庸人必曰十功不能贖一過將苦其難而怠矣本傳晦之他傳發之其與善也不亦隱而彰乎遷論蘇秦稱其知過人不使蒙惡聲論北宫伯子多其愛人長者固贊張湯與其推賢揚善贊酷吏人有所褒不獨暴其隱皆過十而功一舉十而廢一後之凶人必曰雖有善不錄矣吾復何望哉是窒其自

新之路孟堅其肆惡之志者也故於傳詳之於論於贊復明之其懲惡也不亦直而寬乎昔館閣第天下學記以袁州李泰伯所作爲第一

晁子正曰周易何以止於有孚失是一句乎曰春秋言人事之書凡二百四十二年而止於西狩獲麟蓋以天道終也易言天道之書凡三百八十四爻而止於有孚失是蓋以人事終也王通曰春秋天道終乎司馬遷曰易本隱以之顯夫二子者其知制作之旨者歟

神宗嘗謂執政曰朕思祖宗百戰而得天下今以一郡付之庸人深可寒心

六賊蔡京壞亂於前梁師成陰賊於内李彦結怨於西北朱勔結怨於東南王黼童貫又從而結怨於二人

謝克家作憶君王其詞甚哀依依宫柳拂宫墻樓殿無人春晝長燕子歸來依舊忙憶君王月破黄昏人斷腸

大凡人生一世哀樂相生父母妻子最情愛之厚者

是諸天倫相聚曾不幾時而死者常先後其能不悲者鮮矣萬物皆歸於盡釋氏論識心見性欲遣此累耳

長松怪石去墟落不下一二十里鳥徑緣崖涉水於草莽間數四左右兩三家相望鷄犬之聲相聞竹籬草舍燕處其中蘭菊藝之臨水時種梅花霜月春風日有餘思兒童婢僕皆布衣短褐以給薪水釀村酒而飲之案無雜書莊周太玄楚辭黃庭陰符楞嚴圓覺數十卷而已杖屨往來窮谷大川聽流水看

激湍鑿澄潭陟危嶠坐茂樹探幽壑升高峯顧不樂乎

范文正公在杭州子弟請治第洛陽樹園圃以為逸老之地公曰吾之所患在位高而難退不患退而無居也

史法須是識治體不可只以成敗是非得失立論蓋上下千百載見得古人底明白然後可載後世所不可不載之事泯然欲備則不勝其史矣

蘇明允云婦人之有謚自周景王之穆后始也匹夫之有謚自東漢之隱者始也宦者之有謚自東漢之孫程始也蠻夷之有謚自東漢之莎車始也漢魏之間惟有封爵者乃得謚至爲卿相而無謚至晉元帝大興三年乃無封而謚又云不仕而謚起於處士之修心也周公謚法爲[illegible]謚法沈約賀琛扈蒙六家之書其中稍近古而可考者莫如沈約然亦非古之謚法

汴都失守木於耿南仲主和二聖初遷木於何栗主和維揚失守本於汪伯彥黃潛善主和逆亮之變本

於秦檜主和

避禍不若避名息影不若藏形又不可使兒輩覺便敗人佳思聖人處之自有中道學力未至時世逼人則不得不爾也欲心客氣日日增長而不自覺

史記父子兩手所作父文客子疎蕩西漢父子及班昭三人之文叔皮文字頗跌宕近於子長者波瀾豈落孟堅則工細曹世叔之妻則平而無意味矣東漢三四種文字有班叔皮孟堅之文有范甯之文有蔡邕之文有范曄之文二班有旨趣如隗囂公孫述馬

文淵之傳是也如黃叔度郭林宗范滂乃武子家傳之作其他摭事而無文皆范曄之文也史之難也如此伯喈文字不多不及二班也

求去貧賤之心不已則犯上凌下靡所顧忌而天下有不可勝言者矣

李生者居餘干門外善貨殖日賣養脾丸于市嘗揭巨榜於前曰不使丁香木香合則天誅地滅家蓄二婢以事炮製李一旦飲醉而溺死于河其家弗知也但惟連日弗歸遣親信四方尋求略無蹤跡泊官驗

視或有報其家者亟前詣之已腐敗僅能辨認欲求免洗滌已不及矣遂槀葬于槀塚間立木牌於壙云賣藥李郎中之墓或有題於牌後曰賣藥李郎中昂藏辨不窮一朝天賜報溺死運河東未幾家計蕭然其妻遣去二婢尋弃所居携二子以事人或有問於妻曰爾夫修合不苟天當祐之何返報之酷邪他日後夫醉之以酒抑之妻云向所遣去二婢先夫專委之修合一名曰木香一名曰丁香其實不用二藥也故受斯報云

步里客談

宋　陳唯室

太祖皇帝出兵平江南李煜遣其臣徐鉉來將以口舌勝趙普屢言擇館伴鉉及又請乃中批差三班院下名使臣往來鉉及復問之其人聲語言不識丁而已鉉無如之何也太祖初受禪一日有飛矢集御輦者左右欲搜索不許但駐輦四顧曰射殺我也未到爾做在聖度如此

西漢末文章與文景武帝時小異然文物之盛也無

如武帝時將氣有盛衰耶抑由人主所好耶

富文忠公少日有詬者如不聞如或問曰恐罵他人曰斥公名云富某曰天下安知無同姓者

韓退之畫記東坡以爲甲乙帳而秦少游乃効之作五百羅漢記人心之不同如此喻子才道王侍郎剛中語云文字使人擊節賞歎不如使人肅然生敬

太史公有俠氣故於趙奢穰苴儀秦刺客等作傳更得手以未嘗窺聖賢門戶故五帝三王孔子孟子傳記雖補綴事迹亦未盡善

魏泰托梅聖俞之名作書號碧雲騢以詆當世巨公如范正公亦不免其曰范公欲附堂吏范仲之故名仲淹意欲結之爲兄弟

古人多用轉蓬竟不知何物外祖林公使遼見蓬花枝葉相屬團欒在地遇風即轉問之云轉蓬也

司馬遷作武帝紀實錄方士神仙事無一字譏刺使讀者不覺思其事則武帝之愚甚也

雲齋廣録

宋　李獻民

餘杭進士洪浩熙寧間遊太學十年不歸其父垂白作詩寄語曰太學何蕃且一歸十年甘旨誤庭闈休辭客路三千遠須念人生七十稀腰下雖無蘇子印篋中幸有老萊衣歸時定約春前後免使高堂賦式微

進士丁渥在太學夢歸家見妻於燈下披箋握管爲書寄生生曰我已至矣何用書爲妻但揮涕而不答

又於別幅見詩一首云淚濕香羅帕臨風不肯乾欲憑西去鴈寄與薄情看生既覺以語同舍客客曰君思念之極以至于此後旬日得書并詩皆夢中所見無少差失

汝陽溪穆清叔因寒食縱步郊外會數年少同飲松梨花下以香輪莫輾青青破各賦梨花詩清叔得愁字詩曰共飲梨花下梨花插滿頭清香來玉樹白蟻泛金甌粧靚青娥妬光凝粉蝶羞年年寒食夜吟繞不勝愁衆客閣筆

康定間益州書生張俞嘗獻書朝廷天下由是知其名然不喜仕進隱於青城山白雲溪時樞密田況守成都與詩曰溪憐蜀太守不及采芝人

系門仲殊赴潤州郡宴於北固樓太守命坐客賦詩殊先成曰北固樓前一笛風碧雲飛盡建康宫江南二月多芳艸春在濛濛烟雨中

陳文惠堯佐退居鄭下張退傳知西京以姚黄魏紫及酒惠文惠答詩曰有花無酒頭慵舉有酒無花眼倦開正向西園念蕭索洛陽花酒一時來

續骫骳說

宋　朱昂

予居本里或有示予晁無咎骫骳說二卷其大槩多樂府歌詞皆近世人所爲也予不自揣亦述所見聞以貽好事名之曰續骫骳說信筆而書無有倫次豈可彷彿前輩施諸尊俎止可爲掀髯捧腹之具耳

一身之盛衰在乎元氣天下之治亂在乎士氣元氣壯則膚革充盈士氣伸則朝廷安强故善養生者使元氣不耗善治國者使士氣不沮欲元氣不耗則必調飲食以助之而咽喉者所以開納受飲食也欲士氣不沮則必防壅蔽以達之而言路者所以開導壅蔽也故近取諸身遠取諸物遠近雖殊治道無二致也

古人凡在文章之苑者其下筆皆有所法不苟作也班固序傳謂酌斟六經參考衆論然則文章自六經者上也其次亦各有所祖而因時爲變態劉夢得與柳子厚論平漁西碑文若在我手當學左傳葢如左

氏叙謀師事而爲之也不有所法不足明文章相如美人本於好色退之送窮出於逐貧杜牧晚晴蓋托小園歐公黄楊實則枯樹其他往往如是未可以槩舉也秉筆者詎可易哉

參寥子者妙總大師曇潛也俗姓王氏杭州錢塘縣人幼不茹葷父母聽其出家以童子誦法華經度爲比丘受具戒於内外典無所不窺能文章尤喜爲詩秦少游與之有交許之契嘗在臨平道中作詩云風蒲獵獵弄輕柔欲立蜻蜓不自由五月臨平山下路

藕花無數亂汀洲東坡一見爲寫而刻諸石宗婦曹夫人善丹青作臨平藕花圖人爭影寫蓋不獨寶其畫也東坡守彭城參寥嘗往見之在坡座賦詩援筆立成一坐嗟服坡遣官奴馬盼盼索詩參寥笑作絶句有禪心已作沾泥絮之語坡曰予嘗見柳絮落泥中私謂可以入詩偶未曾收拾乃爲此老所先可惜也住西湖智果院坡南遷素不快者招撫詩語謂有譏刺得罪反初服建中靖國元年曾子開爲翰林學士言其非辜詔復祝髪紫方袍師號如故蘇黄門稱曰此釋子詩無一點蔬荀氣其體制絶似儲光曦非近世詩僧所能比也欲集其詩序之竟不果而卒參寥崇寧末歸老江湖旣示寂其曾孫頡以其集行於世然詩猶有不傳者

西齋話記

宋　祖士衡

蔡州褒信縣有文秀才者名宏惟夫婦同處不知其甲子耆舊見之約八九十年矣容貌常似五十許人去邑城不數里有田百餘畝歲自耕耘力不懈凡春秋田率各只種一色是歲所種之田側必倍熟凶年亦獨有收藏取所得常募里中尤貧之者䇿負就寄其家約日與之饘粥之費以充傭直鄉人服其義弗之欺也久之遷一處凡數四即並盡矣來歲復如之

未嘗言事未嘗干人或有疑其有道術輒哀祈之者乃遷避遁逃或旬月或經歲不可見矣大中祥符初今太守少卿蔡汝典郡下車之日首命牙校邀之言前守眉州遇青城隱者托以達信堅爲牙校所迫不得已偕至郡齋每行必杖策先其牙校鞭馬逐之不能及相去常百步許蔡卿盡禮迎待畧無留意咨以化民之道修身之術對曰六籍載之備矣外復何求乘間訪以黄白之事笑而不荅數日求去蔡卿欲厚遺之悉無所受既歸所居語其隣黨曰吾將遠遊亦未期廻日幸各自努力也一日挈其妻潛去于今莫知所適

太祖之御極也忠懿王錢俶親奉職貢以修藩臣之禮禮成辭歸面叙感遇俯伏流涕且曰子子孫孫盡忠盡孝太祖曰但盡我一世耳後世子孫亦非爾所可及也

龍圖閣待制李行簡言隴州道士曾若虚者善醫尤得針砭之妙術里有寡婦再適人遘疾且卒經日而心間尚暖家人因奔詣若虚哀祈一往庶幾可救若

虚既至熟視之且止其家哭泣引針針之卽時而蘇良久乃能語曰始者若夢遇故夫相隨出郭外遠歷郊野橋梁復入叢林草莽展轉不相捨俄而故夫爲一物刺中其足不能履步由是獨行忽若夢覺耳郡人竟詣若虚詢之若虚曰向之所針乃黄帝針八邪穴也若虚卽今尚奉御藥姚可久之師耳

東都豐都市在長壽市之東北初築市垣掘得古冢土藏無甎甓棺木陳朽觸之便散屍上著平上幘朱衣得銘云筮道居朝龜言近市五百年間於斯見矣

當時建者參驗是魏黄初二年所葬也

雪舟脞語

元　王仲暉

唐悦齋仲友字與正知台州朱晦菴爲浙東提舉素不相得至於互申壽皇問宰執二人曲直對曰秀才爭閑氣而悦齋眷官奴嚴蕋奴晦菴捕送囹圄提刑岳商卿霖行部蘇决蕋奴乞自便憲使問口去將安歸蕋奴賦卜筭子末云住也如何住去也終須去若得山花插滿頭莫問奴歸處憲笑而釋之蔡絛西清詩話載南唐後主圍城中作長短句未就而城破樓

桃落盡春歸去蝶翻金粉雙飛子規啼月小樓西曲欄金箔惆悵捲金泥門寂寥人去後望殘陽衰草低迷藝祖云李煜若以作詞手去治國事豈爲吾擒也又一詞云簾外雨潺潺春意將闌羅衾不煖五更寒夢裏不知身是客一餉貪歡獨自莫凭闌無限關山別時容易見時難流水落花春去也天上人間念思悽惋未幾下世徽宗亦工長短句方北將在舟中作小詞云孟婆孟婆你做些方便吹過船兒倒轉後在沂州有二絶云國破山河在人非殿宇空中興何日

是擣首賦車攻又云國破山河在宮庭荆棘春衣冠今　作　朝臣又云投秧洴城北西風又是秋中原心耿耿南淚思悠悠嘗膽思賢佐顒情憶舊游故宮禾黍徧行役閔宗周又云杳杳神京路八千宗社隔越幾經年哀殘病渴那能久茹苦銷荒敢怨天又淸明日作云茸母初生忍禁煙無家對景倍悽然帝城春色誰爲主遙指鄉關涕淚漣以上詩並見天會錄又嘗膽錄云道君喜爲篇章北狩以傷時感事形於歌詠者凡百餘首以二逆告變并弃炎火所傳

於灰燼之餘者僅此數篇而已或謂徽宗乃南唐後主後身其然豈其然乎

靖康徽欽北狩紀其事者有泣血錄避　夜話靖康野史朝野僉言趙子砥北歸錄曹勛北狩錄王若冲北狩錄天曹錄靖康小史痛定錄嘗膽錄竊憤錄覽之使人涕泗沱然不意後人復哀後人也至元丙子三宮赴北行賔浮三學生一百人從行責齋臧足其數時見幾者悉已竄徙本齋有兩同舍州橋吳府于弟名棠孫粲孫蔵僅一入齋至是乃爲齋臧所指駈之北去闗後諸生趑趄不行人雖以棍棒三下登舟餒甚得飲一桶無匕筯乃於河邊拾蚌蛤之殼爭攫而食之饑寒困苦道亡者多皆身膏草野後放回授諸路府教授僅餘十七八人耳

方梧坡元善鄉之前輩也其父無子偶妻之妹來省其娣私之有娠妻乃爲作産蓐狀生梧坡厚賫裝以嫁其妹梧坡買補據入太學以泛免過登科齋舍謂之三無同舍蓋生無母補無據登科無解也

文文山天祥劉中齋夢炎一般狀元宰相末後結裹

不同流芳遺臭較然可知陳靜觀宜中客死暹羅雖免作北臣而視從容就義者有間矣陳如心文龍舉義就擒粗得其死方蛟峰逢辰德祐屢召不起持父服終其身尚得爲全人也文山在獄中時北人有詩云當今不殺文丞相君義臣忠兩得之義似漢王封齒日忠如蜀將斬顔時乾坤日　見崗嶺風雲草木知未必忠臣書到此老夫和淚寫新詩中齋自北歸過嚴陵就養於其子府判者何潛齋遺之詩曰見明灰刼已塵緇夢覺功名黍巳炊鍾子不將南操

變庚公空抱北臣悲歸來眼底湖山在老去心期浙水知白髮門生憐未死青山留得裹遺屍

婢之婢世謂之重臺評書者謂羊欣書似婢學夫人米芾學欣書故高宗謂米字爲重臺今有人以非道進身而人又出其門是謂重臺也幹之幹曰踏床兒卽重臺之謂臺或作擡與臺只此臺字也

彭大雅知重慶大興城築僚屬更諫不從彭曰不把錢做錢看無不可築之理既而城成僚屬乃請立碑以記之大雅以爲不必但立四大石于四門之上大書曰某年某月彭大雅築此城爲蜀根本其後蜀之流難者多歸焉蜀王城猶無恙眞西蜀根本也

西軒客談

闕名

蜂蠆之毒能螫人然其一螫則其毒甚銳再則漸減人得而加害矣故人之智勇貴乎愼所發使人有所不能測可也苟發之不當寧無不顧其後之悔乎

春三月雖有時寒冱終是生育之氣居多秋三月雖有時融和終是肅殺之氣居多亦猶治世雖不能無一二分害民之事而自是養民之意居多民忘其害矣亂世不能無一二分恤民之意而自是害民之事居多民忘其惠矣

兩晉儘有人物非六朝隋唐可及但出非其時如冬月桃李華不適於用爲可惜也

歷代方士皆謂有不死藥以惑時君既而鍊藥不成或服藥而返速其死者多矣其後金源氏之末道士丘處機應蒙古國主聘問有何長生之藥對曰有衞生之道而無長生之藥可謂傑然不群者矣

有人得於此而不得於彼者如堯舜之後不振夫子之窮顏回之夭與夫三代而下馬遷之刑楊雄之失

節靜而思之在理則然否則不足爲聖爲賢得名譽於萬世也故昔人謂金榜若還無姓字玉都必是有仙名其此之謂與

金源氏應奉翰林文字張廷有詩曰有客曳長裾袖刺謁豪閥低頭拜閽者始得通姓名主人厚眷顧開筵水陸并顧必承彼言語必順彼情不如茅簷下飽我藜藿羹讀是詩則於其人之所養可知矣近世欲求若是者不數數然也每取讀數過殊覺神爽飛越漸漬於心而有餘味焉

室燃一燈洞照四壁室中凡所有者無不見也若以蜀錦燈籠罩之則不見矣人心爲物慾所蔽也亦然

魚日游泳於洪波鳥日翺翔於太虛不復自知其居於空水也使知其飛於空則墮浮於水則溺何哉以其無心也有心則費力

秦始皇帝將葬匠人之作機巧者生閉墓中其後爲項羽所發亦不見有所扦拒世傳唐時有民發南陽一古墓初覩墓側有碑斷倒草間字磨滅不可讀初掘約十丈遇一石門錮以鐵汁用羊糞沃之累日方開開時箭發如雨射殺數人乃以石投其中每箭發輒投數十石箭不復出遂列炬而入至開第二重門有木人數十張目運劒又傷數人衆以棒擊之兵仗悉落見其四壁皆畫以兵衛之像南壁有大漆棺懸以鐵索其棺下金玉堆積方欲攫取俄而其棺兩旁颯颯風起吹沙撲迸人面須臾風沙大作埋没人足漸至於膝衆驚走出門隨即塞一人出遲被沙埋死不知何術也始皇墓藏機巧殊不及此何哉

羽毛鱗介人見其爲物自其同類視之未嘗不爲人

也如所謂烏衣國南柯郡之類是已昔唐太和間荆南松滋縣南有一士人寄居莊中肄業初到之夕二皷後方張燈臨案忽有小人身約半寸葛巾策杖入門揖士人曰乍到無主人宜寂寞也其聲如蒼蠅士人數號有膽畧見如不見其人乃登床責曰獨不存主客之禮乎復登案詬罵不已又覆其硯於書上士人心惡以筆擊之墮地叫數聲出門而滅俄有婦人四五或老或少各長寸許曰眞官憐君獨學故令郎君共論精奧何乃頑狂輒致損害今可往見眞官語

畢又數人至將士人驅迫而行恍然如夢初不肯往被其咬咂四肢痛不可忍曰汝若不去必壞汝眼言訖又四五人走上其面士人驚懼而隨出門行至東堂遥望一門小如竹節將及其門不肯入復被其齧恍忽之際已入小門見一人峨冠當殿坐侍衛甚嚴坐者叱曰吾憐汝獨學俾小兒往何乃致害今當腰斬遂有數人持刃攘臂迎之士人大懼謝曰某愚騃肉眼不識眞官乞賜餘生坐者良久曰彼既知悔叱令曳出不覺已在門外矣及歸書舍殘燈猶在天明

蹤跡其處見有小穴蜥蝪出入焉遂呼數人發之深數尺有蜥蝪十餘石一大者色赤長尺許卽坐者也士人取蜥蝪積薪焚之次夕亦竟無虞亦異矣哉

昔人謂心有所主則不能動如北宮黝孟施舍皆心有所主故能不動毎與客語國初人有慕城西承天寺浮圖絶顛所藏金銀佛像欲盜取者乃於昏夜闃寂之後擲繩其級攀援而上金頂堅牢不可入毎戍鼓鼕鼕而起乃急施鎚鑿以混其聲如是凡三日夕既得已復縋而下自他人視之不勝股栗而彼則自不覺有所恐懼者由志在乎得物故也此與列子所論商丘開之意同

三皇之時爲春康節此語極有味非精深不能道也早春之時雖草木萌動而氣象自是可觀及乎立夏氣既至雖時物暢茂然却殊不是這箇氣象了也所以康節詠三皇詩爲孟春天氣早晨時不惟春而復謂之孟春謂之早晨其旨深矣觀乎是則此老心胸爲何如哉

唐狄梁文獻公臨薨屬其家人曰佛以清淨慈悲爲

有而愚者乃寫經造像冀以求福女曹勿終身迷惑而不寤也此語不惟知佛亦可謂善學佛矣自韓愈以下凡號斥佛者其見俱未及此

先儒嘗言靜坐中須是有物方可謂當主乎敬是也如釋氏所謂不可坐向黑山鬼窟裡必須拿一念子老氏之法如守黄庭存踵息意思皆一般大抵只要常存此心不要放釋一有不存不馳騖則落空也

前輩說作詩作文記事雖多只恐不化余意亦然譬如人之善飲食者肴蔌脯醢酒茗果物雖是食盡須

得其化則淸者爲脂膏人只見肥美而已若是不化
少間吐出物物俱在爲文亦然化則說出來都融作
自家底不然記得雖多說出來未免是替别人說話
了也故韓昌黎讀盡古今書殊無一言一句彷彿於
人此所以古今善文一人而已宋仁宗於内苑賞花
釣魚以金𣑽盛釣餌羅几上俾群臣入覲賦詩王安
石見而食之殆盡帝聞知不悅曰安石詐人也設誤
食一粒則已豈有食盡之理邪安石聞而銜之至神
宗朝入相遂有祖宗不足法之說蓋謂此也安石於

學問文章儘有好處及觀諸其行乃忌刻若是吁豈
士君子所爲哉
唐李商隱凡作文必聚書於左右檢視終日人謂之
獺祭魚宋楊大年爲文用故事使子姪檢討出處用
片紙錄之文成而後掇拾人謂之衲被
地理之說雖有其書謂能使人貧富生死余每未敢
篤信其果能若是也且如近傳金源氏衰國人有善
望氣者謂韃靼國有土山形勢雄偉王氣所鍾聚金
信其說乃先求通好爲　入貢俾使者請曰他無
所求惟得是山以鎭我土足矣　笑其愚俾許諾
金人於是大發軍卒鑿掘運載抵幽州城北積而爲
山修繕極其精巧叠石玲瓏峰巒隱映松檜陰鬱秀
若天成引金河水至其後轉機運㪺汲水至絕頂出
石龍口注方池伏流至仁智殿後有石刻蟠龍昂首
噴水然後東西流入太液池山有廣寒殿爲楹九七
仁智殿在山半爲楹三山前白玉爲橋長三百尺直
儀殿後殿在太液池中員抵上十一楹正對萬歲山
山東靈囿珍禽異獸在焉是爲今主遊幸之所未幾

韃靼攻破燕城金人遷汴矣推此其說驗否蓋有不
攻自破者云
許魯齋仕元世祖朝以哈麻短毀漢法不得行其學
力求歸田觀其與人書有曰春日池塘秋風禾黍夏
木雨蠶老麥收冬將寒囷盈箱積門喧童稚架滿詩
書山色水光詩懷酒興是以心思意緒日日在此安
此樂此言亦此書亦此百周千折期必得此而後已
魯齋雖不明言其所以求去之意託言乎此然而人
生得天地所與分内之樂亦不過是矣每讀是言未

嘗不手舞足蹈而喜其有以同是心於百載之下焉

蒙齋筆談

宋　鄭景璧

楊朴魏野皆咸平景德間隱士朴居鄭州野居陜皆號能詩朴性癖常騎驢往來鄭圃每欲作詩即伏草中冥搜或得句則躍而出遇之者無不驚眞宗祀汾陰過鄭召朴欲官之問卿來有以詩送行者乎朴揣知帝意謬云無有惟臣妻一篇使誦之口更休落魄貪杯酒便莫猖狂愛作詩今日捉將官裏去這回斷送老頭皮帝大笑賜束帛遣還山野和易通俗人樂從之遊王魏公當國尤愛之亦數相聞天禧末魏公屢求退不許野寄以詩曰人間宰相惟三載君在中書十四年西祀東封俱已了好來平地作神仙魏公亟袖以聞遂得謝朴死無子而野有子閑能襲父風年八十餘亦得長生之術司馬溫公陜人間死爲誌其墓故世知野者尤多然皆一節之士世競於進取者不可時無此曹一二警勵之與指嵩少爲仕途捷徑者異也

余守許昌時洛中方營西內門甚急宋昇以都轉運

使主之其屬有李實韓溶二人最用事宮室梁柱闌
檻牕牖皆用灰布期既迫竭洛陽内外猪羊牛骨不
充用韓溶建議掘漏澤園人骨以代昇欣然從之一
日李實暴疾死而還寃具言冥官初追証以骨灰事
有數百人訟於庭冥官問狀實言此非我蓋韓溶忽
有吏趨而出有頃復至過實曰果然君當還然宋都
運亦不免既白冥官而下所抱文字風動其紙畧有
滅門二字後三日溶有三子連死其妻哭之哀又三
日亦死而溶亦死昇時已入爲殿中監未幾傳昇忽

溺不止經下數石而斃人始信幽冥之事有不可誣
者是時范德孺卒纔數月其家語余近有人之鄜州
夜過野中見有屋百許間如官府揭其牓曰西証獄
問其故曰此范龍圖治西内事也家亦有兆相符會
有屬吏往洛余使覆其言於李實亦然甚哉禍福可
不畏乎

前史載李廣以殺降終不侯廣何止不侯蓋自不能
免其身于公以治獄有陰德大其門閭而責報於天
如符契然因果報應之説何必待釋氏而後知也世

傳歐希範五臟圖此慶曆間杜杞待制治廣南賊歐
希範所作也希範本書生桀黠有智數通曉文法嘗
爲攝官乘元昊叛西方有兵時度王師必不能及乃
與黨蒙幹嘯聚數千人聲揺湖南朝廷遣楊畋討之
不得乃以杞代杞入境即僞爲招降之説與之通好
希範猖獗久亦幸苟免遂從之與幹挾其酋領數十
人皆至杞大爲燕犒醉之以酒已乃執於坐上翌日
盡磔於市且使皆剖腹刳其腎腸因使醫與畫人一
一探索繪以爲圖用是遷待制帥慶州未幾若有所

覩一夕登圊忽卧于圊中家人急出之口鼻皆流血
微言歐希範以拳擊我後三日竟卒杞有幹畧亦知
書號能吏歐陽永叔爲誌其墓

韓退之有木居士詩在衡州來陽縣鼇口寺退之作
此詩疑自有意其謂便有無窮求福人蓋當時固已
尸祝之矣至元豐初猶存遠近祈禱祭祀未嘗輟一
日邑中旱久不雨縣令力禱不驗怒伐而焚之一邑
爭救不聽蘇子瞻在黄州聞而喜曰木居士之誅固
已晚矣乃問有此明眼人乎過丹霞退矣然邑人念

之終不已後復以木倣其像再刻之歲仍以祀或曰寺規其祭享之餘以故不能廢張芸叟謫郴州過見之以詩題於壁曰波穿水透本無奇初見潮州刺史詩當日老翁終不免後來居士欲奚爲山中雷雨誰宜主水底蛟龍自不知若使天年俱自遂如今已復有孫枝相傳以爲口實余聞蜀人言陳子昂閬州人州人祠子昂有陳拾遺廟語訛爲十姨不知何時遂更廟貌爲婦人粧飾甚嚴謂之十姨有禱亦或驗利之所在苟僅得豚肩巵酒子昂且屈爲婦人勉應之

不辭邪木居士亦何爲不可乎聞者皆絶倒

余居山間默觀物變固多矣取其灼然者如蚯蚓爲百合麥之壞爲蛾則每見之物理固不可盡解業識流轉要須有知然後有所向若蚯蚓爲百合乃自有知爲無知麥之爲蛾乃自無知爲有知蚯蚓在土中知其欲化時蟠結如毬已有百合之狀麥蛾一夕而變紛然如飛塵以佛氏論之當須自其一意念真精之極因緣而有卽其近者難之伏卵固自出此今雞伏鴨乃如莊周所謂越雞伏鵠者此何道哉麥之爲蛾蓋自蛾種而起因以化麥非麥之能爲蛾也由是而言之一念所生無論善惡自有必至者后稷履人迹而生啓自石出此真實語金光明經記流水長者盡化池魚皆得生天更復何疑但恐人信不及爾

富鄭公少好道自言吐納長生之術信之甚篤亦時爲燒煉丹竈事而不以示人余鎮福唐嘗得其手書還元火候訣一篇於蔡君謨家蓋至和間持其母服時書以遺君謨者方知其持養大槩熙寧初再罷相守亳州公已無意於世矣圓照大本者住蘇州瑞光

方以其道震東南頴州僧正顒世號顒華嚴者從之得法以歸鄭公聞而致之於亳館於書室親執弟子禮一日旦起公方聽事公堂顒視室中有書櫃數十其一扃鐍甚嚴問之左右曰公常手自啓閉人不得與意必道家方術之言亟使取火焚之執事者爭不得公適至問狀顒卽告之曰吾先爲公去一大病矣公初亦色微變若不樂者已而意定徐曰乃無大虐戲乎卽不問自是豁然遂有得顒曰此非我能爲公當歸之吾師乃以書謁通圓照故世言公得法大本

然公晚於道亦不盡廢薨之夕有大星隕於寢洛人皆其見之豈偶然哉

世傳神仙呂洞賓名巖洞賓其字也唐呂渭之後五代間從鍾離權得道權漢人遇者自本朝以來與權更出沒人間權不甚多而洞賓蹤迹數見好道者每以爲口實余記童子時見大父魏公自湖外罷官還道岳州客有言洞賓事者云近歲常過城南一古寺題二詩壁間而去其一云朝遊岳鄂暮蒼梧袖有青蛇膽氣麄三入岳陽人不識朗吟飛過洞庭湖其一

云獨自行時獨自坐無限時人不識我惟有城南老樹精分明知道神仙過說者云寺有大古松呂始至時無能知者有老人自松巔徐下致恭故詩云然先大父使余誦之後得李觀所記洞賓事碑與少所聞正同青蛇世多言呂初由劍俠入非是此正道家以氣鍊劍者自有成法神仙事渺茫不可知疑信者蓋相半然是身本何物固自有主之者區區百骸亦何足言棄之則爲佛存之則爲仙在去留間爾洞賓雖非余所得見然世要必有此人也

余少好藏三代秦漢間遺器遭錢唐兵亂盡亡之後有遺余古銅鳩杖頭色如碧玉因以天台藤杖爲幹植之每置左右今年所親章徽州在平江有觜銅酒器其首爲牛制作簡質其間塗金隱隱猶可見意古之兕觥會余生朝章亟取爲余壽余欣然戲之曰正患吾鳩杖無侶造物豈以是假之耶二物常以自隨往歲行山間使童子操杖以從殆以爲觀爾未必眞須此物也邇來足力漸覺微陟降殆不可無時坐石間兒子輩環侍輒倚杖使以觥酌酒而進卽爲引滿

常亦自笑其癖頃有嘲好古者謬云以市古物不計直破家無以食遂爲丐猶持所有顏子陋巷瓢號於人曰孰有太公九府錢乞一文吾得無似之耶

陶淵明所記桃花源今鼎州桃花觀卽是其處余雖不及至數以問湖湘間人頗能言其勝事云自晉宋來由此上昇者六人山十里間無雜禽惟二鳥往來觀中未嘗有增損鳥新舊更易不可知者老相傳自晉迄今如此每有貴客來鳥輒先號鳴庭間人率以爲古淵明言劉子驥聞之欲往不果子驥見晉書隱

逸傳即劉驥之子驎其字也傳子驥採藥衡山深入忘反見一澗水南有二石囷其一閉一開開者水深廣不可過或說其間皆仙靈方藥諸雜物既還失道從伐木人問徑始能歸後欲更往終不復得大類桃源事但不見其人爾晉宋間如此異亦頗多王烈石髓亦其一也鎮江茅山世以比桃源余頃罷鎮建康時名遊三日按圖記問其故事山中人一一指數皆可名然亦無甚奇勝處而自漢以來傳之宜不謬華陽洞最知名纔爲裂石濶不滿三四尺其高三尺不

可入金壇福地在其下道流云近歲劉渾康嘗得入言餘步其言甚誇無可考不知何緣能進韓退之未嘗過江而詩有頰君直入華陽洞割取乖龍左耳來意當有爲不止爲洞言也

廬陵雜說

宋　歐陽修

夏六月暑雨既止歐陽子坐於樹間仰見日月星辰行度見星有殞者夜既久露下聞草間蚯蚓之聲益急其感于耳目者有動乎其中作雜說

蚓食土而飲泉其爲生也簡而易足然仰其穴而鳴若號若呼若嘯若歌其亦有所求耶抑其求易足而自鳴其樂耶苦其生之陋而自悲其不幸耶將自喜其聲而鳴其類耶豈其時至氣作不自知其所以然而不能自止者耶何其聒然而不止也吾於是乎有

感

星隕於地腥礦頑醜化爲惡石其昭然在上而萬物仰之者精氣之聚爾及其斃也瓦礫之不若也人之死骨肉臭腐螻蟻之食爾其貴乎萬物者亦精氣也其精氣不奪于物則蘊而爲思慮發而爲事業著而爲文章昭乎百世之上而仰乎百世之下非如星之精氣隨其斃而滅也可不貴哉而生也利欲以昏之死也臭腐而棄之而惑者方曰足乎利欲所以

吾身吾於是乎有感
天西行日月五星皆東行日一歲而一周月疾於日一月而一周天又疾於月一日而一周星有遲有速有逆有順是四者各自行而若不相爲謀其動而不勞運而不已自古以來未嘗一刻息也是何爲哉夫四者所以相須而成晝夜四時寒暑者也一刻而息則四時不得其平萬物不得其生益其所任者重矣人之有君子也其任亦重矣萬世之所治萬物之所利故曰自彊不息又曰死而後已者其知所任矣然

則君子之學也其可一日而息乎吾於是乎有感

昌黎雜說

唐　韓愈

龍噓氣成雲雲固弗靈於龍也然龍乘是氣茫洋窮乎玄間薄日月伏光景感震電神變化水下土汩陵谷雲亦靈怪矣哉雲龍之所能使爲靈也若龍之靈則非雲之所能使爲靈也然龍弗得雲無以神其靈矣失其所憑依信不可歟異哉其所憑依乃其所自爲也易曰雲從龍既曰龍雲從之矣

善醫者不視人之瘠肥察其脈之病否而已矣善計天下者不視天下之安危察其紀綱之理亂而已矣天下者人也安危者肥瘠也紀綱者脈也脈不病雖瘠不害脈病而肥者死矣通於此說者其知所以爲

天下乎夏殷周之衰也諸侯作而戰伐日行矣傳數十王而天下不傾者紀綱存焉耳秦之王天下也無分勢於諸侯聚兵而焚之傳二世而天下傾者紀綱亡焉耳是故四支雖無故不足恃也脈而已矣四海雖無事不足矜也紀綱而已矣憂其所可恃懼其所可矜善醫善計者謂之天扶與之易曰視履考祥善

醫善計者爲之

談生之爲崔山君傳稱鶴言者豈不怪哉然吾觀於人其能盡吾性而不類於禽獸異物者希矣將憤世嫉邪長往而不來者之所爲乎昔之聖者其首有若牛者其形有若蛇者其喙有若鳥者其貌有若蒙倛者彼皆貌似而心不同焉可謂之非人邪即有平脅曼膚顔如渥丹美而狠者貌則人其心則禽獸又惡可謂之人邪然則觀貌之是非不若論其心與其行事之可否爲不失也怪神之事孔子之徒不言余將

特取其憤世嫉邪而作之故題之云爾

世有伯樂然後有千里馬千里馬常有而伯樂不常有故雖有名馬祇辱於奴隷人之手駢死於槽櫪之間不以千里稱也馬之千里者一食或盡粟一石食馬者不知其能千里而食也是馬也雖有千里之能食不飽力不足才美不外見且欲與常馬等不可得安求其能千里也策之不以其道食之不能盡其材鳴之而不能通其意執策而臨之曰天下無馬嗚呼其眞無馬邪其眞不知馬也

此公之寓言什一

漁樵閒話

人化虎

宋　蘇軾

漁曰張君房好誌怪異嘗記一人劍州男子李忠者患病久其子市藥歸乃省其父忠視其子朶頤而涎出子訝而視父乃虎也遂走而出乃與母弟友閉其室旋聞哮吼之聲穴壁窺之乃眞虎也悲哉忠受氣爲人俄化爲獸事有所不可審其來也觀涎流于舌欲啖其子豈人之所爲得非忠也久畜慘毒狠暴之

心而然耶内積貪惏吞噬之志而然耶素有傷生害物之蘊而然耶居常恃凶悖怒殘忍發于所觸而然耶周旋宛轉思之不得

樵曰有旨哉釋氏有陰騭報應之說常戒人動念以招因果以向所述之事遂失人身託質于虎是釋氏之論勝矣子知之乎昂昂然擅威福恣暴亂毒流于人之骨髓而禍延于人之宗族者此形雖未化而心巳虎矣傾人于構蟄以徇一巳之私意非虎哉剝人之膏血以充無名之濫費非虎哉使人父子兄弟夫

妻男女不能相保而骸骨狼籍于郊野非虎哉吾故曰形雖未化而心已虎矣於戲以仁恩育物豈欲爲是哉然而不能使爲之者自絶于世何足恠

倀鬼

漁曰長慶中有處士馬極與山人馬紹相會于衡山祝融峰之精舍見一老僧古貌麗眉體甚魁梧舉止言語殊亦朴野得極來甚喜及倩極之僕持錢往山下市少鹽酪俄亦不知老僧之所向因馬紹繼至乃云在路逢見一虎食一僕食訖即脫斑衣而衣禪衲

熟視乃一老僧也極詰其服色乃知已之僕也極大懼及老僧歸紹謂極曰食僕之虎乃此僧也極視僧之口吻尚有餘血殷然二人相顧而駭懼乃黙爲之計因紿其僧云寺井有恠物可同往觀之僧方窺井二人併力推入井中僧墮乃虎形也于是沉以巨石而虎斃于井二人者急趨以畾歸計值日已薄暮遇一獵者張機道傍而居棚之上謂二人曰山下尚遠羣虎方暴何不且止于棚上二人悸慄相與扳援而上寄宿于棚及昏暝忽見數十人過或僧或道或丈夫或婦女有歌吟者有戲舞者俄至張機所衆皆大怒曰早來已被二賊殺我禪師今方追捕次有人張機殺我將軍遂發機而去二人聞其語遂詰獵者彼衆何人也獵者曰此倀鬼也乃疇昔嘗爲虎食之人既已鬼矣遂爲虎之役使以爲前導二人遽請獵者再張機方畢有一虎咆吼而至足方觸機箭發貫心而踣遂巡向之諸倀鬼奔走却回伏虎之前號哭甚哀曰誰人乃殺我將軍也二人者乃厲聲叱之曰汝輩真所謂無知下鬼也生既爲虎之所食死又爲虎

之所役今幸而虎已斃又從而號哭盡哀何其不自省之如此邪忽有一鬼荅之曰某等性命既爲虎之所啗食固當拊心刻志以報冤今又左右前後以助其殘暴誠可愧耻而甘受責矣終不知所謂禪師者乃虎也悲哉人之愚惑以至于此近死而心不知其非宜乎沉没于下鬼也

樵曰舉世有倀鬼不爲者幾希矣苟于進取以速利祿吮疽舐痔無所不爲者非倀鬼與巧詐百端承窩人之鷹犬以備指斥馳奸走僞惟恐後于他人始未

得之俛首畢辭態有同于妾婦及既得之尚未離于咫尺張皇誕傲陰縱毒螫遽然起殘人害物之心一旦失勢既敗乃事愴惶竄逐不知死所然終不悛其所使往往尚懷悲感之意失内疚之責嗚呼哀哉非倀鬼與

三怪物

漁曰李義山賦三怪物述其情狀眞所謂得體物之精要也其一物曰臣姓猾狐氏帝名臣曰考彰字臣曰九規而官臣爲佞魑爲佞魑之狀領佩水凝手貫風輪其能以鳥爲鶴以鼠爲虎以蚩尤爲誠臣以共工爲賢主以夏姬爲廉以祝鮀爲魯誦節義于寒浞贊部旻于嫫母其一物曰臣姓潛弩氏帝名臣曰攜人字臣曰銜骨而官臣爲讒魑爲讒魑之狀能使親爲疎同爲殊使父魶其子妻羨其夫又持一物狀若豐石得人一惡乃劓乃刻又持一物大如箏得人一善掃掠蓋蔽謟啼僞泣以就其事其一物曰臣姓狠浮氏帝名臣曰欲得字臣曰善覆而官臣爲貪魑爲貪魑之狀兕有千眼亦有千口鼠牙蠶喙通臂衆手

常居于倉亦居于囊鈎骨箕鑁環聯瑣瓃或時敗累囚于牢狴拳梏履校艱棘死灰僥倖得失他日復爲嗚戲義山狀物之怪可謂中時病矣

樵曰然夫怪物之爲害充塞于道路矣何所遇而非怪邪傳聲接响更相出没揩摭人之陰私窺伺人之間隙羅織描畫惟恐刺骨之不深非怪物之爲害乎殊不知此亦豸虱之義也何足以怪而自恃哉

說郛目録

弓第三十

游宦紀聞　張世南
行都紀事　陳晦
鄰幾雜誌　江休復
楓窗小牘　袁褧
湖湘故事　陶岳

游宦紀聞

宋　張世南

書云朞三百有六旬有六日以閏月定四時成歲是一歲三百有六十有六日明甚今以每歲十二月計之只三百六十日又有小盡不與焉世南嘗以此問學者所對皆未精切其說當以今歲立春數至來歲立春恰三百六十有六日（以時刻轉之實三百六十有五日零三也）世南始得其說未以為然取百中經試加稽考殊無差者蓋三百六旬有六日言其凡也其實周天三百六十

五度四分度之一日行一度一歲一周天一歲云者自今歲冬至數至開年冬至凡三百六十有五日奇三時所奇三時即四分日之一也若以十二月計之不滿三百六十日者月有小盡又積其餘五度有奇合之以置閏其所以有小盡有閏月者以月行速二十七日有奇也周天進三十度與日合朔合朔之際即為一月凡一歲十二合朔故曰十二月若論春之一當以氣周斷不當以十二月斷也

翡翠屑金人氣粉犀此物理相感之異者嘗觀歸田

錄載歐公家有一玉罌形製甚古且精巧始得之梅聖俞以爲碧玉在潁川時嘗以示僚屬坐有兵馬鈐轄鄧保吉者眞宗廟老内臣也識之曰此瑤器也謂之翡翠寶物皆藏宜聖庫有翡翠琖一隻所以識也其後偶以金環於罌腹信手磨之金屑紛紛而落如硯中磨墨始知翡翠之能屑金也諸藥中犀最難細擣必先鎊屑乃入衆藥中巳而衆藥篩盡犀屑猶存偶行見一醫生元達者解犀爲小塊子方一寸半許以極薄紙裹置懷中近肉以人氣蒸之候氣薰蒸浹洽乘熱投臼中急擣應手如粉因知人氣之能粉犀

也今醫工皆莫有知者

書大字用松烟墨每患無光采而墨易脫偶得太一宮一高士書符用墨訣試之果妙其法以黄明水膠半兩許用水小盂煎至五分蒸化尤妙如磨松墨時以膠水兩蜆殼研至五色見浮采再添膠水俟墨濃可書則止如覺滯筆入生姜自然汁少許或溶膠時入濃皂角水數滴亦可

今醫家修製藥品往往一遵古法如本草炮炙及許學士方前所載亦旣詳矣世南在蜀得數法頗出古人意表如麥門冬去心古法湯泡少時則易去今只以銀石銚火上微烙隨手漸剝極易爲力又不爲湯漬去藥味乳香沒藥最難研若作丸子藥則以乳鉢研畧細更入酒或水研頃刻如泥更無滓脚若酒糊丸則入酒研若以麵則入水研甚省力而易細且不飛走以耗分兩

淮南人藏鹽酒蟹凡一器十隻以皂莢半挺置其中則經歲不壞世南向侍親至四明鹽白而廉僕輩貪

利以菴盛貯邸翁曰塗中走鹵將若之何投汝一法可煨皂莢一梃置其中則無慮矣試之果然

凡衣帛爲漆所汚卽以麻油先漬洗透令漆去盡卽以水膠溶開少著水令濃以洗麻油頃刻可盡蓋膠性與油相著卽如米泔桐油亦然若白衣爲油涴石膏火煅研細糝汚處以重物壓過夜則如初如卒無此只以新石灰亦佳此皆巳試之効

驗漆之美惡有槩括爲韻語者云好漆清如鏡懸絲似鈎鈎撼動虎斑色打著有浮漚驗眞桐油之法以

細箋一頭作圈子入油辦者真者則如鼓面靴圈子上纔有僞則不著圈上矣

尊人有諱後生不可稱前輩表德也古人以爲美稱殷人以諱事神而後有字儀禮子祭父云敢昭告于考伯某父稱字也子思子作中庸稱其祖曰仲尼曰云云爰益之姪問益曰然能日飲幾何近世子由與坡公多言子瞻兄陳了齋師事龜山簡中稱中立先生非若今世俗旣諱其名又諱其字也又今往往有台諱尊諱之語尤非是生曰名死曰諱載之禮經可

覆禮部韻載光常廟諱曰諱今上皇帝御名只曰名稱生人名乃曰諱不祥之甚也

辨博書畫古器前輩蓋嘗著書矣其間有論議而未詳明者如臨摹硬黃響搨是四者各有其說今人皆謂臨摹爲一體殊不知臨之與摹迥然不同臨謂置紙在傍觀其大小濃淡形勢而學之若臨淵之臨摹謂以薄紙覆上隨其曲折婉轉用筆曰摹硬黃謂置紙熱熨斗上以黃蠟塗勻儼如枕角毫釐必見響搨謂以紙覆其上就明窗牖間映光摹之辨古器則有所謂欵識蠟茶色朱砂斑真青綠井口之類方圓真古其製作有雲紋輕重雷紋垂花雷紋鱗紋細紋粟紋蟬紋黃目飛廉饕餮螭蛟虬龍麟鳳熊虎龜蛇鹿馬象夔犧蜼（余季反）鳧雙魚蟠虺如意圖絡盤雲百乳鶚耳貫耳偃耳直耳附耳挾耳獸耳虎耳獸足夔足百獸三螭穟草瑞草篆帶（若蚪結之勢）星帶（四旁飾以星象）輔乳（鍾名用以節樂者）碎乳（鍾名大乳三十六外復有小乳周之）立夔雙夔之類凡古器制度一有合此則以名之如雲雷鍾鹿馬洗鶚耳匜之類是也如有欵識則以欵識名如周叔液鼎

齊侯鍾之類是也古器之名則有鍾（大曰特中曰鑄小曰編）鼎尊罍彝舟（類洗而有耳）卣（音酉又音由中尊器也有覆蓋之類也）瓶爵斗（有耳有流有足流即觜也）巵觶（之豉切酒觴也）角（類彝而無柱）杯敦簠（其形方）簋（類鼎而歛蓋有四足）豆獻（中假切無底甑也）錠（徒徑切又都定切）斝觚鬲（形制同鼎漢志謂空足曰鬲）鍑（方宥切玉篇云似釜大其實類小瓮而有環）盉（戶戈切又胡卧切盛五味之器也似鼎而有蓋有觜有机攀）甔（其類有四口圜曰匾方曰温）盦（於含切覆蓋也似洗而腰大有退有提攀）瓿（蒲後切類甔而矮）鋪（類豆鋪陳鷹獻之義）罍（類釜）鑑（盛水器上方如斗鏤底作風窗下設盤以盛之）匜（弋之切沃盥器）盤洗盆鋗（呼玄切類洗玉篇云小盆也）杅磬錞鐸鉦（類鐘而矮）鐃戚鐓（飾柄）奩鑪（郎鏡）節鉞戈矛盾弩機表

坐旂鈴刀筆杖頭蹲龍（宮廟乘輿之飾或云欄楯間物）鳩車（兒戲之具）提梁龜蛇硯滴車輅托轅之屬此其大槩難於盡備然如此者思過半矣所謂款識乃分二義款謂陰字是凹入者刻畫成之識謂陽字是挺出者正如臨之與摹各自不同也臘茶色亦有差別三代及秦漢間之器流傳世間歲月寖久其色微黃而潤澤今士大夫間論古器以極薄爲眞此盍一偏之見也亦有極薄者有極厚者但觀製作色澤自可見也亦以數百年前句容所鑄其藝亦精今鑄不及必竟黑而燥須自

然古色方爲眞古也

硯品中端石人皆貴重之載於譜紀取名各異其有眼爲端或以無眼爲貴然石之青脉者必有眼嫩則多眼堅則少眼石嫩則細潤而發墨所以貴有眼不特爲石之驗也眼之品類不一曰鸜哥眼鸜鴿眼了哥眼雀眼白雞眼猫眼菉荳眼各以形似名之翠綠爲上黃赤爲下諺謂大贕爲佳然亦石之病且石之有眼余亦不取大抵瑕翳於石有嫌况病眼假眼韻度尤不足觀

玉出藍田昆崗本艸亦云好玉出藍田及南陽徐善亭部界日南盧容水中外國于闐疏勒諸處皆善今藍田南陽日南不聞有玉國朝禮器及乘輿服御多是于闐玉晋天福中平居誨從使于闐爲判官作記紀其采玉處云玉河在國城外源出崑山西流三千餘里至國界牛頭山分爲三曰白玉河在城東三十里曰緑玉河在城西二十里曰烏玉河在緑玉河西七里源雖一玉隨地變故色不同每歲五六月水暴漲玉隨流至多寡由水細大水退乃可取方言曰撈

玉國主未采禁人至河濱大觀中添創八寶從于闐國求大玉一日忽有國使奉表至故事下學士院召譯表語而後若詔其表云日出東方赫赫大光照見西方五百國五百條貫主師子黑漢王表上日出東方赫赫大光照見西天下四天下條貫主阿舅大官家你前時要者玉自家甚是用心力只爲難得似你尺寸底自家已令人兩河去訪覓得似你尺寸底便奉上也當時傳以爲笑後果得之厚大踰三尺色如截肪昔未始有也大底今世所寶多出西北部落西

夏五臺山于闐國玉分五色白如截肪黄如蒸粟黑如點漆紅如雞冠紫如臙脂惟青碧一色高下最多端帶白色者棄又分九色上之上上之中上之下中之上之中之下下之上之中之下惟和殿有玉等子以諸色玉次第排定凡玉至則以等之比之高下自見今内帑有金等子亦此法

自甲至癸爲十榦自子至亥爲十二枝後人省文以榦爲干以枝爲支非也

今之遠官及遠服賈者皆云天涯海角蓋談遠也頃

在成都嘗聞有天涯地角石暇時訪古及閲圖志乃知天涯石在中興寺耆老傳云人坐其上則脚踵不能行至今人不敢踐履及坐其上又有天牙石在大東門對昭覺寺高六七尺有廟今在市人湯家園地角石舊有廟在羅城内西北角高三尺餘王均之亂爲守城者所壞今不復存矣欽州有天涯亭廉州有海角亭二郡皆南轅窮途也

沙隨程先生嘗云頃於行在見一道人以笛柱項下吹曲其聲清暢而不近口竟不曉所以然此說已在三十年前嘉定庚辰先兄岳翁趙憲伯鳳自曲江携一道人歸三衢亦喉間有竅能吹簫比飲食則以物塞之不然水自孔中溢出每作口語則塞喉間作喉間語則以手掩口先兄之所自覩但不知沙隨先生昔所見者是此人否

諸香中龍涎最貴重廣州市直者每兩不下百千次亦五六十千係蕃中禁榷之物出大食國近海傍常有雲氣罩山間郎知其有龍睡在其下或半載或二三載土人更相守視俟雲散則知龍已去往觀必得

龍涎或五七兩或十餘兩視所守人多寡均給之或不平更相讐殺或云龍多蟠於洋中大石卧而吐涎魚聚而嗜之土人見則没而取焉又一說大海洋中有渦旋處龍在下湧出其涎爲太陽所爍則成片爲風飄至岸人則取之納官予嘗扣泉廣合香人云龍涎入香能收斂腦麝氣雖經數十年香味仍在嶺外雜紀所載龍涎出大食西海多龍枕石一睡涎沫浮水積而能堅鮫人采之以爲至寶新者色白稍久則紫甚久則黑又一說云白者如百藥煎而膩理黑者

亞之如五雲脂而光澤其氣近於臊似浮石而輕或云異香或云氣腥能發衆香氣皆非也於香本無損益但能聚烟耳和香而用真龍涎焚之則翠烟浮空結而不散坐客可用一剪以分烟縷所以然者蜃氣樓臺之餘烈也又一説云龍出没於海上吐出涎沫有三品一曰汎水二曰滲沙三曰魚食汎水輕浮水面善水者伺龍出没隨而取之滲沙乃被波浪飄泊洲嶼凝積多年風雨浸淫氣味盡於沙土中魚食乃因龍吐涎魚競食之復作糞散於沙積其氣腥穢汎

水香可入香用餘二者不堪曲江鄧顯以爲就三説較之後説頗是諸家之論不同未知孰當以愚見第一説稍近

行都紀事

宋　陳晦

北山九里松牌吴説書高宗詣天竺遂親御宸翰徹去吴書吴未幾守信州陛辭高宗因與語云九里松乃卿書乎吴唯唯復云朕常作此三次觀之終不如卿吴益遜謝暨朝退即令再揭元牌遍索之乃得之天竺庫院復令植道旁今所傍是也

橘園亭在今豐樂橋投北自棚前直穿即是蓋向來未建都之時此地皆種橘高宗欲親巡就此乘舟創

亭其上前臨大河故是至今此街市傳爲橘園亭

俞家園在金井亭橋之南向時未爲民所占皆荒地或種稻或種茭故因以園爲名今則如蜂房蟻垤蓋爲房廊屋巷陌極難認蓋其錯雜與棋局相類也

有兩行繩巷都亭驛前一候潮門外一有兩名版巷臨安府前一柴木巷中一有兩龍舌頭臨安府前并江下畚團兩櫻桃園七寶山井薦橋門外是也

城中舊無門關沿河惟居民門首各爲欄障不相聯屬河之轉曲兩岸燈火相直醉者夜行經過如履平

地徃多溺死歲以數十百人計自王宣子尹京始於抽解塲材置大木欄城内沿河皆周匝每船步留一門民始便之

閭丘編修泳自言徃年遊宦湖湘間舟行江上有客子附舟尾至暮吹笛可聽閭丘正飲甚賞音命以酒勞之未幾忒問然有聲甚厲且訝且徵則皆不對少頃稍稍遠進云某官且聽聲勿復問舟尾横笛者乃賊也以此爲號而嘯其徒耳適以携殺矣須史有一舟笑呼而前以爲巳有應援則無應之者果詢之云

吹笛船安在舟人皆答云巳過前去矣俟賊前過急投岸獲免

監左帑龍舒張宣義嘗言有親戚遊宦西蜀路經褒漢晚投一店飯畢行戶外忽見旁左側上有一人無首以爲鬼也主人云尊官不須驚此人也非鬼也徃年因患瘰癧病勢蔓衍一旦頭忽脫墜家人甚悲驚巳而竟無恙自此毎有所需則以手指畫但日以粥湯灌之故至今猶存耳又曰岳侯軍中一兵犯法梟首妻方懷娠後誕一子如常人軀幹甚偉首僅如拳眉目皆雕刻則胞胎所係父毋相爲感應

雲川月河莫氏稱望族嘗言其祖在大觀間在上庠以春秋馳聲嘗至一酒樓飲壁間有題字云春王三月公與夫人會於此樓葢輕薄子携娼妓飲于此所題耳莫郎援筆題其下云夏大旱秋饑冬雨雪公薨君子曰不度德不量力其死于饑寒也宜哉見者無不大笑

嘉興精嚴寺大刹也僧造一殿中塑大佛詭言婦人無子者惟祈禱於此獨寢一宵即有子殿門令其家

封鎖葢僧於房中穴地道直透佛腹穿其頂而出夜與婦人合婦人驚問則云我是佛州民無不墮其計次日徃徃不敢言有仕族之妻亦徃求寺中夜僧忽前既不免即齧其鼻僧去翌日其家遣人遍於寺中物色見一僧卧病以被韜面得而視之鼻果有傷擒捕聞官時韓彦古子思爲郡將流其僧而廢其寺

楊誠齋名萬里字廷秀爲監司時廵歷至一郡郡守盛禮以宴之時適初夏有官妓歌賀新郎詞以送酒其中有萬里雲帆何時到誠齋遽曰萬里昨日到太

守大慚卽監係官奴

朱晦菴爲倉使時某郡太守遭捃摭幾爲按治憂惶百端未幾晦菴易節它路喜可知也有寄居官署者因召守飲出寵姬歌大聖樂至末句云休眉鎖問朱顏去了還更來麼太守爲之起舞也

某邑宰因預借違旨遭按而歸其郡郡將乃宰公之故因留連燕有妓慧黠得宰罷官之由時方仲秋謳漁家傲十月小春梅蕋綻宰云何太早邪荅云方備也宰公大慚

鄰幾雜誌

宋　臨川江休復

康定中侍禁李貴爲西邊寨主妻爲昊賊所擄去家中一白犬頗馴擾祝之曰我聞犬之白乃前世爲人也爾能送我歸乎犬俯仰如聽命卽裹糧隨之有警則引伏草間渴卽濡身而返凡六七日出賊境其夫無恙朝廷封崇信縣君

陸恭宰邑判訟田狀云汝不聞虞芮之事乎者可不受再執詣縣云不曉會得再判云十室之邑必有忠

信

李甚宰邑問民間十否莫有疾苦否莫有孝悌否之類

有一患大風者藥云吾不療爾

都下弄蝎尾有五毒者三毒者云城西剝馬務蝎食馬血尤毒己亥歲中屢有螫死者

毒虺斷首猶能聽以噬人

御史臺閤門移文用撩頭牒章郇公判審官院張觀爲中丞常用此例移審官時章爲翰林學士辨之張

以故事而止
客有投緇雲山寺中宿者僧爲具饌羞鱉甚美但訝其無裙耳入後屋見黃泥數十團大如缶問行者即向所食者在其中取龜以黃泥裹之三日龜服氣肥味特異
章仲鎮云章伯鎮勘會案歲給禁中椽燭十三萬條内酒坊祖宗朝用糯米八百石真宗三千石今八萬石
王介甫云明州有一講僧夜中爲鬼物來請講欣然

從命昇行數十里寘在豬圈中比曉方悟爲鬼所侮
張樞言說楊大年臨卒戒家人曰吾頂赤趺坐汝輩勿哭驚吾既而果然家人驚視財復舖而寢遂卒稱教頂赤生天腹赤生人足赤沉滯
梅聖俞云叔父爲陝西漕知客卒浴殮畢他婢欲竊其衣其屍熱如火驚告家人遂傳于外或云不祥此富有重喪俄而嫡氏卒
持國按樂見絃斷絃續者笙竽之類吹不成聲詰之云自有按樂器國家議黍尺數年乃定造樂器費以萬計乃用樂工私器以享宗廟
又七廟共用羊一五方帝亦然溫成廟用羊豕各二疑郊本用特後去特以一羊豕代之符后以永熙不可虛配遂得升祔明德尚在故也后廟神德賀宋二京尹潘奉慈劉李楊李升祔今獨章惠
永叔書法最弱筆濃磨墨以借其力
范希文戍邊行水邊其樂之從者前云此木不好裹面有蟲（聲如隙舉聲）謂之蟲乃是魚也荅云不妨我亦食此蟲也

原父五十謚法一篇神化無方曰尼耄期稱道曰聃卮言日出曰周潔白不汚曰皓
椅樹直竦枝葉不相妨蜀人謂之讓木
胡瑗字翼之卒凶訃至京錢公輔學士與太學生徒百餘人詣興國戒壇院舉哀又自陳以師喪給假二日近時無此事
王景芬職方邵氏壻常州人小兒四五歲甚俊爽病將卒忽言翁婆留取某某長大必能塟翁婆景芬大駭始收塟其父母邵不疑云

沈文通說故三司副使陳洎卒後婢子附語亦云生不葬父母當得爲貴神今謫作賤貴足脛皆生長毛云云

祖擇之押字直作一口字人問之答云口無擇言

司馬君實充史討白執政時政起居注皆並不載元昊叛命北　請地事欲就樞密府檢尋事跡以備載錄龐泊自至史院商量孫朴兼修國史之任國惡不可書會龐去相遂寢

江南一節使召相者命内子立羣婢中令辨之相者

云夫人頭上自有黃氣羣婢皆竊視之然後告云某是杝上火兒雜立使辨何者是杝人云面上有水波文是亦用前術

吳冲卿說其先君爲江州瑞昌令一卒力啗巴豆如松子問其由始用飯一盌巴豆兩粒研和食稍加如藥凡盡則加巴豆減飯積以歲月至於純食巴豆此亦習啖葛之類曹操嘗啗葛

掌老太卿判太僕供給享大牢只供特牛無羊豕公問禮直官如此不知羊豕牛俱爲太牢

太學生鄭叔雄用善鑒王尚書舉正知雜吳薦爲秘書省校書郎起居舍人范師道論列云山林有遺之士大臣薦之不報而方投牒例輒行于是汝州孔旼除直講楊州孫侔除試校書州學教授

大内都知張惟吉請謚禮官以惟吉前待溫成喪不當居皇儀爭之至明時宰不知典則阿諛順旨惟言頓足泣下緣此得謚忠惠

陳執中歿禮官以前事不正諫請謚榮靈寵祿光大日榮動不成名日靈

大名府學進士劉建侯盜官書責之搜索既切遂焚之又與妻同殺人取其金前殺七人事明白猶且稱究府中謂之始皇以其焚書坑儒也程琳尙書知府曰殺之其容貌堂堂言詞辨辨博莊生大儒之盜也

藥方一大兩即今之一兩隋合三兩爲一兩

宋相公中朝書人郭忠恕司封二徐書佩觿集三卷

楊浤鋻之當官免私家上曆亦自買紙爲江南轉運使先移文江寧府要府官月俸米麥何人擔負磨麪

曾支騶錢

司馬君實侍先君知鳳翔府竹園中得一物如蝙蝠巨如大鴟莫有識者有自山西來者云此鼯鼠也一名飛生飛而生子每欲飛則緣樹至顚能下不能高

判尚書禮部則尚書之職判禮部貢院則侍郎之職也其名表則員外之任也王禹玉帶綰職判禮部作三字猶不解百官謝衣表御史中丞署狀而舍人作表是兼尚書員外之職也

陳執中在樞府建拼墻頭夏竦使人上數樞府不得人於是王疇張觀與執中皆罷

孫承旨自稱韓持國作維國齊廊大卿呼邵興宗作元宗

祫享昭穆各有幄次謂之神帳云陳彭年所建

禮特體貴賤以爲俎實肩臂臑肫胳觳左右前後實主有儀今不復用司馬公說曾在并州見蕃俗頗存此禮其最尊者得羊臆骨其次項脰骨又說婦人不服寬袴與襜製旋裙必前後開勝以便乘驢其風始於都下妓女而士夫家反慕之曾不知耻辱如此又涼衫以褐紬爲之以代毳袍韓持國云始於內臣班行漸及士人今兩府亦然獨不肯服予讀儀禮婦人衣上之制如明衣謂之景景明也所以禦塵垢而爲光明也則涼衫亦所以護朝服雖出近俗不可謂之無稽

君實又說夾拜今陝府村野婦人皆如此男子一拜婦人四拜男子一拜城外則不然

子容判禮院見君實八音克諧無相奪倫今樂懸但聞金聲餘樂掩而不聞宜罷連擊次第見其聲

歐陽永叔修唐書求罷三班院乞一閑慢差遣俄除太常禮院因巡廳言朝廷將太常禮院作閑慢差遣耶

子容說周廟制戶在東牖在西當中之分則扆也近代宗室南向祏室猶在西壁祫享猶設昭穆位於戶外南北相對

武功常景主簿說慶善宮有唐碣爲民藏窖蓋民恐他人見之理認遠祖土田旁有慈德寺太宗所建會昌廢寺猶遭毀圻武宗可謂能行令矣至大中復建

碑記尚存

肆赦宣德門登降用樂懸又排仗盡如外朝之儀

大典禮部吉儀五十有五其二十九日癸卯五龍壇

予奉勅於五龍廟謝晴廟廊竝頹毀寓宿殿東道士之室亦無壇也

儀仗內五牛旗刻書五色木牛竪旗于背載以舉狀四人舁之按六典衛尉三十二旗十八曰五牛旗皆是繡繪旗幅若五牛以牛載則其他麟鳳之類亦當如此矣

麟幾雜誌　八

祫享行禮之際雪寒特甚上秉圭露腕助祭諸臣見上恭虔畢手執笏者惕然皆植廟主帝用白帕后用青帕覆行禮則發之方木爲趺薦以重禱置主於其上

廛俗呼野人爲沙魂未詳其義士大夫亦頗道之永叔戲長文賢良之選既被沙而揀金吳頗憾之遷怒于原父云某沙于心不沙于面君矦沙于面而不沙於心愈怒焉

又嘗戲馬遵舊日沙而不哨如今哨而不沙

永叔云令狐挍著書數年乃成托宋公序投獻李夷庚夷庚問何人作序訊知其人使送銀二笏

麗相令制後舍人自署其名永叔云詰身後惟吏部判官誥院者當押字爾

林瑀王洙同作直講林謂王何相見之闊也荅云遭此霖雨今後轉更疏闊也王曰何故荅云値這短咯蓋詆其侏儒矣

太祖忌宰相馬不入寺宗王許相乘馬入至佛殿東素无定制也駕往寺觀燒香中丞不從由入臺翌日

麟幾雜誌　九

幸慈孝集禧宜召乃赴

供奉官羅承嗣任州西鄰人每夜聞擊物聲穴隙覘之乃知寒凍齒相擊再贈之氊堅不受妻母來見其女方食其枕中豆贈之米麪亦不敢納遂摯其家居州南都下俗語謂之州南聚族窮親四十口嘗辭水路差遣云法乘官舟載私物不得過若千斤重恐罹此罪乞換陸路差遣

秘書丞沈士龍者嘗建言害民事數十條漕司不行遂棄官歸闔門不放過訴云母老病拘滯于此毋必

不全亦關吏之罪也士龍竟坐檀去官守追官勒停舉主關吏一例見劾

李照議王朴編鍾不圓後得周編鍾正與朴同議者始知照之妄

次道見鄭毅夫除省判語詞中間具官某又云云當誥詞前具銜云云中當云以爾云云

程侍郎言某爲御史接伴人使中丞張觀云待之以禮荅之以簡戢佩服其言又説高敏之奉使接　伴使走馬墜地前行不顧翌日高馬蹶墜地　使亦不

下馬張唐公將奉使王景彝云某接伴時舊例使副每日早先立驛廳　使方出相揖某則不然先請我使立階下然後前揖登堦唐公云我出疆彼亦如此奈何遂却如舊例

王景彝判三班院云某筯記上𠃵使臣八千五百人差殿中丞蘇袞作簿簿成只有七十六人其餘根括並未見

楓窻小牘卷上

宋　袁褧

予追猝渡江僑寓臨安山中父書手定都爲烏有第日對窻西烏桕省念舊聞得數十事錄之以備遺忘時晚秋蕭瑟喜有丹葉殘霞來射几案會錄成輒呼酒落之名曰楓窻小牘

藝祖受命元年秋三佛齊來貢時尚不知皇宋受禪也貢物有通天犀中有形如龍擎一蓋其龍形騰上而尾少左向宋其文卽宋字也眞主受命豈偶然哉

藝祖卽以此犀爲帶每郊廟則繫之

予僑家後圃有一大井是武肅王外祖家舊物井上有文曰於維此井渟育坎靈有莘有邰實此儲英時有長虹上貫青寘是惟王氣宅相先徵爰啓霸主奠綏蒼氓沛膏澌澤配德東溟臣羅隱謹頌

太祖征李筠以太宗爲大内都點檢汴民驚曰點檢作天子矣更爲一天子地邪此又人口木簡也

太平興國中蜀人張思訓製上渾儀其製與舊儀不同最爲巧捷起爲樓閣數層高丈餘以木偶爲七直

人以直七政自能撞鐘擊鼓又為十二神各直一時至其時即自執辰牌循環而出余大王父贊善公嘗入文明殿漏室中見之

國初杭粤蜀漢未入版圖總戶九十六萬七千五百五十三至開寶末增至二百五十萬八千六十五戶太宗拓定南北戶猶三百五十七萬四千二百五十七此後遞增至徽廟有一千八百七十八萬之多億可謂盛矣及乘輿南渡江淮以北悉入北庭今上主戶亦至一千一百七十萬五千六百有奇生息之繁

視宣和已前僅減七百萬耳尚令此輩假氣遊魂何也

太宗命儒臣輯太平廣記時徐鉉實與編集稽神錄鉉所著也每欲採擷不敢自專輒示宋白使問李昉昉曰徐率更以博信天下乃不自信而取信於宋拾遺乎詎有率更言無稽者中採無疑也於是此錄遂得見收

楊億作二京賦既成好事者多為傳寫有輕薄子書其門曰孟堅再生平子出世文選中間恨無隙地楊亦書門答之曰賞惜違顏事等隔世雖書我門不爭此地余謂此齊東之言也楊公長者肯相較若爾邪

道君皇帝改元宣和人或離合其字曰一旦宋亡此與蕭歸離合後周宣政為宇文亡日同

太常音律官田琮家庭中嘗有光怪掘地得古鐸三枚一黃鍾一中呂一土死無聲又一玉管伎長于古玉管蓋漢晉間物也其年遂遷職

趙韓王疾夜夢甚惡使道流上章廳謝道流請章旨趙難言之從枕躍起索筆自草曰情關母子弟及自

出于人謀計協臣民子賢難違乎天意乃懸幽祟遐此強陽瞰臣氣血之衰肆彼魔呵之厲倘合帝心誅既不誣管蔡幸原臣死事堪永謝朱均云云密封令勿發向空焚之火正爇函而此章為大風所掣吹墮朱雀門為人所得傳誦于時竟不起

淳化三年冬十月太平興國寺牡丹紅紫盛開不踰春月冠蓋雲擁僧舍填駢有老妓題寺壁云曾趁曉風看幾巡冒霜開喚滿城人殘脂剩粉憐猶在欲向彌陀借小春此妓遂復車馬盈門

古人稱士農工商爲四民今有六民眞宗初郎位王禹偁上五事有云古者井田之法農即兵也今執戈之士不復事農是四民之外又一民也自佛教入中國度人修寺不耕不蠶而具衣食是五民之外又一民也

李文靖賢相也與張齊賢稍不協齊賢竟以被酒失儀罷相時人語曰李相太醒張相太醉此亦里巷之公論也

汴京閨閣粧抹凡數變崇寧間少嘗記憶作大鬢方

額政宣之際又尚急把垂肩宣和已後多梳雲尖巧額鬢撑金鳳小家至爲剪紙襯髮膏沐芳香花靴弓履窮極金翠一襪一領費至千錢今闈　中閨飾復爾如瘦金蓮方瑩面丸遍體香皆自北傳南者

邢昺以九經及第鬱爲儒者乃假意欽若納身垢汗爲士流所薄嘗奉勅撰爾雅疏義其後太學生郭偉言昔人不分老子與韓非同傳郭注邢疏無論曠公不享其意即先人得無稱寃地下且郭迕逆敦邢附欽若爾雅近正今則近邪盛舉九經乞辭此疏時歷自稱子才之裔太學中語曰景純有孫子才無後

宣和中有反語云寇萊公之知人則哲王子明之將順其美包孝肅之飲人以和王介甫之不言所利此皆賢者之過人皆得而見之者也

祥符中天書既降復有道士趙壽國來上靈寶大洞人皇經稍記其首篇云爾時玉清虛皇上帝在玉清景靈之宮忽從自明簾內傳下玉音清越嘹亮三十三天一時耳根共感是諸天衆速駕雲車龍鸞塡隘天路皆滿諸天既集而覲虛皇于雲陛之下劍珮聲

琤交映左右虛皇曰嗟爾諸天聽予渙號夫天有天皇地有地皇人有人皇天得清皇地得寧皇惟此林林衆滿太蒼下方大亂予閔是痾爰召宓羲遣茲訟靈下撫方州二亥後先命處天門八方歸王天下太平今茲嗣皇實惟聖神合壽千春東封泰山西封金天威鎮幽朔鬼方血腥云云其言誕謾不經皆若此類朝廷雖知其妄亦賜金帛設朝受之供奉大內

呂夷簡有總髻交王至清以屢試不第隱遯山壑後以子簿畿縣薄游京師呂折簡召之不赴會仁宗詔

廢郭后呂實贊之至濤寓書夷簡曰僕初與坦夫讀書山寺論家人一卦坦夫獨以孔子反身二字爲此卦入證語乃今天子第有取于威如之吉使天下夫婦之主不得終始其義坦夫獨不可以反身之說諫之而將順至此乎安在其有證于尼父一言也僕今知讀書與仕宦自是兩截事幸哉天以布衣終我身也雖然坦夫自今永保祿位矣何者有所廢必有所愛能從人主所愛處有勳力焉亦必不愛爵祿以愛其人于衆人之外也此一牘也先爲相業唁後爲相

位賀惟坦夫兩受之夷簡大怒併其子逐焉

賢士大夫亦有天理株殺處如錢惟演之下石寇萊公是也凶忍大奸亦有天理不泯處如秦檜之不盡殺鄂國子孫是也

洪駒父才而傲每讀時輩篇什大呌云使人齒頰皆甘其人喜而問之曰似何物駒父曰不減樹頭霜柿人每赧面而去比汴京失守粘沒喝勾括金銀駒父以奉命行事日惟觴酌幸醉中不見此時情狀竟爲剛紀自利峻于搜索坐貶沙門亦大寃也

余少長大梁豢養於保抱之手即淮泗之間近在襟帶未嘗眼見身到比一旦崩亂將母則棄妻挈妻則擲女屈身孤篷之底乘風渡淮濁浪掀空幾葬于竇鷹魚腹魂魄盡喪相顧失色及至江上于時海潮上逆狂濤東瀉渺迷極望雖騰價買舟猶與僧尼雜販共載一船母妻悲號至不欲渡願投江流舟發未幾檣爲風折半欹浪中滿船狂呌人心先覆幸呼艤舟擲纜得抵潤州此蓋生平未遭之危合門未遘之苦也後嘗問人曰江必從此渡乎必當更有狹處其人

亦不知答旣而司諫吳表臣上疏言大江之南上自荆鄂下至常潤不過十郡之間其要不過七渡上流最急者三荆南之公安石首岳之北津中流最急者二鄂之武昌太平之采石下流最急者二建康之宣化鎭江之瓜洲此七渡當擇官兵守之其餘數十處或道路迂曲水陸不便非大軍往來徑捷之處於是始知前問之失也望洋之嘆豈虛也哉

慶曆三年三月呂夷簡以司徒歸第夏竦召至國門而罷詔以賈昌朝参知政事杜衍爲樞密使富弼爲

樞密副使弼固辭改資政殿學士乃以范仲淹代之又以歐陽修余靖蔡襄王素充諫官一時朝野懽欣至酌酒相慶太學博士石介因作慶曆聖德頌其詞大激邪佞切齒其頌至范仲淹曰太后乘勢湯沸火熱汝時小臣危言業業太后一語仁宗含之在中不敢出之口者所不宜言其最傲心目者如衆賢之進如茅斯拔大奸之去如距斯脫又曰神武不殺其默如淵聖人不測其動如天時韓魏公與范文正公適自陝來朝竦之密姻有令于闕者手錄此頌進于二

公且口道竦非爲諸君子慶二公去闕范拊股謂韓曰爲此怪鬼輩壞之也韓曰天下事不可如此必壞孫復聞之亦曰石守道禍始於此矣

汴中呼餘杭百事繁庶地上天宮及余郎寓山中深谷枯田林莽塞目魚蝦屛斷鮮適莫構惟野葱苦蕒紅米作炊炊汁許許代脂供飲不謂地上天宮有此受享也

國朝婦人封自執政以上封夫人尚書以上封淑人侍郎以上封碩人太中大夫以上封令人中散大夫以上封恭人朝奉大夫以上封宜人朝奉郎以上封安人通直郎以上封孺人然夫人有國郡之異而武臣一準文階其後三公大將封帶王爵者妾亦受封特視正妻減階耳若郡縣君則先曾王太母亦封縣君正和二年詔除之

本朝以童子舉如國初賈黄中舉自五代不論若太宗朝洛陽郭忠恕通九經七歲舉童子科淳化二年賜泰州童子譚孺卿出身雍熙間得楊億年十一以童子召對授祕書正字咸平間得宋綬景德間撫州

進士晏殊年十四大名府進士姜蓋年十三祥符間又得李淑又趙煥以童子召對令從祕閣讀書時年十二蔡伯希年四歲誦詩百餘篇召爲祕書正字神宗朝元豐七年賜饒州童子朱天錫五經出身年九歲賜錢五萬又天錫從兄夫申年十二試十經皆通賜五經出身紹興七年賜處州孝童周智出身乾道淳熙間呂嗣興王克勤賜童子出身先君子以十歲通九經以不謁丁晉公擯不以聞竟不得與諸君子同聲治朝也

壽山艮嶽在汴城東北隅徽宗所築初名鳳凰山後改壽山艮嶽周圍十餘里其最高一峰九十步上有介亭分東西二嶺直接南山山之東有蕚綠華臺家大夫嘗承命作頌曰玉皇御天金母嫁女珊璧成車裁瑛作塵龍馭昆丘鳥發玄圃笑月光微看雲色阻荷露添華柳烟生媚九重歡眷六宮邃處乃攜椒房用當金宇碌碌宜揩瑟瑟爲戶碧落深沉青霞爤堵小臣獻頌庶什萬舞書館八仙館紫石巖棲眞登覽秀軒龍吟堂山之南則壽山兩峯並峙有鴈池噰噰

亭山之西有藥寮西莊巢雲亭白龍洪濯龍峽蟠秀練光跨雲三亭羅漢巖又西有萬松嶺嶺畔有倚翠樓上下設兩閣閣下有平地鑿大方沼沼中作兩洲東爲蘆渚浮陽亭西爲梅渚雪浪亭西流爲鳳池西出爲鴈池中分二館東曰流碧西曰環山有巢鳳閣三秀堂東池後有揮雪亭復出蹬道上至介亭亭左有極目亭蕭森亭右有麗雪亭半山北俯景龍江引江之上流注山澗西行爲漱瓊軒又行石間爲煉丹凝觀圜山三亭下視江際見高陽酒肆及清澌閣北左有勝筠菴躡雲臺蕭閒閣飛岑亭支流別爲山莊爲回溪又於南山之外爲小山横亘二里曰芙蓉城窮極巧妙而景龍江外則諸館舍尤精山之西北有老君洞爲供奉道像之所其地又因瑤華宮火取其地作大池名曲江中有堂曰蓬壺東盡封丘門而止西則是天波門橋引水直西殆半里江乃折南又折北折南者過閶闔門爲複道通茂德帝姬宅折北者四五里屬之龍德宮旣成帝自爲艮嶽記以爲山在國之艮位故名艮嶽嶽之正門名曰陽華故亦號陽

華宮宣和五年朱勔於太湖取石高廣數丈載以大舟挽以千夫鑿河斷橋毁堰拆牐數月乃至會初得燕山之地因賜號敷慶神運石石傍植兩檜一夭矯者名朝日升龍之檜一偃蹇者名臥雲伏龍之檜皆玉牌金字書之徽宗御題云拔翠琪樹林雙檜植靈囿上稍蟠木枝下拂龍鬚茂撐拏天半分連卷虹南負爲棟復爲梁夾輔我皇諱嗟乎檜以和議作相不能恢復中原已兆於半分南負而一結更是高廟御名要皆天定也巖曰玉京獨秀太平巖峯曰慶雲萬

態奇峯又作絳霄樓直山北勢極高峻夐出雲霄盎
工藝之巧其後羣閣典築不已四方花竹奇石悉萃
於斯珍禽異獸無不畢集命市人薛翁豢擾馴狎駕
至迎立鞭扇間名萬歲山珍禽命局曰來儀所及金
芝產于艮嶽萬壽峯只改名壽嶽
先三老碑在扶溝石牛廟後徙墓下碑橫裂爲二上
復破泐如圭然光瑩可鑒少嘗從祖父詣碑拜讀至
斬賊公先勇食邑遺鄉六百戶事考之東漢先人列
傳子不可得後從駕南渡得歐陽公集古錄第釋序

世次及缺文而已最後得趙明誠金石錄始知公先
勇爲公孫勇又不知出自何書今耄矣目不能觀書
徒悒悒此事未了忽從宇文學博處得鄱陽洪景伯
碑䟦方知此事在范書田廣明傳傳云故城父令公
孫勇謀反衣繡衣乘駟馬車至圉圉使小史侍之知
其非是守尉魏不害等共收捕之上封四人爲侯小
史竊言上問之對曰爲侯者得東歸否上曰汝鄉名
爲何對曰名遺鄉上曰用遺汝矣於是賜小史爵關
內侯食邑遺鄉六百戶不覺快躍而起彈冠墮地老
髮躚躚弗假手握也家世讀書碑碣尚在至千年不
知碑石上事媿已媿已
余嘗見內庫書金樓子有李後主手題曰梁孝元謂
王仲宣昔在荆州著書數十篇荆州壞盡焚其書今
在者一篇知名之士咸重之見虎一毛不知其斑後
西魏破江陵帝亦盡焚其書曰文武之道盡今夜矣
何荆州壞焚書二語先後一轍也詩以慨之曰牙籤
萬軸裹紅緗王粲書同付火燒不是祖龍留面目遺
篇那得到今朝書卷皆薛濤紙所抄惟今朝字誤作

金朝徽廟惡之以筆抹去後書竟如讖入金也
丁謂傾意以娟萊公冀得大拜然事未可必生平最
尚禨祥每晨占鳴鵲夜看燈蕊雖出門歸邸亦必竊
聽人語用卜吉兆時有無賴子慶貧寒不振計且必
死凍餓謀于一落第老儒老儒曰汝欲自振必易姓
名當大濟耳幸無忘我慶拜而聽之老儒遂改于爲
丁易名宜祿使投身於謂謂大喜收之門下皆怪問
之謂不答第曰吾得此人大拜必矣不旬月而謂果
入相此人遂以寵冠紀綱雖大僚節使無弗倚藉關

說不踰年而宜祿家十萬矣老儒亦以引見竟得敎授大郡至今相傳不解所謂項偶讀沈約宋書曰宰相蒼頭呼爲宜祿且復姓丁怨極所念莫謂晉公眼不讀書也

道君皇帝以于闐玉盏八寶爲九寶其文云範圍天地幽贊神明保合太和萬壽無疆王初寮草詔曰太極函三運神功于八索乾元用九增寶曆於萬年八索用九可謂切事徽廟以銀椀盛蘇合香賜之

司馬溫公保身說云天下有道君子揚于王庭以正

小人之罪而莫敢不服天下無道君子括囊不言以避小人之禍而猶或不免倘人生昏亂之世不在其位四海橫流而欲以口舌救之臧否人物激濁揚清撩虺蛇之頭踐虎狼之尾以至身被淫刑禍及朋友士類殲滅而國隨以亡不亦悲乎夫惟郭泰旣明且哲以保其身申屠蟠見幾而作不俟終日卓乎其不可及也先君書此以置座右蓋自鑑其生平所遭耳吳趙諸公惜不早見及此遂陷秦氏酷禍悲哉

杭州江堤築是梁開平門年八月時錢氏始霸武肅王以候潮通江二門之外潮水衝齧版築不就命强弩數百射之潮水爲避擊西陵遂以竹籠石植大木圍之率數歲輒復壞祥符七年潮直抵郡城守臣戚綸漕臣陳堯佐議累木爲岸實薪土以捍之或言非便命發運使李溥按視十月壬戌溥請如錢氏舊制立木積石以捍潮波從之其後踰年隄不成卒用薪土天聖四年二月辛酉侍御史方謹言請修江岸二斗門慶曆六年漕臣杜杞築錢塘隄起官浦至沙陘以捍風濤浙江石塘刱於錢氏景祐中工部郎中張

夏爲轉運使置捍江兵採石修塘人爲立祠紹興二十年修石堤二十二年十一月二十五日吏部尚書林大鼐言潮爲吳患其來已久捍禦之策見於浙江亭碑自江流失道潮與洲門怒號激烈千霆萬鼓民以不寧宜額置一司究利病而後興工乾道七年十一月十八日帥臣沈复修石堤成增石塘九十四丈

武肅王還臨安與父老飲有三節還鄉之歌父老多不解王乃高揭吳音以歌曰你輩見儂底歡喜別是一般滋味子長在我儂心子裏至今在童遊女借爲

奔期問答之歌呼其宴處爲歡喜地
汴京故宮躡雲蔽日常在夢寐稍能記憶條載於北
宮城本五代周舊都宋因之建隆三年廣皇城東北
隅命有司畫洛陽宮殿按圖修之周圍五里南三門
中曰乾元東曰左掖西曰右掖東西面門曰東華西
華北一門曰拱宸乾元門內正南門曰大慶東西横
門曰左右升龍左右北門內各二門曰左右銀臺東
華門內一門曰左承天祥符西華門內一門曰右承
天左承天門內道北門曰宣祐正南門內正殿曰大

慶東西門曰左右太和正衙殿曰文德兩掖門曰東
西上閤東西門曰左右嘉福大慶殿北有紫宸殿視
朝之前殿也西有垂拱殿常日視朝之所也次西有
皇儀殿又次西有集英殿宴殿也殿後有需雲殿東
有昇平樓宮中觀宴之所也宮後有崇政殿閱事之
所也殿後有景福殿殿西有殿北向曰延和便坐殿
凡殿有門者皆隨殿名宮中有延慶安福觀文清景
慶雲王京等殿壽寧堂延春閣福寧殿東西有門曰
左右昭慶觀文殿西門曰延眞其東眞君殿積慶前
建感眞閣又有龍圖閣下有資政崇和宣德述古四
殿天章閣下有羣玉蕊珠二殿有寶文閣閣東西有
嘉德延康二殿前有景輝門後苑東門曰寧陽苑內
有崇聖殿太淸樓其西又有宣聖化成金華西涼淸
心等殿翔鸞儀鳳二閣華景翠芳瑤津三延延福宮
有穆淸殿延慶殿北有柔儀殿崇徽殿北有欽明殿
延福宮北有廣聖宮內有太淸玉淸冲和集福會祥
五殿建流盃殿於後苑又有慈德殿觀稼殿延曦閣
爾英殿隆儒閣慈壽殿慶壽宮保慈宮玉華殿基春

殿睿思殿承極殿崇慶隆祐二宮睿成宮宣和殿聖
瑞宮顯謨閣玉虛殿玉華閣親蠶宮燕寧殿延福宮
政和三年春作新宮始南向殿因宮名曰延福次曰
蕊珠有亭曰碧琅玕其東門曰晨暉其西門曰麗澤
宮左復列二位其殿有穆淸成平會寧睿謨凝和崑
玉羣玉其東閣則有蕙馥報瓊蟠桃春錦疊瓊芬芳
麗玉寒香拂雲偃蓋翠葆鉛英雲錦蘭薰摘金其西
閣有繁英雪香披芳鉛華瓊華文綺絳萼穠華綠綺
瑤碧淸陰秋香叢玉扶玉絳雲會寧之北疊石爲山

山上有殿曰翠微旁爲二亭曰雲歸曰層巘凝和之次閣曰明春其高踰一百一十尺閣之側爲殿二曰玉英曰玉潤其輦附城築土植杏名杏岡覆茅爲亭修竹萬竿引流其下宮之右爲位二閣曰晏春廣十有二丈舞臺四列山亭三峙鑿圓池爲海跨海爲亭架石梁以升山亭曰飛華橫度之四百尺有竒縱數之二百六十有七尺又流泉爲湖湖中作隄以接亭隄中作梁以通湖梁之上又爲茅亭鶴莊鹿砦孔翠諸柵蹄尾動數千嘉花名木類聚區別幽勝宛若生

楓窻小牘　卷上　十八

成西抵麗澤不類塵境其東直景龍門西抵天波門宮東西二横門皆視禁門法所謂晨暉麗澤者也而晨暉門出入最多其後又跨舊城修築號延福第六位跨城之外浚濠深者水三尺東景龍門橋西天波門橋二橋之下叠石爲固引舟相通而橋上人物外自通行不覺也名曰景龍江其後又闢之東過景龍門至封丘門此特大槩耳其雄勝不能盡也

余汴城故居近陳州門内蔡河東畔居後有圃喬林深竹映帶城隅中有來鶴亭王大父時有野鶴來棲遂馴狎不去蘇子瞻有詩云鴻漸徧宜丹鳳南冠霞披月羽毿毿酒酣亭上來看舞有客新名與作耽每誦此詩未嘗不淚滿青衫也

子瞻又有與王大父手墨一紙云累日欲上謁竟未暇辱教承足疾未平不勝馳繫足疾惟葳靈仙牛膝二味爲末蜜丸空心服必効之藥也但葳靈仙難得眞者俗醫所用多藁本之細者爾其驗以味極苦而色紫黑如胡黄連狀且脆而不韌折之有細塵起向明示之斷處有黑白暈俗謂之有鴝鵒眼此數者備

楓窻小牘　卷上　十九

然後爲眞服之有奇驗腫痛拘攣皆可已久乃有走及奔馬之効二物當等分或視臟氣虛實酌飲牛膝酒及熟水皆可下獨忌茶耳犯之不復有効若常服此即每歲收櫰皁莢芽之極嫩者如造草茶法貯之以代茗飲此効屢常目擊知君疾苦故詳以奉白元素書已作稍暇詣見軾白彦方足下王大父有末疾故以此方見示此紙尚存篋中渡江已來與妻孥共寶者

嶽廟嘗乘驄馬至太和宮前忽宣平日所愛小烏其

馬至御前馬足不肯進左右鞭之益鳴跳不如調馴時圉人進曰此願封官耳上曰猴子且官供奉况使小烏白身邪勑賜龍驤將軍然後帖然就轡

荆公柄國時有人題相國寺壁云終歲荒蕪湖浦焦貧女戴笠落柘條阿儂去家京洛遥驚心寇盜來攻剽人皆以爲夫出婦憂荒亂也及荆公罷相子瞻召還諸公飲蘇寺中以此詩問之蘇曰于貧女句可以得其人矣終歲十二月也十二月爲青字荒蕪田有艸也艸田爲苗字湖浦焦水去也水旁去爲法字女

戴笠爲安字柘落木條剩石字阿儂是吳言合吳言爲誤字去家京洛爲國寇盜爲賊民蓋言青苗法安石誤國賊民也

家大夫嘗謂曾子固南齊書序是一部十七史序不可不熟看其要處云所謂良史者其明必足以周萬事之理道必足以適天下之用智必足以通難知之意文必足以發難顯之情然後其任可得而稱也昔者唐虞有神明之性有微妙之德使由之者不能知知之者不能名其言至約其體至備而爲之二典者雖而明之所記者豈獨其迹併與其深微之意而傳之無不盡也至于後世諸史事迹曖昧雖有隨世以就功名之君相與合謀之臣未有得赫然傾動天下之耳目而一時偷奪悖理之人亦幸而不暴著於世豈非所託不得其人故耶第其中反覆照應處多累句重叠爲可惜耳

汴京河渠凡四曰蔡河自陳蔡由西南戴樓門入京城繚繞向東南陳州門出曰汴河自西京洛口分水從東水門入京城繞州橋御路水西門出曰五丈河

來自濟鄆自新曹門入通汴河曰金水河自京城西南分京索河築堤從汴河上用木槽架過從西北水門入京城夾墻遮擁入內灌後苑池浦先是詔析金水河透槽回水入汴北引洛水入禁中賜名天源河然舟至卽敵槽頻妨行舟乃自城西超宇妨引洛由咸豐門立隄凡三千三十步水遂入禁而槽廢

吳越忠懿王以天成四年八月二十四日四鼓生以端拱元年八月二十四日四鼓薨年政六十是夕大流星墜于正寢之上光燭滿庭

羅昭諫投身武肅特加殊遇復命簡書辟之曰仲宣遠託荆州都緣亂世夫子辟爲魯司寇只爲故鄉以劉爲婁避武肅嫌名也

余郊寓于錢氏之舊鄉蒼山碧樹想見衣錦風烟因念余昔家京邑每過南宮城大學左方體賢宅未嘗不欽仰忠懿之賢雖喬木垂楊朱門雕砌宛若猶在于時子姓貧寠至有衣食不周者嘗讀兩朝供奉錄太祖太宗雖所賜金器六萬四千七百餘兩銀器四十萬八千八百餘兩玉石器皿一萬七千事寶玉帶

四十二條錦綺一十六萬六千三百餘疋然忠懿入貢如赭黃犀龍鳳龜魚仙人鰲山寶樹等通犀帶凡七十餘條皆希世之寶也玉帶二十四紫金獅子帶一金九萬五千餘兩銀一百一十萬二千餘兩錦綺二十八萬餘疋色絹七十九萬七千餘疋金飾玳瑁器一千五百餘事水晶碼碯玉器凡四千餘事珊瑚十高三尺五寸金銀飾陶器一十四萬餘事金銀飾龍鳳船舫二百艘銀粧器械七十萬事白龍腦二百餘斤及歸國之初舉朝文武閹寺皆有餽遺蓋有國已來所積一空矣

楓窻小牘卷下

宋　袁褧

舊京工伎固多奇妙即烹煮槃案亦復擅名如王樓梅花包子曹婆婆肉餅薛家羊飯梅家鵝鴨曹家從食徐家瓠羹鄭家油餅王家乳酪段家爊物石逢巴子南食之類皆聲稱于時若南遷湖上魚羹宋五嫂羊肉李七兒仍房王家血肚羹宋小巴之類皆當行不數者宋五嫂余家蒼頭婢也每過湖上時進肆慰談亦他鄉寒故也悲夫

北部郎洪湛以王欽若賄賣任懿及第累謫儋州竟死海外忽有相識遇洪大庾嶺猶儀衛赫然若有官者相識謂是赦還與執手慶慰洪曰我往捕王欽若耳言訖不見其人愕然已而欽若病甚口呼洪卿寬我我以千金累卿然惠泰已棄百兩不難償卿九百也觀此則二百五十金之說猶當時鞫者默爲欽若减買也然湛寃極矣

名畫李成以山水供奉禁中然以子姓饒貲爲宮市珠玉大商不易爲人落筆惟性嗜香藥名酒人亦不知獨相國寺東宋藥家最與相善每往醉必累日不特紙素揮灑盈滿箱篋即鋪門兩壁亦爲淋漓潑染識者謂壁畫寂入神妙惜在白堊上耳

思陵神輿就祖道祭陳設窮極工巧百官奠哭紙錢差小官家不喜諫官以爲俗用紙錢乃釋氏使人以過度其親者恐非聖主所宜以奉賓天也今上抵於地曰邵堯夫何如人而祭先亦用紙錢豈生人處世如汝能日不用一錢否乎

岳少保既死獄籍其家僅金玉犀帶數條及瑣鎧兜

鍪南蠻銅弩鑌刀弓劍鞍轡布絹三千餘疋粟麥五千餘斛錢十餘萬書籍數千卷而已視同時諸將如某某輩莫不寶玩滿堂寢田園佔畿縣享樂壽考妻兒滿前禍福頓懸不意如此天道亦自有不可知者

本朝曆凡十變在建隆則曰應天在太平興國則曰乾元在咸平則曰儀天在天聖曰崇天在治平曰明天在熙寧曰奉天在元祐曰觀天在崇寧曰占天未幾又改曰紀元在紹興曰統元

眞宗時賈昌朝撰國朝時令初景祐中丁度等承詔

約唐時令爲國朝時令以備宣讀最後昌朝又參以蔡邕高誘李林甫諸家月令之說爲集時劉安靜撰時鏡所書以四時分十二月各繫其事孫邕撰備用時令見賈昌朝所奏時令見夫紹興中雖訪得之非復舊本乃以景祐曆書者日月之合疏列分度併取一二名數註字音於下以備閱時之宜焉

余少從家大夫觀金明池水戰見船舫迴旋戈甲照耀爲之目動心駭比見錢塘水軍戈船飛虎迎弄江濤出沒聚散欻忽如神令人汗下以爲金明池事政

如兒戲耳至如韓蘄王困王天蕩飛輪八檝踏車槳回江面者更不知何如也

熙寧元年十月詔須河北諸軍教閱法凡弓分三等九斗爲第一八斗爲第二七斗爲第三弩分三等二石七斗爲第一二石四斗爲第二二石一斗爲第三

余始寓京邸于紹興二年五月大火僅挈母妻出避湖上此時被燬者一萬三千餘家及家山中六年十二月京師復火更一萬餘家人皆以爲中興之始改元建炎致此然周顯德五年夏四月辛酉城南火作延于內城忠懿王避居都城驛詰旦且焚鎮國倉王泣禱而滅計一萬九千餘家但臨安撲救視汴都爲疎東京每坊三百步有軍巡鋪又于高處有望火樓上有人探望下屯軍百人及水桶洒帚鉤鋸斧杈梯索之類每遇生發撲救須臾便滅

高廟在建康有大赤鸚鵡自江北來集行在承塵上口呼萬歲宦者以手承之鼓翅而下足有小金牌有宣和二字因以索架置之稍不驚怯比上膳以行在草草無樂鸚鵡大呼卜尚樂起方響久之曰卜娘子

不敬萬歲蓋道君時掌樂宮人以方響引樂者故猶以舊格相呼高廟爲罷膳泣下後此鳥持至臨安忽死高宗親爲文祭之云金距絳裳何意朱紫乘軒駿散樞羅鬭死不遠長江來自汴水匪饑則附曰忠自矢謝跡雲端投身禁裏每呼舊人以厲近侍會言若斯鳥官誰似云胡委羽歸魂鶉尾借號有鳥來朝無雛漸肯爲儀曆仍輝紀尚饗宸翰灑灑一時太手當爲置筆

眞宗皇帝祀汾而還駕過伊闕親洒宸翰爲銘勒石

文不加點羣臣皆呼萬歲其文曰大結而爲山融而爲谷設險阻於地理資守距於國都足以表坤載之無疆示神州之大壯者也粤復洪源南導高岸中分夏禹濬川初逼闕塞周成相宅肇建王城風雨所交形勢斯在靈葩珍木接畛而揚芬盤石檻泉奔流而激響寶塔千尺蒼崖萬尋祕等覺之眞身刻大雄之尊像豈獨勝遊之是屬故亦景貺之潛符躬薦兩圭祝汾陰而祈民福言旋六轡臨雒宅而覯土風旣周覽於名區乃刊文於眞銘曰高闕巍峩羣山逶邐乃

固王城是逼伊水形勝居多英靈萃止螺髻偏摩鵬塔高峙奠玉河濆回輿山趾鳴蹕再臨貞珉斯紀

國朝開獻書之路祥符中獻書者十九人賜出身得書萬七百五十四卷宣和五年三館參校榮州助教張頋所進書二百二十三卷李東一百六十二卷皆係闕遺乞加褒賞頋賜進士出身東補廸功郎七年取索到王闡張宿等家藏書以三館祕閣書目比對所無者凡六百五十八部二千四百一十七卷闡補承務郎宿補廸功郎

余從祖姑壻陳從易得與太清樓校勘天聖三年六月陳以十代興亡論妄加塗竄同官皆降職

崇寧二年五月祕閣書寫成二千八十二部未寫者一千二百十三部及闕卷二百八十九立程限繕錄政和七年十一月十四日戊戌校書郎孫覿奏四庫書尚循崇文舊目頃訪求遺書總目之外凡數百家幾萬餘卷請譔次增入總目合爲一卷詔覿等譔次名曰祕書總目及汴京不守悉爲金人輦去車駕渡江詔搜江浙閩粤載籍四庫至四萬四千四百八十

六卷較崇文舊目多一萬三千八百十七卷又思陵以萬幾之暇御書六經論語史記列傳刊石立于太學典籍之盛無媿先朝第奇祕闕逸較前少損所增多近代編述耳

余向從汴中得見錢武肅王鐵券其文曰維乾寧四年歲次丁巳八月甲辰朔四日丁未皇帝若曰咨爾鎭海鎭東等軍節度浙江東西等道觀察處置營田招討等使兼兩浙鹽鐵制置發運等使開府儀同三司檢校太尉兼中書令持節潤越等州刺史上柱國

彭城郡王食邑五千戶實封一百戶錢鏐朕聞銘鄧隲之勲言垂漢典載孔悝之德事美魯經則知襃德策勳古今一致頃者董昌僭僞爲昏鏡水狂謀惡迹漸染齊人爾能披攘兇渠盪定江表忠以衛社稷惠以福生靈其機也氛祲清其化也疲羸泰拯於粤於塗炭之上師無私焉保餘杭於金湯之固政有經矣志奬王室績冠侯藩溢于旂常流在丹素雖鍾繇刊五熟之釜竇憲勒燕然之山未足顯功抑有異數是用錫其金板申以誓詞長河有似帶之期泰華有如

拳之日惟我念功之旨永將延祚子孫使卿長襲寵榮克保富貴卿恕九死子孫三死或犯常刑有司不得加責承我信誓往惟欽哉宜付史館頒示天下賚務中使則焦楚鍠也

歐陽文忠公樊侯廟災記眞稿舊存余家其中改竄數處如立軍功三字稿但曰起家平生曰生平振目曰瞋目勇力曰威武雄武曰英勇生能萬人敵死不能庇一躬曰生能瘖啞叱咤之主死不能保束帶附土之形有司曰殘暴後喑嗚叱咤四字無第曰使風馳電擊憑此咆哮凡定二十三字書亦遒勁時余家從祖倅鄭故得其稿今竟失去不得與蘇公手書並存惜哉

紹興九年十月二十一日詔皇太后宮殿名慈寧三十日畢功羣臣上表云臣等言德之大者必盡萬物之報以稱其禮孝之至者必得四表之心以寧其親天祚文武之隆世基任姒之德仰模太紫前考異宮宜昭揭於鴻名以答揚於流澤臣中賀竊以來朝晉衛遠存長樂之鴻名中禁承顏近著寶慈之茂實皆

以體王居於宸極據寶執於坤靈廣一人欽愛之風極萬世尊崇之奉載新令典允屬聖時伏惟皇帝達孝通于神明要道形于德教紹復大業對越祖宗在天之靈抑畏小心躬蹈帝王高世之行人與能而業戴天復命以中興上推履武之祥丕啓生商之慶方且致天下之養用寅奉於母儀成路寢之威示日嚴於子道臣等率籲衆志懇款一詞爰籍合於前章極崇施於顯號叶情文而並舉煥典冊以增華龔道中違朝夕燕兩宮之奉珮環入覲時節奉萬年之觴示垂

裕於無疆益儲休於有美伏請建皇太后宮殿以慈寧爲名時顯仁太后尚羈北庭讀此眞堪爲高廟泣下也

鷄冠花汴中謂之洗手花中元節前兒童唱賣以供祖先今來山中此花滿庭有高及丈餘者每遥念墳墓涕泣潸然乃知杜少陵感時花濺淚非虚語也

項從臨安得見石晉授文穆王玉冊文曰惟天福八年歲次癸卯十月丙午朔六日辛亥皇帝若曰在天成象拱辰分將相之星惟帝念功胙土列侯王之國

朕所以法昊穹而光宅稽典禮以疏封而况世著大勳時推令器撰寶符而嗣位杖金鉞以宣威羽翼大朝藩籬東夏宜列諸侯之上特隆一字之封簡自朕心叶于輿論咨爾保邦宣化忠正翊戴功臣起復鎭國大將軍右金吾衛上將軍員外置同正員檢校太師兼中書令杭州越州大都督充鎭海鎭東等軍節度浙江東西等道管内觀察處置兼兩浙鹽鐵制置發運營田等使上柱國吳越國王食邑一萬七千戸實封四千戸錢佐爲時之瑞命世而生負經文緯武之才蘊開物成務之志英華發外精義入神亞夫繼社稷之勳顧榮擅東南之美矣言祖考志奉國朝淸吳越之土疆執桓文之弓矢天資厥德代有其人荷基搆以克家事梯航而述職殊庸斯在信史有光是舉褒章爰行盛典土茅符節方推翼世之賢敍冕輅車更重策勳之禮斯爲異數允屬眞王今遣光祿大夫檢校司徒行太子賓客上柱國太原縣開國男食邑三百戸王玟使副正議大夫行尙書吏部郎中柱國賜紫金魚袋趙熙等持節備禮冊爾爲吳越國王

於戲周寵元臣四履錫命漢封異姓八國始王指河岳以誓功俾子孫而襲爵爾纂服舊業朕考前文勿亡必復之言更廣無窮之祚懋昭前烈爾惟欽哉

余家藏春秋繁露中缺兩紙比從藏書家借對缺紙皆然卽館閣訂本亦復爾爾不知當時校勘受賞銀絹者得無媿乎後從相國寺資聖門買得抄本兩紙俱全此時歡喜如得重寶架藁似爲生氣及離亂南來缺本且不可得矣

東坡歐公集序云宋興七十餘年民不知兵富而教

之至天聖景祐極矣而斯文終有媿於古士亦因陋守舊論卑而氣弱自歐陽子出天下爭自濯磨以通經學古爲高以救時行道爲賢以犯顏納諫爲忠長育成就至嘉祐末號稱多士歐陽子之功爲多劉隋司馬温公文集序云是文也君天下者得之足以鑒興衰通治體公卿大夫得之足以勸忠嘉盡臣節士庶人得之足以儉身厲行爲君子之歸以至山顛水涯幽人放客得之則浩歌流詠斟酌厭飫隨取隨足兩公之文眞不媿蘇劉序言也

國朝自建隆至靖康自建炎至乾道大赦凡一百二十有三恩沾率土可謂至矣嘗讀神宗即位大赦詔曰夫赦令國之大恩所以蕩滌瑕穢納於自新之地是以聖王重焉中外臣僚多以赦前事捃摭吏民興起訟獄苟有詿誤咸不自安甚非持心近厚之宜使吾號令不信於天下其曰詔內外言事按察官司毋得依前舉劾且按取旨否則科違制之罪知諫院司馬光上言切惟御史之職本以繩按百辟糾擿姦邪之狀固非一日所爲國家素尚寬仁數下赦令或一歲之間至於再三若赦前之事皆不得言則其可言者無幾矣萬一有姦邪之臣朝廷不知誤加進用御史欲言則違今日之詔若其不言則陛下何從知之臣恐因此言者得以藉口偷安姦邪得以放心不懼此乃人臣之至幸非國家之長利也請追改前詔刊去言事兩字帝命光送詔於中書

周顯德中嘗詔王朴考正雅樂朴以爲十二律管互吹難得其眞乃依京房爲律準以九尺之弦十三依管長斷分寸設柱用七聲爲均樂乃和至景祐元年

九月帝御觀文殿詔取王朴律準觀御筆篆寫律準字於其底復付太常祕藏本寺模勒刻石于廳事博士直史館宋祁爲之贊其詞曰有周有臣嗣古成器絃寫琯音柱分律位俾授攸司謹傳來世上聖稽古規庭閱視嘉御正聲親銘寶字奎鈎奮芒河龍獻勢樂府增榮乾華俯貫用協咸韶永和天地

元祐六年七月朔皇帝既視文德朝翰林學士拜疏於廷曰陛下即位尊有德親有道詔舉賢良方正經明行修藝文之士欲以幸教天下甚惠夫太學者教

化之原也且先皇帝初斥三學舍增弟子至三千員惟聖上幸照臨其官上以問丞相丞相曰學士議是今歲屢豐賀海內誠無事而陛下聰明仁孝好學出天性不因是以風動四方則事尚何可為者况祖宗之舊章皆在可考請下有司討論以進制曰可以歲十月庚午駕自景靈宮移伏謁孔子祠入門降輦步就小次由東階以升奠爵再拜禮官告禮成然後退幸太學詔博士皆升堂坐諸生兩廡下乃命國子祭酒講書之無逸終篇因而幸武成王廟而過左丞相

實從於是率諸公賦詩以形容之在位者皆屬和十二月詩至太學祭酒司業合其僚屬以謀之曰此太平希濶盛事也太學何敢私有必刻金石以傳之天下為稱且屬格非序其本末格非竊惟成周之隆其人君起居動作之美載於詩聲於樂者多出於左右輔弼之臣而王之德意志慮至設官而傳道之不為區區也今丞相諸公賦詩與雅頌之作無異祭酒欲傳之天下與道王之德意無異宜刻石不疑元祐七年正月十日謹序此李公格非筆也諸公詩皆七言以章序行王堂為韵賦詩諸公為呂公大防蘇公頌韓公忠彥蘇公轍馮公京王公巖叟范公百祿梁公燾劉公奉世顧公臨李公之純孫公升馬公默范公純禮王公欽臣孔公武仲陳公軒吳公安持豐公稷趙公挺之李公師德李公階王公誼許公彥孫公諤蔡公肇周公知默傅公楫宋公彬周宋公商吳公師仁張公敦義劉公符陳公祥通鄧公忠臣李公格非凡三十六人

東坡謂食河魨值得一死余過平江姻家張諫院言

南來無他快事秖學得手煑河魨耳須臾烹煑對余方且共食忽有客見顧俱起筵款為猫翻盆犬復佐食項之猫犬皆死幸矣哉奪兩人於猫犬之口也乃汴中食店以假河魨餉人以今念之亦足半死

湖湘故事　宋　陶岳

徐仲雅題合歡牡丹云平分造化雙包去拆破春風兩面開

羅漢條後洞有草蔓結如帶長丈餘附木而生相傳謂之羅漢條畢田詩云五百移栖絕洞深空留轍跡杳難尋緑絲條帶何人施長到春來掛滿林

湖南馬氏作會春園開宴徐東野作詩有數聯爲當時所稱云珠璣影冷偏粘艸蘭麝香濃却損花山色遠堆羅黛雨艸梢春憂麝香風衰蘭寂寞含愁緑小杏妖嬈弄色紅

蔣維東字孟陽零陵人旅中書懷云未有一夜夢不歸千里家

段成式與温庭筠詩序云予在九江造雲藍紙輒送五十板

楚僧惠崇工詩於近代釋子中爲傑出如河分崗勢斷春入燒痕青陰井生秋旱明河轉曙遲香淺氷生井宵分月上軒掩門青檜老出定白髭長浪經蛟浦潤出入鬼門寒可謂去唐不遠

說郛目録

弓第三十一

誠齋雜記　周達觀
温公瑣語　司馬光
蔣氏日録　蔣穎叔
剡溪野語　程正敏
釣磯立談　費樞
盛事美談
衣冠盛事　蘇特

硯崗筆志　唐稷
窓間記聞　陳子兼
論墨叢記　滕康
備忘小抄　文谷
艅艎日疏　凌準
輶軒雜録　王襄
獨醒雜志　吳宏
姚氏殘語　姚寬
有宋佳話

採蘭雜志
嘉蓮燕語
戊辰雜抄
眞率筆記
芸窓私志
致虛雜俎
内觀日疏
漂粟手牘
奚囊橘柚

玄池說林
賈氏說林
然藜餘筆
荻樓雜抄
客退紀談
下帷短牒
下黄私記

誠齋雜記

元　周達觀

蕭仙宣王之末史籍散亂蕭仙能文者本末以備史之不及人以史稱之實無名也

燕太子丹質于秦秦王遇之無禮乃求歸秦王爲機置之橋欲以陷丹丹過之蛟龍捧轝而機不發

蔡州丁氏女精于女紅每七夕禱以酒果忽見流星墜筵中明日瓜上有金梭自是巧思益進

白樂天有姬善舞名春草

黄昌爲州書佐妻遇賊相失後會于蜀復修舊好

洞庭有二穴東南入洞幽邃莫測昔闔閭使令威丈人尋洞秉燭晝夜而行纔七十日不窮而返

有書生遇神女見　僧指之曰此西王母第三女玉巵娘也

眞臘有石塔塔中一銅卧佛臍中常有水流味如中國酒易醉人

吳人薛曇捨宅爲慈悲寺

孔子使子貢久而不來孔子命弟子占之遇鼎皆言無足不來顔回掩口而笑子曰回也哂謂賜來乎對曰無足者乘舟而至也果然

焦先日入山伐薪以布施先從村頭一家起周而復始

李陶交趾人母終陶居于墓側躬自治墓不受隣人助羣鳥銜塊助成墳

吳郡沈豐爲零陵太守到官一年甘露降五縣流被山林膏草木時人歌之

先主入蜀權遣船迎妹妹回至焦磯溺水而死今人

呼爲焦磯娘娘

盧虔後妻元氏升堂講老子道德經虔弟元明隔紗帷聽之

唐末有僑子曠者能詩喜用僻事時人謂之狐穴詩人

陽縣地多女鳥新陽男子于水次得之遂與共居生二女悉衣羽而去豫章間養兒不露其衣言是鳥落塵于兒衣中則令兒病故亦謂之飛夜游女

沈文榮爲吳興太守飲酒至五斗妻王錫女飲酒亦

三斗文榮與對飲竟日而視事不廢
遼東人以白頭豕爲奇異獻之天子
鶴頭書古者用之以招隱士
李子昂長七寸
鄭玄師馬融三載無聞融遣還玄過樹陰下假寐夢
一人以刀開其心謂曰子可學矣于是寤而即返遂
洞精典籍
權武能倒投入井未及泉復躍而出
秦始皇時有人進守宮云能與鑰人不敢竊發又云

置于宮中宮人之有異志者即吐血汙其衣此二説
與茂先博物志異
龍編縣功曹左飛曾化爲虎數月還作吏則公牛哀
事眞有之矣
明德馬皇后美髮爲四起大髻但以髮成尚有餘繞
髻三匝眉不施黛獨眉角小缺補之如粟
宋武帝節儉張妃房惟碧綃蚊幬
鄱陽陳忠女名豐勝人葛勃有美姿豐與村中數女
共聚終日共相謂曰若得壻如葛勃無所恨也

班孟堅墨一噴皆成字竟紙各有意義
陶侃嘗捕魚得織梭挂壁有頃雷雨梭變成赤龍飛
上
吳隱之爲度支尚書以竹蓬爲屏風坐無氊席
菴羅是果樹之名其果似桃此樹開花花生一女國
人以園封之至年十五顏色端正國王收爲妃子
沈處默清靜有至行慕黃叔度徐孺子爲人獨處一
室人罕見其面
韓憑爲宋康王舍人妻何氏美王欲之捕舍人築青

陵臺何氏作烏鵲歌歌曰烏鵲雙飛不樂鳳凰妾是
庶人不樂宋王
吳王夫差小女名紫玉悅士子韓重欲嫁之不得乃
結氣而死重游學歸知之往弔於墓側玉見形抱重
延頸而歌
貞元中許商舟行湖中青衣迎入一府女郎請書江
海賦君玉硯銀水玻黎爲匣
王逸少三十七書黃庭經訖空中有語卿書感我而
況人乎吾是天台丈人

僞蜀辛寅遜夢掌中抽筆占者曰君必遷翰林學士果然

東冶亭在汝南灣東南乃士大夫送行之地

李後主獵青龍山一牝狙觸網見主雨淚稽顙屈指其腹主憫之戒虞人保守之是夕生二狙

吳故宮有香水溪乃西施浴處人呼爲脂粉塘

飛燕驕逸體微病輒不自飲食須帝持匕箸

眞臘王身嵌聖鐵縱使利刃斫之不能爲害

韓信約陳豨從中起乃作紙鳶放之以量未央宮遠近欲穿地入宮中

誠齋雜記　五

梁羊侃妾孫荆玉能反腰貼地銜席上之珍謂之弓腰

彭城金氏少昊金天氏之後

王珉與嫂婢通嫂知撻之珉好持白團扇婢製白團扇歌贈珉云團扇復團扇許持自障面憔悴無復理羞與郎相見

唐玄宗時柳婕妤適趙氏性巧使雕工鏤板爲襍花打爲夾襭初獻皇后一疋代宗賞之

杜牧詩云鈿尺裁量減四分纖纖玉笋裹輕雲五陵年少欺他醉嘆把花前出畫裙若曰纖纖玉笋似此時已纏足矣

范蜀公居許下于長嘯堂前作荼蘼架每春季花時宴客其下有花墮酒中者飲一大白微風過則舉坐無遺當時謂之飛英會

太眞夫人王母小女也諱婉羅

明生覽神女禹童入石室金床玉几彈琴有一絃五音並奏

誠齋雜記　六

孟宗少游學其母制十二幅被以招賢士共卧庶得聞君子之言

崔生謁一品既別命紅綃送出院時生回頭妓立三推又反掌者三然後指胸前小鏡子云記取餘更無言

孔明征孟獲人曰蠻地多邪用人首祭神則出兵利孔明雜以羊豕之肉以麪包之以像人頭此爲饅頭之始

楚會諸侯魯與趙俱獻酒楚吏怒趙乃以魯之薄酒

易趙之厚酒以奏楚王王怒遂圍邯鄲

唐牛相國僧孺有子名繁與其同鄉人蔡生同舉進士才蔡生欲以女弟適之蔡已有妻趙氏力辭不得牛氏與趙相與甚歡蔡後至節度副使

楊威少失父事母至孝嘗與母入山採薪爲虎所逼自計不能禦于是抱母且號且行虎見其情遂弭耳而去

張道陵母夢天人自魁星中以蘅薇香授之遂感而孕

東坡云歲行盡矣風雨淒然紙窗竹屋燈火青熒時于此間得少佳趣

沈攸之晚好讀書手不釋書嘗歎曰早知窮達有命恨不十年讀書

齊婁逞乃東陽女子變服爲丈夫能奕又解文義仕至揚州從事後事發始作婦人服語曰有如此技還作老嫗

崔生既歸學院神迷意奪語減容沮怳然疑思日不暇食但吟詩曰悵到蓬山頂上游明璫玉女動星眸朱扉半掩深宮月應照瓊芝雪艷愁

梁太尉從事中郎江從簡年十七有才思爲採荷調以刺何敬容敬覽之不覺嗟賞愛其巧麗敬容時爲宰相其詞曰欲持荷作柱荷弱不勝梁欲持荷作鏡荷暗本無光

王播客揚州木蘭寺僧厭苦之飯後擊鐘播慚題詩壁上云上堂已了各西東慚愧闍黎飯後鐘後二紀鎮揚州訪舊詩已碧紗籠之矣援筆續云三十年來塵土裡于今始得碧紗籠

滕王湛然善畫蝴蝶

殷秘書願夜夢牛皮上有二土又有赤玉在其上其子年十六解曰牛皮革也二土是圭字是鞋字也赤朱色朱是珠字也大人當得珠履乎果然

劉牧之少時家貧嘗往妻父家乞食每食畢求檳榔江氏兄弟戲之曰檳榔消食君乃常饑何忽須此及爲丹陽尹召妻兄弟令廚人以金盤貯檳榔一斛以進之

韓熙載北人仕江南致位通顯不防閑婢妾侍兒往

往私客客賦詩有最是五更留不住向人枕畔着衣裳之句

漢時王朗爲會稽太守子肅隨之郡住東齋中夜有女子從地出稱越王女與肅歡曉別贈墨一丸肅方欲注周易因此便覺才思開悟

温公瑣語

宋　司馬光

蔡確鞫相獄朝士被係者確令獄卒與之同室而處同席而寢飲食旋溷共在一室置盆於前諸家饋食者羹飯餅餌悉投其中以杓攪而均分飼之累旬不問幸得其問無罪不承

錢若水爲同州推官知州性褊急數以胸臆決事若水固爭不能得輒曰當陪奉贖銅耳既而果爲上司所駁州官皆以贖論知州愧謝已而復然如此者數

次

夏竦父故錢氏臣歸朝爲禁侍竦幼學于姚鉉使爲水賦限以萬字竦作三千字以示鉉鉉怒不視曰汝何不于水之前後左右廣言之竦又益之得六千字以示鉉鉉喜曰可教矣十七善屬文爲時所稱竦字子喬

崔公孺諫議大夫立之子韓魏公夫人之弟性亮直喜面折人魏公甚嚴憚之

張洎爲舉人時張佖在江南已通洎每求見稱從表

姪孫既及第稱姪稍貴稱弟及秉政不復論中表以
班條遇之佖怨洎入骨國亡俱仕中國洎作錢啟譏
議云元而無悔佖奏駁之洎廣引經傳自解

蔣氏日錄

宋　蔣穎叔

太祖常與趙中令普議事有所不合太祖曰安得宰相如桑維翰者與之謀乎普對曰使維翰在陛下亦不用蓋維翰愛錢太祖曰苟用其長亦當護其短措大眼孔小賜與十萬貫則塞破屋子矣

寶聖石佛院在嘉興縣東南唐至德二年於寺基掘石佛四軀至今見存天聖中賜名寶聖人但呼石佛寺

陶隱居不詳北藥時有詆謬多爲唐人所質人固有不知無足怪

宗道爲執政嘗一小室畫山水朝退獨坐謂之退思巖雖妻亦不許入

蘇有姑蘇臺故蘇州謂之蘇臺相有銅雀臺故相州謂之相臺滑有測景臺故滑州謂之滑臺

樂天作牛奇章石記曰公嗜石以甲乙丙丁爲品太湖爲上羅浮次之天竺又次之餘爲下

廬州慎縣黃山連于無爲軍壽州六安界蓋賊巢也

山下居民千餘戶而藏賊以活者八百餘家賊間發官兵追縱逐捕有數年不獲者

范丞相在永州閉門獨處人稀識面客苦欲見者或出則問寒暄而已家僮掃榻具枕揖客解帶對卧良久鼻息如雷霆客自度未起亦熟睡睡覺常及暮乃去

范忠宣謫居永州以書寄人云此中羊麪無異北方每日閉門食餺飥不知身之在遠

北碑刻深謂之溝道

范德孺喜琵琶暮年苦夜不得睡家有琵琶箏二婢每就枕卽使雜奏於前至熟寢乃去

左傳魏大名也故名魏曰大名府

元載不飲酒人强之辭以鼻聞酒氣卽醉人謂可治取針挑載鼻尖出一小青虫曰此酒魔也聞酒卽畏之去此無患

笙中有簧以火炙之樂家謂之煖笙

唐王涯著名書畫以金玉爲奩軸鑿垣貯之重複圍秘及被誅爲人破垣剔取金玉而棄書畫于道

顧渚湧金泉每歲造茶時太守先祭拜然後水漸出造貢茶畢水稍減至供堂茶畢已減半矣太守茶畢遂涸

剡溪野語

宋　程正敏

石曼卿於廨後自作一庵常醉卧其間名其軒曰捫虱

王荆公草制詞極醜詆范蜀公公笑誦其辭曰材無任職之能恭披襟當之内有謀利之實則夫子自道也

東坡謂晨飲爲澆書李黄門謂午睡爲攤飯

張乖崖嘗稱使寇公治蜀未必如詠至於澶淵一擲

詠不敢爲

温公嘗云登山有道徐行則不困措足於實地則不危

温公在洛與諸故老時游集相約酒行果實食品皆不得過五謂眞率會

王嘉叟與王龜齡别語龜齡曰吾輩會合不可常但令常留面目異日可以相見龜齡每歎曰此言不能置

范文正嘗問琴理於崔遵度崔曰清麗而婉和淵而遠琴書是也

宋景文言爲文是靜中一業

朱考亭答楊元範書云字書音韵是經中一事先儒多不留意然不知如此等處不理會卻枉費了無限亂說牽補而卒不得其本意亦甚害事也但恨衰無精力整頓得耳

王荆公不耐靜坐非卧即行

胡旦作大硯可數尺鑱其旁曰宋胡旦作漢春秋硯遺命埋冢中

歐陽公作河北轉運使過滑州訪劉義叟於陋巷中義叟時爲布衣人未有知者

韓魏公爲相每見文字有攻人隱惡必手自封記不令人見

晏元獻平居書簡及公家文牒未嘗棄一紙皆積以傳書

古老人飯後必散步欲摇動其身以銷食也故後人以散步爲消摇

呂衡州温祖延父謂倶盛名重在其家風先世碑志

不假于人皆子孫自撰云欲傳善于信詞徼文學之
荒墜也

釣磯立談

宋 費樞

呂衡州溫祖延父謂俱盛名重在其家風先世碑志不假於人皆子孫自撰云欲傳善於信詞徼文學之荒墜也

李營丘惜墨如金

漢王章不喜文士常語人曰此輩與一把筭子未知顛倒何益於國

謝玄與兄書曰居家大都無所爲正以垂綸爲事足

以永日北固山下秋來大有鱸魚一手釣得四十九枚

數窮於九九者一也至十則又爲一矣此蔡西山之說

鯉一名稚龍

文章一小技於道未爲尊此後世之文文者貫道之器此論古人之文也

肅宗詔黃香詣東觀讀所未見書

渡江河者朱書禹字佩之免風濤保安吉此神仙真

符也

江湖有婢妾魚游必三一前一後

盛事美談

闕名

太祖御事有麻衣和尚善望氣李守正叛河中進語趙普曰李侍中安得久耶城下有三天子氣歲餘城陷而周祖踐祚未知三天子之說乃太祖太宗亦從行也太宗一日閱後苑象死取膽不獲詔問余兹余兹請於前左足求之果得云象膽隨四時在足上歎其博識

董羽太宗朝畫端拱樓四壁意望恩賞一日太宗登樓皇子遥見驚啼太宗遽令圬墁之卒不獲賞

宰相丁謂在中書日因於私第召賓客言江南李國主鍾愛一女選奇表殊才有門弟者執政言洪州劉生為本郡叅謀歲甲未冠儀形秀美大門曾列二卿兼富辭藝可以塞選國主大喜成禮授少卿拜駙馬都尉鳴珂鏘玉出入中禁未周歲公主告卒國主傷悼悲泣曰吾不欲再覩劉生之面勑執政削其官籍一簪不與却送還洪

藩頡士文章學術俱冠詞林負盛名而湮沈不遇常

有新羅使至云東　士庶願請蕭夫子爲國師事雖不行其聲名遠播如此

田遊巖初以儒學累徵不起侍其母隱嵩山調露中高宗幸中嶽因訪其居遊巖出拜詔命中書侍郎薛元超入問其母御題其門曰隱士田遊巖宅徵拜弘文學士

孫何孫僅學行文辭傾動場屋何既爲狀元王黄州覽僅文編書其後曰明年再就堯階試應被人呼小狀元後牓僅果爲第一黄州復以詩寄之云病中何

幸忽開顔記得詩稱小狀元粉壁乍懸龍虎牓錦標終屬鶺鴒原并寄何詩曰惟愛君家棣華牓登科記上並龍頭潘逍遥亦有詩曰歸來遍檢登科記未見連年放弟兄而陳堯佐堯咨兄弟亦前後相繼爲狀元實士林盛事

晁文元公迥在翰林以文章德行爲仁宗所優異帝以君子長者稱之天禧初因草詔得對命坐賜茶既退已昏夕真宗顧左右取燭與學士中使就御前取燭執以前導之出内門傳付從史後曲宴宜春殿出牡丹百餘盤千葉者纔十餘朶所賜止親王宰臣真宗顧文元及錢文僖各賜一朶又常侍宴賜禁中名花故事惟親王宰臣即中使爲插花餘皆自戴上忽顧公令内侍爲戴花觀者榮之

衣冠盛事

唐　蘇特

李共爲中丞奏孔尚書溫徐相商爲監察御史孔爲中丞李在外多年除宗正少卿歸而爲丞郎師議集時人以爲盛事

國制兩省供奉官東西對立謂之蛾眉班

東方有識山川者徧禮五岳一拜而退惟入關望華山自關西門步步拜禮至山下仰歎訖七日而去謂京師衣冠文物之盛由此而至

上命相以八分書先書名金甌覆之

鄭裔綽爲浙東觀察奏侍御史鄭公綽爲副使幕客與府主同姓聯名者甚寡

咸通末鄭渾之爲蘇州録事談銖爲鹺院官鍾輻爲院巡時湖州牧李超趙蒙相次俱狀元二郡地土相接時爲語曰湖接兩頭蘇連三尾

張員外粹與母弟冲俱鄭都尉顥門生後粹爲東陽守冲爲信陽守欲相見境上本府許之兩郡之守攜賓客同府主出省俱自外郎兄弟之榮少比

韋倫爲太子少保致仕每朝朔望輦從甥姪候於下馬橋不減百人

李益能文多有貴家子同姓名人謂益文章李益謂貴遊爲門戶李益

楊氏自楊震葬於潼亭至今七百年子孫猶在閿鄉故宅天下一家而已

德宗初復宫闕所賜勳臣第宅妓樂李令爲首渾侍中次之

張氏嘉貞生延賞延賞生弘靖國朝已來祖孫三代

爲相唯此一家

德宗幸金鑾殿問學士鄭餘慶曰近日有衣作否餘慶對曰無之乃賜百縑令作寒服

高宗時天下無事上官儀持國政嘗凌晨赴朝巡洛水堤步月緩轡詠詩云脉脉廣川流驅馬歷長州音韻清亮望之若仙

貞元初置中和節御製詩朝臣奉和詔寫本賜戴叔倫於容州天下榮之

賀知章一見李白呼爲謫仙人以金龜換酒與之共

飲

權文公德輿身不由科第嘗知貢擧三年門下所出諸生相繼爲公相號得人之盛

硯崗筆志

宋 唐稷

陳亞性寬和累典名藩皆有遺愛然頗眞率無威儀吏不甚懼行坐常弄瓢子不離懷袖尤喜唱清和樂知越州時每擁騎自衙庭出或由鑑湖緩轡而歸必敲鐙代拍潛唱徹三十六遍

本朝狀元多同歲比於星歷必有可推者但數問士術無能曉之爾前徐奭梁固皆生於乙酉王曾張師德皆生於戊寅呂溱楊寘皆生於甲寅賈黯鄭獬皆

生於壬戌彭汝礪許安世皆生於辛巳陳堯咨王整皆生於庚午

曆日後宮宿相屬相聯本是一甲子以眞廟後年五十九嫌於數窮遂演之爲一百二十歲然竟以是年登遐

本朝大官最享高年者凡三人曰太傅張公士遜樞相張公昇少師趙公槩皆壽至八十六又二人次之曰陳文惠公堯佐至八十二杜祁公至八十一又一人次之曰富文忠公弼壽至八十餘皆不及焉

蔡攸一日嘗飲禁中徽宗頻以巨觥勸之攸懇辭不任杯酌將至顛踣上曰就令灌死亦不至失一司馬光

湖州長城縣啄木嶺金沙泉每歲造茶之所居常無水湖常二郡守至境具牲祭泉其夕清溢造御茶畢其水即微減太守造畢即涸太守或還旆稽期則示風雷之變或見鷙獸毒蛇木魅焉

窗間記聞

宋　陳子兼

俗語謂錢一貫有畸曰千一千二米一碩有畸曰碩一碩二長一丈有畸曰丈一丈二之類按考工記殳長尋有四尺注云八尺曰尋殳長丈二史記張儀傳尺一之檄漢淮南王安書云丈一之組匈奴傳尺一檟後漢尺一詔書唐城南去天尺五之類然則亦有所本

嘉興縣西南六十步地志云晉歌妓蘇小小墓今有片石在道判廳曰蘇小小墓徐凝寒食詩云嘉興郭裏逢寒食落日家家拜掃歸只有縣前蘇小小無人送與紙錢灰

唐印文如絲髮今印文如筋開封府三司印文尤麄猶且歲易以此可見事之繁簡也

熙豐間張遇供御墨用油烟入腦麝金箔謂之龍香劑元祐間潘谷墨見稱於時蜀中葉茂實亦得法清黑不凝滯可以倣古

古人寫書皆用黃紙以蘗染之所以辟蠹故曰黃卷

有誤字以雌黄滅之爲其與紙色相類耳故可否文
章謂之雌黄

翰墨叢記　　宋　滕康

梁景不善書每起草必用蜀箋趙安仁善書起草必
用舊紙人號二背

小門下通典謂給事中

張約齋種花法云春分和氣盡接不得夏至陽氣盛
種不得

張九成謫嶺南病目執書倚柱向明而覩者凡十四
年歲月既久蹟上雙趺隱然

顏之推曰世之學者讀五經是徐邈而非許慎賦頌
信褚詮而忽呂忱史記專皮鄒而廢篆籀漢書悅應
蘇而略蒼雅不知書其支葉小學其宗系也

范雎說秦王曰百人輿瓢瓢必裂不如一人持之爲
善

凡衣帛爲漆所污即以麻油先漬洗透令漆去盡即
以水膠容開少着水令濃以洗麻油頃刻可盡試之
良驗

岳武穆家謝昭雪表云青編塵乙夜之觀白簡悟王

人之諳甚工

淮南人藏鹽酒蟹凡一器十隻以皂莢半挺置其中則經歲不壞

備忘小抄

劉攽

按志云黃金方寸爲金又云一斤卽一金也四兩爲一斤

五夜者甲乙丙丁戊更相送之今人惟言乙夜子夜也

毛詩報之以瓊玖玖黑色玉

蔡邕能飲一石人名之曰醉龍

王愷作紫絲布障四十里石崇乃作錦步障五十里

敵之

莫愁子曰阿侯

伏臘伏者金氣伏藏之日也冬至後祀百神曰臘

瑟瑟碧珠也

彈棋兩人對局白黑棋各六先列棋相當更先彈也

格五簺也

剛卯佩印也其製卯以正月卯日作銘刻於上以辟邪厲

隱琴隱長四十五分約卽明琴徽也

虞世南行秘書楊虞卿行中書

漢制尚書郎作文書起草月賜赤管大筆一雙隃麋墨大小二枚

上尊稻米一斗得酒一斗也

艅艎日疏

元　凌準

置閏

漢初不獨襲秦正朔亦因秦歷秦以十月爲首不置閏當閏之歲無問何月率歸餘歲終爲後九月漢紀表及史紀自高帝至文帝其書後九月皆同是未嘗推時定閏也至太初元年改用夏正以見寅爲歲首猶歷十四年至征和二年始於四月後書閏月豈史失書邪抑自此始置閏也

預借元宵

宣和五年令都城自臘月初一日放鰲山燈至次年正月十五日夜謂之預賞元宵徽宗至日出觀之時有譏詞末句云奈吾皇不待元宵景色來到恐後月陰晴未保

書後謹空

補沈括筆談云前世卑者致書於尊者尾作敬空字如從尊者卑但於空紙批所欲言曰反恭人如今批荅之類故紙尾結言敬空者示行卑故不更有它語

也

鼓鑄横材

盧懷慎與張説同作相盧忽暴亡夫人崔氏不泣謂家人曰公家未盡公清廉而説貪説尚存公應不死已而復生左右以夫人言告公曰不然適冥間見數十處張説鼓鑄横材我豈可同未幾遂卒

陸氏一莊荒

崔群知舉歸其妻乘間勸令求田群曰予有美莊三十所春榜所放三十人是也妻曰君非陸贄門生乎

掌文柄約其子簡不令就試如以君爲良田則陸氏一莊荒矣群遂無辭可答

盧杞遇仙

杞未第時遇仙姬曰麻氏以葫蘆如二斗瓮令杞乘之騰入霄漢至一處曰水晶宮見太陰夫人問三事曰公有仙相能居此宮乎能爲地仙時一到此乎能爲中國宰相乎公願何事願爲宰相夫人悵然遣還

麟脯

漢桓帝時神仙王遠字方平并麻姑降蔡經家食麟脯姑曰自接侍見東海三爲桑田方平曰行爲楊塵夫姑手似鳥爪爬必佳方平已知乃詰經而鞭既而曰吾鞭亦不可并得

輶軒雜録

宋　王襄

太宗朝趙昌國者自陳乞應百篇舉帝親出五言四句為題云秋風雪月天花竹鶴雲烟詩酒春池雨山僧道柳泉凡二十字字為五篇篇四韻至曉僅成數篇辭意無足取亦賜及第用勸

兗王假山成請宮僚觀之姚坦熟視曰此血山耳開實塔成田錫上疏曰衆以為金碧熒煌臣以為塗膏釁血

劉温叟博學純厚動必由禮父諱岳温叟終身不聽絲竹嘗令子和藥有天靈蓋温叟見之亟令致奠埋於郊

祀未亡時蜀人質錢取息者毎將徙居必榜其門曰召主收贖蓋周世宗累欲收蜀而不果至我太祖乃收之此其應也

徐仲車父否少亡終身不登山行嘗冐暑道遇奔喪者輟馬以遺之徒行還家

一聲啼鳥禁門靜滿地落花春日長此王公隨應舉騎行卷所作也

獨醒雜志

宋　吳宏

陳了翁日與家人會食男女各爲一席食已必舉一話頭令家人答一日問曰並坐不橫肱何也其孫女方七歲答曰恐妨同坐者

樞密孫公抃生數日患臍風已不救家人乃盛以盤合將棄諸江道遇老媪曰兒可活即與俱歸以艾炷灸臍下遂活

故事親王女皆封郡縣主趙普以元勳諸女封郡主高懷德二女特封郡主當時禮官不言其失諫官不言其非此典禮之誤也

盧景亮言足食足兵而人才足用則天下不難理矣著論曰三足記

山谷書寒山詩曰此淵明之德亞也

東坡教葛延之云作文如店肆諸物無種不有却有一物可以攝得曰錢而已

范文正公云常調官好做家常飯好喫斯語眞名言也

欒城云讀書如服藥藥多力自行

姚氏殘語

宋　姚寬

司空表聖自目爲耐辱居士

孝宗受禪赦文云凡今者發政施仁之日皆得之問安視膳之餘天下誦之洪景嚴筆也

江南李景于宫中起樓甚高衆皆歎羡蕭儼獨曰恨樓下無井以此不及景陽樓

和苑有鳥鳴書一卷

今世有一樣古錢其文曰半兩無輪郭醫方中用以

爲藥者此也

市舶錄金山珠海天子之南庫

翡翠屑金人氣粉犀

孝宗坐側有牙籤凡二十半白半綠酒至出白籤斟止半杯出綠籤則滿泛一席之間用綠籤止二三而已

太祖以柏爲界尺謂之隔筆簡

元白應制用細筆名毫錐

陶穀小名鐵牛

唐文皇虬鬚上可掛一弓

仙傳拾遺有道士謂顏真卿有骨可度世不宜沉名宦海

嵇康之父姓奚

右軍三十三書蘭亭三十七書黄庭

紹興進茶自范文虎始

班孟嚼墨一噴皆成字竟紙各有意義

閩人謂子爲囝

荀息引周書云美男破老

羅大經曰作詩要健字撑拄要活字斡旋

荆公詩云卧占寛閑五百弓蓋佛家以四肘爲弓肘一尺八寸

唐百官志織染署七月七日祭杼

元和長慶中尚陸陸善劈栗

晉戴顒作中庸傳二卷

隋僧敬脫善作方丈大字號曰僧傑

徐鉉自銘親篆其文刻石寘壙中

楊誠齋云無事可看韻書

徐廣年過八十猶歲讀五經一遍

姚氏殘語　三

有宋佳話

闕名

丁晉公與楊文公遊處宴集必有詼諧之語復皆斂於應荅一日臺諫攻文公因晚俟晉公之門方伏拜晉公亟謂文公曰内翰拜時鬚撃地文公隨聲荅曰相公坐處幞牑天蓋楊美鬚髯而丁第方盛設帷幙因互相譏也

丁謂參政或率楊文公賀公曰骰子選耳亦何足道哉

有宋佳話　一

陳亞揚州人近世滑稽之雄也嘗著藥名詩百餘首行于世若風月前湖近軒窓半夏涼棊怕臘寒呵子下衣嫌春暖宿紗裁殊妙

張魏公守金陵日嘗詣學有一士人投牒互視則爭愽也公援筆立判曰士子爭財于學校教化不明太守罪也當職先罰俸半月牒學照規行教官大宥引去

晁以道與陳叔易俱隱嵩山叔易被召出山以道作詩云處士何人爲作牙盡攜猿鶴到京華故山巖壑

感惆悵六六峯前只一家

涪翁嘗和東坡春菜詩云公如端爲苦筍歸明日春衫誠可脫坡得詩戲語坐客曰吾固不愛做官魯直遂欲以苦筍硬差致仕聞者絶倒

元符中上巳日錫燕從臣命御新龍舟蔡元長忽墜于金明池萬衆喧駭蔡得浮木憑出遂入次舍方一身淋漓蔣穎叔唁公曰元長幸免瀟湘之溺蔡大笑答曰幾同洛浦之遊

採蘭雜志　闕名

甄后既入魏宮宮庭有一綠蛇口中恒有赤珠若梧子不傷人人欲害之則不見矣每日后梳粧則盤結一髻形於后前后異之因效而爲髻巧奪天工故后髻每日不同號爲靈蛇髻宮人擬之十不得其一二

薛若祉好讀書徃徃徹夜一日遇比丘告之曰夜半不卧則血不歸心若雖好學恐非延益之道薛謂潛心傳記則心脉於時何夜半之可得知乎僧因就水中捉一魚赤色與薛曰此謂知更魚夜中每至一更則爲之一躍薛畜盆中置書几至三更魚果三躍薛始就寢更名曰代漏龍

人謂步搖爲女髻非也蓋以銀絲宛轉屈曲作花枝插髻後隨步輒搖以增嫵媚故曰步搖

吳玭不好碁見人着曰汝非夾將軍柰何輒以鬼陣相攻後人因名碁曰鬼陣

蚊投水中能化小魚小魚不獨魚子生也

爲待女子同種則香故名待女

昔杜子美詩有得意者宗武年十二恒于牀中誦之言紙有金字光明射目孫綽爲著作郎每自牀中目筆端吐光若火余初不信近見朝士牀中脫衣或用手拂皆有光灼爍一室俱明始知富貴之士尚然光彩橫發而况文章不朽盛業乎字筆有光因其宜也

河間王琛有妓曰朝雲善歌又有綠鸚鵡善語朝雲每歌鸚鵡和之聲若出一琛愛之號爲綠朝雲

唐詩有閨中少女愛春陽何處春陽不斷腸翠袖弓

腰渾忘却羅幃空度九秋霜宋詩有吹火鶯唇斂投柴玉臂斜回看烟裏面恰似霧中花皆一詩而兩事適矣不同

一婦人病陰中痒不敢告人苦甚平日奉觀世音像甚謹及病時見一尼持藥一函至曰煎此洗之即愈矣尼忽不見啓視之乃蛇床子吳茱萸苦參也

山中老人以禿鶖頭形刻杖上謂之扶老以此鳥能辟蛇也古今註以禿鶖爲扶老甚謬

鵂鶹一名內史一名花豸

蛺蝶一名春駒

韓朋墓木有相思子有海石君荳瓣入醋能移動者亦曰相思子

昔有燕飛入人家化爲一小女子長僅三寸自言天女能先知吉凶故至今名燕爲天女

結草虫一名木螺一名襲衣丈人

沈約有香爐曰辟塵謝靈運有帳亦曰辟塵

越嶲國有吸華絲凡華着之不即墮落用以織錦漢時國人奉貢武帝賜麗娟二兩命作舞衣春暮宴于

花下舞時故以袖拂落花滿身都着舞態愈媚謂之百華之舞

徐月英臥履皆以薄玉花爲飾內散以龍腦諸香屑謂之玉香獨見鞋

昔有可子離別母每見蟏蛸垂絲着衣則曰子必至也果然故名曰喜子子思其母亦然故號曰喜母均之一物也

燕地有頻婆味雖平淡夜置枕邊微有香氣即佛書所謂頻婆華言相思也昔袁上芳時以此致張子由

此觀之則當時未必不以爲相思也

蟏蛸一名青鳥一名解愛

猫一名女奴

遜頓國有淫樹花如牡丹而香種有雌雄必二種並種乃生花去根尺餘有男女陰形以別雌雄種必相去勿遠二形晝開夜合故又以夜合爲名又謂之有情樹若各自種則無花也雌實如李而差大雄實如桃而小男食雌實女食雄食可以愈虚損

張説于元宵召諸姬共宴苦于無月夫人以雞林夜明簾懸之㮆于白日夜半月出帷説宅無光燕奪之也

九爲陽數古人以二十九日爲上九初九日爲中九十九日爲下九每月下九置酒爲婦女之歡名曰陽會蓋女子陰也待陽以成故女子于是夜爲藏鈎諸戲以待月明至有忘寐而達曙者

絕色絲也言奇絕而難繼也説文斷絲也又冠也超也

嘉蓮燕語　　闕名

北周明帝爲岐周刺史公堂上時有圓雲若蓋五色相間經時而滅州人以爲其下有寶器韋敬遠獨曰此天子氣也及閔帝廢迎立之帝知敬遠非常人側席禮聘卒不能屈

神降伍氏有雌雞司晨者問之荅曰牝雞不鳴鳴則神生其家果大利

弄玉嫁蕭史生子五人與昭靡回職御于余華秉也

吳俗遷居預作飯米下置猪臟共煮之及進宅使婢以箸掘之名曰掘藏闔門上下俱與酒飯及臟謂之散藏歡會竟日後人復命婢臨掘向竈祝曰自入是宅大小維康掘藏致富福祿無疆掘臟先祭竈神然後食

申豫作詩文恒繞室而走得一佳句便拍案大呼人謂其足下有文章

江南婚娶新婦初至合巹後卽用牛蹄筋作羹以豕肉切作骰子大和作飯送新婦食謂之金羹玉食筋

誦金肉誦玉也吳音肉玉俱作濃字入聲

李杲字明之其祖貧時夜坐讀書有一女子從室西地中出與杲祖坐談甚美少頃漸以身昵杲祖杲祖屹然不動將告去杲祖問曰汝是何神何鬼耶女子取筆書于几上曰許身輕比雙南遂復入地中已而閱子美詩始悟其爲金也掘之得金一筒筒上壓一石石面刻云金一筒畀李氏孫以醫名後世後杲果從張元素學醫術盡得其業號東垣先生

戊辰雜抄

闕名

沈逸人婦金睿貞日磾之裔也才而賢逸人居貧衣食稍不義政猶豫睿貞必從傍以義决之蔬食萊羮朝夕不贍欣欣如也逸人雖隱居陋巷門外不絕貴人車馬一日有客懷百金託逸人居間睿貞從屏內竊聽之不悅逸人苦謝客客退逸人入告睿貞睿貞撫掌曰是吾心也

撒帳始于漢武帝非始于冀奉也李夫人初至坐七寶流蘇輦障鳳羽長生扇帝迎入帳中共坐巹飲之後預戒宮人遥撒五色同心花果帝與夫人以衣裾盛之云得多得子多也

瑶鄉嘗代人撰婚書中有云既爲管鮑之交復結陳雷之好客曰管鮑陳雷俱朋友故事不傷于合掌乎答曰陳雷世世爲婚姻若朱陳也

女初至門壻去丈許逆之相者授以紅綠連理之錦各持一頭然後入俗謂之通心錦又謂之合歡梁言夫婦自此相通如橋梁也三日後命工分作二袴壻

女各穿其一謂之汞諾䄂
有大龍蛻于太湖之濵其鱗甲中出蟲項刻化爲蜻蜓朱色人取之者病瘧今人見蜻蜓朱色者謂之龍甲又謂之龍孫不敢傷之

眞率筆記　闕名

李女贈賢夫以瑪瑙宛轉環丹山白水宛然在焉摇之而寢則夢入其中始入甚小漸進漸大有名山大川之勝異木奇禽宮室璀琛心有所思隨念輒見因名曰華胥寶環

陳郡莊氏女精于女紅好弄琴有琴一張名曰駐電每弄梅花曲聞者皆云有暗香人遂籍籍稱女曰莊暗香女更以暗香名琴女一日悔曰此豈女兒事耶遂絶絃不復鼓矣

試鶯家多美釀試鶯不善飲時爲宋遷索取試鶯恒曰此豈爲某設哉秖當索與耶耳因名酒曰索郎後人謂索郎爲桑落反音亦偶合也恐非本指

吳郡有婚姻墩昔有女子送葬道逢書生于此各以目相挑後成婚姻故以爲名後世誤以婚姻爲分金且以爲管鮑事更謬

霍光園中鑿大池植五色睡蓮養鴛鴦三十六對望之爛若披錦故相逢行曰鴛鴦七十二羅列自成行

莊牆香牆中彈琴右手指有金花褁爛几案因自造金花之曲

袁逛字子先嘗以奇香一丸與莊姬莊姬藏于笥終歲潤澤香達于外其冬閤中諸亜不死冐寒而鳴姬以告袁袁曰此香製自宮中其間當有返魂乎

闆闔贈俞本明以青華酒杯酌酒輙有異香在內或有桂花或梅或蘭視之宛然取之若影酒乾亦不見矣俞寶之

試鶯自言能作獨自舞宋遷求其一舞而不可得因

眞率筆記　八　二

呼爲羊公鶴

芸窗私志

元　陳芬

神農時白民進藥獸人有疾病則拊其獸授之語語如白民所傳不知何語語已獸輒如野外銜一草歸搗汁服之即愈後黃帝命風后紀其何草起何疾久之如方悉驗古傳黃帝嘗百草非也故虞卿曰黃帝師藥獸而知醫

呂蒙讀書開西館以延傑髦共相抬揚識見日進孫權益重之今西館橋是也

芸窗私志　八　一

元帝時臨池觀竹既枯后每思其聲夜不能寢帝爲作薄玉龍數十枚以縷線懸于簷外夜中因風相擊聽之與竹無異民間效之不敢用龍以什駿代今之鐵馬是其遺制

客問瑤卿曰溺器而曰虎子何也答曰神鳥之山去中國二十五萬里有獸焉名曰麟主服衆獸而封百邪此獸欲溺則虎伏地仰首麟主于是乘其背而溺其口故中國制溺器名虎子也

北朐國獻吸火水晶瓶縱烈火野外構瓶口向之噀

刻數頃之火皆吸入瓶中瓶亦不熱亦無餘煙自是宮中無火患惠文與華陽夫人滅燭皆用之

后羿獵于巴山獲一兎大如驢與之置柙中中塗失去柙掩如故羿夜夢一人冠服如王者謂羿曰我䰠扶君為此土之神而何辱我我將假手于逢蒙是日逢蒙弑羿而奪之位兎曰䰠扶自此始也至今土人不敢獵取

涓子至平圃縣山中扣石忽開中有宮室額曰輪廖之館有一石筍發之得秘書十二卷讀之欣然遂著

天人經四十八篇故名其山曰覆筍山

凝波竹實服之肌滑體輕趙飛燕舞于手掌上服此實也出區吳山紫枝綠葉堅滑如玉風吹有聲如環珮成帝種于臨池觀更名曰環珮竹花如海榴實如蓮子而小近謝芬蘭庭中忽生此竹人以為瑞而不知為何物其大讀海外志始知之第無花實明年出笋如常竹前種亦漸不然人以為玄善所致

今人暴見事之不然者必出聲曰欸烏開切乃歎聲也楚辭九章欸秋冬之緒風王逸曰歎也

終

致虛雜俎

闕名

閶門汝盆潭獨無白鳥帳幕可已與滇中寶珠寺荆州李姥浦同

太真着鴛鴦並頭蓮錦袴襪上戲曰貴妃袴襪上乃真鴛鴦蓮花也太真問何得有此稱上咲曰不然其間安得有此白藕乎貴妃由是名褌襪為藕覆註云袴襪今俗稱膝袴

昔有仙人鳳子者欲有所度隱于農夫之中一日大

雨有鄰人來借草履鳳子曰他人草履則可借吾之艸履乃不借者也其人怒詈之鳳子即以艸履擲與化為鶴飛去故後世名草履為不借

夢神曰趾離呼之而寢夢清而吉有兕曰元州排管娶竺米題鷗臥誦七遍吉

筆神曰佩阿研神曰淬妃墨神曰回氏紙神曰尚卿筆神又曰呂化

玄宗與玉真恒于皎月之下以錦帕裹目在方丈之間互相捉戲玉真捉上每易而玉真輕捷上每失之

滿宮之人撫掌大笑一夕玉眞于袿服袖上多結流蘇香囊與上戲上屢捉屢失玉眞故以香囊惹之上得香囊無數已而笑曰我比貴妃差勝也謂之捉迷藏

天寶十三年宮中下紅雨色若桃花太眞喜甚命宮人各以碗杓承之用染衣裾天然鮮艷惟襟上色不入處若一馬字心甚惡之明年七月遂有馬嵬之變血汙衣裾與紅雨無二上甚傷之

鄭玉嗜酒而家赤貧遇仙女于嵩山中投以一珠曰

此醉龍珠也諸能舍之以代酒味踰若下玉甫覩珠而女忽不見矣

義之有巧石筆架名扈班獻之有班竹筆筒名裘鍾皆世無其匹

七夕徐婕妤雕鏤菱藕作奇花異鳥攢于水晶盤中以進上極其精巧上大稱賞賜以珍寶無數上對之竟日喜不可言至定昏時上自散置宮中几上令宮人闇中摸取以多寡精粗爲勝負謂之鬬巧以爲歡笑

薛瑤英于七月七日令諸婢共剪輕綵作連理花千餘朶以陽起石染之當午散于庭中隨風而上徧空中如五色雲霞久之方没謂之渡河吉慶花藉以乞巧

瑟曰文鴛笙曰釆庸鼓曰迭君鍾曰華由磬曰洗東皆仙樂也

司書鬼曰長恩除夕呼其名而祭之鼠不敢嚙蠹魚不生

東美有古劍其子得之甚奇上有篆書十六字極古

不可辨太白見之曰是薛燭劍也其文曰終歸之野鑿鉄鍊精薛燭是造百日斯成

西域有獸如犬含水噀馬目則馬瞑眩欲死故凡馬皆畏之名曰馬見愁宣宗時國人獻其皮帝賜羣臣編爲馬鞭一揚則走謂之不須鞭

宋文帝曰天下有五絕而皆出錢塘謂杜道鞠彈碁范悅詩褚欣遠模書褚胤圍碁徐道度療疾

今人以人性不爽利者曰溫暾湯蓋言不冷不熱也溫暾二字唐詩常用

終

內觀日疏　闕名

六月念四日爲觀蓮節晁采與其夫各以蓮子饋遺爲歡

瑶卿月夜過此橋翛然朗吟其聲清亮字字動人居民但記其兩句云遥隔美人家數竿修竹處自此橋名竹隔

晁采性愛看雲其尤愛者赤黑色也故其室名曰雲窺室其館名曰期雲館

謝幼貞嘗菌庭中忽生一菌狀若飛鳥沈子玉曰此謂禽芝以處女中單覆之則活煑而食之可數百歲謝入取中單有鄰女乞火跨之翩然飛去謝但嘆恨而已

姚姹任長離橋十一月夜半大寒夢觀星墜于地化爲水仙花一叢甚香美摘食之覺而產一女長而令淑有文因以名焉觀星即女史在天柱下故迄今水仙名女史花又名姚女兒

六月廿有四日謝文君獨處無侶命沈君攸製採蓮之曲以解其悲愁之思援筆便成曰平川映晚霞蓮舟泛浪華衣香隨岸遠荷影向流斜度手牽長柄轉橈避疎花還船不畏滿歸路詎嫌賒謝贊嘆久之

晁采閣中蘭花始發其姑命目之應聲目曰臞于谷裏顯于澧潯貴比于白玉重匹于黄金既入燕姬之夢還鳴宋玉之琴其惠敏如此

晁采畜一白鴿名素素一日雨中忽憶其夫試謂鴿曰昔王母青鸞紹蘭燕子皆能寄書達遠汝獨不能乎鴿延頸向采若受命狀采即援筆直書二絶繫于

其足竟致其夫尋即歸矣詩曰窗前細雨日啾啾妾在閨中獨自愁何事玉郎久離别忘憂總對豈忘憂又曰春風送雨過窗東忽憶良人在客中安得妾身今似雨也隨風去與郎同

漂粟手牘

闕名

鵾夷二年國中雨石大者方圓丈餘小者亦大于拳雨及數里不傷人屋後亦無他至今對門內里許有大石是其遺蹟也

蛾皇夜寢夢升于天無日而明光芒射目不可視驚覺乃燭也于是孿生二女名曰宵明燭光

流波山下有燃海千里民汲之以代油光明過于油數倍秦始皇使人泛千艘往山中取仙草舟人不知水性夜以燭賊投水中火大發遍海延燒火光接天千里一色無一人還者自此無人敢操舟人惟于海畔汲川而已

古之葬者棺槨淺薄往往有猛獸所傷謂猛獸畏麟故爲石麟以辟之後復設辟邪之類後人謂石麟辟邪乃帝王陵寢所用改川石羊石虎失其制矣

車胤貧時以敗薪爲筆取五龍山下烏石作墨至今田家無墨有取之者

珠三寸者諦視之有花影層層在內一里之內所種花木必現于中顔色宛然變幻萬端第非時之木不見耳高后時朱仲嘗獻之

吕后時冬十二月見未央宮前有一紫燕后以爲不祥使侍中陳當時逐之飛入廐內不得出值牝馬方仰首而嘶遂飛入其口中便有紫雲覆于馬首項之而滅當時奏狀后異之詔有司尋視此馬後生駒日馳數百里因號曰紫燕

奚囊橘柚

闕名

軒轅游于陰浦有物焉龍身而人頭鼓腹而遨游問于常伯伯曰此雷神也有道則見見必大雷雨而拔木君亟歸乎須臾雨大至雷電交作陰浦之木盡拔

車胤讀書于鼓樓山一日行藥次得金于眢井中求其主不獲因集貧民百餘人于石室分與之至今其地有分金洞

少昊母皇娥璇宮之側有井曰盤霞白帝之子與皇

娥宴于宮帝子命江妃歌沖景旋歸之曲盤靈之神吹簫以和之故至今號井神曰吹簫女子

麗居孫亮愛姬也鬚髮香淨一生不用洛成疑其有碎塵犀釵子也註曰洛成卽今篦梳似落塵字訛耒考

麋欽棗出眞陵之山食一枚大醉經年不醒東方朔嘗遊其地以一斛歸進上上和諸香作丸大若芥子每集羣臣取一丸入水一石頃刻成酒味踰醽醁謂之麋洒酒又謂之眞陵酒又謂之仙藏酒飲者香經月不散

陶士行貧時冬日母子嘗着敝葛及士行貴母恒于公服袖口內縫一片曰汝嘗作佳官盡心恤民勿忘着葛衫時也

帝事仙靈惟謹甲帳前置玲瓏十寶紫金之爐李少君取絳蠶之血丹虹之涎靈龜之膏阿紫之丹搗幅羅草和成奇香每帝至壇前輒燒一顆烟繞梁棟間久之不散其形漸如水文頃之蛟龍魚鼈百怪出沒其間仰覩股栗又然靈音之燭衆樂迭奏于火光中

不知何術幅羅香山出賈超山

女香草出繁續婦女佩之則香聞數里男子佩之則臭昔海上有丈夫拾得此香嫌其臭棄之有女子拾去其人跡之香甚欲奪之女子疾之其人逐之不及乃止故諺曰欲知女子強轉臭得成香呂氏春秋云海上有逐臭之夫疑卽此事

孫權命工人潘芳造船夜夢一老父謂曰船將下水矣第楫徽（楫之入水處）宜更殺其角栱福（栱離水處曰福）宜更殺其頓（福上曲處曰頓）則日行千里矣言畢化赤龍飛去如法

果然

漢高帝時有黃公事不生產日牽一黃斑虎乞食于道飲食稍弗腆輒解其縛虎便咆哮作噬人狀人人震慴多畀錢米始謝去人有語曰虎莫凶有黃公人入山遇猛獸輒畏之曰黃公來猛獸無不垂頭掉尾而去故人又語曰猛獸回黃來來

袁伯文七月六日過高唐遇雨宿於山家夜夢女子甚都自稱神女伯文欲留之神女曰明日當爲織女造橋違命之辱伯文驚覺天已辨色啓窓視之有群鵲東飛有一稍小者從窓中飛去是以名鵲爲神女也

玄池說林

闕名

立夏日俗尚啖李時人語曰立夏得食李能令顏色美故是日婦女作李會取李汁和酒飲之謂之駐色酒一曰是日啖李令不疰夏

金陵極多蜥古傳有巨蜥背闊五尺足長倍之深夜每出齧人其地有貞女三十不嫁夜遇盜逃出遇巨蜥橫道忽化作美男子誘之貞女怒曰汝何等精怪乃敢辱我我死當化毒霧以殺汝遂自觸石而死明日大霧中人見巨蜥死于道于是行人無復慮矣至今大霧中蜥多僵者

祖瑩少好學不遇偶行野外遇一人授一封函戒之曰至家啓視歸視之乃墨也上有字云祖元珍何不懌與于學終于伯壽爲太學博士異之因函此墨供于堂上夙興必整衣冠拜之故相傳太學博士所居爲墨堂天平初進爵爲伯

狐之相媚也必先呂（以口相接）猿之相蟲也（蟲羣也）必先啼物之情也

少昊出野遇一獸牛首而人身鷩歸告皇娥娥曰昔余聞之帝子牛首人身其名師親見之者有福胥臻天將福汝汝何妄驚乎帝乃釋然

周弘直子思方幼時于林下見一鶴爲彈所傷取歸養之俟其愈縱去後數日夜讀書聞有物擊其扉啓視之乃向縱之鶴也背負一金串卸于地串上結紙條上書云始于博士終于大夫後果然故呼鶴爲負金

賈氏說林

闕名

昔有人得安期大棗在大河之南煮三日始熟香聞十里死者生病者起其人食之白日上昇故世名煮棗

公良孺多力仲尼爲桓魋伐其所庇大木仲尼將行公良孺怒拔其根立木而去明日魋視之木更生根活矣

李陵爲單于圍夜半使郭超吹笛聲多悲慘胡人皆流涕解圍北走

武帝與麗娟看花而薔薇始開態若含笑帝曰此花絕勝佳人笑也麗娟戲曰笑可買乎帝曰可麗娟遂命侍者取黄金百斤作買笑錢奉帝爲一日之歡

沈休文雨夜齋中獨坐風開竹扉有一女子攜絡絲具入門使坐風飄細雨如絲女隨風引絡絡繹不斷斷時亦就口續之若真絲焉燭未及跋得數兩起贈沈曰此謂冰絲贈君造以爲冰紈忽不見沈後織成紈鮮潔明淨不異于冰製扇當夏日甫攜在手不揺

而自涼
金多陶樂民人範磚以築垣鐵鮮猶魏帝后製笄以
飾首是有餘則賤不足爲榮也故炎歊沕夫金石則
貧賤者不思輕暖之裘寒氷結于江湖則富貴者無
用生涼之席註曰陶樂猶魏皆國名謝仙女盛夏上
玄宗以生涼之席
王豐爲轂城令治民有法民多彝富歌之曰天厚轂
城生王公爲宰三月恩澤逼室如懸磬今擊鍾豐印
一日墜地擷其鼻鈕明日視之則覆斗也豐異之問

功曹張齊齊對曰自昔君印多用覆斗以臣料之君
當封乎後果封中山君
子產死家無餘財子不能葬國人哀之丈夫舍玦珮
婦人舍珠玉以賻之金銀珍寶不可勝計其子不受
自負土葬于邢山國人悉輦以沉之河因名金水至
今水上時有金氣
湯既伐桀讓于務光務光笑曰以九尺之夫而讓天
下于我是形吾短也羞而沉于水有只尺之魚負之
而去

呼子先夜不臥惟倚藜杖閉目少頃卽謂之睡後與
酒姥仙去留其杖子先故人陸麟寶之謂之藜林後
麟卒命其子置于棺中
雷威斵琴無爲山中以指候之五音未得正躊躕
忽一老人在傍指示曰上短一分頭豐腰殺巳日施
漆戊日設絃則庶可鼓矣忽不見自後如法斵之無
不隹絕世稱雷公琴
梁鱣母泰氏大雨中見火光自天降中躍一物赤色
形若鱣飛入室中卽不見是夜生鱣故名鱣及長從

孔子游
蠶最巧作繭往往遇物成形有寡女獨宿倚枕不寐
私傷壁孔中視隣家蠶離箔明日繭都類之雖眉目
不甚悉而望去隱然似愁女蔡邕見之厚價市歸繅
絲製琴弦彈之有憂愁哀動之聲問女琰琰曰此寡
女絲也聞者莫不墮淚
昔有一士人與隣女有情一日飲于女家惟隔一壁
而無由得近其人醉隱几臥夢乘一玄駒入壁隙中
隙不加廣身與駒亦不減小遂至女前下駒與女歡

久之女送至隙復乘駒而出覺甚異之視壁孔中有一大蟻在焉故名蟻曰玄駒

然藜餘筆　　闕名

員嶠山人曰孟光懿于德而不覬其文徐叔妣于文詞而不聞其貌胡姝輕鳳獨以貌稱弗足貴也屬龍觀所記多無瑕李德與君色可謂兼之至右所錄子夜三十四章雖之罥曲不復可辨非當時才子乎猶謂弗逮棄屣獲珠由此觀之文詞益可見矣

蔡少霞夢人託書新宫銘曰紫陽真人山立卿撰其略曰碧瓦鱗差瑶堦肪截珠樹連雲玉泉迸洩仙翁

鵠立道師水潔三變玄雲九成絳雪

右軍筆經云近有人以綠沈漆竹管及鏤管見遺錄之多年斯可愛玩詎必金寶雕琢然後爲貴

劉元佐守汴或言相國寺佛有汗元佐遽往持金帛以施繼遣其家屬往禮之翌日復起齋場由此士庶竟集輸施甚衆乃令將吏籍其物十日乃閉寺曰佛汗止矣所得數十萬盡贍軍

顏之推曰世之學者讀五經是徐邈而非許愼賦頌尚褚詮而忽呂忱史記專皮鄒而廢篆籒漢書悅應

蘇而畧蒼雅不知書其支葉小學其宗系也
李龜年至岐王宅聞琴曰此秦聲良久曰此楚聲主
人入問之則前彈者隴西沈妍後彈者楊州薛滿兩
人也
張芸叟久經遷謫怏怏不平嘗内集分題賦詩其女
得蠟燭云莫訝淚頻滴都緣心未灰芸叟有慚色自
是無復躁意
元微之聞薛濤名因奉使見焉微之矜持筆硯濤走
筆作四友贊畧曰磨潤色先生之腹濡藏鋒都尉之

頭引書媒而黯黯入文圖以休休微之驚服
洪覺範云司馬温公無所嗜好獨蓄墨數百觔或以
爲言公曰吾欲子孫知吾用此物何爲也
孫莘老喜讀書晩年病目乃擇卒伍中識字稍解事
者二人使其子端取西漢左氏諸書授以句讀每瞑
目危坐命二人更讀于旁終一策則易一人飲之酒
一杯使退卒亦自喜不爲難
李白上裴長史書云曩昔東游維楊不逾一年而
金三十餘萬有落魄公子悉皆濟之

朱考亭答楊元範書云字書音韻是經中一事竟儒
多不留意然不知如此等處不理會卻枉費了無限
亂說牽補而卒不得其本意亦甚害事也但恨蚤衰
無精力整頓得耳

荻樓雜抄

闕名

張香橋昔有女子名香與所歡會此故名一曰女子姓張名香

煬帝時洛陽獻合蒂迎輦花帝令袁寶兒持之號司花女

魏夫人有弟子善種花謂之花姑

真宗宴近臣語及莊子忽命呼秋水至則翠鬟綠衣小女童也

姚月華筆札之暇時及丹青花卉翎毛世所罕及然聊復自娛人不可得而見常爲楊達畫芙蓉匹鳥約略濃淡生態逼真

長安士女遊春野步遇名花則設席藉草以紅裙遞相插掛爲宴幄

揚州太守圃中有杏花數十株每至爛開張大宴一株令一妓倚其傍立館曰爭春宴罷夜闌人云花有歎聲

姑臧太守張憲代書札以墨娥

趙魏公夫人管道昇善書畫吾竹房嘗題其所畫竹石竹房有一私印是好嬉子三字即以此印倒用於跋尾人皆以爲竹房之誤魏公見之曰此非誤也道昇子道婦人會作畫倒好嬉子

闕名

用蚕荳四十九粒陰陽水浸端午日午時兒之埋室西地下令貓踞其上七日化爲貓精

玄宗自聞祿山反狀心懷疑忌初出幸時貴妃侍女紅桃晨興理粧玉環墜地而響帝聞問曰響者何耶對曰玉環碎矣帝黙然不悦至馬嵬貴妃果遇害貴妃小名玉環

人食斷腸艸而死虎食之而百日不饑人食砒霜而死龍食之而肥人物異性有如此者

豬突入人家必割其耳黄昏鷄鳴必殺之以爲不祥俗忌也王隆家方割猪耳適有神降于伍氏隆往問曰猪入門可乎神答曰猪入門百福臻又問曰割其耳何如曰割猪耳傷于矢隆明日觀射果傷其臂里中異之適有沈氏黄昏鷄鳴問之答曰定昏鷄啼福祿日躋于是沈氏日昌盛自是人家惟恐猪不入門鷄不黄昏啼耳俗之貪利如是

趙子固清放不羈好飲酒醉則以酒濡髮歌古樂府自執紅牙以節曲

孟蜀時兵部尚書李昊每春時將牡丹花數枝分遺朋友以興平酥同贈且曰俟花凋卸即以酥煎食之無棄穠艷也

陶人爲器有酒經晉安人餉人以酒致書云酒一經或二經至五經者他境人不達者聞饋五經束帯立於其門

盧虔後妻元氏升堂講老子道德經虔弟元明隔紗帷聽之

唐六典有裝潢匠注音光上聲謂裝成而以蠟潢紙也今製牋法猶有潢裝之説人多不解作平聲又攺爲裝池益謬甚矣

黄父以鬼爲飯霧爲漿

唐莊宗嘗自傳粉墨與優人共戲于庭内以悦劉夫人

李筌注陰符經至禽獸之制在氣經年不能解忽夢烏衣人教之遂通其義

山居嵐重每旦帯皮薑細嚼熱酒下之

馮道明謁陶公與員外舊識閽者啓之陶言昧平生道明曰詩集中日得相見何謂平生陶善待之

下帷短牒

闕名

王粲好驢家畜數頭其價有至百金者其一日落釵其二日遠游其三日驚羽其四日白鳳其五日臨江其六日上雲其七日奔濤其八日飛星

明妃姊歸人臨水而居恒于溪中盥手溪水盡香今名香溪

力珠如龍眼大含之多力可以挽象尾使之倒行劉累得一顆于寧封能伏虎豹蛟龍嘗提虎尾立千雉之城懸之虎怒號聲聞數里又以中指無名指夾生牛皮一條帝使力士奪之自一人益至十人皮斷而終不去手

宋玉東家女因玉見棄誓不他適膏沐不施恒以帛帶交結胸前後操纖作以自給後人效之富家至以珠玉寶花飾錦繡流蘇帶束之以增妖冶浸失其制矣

衛玠盥面用化玉膏及芹泥故色愈明潤終不能枯槁

賈島常以歲除取一年所得詩祭以酒脯曰勞吾精神以是補之

尉遲敬德晚年餌雲母粉爲方外遊

鮮家婦生一女姿色殊絶後入宮上問曰何以眉缺對曰寶劍寧無缺明珠尚有瑕上喜曰鮮明珠遂以爲名

蔡邕飲至一石嘗醉卧路傍人每指之曰醉龍

下黄私記

闕名

八九月中月輪外輕雲時有五色下黄人每值此則急呼女子持鍼線小兒持紙筆向月拜之謂之乞巧惟吳媪有一女年十二拜之甚勤一夕月下飛一五色綵雲如手掌大駐于女前衆皆恐女徑取食之味甚香美明旦梳頭窺鏡面色艶冷彈琴讀書不習而能媪喜甚改名爲綵雲有詩一卷行于世

鍾繇嬖庶子會之母黜其夫人文帝命繇復之繇恚忿飡椒致噤帝乃止

洛中花極多他必曰某花至牡丹直曰花俚諺云花王耳

白太傅女金鸞十歲忽書北山移文樂天方買終南紫石欲刻文士傳遂輟以錄之

向範待客有漆花盤科斗筯魚尾匙

隋智永名法極王右軍七世孫唐淸晝字皎然謝康樂十世孫

宋徽宗嘗以藴合油搜煙爲墨至金章宗購之一兩

墨價黃金一斤
蘇才翁與蔡君謨鬬茶蔡用惠山泉蘇茶小劣用竹
瀝水煎遂勝
内翰所作文字名目至廣唐學士撰宫中眠兒歌即
是今之剩胎頭文也

說郛目録

弓第三十二
嫏嬛記 伊世珍
宣室志 張讀
雋載 劉餗
傳載畧 僧贊寧
瀟湘録 李隱
野雪鍛排雜說 許景迂
耳目記 張鷟

樹萱録 劉燾
善謔集 天和子
紹陶録 王質
覗聽抄 吳莘
郤掃編 徐度
開顔集 周文玘
鷄跖集 王子韶
蓧化録 陳京
聞見録 羅點

洽聞記 鄭常
聞談録 蘇耆
解醒語 李材
延漏録 章望之
三餘帖
北山録
玉匣記 皇甫牧
潛居録

嫏嬛記

元　伊世珍

西王母有三鳥一曰青鍾二曰鶴三曰燕子常令三鳥送書於漢武帝也

江都王宴客忽大雪寒甚子主剪紅紙爲日帖于壁上頃刻光生射熨一室煖于三夏坐客解衣註曰子主仙人也

謝長裾時進瓊卿以膏露一合一名天酒飲至百餘合顔色美好文辭長進涉獵羣書罔弗記憶加人參眉腴之延年

天下無處非鬼克塞無間獨五人國白玉城白女墻至城下俱以白玉爲之鬼不敢入蓋鬼陰物喜黑而畏白玄俗至此城得其爲墻故歸以白石繞屋耳是時河間多疫癘獨玄俗家無染者至今除夕人家用白堊繞門画城池列干戈之類亦遺意也

卓文君閨中庭內有一井文君手汲則甘香用以沐浴則滑澤鮮好他人汲之與常井等沐浴亦不少異至今尚存即文君井也

九人先生曰無極一而太極衆無極無窮而太極有窮也譬之種植無極猶元氣乎太極爲槙陰陽爲枝葉天地爲華萬物爲實

周穆王迎意而子居靈卑之宮訪以至道後欲以爲司徒意而子愀然不悅奮身化作玄鳥飛入雲中故後人呼玄鳥爲意而

下士學道因其氣昏故茹素以澄其氣上士遇卽食之但不殺耳氣清則心清心清則入道易矣

向日靜坐調息可以延年

夜來初入魏宮一夕文帝在燈下詠以水晶七尺屏風障之夜來至不覺面觸屏上傷處如曉霞將散自是宮人俱用臙脂倣畫曉霞妝

張夫人暮年不茹葷日誦彌陀家人皆笑之謂老人宜滋補頤養而已僕僕如此恐無益而有損夫人修之愈篤年七十九每夜暗中見四壁皆瓔珞光輝燭入恍若白晝臨卒焚香几上烟宛轉結成一彌陀小像初猶烟色漸覺淡黃遂作眞金色眉目若畫一手下垂若今塑接引像衆皆下拜誦佛號烟像甫消而夫人屬纊矣

馬嵬老媼拾得太眞襪以致富其女名玉飛得雀頭履一隻眞珠口以薄檀爲苴長僅三寸玉飾飛奉爲異寶不輕示人

海中所產多類人身而人魚其全者也䲂青類人首眉目宛然玄羅類人足䲉車類男陰文鸛類女陰文醫卽淡菜亦名東海夫人至于貴鈴類鳳蕊鍾類鹿鳩賊類象水藻類黽更奇

殷願夜夢牛皮上有二土又有赤玉在其上其子年

十六解曰牛皮革也二土是圭字是鞋字也赤朱色朱玉珠字也大人得珠履乎果然

有女子卻冠者奉觀音大士甚肅比丘尼往往勸其修淨土云當作觀音觀觀其法身愈大愈妙自此夜恒夢見之然其小若婦人釵頭玉佛狀一日其夫寄一玉觀音類夢中所見是奉之益篤

除夕梅妃與宮人戲鎔黃金散瀉入水中視巧拙以卜來年否泰梅妃一瀉得金鳳一隻首尾足翅無不悉備

藍橋驛乞玉漿黒犀合子下欵妙觀三十二年周旋
多慶先音永寶十四字
南方有比翼鳥飛止飲啄不相分雄曰野君雌曰
觀諱揔名曰長離言長相離着也此鳥能通宿命死
而復生必在一處
姚月華贈楊達灑海剌二尺作履履霜霜應履而解
謂是眞西蕃物也
姚月華與楊達久會謂之大會暫會謂之小會又大
會謂之鶼鶼會小會謂之白鷴會

季女贈賢夫以緑華尋仙之履素絲鎖蓮之帶白玉
不落之簪黄金雙蝶之鈕皆製極精巧當世希覯之
物也
靈芝一名壽潛
絳樹一聲能歌兩曲二人細聽各聞一曲一字不亂
人疑其一聲在鼻竟不測其何術當時有黄華者雙
手能寫二牘或楷或草揮毫不輟各自有意余謂絳
樹兩歌黄華二牘是確對也
一人爲蛇傷痛苦欲死見一小兒來曰可用兩刀在
水內相磨取水飲之効言畢化爲緑蛽走入壁孔中
其人如方即愈
族雪道君有顯色天膏封以軟玉油飐命玉童寄侍
琴仙女于繡雲山中
英妃未遇仙時腋下忽生碧毛人以爲不宜無何羲
至曰仙毫長矣可共行也
孫眞人有黄昏散夫妻反目服之必和又名合歡叔
艮製以爲丸
君子國有鳳凰嶺出天狗一名胎膺女仙與族雪道
君各以玉膏鍊成上藥以相饋遺

郭撫鑿池得一空棺中有鐵物洗而視之乃琴也有
斷絃處撫試設而彈之寂然無聲以語尚書郎姚範
範異之亦不知爲何物尋有客來訪言能彈此用法
鑿去腹中泥銹遂弄數曲音響非恒撫拜求授得昭
雲流猿二曲戒勿傳人他人鼓之不復鳴矣
王維爲岐王畫一大石信筆塗抹自有天然之致王
寶之時杲思間獨坐注視作山中想悠然有餘趣數
年之後風雨飛去

河伯宴伯禹于河上獻玄阮之珠透山光玳瑁五灰陣兆大龜延螭蓊鳳綬緋百兩宜士四時寶華珊瑚樹五十株人間所無奇寶不可勝數禹悉不受惟受河圖及大龜

孫鳳有一琴名吐綬彈之不甚佳獨有人唱曲則琴絃自相屬和

姚子貰陳郡人有寶鏡背銘云鏡焉作自尚方銅爲産自丹陽觀其寶覩其藏延年益氣樂且康芳名寶鏡俱未央

嫏嬛記　八　六

嘉平二十五日叔良宿酲未解窈窕烹百和解酲湯進之隨飲而醒

管夫人性嗜蘭梅下筆精妙不讓水仙有時對庭中修竹亦自興至不能自休

施廕起自微平生未嘗見書僅識數字而已一旦學誦殷顧詩隨誦隨悟染指詩牘便多驚人昔人有不識字能誦蓮花經者豈非宿習使然乎

女星傍一小星名始影婦女于夏至夜候而祭之得好顔色始景南並肩一星名瑋朗男子于冬至夜候而祭之得好智慧

水仙女爲南溟夫人侍者手恒弄一圓石如鳥卵色類玉後以贈青霞君青霞君以爲經鎭一日誦陰符經忽大風雨其石裂破有一虬走出狀若綠螈就硯池飲少水乘風雨飛去蓋龍也石亦遂合畧無縫隙痕

大曆中有一奇童某能詩性至孝讀書處供觀世音兩尊平明焚香禮大士爲父母祝釐踰年兩大士俱現形摩奇童頂曰汝勉終此志吾默祐汝倏不見因名其所居曰二觀齋文思大進

嫏嬛記　八　七

宣室志

唐　張讀

隴西李賀字長吉唐鄭王之孫稚而能文尤善樂府詞句新麗名聞天下以宗室子故不得舉進士卒于太常官年二十四歲其先夫人鄭氏念其子深及賀卒夫人不自解一夕夢賀來如平生時白夫人曰某幸得爲夫人子而夫人念某且深故從小奉指命能通詩書爲文章所以然者非止求一位而自飾也且欲大門族上報夫人恩豈期一日死不得奉晨夕之養得非恨哉然我雖死非死也乃上帝命也夫人訊其事賀曰上帝神仙之君近者遷都于月圃搆新宮命曰白瑤以某業于詞故召某與文士數輩共爲新宮記帝又作凝虛殿使某輩纂樂章某今爲神仙中人甚樂願夫人無以爲念既告去夫人寤甚異其夢自是哀少解

國初有神像用金裝製傳云周隋間有術士鎔範而成之天后朝因命置于宮中扃其殿宇甚嚴玄宗[illegible]而視焉時肅宗在東宮代宗尚稚時俱立侍上問內臣力士曰此神像何所異乎亦有說邪力士曰此前代所製可以占王者在位之幾何年耳其法當厲而叱之苟年甚永則其像震搖亦久不然從一搖而止上即厲聲叱之其像若有懼震搖移時仆於地上喜笑曰誠如爾說我爲天子幾何時力士再拜賀上即命太子叱之其像微震又命皇孫叱焉亦搖動久之上曰吾孫似我其後玄宗在位五十年肅宗在位凡六年代宗在位十有九年乃盡契其占也

俗傳人之死凡數日當有禽鳥自柩中而出曰魅太和中有鄭生者常客于臨川忽一日與群官畋于野有鷹逐得一巨鳥色蒼高五尺餘生將命解而視之忽亡所見生驚甚即訪里中民以事訊之民有對者曰里中有人死且數日卜人言今日魅當去其家伺而視之有巨鳥色蒼自柩中而出君之獲果是乎生異而歸

李林甫宅即李衛公宅有泓師者以道術聞於睿宗時嘗與過其宅謂人曰後之人有能居此者貴不可言其後久無人居開元初李林甫官爲奉御遂從而

居焉人有告于泓師曰異乎哉吾言果如是十有九年居相位稱豪貴于天下者此一人也雖然吾懼其易製中門則禍且及矣後林甫果相玄宗時恃權貴爲人所望者久矣及將盡年有人獻良馬馬甚高而其門稍卑不可乘以過遂易舊製既毀其簷忽有蛇千萬數在屋瓦中林甫惡之即罷而不敢毀焉未幾林甫竟籍没校其始相迨籍没果十九年矣

嵩山寇天師嘗刻石爲記表于山中上元初有洛州告成縣民因採藥于山得其記以獻縣令樊文狀言

于州州以上聞高宗詔藏于内府其銘記文甚多異不可解畧曰木子當天下又止戈龍又曰李代不移宗又曰中鼎顯真容又曰基千萬歲所謂木子當天下者蓋言唐氏命也止戈龍者言天后臨朝也止戈爲武武天后也又李代不移宗者謂中宗中興再新天下李也中鼎顯真容者綱實中宗之廟諱真容爲睿宗之徽諡得不信乎基千萬歲者玄宗也千萬歲者蓋言歷數久長也後中宗御歷樊文男欽賁之以石記入上獻上命編于國史内也

[illegible]先生大經解其人者好學不喜見俗人嘗閉門絶人事生而敏悟周知天文歷象窮賾索玄後以壽終葬于解良人野開元中大水姜師度奉詔鑿無鹹河以灌鹽田刻穿廬墳丘墓甚多解良之人皆痛之既至衛先生墓前發其地得一石刻字爲銘蓋衛先生之詞也詞曰姜師度更移向南三五步工人得之以献告于師度師度異其事歎詠久之顧謂僚吏曰衛先生奇士也即命工人遷其河遠先生之墓數十步焉

開元中江南大水溺而死者且千數群以狀聞玄宗詔御史馬君載往巡載至江南忽見道傍有墓水潰其穴公念之命遷其骸于高原之上既[illegible]得一石鑿而成文蓋誌其墓也誌後有銘二十言乃卜地者之詞詞曰罰後一千歲此地化爲泉蛟逢馬侍御移我向高原載覽而異之因校其年果千歲矣

元和九年秋九月淮西帥吳少誠死子元濟拒天子命詔隣淮西者以兵四攻之凡數年不尅十三年冬丞相晉國公裴公度將而襲焉公既至因命封人深[illegible]

壕且發其地有得一石者上有雕出文字爲銘封入持以獻公文曰井底一竿竹竹色深淺滌雞未肥酒未熟障車兒郎且須縮公得之以示從事者且將辯其義焉咸不得究公方念之俄有一卒自行間躍而賀曰吳元濟逆天子命縱兵爲反謀賴天子威靈與丞相德合今日逆孺子且死矣敢賀丞相功公詰之卒曰前日封人得石銘是其兆也且井底一竿竹竹色深淺滌言吾少誠由行間一卒遂擢千萬者其帥一方郎且喻其榮也雞未肥者言無肉也夫文

以肥去肉爲巴字也酒未熟者言無水也以酒去水爲西字也障車兒郎謂兵革之事也且縮者謂宜退守其所也公喜顧左右曰卒辨者是也歎而且異之是歲冬十月相國李愬將兵入淮西得元濟盡誅反者裴公因校其日果以西焉于是公益奇卒之辯命爲俾將也

吏部侍郎李安期隋内史德林之孫安平公百藥之子性好機警常有選人被放訴云羞見來路安期曰從何關來從蒲津關來安期曰取潼關路去選者曰恥見妻子安期曰賢室本自相諳亦不笑又一選人引銓安期看判曰弟書稍弱對曰昨墜馬損足安期曰損足何廢好書爲讀判曰向看弟判非但傷足兼似内損其人慙而去又選士姓杜名若任芳洲官其人慙而不伏安期曰君不聞芳洲有杜若其人曰期以贈名公曰此期非彼期若曰此若非彼若安驄笑爲之改注又一吳士前任有酒狀安期曰君狀不善吳士曰知暗槍已入安期曰爲君拔暗槍答歐可憐美女安期曰有精神選還君好官對曰怪來曉安期

笑而與官

空如禪師者不知何許人也少慕修道父母抑之以刀割其勢乃止後成丁徵庸課遂以麻蠟裹臂以火爇之遂成廢疾入陸渾山坐蘭若虎不爲暴山中偶見野豬與虎鬬以藜杖擉之曰檀越不須相爭即須耳分散人皆敬之無敢議者

司刑司直陳希閔以才非刑任官廢事擬滯司刑府史目之爲高手筆言秉筆支額半日不下故名高手筆

衢州龍游縣令李凝道性褊急姊男年七歲故惱之即往逐之不及遂餅誘得之齧其胸背流血姊救之得免又乘驢於街中有騎馬人靴鼻撥其膝遂怒大罵將毆之馬走遂無所及忍惡不得遂嚼路傍棘子流血

傳載

唐　劉餗

齊吳筠爲文多慷慨軍旅之意梁武帝被圍臺城朝廷問外禦之計筠怍懼不知所荅但云愚意願速降爲上

洛陽城南市即隋之豐都市也初築外垣之時掘得一冢無甎甓棺中有平幘朱衣銘云筮言居朝龜言近市五百年終于斯見矣校其年月當魏黄初二年也太宗使宇文士及割肉以餅拭手帝屢目之士及佯爲不寤徐拭而啗之

武衛將軍秦叔寶晚年多病每謂人曰吾少長戎馬經二百餘戰前後出血不啻數斛何能無患乎秦武衛勇力絶人其所持鎗踰越常制初從太宗圍王世充于洛陽馳馬頓之城下而去城中數十人共拔不能動叔寶復馳馬來之以還迄今國家每大陳設必列其鎗于殿庭以旌異之

太宗將賜鄴公櫻桃稱奉則以尊言賜又以卑乃問之虞監曰昔梁武帝遺巴陵王物稱餉遂從之

太宗嘗出行有司請載副車馬以從上曰世南在此行秘書也太宗稱虞監博聞德行書翰詞藻忠直一人而兼五善

中書令馬周始以布衣上書太宗覽之未及終卷三命召之所陳世事莫不施行

太宗之征遼作飛梯臨其城募爲梯首者城中矢石如雨而競爲先登英公指謂中書舍人許敬宗此人豈不健敬宗曰健即大健要是未解思量帝聞將罪之

晉謝靈運鬚美臨刑施爲海南祇園氏維摩詰鬚寺人保惜初不虧損

中宗劉樂安公主午日鬬百草欲廣其物色令馳驛取之也

柳芳與韋述友善俱爲史官述歿後所著書有未畢者多芳與續之成軸也

李翰文雖宏暢而思甚苦澀晚居陽翟常從邑令皇甫曾求音樂思涸則奏樂神全則綴文

張燕公好求山東婚姻當時皆惡之及後與張氏親者乃爲甲門

楊氏自楊震號爲關西孔子葬於潼亭至今七百年子孫猶在閺鄉故宅天下一家而已

崔趙公嘗問徑山曰弟子出家得否答曰出家是太丈夫事非將相所爲也

李汧公勉爲嶺南節度使罷鎮行到石門停舟悉搜家人犀象投於江中而去

元載擅權累年客有爲都盧緣橦歌諷其至危之勢載覽而泣下

傳載略

宋 吳僧贊寧

越中禹志者卽高松數十株參天遠望無不見故鄉人謂之禹志也禹巡狩至會稽殂落葬於此陵今與山爲一體皆變爲石矣故漢書云禹葬會稽不改其列注云不改松栢百物之列也祠後窆石存焉卽古之縣封碑之濫觴也今疑爲禹志卽禹帝陵耳且三王之世無山陵名至秦爲山漢爲陵後兼二爲名若然者古之志卽今之陵也

福州王氏有國閩土土人語者詭異呼兩浙爲東鹿亦不詳其字義第三主延鈞時忽野鹿自東門奔入報達之鈞曰寡人土雖不可屬東鹿從鈞遇害子又去國延義身害國亡至李達乞内附果符字義始初言東鹿或作年紀之紀自巳之巳紀獸鹿文字方定

彭城劉漢宏廣明癸卯中潛信兵屠錢唐差溫牧朱褒排海艦于蕭山海口武肅王率阮結成及錢鏐闘泰杜建徽卽皆將議夜往襲西陵武肅請啓行劉孟安懼切不及巳抽駐半軍武肅率諸將出南雍門無何月色皎然且言掩其不備設武彼軍伏待則我無噍類矣遂擲江沙誓之曰我苟破賊徒天合助順言訖吞之未幾東南雲如箕逡巡彌布漸至掩月江天瞑黑急棹而渡登岸徑掩賊軍夏公順陳正公孫環徐度諸將悉降大軍長驅至小西江與雄軍夾水而陣頻曰戰勝前進闘城駱朱闘黄朱牧皆先降乙巳年敕小將軍其居璫何諭罷兵光啓丙午歲再征而取越越中平隴西公權知觀察處置武肅遂權知杭州洎事明年敕賜至授本州刺史管内討招安撫等

使始有吾國矣

董表儀家在江河塘東嘗欲徹屋掘土陰陽人云太歲居此方不可具工旣而掘深三尺許得肉塊漫漫然董惡之投諸河後亦無禍

唐光啓中潤州大荒亂有居民家蓄米絕多可一斗五百文先定價後人擁倏開倉倉中悉化爲小螺子人皆驚怪有收盛分去者至今有收得此螺子余亦皆見

武肅王欲于錢塘江捍隄苦于怒濤所擊遂搆思爲

下沉之計而江濤明日愈攻西陵王憤發于疊雪樓架三千弓弩射之潮頭爲之歛去便命下石龍樹巨木其塘遂成

江西鍾氏既滅第二十子匡範同母氏遂歸于國城武肅王優禮命君通越驛範獻雲鶴通天犀水犀帶一云本玄宗御玩遺在西川川客獻鍾常實之又獻玉盂嘗覆五雀雛于盂下熾炭久燒火退揭看雀雛飛矣武肅王回帶賜錢二萬緡範因登吾波亭命與許彥方擊楫而行水開七尺許至瑞石山止岸大爲驚賞

湖州自李師悅薨後高彥爲代天祐丙寅卒武肅王以其子澧嗣之澧性粗暴括諸縣民戶三丁抽一立都額爲三丁軍因人言三丁軍思鄉圖反澧名衆一時斬戮初州南有漁人採捕至一高塘蘆葦夾道漁者捨舟行百餘步見一大宅登堂見一人頭荷鐵爐炎炎火起呼漁人曰汝勿奔走寄語澧吾是黃巢天武誅戮天下爲不入湖州籍汝之手速殺之

武肅王創業艱難人所知矣恒以爲枕而寢甫睡濃枕偏則寤嘗時詣諸院孫攸利者老姥監直聽更一宵銀枝燈有大蜥蜴沿油缸而吸視之將竭倏然不見亦爲不意明日王曰昨夜夢麻膏克腸而飽是何祥也宮中或有對者王亦微哂而已

武肅王天祐丙寅思欲捍海塘先是江心有石即秦望山脚横截波濤中出崔嵬然艤商旅船到此輒爲風濤所困而傾覆遂呼此爲羅刹石我國八月既望必迎潮設祭必動樂鼓舞于上尊命更呼鎮江石開平巳來沙漲遂作木蔚闌頂今祭江亭是也

瀟湘録

唐 李隱

高宗承祧後多患頭風召醫於四方終不得療有一宫人忽自陳世業醫術請修合藥餌高宗初未之信及堅論奏遂令宦者監之修藥宫人鼎坎作藥爐穿地方深一二尺忽有一蝦蟆跳出如黄金色背上有朱書字宫人不敢隱其事乃進於上高宗不曉其兆遽命放於後苑池内宫人遂别擇地穿藥爐方深一二尺復得前金色蝦蟆又聞於上上惡之以爲不祥

命殺而棄焉至夜其修藥宫人與宦者皆無疾而卒

則天末年益州有一老父携一藥壺於城中賣藥得錢即轉濟貧乏自不食時即飲淨水如此經歲餘百姓賴之有疾得藥者無不愈或自游江岸間眺末日又或登高引頸不語每遇有識者必告之曰人一身便如一國也人心即帝王也傍列臟腑即宰輔也外具九竅即羣臣也故心病則内外不可救之何異君亂於上臣下不可止之乎但凡欲身之無病必須先正其心不使氣索不使狂思不使嗜慾不使迷惑則心先無病心無病則餘臟腑雖有病不難療也外之九竅亦無由受病也况藥有君有臣有佐有使或攻其病君先臣次然後用佐用使自然合宜如失其序必自亂也又何能救病此猶家國任人也老夫賣藥常以此爲念每見愚者一身君不君臣不臣使九竅之邪恣納其病以至於良醫目逃名藥不効猶不自知悲夫士君子記之忽一日獨詣錦江解衣淨浴探壺中唯選一丸藥自吞之謂衆人曰老夫謫限已滿今却歸島上俄化爲一白鶴飛去其衣與藥壺並沒

於水求尋不得

相國李林甫家一奴號蒼璧性敏慧林甫憐之一日忽卒然而死經宿復蘇林甫問之曰死時到何處見何事因何却得生也奴曰死時固不覺其死但忽於門前見儀仗擁一貴人經過有似君上方潛窺之遽有數人走來擒去去至一峭拔奇秀之山俄及一大樓下須臾有三四人黄衣小兒曰且立於此候君旨見殿上捲一朱翠簾依稀見一貴人坐臨砌似剸斷公事殿前東西立仗衛約千餘人有一朱衣人攜

一文簿奏言是新奉位亂國革命者安祿山及祿山後相次三朝亂主兼同時悖亂貴人定案殿上人問朱衣曰大唐君隆基君人之數雖將足壽命之數未足如何朱衣曰大唐之君奢侈不節儉本合折數但緣不好殺有仁心故壽命之數在焉又問曰安祿山之後數人僭爲僞主殺害黎元當須遂止之無令殺人過多以傷上帝心慮罪及我府事行之日當速止之朱衣奏曰唐君紹位臨御以來天下之人安堵樂業亦已久矣據期運推遷之數天下之人亦合罹亂

慘慘至矣廣害黎元必至傷上帝心也殿上人曰宜速舉而行之無失他安祿山之時也又謂朱衣曰宜便先追取李林甫楊國忠也朱衣曰唯受命而退俄頃有一朱衣捧文簿至奏曰大唐第六朝天子復位及佐命大臣文簿殿上人曰可惜大唐世民効力甚苦方得天下治到今日復亂也雖嗣上復位乃至於末代終不治也謂朱衣曰但速行之朱衣奏訖又退及將日夕忽殿上有一小兒忽喚蒼璧令對見蒼璧方于細見殿上一人坐碧玉案衣道服帶白玉冠謂蒼璧曰當却回寄語李林甫速來歸我紫府應知人間之苦也蒼璧尋得放回林甫知必不久時亂矣遂潛恣酒色焉

楊貴妃忽晝寢驚覺見簾外有雲氣氤氳令宮人視之見一白鳳銜一書有似詔勅自空而下立於寢殿前宮人白貴妃貴妃起而熟視之遂命焚香親受其書命宮嬪披讀其文曰勑謫仙子楊氏爾居玉闕之時常多傲慢謫塵寰之後轉有驕矜以聲色惑人君以寵愛庇族屬內則韓虢蠹政外則國忠秉權殊無

知過之心顯有亂時之迹比當限滿合議復歸其如罪更愈深法不可貸專茲告示且與沉淪宜令死於人世貴妃極惡之令宮闈切秘此事亦不聞於上其鳳尋飛去其書藏於玉匣中三日後失之

天寶年中楊國忠權勢漸高四方奉貢珍寶莫不先獻之豪富奢華朝廷間無敵忽有婦人自投其宅請見國忠閽人拒之婦人大呼言於閽曰我直有一大事要白楊公爾如何艱阻我若不令得見楊公我當令火發盡焚楊公宅閽人懼遂告國忠國忠甚驚遽

召見婦人見國忠曰公爲相國何不知否泰之道邪公位極人臣又聯國戚名動區宇亦已久矣奢佚不節德義不修壅塞賢路諂媚若上又久矣略不能效前朝房杜之蹤跡以社稷爲念賢愚不別但納賄於門者爵而祿之才德之士伏於林泉不一顧錄以恩付兵柄以愛使民牧噫欲社稷安而保家族必不可也國忠大怒問婦人曰汝自何來何造次觸犯宰相不懼死邪婦人曰公自不知有死罪翻以我爲死罪國忠極怒命左右欲斬之婦人忽復自滅國忠驚疑

未久又復立於前國忠問曰是何妖邪婦人曰我實惜高祖太宗之社稷將被一匹夫傾覆公不解爲宰相雖處輔佐之位無輔佐之功公一死小事爾可痛者國自此弱幾不保其宗廟亂將至矣胡怒之邪我來白於公胡多事也我今却退 有公也公胡死也民 笑也言訖笑而出令人逐之不見後至祿山起兵方悟 字焉

杜修己者趙人也善醫其妻卽趙州富人薛氏女也□淫佚修己家養一白犬甚愛之每與珍饌食後修己出其犬突入室內欲嚙修己妻薛仍似有姦私之心薛氏因惟而問之曰爾欲私我邪若然則勿嚙我犬卽搖尾登其床薛氏懼而私焉其犬略不異於人爾後每修己出必姦淫無度忽一日方在內同寢修己自外入見之因欲殺犬犬走出修己怒出其妻薛氏後歸薛贇半年其犬忽突入贇家口銜薛氏髻而背負走出家人趕奪之不得不知所之犬携薛氏直入恒山潛之每至夜卽下山竊所食之物晝則守薛氏經一年薛氏有孕生一男雖形貌如人而徧身白

毛薛氏只於山中撫養之又一年其犬忽死薛氏乃抱子迤邐出山入冀州求食有知此事者遂詣薛贇家以告贇遽令家人取至家其所生子年十七形貌醜陋性復兇惡每私走作盜賊或旬餘或數月卽復還薛贇患之欲殺焉薛氏乃私誡其子曰爾是一白犬之裡也幼時我不忍殺爾今日在他薛家豈合更不謹若更私出外爲賊薛家人必殺爾實恐爾累及他當改之其子大號泣而言曰我禀犬之氣而生也無人心好殺爲賊自然耳何以爲過薛贇能容我卽

者之不能容我卽當與我一言何殺我邪母當自愛我其遠去不復來矣薛氏堅留之不得乃謂曰去卽可何不時來一省我也我是爾之母爭忍永不見也其子又號哭而言曰後三年我復來耳攜劍拜母而去又三年其子領羣盜千餘人至門自稱曰將軍旣入拜母後令羣盜殺其薛賛家屬唯留其母焚其宅攜母而去

野雪鍛排雜說

宋　許景迂

今聖節斷屠宰三日人多以爲祝聖好生之意爾嘗觀隋文帝仁壽三年五月癸酉詔曰六月十三日是朕生日其日令海內爲武元皇帝元明皇后斷屠追念劬勞其意甚美有古帝王之風隋暴虐如秦儒者之所恥道而其制度遺法唐民多遵行之蓋其間亦有人心天理不可滅者存乃知聖節之建非肇始于唐明皇但隋文帝未有節名可繼是以揮麈前錄爲考究未盡也

陶尚書穀奉使江南邂逅驛女秦弱蘭犯謹獨之戒作春光好詞前人小說或有以爲曹翰者疑以傳疑本不足論也僕比見括蒼所刻沈敵遼避雲巢編中所紀獨以爲陶使吳越惑娼妓杜任娘遂作此詞又以求遺猶爲尋逸犬且娼旣得陶詞後還落髪創仁王院與說家之說大異審如其實則此娼亦不凡矣敘達杭州所聞當不謬旣不知在何地今城中吳山自有仁王院適予近年非也

鶴山先生母夫人方坐蓐時其先公晝寢夢有人朝服入其臥内因問爲誰荅曰陳了翁覺而鶴山生所以用其號而命名陳瑩中前三名登第後兩甲子鶴山中第亦第三名其出處風節相似處極多在東南時有了翁家子孫必異遇之

耳目記

唐　張鷟

周洛州司倉嚴昇期攝侍御史於江南道巡察性嗜水犢肉所至州縣烹宰極多小事大事入金則弭凡到處金銀爲之踊貴故江南人號爲金牛御史

周春官尚書閻知微和默啜司賓丞田歸道爲副至牙帳下知微舞蹈宛轉抱默啜靴鼻而吮之歸道長揖不拜默啜大怒倒懸之經一宿乃放及歸與知微爭於殿庭言默啜不必和知微堅執以爲和默啜果反陷趙定知微誅九族拜歸道夏官侍郎右拾遺知

良弼使入匃　坐帳下以不絜食之良弼食盡一盤放歸朝廷耻之

周文昌左丞孫彦高無他識用性頑鈍出爲定州刺史處餘默啜賊至圍其郭彦高郤鎖宅門不敢詣廳事文案須徵發者於小窗内接入賊既乘城四入彦高乃謂奴曰牢關門戶莫與鑰匙其愚怯皆此類後爲賊所陷及刺史之宅先殲焉

周裴丹孫萬榮之寇幽州河内王武懿宗爲元帥

引兵至趙州聞賊數千騎從北來乃棄兵甲南走邢
州賊退方更向前軍回至都置酒會郎中於御前嘲
懿宗曰長弓短度箭蜀馬臨堦騙去賊七百里隈墻
獨自戰甲仗總拋却騎猪正南竄上曰懿宗有馬何
因騎猪對曰騎猪者夾豕走也上大笑懿宗貌短醜
故曰長弓短度箭
周左領軍權龍襄將軍不識忌日問府史曰何名私
忌對曰父母亡日請假獨坐房中不出襄至忌日於
房中靜坐有青狗突入房中襄大怒衝破我忌更陳

牒改明朝好作忌日談者笑之
周推事索元禮時人號爲索使訊囚作鐵籠頭聲呼角
切其頭仍加楔焉多至腦裂髓出亦爲鳳凰曬翅等以
椽關手足而轉之並研骨至碎亦懸囚於梁下以石
縋頭其酷法如此元禮故胡人薛師假父後罪贓賄
流死嶺南
唐監察御史李全交專以羅織爲業臺中號爲人頭
羅剎殿中號爲鬼面夜义訊囚引枷柄向前名爲驢
駒拔橛縛枷頭著樹名曰犢子懸車兩手捧枷累甎
於上號爲仙人獻果立高木之上枷向後拗之名玉
女登梯
隋末深州諸葛昂性豪俠渤海高瓚聞而造之爲設
雞肫而已瓚小其用明日大設屈昂數十人烹猪羊
等長八尺薄餅闊丈餘裹餤麤如庭柱盤作酒盌行
巡自爲金剛舞以送之昂至後日屈瓚屈客數百人
大設車行酒馬行炙挫碓斬膾磑轢蒜虀唱夜义歌
師子舞瓚明日復烹一雙子十餘歲呈其頭顱手足
座客皆喉而吐之昂後日報設先令要妾行酒妾無

故笑昂叱下須臾蒸此妾坐銀盤仍飾以脂粉衣以
錦繡遂擘骼肉以啖瓚諸人皆掩目昂於奶房間撥
肥肉食之盡飽而止瓚羞之夜遁而去昂富後遭離
亂狂賊來求金寶無可給縛於椽上炙殺之
唐益州新昌縣令夏侯彪之初下車問里正曰雞子
一錢幾顆曰三顆彪之乃遣取十千錢令買三萬顆
謂里正曰吾未要且寄雞母抱之遂成三萬頭雞經
數月長成令吏與我賣卻一雞三十文半年之間成
卅萬又問竹筍一錢幾莖曰一錢五莖又取十千

錢付之買得五萬莖又謂未須且林中養之至妖成
五萬莖竹令賣一莖十錢遂至五十萬其貪猥不道
皆此類
唐滕王極淫諸官妻美無不嘗偏詐言妃喚即行無
禮時典籤崔簡妻鄭氏初到王遣喚欲不去懼王之
威去則被辱鄭曰昔愍懷之妃不受賊胡之逼當今
清泰敢行此事邪遂入王中門外小閤王在其中鄭
入欲逼之鄭大呼左右曰王也鄭曰大王豈作如是
必家奴耳取一隻履擊王頭破抓面流血妃聞而出

鄭氏乃得還王大慙旬日不視事簡每日參候不敢
離門後王衙坐簡向前謝過王慙卻入月餘日乃出
諸官之妻曾被王喚入者莫不羞之其壻問之無辭
以對
唐杭州刺史裴有敞疾甚令錢塘縣主簿夏榮看之
榮曰使君百無一慮夫人早須崇福以禳之崔夫人
曰禳須何物榮曰使君娶二姬以厭之出三年則厄
過矣夫人怒曰此獠狂語兒在身無病榮退曰夫人
不信榮不敢言使君合有三婦若不更娶於夫人不
祥矣夫人曰乍可死此事不相當也其年夫人暴亾
敢更娶二姬
周大足年中秦州鄭家莊有一兒郎年二十餘日晏
於驛路上見一青衣女子獨行姿容姝麗郎君屈就
莊宿將衣被同寢至曉門久不開呼之不應於窻中
窺之帷有腦骨頭顱在餘並食訖家人破戶入一物
不見於梁上暗處有一大鳥衝門去或云羅刹魅也
唐柴附馬紹之弟有材力輕趫迅捷踴身以上挺然
若飛十數步乃止皆著吉莫靴上磚城直至女墻手

無攀引又以足指緣佛殿柱至簷頭捻椽覆上越百
尺樓閣了無障礙文武聖皇帝奇之曰此人不可
以處京邑出爲外官時人號爲壁飛
唐垂拱四年安撫大使狄仁傑檄告西楚霸王項君
將校等略曰鴻名不可以謬假神器不可以力爭應
天者膺樂推之名背時者非見幾之主自祖龍御宇
橫噬諸侯任趙高以當軸棄蒙括而齒劍沙丘作禍
於前望夷滋於後七廟墮圮萬姓屠原烏思靜於
飛陳（作塵）魚豈安於沸水赫矣皇漢受命玄穹膺赤帝

之禎符當素靈之鈌運膺張地紐彰鳳舉之符仰紹天綱鬱龍興之兆而君潛遊澤國嘯聚水鄉矜扛鼎之雄逞拔山之力莫則天符之所會不知曆數之有歸遂奮鬬中之翼竟垂垓下之翅蓋實由於人事焉有屬於天亾雖驅百萬之兵終棄八千之子以爲殿鑒豈不惜哉固當匿鬼東峯收魂北極豈合虛承廟食廣費牲牢仁傑受命方隅循華攸寄今遣焚燎祠宇削平臺室使蕙撤銷盡羽帳隨烟君宜速遷勿爲人患檄到如律令遂除項羽廟餘神並盡惟會稽禹

廟存焉

周則天時謠言曰張公吃酒李公醉張公者易之兄弟也李公者言王室也

周杭州臨安尉薛震好食人肉有債主及奴詣臨安止於客舍飲之醉並殺之水銀和煎并骨銷盡後又欲食其婦婦知之踰牆而遁以告縣縣令詰之具得其情申州錄事奏奉勑杖一百而死

周舒州刺史張懷肅好服人精唐左司郎中任王名亦有此病

周郎中裴珪妻趙氏有美色曾就張璟藏卜年命璟藏曰夫人目長而慢准相書猪視者淫婦人目有四白五夫守宅夫人終以姦廢宜慎之趙笑而去後果與合宮尉盧崇道姦沒入掖庭

唐宜城公主駙馬裴巽有外寵一人公主遣人執之截其耳鼻剝其陰皮附駙馬面上并截其髮令廳上判事集僚吏共觀之駙馬公主一時皆被奏降公主爲郡主駙馬左遷也

唐開元二年衡州五月頻有火災其時人盡皆見物

大如甕赤如燈籠所指之處尋而火起百姓咸謂之火殃

周永昌中涪州多虎暴有一獸似虎而絶大逐一虎噬殺之錄奏檢瑞應圖乃酋耳也不食生物有虎則殺之

漢發兵用銅虎符及唐初爲銀兎符以兎子爲符瑞故也又以鯉魚爲符瑞爲銅魚符以佩之至僞周武姓也玄武龜也又以銅爲龜符

州古桂陽郡也有曹泰年八十五偶少妻生子鬚

曰昔日中無影焉年七十方卒親見其孫子具說道
士曹體一郎其從孫婭云的不虛故知那吉驗影不
虛也

樹萱錄　　唐　劉燾

中居有涯放曠雲泉常携一瓶時躍身入瓶中時號瓶隱

張確嘗遊霅上于白蘋溪見二碧衣女子携手吟詠云碧水色堪染白蓮香正濃分飛俱有恨此別幾時逢藕飲拎瓏玉花藏縹緲容何當假雙翼聲影暫相從確逐之化爲翡翠飛去

番禺鄭僕射嘗遊湘中宿於驛樓夜遇女子誦詩曰紅樹醉秋色碧溪鳴夜絃佳期不可再風雨杳如年頃刻不見

金陵進士黄夢遇臺城故妓賦詩云歌罷玉樓月舞殘金縷衣匀鈿收逆箭斂黛別重闈網斷蛛休織梁空燕不歸那堪回首處江步野棠飛妓白云今爲矣神樂部

剡人買傳於鏡湖泊舟夜月縱步于清水芳荷中見二叟立語一曰碧繼翁一曰篁棲叟相與吟詩買遂揖之化爲白鷺飛去

員半千庄在焦戴川北枕白鹿原蓮塘竹徑酴醿架海棠洞會景堂花塢藥畦碾磨麻稻里諺曰上有天堂下有員庄

王縉嘗讀書嵩山有四叟携榼來相訪自稱木巢南林大節孫文蔚石媚虬高談劇飲旣醉俱化爲猿升木而去

壺隱仙人嘗吟詩曰杯賢與杓聖與我萬戶封

合肥口有一大船覆在水中云是曹公白船嘗有漁人夜宿以船繫之聞箏笛絃歌之音漁人夢人驅遣

云勿近宮妓此人驚卽移去相傳曹公載妓船覆於此

昔有人飲於錦城謝氏其女窺而悅之其人聞子規啼心動卽謝去女恨甚後聞子規啼則怔忡若豹鳴使侍女以竹枝驅之曰豹汝尚敢至此啼乎故名子規爲謝豹

王吉夜夢一蟛蜞在都亭作人語曰我翌日當舍此吉覺異之使人于都亭候之司馬長卿至吉曰此人當橫行一世天下因呼蟛蜞爲長卿卓文君一生不食蟛蜞

善謔集

宋　天和子

三國時先主在蜀嚴酒禁凡有釀具者皆殺一日簡雍侍先主登樓見一少年與婦人同行白先主曰彼將行姦何不執之先主曰何以知之曰彼有淫具何故不知先主悟其言大笑乃緩酒禁

東晉時火犯少微是時處士戴逵自謂當之遂有憂色久之隱者謝敷卒時人譏之曰戴處士所謂求死不得死也

梁元帝一目眇爲湘東王時嘗登其宮以望其侍臣曰今日所謂帝子降于北渚帝疑其戲之答曰卿道目眇眇兮愁予耶

晉庾純之父嘗爲五伯賈充之先嘗爲騶會充置酒而純末至充曰君行常在人先今何忽後純曰會有少市井事未了是以後爾

晉劉伶好酒人或諭以釀具先朽明酒非保生之具答曰君不見肉得酒而更久耶

元和中大官有婣於中表者已涉溱洧之嫌及[illegible]

女家索詩債者張仲素朗吟曰舜耕餘草木禹鑿舊山川坐有李程者應聲答曰舜禹之事吾知之矣久之方悟大笑

南唐魏明好吟詩動即數百言而氣格卑下嘗袖以謁韓熙載熙載佯辭以目暗且置几上明曰然則某自誦之可乎曰適耳忽聵明慚而去

南唐馮謐嘗對諸閣老言及玄宗賜賀知章鏡湖事因曰他日賜歸得後湖足矣徐鉉答曰主上尊賢下士豈愛一湖所乏者賀知章爾謐大慚

紹陶錄

宋　王質

廬山與人多前鬬久邈矣近得一人焉出於士大夫之間可書也同年臨川唐君名汝舟字濟民其本趣可見小名宜僧小字僧兒其本趣之外又可見也君亦偉哉少業儒事决科年四十有五始有成名除戶曹掾南康儒官遷武陵宰并蘄春之黃梅居久之劾門官歸湓江人莫知何爲也初娶黃繼娶張居無何妻子贅旁舍無他嗣夫婦淡處煢煢也不求官不治

生不接親朋客至不見其子人亦莫知何爲也臨川豐城湓江量薄有生理官廩亦微儉有資一日盡散廬山諸寺及諸菴夫婦往來轉日食無定所亦無多時間旬日輒他人皆從莫知何爲也飲食固隨衆衣服亦不加紛浣不知其何以度寒暑錢幣皆無所挈持不知其何以應緩急有所遇邪人亦莫知有所得邪人亦莫知惟不言故不知也或訪求即深避遇者鮮焉終莫知行爲也今天年六十有九婦不知年行岩谷甚駛其能與君同固宜其康強常悅與同里管鑄叔廉得之及從他得皆相符合君之得悲矣

淳熙間有二婦人能繼李易安之後清菴鮑氏秀齋方氏方即夷吾之女弟皆能文筆極有可觀清菴即鮑守之妻秀齋即陳日華之室秀齋能識人有兩館客一陳勉之丞相一陳景南內相

視聽抄

宋　吴華

詩所謂吟咏性情乃閑中之一適非欲以求名也余詩自知其淺然是却自作生活未嘗寄人籬下若有以艱深之辭文之人未必爲淺也黄魯直詩非不清奇不知自在者翕然宗之如多用釋氏語卒推墮於淵濵之中本并其長處也而乃自目割竊萬首一律不從事於其本而影響於其末蔑之令人厭章茂深郎中葉石林甥也自言從小學作江西詩石林每見

之必頻蹙曰何用學此死聲活氣語也此言直有味石林詩話談山谷之詩不容口非不取之惡夫學之者過也

同舍鄭文振潮陽人言象爲南方之患土人苦之不問壠畝寺之稍不至踐食之立盡性嗜酒聞酒味輒破屋壁入飲之人皆於其來處架高木若坐火樓然常有人值象獨畏烟火先用長竿接火把持竿以指之即去隨之三數里方敢回恐其復來也眼惡蠅蚋有目色則不出群行者猶庶幾其獨行者最爲傷人者殊爲恐人害之也土人懸巨石設機穽之不能殺惟象鞋最妙象鞋者用厚木當中鑿深竅劣容其足中植大錐其末上向於竅之外周回峻鑿之如今之唾盂而加峻密埋於其往來之所以草覆之偶投足木上必滑下竅中其身既重錐貫其足不能自拔即負其痛不能展轉謂之着鞋然猶能以牙傷人人未敢近數日稍困則衆斂攢殺之而分其肉留其皮趣濕切作條耕乾作達伽等用自潮陽來必經由嬰江嶺此處最多先使人行前探之或遇之即共俟

數日不去不敢行者監司巡歷則起保甲鳴鑼鼓起逐之頹然若不聞者必俟其散去乃敢過

郤掃編

宋　徐度

劉器之待制對客多默坐往往不交一談至於終日客意甚倦或請去輒不聽至留之再三有問之者曰人能終日矜莊危坐而不欠伸欹側者蓋百無一二焉其能之者必貴人也蓋嘗以其言驗之信然

章貫既敗籍其家貲得劑成理中丸幾千斤它物稱是此與胡椒八百斛者亦何異邪

劉待制安世晚居南京客或問曰待制閒居何以遣

正色對曰君子道德修業唯日不足而可遺乎

范龍圖遵道布衣時常爲范文正公門客時范公尹京而滕方年少頗不羈往往潛出狹邪縱飲范公病之一夕至書室中滕已出矣因明燭觀書以候意將愧之至夜分乃大醉而歸范公陽不視以觀其所爲滕略無攝懼長揖而問公曰所讀者何也公曰漢書也復問漢高祖何如人公逡巡而入

趙康靖公槩既休致居鄉里宴居之室必置三器凡上一貯黄豆一貯黑豆一空嘗投數豆空器中人莫驗其意所親問之曰吾平日與一善念則投一黄豆與一惡念則投一黑豆善惡均則黄黑相半善念多則黄多於黑近者二念俱已亦不復投之

功臣號起於唐德宗時朱泚之亂既平凡從者悉賜號奉天元從定難功臣其後凡有功者咸被賜焉相踵爲故事本朝循此制宰相樞密使初拜賜焉參知政事樞密副使初除或未賜遇乃有之刺史以上止加階勲勲高者亦或賜中書樞密賜惟忠協謀同德佐理餘官則推誠保德奉義翊戴掌兵則忠果雄

勇宜力外臣則純誠順化每以二字協意或造或因取爲美稱宰臣初加即六字餘並四字其進加則二字或四字多者有至十餘字又有崇仁佐運守正忠亮保順宣忠亮節之號文武迭用焉

開顏集

宋　周文玘

有獻不死藥於荊王射士有取而食之王欲殺射士曰臣謂不死藥而食之今殺臣是殺人藥王乃笑而放之

劉道眞自牽船嘲女子曰女子何不調機弄杼而来道女子答曰丈夫何不跨馬揮鞭而牽船眞又嘗素盤共人食有嫗青衣將二女子行道眞嘲曰青羊將二羔嫗應聲曰兩猪同一槽

京邑有士人婦大妬於夫小則罵詈大則箠打常以長繩繫夫腳且喚便牽繩夫密乞巫嫗爲計因婦眠士人入廁以繩繫羊士人緣墻走避婦人覺牽繩而羊至大驚召問巫嫗嫗曰娘子積惡先人怪責故郎君變成羊若能克已改悔乃可祈請婦因悲號抱羊慟哭深自咎悔誓不復妬嫗乃令七日清齋舉家大小悉避於水中祭鬼神師呪羊還復本形士人徐至婦見聲問曰多日作羊不乃辛苦耶夫曰猶憶噉艸不美腹中痛耳婦愈哀自此不復妬忌矣

晏嬰曾使楚楚王聞其智辨欲折之及相見王密使縛一囚於殿前而過曰此何人也左右曰齊人也王曰有何罪對曰坐爲盗王乃顧謂晏子曰齊人好爲盗乎晏子曰大王頗聞橘生江南江北爲枳本土異也此人在齊不爲盗今在楚乃爲之將知土俗使之然也王及左右皆大慚莫有對者

鄭人有買履者先自度其足而置坐之其至市忘操之也得履乃曰吾忘度乃歸取之及市罷不得人曰何不試以足曰寧信度無自信也

秦二世欲漆城優旃曰善乃譏諫也曰漆城平蕩蕩寇來不得上良爲善耳顧恐陛下難爲窨屋二世笑而乃止

鷄跖集

宋　王子韶

河圖謂雷聲曰玉虎鳴

銀灣許渾詩謂銀河

宋王安石水記太湖上羅浮次之天竺又次之餘爲下

南齊承明中高麗使至冠拒風冠曰古弁之遺象梁夏侯亶妓妾無衣至今隔簾作樂人謂簾謂妓衣

蕭史造鍊雪丹與弄玉塗之即今水銀粉

裴晉公有遺以槐癭者郎中庾威在坐見之曰此是雌樹生者公問郎中年甲對云與公同是甲辰公笑曰郎中便是雌甲辰

北齊策秀才有胃溢者飲墨汁一升

蕭子良與王僧虔書曰佐伯之紙妍妙輝光仲將之墨一點如漆佐伯人名也

唐王處回家居有道士以花種移之云此仙家旌節花也後處回鎮三蜀

仙傳拾遺有道士謂顔眞卿曰子骨可度世宜沉名宦

流

陸龜蒙曰耕欲深如象之履耘欲就如鳥之啄他說舜之神性也

葆化錄　　唐　陳京

葆化者汪之而不滿酌之而不竭也

李建州頻與方處士干爲吟友頻有題四皓廟詩自
言奇絶云東西南北人高跡此相親天下巳歸漢山
中猶避秦龍樓曾作客鶴氅不爲臣獨有千年後青
松廟木春示於干干笑而言善則善巳然内有二字
未穩作字太粗而難換爲字甚不當干聞率土之濵
莫非王臣請改作稱字頻遂拜爲一字之師

貞明中有漁者於太湖上見一船子光彩射人内有
道士三人飲酒各長鬚眉目生於額上見漁者俱舉
袖掩面其舟無人撐隨風行甚疾望洞庭而去

呂知隱於洞庭山穿一松造草舍而居寶正中徵起
鶴氅紗巾以行

衆說狗不相食者友人逆鞄里有人將其肉飼一犬
銜往草中跑地埋之嗚咽久而不去

越中有胡氏性妬忌奴婢妾將熨斗烙其面皮焦爛
猶未快意及其病徧身瘡腫兼當三伏中臥欲展轉
肌膚施粘床席體血臭穢不可近

李馬二家自出無音樂之聲則執金問奏儀頃必有
中使來問大臣今日何不舉樂

盧相邁不食鹽醋同列問之足下不食鹽醋何堪邁
笑而荅曰足下終日食鹽醋復又何堪矣

竇參之敗給事中竇申止于配流德宗曰吾聞申欲
至人家謂之鵲喜遂賜死

陽城居夏縣拜諫議大夫鄭鋼居閿鄉拜拾遺李周
南居曲江拜校書郎時人以爲轉遠轉高轉近轉卑

也

馬司徒孫始生德宗命之曰繼祖退而笑曰此有二
義意謂以索繋祖也

張建封自徐州入覲爲朝天行末句云頼有雙旌在
手中鍛鎌晦夜新磨了德宗不説

伊愼毎求甲族以嫁子李長榮則求時名以嫁子皆
自署爲判官奏曰臣不敢學交質罔上德宗從之

許孟容爲給事中官者有以台座誘之者拒而絶之
雖不大拜亦不爲悲

德宗初復宮闕所賜勳臣第宅音樂李令爲首渾侍
中次之
國子司業韋聿皐之兄也中朝以爲戲弄嘗有人言
九宮休咎事曰我家自方常在西南二十年矣

閒見錄

宋 羅點

歐公既作唐書紀見諸傳不能盡善乃令宋景文公各自出所著姓名宋大喜以爲前史皆一人專之歐公乃能不掩衆人之名不怙其用也

自縊死者其下必有麩炭日深一日速掘之則禍止溺水者裸雷死者不可葬虎傷食自解衣掛樹上此皆不可曉也

粧自唐人有鳳鳴朝陽之語而承流不覺諛草北堂

謂妻也今皆母事嚶嚶兩鳥鳴今以出谷求友爲黃鶯事非也折挂事無出處范蠡西子事無出處

墓田帖王羲之臨鍾繇書南唐墨寶堂石也今在祁村家但已損不堪

紹興內宴有優人詐善天文者云世間貴官人必應星象我悉能窺之法當用渾儀設玉衡若對其人窺之見星而不見人玉衡不能卒辦用銅錢一文亦可乃令窺光堯云帝星也秦師垣曰相星也張郡王曰不見其星衆駭復令窺之曰中不見星只見張郡

在錢眼内坐殿上大笑張故多貲故譏之

有一士夫年老納二寵托其友命名友以忠奴孝奴名之其人曰忠孝誠美名然而命婢不稱友曰在出處孝當竭力忠則盡命

道樞之說博而寡要王清叔云莫要於龍虎交其說以巳午兩時絕思慮假寐則龍虎自交不假修爲其寵姬病骨蒸受以此法十日後自覺腰間暖如火疾自愈

後漢二十八將名次不可曉第一人鄧禹顯者也第

二人馬成無聞焉第三人吳漢顯者也第四人王梁無聞第五人賈復顯者也第六人陳俊無聞第七人耿弇顯者也第八人杜茂無聞首尾皆然立功次序不應相間襍如此薛伯宣常州云舊本漢書作兩重排列謂上重鄧禹居首次吳漢次賈復次耿弇下一重馬成次王梁次陳俊次杜茂後人重刊遂錯悞此極有理范曄論云其外又有王常李通竇融卓茂合三十二人今本乃以王常臧宮李通馬武竇融卓茂爲序則將上下重悞合而爲一明矣

洽聞記

唐　鄭常

永昌中台州司馬孟詵奏臨海水下馮義得石蓮樹二株皆白

隆安中丹徒民陳理於江邊作魚籪朝出籪中得一女長六尺有容色無衣裳隨水出不動卧沙中夜夢云我江黄也昨失路落君籪溯來今當去

女子姜杜左道通神縣以爲妖閉獄桎梏變形莫知所極以狀上以其處爲廟祠號東陵聖母

吐谷吐渾有桃大如一石瓮

南嶽岣嶁峯有響石呼喚則應如人共語而不可解也南州南河縣東南三十里丹溪之有響石高三丈五尺濶二丈狀如卧獸人呼之應笑亦應之塊然獨處亦號曰獨石也

于闐國北五日行又有山山上石駱駝溺水滴下以金銀等器承之皆漏人掌亦漏唯瓠瓢不漏或熱之令人身臭皮毛攺

汾陽有天池在燕京山上周廻八里陽旱不耗陰

不溢故老言常有人乘車風飄墮池有人獲車輪于桑乾泉後魏孝文帝以金珠穿魚七頭於此池放之後於桑乾原得穿魚猶爲不信又以金縷拖羊箭射着此大魚久之又於桑乾河得所射箭山在嵐州靜樂縣東北百四十里俗名天池曰祁連泊

永徽中魏郡人王方言拾得此樹以果獻刺史紀王慎王貢於高宗以爲朱奈又名五色林檎或謂之聯珠果上重賜王方言文林郎亦號此果爲文林果俗云頻婆果

河州鳳林關有靈巖寺每七月十二日溪穴流出聖柰大如盞以爲常

閒談錄

宋　蘇耆

錢氏之有國也一應西湖之捕魚者必日納數斤謂之使宅魚其中有不及其數者必市而供之民頗怨嘆一日武肅大設有一圖上畫磻磎直釣之士武肅指示命羅隱賦詩隱應聲曰呂望當年展廟謨直鈎釣國更誰如若教生在西湖上也是須供使宅魚武肅大笑自是遂得蠲免

許王尹京日因暇奏太宗求縑帛十疋以爲服玩之資上命左右出御衣數箱示之曰此朕之所服皆浣

濯者再矣汝不知世務惟奢華視府庫之中皆非朕之所有乃四方士貢萬姓膏血朕亦與衆共之豈可以一身而枉加費用乎終不之賜是知神宗儉德雖漢文之志亦何加焉

陶尚書穀本姓唐氏避晉祖名而改焉小字鐵牛李相濤出典河中嘗有書與陶公云鐵過中流將思令德陶初不爲意細思方悟蓋河中有鐵無公鐵繫橋牛故也

黃巢之亂儒士多被擒戮未暇烹煮者用一[illegible][illegible]二

人交縛其足於鞍上面相向於腹下有相識者伺此患乃謂曰何不逢於此地

晉開運中馮道方在中書有人於市中牽一驢以片幅大署其面曰馮道二字道覘知見之曰馮道徐曰天下同名姓人有何限但慮失驢訪主又何怪哉其大度也如此

解醒語

元 李材

泰定間中夜忽召集賢學士鄧文原倉卒不備手詔就以帝所佩玉從者召之至曉着二朱衣送出入以爲榮

京朝官俊美除者燕友設酒于披雲樓以爲賀因名披雲宴六部得堂署則爭相餽遺謂之烘堂南臺惟重百寮正堂限鋭斧口限人不得輕越

平章李孟漢中人始家居不欲事仕因事至京師在

丞楊吉爲留輔導仁宗仁宗敬重之嘗與之對奕便殿賜食宮府倂徹骨頁又冬月賜宴煖閣

國初序朝執政大臣謂之擎天班玉堂清署謂之煥璧班言官法司謂之劍鍔班外戚謂之椒蘭班親王謂之瓊枝班功臣將帥謂之豹首班其餘朝臣謂之鷺班

長春宮燕群臣供事内臣進饌有咳病帝惡其不潔命爲以金羅半面圍之許露兩眼下垂至胸自是進饌者以爲此例

宮中臨幸以黃金樞有與使宮女裝貼繡鋪裝穩在
之
至元間馬八兒國入貢國近古城二十二年遣使往
其國求奇寶得吉貝衣十襲吉貝樹名其華成時如
鵝毳抽其緒紡之以作布亦染成五色織爲斑布實
花冠十頂冠以金作花七寶裝纓絡爲飾蝦蠏百斛
形如珠而成龍紋大者過丈冪九圍有蝦蠏隱沒中
帝匏綵絨于瀨上土人候其去取之編綵紋百段金
顏香千團香乃樹脂白者爲佳五香七寶床一隻床可
生不可懸者驚舞獸十枚以之肘食經月不敗卷蘗樹數
十枝花葉似囊實似李味佳大猪猢百株鸚鵡石頁
枚又有血竭福桃浮金錫等物

俯瞰占妙高上言欲發宋會稽諸陵西僧楊璉真伽
又請乃如所請發陵取寶器以諸帝遺骨建浮屠于
杭之故宮截理宗頂以爲飲器時會稽有六陵徽宗高宗孝宗光宗寧宗理宗度宗
發掘鞍取諸寶器於此徽宗陵穫走
祥爲玉筆術又同麻陵骨所並高宗陵真珠戲馬
鞍以獻于大和者嶺南判官所結光宗陵交加白齒梳香骨案理宗
陵伏虎枕七寶合成伏虎之狀穿雲琴金貓睛爲徽以肝石爲軫繫玉磬在場
如物度宗陵五色藤盤影魚黃瓊扇柄其餘器物不可
盡舉大抵陵中物無定式惟視平生所玩何如也

世祖獵于灤河一鳥摩于青雲之表世祖以銃下之
形大于鶴羽皆五彩成斑有西夷人云此是盧陵鳥
宿于西海蓮花中

成宗春暮命宮人掃落花鋪滿茗殿施金帳諸嬪衣
碧鸞朱綃半袖衫頭綰吉貝錦臂係秋雲紫絛前着
白氈袴成群相逐淡裝翻花鬪旋飛蹄戲狎彌日帝
日上集貴金下設尊席使美人爲韝弋花騎之戲

處州陳䌷曾爲國子助教口吃一日集諸生曰車生
極極欲言諸生習業也中有數人不覺胡盧絕倒問之皆官生
恩蔭也䌷竟不能容解官而還

有臧侍郎者素畏其妻妻怒即行鞭撻候其怒解乃
起御史中丞祝公有張京兆之風嘗爲妻合脂與粉
調以奩之號桃花面京中好事者爭相效焉當時語
云侍郎懼大人大人夫人作鎮君夫人爲中丞鎮

撫州吳澄名重于治泰定間貴族巨賈莫不願

文以爲子孫傳寶凡求文先備潤筆復以金帛
知帝之採珍在翰林數年幾千巨萬張平章曰吳氏
士身居玉堂而抱奇貨求文章者日以千數時謂文
章不可以禁身發家哉

天曆中一人着紫花草衲東班伶伎冠蟬翼巾遊市
上或時至寺中聽講連日或吟飲酒肆三宿而去市
上兒至呼以痴龐亦不爲意京中大姓異之相與承
接綢月忘歸人叩其姓名但云浮生子不肯詩句近
丁綁便人所難處及露聲拔萃文而隱者也凡數年

忽遁去

燕帖木兒奢侈無度常宰百羊以會寮吏又子弟中
起水晶亭亭四壁皆水晶鏤空貯水養五色魚其中
剪綵爲白蘋紅蓼等花置水上壁內置琉璃欄杆綴
以人間奇石紅白掩映光彩玲瓏前代無有也洞房
設樓床扃術擇美姬溫軟少骨者妝飾而睡謂之肉
肌片脂紅粉白之嬌羅列左右隨其所取以爲花妓
玉柴也

尚書范谷英賜食帝前食韭芽麵者之一然而止帝
曰不可介乎英曰臣豈敢但天廚珍味臣已飫恣矣
山中久厭粝糲將以遺之使知官家有人所不見之
物也帝令盡服之（服作食）復賜一帖以歸

倒刺沙賄賂通行貴官勢獄家有金寶寶海以藏所
得金帛珍異時人議之曰庸才計窮（作物）披廣于勢門
（所作倚）金玉輝煌朝宗于寶海

唐駙馬能于太后所賜廚料甚盛乃開同僚廚以市
廚極醫香使僚人聞之亦當駐也（同作駐）

鄉間至止間待制翰林與虞集揭奚斯黃溍齊名號

儒林四傑

黃溍爲文章如澄湖不波一碧萬頃凡朝廷大詔令
皆出其手京師人呼爲鐵口學士

許謙孫從宗言上方珍異庫有虎頭硯魚肌箋猿臂
筆金絲簟鳴玉紫腰等以嘗提點庫故知之悉云

詞客馬文友別墅在彰義門內有春香亭每百花開
時置酒亭下會都之文人吟十賞花賦詩謂之錦繡
會顧是會者各輸一席又有飲山亭夏日避暑于此
又有婆娑亭玩月之所萃聚詩人作會如春香故事

因號其墅曰長樂衚
國初起圓殿于西宮中以居西竺僧官皆著溺帽
閒閒真人嘗于帝前稱天台山多仙果帝曰可致乎真人曰可因取金盒覆之少頃有水晶李十枚鵝珠棗三十枚并竹實四枚
吳元節至元中至京師從張留孫見世祖成宗召見贈玄德真人臨終作詩有一聯云睨眎乾坤輕世界闢開山嶽上天門舉棺如無人乃是尸解也
商人獲利者曰遂心不得利曰犯耗買酒肺稷之至

極賤行商呼為貨腳行商亦謂塗買曰覩漢盞相識也
有軍人早出月色朗然見一獨足者橋欄上臥軍人少壯無畏懼乃抱之其鬼即云放我當有相酬軍人曰得何物曰有銀盞一問居處云少間送來軍人又貪進遂捨之其妻見一年少扣門云賢夫令將醆歸授其妻而去至晚軍人回將醆示之夫乃說今日之事妻曰神靈物不可駐之令將貨之易酒肉祭之夫從其言祭畢夫曰適看其醆有似家內樣莫不偷去者將來否妻亦疑之往取果失之矣夫妻愕然曰大是俊鬼子
吳殷文圭舉進士塗中遇一叟曰文圭久之謂人曰向者一人絲眉拳入口神仙狀也如學道當沖舉不爾有大名於天下而文圭拳實入口乾寧中擢第

延漏錄

宋 章望之

凡飲以一人爲錄事以糾坐人須擇有飲材者材有三謂善令知音大戶也

陶峴彭澤之後也製三舟一舟自乘一舟載客一舟載酒饌

劉蛻文塚其文艸聚而封之凡一千一百八十紙有塗者乙者有注楷者有覆背者硃墨圖者

嘯有十五章深溪虎高柳蟬空林鬼巫峽猿下鴻鵠

古木鳶之類襃眉陳道士善長嘯作霹靂聲坐客驚悚

羅虯撰花九錫一重頂幄障風二新詩詠三甘泉浸四美酹賞五雕文臺座安置六書畫寫七艷曲翻八金錯刀剪折九玉缸貯

益州出十樣鸞箋曰深紅曰淺紅曰杏紅曰明黄曰深青曰淺青曰深綠曰淺綠曰銅綠曰淺雲又有彩霞金粉

古琴名水清春雷玉振黄鵠秋嘯鳴玉秋籟懷古南薰大雅松雪浮

三餘帖

鬬名

說文謂萬物之精上爲列星當日列星之精下爲萬物

黃阮丘令朱璜命山下人曰六甲乃上帝造物之日是日殺生上帝所惡六甲者甲子甲戌甲申甲午甲辰甲寅日也

嫦娥奔月之後羿晝夜思惟成疾正月十四夜忽有童子詣宮求見曰臣夫人之使也夫人知君懷思無從得降明日乃月圓之候君宜用米粉作丸團圓如月置室西北方呼夫人之名三夕可降耳如期果降復爲夫婦如初今言月中有嫦娥大謬蓋月中自有主者乃結璘非嫦娥也

半陽泉世傳織女送董子經此董子思飲揚北水與之曰寒織女因祝水令暖又曰熱乃拔六英寶釵祝而畫之于是半寒半熱相和與飲

姑蘇城中街衢潔淨爲天下第一古語云蘇城街有後着繡鞋

梁時同泰寺院前有醜石四高丈餘形如羅刹試抱嬰兒看之無不掩袖而啼每小兒夜啼則畏之曰汝啼我抱汝看醜石啼遂止

草鞋橋者豫章胡文早喪其婦年少守節甚苦身自織布以給食頭面恒不梳洗足着草鞋隣里從其夫姓呼爲胡草鞋每令人持布至橋橋上人爭買之曰此胡草鞋夫人布不二價者也因以名橋

簫一名石弦一名紫鳳

陳宣華有沉香履箱金屈膝

大禹有黃龍負舟得寶玉于龍背龍即騤然而逝故謂之龍負玉註曰即龍輔也

無餘　王有洛成天大旱浸于水即雨下

蓮花一名玉環

和氣滂薄陰陽得理則配玄榮于堂配玄即今水仙花也一名儷蘭一曰女星散爲配玄

頴考叔聞莊公置其母于城潁也嘆曰是黃要也嚀謂鳥也禽禽猶能哺其母

唐太宗養一白鶻號曰將軍取鳥長驅至殿前然後

學稼故名落鳳殿

北山錄

闕名

唐徐世勣討河北餽餉不給王師且麁貸粮於寺而僧曰常住不可也有惠休者問而告其徒曰若此舉無功則國虞矣國虞而寺焉存遂發廩賑食神宗初欲罷釋教惟河北不被詔以曾貸粮故也

張離張艮各起大塔佛圖澄謂之曰事佛在於清淨無慾慈矜爲心檀越雖奉大法貪悋未已畋獵無度積聚無窮方受見世之罪何福報之可希邪離等後並被誅

宋文帝謂求那跋摩曰弟子常欲齋戒不殺以身狥物不獲從志跋摩曰刑不夭命役無勞力則使風雨順時寒暖應節百穀滋繁桑麻欝茂如此持齋齋亦大矣如此不殺德亦衆矣寧在缺半日之飡全一禽之命然後方爲弘濟邪

符子曰老子之師名釋迦佛符子者名朗字元達符堅從弟著書數篇號符子

費宗先少信佛法常以鵲尾香爐置膝前

徐陵浴佛以蓮葉露

玉匣記

宋 皇甫牧

張相昇爲御史數上封章論及兩府仁廟顧謂曰卿本孤寒何故屢言近臣公奏曰臣安得謂之孤寒臣自布衣不數年致身清近曳朱腰金不如陛下爲孤寒也帝曰何爲也奏曰陛下内無賢相外無名將官冗而失黜陟兵多而少教習孤立朝廷之上此所以孤寒也帝喜而優容之近侍皆爲之懼自此名重朝野

世人畫韓退之小面而美髯著紗帽此乃江南韓熙載耳尚有當時所畫題志甚明熙載謚文靖江南人謂之韓文公因此遂謬以爲退之退之肥而寡髯元豐中以退之從享文宣王廟郡縣所畫皆是熙載後世不復可辨退之遂爲熙載矣

今人於牓下擇婿曰臠婿其語蓋本諸袁山松尤無義理其間或有不願就而爲貴勢豪族擁逼不得辭者嘗有一新先輩少年有風姿爲貴族之有勢力者所慕命十數僕擁致其第少年欣然而行略不辭遜

既至觀者如堵須臾有衣金紫者出曰某惟一女亦不至醜陋願配君子可乎少年鞠躬謝曰寒微得託迹高門固幸待歸家試與妻子商量看如何衆皆大笑而散

藏書畫者多取空名偶傳爲鍾王顧陸之筆見者爭售此所謂耳鑒又有觀畫而以手摸之相傳以謂色不隱指者爲佳畫此又在耳鑒之下謂之揣骨聽聲

歐陽公嘗得一古畫牡丹其下有一猫未知其精麤丞相正肅吳公與歐姻家一見曰此正午牡丹也何以

明之花披哆張而色燥此日中時花也猫眼黑睛如線正午猫眼也有帶露花則房斂而色澤猫眼早暮則睛圓正午則如一線耳此亦善求古人之意也

毘陵郡士人姓李家有女方十六歲能詩甚有佳句吳人多得之有拾得破錢詩云半輪殘月掩塵埃依稀尤有開元字想得清光未破時買盡人間不平事

河州有禽名骨託狀如雕高三尺音常鳴自呼其名能食鐵石郡守每置酒輒出以樂坐客或餧鐵石至堅非可食之物乃取三寸白石繫以絲繩擲其前即吸而吞之良久牽出是石已如泥矣

漳州漳浦縣地連潮陽素多象往往十數爲羣然不爲害惟獨象遇之逐人蹂踐至骨肉糜碎乃去蓋獨象乃衆象之最獷悍不爲羣象所容者故遇之則忿而害人

僧悟空在江外見一猿坐樹杪弋人伺其便射之正中母腹母呼其雄至付子已哀鳴數聲乃拔箭墜地而死射者折矢棄弓誓不復射

余伯祖嘗於野外見蜈蚣逐一大蛇甚急蛇奔過一

溪蜈蚣亦隨之蛇之力屈不免乃回身張口向之蜈蚣遽入其口俄頃蛇死乃穴其腹旁而出析蛇視之已無傷矣傳言蝍蛆甘帶蝍蛆即蜈蚣之別名

蝸牛不獨能伏蝎亦能制蜈蚣蜈蚣見蝸牛則不復能去蝸徐登其背以涎繞之其足盡落

太常博士李處厚知廬州梁縣嘗有毆人死者處厚往驗傷以糟或灰湯之類薄之都無傷跡有一老父求見乃邑之老書吏也曰知驗傷不見跡此易辨也以新赤油繖日中覆之以水沃屍其跡必見處厚如

其言傷跡宛然自此江淮之間官司往往用此法

世謂太守爲五馬人罕知其故事或言詩云孑孑干旟在浚之都素絲組之良馬五之鄭注謂周禮州長建旟漢太守比州長法御五馬故云後見寵幾先朝奉云古乘駟馬秦至漢時太守出則增一馬事見漢官儀也

杜牧華清宮詩云長安回望繡成堆山頂千門次第開一騎紅塵妃子笑無人知是荔枝來尤膾炙人口據唐紀明皇帝以十月幸驪山至春即還宮是未嘗六月在驪山也荔枝盛暑方熟詞意雖美而失事實矣

子瞻常自言平生有三不如人謂着棋吃酒唱曲也然三者亦何用如人子瞻之詞雖工而多不入腔蓋以不能唱曲耳

荆公禹玉熙寧中同在相府一日同侍朝忽見虱自荆公襦領而上直緣其鬚上顧之而笑公不自知也朝退禹玉指以告公公命從者去之禹玉曰未可輕去輒獻一言以頌虱之功公曰如何禹玉笑而應曰

屢遊相鬚曾經御覽荆公亦爲之解頤

蒲傳正知杭州有術士請謁蓋年踰九十而猶有嬰兒之色傳正接之甚歡因訪以長年之術答曰某術甚簡而易行他無所忌惟當絕色慾耳傳正俛思良久曰若然則壽雖千歲何益

王元澤數歲時客有以一獐一鹿同籠以問雱何者是獐何者爲鹿雱實未識良久對曰獐邊是鹿鹿邊是獐客大奇之

潛居録

闕名

八月朔以盆盛取樹葉露研辰砂以牙筯染點身上百病俱消謂之天灸古人以此日爲天醫節祭黄帝岐伯宋孝武殷淑姬恒當額點之謂之天粧顔色倍常

楊子雲恬惔寡營不競時名以賈文自娛女不虚美人多惡之及雄卒其怨家取其法言援筆益之曰周公以來未有漢公之懿也勤勞則過于阿衡云云繇

爲多行于世至今靡有白其心跡者痛哉

馮布少時絶有才幹贅于孫氏其外父有煩瑣事輒曰畀布代之至今吳中謂倩爲布代

黄平嘗作一髮字書髮而止索紙曰此亡友也是日果有友人訃至

崔文子能吹反潮之笛吹巳積潮横下瞼于廣陵之濤

漢武帝七夕幸開襟樓忽見殿北方深雲縹緲有乘女騎一物翩遷而下即以所騎物上帝曰此麋[illegible]之劍群仙寶之能辟諸邪妾乘之而來頃刻百里矣後入吳宮大帝號曰辟邪亦曰百里

昔有人好客夜夢有隹賓至喜甚詰旦汛掃以待果有一客至談論甚有巳問主人平生何者最好主人曰好彈方取弓理弦客遂化爲雀飛去後人因呼雀爲隹賓

謝芬蘭性至孝雅虔奉觀音大士一日有老尼至袖中出一藥與芬蘭曰此藥可愈刀瘡芬蘭第受之不以爲意明年姑大病醫禱弗效芬蘭籲天祝禱潛入

閨内以刀刲股烹進于姑而創大痛忽追惟尚藥命婢取敷之隨敷生肉若未嘗傷人以老尼即大士也孝之感神如此

說郛目錄

弓第三十三

西溪叢話 姚亮
倦游雜錄 張師正
虛谷閒抄 方回
玉照新志 王明清
方氏筆記 方回 闕
復齋閒記 冀栩 闕
醉翁寱語 樓璹
錦里新聞

西溪叢語

宋　姚亮

嘗讀新論云若小說家合叢殘小語以作短書有可觀之辭余以生平父兄師友相與談說履歷見聞疑誤攷證積而漸富有足採者因綴緝成編目爲叢語不敢誇於多聞聊以自怡而已紹興昭陽作噩仲春望日西溪姚寬令威云

段成式酉陽雜俎有諾皐記又有支諾皐意義難解春秋左氏傳襄公十八年秋齊侯伐我北鄙中行獻子將伐齊夢與厲公以戈擊之首墜於前跪而戴之奉之以走見梗陽之巫皐他日見諸道與之言同巫曰今茲主必死若有事於東方則可以逞獻子許諾疑此是也晁伯子談助云靈仙秘要辟兵法正月上寅日禹步取寄生木三咒曰喏皐敢告日月震雷令人無敢見我我爲大帝使者乃斷取五寸陰乾百日爲簪二七佩頭上居衆人中人不見

周易遯卦肥遯無不利肥字古作⿱非巳與古蜚字相似即今之飛字後世遂改爲肥字九師道訓云遯而能

蜚吉執大爲張平子思玄賦云欲蜚遁以保名注易上九飛遁無不利謂去也曹子建七啓云飛遯離俗程氏易傳引漸上九鴻漸于陸爲鴻漸于逵以小狐汔濟汔當爲仡豈未辨證此耶

古文篆者黄帝使裔人蒼頡所作也蒼頡姓侯剛氏

暇嘗閱李白過彭蠡湖詩云水碧或可采金膏祕莫言江文通詩云水碧驗未黷金膏靈詎緇翰曰水碧水玉也金膏仙藥也又云傲睨摘木芝凌波采水碧謝靈運入彭蠡湖口作金膏滅明膏水碧輟流溫注

云水碧水玉也此江中有之然皆滅其光明止見溫潤穆天子傳河伯示女黄金之膏山海經云耿山中多水碧又云紫桑之山瀙陽水其下多碧多冷石赭未知何物余嘗見墨子道書大藥中有水脂碧者當是梅聖俞聽喚廬山詩云絶頂水底花開謝向淵腹攪之不可得滴瀝空在鞠豈非水碧耶

贗爲也又韓非子云宋人求饞鼎魯人云眞也齊人曰贗也

昔張敏叔有十客圖不記其名子長兄伯聲常得十客牡丹爲貴客梅爲淸客蘭爲幽客桃爲妖客杏爲艷客蓮爲溪客木犀爲岩客海棠爲蜀客躑躅爲山客梨爲談客瑞香爲閨客菊爲壽客木芙蓉爲醉客酴醾爲才客臘梅爲寒客瓊花爲仙客素香爲韻客丁香爲情客葵爲忠客含笑爲佞客楊花爲狂客玫瑰爲刺客郁李爲痴客木槿爲時客安石榴爲村客鼓子花爲田客棣棠爲俗客曼陀羅爲惡客孤燈爲窮客棠藜爲鬼客

齊斧虞喜志林音側階切凡師出齊戒入廟受斧故

云齊也陳林云腰領不足以膏齊斧服虔注云易喪其資斧張晏云斧越也以整齊天下應劭云齊利也蕭斧或云鉞斧也淮南子云磨蕭斧以伐朝菌蕭之義未詳太平御覽引漢書于莽傳喪其齊斧音齊

劉向別錄云讎校書一本一人觀一人讀視若怨家故曰讎書

予監台州杜瀆鹽場日以蓮子試滷擇蓮子重者用之滷浮三蓮四蓮味重五蓮尤重蓮子取其浮而直若二蓮直或二直二橫即味差薄若滷更薄即蓮沉

於底而煎鹽不成閩中之法以雞子桃仁試之
鹵則正浮在上鹹淡相半則二物俱浮與此相類臨
安府仁和縣畣經出橐鑰沙在縣東四里海際之人
採用鼓鑄銅錫之模諸州皆來採亦猶邢沙可以碾
玉也
孟蜀玉最殿東坡續爲長短句冰肌玉骨清無汗水
殿風來暗滿簾開明月解窺人欹枕釵橫雲鬢亂夜
深瓊戶寂無聲時見飛星渡河漢屈指西風幾時來
只恐流年暗中換

西溪叢語　四

馬臨場云泉州一僧能治金蠶蠱毒如中毒者先以
白礬末令嘗不澁覺味甘次食黑豆不腥乃中毒也
即濃煎石榴皮根飲之下即吐出有蟲皆活無不愈
者李晦之云凡中毒以白礬牙茶擣爲末冷水飲之
即愈
金虎二字所用不同張平子東京賦云始於宫鄰卒
於金虎五臣注云幽厲小人與若子爲隣堅若金縣
若虎此卒以亡何祗徼詩云里館離金虎五臣注云
望舒月御也西方金也西方七宿畢昴之屬俱白虎
也河圖云七金虎脩泰居也陸士衡詩云大辰
金虎習質耳石星經云昴西方白虎之宿太白金之
精太白入火昴金虎相薄主有兵亂
沈休文山陰柳家女詩云還家問鄉里詎堪持作夫
鄉里謂妻也南史張彪傳呼妻爲鄉里云我不忍令
鄉里落他處知會稽人言家里其意同也
行香起於後魏及江左齊梁間每然香薰手或以香
末散行謂之行香唐初因之文宗朝省蠡奏設齋行
香事無經據乃罷宣宗復釋教行其儀朱梁開國大

西溪叢語　五

明節百官行香祝壽石晉天福中竇正固奏國忌行
香宰臣跪爐百官立班仍飯僧百人即爲定式國朝
至今因之
今俗諺云如鹽藥言其少而難得本草戎鹽部中陳
藏器云鹽藥味鹹無毒療赤眼明目生海西南雷州
諸山石似芒硝入口極冷可傳瘡腫又本草凡毒箭
唯鹽藥可解戎鹽條中不言恐有脫誤
唐秘書省有熟紙匠十人裝潢匠六人潢集韻音胡
曠切釋名染紙也齊民要術有裝潢紙法又潑汗

潢凡潢紙滅白便是染則年久色暗蓋染黄也後有雌黄治書法云潢訖治者佳先治入潢則軟要術後魏賈思勰撰則古用黄紙寫書久也寫訖入潢辟蠹也今惟釋藏經如此先寫後潢要術又云凡打紙欲生生則堅厚則熟紙匠蓋打紙工也

古詩燈檠昏魚目檠讀爲去聲集韻檠渠耿切有四足似几又檠音平聲榜也非燈檠字韓退之云墻角君看短檠棄亦誤也

青衫白髮老叅軍旋糶黄粱買酒尊但得有錢留客醉也勝騎馬傍人門此詩膾炙人口不知誰作見施僉判德權云乃德清人知桐廬政議詩

唐初功臣皆云圖形凌烟閣而河間元王孝恭碑乃作戢武門豈凌烟先名戢武而後改之邪又段志玄碑亦云圖形凌烟閤封德彝名倫房玄齡名喬高士廉名儉顔師古名籍而皆以字行顔之推名云凡古名者終則諱之字乃以爲字江北士人全不辨也名亦呼爲字字固爲子顔師古匡謬正俗云或問人有稱字而不稱名何也顔師古考諸典故稱名爲顔師古立論如此而乃以字行不可曉也

唐河侯新詞頌春宗撰云河伯姓馮名夷字公子華陰人也章懷傳注引聖賢冢墓記云馮夷弘農華陰潼鄉隄里人服藥得水仙爲河伯又引龍魚河圖云河伯姓呂名公子一云姓馮名夷三説雖異其説無類稽據則同

唐會昌五年毀招提蘭若四萬餘區又會要元和二年官賜額爲寺私造者招提蘭若僧輝記梵云拓鬭提奢唐言四方僧物但傳寫者訛拓爲招去鬭奢留

提字也招提乃十方住持耳

倦游雜録

宋 張師正

劉潛以淄州職官權知鄆州平陰縣事一日與客飲驛亭左右報太夫人暴疾潛馳歸已不救矣潛抱毋一慟而絶其妻見潛死復撫潛尸大號而卒時人傷之曰子死于孝妻死于義孝義之美併集一家

凡視五色皆損目惟黑色於目無損李氏在江南之日中書皆用皂羅糊屏風所以養目也王丞相介父在政府亦以皂羅糊屏障

山民云熊於山中行數千里悉有路伏之所必在石岩枯木中山民謂之熊館惟虎出百里則外迷失道路

石參政中立性滑稽天禧中爲員外郎帖職時西域獻獅子畜於御苑日給羊肉十五斤嘗率同列往觀或嘆曰彼獸也給肉乃爾吾輩忝預郎曹日不過數斤人翻不及獸乎石曰君何不知分邪彼乃苑中獅子吾曹員外郎耳安可比邪

韓龍圖贄山東人鄉里食味好以醬漬瓜啗謂之韲韓爲河北都漕廨宇在大名明府府中諸軍營多鬻此物韓嘗曰其營者最佳其營者次之趙說嘆曰歐陽永叔嘗撰花譜蔡君謨亦著荔枝譜今須請韓龍圖贄撰瓜韲譜矣

陳烈福州人博學不循時態動遵古禮蔡君謨居喪於莆田烈往吊之將至近境語門人曰詩不云乎凡民有喪匍匐救之今將與二三子行此禮於是烏巾襴鞹與二十餘生望門以手掐地膝行號慟而入孝堂婦女望之皆走君謨匿笑受吊即時李遘畫匍匐

圖

陳少常亞以滑稽著稱蔡君謨嘗以其名戲之曰陳亞有心終是惡陳復之曰蔡襄無口便成衰時以爲名對爲殿中丞日知嶺南恩州到任作書與親舊曰使君之五馬雙旌名目而已螃蟹之一文兩個眞實不虛又嘗曰生平得一對最親切者是生紅對白熟也

今之通遠軍乃古得州之地渭源出焉中有水虫類魚鳴作覓覓之聲見者即以挺刃擊之或化爲石

以爲礪石名曰覓石長尺餘直一二千緡兵刃經其磨者刃光而不鈌亦奇物也

嶺南人好啖蛇易其名曰茅鱔草螽曰茅蝦鼠曰家鹿蝦蟇曰蛤蚧皆常所食者海魚之異者黃魚化爲鸚鵡泡魚去聲大者如斗身有刺化爲豪猪沙魚之班者化爲鹿

桂州婦人産男者取其胞衣淨濯細切五味煎調之召至親者合宴置酒而啗若不預者必致忿爭

今人呼煮麵爲湯餅唐人呼饅頭爲籠餅豈非水瀹

而食者皆可呼湯餅籠蒸而食者皆可呼籠餅市井有鬻胡餅者不曉名之所謂得非熟於爐而食者呼爲爐餅宜矣

零陵出石燕舊傳雨過則飛嘗見同年謝郎中鳴云向在郡中山寺爲學高岩石上有如燕狀者因以筆識之石爲烈日所暴忽有驟雨過所識者往往墜地蓋寒熱相激而迸非能飛也

沉香木嶺南諸郡悉有之濵海諸州尤多交榦連岡嶺相接數千里不絶葉如冬青大者合數人

性虛韌山民或以搆茅廬或以爲橋梁爲飯甑尤善有香者百無一二蓋木得水方結多在折枝枯榦中或爲沉或爲煎或爲黃熟自枯死者爲之水槃香今南恩高竇等州惟産生結香蓋山民入山見香木之曲榦斜枝必以刀斫之成坎經年見雨水所漬結香復以鋸取之刮去白木其香結爲班點亦名鷓鴣班燔之甚佳沉之良者惟在瓊崖等州俗謂角沉乃生水中取者宜用薰裛黃沉乃枯木中得之宜入藥用依木皮而結者謂之青桂氣尤清在土中歲久不待

刓剔而精者謂之龍鱗亦有削之自卷咀之柔韌者謂之黃蠟沉尤難得

有善謔者熙寧中曾以先光祿卿薦守番禺嘗啓王介甫丞相曰某所恨微軀日益安健惟願早就木奠得丞相一埋銘庶幾名附雄文不磨滅于後世

虛谷閒抄

宋　方回

安西市帛肆有販鬻求利而爲之平者姓張家富財居光德里其女國色也嘗晝寢夢至一處朱門戸俠戟森然由之而入望其中堂若設燕張樂左右廊皆施帷幄有紫衣吏引張氏於西廊幙次見少女如張等輩十許人皆花容綽約釵鈿照耀既至吏促張妝飾諸女迭助之理澤傅粉有頃自外傳呼侍郎來競隙間窺之見一紫綬大官張氏之兄嘗爲其小

吏識之乃吏部沈公也俄雙呼曰尚書來又有識者幷帥王公也逡巡復連呼曰某來皆郎官以上六七人坐用前紫衣吏曰可出矣羣女旋進金石絲竹鏗鍧震響中宵酒酣幷州見張氏而視之尤屬意焉謂曰汝習何技能對曰未嘗學聲音使與之琴辭不能曰第操之乃撫之而成曲予之筝亦然琵琶亦然皆平生所不習也王公曰恐汝或遺乃令口授吟曰環梳鬧掃學宮妝獨立閒庭納夜凉手把玉簪敲砌竹清歌一曲月如霜謂張曰其歸辭父母異日復來忽驚啼而寤手捫衣帶曰尚書命我矣索筆錄之故泣對所夢且曰殆將死乎母怒曰汝作魘爾何出不祥言如是因臥病累日外親有持酒殽者又將食來者女曰且須膏沐澡瀹母聽良久艷妝盛飾歛客下堂乃徧拜父母及坐客曰時不可留某今往矣因援衾而寢父母環伺之俄遂卒會昌二年六月十五日也

同昌公主薨帝傷悼不已以仙音燭賜安國寺冀追冥福其狀殊高層層露寶爲之花鳥皆玲瓏燭既然

點外玲瓏者皆響動丁當清逸燭盡響絕莫測其理

蜀中有一道人賣自然羹人試買之器中二魚鱗鬣腸胃皆具鱗間有黑紋如一圓月味如澹水食者旋剔去鱗腸其味香美有問魚上何故有月道人從盌中傾出皆是荔枝仁初未嘗有魚幷月則笑而急走回顧云蓬萊月也不識明年時疫食羹人皆免道人不復見

幽州石老者賣藥爲業年八十忽腹大十餘日不食惟飲水而已其疾猶扶持而行北明其子號泣呼曰

鄰云適來有病白鶴入吾父室中吾父亦化〻
同飛去矣遂指雲中白鶴擗地號叫人異而觀
焚香禮拜節度使李懐仙差兵馬使朱希來驗見字
中有穿紙格出入處遍問邑人四鄰皆言石老化爲
白鶴飛去翔翥雲間移時節度使賜絹一百疋米一
百石與石老子家遠近傳石老得仙太淸宮道士段
常著續仙傳備載石老升仙事月餘其子與鄰人爭
闘官中訊鞠乃爲分絹不平云石老病久其夕奄忽
將終其子以木貫大石縛父屍沉於乾桑河水妄指

雲中白鶴是父州縣復差人檢驗於所說沉水處撈
漉得屍懐仙遂杖殺其子

吳郡太湖中有聖姑棺洞庭山有聖姑寺并祠其棺
在祠中俗傳聖姑之死已數百年其貌如生遠近來
賽歲獻文服粧粉不絕有人欲得觀者巫秘吝云愼
不可若開便有風雨之變村閭皆信事之無敢窺者
巫又妄傳云有見者衣粧儼然一如生人大曆中福
建觀察使李照之子七郎者性狂兇恃勢不懼程土
因率奴客啓棺視之惟朽骨髑髏而已亦無風雨之

變

淄青有一百姓家燕窠累年添接僅踰三尺其
雛既飛忽一旦有諸野禽飛入庭除俄而漸衆棟
之上棲息無空隙不復畏人廚人饋食於堂手中
饌皆被衆禽搏攫莫可驅逐其家老人罔測災祥頗
之甚悶忽以杖擊破燕巢隨手有一白鳳雛長三尺
以來自巢而墮未及於地即掀然出戶望西南冲天
而去諸禽亦應時散逝須臾而盡又一家亦是燕巢
中忽然赤色光芒而隱隱有聲若鳴鼓地中日夜不

絕夜後廂巡呵喝於外責其不戢燈燭旣入其舍視
之不見有火纔出門外望之則有火燄亘天居旬日
閭人漸聲傳或聚觀其家老人懼偶以拄杖探燕巢
中即有一小赤龍子長尺餘墮下鱗甲炳煥老父驚
戰速以裀褥藉之焚香禱謝未畢而見一大龍長丈
餘自簷屋而入光如列炬爍人瞻視一家震駭竄伏
稽顙龍徐徐擁其子入自穀室穴屋騰天而去亦不
損物然二家不三數年皆懍敗焉

徐太尉彥若之赴廣南將渡小海有隨軍將忽於

[illegible]中得一小琉璃瓶子大如嬰兒之拳內有一小龜子長可一寸往來旋轉其間略無暫已瓶項極小不知所入之由也因取而藏之其夕忽覺船一舷壓重乃起視之卽有衆龜層疊就船而上其人大懼以將涉海慮致不虞因取瓶祝而投諸海衆龜遂散旣而話于海船之人人曰此所謂龜寶也希世之靈物惜其遇而不能有蓋薄福之人不勝也苟或得而藏家何慮寶藏之不富哉惋歎不已

僖宗聰睿强記好騎射諸色博弄無不周徧季年寵內園小兒張浪狗好歌能舞纔十六七寵冠儕輩忽一日浪狗曰臣無馬乘僖宗乃賚與銀一百兩令自買之時聖駕方自岐陽回長安少有好馬浪狗於雲陽縣求得一疋斋宜徽南院僖宗一日獨行院中聞浪狗得馬潛行看之此馬未嘗騎習僖宗巡繞馬左右謂浪狗曰好馬好馬數徧不已馬忽騰躍右足踏僖宗左脅便倒地不蘇浪狗驚惶急取銀盂子以尿灌僖宗口良久方蘇歸後稱氣疾以給醫術二十餘人候脉出藥皆言是膀胱之氣並無瘳効脅痛[illegible]

臥十二日崩本因馬踏也

太祖天性不好殺其取江南也戒曹秦王潘鄭王曰江南本無罪但朕欲大一統容他不得卿等勿妄殺人曹潘兵臨城久不下乃奏曰兵久無功不殺無以立威太祖覽之赫怒批還其奏曰朕寧不得江南不可妄殺也詔至城已破計城破日乃批狀時也天人相感如此

蔡元長享用侈靡喜食鶉每預畜養之烹殺無數一夕夢鶉數千百訴於前其一鶉居前致辭曰食君廩中粟作君羹中肉一羹數百命下筯猶未足羹肉何足論死生猶轉轂勸君宜勿食禍福相倚伏觀此亦可爲恣饕餮而暴殄天物者之戒矣

章子厚惇初來京師赴省試年少美丰姿當日晚獨步御街見雕輿數乘從衛甚都最後一輿有一婦人美而豔揭簾以目挑章章因信步隨之不覺至夕婦人以手招與同輿載至一甲第甚雄壯婦人者蔽章雜衆人以入一院甚深邃若無人居者少選前婦人始至備酒饌甚珍章因問其所婦人笑而不答[illegible]

□人引儕輩迭相往來甚衆俱亦姝麗詢之□□
而言他毋去則以巨鎖扃之如是累日夕章爲之體
敝意甚徬徨一姬年差長忽發問曰此豈郎所遊之
地何爲至此邪我主翁行迹多不循道理寵婢多而
無嗣息每鉤致年少之徒與羣婢合久則斃之此地
數人矣章惶駭曰果爾爲之柰何姬曰觀子之容蓋
非碌碌者似必能脫主人翊日入朝甚早今夕解我
之衣以衣子我且不復鎖門俟至五鼓吾來呼子亟
隨我登廳事我當以廝役之服被子隨前騶以出可

虛谷閒抄　七

以無患矣爾後慎勿以語人亦勿復由此街不然吾
與若皆禍不旋踵矣詰旦果來扣戶章用其術遂免
於難及既貴始以語族中所厚善者云後得其主翁
之姓名但不欲曉於人耳少年輩不可不知戒也
淸源人陳褒隱居別業臨窗夜坐外即曠野忽聞人
馬聲見一婦人騎虎自窗下過徑之屋西室內壁下
先有一婢臥婦人即取細竹杖從壁隙中刺之婢即
云腹痛開戶如廁褒方駭愕未及言婢始出已爲虎
所搏遽前救之僅免鄉人云村中恒有此怪所□□

所者也
池州進士鄒閬食貧有守一日將之外邑淩晨啓戶
見一小篰籠子在門外無封鎖開視之乃白金酒器
數十事約重百兩殆曉寂無追捕者遂挈歸謂其□
曰此物無因而至豈天賜我乎語未絕覺股上有物
蠕蠕動金色爛然乃一蠶也遂撥去之未回手復在
舊處以足踐之雖隨足而碎復在閬胸腹上矣棄之
水投之火刀傷斧碎皆即如故衾裯飲食之間無所
不在閬甚惡之友人有識者曰吾子爲人所賣矣此

虛谷閒抄　八

所謂金蠶蠱者是也始自閩廣近至吾鄉物雖小而
爲禍大能入人腹中殘嚙腸胃復完然而出閬愈懼
乃以篰籠事告之其友曰吾固知之矣子能事之即
得所欲日致他財以報耳閬笑曰吾豈爲此也友曰
固知子不爲也然則柰何閬曰復以此蟲并舊物置
籠中棄之則無患矣友人曰凡人畜此雖久而致富
即以數倍之息并原物以送之謂之嫁金蠶其蟲乃
去直以元物送之必不可遣今子貧居豈有數倍之
物乎實爲子憂之閬乃仰天歎息曰吾平生以□

自處誓不失節不幸今有此事遂歸家告其妻曰今事之固不可逆之又不能惟有死耳若等好爲後事乃取其蟲擲於口而吞之舉家救之不及妻子號慟謂其必死數日間寂無所苦飲啜如故逾月亦無恙竟以壽終其家亦因獲金之故遂致小康豈以至誠之感妖孽不能爲害乎

姑蘇馮氏兄弟三人甚相愛其季娶婦未逾年輒諷其夫使分異夫怒曰吾家同居三世矣汝欲敗吾素業邪婦乃不復言其仲每對親戚切齒謂此婦必破

吾家一日其婦向夫悲泣求去詰之不答固問之始收淚曰妾父母以君家兄弟篤於友義故以妾歸君今仲常欲私我我不敢從每恚怒欲令君逐妾向勸君別居其實慮此使妾不幸爲仲所汚縱君含恥能忍妾亦何面目以見親戚乎因泣不止季怒遂逼其兄析居而孝友衰焉

婦人之妬有異甚者四十年前撫州監酒范寺丞者妻色美而妬范寵婢之同官每休暇招妓燕集皆不得預一夕范輪次直宿會有告私釀者范晨率吏卒徑往捜捕其同事李供奉者素知范妻之妬戲取鞋寄置范臥具中須臾務吏攜衾褥歸妻展衾得鞋神色沮喪詰所從來吏言不知於是泣怨良久拊心而呼曰天乎有是邪乃入室闔戶而縊頃之范還排戶入則自經死矣又有人任湖南倅妻生一子已周歲夫婦甚愛憐之偶一日郡守在告倅攝郡事會鄰郡太守過郡開宴命妓妓中有一秀慧者立侍倅側倅顧與語及戲爲酒令笑語方酣忽鈴吏擎生肉二盤置賓主前倅愕問其故則子肉也蓋妻忿夫與妓語乃手刃其子封肉以獻其毒忍至此

梅聖俞以詩知名三十年終不得一館職晩年預修唐書書成未奏而卒士大夫莫不歎惜其初受勑修書也語其妻曰吾今修書可謂　孫入布袋矣妻曰君於仕宦何異鮎魚上竹竿邪聞者皆謂確對

余尚書靖慶曆中知桂州府境窮僻處有林木延袤數十里每月盈之夕輒有笛聲發於林中甚清遠土人云聞之已數十年不詳其何怪也公遣人尋之見其聲自一大竹中出乃伐取以爲梳笛聲如期而發

甚寶惜之凡數年公之季欲窮其怪命工解開見木之文理正如人於月吹笛之像雖善畫者不能及重以膠合之則不復聲矣

陳子直主簿妻有異疾每脹則腹中有聲如擊鼓遠聞於外行人過門者皆其家作樂腹消則鼓聲亦止一月一作醫莫能知

登州海中過晴霽忽見臺城市人物往還者謂之海市東坡嘗一見之又歐過河朔高唐縣宿驛舍夜聞鬼神自空中過人畜聲一一可辨父老云二

十年前嘗晝過土人謂之市高唐去海實遠海市之說竊恐不然舊說漢時人奉使過海忽見漢家宮闕臺殿如在目前使人具衣冠向闕而拜須臾風駛舟行逶迤所在又西雜俎云有人掘井深已倍常井數丈不見水忽聞下車馬人物喧鬧之聲近如隔壁出以告州將州遣數人驗之不誣欲奏其事恐涉怪而止遽令塞又湘潭界中有寺名方廣每至四月朔日在東壁照見維揚官府樓堞民舍宇物物可數又家弟宿福清紫微院至三更後忽聞院後讙呼交易之聲髣髴如城市皆是浙旦而止明日起視皆高山峻壁也寺僧云一歲之中凡數次如此人謂之鬼市幽陰之事蓋有非人意所能測者

玉照新志卷一

宋　王明清

慶元丙午明清得玉照一於友人永嘉鮑子正色澤溫潤制作奇古眞周秦之瑞寶也又獲米南宮書玉照二字因揭寓舍之斗室屏跡杜門思索舊聞凡數十則綴緝之名曰玉照新志務在直書初無私意爲善者固可以爲韋弦爲惡者又足以爲龜鑑兼有奇怪諧謔亦存乎其中若夫人禍天刑則付之無心可也

神廟聖意銳於圖治熙寧之政既一切變更法度開邊之議遂興洮河成功梅仙拓地然後經理西南小羌韓存寶以弗績誅繼而永樂大衂徐禧之徒死之由是耻於佳兵上亦鬱陶成疾

元祐初政廟堂諸公共議捐其所取紹聖崇寧紹述之說舉竄逐棄地之柄臣取青唐進築湟鄯銀夏至童貫蔡攸乃啓燕雲之役馴至靖康之禍悉本二子紹述思之令人痛心疾首焉

元祐黨人天下後世莫不推尊之紹聖所定止七十二人至蔡元長當國凡所背已者皆著其間殆至三百九人皆石刻姓名頒行天下其中愚智溷淆不可分別至於前日詆訾元祐之政者亦獲厠名矣惟有識講論之熟者始能辨之然而禍根實基於元祐嫉惡太甚焉呂汲公梁况之劉器之定王介甫親黨呂汲甫章子厚而下三十人蔡持正親黨安厚卿曾子宣而下十人榜之朝堂范淳父上疏以爲殲厥渠魁脅從罔治范忠宣太息語同列曰吾輩將不免矣後來時事既變章子厚建元祐黨果如忠宣之言大抵

皆出於士大夫報復而卒使國家受其咎悲夫

元祐初修神宗實錄秉筆者極天下之文人如黃秦晁張是也故詞采粲然高出前代紹聖初鄧聖求蔡元長上章指以爲謗史乞行重修蓋舊文多取司馬文正公涑水紀聞如韓富歐陽諸公傳及叙劉永年家世載徐占德母事已文公之誣永年常山呂正獻之評曾南豐安簡供書多不還陳秀公母賤之類取引甚多至新史於是裕陵實錄皆以朱筆抹之且究問前日史臣悉行遷斥盡取王荊公日錄無遺以剹

修爲號朱墨本陳瑩中上書曾文肅謂尊私史而壓宗廟者也其所從來亦有本焉覽之者孰究而攻之當知此言不誣

趙諗者其先本出西南　其族黨來降賜以國姓至諗不量其力乃與其黨李　造賈時成等宣言欲誅君側之姦其語頗肆狂悖然初無弄兵之謀建中靖國時事既變諗亦幡然息心來京師注官時曾文肅當國一見奇其才而薦之擢國子博士諗謁告省其父母于蜀中其徒勾羣以前事告變獄既遂以反

逆伏誅父母妻子悉皆流竄改其鄉里渝州爲恭州文肅亦坐責告詞略云逮求可用之才輒薦逆謀之首是也究其始正由猖忿妄作遂至殺身覆宗百世之下永負寇盜之名學者亦當以輕剽爲戒焉

明清毎閱唐史甘露事未嘗不流涕也嗟夫士大夫處昏庸之世不幸羅此後來無人别白可恨近覩續皇王寶運錄云僖宗光啓四年正月詔云太和九年故宰臣王涯以下十七家並見陷逆名本承密旨遂令忠憤終被冤誣六十餘年幽枉無訴宜沾沛澤國慰泉扃並與洗雪各復官爵兼訪其子孫與官使銜寃之魂亦信眉於九原矣惜乎劉昫宋景文歐陽文忠不見此詔載之於新舊唐史殊爲闕文如褒贈當濬孟昭圖二人之文亦其時以見之洪景盧容齋三筆不復重錄

明清家昔有盧載范陽家志一書叙其祖多遜行事之詳爲陸務觀假去因循不曾往索尚能彷彿記其二三則云多遜素與李孟雍穆厚善多遜竄逐後萬里相望聲迹眇絶時法禁嚴郵報不至海外一日忽

赦書至後有參知政事李多遜云此必孟雍若登政府吾必北轅戒舍人俶裝已而果移容州團練副使未渡巨浸忽見江南李主衣冠如平生問云相公何以至此多遜云屈後主斥之云汝屈何如我屈由是感疾而殂

又多遜門下士有种英蘇冠者平生最器重之得罪之後賓客雲散獨英冠二人徒步送抵天涯而還英後易名放即明逸冠易名易簡魁天下爲參知政事

本朝有兩張先皆字子野一則樞密副使遜之孫

歐陽文忠同在洛陽幕府其後文忠爲作墓誌銘稱其志守端方臨事敢決者一與東坡先生遊東坡推爲前輩詩中所謂詩人老去鶯鶯在公子歸來燕燕忙能爲樂府號張三影者有兩蘇世美一東坡作哀詞者一蘇丞相子名京二人皆知名士也

王子高遇芙蓉仙人事舉世皆知之子高初名迴後以傳其詞遍國中於是改名蘧易字子開與蘇黃游甚稔見於尺牘東坡先生又作芙蓉詩云決別之時芙蓉授神丹一粒告曰無戚戚後當偕老於澄江之

玉照新志　八　卷一　五

上初所未諭子開時方十八九已而結婚向氏十年而鰥居年四十再娶江陰巨室之女方二十矣合巹之後視其妻則清眸冶容修短合度與前所遇無纖毫之異詢以前語則惘然莫曉而澄江江陰之里名也子開由是遂爲澄江人焉服其丹年八十餘康强無疾明清壬午歲從外舅帥淮西子開之孫明之謫在幕府相與游從每以見語如此此事與雲溪友議玉簫事絶相類子開趙州人忠穆驥之孫虞部員外郎正路之子晚守瀘須丨堂焉賀方回爲子開挽詞我昔官房子嘗聞忠獻賢又云和璧終歸趙干將不葬吴今乃印在秦少游集中明之子即爲和寧也少游没於元符末子開大觀中猶在其誤明矣

明清述揮塵錄列本朝諸帝以潛藩爲軍府今又敬以徽宗詔旨攷之云正和中五年十二月己亥宣德郎王恬等言本貫遂州按九域志都督府遂州爲遂寧郡武信軍節度使元豐八年陛下初封遂寧郡王紹聖元年復以遂寧郡王出閤與蘇潤二州時同而事均緣本州遂寧縣元符二年縣下慧明院秋冬間

玉照新志　八　卷一　六

忽觀佛像五次出現父老咸曰遂寧佛出越三年奉陛下即位此其祥兆乞改府額詔升爲遂寧府又詔王上嘗封蜀國公升蜀州爲崇慶府政和七年十二月壬午詔以宿州零璧爲靈璧縣以真州爲儀真郡通州爲靜海郡秀州爲嘉興郡從九域圖志所奏請也實錄與三州圖經及儀真通州嘉興三志皆所不載明清嘗陳于禮部乞行下遂州照會施行

是歲十二月甲申司勳員外郎張大亨奏切見朝廷講讀之官在天子所者謂之侍讀侍講而諸王府亦

有侍讀侍講官比擬稱呼相紊名之不正孰大於是太宗皇帝初爲韓冀諸王侍讀置侍講後有欲爲皇族子孫置之議者以唐文宗改諸王侍講爲奉諸王講讀請以教授爲名從之且皇族學官尚不可與王府同稱而王府官豈可同天子講讀之號詔諸王府侍講改爲直講侍讀改爲贊讀大亨字嘉父一時知名士也

宣和元年十一月乙未知溫州蘇起奏臣昨謹將耕籍詔書刻石被以雲鶴安奉廳事仍行下四縣依此

施行自比風雨調順禾稼盛茂既已收詞枯荄又復生穗每畝得穀一石至七八斗乞令諸路州縣效此施行裕陵覽奏不樂云起謟佞一至於此何以儆在位其華飾手詔豈不是相侮可送吏部

蹙破眉峯碧纖手還重執鎮日相看未足時便忍使鴛鴦隻薄暮投村驛風雨愁通夕窗外芭蕉窗裏人分明葉上心頭滴裕陵覩書其後云此詞甚佳不知何人作奏來荅以詔曹組者今宸翰尚藏其家

宣和末禁中訛言祟出深邃之所有水殿一游幸之所不到一日忽報池面蓮花盛開非常年比裕陵嬪御閹官凡數十人往觀之既至彼則有婦人俯首凭欄者若熟寢狀上云必是先在此秪候太早不得眠所以然諭左右勿恐懼見其纈髮如雲素頸燦玉呼之凝然不顧上訝之自以所執玉麈揮觸之愕然而起回首乃一男子鬚髯如蝟面長尺餘四目若電極爲可畏從駕之人悉皆辟易驚仆上亦爲之失措逡巡不見上急命回輦未幾京城失守狩於朔方

明清揮麈錄載薙孝聞事頗詳近見一浦朱去奢云

孝聞自海外量移池州以卒嘗有詩云官田種秫陶元亮私釜生塵范史雲至今郡人猶傳誦之孝聞沒後和州道士亡其姓名冒而爲孝聞走江淮間其才亦不下孝聞有弔項羽廟文云無守陵之蕙帳有照夜之寒釭過東坡墓題詩云文星落處天地泣此老巴亡吾道窮才力謾超生仲達功名猶忌死姚崇人間便覺無清氣海外何人識古風平日萬篇誰愛惜六丁收拾在瑤宮宣和初至京師遂得幸祐陵謂其人可及林靈素之半錫姓名朱廣漢至紹興中猶在

寓會稽之天長觀明清尚及識之而洪景盧夷堅志中記其一事云

鄭紳者京師人少日以賓贊事政府坐累被逐貧窶之甚妻棄去適他人一女流落宦寺家不暇訪其生死日益以困偶往相監問命於日者日者驚曰後當官極品未論其他而今已爲觀察且喜在今日君其識焉同行儕輩笑且排之甫出寺門有快行家者數輩宣召甚急始知其女已入禁中得幸九重矣即除閤門宣贊舍人未及歲以女正長秋拜廉察不數年

位登師垣爵封郡王極其富貴榮寵妻再適張公緼貴緣肺腑亦至正任承宣使韓髦斯士鄭氏壻也見語如此

東坡先生知杭州馬中玉成爲浙漕東坡被召赴闕中玉席間作詞曰來時吳會猶殘暑去日武林春已暮欲知遺愛感人深灑淚多於江上雨歡情未舉眉先聚別酒多斟君莫訴從今寧忍看西湖擡眼盡成腸斷處東坡和之所謂明朝歸路下塘西不見鶯啼花落處是也中玉忠肅亮之子仲甫猶子也

詩話云昭陵時近臣賦詩一聯云春帝宮成陳樂起明皇殿就祿山來或有譖于九重上覽其首句云朱衣吏引上高臺郎不復視天語以爲器量如此何足觀耶嗚呼昭陵豈不見全篇倘盡以過目則不可回互矣此堯舜之用心宜乎享國

章聖朝种明逸抗疏辭歸終南舊隱上命設燕禁中令廷臣賦詩以寵其行獨翰林學士杜鎬辭以素不習詩誦北山移文一遍明逸不懌云野人焉知大丈夫之出處哉熙寧中王荆公進用時有王一介中甫

者以詩詆之云草廬三顧動幽蟄蕙帳一空生曉寒荆公不以爲忤但賦絶句云莫向空山覓舊題野人休誦北山移丈夫出處非無意猿鶴從來自不知蓋取於此中父三衢人也昭陵時中制科仕裕陵爲從官子沇之彥允漢之彥周渙之彥昭潙之彥楚皆近世名卿今家居京口

明清近觀熙豐起居注云元豐四年慈聖光獻皇后上仙裕陵追慕至忘寢食適詣闕上言能使返魂上亦信之使試其術且載其施行云太廟齋郎姜適豎

狀稱係虞部郎中正觀之子光祿寺丞緯之姪爲學

道体官有法能致（致一作救）

玉照新志卷二

宋 王明清

陳瑩中諫垣集言之詳矣削籍於建中靖國崇寧初蔡元長召拜同知樞密院事卒于位恩數甚渥後二年其子郊擢福建轉運判官登對歸與客言穆若之容不合相法終當有播遷之厄客告其語遂坐誅弟邦送瀘州編管處厚亦追貶單州團練副使具列詔旨至重和元年燕雲之役興處厚之姪孫堯臣以布衣詣京師扣閽上書力陳不可且極言一時之失逾萬言末有御批云比緣大臣建議欲恢復燕雲故地王堯臣遠方書生能陳歷代興衰之迹達於朕聽臣僚咸謂毀薄時政首沮大事乞行竄殛朕以承平之久言路壅蔽敢諫之士不當寘之典刑優加爵賞僉論何私堯臣崇寧四年已曾許用處厚遺表恩澤奏補因處厚責降遂寢不行今處厚未盡復舊官可特追復正奉大夫給還遺表恩澤特先補堯臣承務郎此九月二十二日施行明清伏讀至是淚落闌干始知永祐從諫如轉圜而淵衷初亦知北征爲非特當

時大臣唯務迎合將順以邀功不能身任死事卒至禍亂可不痛哉

裕陵初復西邊境土　人初不知姓氏詢之邊人云皇帝何姓云姓趙皇后何姓云姓向大朝直臣爲誰云包樞密拯是也於是推其族類各從其姓至今有仕於中朝者然多右列

明清揮麈前録載中書令舍人紅鞓自葉少藴始出於姚令威叢話近觀孫仲益所作霍端友仁仲行狀云以大觀元年十一月除通直郎試中書舍人賜三

品服故事三品服角帶佩金魚爲飾一日徽宗顧見公謂左右曰給舍等耳而服色相絶如此詔令太中大夫以上犀帶垂魚自公始也與姚所記少異

湯舉者處州縉雲人與先人太學同舍生有才名於宜政間登第之後累任州縣積官至承議郎居鄉邑以疾不起舉適上課當遷員郎而綸軸未頒有王令沐者南都人文安堯臣之後爲縉雲令告其家云未須發喪少俟命下舉妻懼不敢令洙力勉之且爲匭遣价疾馳入都趣取告身越旬日始到然後舉哀令洙爲保任申報遺澤遂沾其子卽進之思退也後中詞科賜出身盡歷華要位登元台震耀一時亦異事也故書之

明清投轄録所叙劉快活事後來思索所未盡者今列於編外曾祖空青文肅之第三子也快活每以三運使呼之後果終漕輓舅氏宏父談天者多言他日必爲卿相劉笑曰官職俱是正郎去不得矣文肅當國先祖爲起曹郎中一日忽見過曰我今日見曾三女兒他日當爲公之子婦時先妣方五六歲又謂先

人曰曾三女汝之夫人也歸見文肅呼先祖字云王樂道之子三運使之壻此兒他日名滿天下然位壽俱嗇奈何已而文肅罷相遷宅衡陽北歸後先祖守九江遣先人訪文肅於京口一見奇之遂以先妣歸焉後所言一一皆合不差毫釐其他類此尚多不能悉記異哉

明清揮麈後録載周迎所記陳堯臣決伐燕之策蓋出於天下公論而堯臣之子倚財確行行都張全眞參政日載眞僞作一積可以但作全眞文字近覽李

仁甫長編云紹興元年正月十四日辛丑中書舍人胡交修言人臣之罪莫大於誤國誤國之禍莫大於燕雲之役者燕山議首與夫用事之臣大者誅戮次者流放而陳堯臣者獨仍舊故秩廩食縣官罝而不治豈所以上慰宗社之神靈下泄四方之痛憤哉堯臣爲國召亂不知罪惡之重乃敢自列矜乞爲郡守今雖爲宫祠叨切食禄臣愚伏望睿旨削奪堯臣在身官爵投竄遐方以懲其惡以謝生靈爲後世臣子誤國之誡詔堯臣主管臨安府洞霄宫指揮更不施

行書之于編蓋知郾之言不厚誣且非明清之私意事見長編第一百五十九之註後閲大典日曆李燾奏乞行遷責高宗云豈可以自乞差遣反遭貶邪止罷祠焉

王彦國獻臣招信人居縣之近郊建炎初北人將渡淮獻臣坐於所居小樓望見一老士大夫彷徨阡陌間擕一小僕負一匣埋於空迴之所獻臣默然識之事定往掘其地宛然尚存啓匣乃白樂天手書詩一紙云石榴枝上花千朶荷葉杯中酒十分滿院弟兄皆痛飲就中大戶不如君獻臣後南渡寓居餘姚嘗出以示余真奇物也聞後以歸劉綱公舉矣又云建炎間避地奉化境上一二僕隸偕行嘗夜過渡月色微明有數人先往焉忽問云非王獻臣解元行李否但見其軀幹甚大語聲雄厲心竊疑之忽徑劃水面而渡彼岸波濤洶湧久之獻臣愕怖幾觸見不知爲何怪後亦無他

黄進者本舒州村人爲富室蒼頭奴隨其主翁爲父擇葬地于郊外山間與葬師偕行得一穴最勝師指

示其主云葬此它日須出名將在傍默識之是夕乃挈其父之遺骸瘞于其所主是初不知爲何人也已而逃去爲盜坐法黥流又數年天下亂進嘯集黨類敗涅其面爲兩旗自號旗兒軍寇擾淮甸間人頗識之朝廷遣兵捕之遂以衆降後累立功至防禦使

自紹興講和以來北使經由官私牌額悉以紙覆之蓋常年之例隆興間北使往天竺山燒香過太學門臨安尹命官吏持紙往幕太學二字有直學程宏圖自欄楯立其下曰太學賢士之關國家儲才之地何

歎於遠人堅執不令登梯吏以白尹尹以上聞阜陵加嘆久之遂免至今循之宏圖後登第上記其姓名喜其有守擢大理司直遷丞而卒宏圖番陽人詞翰亦佳然使酒難近人多忌之

乾道中趙渭磻老爲臨安尹時巨璫甘昇權震一時有別墅在西湖惠照寺西地連郡之社壇昇欲取以廣其圃磻老欣然領命有州學教授者入議狀以謂戎祀國之大事豈可輕狥閹寺之欲易不屋之祭耶力爭之卒不能奪而止忘其姓名或云石斗陸九淵

未知孰是焉

錢處和紹熙甲子歲爲明州通判招魏南夫處賓館史直翁乃南夫同舍生偶罹横逆拘係適歲當行科舉南夫爲請與處和憐之懇太守始得就試遂預首薦明年登進士第調餘姚尉復與南夫爲代其後二公皆登揆路處和雖止參預然常行宰相事異哉

思陵紹興乙亥歲秦檜之殂更化之初寵告訐之徒張常先而下前後凡十四人此盛德大業恥言人過仁厚之風合以付昭陵後來編纂聖政錄適秉筆之臣有託其間羣從者略而不書是致讀者爲之憤然近修實錄乃用其徒子弟位長史局不但未必發明偉績且使秦氏奸惡殆將併揜深用歎惋

高抑崇閌紹興中爲禮部侍郎忤秦檜以本官奉祠四明里中疾篤丐休致且爲書懇於秦覬復職名庶幾蔭及後人蓋是時有制雖侍從未復元職格其賞延故述其家困苦之狀秦覽書憐之呼持書之僕來詢其生計如何而僕者强解事乃妄增其產業以白於秦秦怒云高抑崇死猶誑人如此竟寢其請至秦

亡始追貢次對而獲卹典

隆興二年趙汝愚廷試第一時外舅爲刑部侍郎臚傳旣歸明清啓云適曾稱賀否宗室魁天下今日勿見可謂盛事禮宜爲慶外舅擊節云班行中無人舉此今無及矣太息久之

紹興乙卯張安國爲右史明清與仲信兄鄭舉善郭世禎李大正李泳多館于安國家春日諸友同遊西湖至普安寺於窗戶間得玉釵半股青蚨半文想是主人歡洽所分授偶遺之者各賦詩以紀其事歸錄

似安國云我當爲諸公攷校之明清云淒凉寶鈿初分際愁絕清光欲破時安國云仲言宜在第一俯仰今十年矣主賓之人俱爲泉下之塵明清獨存於世追懷如夢黯而記之

紹興辛巳冬完顏亮自斃於揚州明年正月詔起外舅方務德帥淮西明清寔從行至建康與張安國會於郊外安國之姊夫李瞻伯山外姑之甥鄭端本德初共途皆士子也是時得旨令募童行往擗戰沒之骼于淮上外輩蔣山天禧二寺得二十輩以二月六

日自采石共一大艦渡長江是夏孝宗即位明清與伯山德初俱以異姓補官外舅安國皆正席禁路僧雖悉祝髮浮屠想是日日辰絕佳耳

歐陽詩云蘇子美挽詞奏邸獄寃誰與辨高橋客死世通悲以爲用事親切而世不知高橋客死之義後來紹興中秦禧勢方鼎盛嘗託其客陸外之仲高問于明清偶省記得見吳地記後漢梁鴻客食吳門死於高橋而子美亦然因以告之熺甚以賞激未幾會之殂熺亦逝矣

紹興辛酉冬仲信兄客臨安嘗觀是歲南郊儀狀於龍山茶肆忽一長鬚偉男子衣青布袍于稠人中歎息云吾元豐五年遊京師一見之後不曾再覩今日之盛殆與昔時無異焉仲信知其異人也亟下拜俛興已失之矣

紹興癸丑歲明清任簽書寧國軍節度判官時括蒼蔣世修繼周以獨座前資來爲郡守宣城舊例每支軍食則幕職兵官俱集倉中是歲十二月散糧明清以私務入倉小緩逮至其門見諸君聯車而出悉有

倉黃之狀詢之曰通判周世詢建議欲以去歲舊粟支共半羣卒惡其陳腐橫梃於庭出不遜語欲入白黃堂矣且衆兵隨其後明清亟止之云可復歸舊次一面令車前二卒長傳呼喻之云僉判適自府中來已得中丞台旨令盡支新米亟令專知吏往白史君告以從便宜之故於是卒徒歡呼帖服無敢譁者不然亦幾殆焉蔣守由此遂相論薦然露章不欲及也

汪彥章在京師嘗作小闋云新月涓涓夜寒江靜山銜斗起來搔首梅影橫窗瘦好個霜天閑却傳杯手

君知否亂鴉啼後歸輿濃如酒紹興中彦章知徽州仍令席間聲之坐客有挾怨者亟納檜相指爲新製以譏檜之檜之怒諷言者遷之於永

嘉靖丙子何文縝栗相　騎初退時議欲率文武百僚拜乞乾重節上壽文縝命吏部郎中方允迪元若爲三表才上即允所請後二表不復用文縝與允迪大稱歎賞不已且云佷不果用然當誦佳句於百僚之上也今列于後第二表云立爲天子肇輿黃帝之英姿請祝聖人允執唐堯之謙柄載陳悃愊冀動淵

東宮謝恭惟皇帝陛下勇智生知聰明性稟東宮主器盛德久孚於寰瀛內禪應圖大計果安於社稷屬精爲治側身脩行儉奉已而厚事親寬御衆而亟承祖維震夙之令旦華晉師之歡呼五百歲爲春秋寧俯稽於南楚一千年而華實盍還取於西池何睿意之勿休當縟儀而固拒伏望昭一人之有慶納萬壽之無疆陋彼太宗南嚮辭而必再超乎孝武中岳呼而止三幸賜俞音式從　公願第三表云節紀千秋歸美薦形於剡牘享加三夏隆謙再却乎舉觴効磬輿情瀕于震聽皇帝陛下兆於變化生而神靈學建巳誕彌之辰應虹流長發之瑞盡仁皇之忠厚指發乾元於向辰自有仁祖之聰明數同天於過信正心誠意勤儉邦家地闢天開而除妖災雷厲風行而成功治龍樓問寢欣西宮鳴蹕之還虎符發兵至北鄙控弦之遠式全丕搆允謂中興豈有首臨蘭殿之期而當力拒華封之祝伏望皇帝陛下制行不以巳歛福用錫民登五咸三偉示茲之高宴桑田東海協稱壽之懽謠罔違就日之懷克受後天之算

玉照新志卷三

宋　王明清

秦妙觀宣和名娼也色冠都邑畫工多圖其貌售於外方陸升之仲高山陰勝流詞翰俱妙晚坐秦黨中遂廢於家嘗語明清曰頃客臨安雨中一老婦人蓬首垢面丐於市籍簷溜以濯足泣訴於升之曰官人曾聞秦妙觀否妾即是也雖掩抑困悴而聲音舉措固自若也各與之金而遣之去仲高言已淚落盈襟蓋自傷其晚年流落不偶時相似耳言猶在耳與懷

太息

明清家舊有常子允元祐中在館閣同舍諸公手狀如黃秦晁張諸名人皆在焉後爲龔頤正易去比觀洪景盧容齋三筆乃云見於王順伯所以爲高子允者常名立汝陰人與家中有鄉曲之舊夷父秩之子熙寧初父子俱以處士起家子允爲崇文館校書郎元祐中再入館後坐黨籍謫永州監稅以卒石刻碑中可考此卷乃子允與大父者而景盧指爲高君不知高子允又何人耶

杜子美作酒中八仙歌敘酒中之樂甚至由是觀之子美亦好飲者不然又焉得醉中詆嚴武幾至殺身耶

宣和中外祖曾空青公守山陽有堂胥之子韓璡者以御筆來爲轉運司勾當公事年未冠而率略之甚一日語外祖云先丈嘗爲何處差遣外祖云曾在中書復詢云何年耶答云建中靖國之初自右府而過璡大笑云豈有察院而過中書省乎益罰其儕類而然外祖即應之云先公自知樞密院拜右僕射璡默

然閫席爲閧絕倒

雷轟薦福碑事見楚僧惠洪冷齋夜話去歲婁彥發機自饒州通判歸詢之云薦福寺雖號番陽巨刹元無此碑乃惠洪僞爲是說然東坡已有詩曰有客打碑來薦福之句按惠洪初名德洪政和元年張天覺罷相坐關節竄海外又數年回僧始易名惠洪字覺範考此書距坡下世已逾一紀洪與坡蓋未嘗先接恐是已有妄及之者則非洪之鑿空矣洪本筠州高安人嘗爲縣小吏黃山谷喜其聰慧教令讀書爲浮

屠氏其後海內推爲名僧韓駒作寂音尊者塔銘門其人也

韓子蒼駒本蜀人父爲峽州夷陵令老矣有一妾子蒼不能奉之父怒逐出內侍賈祥先坐罪竄是郡駒父事祥甚謹祥不能忘子蒼父逐之後走京師祥已收召大用事子蒼往投之祥不知其得罪於其父也獻其所業偶裕陵忽問遷謫中有何人材祥卽出子蒼詩文以進首篇太乙眞人之句上覽奇之卽批出賜進士及第除秘書省正字不數年遂掌外制

紹聖中有王毅者文貞之孫以滑稽得名除知澤州不稱其意往別時宰章子厚曰澤州油衣甚佳良久又曰出餳極妙毅曰啓相公待到後當終日坐地披著油衣食餳也子厚啓齒教契之子倫也

石才叔蒼舒雍人也與山谷遊從尤妙筆札家蓄圖書甚富文潞公帥長安從其借所藏褚遂良聖教序墨蹟一觀潞公愛翫不已因令子弟臨一本休日宴僚屬出二本令坐客別之客盛稱公者爲眞反以才叔所收爲僞才叔不出一語以辨笑啓潞公云今日方知蒼舒孤寒潞公大哂坐客赧然

蔡襄在昭陵朝與歐公齊名一時英宗卽位韓魏公當國首薦二公同登政府先是君謨守泉南日晉江令章拱之在任不法君謨按以贓罪坐廢終身拱之望之表氏同胞也至是旣訟寃於朝又撰造君謨乞不立厚陵爲皇子疏刊板印售于相籃中人得之遂干乙覽英宗大怒君謨幾陷不測魏公力爲營救事見司馬公齊記及歐公奏事錄記之甚詳君謨終不自安乞補外出官杭州已而憂去終故魏公與君謨帖云尚抑柄用此當軸者之愧也親筆今藏呂子和平叔處

先祖舊字子野未登第少年日携歐公書贄見王文恪于宛丘一見甚青顧云某與公俱六一先生門下上他日齊名不在我下子野前已有之當以吾之字爲遺先祖遂更字樂道先祖位雖不及文恪而名譽籍甚於熈寧符祐之時文恪長子仲弓實韓持國壻持國夫人實祖母親姑由是情益稔熟仲弓之弟卽幼安始名寧後以有犯法抵死者故易名襄而

字靖康初以知樞密院爲南道總管先人爲屬僚
有督勤王師檄文薦紳多能誦之
秦檜初擢第王仲嶷以其子妻之仲嶷後避靑宮諱
改名仲山仲山朴魯庸人也禹玉子而鄭達夫禹玉
壻達夫之室檜妻之親姑也夫嘗闕處以密州
教授翟公巽爲守前席之代還薦于朝得學官維而
寅緣鄭氏中宏詞科央扞力爲其才學除郎靖康中
張邦昌使北辟置爲屬以行邦昌使還拜相屬吕舜
徒好問薦引入臺侵中司　粘罕妄有易置君位

監察御史馬伸首倡大義上書粘罕言其不然檜偶
爲臺長列名冠首恕拘檜與其妻王氏於北方檜既
陷此無以自存張遜於人之左戚悟室之門悟室素
主和議者也凡經四載乃授旨意得其要領約以待
時而擧密縱之使挈其妻航海南歸抵漣水軍兵始
至淮上既退郡人推土豪丁超者領郡事及至遂殺
超既退衆復起子褉領軍事年方十八九矣褉假舟
至楚州令典客王安道偕行幾爲郡守楊掞所斬賴
掞之館賓晉當可捄之得免時蘄王世忠駐軍高郵

會之不敢取送於彼復自楚泛洋至會稽入三江門
思陵方自溫州乘槎入越暫以駐蹕富季申爲中丞
露章乞還其職於檜亦懷其前日之忠即從其請尋
登政府繼拜右揆引公孫爲參政季申爲右府富翟
二公後卒不合而紛競二公罷政然悉存其職名示
以報德檜乃建北客歸北南人留南之策蓋欲與悟
室相應大咈人情遂從策絶故制云自詭得權而擧
事嘗聳動於四方建茲居位以陳謀首建明於二策
罔燭厥理殊乖素期褫職告去聳動四方之聽朕志

爲移建明二策之謀爾材可見投閑屢歲吕頤浩趙
鼎張浚皆爲相主戰者也適酈瓊以市州叛而聲遠
以邪績粘罕詠死劉豫廢斥悟室大用事思陵亦厭
佳兵檜起帥浙東入對之際揣摩天意適中機會申
講和之謀遂爲已任大契淵衷繼命再相以成其事
凡　中按籍所取北客悉以遣行盡取兵權殺岳飛
父子其議乃定逮太母廻鑾臥鼓滅鋒逾二十年此
檜之功不可掩者也故洪光弼於稠人廣衆中昌言
倍室托其寄聲之語切中其病乃遣遠竄及夫求

勳之後扶人之勢權傾海內不知有上鈐制中外賂持薦紳開告許之門興羅織之獄士夫重足而立使其無死奈何此檜之罪不可逃也紀之于帙可不戒哉其後挽逵夫之子億年覘儀政幵以滔天之罪流放南州既放逐便卜居於章貢以其壻曾慥作郡守王道安爲江淮守帥以禩爲觀察使邪昌家屬悉得遷浙中皆酬私恩也

秦檜既殺岳氏父子其子孫皆徙重湖閩嶺日賑錢米以活其命紹興間有知漳州者建言叛逆之後不

應留乞絶其所急使盡殘年秦得其牘令札付岳氏而已士大夫爲官爵所鈎用心至是可謂狗彘不食其餘矣不欲顯言其姓名以爲縉紳之戒

東坡南遷北歸次毘陵時久旱得雨有里人袁點思與有一絶云青蓋美人回鳳帶繡衣男子返雲車上天一笑渾無事從此人間樂有餘書以呈坡大喜爲之重寫且以手柬褒之至今袁氏刻石藏於家點後仕至朝請大夫以名字典郡云

仲彌性幷淮上知名士也登第之後諸侯交辟久之得通判湖州楊娼韻者以色藝顯名一時彌性惑之誓與偕老韻以誕日嘗作醮供彌性爲代作醮詞云身若浮萍尚乞憐於塵世命於葉薄敢祈祐於玄穹適屆生初用輸誠曲妾緣業如許流落至今桃李本半殘何滋於苑囿燕鶯已懶空鎖於樊籠隻影自憐甘心誰亮香爐經卷早修清淨之緣歌扇舞衫尚掛平康之籍伏願來吉祥於天上脫禁錮於人間既往修來收因結果辟纑織屨早諧夫夫婦婦之儀嗟珥遺簪免脫暮暮朝朝之苦人之所願天不可誣仲楊

紅事雖甚親切然黷穹甚矣尋即俱去適王承可鐵爲郡守與之啓云方將歌別駕之功聞已泛扁舟之棹乃與大廢彌性坐廢二十餘年逮秦檜殂始獲昭雪繼而入丞光祿出守蘄春以疾終於淮東儀幕

玉照新志卷四

宋　王明清

高公軒者宣仁之疎族也政和末爲滄州儀曹考滿哀鳴于外臺及將白自惟孤寒無從求知於當路但各乞一改官照牒障面而歸以張鄉閭足矣人皆憐而與之既至京師乃詣部自陳薦狀已足乞以照牒爲用先次放散適有主之者從其説而施行之遂冒改秩蔡元長時當國聞之遂下令今後不得妄發照牒公軒中興後爲檢正諸房文字

外祖曾空青政和中假守京口舉送貢士張彦正綱宣和末守秀水舉送沈元用晦紹興閒牧上饒舉送汪聖錫應辰三人皆爲廷試第一其後舅氏曾宏父知台州鹿鳴燕坐上作詩以餞之末句云三郡看魁天下士丹丘未必墜家聲是歲天台全軍盡覆事有不同如此者沈元用文通孫也初名杰家於秀之崇德縣坐爲人假手奏案至裕陵榻前上閲之云名見梁四公子傳此人必不凡可從濶略特方崇道教故也遂降旨令今後止不得入科場而已彷彿無所往時外祖守秀城舅氏宏父爲湖州司録來省侍妓長楊麗者才色冠一時舅氏悦之席閒忽云有士人沈念六者其人六藝絶倫不幸坐累遂無試頭奈何宏父云審如君言吾合縣門客一人尚未有人翌日訪舅氏一見契合易其名曰晦是歲漕司首選明年爲大魁才數月即入館爲郎奉使二浙經由嘉禾麗張其徒曰我今日過往庭參門生耶

張子韶凌季文俱武林人少長同肄業鄉里宣和末居清湖中時東西兩岸居民稀少白地居多二人夜

同步河之西見一婦人在前衣妝楚楚因縱步覘之常不及焉至空迥處忽見回顧二人而笑眞絶色也方欲詢之乃緩步自水面而東二公驚駭而退

王磐安國合肥人政和中爲郎京師其子婦有身訪乳媼女儈云有一人丈夫死未久自求售身安國以三萬得之又三年安國自國子司業丐外得守宛陵挈家之官舟次泗州一男子喝于艙前云乳媼之夫也求索其妻安國驚駭欲究其詳忽不見歸語乳媼亦愕然無説至夜乳媼忽竄去遍索不可得詰旦舟

尾乃見尸浮於水面
元符末巨公爲太學博士輪對建言比因行事太廟冠冕皆前俯後仰不合古制詔行下太常寺中奏云自來前仰後俯必是本官行禮之時倒戴之誤哲宗顧宰臣笑云如此豈可作學官可與一閑散去處敗端王府記室叅軍未幾端邸龍飛風雲感會至登宰席寵祿光大震耀一時禍福倚伏有如此者
李漢老邴少年日作漢宮春詞膾炙人口所謂問玉堂何似茅舍踈籬者是也政和間自書省丁憂歸山

東服終造朝舉國無與立談者方悵悵無計時王黼爲首相忽遣人招至東閤開宴延之上坐出其家姬數十人皆絕色也漢老惘然莫曉酒半羣唱是詞以侑觴漢老私切自欣除目可無慮矣甚大醉而歸又數日有館閣之命不數年遂入翰苑
江緯字彥文三衢人元符中爲太學生徽宗登極應詔上書陳大中至正之道言頗剴切上大喜召對稱旨賜進士及第除太學正自此聲名籍甚陸農師爲左丞以其子妻之政和末爲太常少卿蒙上之知拋

有禮遣之命時陸氏已亡再娶錢氏秦魯大主女也偶因對揚奏畢上忽問云聞卿近納錢景臻女爲室亦好親情言訖微笑是晚批出改除宗正少卿彥文知非美意卽丐外出知處州由是遂擯不復用
明清揮麈餘話載馬伸首乞立趙氏事後詢之游誠之凡言與前輩說有異同者今重錄其所記于後靖康初秦檜爲中丞馬伸爲殿中侍御史一日有人持文字至臺云北軍前令推立異姓來未及應語之間馬遽云此天位也人情安得而易舍立趙氏其誰立

秦始入議狀連名書之已而二帝北狩秦亦陷彼獨馬公主臺事排日以狀申張邦昌狀云伏覩太金太宰相公權主國事未審何日復辟謹具申太宰相公伏乞指揮施行至康王卽位日乃止有門弟子何先者邵武人字大和嘉王榜登第少師事馬公其後秦檜南歸擅立趙氏之功歸已盡掠其美名取富貴位極公槐勢冠今古何公常太息其師之事湮沒欲辯明其忠每引紙將書輒爲其子所諫以謂秦方勢燄震主豈可蹈危機掇家禍然忖公私自爲馬公

一通常在也紹興甲戌以左朝奉郎任辰州通判廬滿一夕忽夢馬公衣冠相見與語如平生親既寤諭其子曰馬先生英靈不没齎恨九泉如此有意屬我乎掛其遺像奠之其子鎬哀勸不從因告其父曰俟斯人死上之未晚太和曰不然萬一我先死瞑目有餘恨後日當受代即手書一狀聞于朝其詞尤委曲回互但云自太師公相陷彼之後獨殿中侍御史馬伸排日以復辟事申邦昌云云且以所作行狀繳納乞付史館立傳以旌其忠入馬遞馳達然後解組以

歸秦得之怒凡一路鋪兵悉遭痛治仍下廷尉追捕何公甚急獄吏持文移至邵武而太守張姓者驚愕罔措就坐得疾越翌日始蹩扶腋至廳事才啓封視牒則所追者左朝奉郎何先也方遣吏往村落追赴以行既對吏而栢臺考吏已先在棘寺但謂靖康雖有馬伸爲殿院未嘗聞有此狀也令臺吏勒軍令狀棘寺以上書不實擬降一官罷前任思陵重違檜意聖語曰所擬太輕特追兩官羈置英州蓋紹興甲戌歲也後一年乙亥檜死日御批何先所犯委是寃枉令有司別定逐復元官放逐便仍理元來磨勘爲大朝散郎何在貶所皆無恙歸至里門遇親戚相見喜馬公之事明白一笑病廢朝廷雖欲用之弗起僅能食祠官之祿一年而已鎬乃誠之姨夫是以知其詳及建寧諸鄉老長搢紳之與何太和相厚者皆能言其事

明清近又得伸上邦昌全文用列於後云伸伏見日者北兵刼二聖北行且逼太宰相公使主國事相公所以忍死就尊位者自信待兵之退必能復辟也忠

臣義士不忍就死城中之人不即生變者亦以相公必立趙孤也今兵退多日吾君之子已知所在獄訟謳歌又皆歸往相公尚處禁中不反初服未就臣列道路傳言以謂相公外挾强國之威使人游說康王自今南遁然後據有中原爲久假不歸之計伸知相公必無是心但爲其人所追未能盡改雖然如此亦大不便蓋人心未孚一旦喧鬨雖有忠義之心相公必不能自明滿城生靈必遭塗炭辜負相公之初心矣伏望速行改正易服歸省庶爲稟取太后命而

行仍亟迎奉康王歸京日下開門拊勞四方勤王之
師以示無間內外赦書施行恩惠收人心專事權行
姑收侯立是氏呂然後施行庶幾中外釋疑轉禍爲
福伊周再出無以復加儻以伸言爲不然即先次就
戮伸有死而已必不敢輔於公爲叛臣也邦昌於是
始下一令一切改正
胡俸元邁新安人也携其父舜申所述乙巳泗州錄
巳酉避亂錄二書相示敘𢿟擾時事今列於後乙巳
泗州錄云宣和乙巳予家寓居泗州之教授廳適在

實積門出門即淮河有友一二人在南山如鄭況仰
荀其父爲發運司屬官廨宇在焉以故無三五日予
不至南山常時至彼講論文字是時朱勔父子正得
志勢位炎炎每上下京浙則託往來降御香其實欲
所過州縣將迎之勤也是年秋朱汝賢自浙中來以
降御香泗州官吏迎于陡山陡山出城四里許在淮
西南岸過是無路可行故止於此邀迎其船汝賢傳
指揮到城中亭子上相見官吏皆廻候于亭及船至
亭通名典謁者曰承宣歇息矣俟久之令再通曰睡

着矣抵暮方見守倅而已傍觀者見其驕傲皆爲之
不平予輩時談此事於南山曰我輩恐未死且看朱
勔父子終竟如何其後北兵入南抵都城上皇避位
日聞京師事不一未幾朱勔首以小舟于東下曰勔
已放歸田里矣不敢出見人人亦不顧之日有京師
權貴與中官下來者頗多皆着皂衫而繫皂絛行于
街市又幾日曰上皇已在發運司行衙矣人初不信
及往觀但見船一隻泊於河步以結𦆱壁矢張於船
前問之上皇果在衙中侍衛蕭然又數日軍馬纔到

市上皂衫貴人益多凡前此聞所貴倖官侍之用事
者問之往往在焉俄又聞童貫亦至或有見坐帷帳
中黑肥軀幹極大者問之童大王也軍馬至皆渡淮
駐於南山後聞高俅于南山窄隘俅之弟伸亦同在
彼因普照覺老請齋於南山始知之是時也窄隘南
山即巳棄淮之北矣實今日之吉兆亦自東京來至
南山無控扼之所也俄又聞上皇登發運衙城上之
亭觀漁人取魚於淮又旬日上皇移幸而南自是京
師士民來者日夕繼踵益知北兵叩城之事以上皇

益南侍衛自京師而至益盛一橐駝踏浮橋傾倒遂
入淮中以負物之重恐必不救也又閱歲時上皇駕
還皆親至塔下燒香每入寺寺中人皆驅出施僧伽
鉢盂袈裟至親與着於身先是以普照寺大半爲神
霄玉清宫至是御筆畫圖以半還寺寺僧送駕出城
得御筆歡喜上皇初至之時寺之緊要屋宇還之益
多始所還道流盡拆去門窓及再還卽并所拆門窓
得之道流磯氣矣明年秋余同弟汝士往國學赴試
汝士預薦而余遭黜獨還泗州侍親時伯兄汝明再

爲監察御史汝士寓南臺公廨以待省試以再遭罰
悶病幾死蓋國學諸生例患脚氣故染是病也使予
是年預薦必死于京師及聞太原失守知淮泗不可
居借船於發運方孟卿遂得親來湖州船纔過剛郎
潮落不可復開而泗州尋亦亂矣嗚呼北人憑陵國
家顛危實上之人爲權倖誘惑造成此禍而勔一人
亦在數蓋勔乃姑蘇市井人始以高貲交結近習進
奉花石造御前什物積二十年職以充進奉監司守
令成忤其意以故違御筆繩之應造什物皆科於州

縣所獻才及萬分之一餘皆竊以自潤及分遺權倖
以徼恩寵故勔建節庇子侄官承宣觀察使下逮厮
役日爲橫行媵妾亦有封號勔與其子汝賢汝功各
立門戶招權鬻爵上至侍從下至省寺外則監司以
至州縣長吏官屬由其父子以進者甚衆貨賂公行
其門如市於是勔之田產跨連郡邑歲收租課十餘
萬石甲第名園幾半吳郡皆奪上庶而有之者居處
園第悉擬宫禁服食器用上僭乘輿建御容殿於私
家在京則以養種園爲　徙居民以爲宅所占官

舟兵級月費錢糧供其私用及上皇禪位放歸田里
其假道泗州也遽蔽船門惟恐人知之亦無面以見
人未幾安置廣南籍沒財產旣而取首級家屬悉竄
以此觀之宜乎召靖康之禍而致國之危焉然所以
造禍者豈止勔之一人耶因思宣和間京師奢侈正
盛一相識言曰書之内作色荒數語古人法度之嚴
如此是語者有一則必亡豈有兼是數者而復有逾
於此者安得無禍乎靖康果有其應或曰若如此而
無禍則古人之言必妄詩書皆不足信者而喋喋辭

說自念老矣切慮遺忘遂追思所見筆之於冊云

玉照新志卷五

宋　王明清

明清嘗於畢少董處覩种明逸手書所作詩一首始五十年猶能全記今錄於此樓臺縹緲路岐傍共說新眞白玉堂株樹風高低絳節靈臺香冷醮虛皇名存六合何昭晰事隔三清限渺茫欲識當年漢家意[illegible]宮梧殿更淒涼

世傳太公家教其言極淺陋鄙俚然見之唐李習之文集至以文中子爲一律觀其中猶引周漢以來事

當時唐村落間老校書爲之文中子想亦是唐所錄其言未免疎略經本朝阮逸爲之潤色所以辭達於理如市井間所印百家姓明清嘗詳攷之似是兩浙錢氏有國時小民所著何則其首云趙錢孫李蓋趙氏奉正朔趙氏乃本朝國姓所以錢次之孫乃忠懿之正妃又其次則江南李氏次句云周吳鄭王皆武肅而下后妃無可疑者

中興初政治宋齊愈退翁獄斷案得之陸務觀云
年大駕自維揚倉猝南狩文書悉皆散失未必存

有司因錄於左然紹興中趙鼎張浚爲左右相嘗共啓高宗云靖康之末虜人議立僞主意在張邦昌而退翁適在衆中發於憤躁掌上密書以示所厚云夷狄設意如是坐有姦人隨聲唱之故及於禍思陵惻然憐之詔追復元官錄其子孫元牘云建炎元年七月二十八日尚書省札子臣僚上言新除諫議大夫宋齊愈昨三月初間同王時雍等在皇城司聚議乞立邦昌拜大金賜詔畢書立狀時雖時雍等恐懼不敢填寫張邦昌姓名而齊愈執筆奮然大書張邦昌

三字乃自封其狀以示四坐無不驚駭齊愈自言自從二月在告不出欺誕若此聞左右時雍等實齊愈也令使居諫議大夫之任一時陛下未知其人邪佞而朝廷未有人論更乞聖裁七月八日同奉聖旨送齊愈罷諫議大夫令御史臺王賓置司根勘具案聞奏今據王賓勘到宋齊愈招金人邀請淵聖皇帝出城未回知孫傅承傳軍前遣吳幵等將文字稱廢淵聖其舉堪爲人主一人及知孫傅等乞不廢淵聖皇帝[illegible]於[illegible]名中選舉姓名通申齊愈知孫傳等在

皇城司集議遂到本司見衆官及卓子上文字不論資次皆舉一人齊愈問王時雍舉誰時雍曰金人令吳幵來密喻旨意在張邦昌今已寫下只空姓名又看得元來文字請舉軍前南官以此參驗王時雍言語卽是要舉張邦昌齊愈恐遷時別生不測爲吳幵王時雍曾說吳幵密諭張邦昌亦欲登了圖出齊愈輒自舉筆於紙上書寫張邦昌姓名三字欲要於舉狀內塡寫却將王時雍稱是又節次編呈在座元集議官齊愈令人吏依紙上所寫張邦昌三字係時雍

等別寫申狀係時雍等姓名分付吳幵莫儔將去其舉狀內別無齊愈姓名初蒙勘門時體罪隱下不招再蒙取會到中書舍人李會狀二月下旬間忽有左司員外郎宋齊愈自外至見商議未定卽於本司廳前取紙筆就卓子上取紙一片書寫張邦昌三字卽不是文字上書編寫在坐相顧失色皆莫敢應別無語言其所寫姓名文字係宋齊愈手自將去會卽時起去是時只記得吳幵齊從在堂司會適午間亦在坐未委見與不見其餘卿監郎官會以到局未久多

不識之及根取元狀單子勘方招檢準建炎元年五
月一日赦書内一項昨金人迫脅張邦昌僭號實非
本心已復歸舊班其應干供奉行事之人並與於免
[illegible]寺[illegible]宋齊愈係謀叛不道已上皆斬不分首從勅
犯惡逆以上罪至斬依法用刑宋齊愈合處斬除名
犯在五月一日大赦令從赦後虛妄杖一百罰銅十
斤情重奏裁同奉聖旨宋齊愈身爲士大夫當守節
義國家艱難之際不能死節乃探金人之情親書僭
逆之名姓謀立異姓以危宗社造端在前非受僞命

臣僚之比可特不原赦依斷斷命向書省出榜曉諭
吳江王份文孺云唱之者楊愿也紹興中附麗秦檜
爲簽書樞密院命矣近又得張拭欽夫記其父魏公
後語益明其風指左證之寃今備書云建炎元年大
人朝南京爲虞部員外郎時宋退翁齊愈爲諫議大
夫舊相好也南京庶事草創就置三省於行宮李公
綱秉政月餘矣一日夜漏下大人過退翁省中見[illegible]
翁笑曰今日李僕射有三札李公素有名譽所建[illegible]
乃爾一欲括盡天下之馬其二欲括東南之民[illegible]聽

富室盡輸不限以數其三欲郡增置兵大郡二千人
次千五百人予以爲何如大人曰胡可行也退翁曰
然西北邊之馬今不可得今獨江淮以南耳其馬可
用耶民財第其等限而恐其擾况此可藝極耶至于
兵假若郡增二千月費十萬緡以養今時州郡堪此
耶素有額者且不能滿况外增耶某方論其不可矣
[illegible]捧腹而笑出其札以示大人大人曰不可上何也
大人曰宰相不勝任論去諫官職也豈有身爲相未
幾上三事而公盡力駁之彼且獨不怒者公欲論其

不可相耳退翁不樂曰吾故爲其有餘名但欲論此
三事既而語頗厲大人即退臥省中展轉曰人雖至
交亦有不可言者翌日過朝參郎省亦入見退翁上
對少頃出過省門相遇望見其有得色前執手曰適
奏昨札上甚喜大人稽首曰恐公受禍此始矣退翁
尤慨然而去居四日而難作張邦昌之掖賊以僭也
在虜營議已定今載於靖錄可攷驗也退翁自會政
所歸遇鄉人問之曰今日虜所立者誰退翁書邦昌
姓名於掌以示之而李丞相付獄觀望以爲退

相竟匿共藥而執李會章論退翁死李公旋罷相後上亦聞其詳側然仁閔復退翁官其子巳卯夏拭侍旁聞之敢私志云見之長編靖康二年二月注李忠定號爲中興名相而私意害人亦復如是與夫褚河南之潛劉洎陸敬輿短竇參殆一律矣白圭之玷可勝嘆喟其後御史馬伸疏忠定之罪首以三事爲言洪芻駒父等獄案亦得之陸務觀云亦是其省部散失史冊所遺者建炎元年八月十四日尚書有送到侍御史黎確奏準尚書省劄子五月十八日同奉聖

旨訪聞昨來京城鬪門王府主第及宗室戚里之家以至庶民根括金銀官司周懿文王及之余大均胡思陳冲等因緣爲奸隱匿財物萬數浩瀚及聚飲歌樂無所不爲士大夫負國至此難以一例寬貸可差侍御馬伸就臺根勘具案聞奏施行洪芻罷諫議大夫張才卿罷刑部郎中胡思王及之余大均周懿文陳冲並先已放罷今勘到具批明白刑名下項降受朝散郎前太僕少卿陳冲著往親懿宅抄劄將王府果子喫用摘花歸家與內人同坐喫酒令內人唱曲子見牙簡隱匿公然受犒賞酒并錢將出剩金銀隱匿入已收掌未曾收討絹六百一十五疋除輕罪外準條監主自盜若絞刑贓罪處死除名該大赦原免緣五月十八日奉聖旨難以一例寬貸根勘聞奏前大理卿周懿文抄劄景王府喫蜜煎等摩孩羅土兒孩兒等歸家受犒設酒錢及喫宮人酒果交勸計贓六疋六尺除罪外準條行下合杖六十公罪贓外笞五十不曾計到摩孩羅贓如不滿百文便城內竊盜杖八十如滿百文杖一百贓罪定斷後贓外杖九

十罰銅九斤入官放罷在赦前合原朝議大夫前刑部郎中張才卿著起發懿親宅金銀喫內人酒果等與內人邊氏離三四步坐喫酒令內人張福喜唱曲子又犒設酒將抄扎扇兒摩孩兒等歸家受酒估贓討絹羅八疋七尺除輕罪外準條與所部接坐合徒二年私罪官減外徒二年半罰銅三十斤入官放朝散大夫洪芻差抄扎景王府祗候人曹三馬後嬌託余大均取出將來本家同宿領作祗候人準條監守自盜合流三千里思私罪議減外徒三年追一

官罰銅二十斤除名勒停朝請郎前吏部員外郎王及之抄扎金銀見官屬將寧德皇后親妹追提苦辱並不施行及喫受訴王府婕妤佑酒食不鈐束覺察人吏與鄭紳家女使嬌奴等私通及犒設酒根括金銀買□包換入已計贓二十五疋除輕罪外準條便以私物貿易官物計利以盜論合加徒流贓罪追六官除名勒停朝散大夫前司農卿胡思推釋張邦昌表內添入語奉語言及抄扎椋華宅有祖宗實錄借看及罷館伴不合借破馬太僕寺差到馬匹數不見

是大王府公然乘騎不見實錄十冊認是親事官去失除輕罪外係不應為重合杖八十贓罪外杖六十先次據干照人說出逐人罪犯朝請郎前添差開封少尹余大均往景王府喬黃妃位抄扎到金銀與內人喬念妃並坐飲酒唱曲子以齎首金銀為由放喬奴乘馬歸家收家作祇候人隱藏根括籠子一隻寄金銀庫內於內取出麝香二十臍餘被府尹納了除罪輕外□內不估到所盜麝香錢如滿十貫係監主自盜加役流遠追舉官除名勒停如滿三十五疋絞

絞刑贓罪除名朝奉郎王客員外郎李彝□抄扎與內人曹氏等飲酒及與內人喬念奴等飲酒並坐知余大均洪芻等待領買曹氏等放令逐便請洪芻等筵會令曹氏女子唱曲子除輕罪外準條李彝係不應出謁而謁合徒二年私罪追兩官勒停案後收坐該赦原五月十八日同奉聖旨余大均陳冲洪芻情犯深重並當誅戮各特貸命除名勒停長流沙門島永不放還至登州交割張才卿責授文州別駕雷州安置李彝責授茂州別駕新州安置王及之

責授隨州別駕恩州安置胡思責授沂州別駕連州安置並依斷其後駒父渡海有詩云關山不隔還家夢風月猶隨過海身竟歿於島上又由婦人焉死甚可哀言之醜也不欲宣之有子槈字仲本亦能詩爲徐師川壻嘗出知永州

明清前志紀孫仲益童子之年對東坡之句得之仲益子長文云其家世居毘陵之洛社盖仲益之先人教村童於市中東坡元祐四年自禁林出牧杭州時也□□仲益以辛酉生是歲八歲也近覩周益公仲益

之集序云得之于葛常之立方所著韻語陽秋且志之云東坡自南海歸時仲益巳年二十一矣當是元豐乙丑自汴過常州時東坡自黃州內徙未始至洛社而海南歸終毘陵也是二知葛周上說皆非當以六人文之言爲正也

玉照新志卷六

宋　王明清

陳橋驛在京師陳橋封丘二門之間唐爲上元驛朱全忠縱火欲害李克用之所藝祖啓運立極之地也始藝祖推戴之初陳橋守門者距而不納遂如封丘門抱關吏望風啓鑰逮即帝位斬封丘而官陳留者以旌其忠於所事焉後來以驛爲班荆館爲虜使迎餞之所至宣和五年因曾讜一建言遂命刈流居之錫號曰鴻烈觀假擬之後又不知如何耳

宋咸茂談錄云祖宗以來殿試用三題爲以先納卷子無雜犯者爲魁開寶八年廷考王嗣宗與陳識齊納賦卷藝祖命二人角力以爭之而嗣宗勝焉嗣宗遂居第一名而以識爲第二人其後嗣宗帥長安种放自從官歸終南山舊隱一日嗣宗往訪之放命諸姪羅拜而嗣宗倨受之放以爲非而誚焉宗怒云舍人教牧牛兒鈌

時嗣宗巳狀元及第矣放曰吾豈與角力兒較曲直耶遂至忿爭事旣上聞詔放徙居洛川以避之巳上

宋錄中云而司馬公涑水紀聞乃云嗣宗與趙昌言角力而勝昌言乃太平興國四年胡旦榜第二人嗣宗廷試所爭乃陳識溫公所紀誤嗣宗是歲以橋梁渡長江爲賦題葢當年下江南一時勝捷故耳

靖康元年虜人初犯京師种師道爲宣撫使李伯紀以右丞爲親征行營使伯紀命大將姚平仲謀劫敗寨數日前行路皆知之虜先爲備初出師以爲功在頃刻令屬官方允迪爲露布忽報失利上震驚於是免伯紀師道亦罷復建和議汪彥章靖康詔旨云方

會之文非也今列於後臣聞天生五材自古無去兵之理武有七德聖王以保大爲先茲中國之撫四夷猶上穹之統羣物必春生而秋殺當仁育而義征故黃帝靈爰親征於涿鹿高宗嘉靖尚遠克於鬼方夏禹舞干羽格有苗周宣飭車而伐玁狁者在前精蔚爲顯庸頗當真人之期興靖愼昌時之全盛泰爾獨寇干于天誅猛將如雲憤四郊之多壘元甲耀日旅一怒以安民鋪張於洪休以明示於德意恭惟陛下勇由天錫聖本生知挺表正萬邦之資擅冠帶百蠻之勢春秋書王者大一統命茲御極之年夷狄闖中國有至仁盡効充庭之貢顧肅愼之未裔爲女眞之小邦宜修獻楛之恭自甘張革之陋乃速叛將共縱野心始盜燕雲之七州旋陷浙邢之兩郡敢踰天險竟窺日畿負上皇[illegible]之異思懲其悖悔意天朝久安而弛備可以憑陵驟驅牟莘輒攻雉堞注飛矢以如雨儻比射天倚長梯而侵雲難於超海盡矣豺狼之材屹然金湯之雄少抑以暫休假請和而驕索求五府匠儲之金帛割三鎮難推之土疆且質宰臣仍

要帝弟惟兼憂外夷之生命深軫淵衷不曲從近弼之遠猷勉徇谿欲其金賦謂我怯懦愈懷貪婪斂重賂而非厭散輕兵而益騁蹈籍我州縣驚擾我三輔虜掠我人民欲攘我牛馬發塚取貨增盛怒於田單兒髮爲兵渺長思於管仲神奪其魄肆毓荒淫罪通於天決取殄滅特遊魂於死地似絕命於歸途可破之形有識共見臣恪遵睿訓大整軍容近越三旬之間式備六師之衆威名無素敢期草木之能兵號令所加庶幾旗幟之改色數出精銳分據要衝擁旄之

宿將鼎來勤王之勇士霧集正月某日某官□□道
統若干人來某日某官姚平仲若干人來某官种師
中統若干人來諸處將兵排日以列於此以誇大之
各懷義槩願淨妖氛奮不顧身古之名將弗過前無
橫陣勢難與賊俱生馳逐習進止關約束明而申令
熟御得其道而咸作使慮善以動而惟□戎以戰誰
能禦之有禮其可用也籌運玉帳無忘矢遺鏃之勞
氣吞沙塲斷匹馬蹄輪之返二月一日討議已定部
分鼎嚴是夜子時范瓊領二千騎銜枚而西斫營以

入致羣賊之自擾引大兵而夾攻殺氣干霄呼聲動
地臣於是時躬帥禁旅尉承德音出宣德門至班荆
館既親行陣而督戰亦屢緩急以濟師盡廉勁靈鼓
疾風而向敵回祿助翳烈火以燎原天道甚明人心
爭奮穩崖穴之盤結變灰燼於須臾臣又分兵以解
范瓊之圍遣騎以助平仲之進疾如破竹順若建瓴
日逐溫禺已示柴胔釁鼓之狀單于行說將羅縶頸
笞背之刑覩獲醜之纍來信犂庭之可得其金賊道
窮矢盡糧絕人饑走尚殺於白馳鬬猶向於困獸三

日卯時出師而截戰圍賊壘者數重士怒益張逸不
止競執偷而折馘紛蹀血而屢賜其日午時某人先
遣衛兵等三百易皇地康王從行之人出金賊不意
挾康王上馬由其門以歸衆智同紓神謀間發全棠
棣之愛副鶺鴒之求子儀見虜之誠斯爲可從平原
歸趙之計彼若亡奇其日申時某人手刃金賊太子
其人擒獲叛將藥師勦厥渠魁重街張不漏之網生
致麾下吏責未酬之恩兇徒潰而冰消餘衆驚而
鳥散亟加追躡寧俾遁逃寶貨詎存苟進詎慚於馬

蕭武燼灰用長洪衆　於虎彪遂收十全之功何謝
八先之略臣載惟上帝以儆晉佑宋睿主以昌唐應
天日表龍姿鳳膺神與之異風聲鶴唳助成師至之
威豈容小醜之迷昏未知初政之精勤臨事而懼□
有在庭之合辭惟斷乃成盡出當陽之獨運果因多
算遂奏膚功挽天河以洗甲兵裂屬國而吏阮谷受
命清廟方定謀以出征飭喜端門俄大獻而奏凱□
遁甘泉而啓大帝騎至渭水而激太宗故知王業之
允發天顏之喜折臢何而置酒效豈專於周儒賀

小白而舉觴請無忘於在莒臣猥忝適列初之長才聖謨洋洋上稟新書之妙虎臣矯矯旁資羣策之良不敢貪天以爲功正欲與衆而偕樂臣無任瞻天望聖踴躍慶快之至差某官奉露布以聞

建炎己酉奉康志升允之帥浙西辟先人入幕府時高宗南幸先人揣知胡亂未已是冬虜騎果至所道之境悉如先人言今載于後其聞及其時而弗思之而不及此天下事所以大壞而不可救藥也先事而圖者非利害有以見於外英明有以主于內則紛紛

講前一是一非何以適從此賤子贅言冀于倍察也自以蒙召公孫遇有日矣寅　初試有蒙辟罷恩德重大非特一已知之士大夫傳以聳動也服辭去厲色不以爲忤未忍默默以負於門下也切惟朝廷以錢唐重鎮付與左右附綏制置重任兼而有之明公虔奉睿意令以威駕風馳電駛懲惡護善百廢俱起千里之間歌頌載塗杭民摘像以事明公既保令名而與俱矣則圖惟厥終所謂公之危安其可忽哉此仕于此爲日滋久以覽觀山川攷驗圖史輒有以

耳目之助而非苟然也杭州在唐雖不及會稽姑蘇二郡因錢氏建國始盛請以西境言之北有常潤連大江浙西觀察使治所在京口蓋相距數百里形勢也其東滄溟雖海山際天風濤豪壯然海門中流至淺狹不可浮大舟匪夷狄能窺其南則浙江以限吳越惟州西境無大山長川虛怯可虞錢鏐本臨安人始因宣歙羣盜米直曹師雄作亂自鄉里起兵保臨安人始因臨安至敗以黃巢於八百里威名益振遂分建八都於兩境精兵各千人互相策應新城縣

聖安都杜稜守之富陽縣靜江都聞人宇守之臨安縣石鏡都董昌守之餘杭縣龍泉都凌文舉守之鹽官縣海昌都則徐及北關鎮則劉孟容臨平鎮則曹信浙江鎮則阮結又置都兵馬寨臯亭臨安援建八都堂於府第日與賓幕聚議至建霸府也累世皆大興佛寺於西湖匪持祈福爲觀美而已實據諸峰之險爲候望也結婚四郡犄角以備江南蓋錢鏐本臨安人故知形勢爲盡由今觀之今昔雖異利害一同自餘杭無五十里城名霍山平路如砥可徑抵城下

今日議者惟於蘇潤二州置帥宿兵不知西境乃先務也其患過許萬一虜過江陵不可攻直抵吉安廣德以指錢唐則數百里應響是邦危矣伏望慈察一方之利大從邦人之至願考八都舊迹别行措置使金陵宣歙與我相表裏出兵據險守要事無不濟餘杭臨安兩邑土豪比諸孫昆爲僥鏡擇其守令例假一官以鼓舞之使扼其要路逾於金湯矣某少遊痒中觀張雎陽畫像切歎其眉宇英威凛然真足以定雎陽矣况其胸中哉今明公文武忠孝屏翰王室保

斯人以更生又朝奏夕下與聖旨相唯諾何惜建此於朝而始終錢唐之人也今皇輿新渡浙江明公能自此大振軍聲連紛江東挫其賊鋒校之輕重張雎陽何足道哉有守禦圖一本隨以爲獻犯分妄言無以辭誅或稍因閑暇呼之使前更畢其初説又幸矣

曾吉父早歲入館然平生不曾關陞後來雖有監郡守猶帶權發遣也吉父爲廣西漕嘗舉其屬吏姓黄者改官赴部告行忽吉父云有一事久擬奉白先生早往下關陞于門下實有利害耳曾氏父子每與客言以資一笑徐敦立守滁有郡博士葛鎮者欲上書於朝乞將王安石親黨盡行竄謫以副本呈似敦立笑云度之斥謫不足道然公那有利害鎮詢其說敦立笑云度乃王氏壻倘從公言折了一紙舉狀矣鎮赧然二事相類故記之

醉翁寱語

宋　樓璹

文士輕薄不顧道理有甚害義者今諸家雜説往往有之

冷齋夜話云池塘生春草乃謝公平生喜見惠連夢中得之不當尼其句爲佳此語固善句之妙眞不可以言傳也

醫者意也古人有不因切脉隨知病源者正意之所通也

西京牡丹聞于天下花盛時太守作萬花會此亦二千石風流罪過

紹聖間吳尚書喜論杜詩每從官晨集聽者以爲苦時葉致遠爲中書舍人每遷坐于門外簷次一日忽大雨飄灑同列呼之不至問其故曰怕老杜詩葉亦可謂不善恥謔也

孫莘老喜讀書晚年病目乃擇卒伍中識字稍解事者二人授以句讀每瞑目危坐室中命二人更讀于傍終一策則易一人飲之酒一杯使退卒亦自喜不難可謂老年讀書法

錦里新聞　闕名

杜丹坪瓊坪皆杜丹也春時花發傾城出遊[illegible]子飛翔坪上

虞美人草父老云曾有人于和夷壩見此草偶[illegible]之叶虞韻遂舞動如醉者然因是登之志或曰如[illegible]之花葉

錦城因錦江之水濯錦而名人又謂蜀王衍命蜀城遍栽芙蓉花得名亦新

蒙山有僧病冷且久偶遇老父曰仙家有雷鳴茶俟雷發聲乃茁可併手于中頂採摘服之僧病果瘥今產茶不廢

玉局觀以漢永壽初老子與張道陵至此有局脚玉床自地而出老子昇座與道陵說南斗經既去而座隱

成都出小鳥紅翠相間生于桐花中惟飲其汁不食他物花落隨死

郫人刳大竹傾春釀于中號郫筒酒用中至今以古米或黍七分高粱三分以五加尖釀之

說郛目錄

弓第三十四
清尊錄　廉宣
昨夢錄　康譽之
就日錄　尉得翁
漫笑錄　徐慥
軒渠錄　呂居仁
拊掌錄　元懷
諧噱錄　劉訥言

感定錄
天定錄
調謔編　蘇軾
諱名錄　吳淑
艾子雜說　蘇軾

清尊錄

宋　廉宣

政和初冀州洛次中或言某官之家有異事語未畢而某官者至因自言某妻生一男一女而歿某既再娶矣一月亡妻忽空中有聲如小兒吹吽子狀三二日輒一至某問之曰君亦有形乎曰有之即見形如平生叙舊感泣然近人輒引去常相距十許步因謂曰昔爲夫婦今忍不相親於是相與坐堂中某起執其手則堅冷如氷鐵妻勃然掣手去後五日乃復來

罵曰前日遽驚我何耶某再三謝之竟不可近久之後妻忽夢其先祖云汝夫前妻爲祟乃陰府失收耳今已召捕且獲後數日果絶

建炎初關陝交兵京西南路安撫使司檄諸郡凡民家畜三年以上糧者悉送官違者以乏軍興論金州石泉縣民楊氏貲鉅萬積粟支三十年因是悒悒得疾廣故豪橫兼并其鄉鄰甚患苦之既病篤絶惡見人雖妻子不得見自隙窺之則時時拌所藉稻藁而食三日所食方數尺乃歿歛畢棺中忽有聲若蹉蹋者

家人亟呼匠欲啓𣔙匠曰此非甦活殆必有怪勿啓其子不忍啓之則一驢躍出嘶鳴甚壯衣帽如蟬蛻然家縶之隙屋中一日其子婦持草飼驢忽跳齧婦臂流血婦麤暴忿怒取抹草刀刺之立死廣妻遂訴縣稱婦殺翁縣遣修武郎王直臣往驗之備得其事

興元民有得蜀遺小兒者育以爲子數歲美姿首民夫婦計曰使女也教之歌舞獨不售數十萬錢邪婦曰固可詐爲也因納深屋中節其食飲膚髮腰步皆飾治之比年十二三嫣然美女子也攜至成都教以

新聲又絶警慧益秘之不使人見人以爲奇貨里巷民求爲妻不可曰此女當歸之貴人於是女儈及貴游好事者踵門一覿面亟避去猶得錢數千謂之看錢久之有某通判者來成都一見心醉要其父必欲得之與直至七十萬錢乃售既成券喜甚置酒與客飲使女歌侑酒夜半客去擁而致之房男子也大驚遣人呼其父母則遁去不知縱跡告官召捕之亦卒不獲時張子公尹蜀云

鄜州進士崔嗣復預貢入都距都城一舍宿僧寺法堂上方寐忽有聲叱之者嗣復驚起視之則一物如鶴色蒼黑目烱烱如燈鼓翅大呼甚厲嗣復皇恐避之廡下乃止明日語僧對曰素無此怪第旬日前有叢柩堂上者恐是耳嗣復至都下爲開寶一僧言之僧曰藏經有之此新死屍氣所變號陰摩羅鬼此事王碩侍郎說

狄氏者家故貴以色名動京師所嫁亦貴家明艷絶世每燈夕及西池春遊都城士女讙集自諸王邸第及公侯戚里中貴人家帟幕車馬相屬雖歌妹舞姬

皆飾璫翠佩珠犀覽鏡顧影人人自謂傾國及狄氏至靚粧却扇亭亭獨出雖平時妒悍自衒者皆羞服至相忿詆輒曰若美如狄夫人邪乃相夌我其名動一時如此然狄氏資性貞淑遇族遊群飲澹如也有滕生者因出遊觀之駭慕喪魂魄歸悒悒不聊生訪狄氏所厚善者或曰尼慧澄與之習生過尼厚遺之日日往尼愧謝問故生曰極知不可幸萬分一耳不然且死尼曰試言之生以狄氏告尼笑曰大難大難此豈可動邪具道其決不可狀生曰然則有所好乎

曰亦無有唯旬日前屬我求珠璣頗急生大喜曰可也即索馬馳去俄懷大珠二囊示尼曰直二萬緡願以萬緡歸之尼曰其夫方使北豈能遽辦如許償邪生亟曰四五千緡不則千緡數百緡皆可又曰但可動不云一錢也尼乃持詣狄氏果大喜玩不已問須直幾何尼以萬緡告狄氏驚曰是纔半直爾然我未能辦奈何尼因屏人曰不必錢此一官欲祝事耳狄氏曰何事曰雪失官耳夫人弟兄夫族皆可爲也狄氏曰持去我徐思之尼曰彼事急且投他人可復得

清尊錄　四

邪姑留之明旦來問報遂辭去且以告生生益厚餉之尼明日復往狄氏曰我爲營之良易尼曰事有難言者二萬緡物付一禿媪而客主不相問使彼何以爲信狄氏曰奈何尼曰夫人以設齋來院中使彼若邂逅者可乎狄氏頳面摇手曰不可尼愠曰非有他但欲言雪官事使彼無疑耳果不可我不敢强也狄氏乃徐曰後二日我亡兒忌日可往然立語亟遣之尼曰固也尼歸及門生已先在詰之具道本末拜之曰儀泰之辦不加於此矣及期尼爲治齋具而生匿

小室中具酒殽俟之牖時狄氏嚴飾而至屏從者獨携一小侍兒見尼曰其人來乎曰未也唄祝畢尼使童子主侍兒引狄氏至小室搴簾見生及飲具大驚欲避去生出拜狄氏答拜尼曰郎君欲以一卮爲夫人壽願勿辭生固頑秀狄氏頗心動睇而笑曰有事第言之尼固挽使坐生持酒勸之狄氏不能却爲釂卮卽持酒酬生生因徙坐擁狄氏曰爲子且死不意果得子擁之卽榻中狄氏亦歘然恨相得之晚也比夜散去猶徘徊顧生挈其手曰非今日幾虛作一世

清尊錄　五

人夜當與子會自是夜輒開垣門召生無闕夕所以奉生者靡不至惟恐毫絲不當其意也數月狄氏夫歸生小人也陰計已得狄氏不能棄重賄伺其夫與客坐遣僕入白曰某官嘗以珠直二萬鬻第中久未得直且訟于官夫訝驟入詰狄氏語塞曰然夫督取還之生得珠復遣尼謝狄氏我安得此貸于親戚以動子耳狄氏雖恚甚終不能忘生夫出輒召與通逾年夫覺閑之嚴狄氏以念生病歿余在太學時親見

崇寧中有王生者貴家之子也隨計至都下嘗薄暮被酒至延秋坊過一小宅有女子甚美獨立于門徘徊徙倚若有所待者生方注目忽有騶騎呵衛而至下馬於此宅女子亦避去匆匆遂行初不暇問其何姓氏也抵夜歸復過其門則寂然無人聲循墻而東數十步有隙地丈餘蓋其宅後也忽自內擲一瓦出拾視之有字云夜於此相候生以墻上剥粉戲書瓦背云三更後宜出也復擲入焉因稍退十餘步伺之少頃一男子至周覰地上無所見微嘆而去既而三

鼓月高霧合生亦倦睡欲歸矣忽墻門軋然而開一女子先出一老嫗負笥從後生遽就之乃適所見立門首者熟視生愕然曰非也回顧嫗嫗亦曰非也將復入生挽而劫之曰汝爲女子而夜與人期至此我執汝詣官醜聲一出辱汝門戶我邂逅遇汝亦有前緣不若從我去女泣而從之生携歸逆旅匿小樓中女自言曹氏父早歿獨有巳一女母鍾愛之爲擇所歸女素悅姑之子某欲嫁之使乳嫗達意於母母意以某無官弗從遂私約相奔墻下微嘆而去者當是也生既南宮不利遷延數月無歸意其父使人詢之頗知有女子偕處大怒促生歸扃之別室女所齎甚厚大半爲生費所餘與嫗坐食垂盡使人訪其母則以亡女故抑鬱而歿久矣女不得已與嫗謀下汴訪生所在時生侍父官閩中女至廣陵資盡不能進遂隸樂籍易姓名爲蘇媛生游四方亦不知女安否數年自浙中召赴闕過廣陵女以倡侍燕識生生亦訝其似女屢目之酒半女捧觴勸不覺兩淚墮酒中生悽然曰汝何以至此女以本末告淚隨語零生亦媿

歎流涕不終席辭疾而起密召女納爲側室其後生子仕至尚書郎歷數郡生表弟臨淮李從爲余言

大桶張氏者以財雄長京師凡富人以錢委人權其子而取其半謂之行錢富人視行錢如部曲也或過行錢之家設特位置酒婦女出勸主人皆立侍富人遜謝强令坐再三乃敢就位張氏子年少父母歿主家事未娶因祠州西灌口神歸過其行錢孫助教家孫置酒數行其未嫁女出勸容色絶世張目之曰我欲娶爲婦孫皇恐不可且曰我公家奴也奴爲郎主

文人隣里笑惟張曰不然須主少錢物耳豈敢相僕隷也張固豪侈奇衣飾即取臂上古玉條脱與女且曰擇日納幣也飲罷去孫隣里交來賀曰有女爲百萬主母矣其後張别議婚孫念勢不敵不敢往問期而張亦恃醉戲言耳非實有意也逾年張婚他族而孫女不肯嫁其母曰張已娶矣女不對而私曰豈有信約如此而别娶乎其父乃復因張與妻祝神囘并邀飲其家而使女窺之既去曰汝見其有妻可嫁矣女語塞去房内蒙被臥俄頃即死父母哀慟呼其鄰

鄭三者告之使治喪具鄭以送喪爲業世所謂仵作行者也且曰小口死勿停喪即日穴壁出瘞之告以致死之由鄭辦喪具見其臂有玉條脱心利之乃曰某一園在州西孫謝之曰良便且厚相酬號泣不忍視急揮去即與親族往送其殯而歸夜半月明鄭發棺欲取條脱女蹶然起顧鄭曰我何故在此亦勿識鄭鄭以言恐曰汝之父母怒汝不肯嫁而念張氏辱其門戶使我生埋汝於此我實不忍乃私發棺而汝果生女曰第送我還家鄭曰若歸必死我亦得罪矣女不得已鄭匿他處以爲妻完其殯而徙居州東鄭有母亦喜其子之有婦彼小人不暇究所從來也積數年每語及張氏猶忿恚欲往質問前約鄭每勸阻防閑之崇寧元年聖端太妃上仙鄭當從御翣至永安將行祝其母勿令婦出遊居一日鄭母晝睡孫出僦馬直詣張氏門語其僕曰孫氏第幾女欲見某人其僕往通張驚且怒謂僕戲已罵曰賤奴誰敢汝如此對曰實有之乃與其僕俱往視焉孫氏望見張跳踉而前曳其衣且哭且罵其僕以婦女不敢往解張

以爲鬼也驚走女持之益急乃擘其手手破流血推仆地立死僦馬者恐累也往報鄭母母訴之有司因追鄭對獄具狀已而園陵復土鄭發冢罪該流會赦得原而張實推女而殺之雖死罪也雖奏獲貸猶杖脊竟憂畏死獄中時吳拭顧道尹京有其事云

建炎初劇盜張遇起江淮間所至噬螫無噍類衆且數十萬其裨將馬吉者狀絶偉善用兵然頗仁慈每戒軍士勿妄殺人曰爲盜脱饑耳得食則已奈何濫殺凡所獲士人及僧道輒條别善遇之有疾病視其

起居飲食甚篤士卒得女以獻者置別室訪其親戚還之無所歸者擇配嫁娉由是遇帳下諸之曰是收軍情者遲怒帮揚欲斬之呼至數其罪嘻笑自若曰賊殺賊豈須有罪邪何云云如是我死固分耳既就地坐瞑目合爪視之死矣遇雖殘忍亦爲變色左右至流涕古稱得道至人以至佛菩薩多隱盜賊牢獄屠釣中以其救人如吉殆是耶

富韓公謝事居洛一日邵康節來謁公已不通客惟戒門者曰邵先生來無早晚入報是日公適病足臥

小室延康節至臥床前康節笑曰他客得至此邪公亦笑指康節所坐胡床曰病中忘忤忤雖兒子來立語遣去此一胡床惟待君耳康節顧左右曰更取一胡床來公問故答曰日正中當有一綠衣少年騎白馬候公公雖病強見之公薨後此人當秉史筆記公事公素敬康節神其言因戒閽人曰今日客至無貴賤立爲通既午果范祖禹夢得來遂延入問勞綢疊且曰老病即死念平生碌碌無足言然蘊懷朴忠他時筆削必累君願少留意夢得惶恐叵測避席謝後十餘年修裕陵實錄夢得竟爲修撰韓公傳此事尹侍郎說

雷申錫者江西人紹興中一舉中南省高第廷試前三日客死都下捷音與訃踵至鄉里其妻日夜悲哭忽一夕夢申錫如平生自言我往爲大吏有功德於民故累世爲士大夫然嘗誤入死囚故地下罰我凡三世如意時暴死前一世仕久蹇後忽以要官召纔入都門而卒今復如此凡兩世矣更一世乃能以償宿譴耳其事可以有爲治獄者之戒

右清尊錄廉宣仲布所撰或謂陸公務觀所作非也蓋二公同時後人因誤指耳至大改元三月華

石山人識

昨夢録

宋　康譽之

滑臺南一二里有沙嵓横出半河上立浮圖亦不甚高大河水泛溢之際其勢横怒欲没孤城每至塔下輒怒氣遽息若不泛溢時及過滑臺城與則横怒如故此殆天與滑臺而設也塔中安佛髮長及二丈有奇拳爲巨螺其大如客數升物之器髮之色非赤非青非緑人間無此色也髮根大於人指自根至杪漸殺焉使兩人對牽之人自其中來往無礙塔有賜名忘之矣

西北邊城防城庫皆掘地作大池縱横丈餘以蓄猛火油不閱月池土皆赤黄又别爲池而徙焉不如是則火自屋柱延燒矣猛火油者聞出於高麗之東數千里日初出之時因盛夏日力烘石極熱則出液他物遇之即爲火惟真琉璃器可貯之中山府治西有大陂池郡人呼爲海子余猶記郡帥就之以按水戰試猛火油池之别岸爲敵人營壘用油者以油涓滴自火焰中過則烈焰遽發頃刻敵營淨盡油之餘力入水藻荇俱盡魚鱉遇之皆死

開封尹李倫號李鐵面命官有犯法當追究者巧結形勢竟不肯出李憤之以術羅致之至又不遜李大怒真決之數日後李方決府事有展榜以見者廳吏遽下取以呈其牓曰臺院承差人某方閲視二人遽升廳懷中出一牘云臺院奉聖旨推勘公事數内一項要開封尹李倫一名前來照鑑云云李即呼廳司以職事付少尹遂索馬顧二人曰有少私事得至家與室人言乎對曰無害李未入中門覺有躡其後者

回顧則二人也李不復入但呼細君告之曰平生違條礙法事唯決某命官之失汝等勿憂也開封府南向御史臺北向相去密邇倫上馬二人前導乃宛轉繚繞由别路自辰巳至申酉方至臺前二人曰請索笏李秉笏又大喝云從人散呵殿皆去二人乃呼閽者云我勾人至矣以牘付閽吏吏曰請大尹入時臺門已半掩地設重限李於是措笏攀緣以入足跌顛於限下閽吏導李至第二重閽吏相付授如前既入則曰請大尹赴臺院自此東行小門樓是也時已昏

黑矣李入門無人問焉見燈數炬不置之楣梁間而置之柱礎廊之第一間則紫公裳被五木扳其面向庭中自是數門或綠公裳者皆如之李既見冀曰設使吾有謀反大逆事見此境界皆不待捶楚而自伏矣李方惟無公吏輩有聲喏於庭下者李遽還揖之問之即承行吏人也白李請行吏前導盤繞屈曲不知幾許至土庫側有小洞門自地高無五尺吏去幞頭匍匐以入李亦如之李又自嘆入門可得出否既入則供帳牀榻裀褥甚都有幞頭紫衫腰金者出揖

李曰臺官恐大尹岑寂此官特以伴大尹也徐問之乃監守李獄卒耳吏告去於是捶楚冤痛之聲四起所不忍聞既久忽一卒持片紙書云臺院問李某因何到院李答以故去又甚久又一卒持片紙如前問李出身以來有何公私過犯李答並無過犯惟前真決命官爲罪犯去又甚久再問李真決命官依得祖宗是何條法李答祖宗即無真決命官條制時已五鼓矣承勘吏至云大尹亦無苦事莫饑否李謂自辰巳至是夜五鼓不食平生未嘗如是忍饑於是腰金者相對飲酒五盃食亦如之食畢天欲明捶楚之聲乃止腰金者與吏請李歸送至洞門曰不敢遠送請大尹徐步勿遽二人闔洞門寂不見一人李乃黙記昨夕經由之所至院門又至中門及出大門則從人皆在上馬呵殿以歸後數日李放罷

西夏有竹牛重數百斤角甚長而黃黑相間用以製弓極佳尤且健勁其近弝黑者謂之後醮近稍近弝俱黑而弓面黃者謂之玉腰夏人常雜犀角以市焉人莫有知往時鎮江裨將王詔遇有鬻犀帶者無他

文但峯巒高低繞人腰圍耳索價甚高人皆不能辨惟辛太尉道宗知此竹牛也爲弓則貴爲他則不足道耳

建炎初中州有仕宦者踉蹌至新市蹔爲寺居親舊絕無牢落淒涼斷其蹤跡茫茫殊未有所向寺僧忽相過存問勤勵時時餽殽酒仕宦者極感之語次問其姓則曰姓湯而仕宦之妻亦姓湯於是通譜系爲親戚而致其周旋餽遺者愈厚一日告仕宦者曰聞金人且至台眷盍早圖避地耶仕宦者曰某中州人

忽到異鄉且未有措足之所又安有避地可圖幾僧曰某山間有菴血屬在焉其處可乎於是欣然從之卽日命舟以往　巳去僧曰事巳小定駐蹕之地不遠公當速往注授仕宦者告以關乏僧於是辦舟贈鏹二百緡使行仕宦者曰吾師之德于我至厚何以爲報僧曰旣爲親戚義當爾也乃留其孥於菴中僧爲酌別飲大醉遂行翼日睡覺時月巳高起視乃泊舟太湖中四旁十數里皆無居人舟人語啐啐過午督之使行良久始慢應曰今行矣旣而取巨石磨斧

仕宦者罔知所措叩其所以則曰我等與官人無涉故相假借不忍下手官當作書別家付我訖自爲之所爾仕宦者惶惑顧望未恐卽自引決則曰今幸尚早若至昏夜恐官不得其死也仕宦者於是悲慟作家書畢自沉焉時內翰汪彥章守霅川有趣郡自首者鞫其情實曰僧納仕宦之妻酬舟人者甚厚舟人每以是持僧須索百出僧不能堪一夕中夜往將殺之舟人適出其妻自內窺月明中見僧持斧也乃告其夫舟人以是自首汪以謂僧固當死而舟人受賂

殺命官情罪俱重難以首從論其刑惟均可也又其妻請以亡夫告勑易度牒爲尼二事奏皆可汪命獄吏故緩其死使皆備受楚酷數月然後刑之

紹興辛巳余聽讀於建昌教官省元劉溥德廣語及余所生之地曰滑臺劉曰聞人之言黃河漲溢官爲卷埽其說如何曰予不及見也尚聞先父言斯事民甚苦之蓋於無事時取長藤爲絡若今之竹夫人狀其長大則數百倍也實以芻藁土石大小不等每埽水之高下而用之大者至於二千人方能推之於水

正決時亦能遏水勢之暴遇水高且猛時若拋土塊於深淵耳此甚爲無益焉舍是則亦無他策也或不幸方推之際怒濤遽至則溺死者甚多大抵止以塞州城之門及鹽官場務之衙宇耳瀕河之民頗能覘沙漲之形勢以占水之大小遠近往往先事而拒逆來所以甚利便也又有絞藤爲繩縱結竹篾筏木柵等謂之寸金藤有時不能勝水力卽寸斷如剪郡縣又村鄉民爲之所費甚廣大抵卷埽及寸金藤白馬一郡每歲不下數萬緡白馬之西卽底柱也水常高

柱數尺且河怒爲柱所扼力與石鬬晝夜常有聲如
雷霆或有建議者謂柱能少低則河必不怒於是募
工鑿之石堅竟不能就頗有斵者了無所益
畢少董言國初修老子廟廟有道子畫壁老杜所謂
冕旒俱秀發旌旆盡飛揚者也官以其壁募人買有
隱士亦妙手也以三百千得之於是閉門不出者三
年乃以車載壁沉之洛河廟亦落成矣壁當再畫郡
以請隱士隱士弗辭有老畫工貪緣以至者衆議謹
當畫東壁隱士以讓畫工畫工弗敢當讓者再三隱

士遂就東壁畫天地隱士初落筆作前驅二人工號
觀之不語而去工亦畫前驅二人隱士往觀亦不語
而去於是各解衣盤礴慘淡經營不復相顧及成工
來觀其初有不相許之色漸觀其大拖遷吝嗟擊節
及見輦中一人工俛駭下拜曰先生之才不可當也
某自是焚作具不敢言畫矣或問之工曰前驅纔也
骨相當嗔目怒聲可比騶馭近侍清貴也骨相當清
奇麗秀可比臺閣至於輦中人則帝王也骨相當龍
姿日表也可比至尊今先生前驅乃作清奇麗秀某
竊謂賤隷若此則何足以作近侍近侍纔可強力少
加則何以作輦中之人也若貴賤之狀一等則不足
以爲畫矣今觀之先生所畫前驅乃吾近侍也所畫
近侍乃吾輦中人也洎觀輦中之人其神守骨相蓋
吾平生未嘗見者古圖畫中亦未之見此所以使吾
慚愧駭服隱士曰此盡世間人也爾所作怒目虬髯
則人間人耳人之隔人則面目氣象皆塵俗雖爾藝與
其他工不同要之但能作人間爾工然自毀其壁以
家貧償之請隱士畢其事少董曰余許隱士之畫如

韓退之作海神廟記蓋劈頭便言海之爲物於人間
爲至大使他人如此則後必無可繼者而退之之文
累千言所言浩瀚無涯蓋乃竭而不窮文竭而不困
至於奪天巧而破鬼膽筆勢猶未得已世之作文者
孰能若是故於論隱士之畫也亦然
北俗男女年當嫁娶未婚而死者兩家命媒互求之
謂之鬼媒人通家狀細帖各以父母命禱而卜之得
卜即製冥衣男冠帶女裙帔等畢備媒者就男墓備
酒果祭以合婚設二座相並各立小幡長尺餘者於

座後其未奠也二幡凝然直垂不動奠畢祝請男女相就若合巹焉其相喜者則二幡微動以致相合若一不喜者幡不爲動且合也又有慮男女年幼或未閑教訓男即取先生已死者書其姓名生時以薦之使受教女即作冥器充保母使婢之屬既已成婚則或夢新婦謁翁姑壻謁外舅也不如是則男女或作祟見穢惡之迹謂之男祥女祥鬼兩家亦薄以幣帛酬鬼媒鬼媒每歲察鄉里男女之死者而議資以養生焉

宣政間楊可試可弼可輔兄弟讀書精通易數明風角鳥占雲祲孤虛之術於兵書尤邃三人皆名將也自燕山回語先人曰吾數歲前在西京山中遇出世人語甚款老人頗相喜勸予勿仕隱去可也予問何地可隱老人曰欲知之否乃引予入山有大穴焉老人入楊從之穴漸小扶服以入約三四十步即漸寬又三四十步出穴即川土雞犬陶冶居民大聚落也至一家其人來迎笑謂老人久不來矣老人謂曰此公欲來能相容否對曰此中地闊而民居鮮少常欲人來居而不可得敢不容邪乃以酒相飲酒味薄而醇其香郁烈人間所無且殺雞爲黍意極歡至語楊曰速來居此不幸天下亂以一丸泥封穴則人何得而至又曰此間居民雖異姓然皆信厚和睦同氣不若也故能同居苟志趣不同疑間爭奪則皆不願其來吾今觀子神氣骨相非貴官即名士也老人肯相引至此則子必賢者矣吾此間凡衣服飲食牛畜絲纊麻枲之屬皆不私藏與衆均之故可同處子果來勿攜金珠錦繡珍異等物在此俱無用且起爭端徒

手而來可也指一家曰彼來亦未久有綺縠珠璣之屬衆共焚之所享者惟米薪魚肉蔬果此殊不闕也惟計口授地以耕以蠶不可取衣食於他人耳楊謝而從之又戒曰子來或遲則封穴矣迫暮與老人同出令吾兄弟皆休官以往矣公能相從否於是三楊自中山歸落乃盡損囊篋所有易絲與綿布絹先寄穴中人後聞可試輻巾布袍賣卜二弟築室山中不出俟天下果擾攘則共入穴自是聲不相聞先人常遣人至築室之地訪之則屋已易三主三楊所向不

可得而知也及紹興和好之歲金人歸我三京余至京師訪舊居忽有人問此有康通判居否出一書相示則揚手扎也書中致問吾家意極殷勤且云予居於此飲食安寢終日無一毫事何必更求仙乎公能來甚善余報以先人没於辛亥歲家今居宜興俟三京帖然則奉老母以還先生再能寄聲以付諸孤則可訪先生於清淨境中矣未幾金人渝盟予顛頓還江南自此不復通問

就日錄

元　耐得翁

唐人著夢書言夢有徵夫夢者何也釋氏以四法判之一曰無名薰習二曰舊識巡遊三曰四大偏增四曰善惡先兆周官筮人掌占六夢一曰正夢二曰噩夢三曰思夢四曰寤夢五曰喜夢六曰懼夢造化權輿曰神遇為夢形接為事浮虛夢揚沉實夢溺寢藉帶夢蛇鳥銜髮夢飛將雨夢水將晴夢火將病夢食將憂夢歌舞此列子之論也李泰伯潛書云夢者之在寢也居其傍者無異見耳目口鼻手足皆故形也魂之所遊則或羽而仙或冠而朝或宮室輿馬女婦奏舞興乎其前忽富驟榮樂無有限極及其覺也撫其躬無毛髮之得於是始知其妄而笑此無他獨其心之溺焉耳嗚呼將幸而覺邪抑將冥冥遂至於死邪前者諸說各有所見且周官載之甚悉而列子之神遇李泰伯之魂遊心溺果然哉然有二說如夜夢得金寶覺而無所獲若夢與女人交覺而失精此非心溺乎如夏月露卧偶夜露下而失覆則夢雪降冬

月擁衾多則夢火熾此非神遇乎夫至人無夢者緣無想念甚恐此路頭熟者其所好而往則將冥冥沒沒而不知返者有之要在平昔學力讀者當察之

孔子曰道之將行也歟命也道之將廢也歟命也是聖人素其位而行所遇不可必故歸之於命先言道而後言命天之有命聖人依命而行道所以嚴君平西蜀設肆爲人臣者勉之以忠爲人子者勸之以孝是亦行道爾後世不知斯理厤於書傳自立一家或以五行支干或以二元九氣或專取於日或寓於星

會或寓於易數立說紛紛徒惑聞見爾如漢高帝入關三百人皆封侯趙括四十萬衆悉坑豈漢兵無一人行衰絕運限者趙兵無一卒在生旺日時者此理可見近泉雅岳總卿刋江西廖君所類諸家命書爲五行精紀其集錄備載而無去取亦不勉拘於五行之内言之且造物者惡得以甲乙數語而窺之且夫人事未盡焉盡天理故與人同即爲合德知過再犯即爲轉趾聞焉不信即爲孤神財不儉用即爲耗宿昔有軍校與趙韓王同年月日時生若韓王有一大遷除軍校則有一大責罰其小小升轉則軍校徵有譴訶此又不知於命以何而取焉大抵燭理明之人五行神鬼皆不能拘繫陶淵明有云癡人前不宜說夢而達人前不可言命至急則無陰陽凡有妄心則被五行所惑一有私心則爲鬼神所制況天道福善禍淫鬼神禍盈福謙以命取斷於卜師彼以糊口之迫而藉此術以度日欲決行藏一以爲貴一以爲賤轉爲之惑以事求用於神彼以幽沉之後尸其享祭爲致以無作有以曲爲直私之於人且人事之公

行未有謟人者惟有私求則往祈禱之夫神鬼本畏人而人一有妄心求彼即彼得以肆欺於其間也近時有一内貴官以門下人命使術者議之若言命佳則必以奇禍擾之言命窮則必以好爵榮之此是時與造物爭功畧舉此以少釋其惑

錢唐江潮之說前後紀錄不一山海經以爲海鰌出入穴之度佛書以爲神龍之變化葛洪潮記謂天河激湧洞冥正一經云月周天而潮應王充論衡謂水者地之血脉隨氣進退而爲潮竇叔蒙海濤志以潮

汐作濤必待于月月與海相推海與月相明東海漁翁海潮論云地浮與大海隨氣出入上下地下則滄海之水入於江謂之潮地上則江河之水歸於滄海謂之汐浙江發源最近江水少海水多其潮特大潘洞浙江論曰海門有二山曰龕曰赭夾岸潮之初來亦慢將近是山岸狹勢逼如湧而爲濤姚令威叢語載會稽石碑大率元氣噓翕天隨氣而漲歛濆滓往來潮順天而進退者也浙江南自纂風北自嘉興夾山而水闊下有沙潬徒旱切南北亘之隔礙洪波蹙遏

潮勢非江山茂逼使之然也雲麓趙景安漫抄載徐明叔等高麗錄云天包水水承地而元氣升降於太空之中地乘水力以自持且與元氣升降互爲抑揚而人不覺枲家之議海潮濟洞之論勢頗爲當理而止云勢逼而爲濤東海漁翁之論源近遠而分大小理亦近似而云地浮於水其理間斷不若徐明叔等高麗錄云天包水水乘地而元氣升降竇叔蒙之論濤符于月此說正與會稽石碑及趙景安所議相合且月陰也潮水也皆應於易之坎卦爲用故易說卦坎爲水爲月於此可見是以三家之論爲得焉

焚紙錢之說唐王璵傳曰漢以來葬者皆有瘞錢後世里俗稍以紙寓錢爲鬼事至是璵乃用爲禳祓則是喪葬之焚紙錢起於漢世之瘞錢也其禱神而用寓錢則自王璵始矣康節先生春秋祭祀約古今禮行之亦焚楮錢程伊川怪問之曰冥器之義也脫有蓋非孝子順孫之心乎叔嗣翁高峯廖用中奏乞禁焚紙錢有云嘗怪世俗鑿紙爲錢焚之以徼福於鬼神者不知何所據依非無荒唐不經之說要皆下俚

之所傳耳使鬼神而有知謂之慢神欺鬼可也李珂松窻百記云世既是妄人死而爲鬼其妄又可知無身心耳目口鼻之實而六習常不斷顛倒沉迷豈復覺悟方其具酒殽列冥器鑿楮象錢印繪車馬而焚之以妄塞妄也蓋嘗原其本初恐瘞錢爲死者之褻乃世衰得錢易以紙錢自後沿襲至唐而焚之其來久且遠而廖高峯遽欲絕之以塞妄費且夫子謂死葬之以禮又曰敬鬼神而遠之是夫子不欲遽絕而以有無之中言之惟邵康節云脫有蓋非孝子順孫

之心最爲通議
秉堅志載眞官行持靈驗處極多且行持符法自虛
靖正一二天師傳度符籙于世亦是運自己精神眞
氣正心而驅除妖邪若自己神靈氣清心正之人鬼
神亦自畏之况受正法符籙乎上帝好生慮有邪魔
爲下方之患遂以天神應化人世用此符籙而誅除
之實於助國行化不爲無補猶於自己積功立行可
以超登仙列今也不然有無事取罪者妄意傳授符
籙假此以苟衣食行持治病則自帶親僕專備附體

仍呼神叱鬼又且召役嶽帝城隍且嶽帝城隍可比
人間監司郡守謂如人役僕隷受其利養處之無法
尚不伏使令不如教有何功德有何神通以動監司
郡守况嶽帝城隍乎豈不自招陰譴而又要求財物
作爲淫亂動違天律生不免於雷震則歿墮於風刀
幽沉是誰之過歟
嘗傳不肖子有三變其初變爲蝗蟲謂鬻田園而食
次變爲蠹蟲謂貨書而食又變爲大蟲謂賣人而食
此切當其理今之不肖子謂之三蟲恐未足以盡其

實初父母未亡也憑藉父祖門蔭聲勢在外無所不
爲朝去暮歸盜竊財物恣情爲非父兄以內有所主
及特父兄家私事逼其婢妾至於掣肘或恐玷已遂
爲掩蔽付之無可奈何及託前世甚至在外指屋起
錢高價賒物低價出賣謂之轉肩人皆指而目之爺
健大郎父有因此淹抑成病又增利貨錢候父母歿
還錢謂之下丁錢其或母先父亡猶且庶幾者若或
父亡而母存其爲害特甚初父亡得財產入手豈顧
其母及財散而母存甘旨不具展轉孤苦親戚兄弟

有不忍者携歸奉養則往彼爭喧取擾謂母有挾藏
之物反爲求索其親厭煩則衬母還之復受孥寂或
有兄弟麤給則與訟索分亦自有此等人資給以導
其爲訟既訟畢得錢浪費無歲月間又已空虛連及
妻室姊妹覓人蓄養作爲親戚出入閽門分甘忍耻
食殘衣弊而妻輩以寒餓所困初似羞澁終則願爲
間有妻輩家以力奪去及妻子輩鬻身事人或與所
事者厚愛從彼棄此不肖子俱無所施則思舊所交
遊者及父兄朋友而求索度日如此又不知以何等

盡處之矣

漫笑錄

宋 徐慥

太祖皇帝既下河北欲乘勝取幽燕或以師老爲言太祖不能決時納言趙中令留守汴都走書問之趙回奏曰所得者少所失者多非惟得少之中尤難入手又從失多之後别有關心太祖得奏即日班師

熙寧中上元宣仁太后御樓觀燈召外族悉集樓前神宗皇帝數遣黄門稟曰外家有合推恩乞疏示姓名即降處分宣仁答曰此自有處不煩聖慮明日上問何以處之宣仁答曰大者各與絹二疋小者分與乳糖獅子二箇内外已歎仰后德爲不可及也

元豐中王岐公位宰相王和父尹京上眷甚渥行且大用岐公乘間奏曰京師術者皆言王安禮明年二月作執政神宗怒曰執政除拜由朕豈由術者之言他日縱當此補特且遲之明年春安禮果拜右丞上日陛下乃違前言何也上默然久之曰朕偶忘記信知果是命也

章公惇罷相俄落職林公希爲舍人當制制詞云恃

悻無大臣之節怏怏非少主之臣章相啻聲曰此一聯無乃太甚林答曰長官發惡雜職棒毒無足怪也

東坡嘗謂錢穆父曰尋常往來心知稱家有無草草相聚不必過爲具穆父一日折簡召坡食皛飯及至乃設飯一盂蘿蔔一楪白湯一盞而已蓋以三白爲皛也後數日坡復召穆父食毳飯穆父意坡必有毛物相報比至日晏並不設食穆父餒甚坡曰蘿蔔湯飯俱毛也穆父歎曰子瞻可謂善戲謔者也

司馬溫公與蘇子瞻論茶墨俱香云茶與墨二者正

相反茶欲白墨欲黑茶欲重墨欲輕茶欲新墨欲陳蘇曰奇茶妙墨俱香是其德同也皆堅是其操同也譬如賢人君子黔皙美惡之不同其德操一也公笑以爲然

王和父守金陵荆公退居半山每出跨驢從二村僕一日入城忽遇和父之出公亟入編戶家避之老姥自言病痁求藥公隨行偶有藥取以遺之姥酬以麻線一綟云相公可將歸與相公娘子公笑受之

東坡聞荆公字說謂成戲曰以竹鞭馬爲篤以竹鞭犬有何可笑又曰鳩字从九从鳥亦有證據詩曰鳲鳩在桑其子七兮和爹和娘恰是九箇

今人秘色磁器世言錢氏有國日越州燒進爲供奉之物不得臣庶用之故云秘色嘗見陸龜蒙詩集越器云九秋風露越窰開奪得千峯翠色來好向中宵盛沆瀣共嵇中散鬭遺杯乃知唐巳有秘色矣

歐陽詢化度寺碑虞世南孔子廟堂記柳公權陰符經叙三公以書名三碑又最精者

佛印禪師爲王觀文陞座云此一瓣香奉爲掃煙塵

博士護世界大王殺人不眨眼上將軍立地成佛大居士王公大喜爲其久帥多專殺也

三蘇自蜀來張安道歐陽永叔爲延譽於朝自是名譽大振明允一日見安道問云令嗣近日看甚文字明允答以軾近日方再看前漢安道曰文字尚看兩徧乎明允歸以語子瞻曰此老特不知世間人果有看三徧者安道嘗借人十七史經月即還云巳盡其天資强記數行俱下前輩宿儒罕能及之

李賓王利用鄙易躬行君子人也嘗云郭林宗作玉

管通神有四句云貴賤視其眉目安否察其皮毛苦樂觀其手足貧富觀其頤頰

暁陟有成郎中宣和中爲省官貌不揚而多髭再娶之夕岳母陋之曰我女如菩薩乃嫁一麻胡命成作舉蒙詩成乃操筆大書云一床兩好世間無好女如何得好夫高捲朱簾明點燭試教菩薩看麻胡其女亦能安分隨緣和鳴偕老兒女成行各以壽終

蘇子瞻任鳳翔府節度判官章子厚爲商州令同試永興軍進士劉原父爲帥皆以國士遇之二人相得

歡甚同游南山諸寺寺有山魈爲祟客不敢宿子厚宿山魈不敢出抵仙游潭下臨絶壁萬仞岸甚狹横木架橋子厚推子瞻過潭書壁子瞻不敢過子厚平步以過用索繋樹躡之上下神色不動以漆墨濡筆大書石壁上曰章惇蘇軾來遊子瞻拊其背曰子厚必能殺人子厚曰何也子瞻曰能自拚命者能殺人也子厚大笑

軒渠錄

宋　呂居仁

東坡知湖州嘗與賓客遊道場山屏退從者而入有僧憑門閫熟睡東坡戲云禿閫上困有客即答曰何不用釘頂上釘

强淵明字隱季帥長安辭蔡太史蔡戲云公今吃冷茶去也强不曉而不敢發問親戚間有熟知長安風物者因以此語訪之乃笑曰長安妓女步武極小行皆遲緩故有吃冷茶之戲

范直方師厚性極滑稽嘗赴平江會太守鄭滋德象問營妓之妍醜於師厚師厚以王蒽趙芷對德象云趙芷非不佳但面上顴骨高耳師厚云幸方婦人豈有無顴骨者便是錢大王皇后也少他那兩塊不得

米元章居鎮江嘗在甘露寺榜其所居曰米老菴甘露大火惟李衛公塔及米老菴獨存有嘲之者云神護李衛公塔堀大留米老娘菴蔡元章母入内祗應老娘元章以母故命官

司馬温公在洛陽閑居時上元節夫人欲出看燈公

曰家中點燈何必出看夫人曰兼欲看游人公曰某是鬼耶

紹興十七年五月初臨安大雨雹太學屋瓦皆碎學官申朝廷修不可言雹稱爲硬雨

東坡有歌舞妓數人每留賓客飲酒必云有數箇搽粉虞候欲出來祗應也

米元章喜潔金陵人段拂字去塵登第元章見其小錄喜曰觀此人名字必潔人也亟造議親以女女妻之

族嬸陳氏頃寓嚴州諸子宦游未歸偶族姪大琮過嚴州陳嬸令作代書寄其子因口授云孩兒要劣妳子又閱閱(音吸)霍霍地且買一柄小剪子來要剪腳上骨出(上聲)兒肐(音胳)胝(音支)兒也大琮遲疑不能下筆嬸笑云元來這廝兒也不識字聞者哂之因說昔時京師有營婦其夫出戍嘗以數十錢托一教學秀才寫書寄夫云窟賴兒娘傳語窟賴兒爺窟賴兒自爺去後直是忔(音肸)憎每日恨(入聲)特特地笑勃騰騰地跳天色汪(去聲)囊不要喫溫吞(入聲)蟃託底物事秀才沉思久之却以錢還云你且別處倩人寫去與此正相似也窟賴兒乃子之小名

劉貢父爲館職節日同舍有令從者以書筒盛門狀徧散于人家貢父知之乃呼住所遣人坐于別室犒以酒炙因取書筒視之凡與貢父有一面之舊者盡易貢父門狀其人既飲食再三致謝徧走陌巷實爲貢父投刺而主人之刺遂不得達

王齊宗字彥齡懷州人高才不羈爲太原掾官嘗作青玉案望江南小詞以嘲帥與監司監司聞之大怒

責之彥齡斂板向前應聲荅曰某居下位常恐被人讒只是曾填青玉案何曾敢做望江南請問馬初監時馬初監者適與彥齡並坐馬皇恐亟自辨訴既退詰彥齡曰某舊不知子乃以某爲証何也彥齡笑曰且借公趂韻幸勿多怪

紹興辛巳冬女眞犯順米忠信夜于淮南劫寨得一箱篋乃自燕山來者有所附書十餘封多是〻中妻寄軍中之夫建康教授唐仲友于樞密行府僚屬方圓仲處親見一紙別無他語止詩一篇云垂楊傳語

山丹你到江南艱難你那裏討箇南蠻我這裏嫁箇契丹

莊綽字裕年未甚老而體極癯瘠江杭仲本呼爲細腰宫院子

捫掌錄

宋　元懷

東萊呂居仁先生作軒渠錄皆紀一時可笑之士余觀諸家雜說中亦多有類是者暇日裒成一集目之曰捫掌錄不獨資開卷之一笑亦足以補軒渠之遺也延祐改元立春日輾然子書

王溥五代狀元相周高祖世宗至宋以宮師罷相其父祚爲周觀察使致仕祚居富貴久奉養奢侈所不足者未知年壽耳一日居洛陽里第聞有卜者令人呼之乃瞽者也密問老兵云何人呼我荅曰王相公父也貴極富溢所不知者壽也今以告汝俟出當厚以卦錢相酬也既見祚令布卦成文推命大驚曰此命惟有壽也祚喜問曰能至七十否瞽者笑曰更向上荅以至八九十否又大笑曰更向上荅曰能至百歲乎又歎息曰此命至少亦須一百三四十歲也祚大喜曰其間莫有疾病否曰並無之其人又細數之曰俱無祇是近一百二十歲之年春夏間微苦臟腑尋便安愈矣祚大喜回顧子孫在後侍立者曰孩兒

輩切記之是年莫教我喫冷湯水
司馬溫公屢言王廣淵章八九上留身乞誅之以謝天下聲震朝廷是時滕元發爲起居注侍立殿均旣歸廣淵來問元發早來司馬君實上殿閤乞斬其以謝天下不知聖語如何元發戲曰我只聽得聖語云依卿所奏
葉濤好奕棋王介甫作詩切責之終不肯已奕者多廢事不以貴賤嗜之率皆失業故人目棋枰爲木野狐言其媚惑人如狐也熙寧後茶禁日嚴被罪者衆乃目茶籠爲草大蟲言其傷人如虎也

熙寧間蜀中日者費孝先筮易以丹青寓吉凶謂之卦影其後轉相祖述畫人物不常鳥或四足獸或兩翼人或儒冠而僧衣故爲怪以見象米芾好怪常戴俗帽衣深衣而攝朝鞾緋緣朋從目爲活卦影
沈括存中方就浴劉貢父遽哭之曰存中可憐已矣衆愕問云死矣盆成括也
石資政中立好諧謔樂易人也楊文公一日置酒作絕句招之末云好把長鞭便一揮石留其僕卽和曰尋常不召猶相造况是今朝得指揮其詼諧敏捷類如此也又嘗于文公家會葬坐客乃執政及貴遊子弟皆服白襴衫或羅或絹有差等中立或大慟人問其故曰憶吾父又問之曰父在時嘗得羅襴衫也葢見在執政子弟服羅而石止服絹坐中皆大笑
昔一長老在歐陽公座上見公家小兒有小名僧哥者戲謂公曰公不重佛安得此名公笑曰人家小兒要易長育往往以賤物爲小名如狗羊犬馬之類是也聞者莫不絕倒

劉貢父嘗言人之戲劇極有可人處楊大年與梁同翰朱昻同在禁掖大年未三十而二公皆高年矣大年呼朱翁梁翁每戲侮之一日梁謂大年曰這老亦待留以與君也朱於後亟搖手曰不要與衆皆笑其敏雖一時戲言而大年果不五十而卒
張文潛嘗言近時印書盛行而鬻書者往往皆士人躬自負擔有一士人盡掊其家所有約百餘千買書將以入京至中途遇一士人取書目閱之愛其書而貧不能得家有數古銅器將以貨之而鬻書者雅有

好古器之癖一見喜甚乃曰毋庸貨也我將與汝估其直而兩易之於是盡以隨行之書换數十銅器亟返其家其妻方訝夫之回疾視其行李但見二三布囊磊磈然鏗鏗有聲問得其實乃詈其夫曰你换得他這個幾時近得飯喫士人曰他换得我那個也幾時近得飯喫因言人之惑也如此坐皆倒

魯直在鄂鄂州太守以其才望信重之士人以詩文投贄守必取質于魯直而報之一同人投詩頗紕繆守携見魯直意其一言少助其人魯直閱詩良久無

語太守曰此詩不知酧以幾何魯直笑曰不必他物但公庫送與四兩乾艾於尻骨上作一大炷灸之且問曰爾後敢復奏分耶同人竟無所濟

科場進士程文多可笑者治平中國學試策問體貌大臣進士對策曰若文相公富相公皆大臣之有體者若馮當世沈文通皆大臣之有貌者意謂文富望碩馮沈美少也劉原甫遂目沈馮爲有貌大臣又歐陽永叔主文試貴老爲其近於親賦有進士散句云覩兹黄耇之狀類我嚴君之容時烘堂大笑

李廷彦曾獻百韻詩于一上官其間有句云舍弟江南没家兄塞北亡上官惻然憫之曰不意君家凶禍重併如此廷彦遽起自解曰實無此事但圖對屬親切耳上官笑而納之

歐陽公與人行令各作詩兩句須犯徒以上罪者一云持刀哄寡婦下海刦人船一云月黑殺人夜風高放火天歐云酒粘衫袖重花壓帽簷偏或問之答云當此時徒以上罪亦做了

黄裳酷嗜燒煉晚年疾篤諭諸子曰我死以大缸一

枚坐之復以大缸覆之用鐵線上下管定赤石脂固縫置之穴中足矣

許義方之妻劉氏以端潔自許義方嘗出經年始歸語其妻曰獨處無聊得無與鄰里親戚往還乎劉曰自君之出惟閉門自守足未嘗履閾義方咨歎不已又問何以自娱答曰惟時作小詩以適情耳義方欣然命取詩觀之開卷第一篇題云月夜招鄰僧閑話

孫巨源内翰從劉貢父求墨而吏送達孫莘老中丞巨源以其求而未得譏劉劉曰已嘗送君矣已而知

華老誤留也以其皆姓孫而爲館職故吏輩莫得而
別焉劉曰何不取其髯爲別吏曰皆髯而莫能分也
劉曰既是皆髯何不以其身之大小爲別吏曰諾于
是館中以孫莘老爲大髯孫學士巨源爲小髯孫學
士

有一故相遠派在姑蘇嬉遊書其壁曰大丞相再從
姪某嘗遊有士人李璋素好訕謔題其旁曰混元皇
帝三十七代孫李璋繼至

章子厚與蘇子瞻少爲莫逆交一日子厚坦腹窻下
臥適子瞻自外來摩其腹以問子瞻曰公道此中何
所有子瞻曰都是謀反底家事子厚大笑

有一士人赴宴衆中有少年勇於色甫就席士人以
服辭乃命撤樂及屏去群妓後勸酧及少年少年罪
士人曰此一席之歡皆君也正所謂不自殞滅禍延
過客耶賓主爲之烘堂

趙閱道罷政閒居每見僧接之甚恭一日七人以書
贄見公讀之終卷正色謂士人曰朝廷有學校有科
舉何不勉以卒業却與閒退人說他朝廷利害士人

惶恐而退後再往門下人不爲通士人謂閽者曰參
政便直得如此敬重和尚閽者曰尋常來見諸僧亦
只是平平人但相公道是重他袈裟士人笑曰我這
領白襴直是不直錢財閽者曰也半看　而士人曰
更那輟不得些少來看孔夫子面人傳以爲笑

張文潛言嘗問張安道云司馬君實直言王介甫不
曉事是如何安道云賢只消去看字說文潛云字說
也只有二三分不合人意處安道云若然則足下亦
有七八分不解事矣文潛大笑

紹興九年　歸我河南地商賈往來攜長安秦漢間
碑刻求售於士大夫多得善價故人王錫老東平人
貪甚即口腹之奉而事此一日語共遊近得一碑甚
奇及出示顧無一字可辯王獨稱賞不已客曰此何
代碑王不能荅客曰某知之是名没字碑宜乎公好
尚之篤也一笑而散

張文潛嘗云子瞻每笑天邊趙盾益可畏水底右軍
方熟眠謂湯燖了王羲之也文潛戲謂子瞻公詩有
獨看紅葉傾白墮不知白墮是何物子瞻云劉白墮

善釀酒出洛陽伽藍記文潜曰白墮既是一人莫難
爲傾否子瞻笑曰魏武短歌行云何以解憂惟有杜
康杜康亦是釀酒人名也文潜曰畢竟用得不當子
瞻又笑曰公且先去共曹家那漢理會却來此間厮
魔蓋文潜時有僕曹某者在家作過亦失去酒器之
類既送天府推治其人未招承方文移取會也滿座
大駭
哲宗朝宗子有好爲詩而鄙俚可笑者嘗作卽事詩
云日暖看三織風高鬭兩廂蛙翻白出濶蚓死紫之

長潊聽琵梧鳳饅抛撥建章歸來屋裹坐打殺又何
妨或問詩意荅曰始見三蜘蛛織網于簷間又見二
雀鬭于兩廂廊有死蛙翻腹似出字死蚓如之字方
喫潊飯聞鄰家琵琶作鳳栖梧食饅頭未畢閽人報
建安章秀才上謁迎客既歸見內門上畫鍾馗擊小
鬼故云打死又何妨哲宗嘗灼艾諸內侍欲娛上或
舉其詩上笑不已竟不灼艾而罷
安鴻漸有滑稽清才而復懼內婦翁死哭于路其孺
人性素嚴呼入總幕中詬之曰路哭何因無淚漸曰
以帕拭乾妻嚴戒曰來日早臨棺須見淚漸曰唯詰
既宭來日以寬巾納濕紙置于額大叩其顙而慟慟
罷其妻又呼入窺之妻驚曰淚出於眼何故額流漸
對曰豈不聞自古云水出高原聞者大笑
石曼卿爲集賢校理微行娼館爲不逞者所宭曼卿
醉與之校爲街司所錄曼卿詭怪不羈謂主者曰乞
祗就本廂科決欲詰旦歸館供職廂帥不喻其諱曰
此必三館僕人也杖而遣之
北都有妓女美色而舉止生梗士人謂之生張八因

府會寇忠愍令乞詩于魏處士野野贈之詩曰君爲
北道生張八我是西州熟魏三莫怪尊前無笑語半
生半熟未相諳座客大發一噱
張丞相好草聖而不工流輩皆譏笑之丞相似若也
一日得句索筆絶書滿紙龍蛇飛動使其姪錄之當
波險處姪罔然而止執所書問曰此何字丞相熟視
久之亦自不識詬其姪曰胡不早問致吾忘之
石曼卿隱於酒謫仙之才也然善戲嘗出遊報寧寺
馭者失控馬驚曼卿墮馬從吏擄扶掖升鞍市人聚

觀意其必大訴怒曼卿徐着鞭謂馭者曰賴我是石學士也若瓦學士豈不破碎乎

王棨老嘗官于覯州罷官渡江七日風作不得濟父老曰公篋中蓄奇物此江神極靈當獻之得濟棨老顧無所有有玉塵尾即以獻之不可又以端石硯獻之不可又以宣尼虎帳獻之亦不驗夜卧念只有黄魯直草書扇題韋應物詩云獨憐幽草澗邊生上有黄鸝深樹鳴春潮帶雨晚來急野渡無人舟自横即取視慨恍之間曰我猶不識彼寧識之乎持以獻之香火未收天水相照如兩鏡對展南風徐來帆一飽而濟吾意江神必元祐遷客鬼爲之不然亦何嗜之深也書此可發一笑

諧噱錄

唐　劉訥言

蹲鴟

張九齡知蕭炅不學故相調謔一日送芋書稱蹲鴟蕭答云損芋拜嘉惟蹲鴟未至耳然僕家多怪亦不願見此惡鳥也九齡以書示客滿坐大笑

狗枷犢鼻

江夏王義恭性愛古物常遍就朝士求之侍中何勗已有所送而王徵索不已何甚不平嘗出行于道中見狗枷犢鼻乃命左右取之還以箱擎送之牋曰承復古物今奉李斯狗枷相如犢鼻

鴨姓奚

客有曰犬姓盧雞姓朱沈尚書曰雞既姓朱則鴨姓奚也坐上一人謂鴨姓奚至今傳之

戲仆

唐道士程子宵登華山上方偶有顛仆郎中宇文翰致書戲之曰不知上得不得且怪懸之又懸

諱夢

符堅將欲南伐夢滿城出菜又地東南傾其占曰菜多難爲醬東南傾江左不得平也

浣溪沙孔子

唐宰相孔緯嘗拜官教坊伶人繼至求利市有石野猪獨行先到有所賜乃謂曰宅中甚闕不得厚致若見諸野猪幸勿言也復有一伶至乃索其笛指猴問曰何者是浣溪沙孔子伶大笑之

大虫老鼠

陸長源以舊德爲宣武軍行司馬韓愈爲廵官同在使幕或譏年輩相懸陸曰大虫老鼠俱爲十二屬何怪之有

雌甲辰

裴晉公度在相位日有人寄槐癭一枚欲削爲枕時郎中庾威世稱博物召請別之庾捧玩良久曰此槐癭是雌樹生者恐不堪用裴曰郎中甲子多少庾曰某與令公同是甲辰生公笑曰郎中便是雌甲辰

負枷

隋河間劉焯與從侄炫並有儒學俱犯法被禁縣吏不知其大儒也咸與枷著焯曰終日枷中坐而不見家炫曰亦終日負枷坐而不見也

蒼蒼在鬢

齊主客郎頓丘李恕身短盧詢祖腰粗恕曰盧郎腰粗帶難匝答曰丈人身短袍易長恕又謂詢祖曰盧郎聰明必不壽答曰見丈人蒼蒼在鬢差以自安

少卿

後魏孫紹歷職內外垂老始拜太府少卿謝日靈太后曰公年似太老紹重拜曰臣年雖老卿年大少后大笑曰是將正卿

戲白

有借界尺筆槽而破其槽者白其主人曰韓直木如常孤竹君無恙但半面之交忽然折節矣主人大笑

就溺

顧愷之痴信小術桓玄嘗以柳葉紿之曰此蟬翳葉也以自蔽人不見己愷之引葉自蔽玄就溺焉愷之信其不見己以珍重之

蝦蟆

俗嘲云一跳八尺再跳丈六從春至夏裸袒相逐無地取作掉尾蕭蕭

嗜酒食

徐晦嗜酒沈傳師善食楊復云徐家肺沈家脾其安穩耶

眼中安障

方干作令嘲李主簿目翳曰只見門外着籬未見眼中安障

危詩

韓玄與顧愷之同在仲堪坐共作危詩一条軍云盲人騎瞎馬夜半臨深池仲堪聆一目驚曰此太逼人因罷

三鹿郡公

袁利見爲性頑獷方棠謂袁生已封三鹿郡公盖譏其太麤踈也

姓木邊

桓伊詣王遵遵謂左右曰門何爲通桓氏我聞人姓木邊便欲殺之況諸桓乎

畧不識字

人謂邢子才孽子大德大道畧不識字

郗老先生

王僧虔晚年惡白髮一日對客左右進銅鑷僧虔曰郗老先生至矣庶幾乎

長柄葫蘆

二陸初入洛詣劉道真初無他言惟問東吳有長柄葫蘆卿得種來不陸殊失望

八百錢烏

南陽太守張忠曰吾年徃志盡譬如八百錢烏生死同價

醜婦效顰

劉季和性愛香常如厠還輒過香爐上主簿張坦曰人名公作俗人不虛也季和曰荀令君至人家坐席三日香坦曰醜婦效顰見者必走公欲某遁去耶季和大笑

不擲進士

闕圖有妹能文每語人曰有一進士所恨不擲耳

石發

魏時諸王及貴臣多服石藥皆稱石發乃有熱者亦云服石發熱時人多嫌其詐作富貴體有一人于市門前臥宛轉稱熱衆怪問之答曰我石發衆曰君何時服石曰我昨市米中有石食之今發衆人大笑

堯典

有人將虞永興手寫尚書典錢李尚書選曰經書那可典其人曰前已是堯典舜典

噴嚏

玄宗與諸王會食寧王對御坐歕一口飯直及龍顔上曰寧哥何故錯喉幡綽曰此非錯喉是噴嚏

狂勝癡

吳興沈昭畧性狂嘗醉遇瑯琊王約張目視之曰汝何肥而癡約曰汝何瘦而狂昭畧撫掌大笑曰瘦已勝肥狂又勝癡

驢寧勝馬

晉諸葛恢與丞相王導共爭姓族先後王曰何以不言葛王而言王葛答曰譬如言驢馬驢寧勝馬也

故是一鳳

鄧艾口吃語稱艾艾晉文王戲之曰艾艾爲是幾艾對曰鳳兮鳳兮故是一鳳

山驢王

梁祖曰趙崇是輕薄團頭於鄂州坐上佯不識駱駝呼爲山驢王

漸至佳境

顧長康噉甘蔗先食尾人問所以云漸至佳境

我曬書

郝隆七月七日出日中仰臥人問其故答曰我曬書

破蝨

破蝨者因官妓惡蝨坐客爭記蝨事戲之因纂成錄

所出同

孫權使太子嘲恪曰諸葛元遜食馬矢一石恪答曰臣得戲君子得戲父乞令太子食雞卵三百枚上問恪曰人令君食馬矢君令人食雞卵何也恪答曰所出同耳

牛羊下來

侯白好俳諧一日楊素與牛弘退朝白語之曰日之夕矣素曰以我爲牛羊下來耶

煑簀

漢人適吳吳人食笋問何物曰竹也歸煑其簀不熟曰吳人欺我哉

食鹽醋

盧相邁不食鹽醋同列問之足下不食鹽醋何堪邁笑曰足下終日食鹽醋復又何堪

阿婆舞

鄭修出妓以宴搢紳而舞者年巳長伶人孫子多獻口號云相公經文復經武常侍好今兼好古昔日曾聞阿武歌今日親見阿婆舞

刼墓賊

廖凝責裴説經杜工部墓詩曰擬鑿孤墳破重教大雅生笑曰裴説刼墓賊耳

奉佛

二郗奉道二何奉佛皆以財賄謝中郎云二郗諂於道二何佞於佛

似舅

桓豹奴是王丹陽外甥形似其舅桓甚諱之宣武云不恒相似時似耳恒似是形時似是神桓逾不說

戚定録

天子氣　闕名

隋末望氣者云龍門有天子氣連太原甚盛故煬帝置離宫數遊汾陽以厭之後高祖起義兵汾湯遂有天下

聚材

唐武士彠太原文水縣人微時與邑人許文寳以鬻材爲事常聚材木數萬莖一旦化爲叢林森茂因致大富士彠與文寳讀書林下自稱爲厚材文寳自稱枯木私言必當大貴及高祖起義兵以鎧胄從入關故鄉人云士彠以鬻材之故果逢構厦之秋及士彠貴達文寳依之位終刺史

興慶宫

唐毎歳上巳許宫女于興慶宫大同殿前與骨肉相見縦其問訊家眷更相贈遺一日之内人有千萬有初到親戚便相見者有及暮而呼喚姓第不至者涕泣而去歳歳如此

求婚

張燕公好求山東婚姻當時皆惡之及後與張氏爲親者乃爲甲門

貯醋

舊説聖善寺閣常貯醋數十甕恐爲蛟龍所伏以致雷霆也

天定錄

僧可隆　闕名

僧可隆善詩高從誨閱其卷有觀棋句云萬般思後行一失廢前功從誨謂可隆曰吾師此詩必因事而得隆答曰某本姓慕容與桑維翰同學少負志氣多恐維翰維翰登第以至入相其尤在場屋頻年敗衂皆維翰所挫也因削髮爲僧其句實感前事而露意焉從誨識鑒多此類也

高若拙

高若拙善詩從誨辟於幕下嘗作中秋不見月云人間雖不見天外自分明從誨覽之謂賓佐曰此詩雖好不利於巳將來但恐長明後果其言

王處厚

王處厚字元美益州華陽縣人嘗遇一老僧論浮世苦空事登第後出部徘徊古陌軫懷長吟曰誰言今古事難窮大抵榮枯總是空算得生前隨夢蝶爭如雲外指冥鴻暗添雪色眉根白旋落花光臉上紅惆悵荒原懶回首暮林蕭索起悲風及暮還家心疾而卒

周珫

周珫湘中人艤舟長沙夢二吏引入南嶽廟內升階王起接之曰知入京銓選欲奉辟在此亦與人世之樂不踈珫曰名宦未達且欲赴銓王曰如此則不敢奉縻也乃作詩送珫曰住此既非樂捨此去何苦苦問青雲事惟留一角書至京調中牟尉忽得病旅中且慮不起作妻子書一角封畢而卒

張退翁

張退翁都下人有言懷詩云命交隨分樂天賜一生閑場屋有聲而不第亦詩之讖

狄涣

狄涣孤雁詩云更無聲接續空有影相隨聞此句者皆云必無後果如其言

東坡

東坡有送戴家赴成都玉局觀詩云莫欺老病未歸身玉局他年第幾人又有過嶺一篇云鄉南西望七

千里乘輿眞爲玉局遊後卒予是觀

天定錄　八　三

調謔編

宋　蘇軾

七分讀

秦少章嘗云郭功甫過杭州出詩一軸示東坡先自吟誦聲振左右既罷謂坡曰祥正此詩幾分坡曰十分祥正喜問之坡曰七分來是讀三分來是詩豈不是十分耶

二相公廟

韓子華玉汝兄弟相繼命相未幾持國又拜門下侍郎甚有爰立之望其家搆堂欲牓曰三相俄持國罷政遂請老東坡聞之曰旣不成三相堂可卽名二相公廟耳

酸餡氣

子瞻嘲惠通詩云語帶煙霞從古少氣含蔬筍到公無嘗語人曰頗解蔬筍語否爲無酸餡氣也聞者皆笑

司馬牛

東坡公元祐時登禁林以高才狎侮諸公卿率有標

調謔編　八　一

日治遍也獨於司馬温公不敢有所重輕一日相與共論免役差役利害偶不合及歸舍方卸巾弛帶乃連呼曰司馬牛司馬牛

免稅

某謫監黃州市征有一舉子惠簡求免稅書札稍如法乃言舟中無貨可稅但奉大人指揮令往荆南府取先考靈柩耳同官皆絕倒

好了你

東坡性不恐事嘗云如食中有蠅吐之乃已晁美叔

每見以此為言坡云某被昭陵擢在賢科一時魁舊往往為知己上賜對便殿有所開陳悉蒙嘉納已而章疏屢上雖甚剴切亦終不怒使某不言誰當言者某之所慮不過恐朝廷殺我耳美叔默然坡浩歎久之曰朝廷若果見殺我微命亦何足惜只是有一事殺了我後好了你遂相與大笑而起

朶頤

參寥子言老杜詩云楚江巫峽半雲雨清簟疎簾看奕棊此句可畫但恐畫不就耳僕言公禪人亦復能愛此語耶參寥云譬如不事口腹人見江瑤柱豈免一朶頤哉

子瞻帽

東坡常令門人輩作人物不易賦或人戲作一聯曰伏其几而升其堂曾非孔子襲其書而戴其帽未是蘇公蓋元祐初士大夫效東坡頂高桶帽謂之子瞻樣故云

吾從衆

坡公在維揚一日設客十餘人皆名士米元章亦在

坐酒半元章忽起自贊曰世人皆以芾為顛願質之子瞻公笑曰吾從衆

禪悅味

東坡嘗約劉器之同參玉版和尚器之每倦山行聞見玉版欣然從之至簾泉寺燒筍而食器之覺筍味勝問此何名東坡曰玉版此老僧善說法令人得禪悅之味於是器之方悟其戲

獅子吼

陳慥字季常公弼之子居於黃州之岐亭自稱龍丘

先生又曰方山子好賓客喜畜聲妓然其妻柳氏絕兇妒故東坡有詩云龍丘居士亦可憐談空說有夜不眠忽聞河東獅子吼拄杖落手心茫然河東獅子指柳氏也坡又嘗醉中與李憶書云一絕乞秀英君想是其妾小字

不合時宜

東坡一日退朝食罷捫腹徐行顧謂侍兒曰汝輩且道是中何物一婢遽曰都是文章坡不以爲然又一人曰滿腹都是機械坡亦未以爲當至朝雲乃曰朝

士一肚皮不合時宜坡捧腹大笑

抵三覺

東坡喜嘲謔以呂微仲豐碩每戲之曰公真有大臣體此坤六二所謂直方大也微仲拜相東坡當直其詞曰果毅以達有孔門三子之風直大而方得坤爻六二之動一日東坡謁微仲微仲方晝寢久而不出東坡不能堪良久見于便坐有一昌蒲盆畜綠毛龜東坡云此龜易得若六眼龜則難得微仲問六眼龜出何處東坡曰昔唐莊宗同光中林邑國嘗進六眼龜時伶人敬新磨在殿下進口號曰不要鬧不要鬧聽取這龜兒口號六隻眼兒分明睡一覺抵別人三覺

閫上困

東坡知湖州嘗與賓客遊道場山屏退從者而入有僧憑門熟睡東坡戲云髡閫上困有客即答曰何不用釘頂上釘

姜制之

子瞻與姜至之同坐友宴姜先舉令云坐中各要一

物藥名因指子瞻曰君藥名也問其故曰子蘇子子瞻應聲曰君亦藥名也若非半夏定是厚朴姜詰其故子瞻曰非半夏厚朴何以曰姜制之

鱉廝踢

東坡與溫公論事公之論坡偶不合坡曰相公此論故爲鱉廝踢溫公不解其意曰鱉安能廝踢坡曰是之謂鱉廝踢

字說

東坡聞荆公字說新成戲曰以竹鞭馬爲篤不知以

竹鞭犬有何可笑公又問曰鳩字從九從鳥亦有證據乎坡云詩曰鳲鳩在桑其子七兮和爺和娘恰似九個公欣然而聽久之始悟其謔也

斷屠

魯直戲東坡云昔王右軍字爲換鵝書韓宗儒性饕餮每得公一帖於殿帥姚麟許換羊肉十數斤可名二丈書爲換羊書矣坡大笑一日公在翰苑以聖節撰著紛冗宗儒日作數簡以圖報書使人立庭下督索甚急公笑語曰傳語本官今日斷屠

須當歸

劉貢父觴客子瞻有事欲先起劉調之曰幸早裏且從容子瞻曰奈這事須當歸各以三果一藥爲對

致仕

山谷嘗和東坡春菜詩云公如端爲苦筍歸明日春衫誠可脱坡得詩戲語坐客曰吾固不愛做官魯直遂欲以苦筍硬差致仕聞者絶倒

水骨

東坡嘗舉坡字問荆公何義公曰坡者土之皮東坡曰然則滑者水之骨乎荆公黙然

燒豬

東坡喜食燒豬佛印住金山時每燒豬以待其來日爲人竊食東坡戲作小詩云遠公沽酒飲陶潛佛印燒豬待子瞻採得百花成蜜後不知辛苦爲誰甜

巧對

東坡在黄州時嘗赴何秀才會食油果甚酥因問主人此名爲何主人對以無名東坡又問爲甚酥坐客皆曰是可以爲名矣又潘長官以東坡不能飲每爲

設醴坡笑曰此必錯煮水也他日忽思油果作小詩求之云野飲花前百事無腰間唯繫一葫蘆已傾潘子錯煮水更覓君家爲甚酥李端叔嘗爲余言東坡云街談市語皆可入詩但要人鎔化耳

俗語

熙寧初有人自常調上書迎合宰相意遂擢御史蘇長公戲之曰有甚意頭求富貴没些巴鼻便姦邪有甚意頭没些巴鼻皆俗語也

不留詩

先生在黃日每有燕集醉墨淋漓不惜與人至於營妓供侍扇書帶畫亦時有之有李琪者小慧而頗知書札坡亦每顧之喜終未嘗獲公之賜至公移汝郡將祖行酒酣奉觴再拜取領巾乞書公顧視久之令琪磨硯墨濃取筆大書東坡七歲黃州住何事無言及李琪即擲筆袖手與客笑談坐客相謂語似凡易又不終篇何也至將徹具琪復拜請坡大笑曰幾忘出場繼書云恰似西川杜工部海棠雖好不留詩一座擊節盡歡而散

莫相疑

大通禪師者操律高潔人非齋沐不敢登堂東坡一日挾妙妓謁之大通愠形於色公乃作南柯子一首令妙妓歌之大通亦為解顏公曰今日參破老禪矣其詞云師唱誰家曲宗風嗣阿誰借君拍板與門槌我也逢場作戲莫相疑溪女方偷眼山僧莫眨眉却愁彌勒下生遲不見老婆三五少年時

呪法

王君善書符行天心正一法為里人療疾驅邪僕嘗傳此法嘗以授王君其辭曰汝是已死我我是未死汝汝若不吾祟吾亦不汝苦

爭閑氣

東坡示參寥云桃符仰視艾人而罵曰汝何等草芥輒居我上艾人俯而應曰汝已半截入土猶爭高下乎桃符怒往復紛紛不已門神解之曰吾輩不肖傍人門戶何暇爭閑氣耶請妙總大士看此一轉語

洗兒戲作

洗兒戲作人皆養子望聰明我被聰明悞一生惟願

孩兒愚且魯無災無難到公卿

諱名錄

吳淑

香尉漢雍仲也
井底蛙公孫述也
伏鸞鄧艾也
隱鵠楚雲也
癡虎魏許褚也
髯參軍短主簿郗超王詢也
十錢主簿元慶也

驚蛺蝶魏收也
㚷母何承天也
齇奴宋武帝也
筆公尖頭奴魏杜弼也
黃頷小兒崔㥄謂齊文襄也
入鐵主簿長鬣公又齊髯公魏許惇也
癩兒刺史後魏瀛州刺史崔㴱也
餓彪將軍魏元暉也
饑鷹侍中魏盧昶也

彼眹刺史宋益州刺史垣閎也
里宿僕射元魏元欽也
赤牛中尉元魏元仲景也
瞎虎魏谷楷也
卧龍魏李崇也
黃瓠少師桃弓僕射齊郭祚也
細眼奴文中子謂房玄齡也
羊鼻公唐魏徵也
鬼婆武后也

人猫李義府也
喜鵲竇𠁊也
斗酒學士唐待詔門下省王績也
銅山大賊李義府也
呷醋節度使唐李景略也
捉船使君唐末横州刺史郭氏也
四明逸老賀知章也
多田翁盧從愿也
肉腰刀李林甫也又索鬬鷄亦李林甫也

紫袍主事唐韋君素也
不利市秀才唐相國夏侯孜也
僞荆卿唐甄戈任俠也
酒可郎唐節度使王詔鴞也
補脣先生方干也
醉部落唐倪若水也
地藏菩薩唐史思明李光弼也
人頭羅刹唐御史李全交也亦號鬼面夜叉
没字碑唐趙崇也

伏獵侍郎唐戸部侍郎蕭靈也
侏儒郎中唐兵部侍郎常愼也
金牛御史嚴昇期也
四其御史唐鄭洪霸也
斵窓舍人唐楊焯也
縮葱御史唐御史侯思正也
美唐博士唐楊炯也
判詩博士王仁谷也
伴食宰相盧懷愼也

癡宰相楊再思也
拗木襆背大唐仇士良謂學士崔愼由也
驅驢宰相王及善也
盲宰相關播也
足穀翁唐相韋宙也
麻膏宰相崔瓶也
粥飯僧五代李愚爲宰相無所事事也
僂儸兒漢劉銖謂李業也
曲子相公晉和凝也

軟餅中丞蜀韋報也
風月主人蜀歐陽彬也
酒囊飯袋五代馬氏子也
邊和尚南唐邊鎬也
瘦相王欽若也
鶴相丁謂也
媪相童貫也
三旨宰相王珪也
猢猻待制王黼子閎孚也

九子母夫錢穆父也
風流骸骨王梅運句也
浪子宰相李邦彥也

艾子雜説

宋　蘇軾

殤子

艾子事齊王一日朝而有憂色宣王怪而問之對曰臣不幸稚子屬疾欲謁告念王無與圖事者所朝然心實係焉王曰盍早言乎寡人有良藥稚子頓服其愈矣遂索以賜艾子拜受而歸飲其子辰服而巳卒他日艾子憂甚戚王問之故愀然曰卿喪子可傷賜卿黄金以助塟艾子曰殤子不足以受君賜然臣將有所求王曰何求曰只求前日小兒得效方

三物

艾子行於海上見一物圓而褊且多足問居人曰此何物也曰蝤蛑也既又見一物圓褊多足問居人曰此何物也曰螃蟹也又於後得一物狀貌皆若前所見而極小問居人曰此何物也曰彭越也艾子喟然歎曰何一蟹不如一蟹也

冷債

艾子使於魏見安釐王王問曰齊大國也比年息兵

何以爲樂艾子曰敝邑之君好樂而群臣亦多效伎安釐王曰何人有伎曰淳于髡之籠養孫臏之踢毬東郭先生之吹竽皆足以奉王歡也安釐王曰好樂不無橫賜奈倭國用何艾子曰近日郝告得孟嘗君處借得馮驩來索得幾文添倩是以饒足也

獻苜蓿

齊地多寒春深求菜甲方立春有村老挈苜蓿一筐以與於艾子且曰此物初生未敢嘗乃先以薦艾子喜曰煩汝致新然我享之後次及何人曰獻公罷即

刈以餵驢也

好飲

艾子好飲少醒日門生相與謀曰此不可以諫止唯以險事怵之宜可誡一日大飲而噦門人密抽彘腸致噦中持以示曰凡人具五臟方能活今公因飲而出一臟止四臟矣何以生耶艾子熟視而笑曰唐三藏猶可活況有四耶

二媼

艾子行出邯鄲道上見二媼相與讓路一曰媼幾歲曰七十問者曰我今六十九然則明年當與爾同歲矣

鑽火

艾子一夕疾呼一人鑽火久不至艾子呼促之門人曰夜暗索鑽具不得謂先生曰可持燭來共索之矣艾子曰非我之門無是客也

舟師

艾子見有人徒行自呂梁託舟人以趨彭門者持五十錢遺舟師師曰凡無貲而獨載者人百金汝尚少

半汝當自此爲我挽舟至彭門可折半直也

趕兎

穰侯與綱壽接境魏冉將以廣其封也乃伐綱壽而取之兵回而范雎代其相矣艾子聞而笑曰真所謂外頭趕兎屋裏失獐也

富貴

艾子曰堯治天下久而耄勤呼許由以禪焉由入見之所居上堦三尺茅茨不剪釆椽不斲雞逆旅之居無以過其陋命許由食則飯土簋啜土器食麤糲羹

豕藿雖刺監之養無以過其約食畢顧而言曰吾都
天下之富享天下之貴久而厭矣今將舉以授汝汝
其享吾之奉也許由顧而笑曰似此吾貴我未甚愛
也

未了公事

秦破趙於長平坑衆四十萬遂以兵圍邯鄲諸侯救
兵列壁而不敢前邯鄲垂亡平原君無以爲策家居
愁坐顧府吏而問曰相府有何未了公事吏未及對
新垣衍在坐應聲曰唯城外一火竊盜未獲爾

好詰難

營丘士性不通慧每多事好折難而不中理一日造
艾子問曰凡大車之下與橐駝之項多綴鈴鐸其故
何也艾子曰車駝之爲物甚大且多夜行忽狹路相
逢則難於回避以藉鳴聲相聞使預得回避爾營丘
士曰佛塔之上亦設鈴鐸豈謂塔亦夜行而使相避
耶艾子曰君不通事理乃至如此凡鳥鵲多託高以
巢糞穢狼籍故塔之有鈴所以警鳥鵲也豈以車駝
比耶營丘士曰鷹鷂之尾亦設小鈴安有鳥鵲巢於
鷹鷂之尾乎艾子大笑曰怪哉君之不通也夫鷹隼
擊物或入林中而絆足絛線偶爲木之所綰則振羽
之際鈴聲可尋而索也豈謂防鳥鵲之巢乎營丘士
曰吾嘗見挽郎秉鐸而歌雖不究其理今乃知恐爲
木枝所綰而便於尋索也抑不知挽郎之足者用皮
乎用線乎艾子慍而答曰挽郎乃死者之導也爲死
人生前好詰難故鼓鐸以樂其尸耳

誦佛經

艾子一日觀人誦佛經者有曰呪咀諸毒藥所欲害

身者念彼觀音力還着於本人艾子喟然歎曰佛仁
也豈有免一人之難而害一人之命乎是亦去彼及
此與夫不愛者何異也因謂其人曰今爲汝體佛之
意而改正之可者乎曰呪咀諸毒藥所欲害身者念
彼觀音力兩家都沒事

木履

有人獻木履於齊宣王者無刻斲之迹王曰此履豈
非生乎艾子曰鞵楦乃其核也

蝦蟆

艾子浮於海夜泊島峙中夜聞水下有人哭聲復若人言遂聽之其言曰昨日龍王有令一應水族有尾者斬吾鼉也故懼誅而哭汝蝦蟆無尾何哭復聞有言曰吾今幸無尾但恐更理會科斗時事也

愚子

齊有富人家累千金其二子甚愚其父又不教之一日艾子謂其父曰君之子雖美而不通世務他日曷能克其家父怒曰吾之子敏而且恃多能豈有不通世務耶艾子曰不須試之他但問君之子所食者米

從何來若知之吾當妄言之罪父遂呼其子問之其子嘻然笑曰吾豈不知此也每以布囊取來其父揪然而改容曰子之愚甚也彼米不是田中來艾子曰非其父不生其子

毛手鬼

鄒忌子說齊王齊王說之遂命為相居數月無善譽艾子見淳于髡問曰鄒子為相之久無譽何也髡曰吾聞齊國有一毛手鬼凡為相必以手摑之其人遂忘生平忠直默默而已豈其是歟艾子曰君之過矣彼毛手只擇有血性者摑之

肉智

艾子之鄰皆齊之鄙人也聞一人相謂曰吾與齊之公卿皆人而稟三才之靈者何彼有智而我無智一曰彼日食肉所以有智我平日食藿糲故少智也其問者曰吾適有糶粟錢數千姑與汝日食肉試之數日復又聞彼二人相謂曰吾自食肉後心識明達觸事有智不徒有智又能窮理其一曰吾覩人足面前出甚便若後出豈不為繼來者所踐其一曰吾亦見

人鼻竅向下甚利若向上豈不為天雨注之乎二人相稱其智艾子歎曰肉食者其智若此

好為詩

艾子好為詩一日行齊魏間宿逆旅夜聞鄰房人言曰一首也少間曰又一首也比曉六七首艾子意其必詩人清夜吟咏兼愛其敏思凌晨冠帶候謂少頃一人出乃商賈也危羸若有疾者艾子深感之豈有是人而能詩乎抑又不可臆度遂問曰聞足下篇什甚多敢乞一覽其人曰某負販也安知詩為何物再

三推之艾子曰昨夜聞君房中自鳴曰一首也豈非詩乎其人笑曰一首之言君誤矣昨日每腹疾暴下夜黑尋紙不及因汚其手疾勢不止殆六七汚手其言曰非詩也艾子有慚色

賣帽

齊之士子相尚裹烏紗帽長其頂短其簷直其勢以其紗相粘為之虛粘背帽設肆相接其一家自榜其門曰當鋪每頂只賣八百文以其廉人自擁門以是多衍期一月艾子方坐其肆見一士子與其肆主語

吾先數日約要帽反失期五七日尚未得必是為他人皆賣九百文爾獨卑於價以欺吾也呶呶久之艾子因曰秀才但勿喧只管將八百文錢與他須要九百底帽子

閻羅王

齊宣王時人有死而生能言陰府間言乃云方在陰府時見閻羅王詰責一貴人曰汝何得罪之多也因問曰何人也曰齊正卿季氏也其貴人再三不服曰無罪閻王曰某年齊人侵境汝只遣萬人往應之皆曰多寡不敵必無功豈徒無功必枉害人之命汝愎而不從是以齊兵衆萬人皆死又某年某日饑汝蔽君之聰明而不言遂不發廩因此死數萬人又汝為人相職在燮理陰陽汝為政乖戾多致水旱歲之民被其害此皆汝之罪也其貴人叩頭乃服王曰可付阿鼻獄乃有牛頭人數輩執之而去艾子聞之太息不已門人問曰先生與季氏有舊耶何歎也艾子曰我非歎季氏也蓋歎閻羅王也門人曰何謂也曰自此安得獄容耶

說郛目錄

弓第三十五
摭言 王保定
諧史 沈俶
可談 朱彧
話腴 陳郁
談藪 龐元英
談淵 王銍
談撰 虞裕

摭言

唐 何晦

永徽以前俊秀二科猶與進士並列咸亨之後凡由文學一舉于有司者競集于進士矣由是趙傪等刪去俊秀故目之曰進士登科記

唐太宗私幸端門見新進士綴行而出喜曰天下英雄入吾彀中矣

李肇國史補曰進士爲時所尚久矣由此而出者終身爲文人其都會謂之本場通稱謂之秀才投刺謂

之鄉貢得第謂之前進士互相推敬謂之先輩俱捷謂之同年有司謂之座主京兆府考而升者謂之等第外府不試而貢者謂之拔解將試相保謂之合保羣居而賦謂之私試造請權要謂之關節激揚聲價謂之還往既捷列名於慈恩寺塔謂之題名大燕於曲江謂之曲江會籍而入選謂之春關不捷而醉飽謂之打毷氉匿名造謗謂之無名子退而肄業謂之過夏執業以往謂之夏課挾藏入試謂之書策

進士科始於隋大業中盛於正觀縉紳雖位極人臣

不由進士者終不爲美歲貢常八九百人謂之白衣公卿又曰一品白衫其艱難謂之三十老明經五十少進士時有詩云太宗皇帝眞長策賺得英雄盡白頭

隋制西監龍朔中置東監開元以前進士不由兩監者爲恥

俊秀等科初以考功主之開元中員外李昂性剛急集貢士曰文之美惡悉知之矣如有請託當首黜之旣而昂外舅與李權相善舉權於昂昂怒召權庭數

之又斥權章句之疵以辱之權拱而前曰鄙文不臧旣聞命矣執事昔有詩云耳臨清渭洗心向白雲閑唐堯衰耄厭倦天下將禪於許由由惡聞其言故洗耳今天子春秋鼎盛不揖遜於足下而洗耳何哉昂皇駭訴於執政謂權風狂不遜遂下吏後有請託無不從者朝廷以郎官權輕自是改用禮部侍郎

神州解送自天寶開元之際率以上十人謂之等第必求名實相副者小宗伯選之或至渾化不然十得七八苟異於是則牒貢院請落由故有神州等第錄以記得人之盛

白樂天守杭江東進士多奔杭取解時張祜徐凝俱至祜曰僕爲解元宜矣凝曰君有何佳句祜曰甘露寺有日月光先到山河勢盡來金山寺有樹影中流見鐘聲兩岸聞凝曰善則善矣奈無野人句云千古長如白練飛一條界破青山色祜愕然凝果獲選

盧肇開成中就江西解宋肇送啓謝曰巨鼇負贔首冠蓬山試官曰昨以人數擠排深慚名第奉浼焉得首冠之語肇曰頑石處上巨鼇戴之豈非首冠耶

盧肇進士自號白衣卿相

進士榜出謝後便往期集院其日狀元與同年相見請一人爲錄事其餘主宴主酒主樂探花主茶之類咸以其日辟之主樂兩人一主飲妓放榜後大科頭兩人第一部也小科頭一人第二部也常宴卽小科頭主之大宴大科頭主之縱無宴席科頭日給茶錢曲江大會先牒教坊請奏上御紫雲樓垂簾觀焉公卿家率以是日擇婿車馬塡塞

狀元以下到主司宅下馬綴行而立歛名紙通呈與

主司對拜主事云請狀元謝名第第幾人謝衣鉢燕名有九一曰大相識主司有具慶者二曰次相識主司有偏侍者三曰小相識主司有兄弟者四曰聞喜勑下宴五曰櫻桃六曰月燈七曰牡丹八曰看佛牙九曰開宴最大即離筵也

蕭頴士恃才傲物嘗携酒郊野風雨暴至有紫衣老父避雨頴士頗肆凌侮逡巡雨霽車馬卒至老人上馬呵殿而去曰吏部王尚書也頴士明日具長牋造門謝尚書責曰恨與子非親屬當廷訓之耳子負文

學之名踞忽如此止於一第乎頴士果終于揚州功曹

崔沆爲主罰錄事同年盧彖俯近宴闕請假往洛及同年宴於曲江亭子彖以彫幰載妓微服羸䡊縱觀爲團司所發沆判曰深攙席帽密映氈車紫陌尋春便隔同年之面青雲得路可知異日之心

寶曆中楊相嗣復具慶下繼放兩榜時先僕射自東洛入覲嗣復率生徒迎於潼關既回大宴新昌里第諸生翼坐元白俱在賦詩唯楊汝士詩後成最佳元

曰歎伏汝士醉歸曰我今日壓倒元白其詩警句云文章舊價留鸞掖桃李新陰在鯉庭

曹汾尚書鎮許下其子希幹及第用錢二十萬榜至鎮開賀宴日張之於側進士胡錡賀啓曰桂枝折處著萊子之彩衣楊葉穿時用魯連之舊箭又曰一千里外觀上國之風光十萬軍前展長安之春色

楊汝士尚書鎮東川其子知溫及第開宴汝士命營妓人與紅綾一疋詩曰郎君得意及青春蜀國將軍又不貧一曲高歌紅一疋兩頭娘子拜夫人

新進士尤重櫻桃宴乾符中劉相鎮淮南其子覃及第勑邸吏曰醵罰所費取足而已時櫻桃初出和以糖酪人享蠻畫一小盎不啻數升

維岳貞元中及第開宴曲江泛舟玠以溺死後有聞試前卒者謂之報羅

裴思謙狀元及第作紅牋名紙十數詣平康里因留宿賦詩曰銀缸斜背解鳴璫小語偷聲賀玉郎從此不知蘭麝貴夜來新惹桂枝香

鄭合敬及第後宿平康里詩曰春來無處不閑行楚

聞相看別有情好是五更殘酒醒時時閒喚狀頭聲

楚娘閨娘妓之尤者

盧肇宜春人與同郡黄頗赴舉頗富肇貧郡牧餞頗甚盛肇策蹇而過明年肇狀元及第歸刺史以下迎接因看競渡肇席上賦詩曰向道是龍剛不信果然啣得錦標歸

薛逢晚年厄於宦途常策羸赴朝值新進士綴行而出團司所由輩見逢斥令回避逢遣一介曰報道莫乞相阿婆三五年少時也曾東塗西抹來

咸通中新進士集月燈閣爲蹙鞠會四面看棚櫛比同年肆覽鄭希回年七十餘榜末及第時同年將欲卽席希回堅請更一巡歷或讓之曰彼亦何敢望回

神龍以來杏園宴後皆於慈恩寺塔下題名同年中推善書者紀之他時有將相則朱書之及第後知聞或遇未及第時題名則爲添前進士字或詩曰曾題名處添前字送出城時乞舊詩

崔台符年十六張讀年十七同年進士同佐鄭少師宣州幕嘗列題西明寺中或竊注曰一雙前進士兩箇阿孩兒

李煬題名於昭歷縣樓章蟾戲題曰渭水秦川拂眼明希仁何事寡詩情多應學得虞姬婿書字纔能記姓名

白樂天一舉及第詩曰慈恩塔下題名處十七人中最少年時年二十七省試性習相近遠賦玉川記方流詩携謁李逢吉初不以爲意及覽賦頭曰噫下自人上達由君成德以慎立性由習分逢吉大奇之

裴晉公質狀眇小有相者曰郎君形神不入相書若

不至貴即當餓死今殊未見貴處一日遊香山寺有婦人致一緹緍於僧伽欄楯祈祝擲筊瞻拜而去度見其所致收取至暮婦人竟不致詰且復携來向者婦人疾趨撫膺曰阿父無罪被繫昨告人假得玉帶二犀帶一以賂津要不幸遺失吾父之禍無所逃矣度因授之婦人拜泣請留其一度不荅而去後見相者曰必有陰德及物前途萬里非某所知也度果位極人臣

劉盧白與太平裴公早同研席及公主文盧白猶舉

進士饑前獻詩曰二十年前此夜中一般燈火一般
風不知歲月能多少猶着麻衣待至公
方干師徐凝干嘗刺凝曰把得新詩草裏論反語曰
村裏老李頻師方干後頻及第詩僧清越贈干詩云
弟子已得桂先生猶灌園
李翱云韓退之之文古之文也其人古之人也宜春
黄頗師愈亦振名頗覩盧肇爲碑版則唾之而去愈
與人交有死即恤其孤爲畢婚嫁孟郊張籍之類是
也

摭言　八

王勃著滕王閣叙時年十四都督閻公不之信令人
伺其下筆初報云南昌故郡洪都新府公曰老生常
談又云星分翼軫地接衡廬公不語至落霞與孤鶩
齊飛秋水共長天一色公矍然曰此真天才垂不朽
矣
韓愈皇甫湜一代龍門中僧孺携所業謁之其首篇
說樂韓始見題即掩卷問曰且以拍板爲什麽僧孺
曰樂句二公大稱賞俟其他適訪之大書其門曰韓
愈皇甫湜同訪翌日遺闕以下咸往投刺因此名振

王播少孤貧嘗客楊州木蘭院隨僧齋僧厭之播至
已飯矣後二紀來鎮是邦向題字已碧紗幕其上播
作詩曰二十年前此院遊木蘭花發院新修而今再
到經行處樹老無花僧白頭上堂已了各西東慚愧
闍黎飯後鐘二十年來塵撲面如今始得碧紗籠
鄭朗相公遇一僧曰郎君位極人臣然無及第之分
及第即一生厄塞既而狀元及第賀客盈門唯此僧
不至及重試退黜唁者甚衆此僧獨賀曰富貴在裏
竟如所卜

摭言　九

徐商相公於中條山寺讀書隨僧洗鉢
元和中李涼公下三十三人皆取寒素時有詩曰元
和天子丙申年三十三人同得仙袍似爛銀文似錦
相將白日上青天
李德裕頗爲寒畯開路及南遷或有詩曰八百孤寒
齊下淚一時南望李崖州
杜紫微覽趙渭南卷詩云殘星幾點鴈橫塞長笛一
聲人倚樓因目嘏爲趙倚樓復贈詩曰今代風騷將
誰登李杜壇灞陵鯨海動翰苑鶴天寒

李太白謁賀知章知章曰公非人世之人可不是太白星精耶

孫偓嘗夢積木數百偓踐履往復李圓曰來年必是狀元何者已居衆材之上也果如其言

畢諴相公及第年夜聽響卜又無所聞俄遇人投骨於地群犬爭趨又一人曰後來者必銜得

鄭薰侍郎主文誤謂顏標乃魯公之後時徐方未寧意在激勸忠烈即以標爲狀元謝日問及廟院標曰寒畯未嘗有也始知誤取或嘲曰主司頭惱太冬烘

錯認顏標作魯公

李延壁就試夜於鋪內偶獲半臂延壁起取衣之同鋪曰此得非神授邏巡有人擒捉大呼曰捉得偷衣賊也

裴筠婚蕭楚公女問名未幾便擢進士第羅隱以一絕刺之詩曰細看月輪還有意信知青桂近嫦娥

許孟容進士及第學究登科時號錦襖子上著莎衣

皇甫湜與李生書曰近風偷薄進士尤甚至有一謙三十年之說讀詩未有劉長卿一句已呼阮籍爲老兵矣筆語未有駱賓王一字已罵宋玉爲罪人矣書字未識偏旁高談稷契讀書未知句度下視服鄭

沈雲翔十人交通中貴號芳林十哲芳林門名由此入內

劉鄴特賜及第韋岫賀之曰三十浮名每年皆有九重知已曠代所無

李擎與李敬同姓同歲同門同年登第擎詩曰因緣三紀異契分四般同

秦韜玉貢公子行曰堦前莎毯綠不卷銀龜噴香挽

不斷亂花織錦柳撚線粧點池臺畫屏展却笑書生把書卷學得顏回忍饑面

杜德祥放榜曹松等五人年俱七十餘時謂之五老榜

張倬落第捧登科記頂戴曰此千佛名經也

平曾謁華州李相不遇吟曰老夫三日門前立珠箔銀屏晝不開詩卷却拋書袋裏譬如閑看華山來

劉生魯風投謁所知爲典謁所阻吟曰萬卷書生劉魯風煙波萬里謁文翁無錢乞與韓知客名紙毛生

不爲通
盧汪門族甲天下舉進士不第詩曰惆悵興亡繫綺
羅世人猶自還青娥越王解破夫差國一箇西施已
太多晚年失意作酒胡子歌曰胡貌類人頹側不定
緩急由人不在酒胡酒胡一滴不入腸空令酒胡名
酒胡
劉得仁貴主之子出入舉場竟無所成曰外家雖是
帝當路且無親既終僧栖白詩曰忍苦爲詩身到此
氷魂雪魄已難招直教桂子落墳上生得一枝冤始

銷
蔣凝應宏詞爲賦止及四韻項刻播傳或曰白頭花
鈿滿面不若徐妃半粧
貞元中白樂天應宏詞試漢高祖斬白蛇賦考落蓋
賦有知我者斬白帝不知我者謂我斬白蛇也登科
之人賦並無聞白公之賦傳於天下
趙牧效李長吉爲短歌可謂蹙金結繡而無痕跡
崔櫓梅花詩曰強半瘦因前夜雪數枝愁向曉來天
又曰初開已入雕梁畫未落先愁玉笛吹蓮花詩曰
無人解把無塵袖盛取殘香盡日憐
李濤有詩名如水聲長在耳山色不離門掃地樹留
影拂牀琴有聲又落日長安道秋槐滿地花
任濤詩有露團沙鶴起人卧釣船流數舉不第李騭
廉察江西特放鄉役有論列者騭判曰江西境内爲
詩得及濤者即放色役不止濤也
周繇爲角觝賦云前衝後敵無非有力之人左攫右
拏盡是用拳之手
張喬試月中桂詩云與月長洪濛扶疎萬古同根非

生下土葉不墜秋風爭以圓時足還隨缺處空影高
羣木外香滿一輪中未種青霄日應虚白兔官何當
因羽化細得問神功
謝廷浩以詞賦著名號錦繡堆
李洞詩云藥杵聲中擣殘夢茶鐺影裏煮孤燈送人
歸日本詩云島嶼分諸國星河共一天
吳子華詩云暖漲魚遺子晴遊鹿引麛
進士褚載投贄於蘇威侍郎有數字犯諱載啓謝畧
曰曾興之冒瀆雖精終慚誤筆殷浩之兢持太過翻

逢空函
李義山重九日謁令狐相不見題詩屏風而去詩曰曾共山公把酒卮霜天白菊正離披十年泉下無消息九日尊前有所思莫學漢臣栽苜蓿還同楚客詠江蘺郎君官貴施行馬東閣無因更重窺
薛保遜好巨編自號金剛杵太和中公卿之門巷軸塡委率爲閽媪脂燭之費因之平易者曰若薛保遜卷卽所得倍於常也
盧肇初舉先達或問所來肇曰某袁民也或曰袁州

出舉人耶肇曰袁州出舉人亦由沅江出龜甲九肋者葢稀矣
李白戲贈杜甫曰飯顆山前逢杜甫頭戴笠子日卓午借問因何太瘦生秖爲從來作詩苦
舉人率以白紙糊案子面鄭昌圖詩曰新糊案子其白如銀出試入試千春萬春
鄭光業有一巨皮箱凡投贄有可嗤者卽投其中號曰苦海
鄭光業策試夜有同人突入吳語曰必先必先可相

容否光業爲輟半鋪之地其人曰仗取一杓水更託煎一椀茶光業欣然爲取水煎茶居二日光業狀元及第其人啓謝曰旣煩取水更便煎茶當時不識貴人凡夫肉眼今日俄爲後進窮相骨頭
賈島不善程試每試自疊一幅巡鋪告人曰原夫之輩乞一聯
咸通末執政病舉人僕馬大盛奏請進士並乘驢鄭光業軀幹偉大或嘲曰今年敕下盡騎驢短轡長鞦滿九衢淸瘦兒郞猶自可就中愁殺鄭昌圖

崔櫓酒後忤陸肱郞中以詩謝曰醉時顚蹶醒時羞麯糵催人不自由巨耐一雙窮相眼不堪花卉在前頭
衛元規酒後忤丁僕射以書謝曰自茲囚酒星於天獄焚醉日於秦坑
元相公在浙東賓府有薛書記酒後爭令以酒器擲傷公猶子遂出幕旣去作十離詩以獻犬離主筆離手馬離厩鸚鵡離籠燕離巢珠離掌魚離池鷹離主竹離亭鏡離臺犬詩云馴擾朱門四五年毛香足淨

主人儜無端吹着親情客不得紅絲毯上眠筆詩云越管宣毫始稱情紅牋紙上撒花瓊都緣用久鋒頭盡不得羲之手内擎鸚鵡詩云隴西獨自一孤身飛去飛來上錦裀都緣出語無方便不得籠中更喚人燕詩云出入朱門未肯拋主人常愛語交交銜泥汚穢珊瑚簟不得梁間更壘巢

温庭筠燭下未嘗起草籠袖凭几每賦一咏一吟而已場中號温八吟

李鎮知揚州章孝標賦春雪詩云六出飛花處處飄

黏窻拂砌上寒條朱門到晚難盈尺盡是三軍喜氣消

張祜客淮南幕中赴宴杜牧同坐有所屬意索骰子賭錢酒後微吟曰骰子巡巡裹手拈無因得見玉纖纖祜曰但知報道金釵落髣髴還應露指尖

温飛卿喜爲人代筆沈侍郎主文特召飛卿簾前試之或曰潛救八人矣

裴慶餘佐李公淮南幕嘗遊江舟子刺船篙濺水濕近坐公色變慶餘作詩曰滿額鵶黄金縷衣翠翹浮動玉釵垂從教水濺羅衣濕知道巫山行雨歸

裴廷裕乾寧中在内廷文書敏捷號下水船姚洎號急灘頭上水船

令狐趙相鎮維揚與張祜狎燕公行令曰上水船風又急帆下人須好立祜曰上水船船底破好看客莫倚柂

長安有僧善病人文章尤能捉語意相合處張籍頗恚之冥搜愈切因得句曰長因送人處憶得别家時僧曰此人有道了也乃吟曰是他桃李樹思憶後園

春

張祜憶柘枝詩曰鴛鴦綉帶拋何處孔雀羅衫屬阿誰白樂天呼爲問頭祜曰明公亦有目連經長恨詞云上窮碧落下黄泉兩處茫茫皆不見此不是目連訪母耶

章孝標及第後寄白樂天曰及第全勝十改官金湯鍍了出長安馬頭漸入揚州路爲報時人洗眼看荅曰假金方用眞金鍍若是眞金不鍍金十載長安得一第何須空腹用高心

方干瘦而唇缺性好侮人嘗與龍丘李主簿同酌李目有翳干改令譏曰措大喫酒點鹽軍將喫酒點醬只見門外着籬未見眼中安障李荅曰措大喫酒點鹽下人喫酒點酢只見手臂着襴未見口唇開袴

裴令公居東洛夜宴聯句元白有得色次至楊汝士曰昔日蘭亭無豔質此時金谷有高人白曰笙歌鼎沸勿作此冷淡生活元曰樂天能全其名

高祖呼裴寂爲裴三明皇呼宋璟爲宋五德宗呼陸贄爲陸九

摭言　十八

韋澳孫宏同在翰林懿宗賜銀餅餡食之甚美皆乳酪膏腴所製

趙嘏詩曰早晚粗酬身事了水邊歸去一閑人果止於渭南尉

舊語一曰聞多見少跡靜心動卷頭有眼肚裹没嗔二曰貌謹氣和見面少聞名多

切忌六事一就門生同年求及第二求僧道薦三對人前說中表在重位四誇作客五愛享後進酒食六没用處

高湜久舉不第或譏之曰一百二十箇蜣螂推一箇屎塊不上

王冷然上時宰書曰公有文章時豈不欲文章者見之乎公未富貴時豈不欲富貴者見之乎今貴稱當朝文稱命代見天下有文章未富貴者宜何如哉

温憲天啓中及第爲山南從事李巨川表述其淹屈曰蟻肩先姊明妃爲去國之人猨臂自傷李廣乃不侯之將

胡鉦與裴慶會犯分者擊以鐵蹲鐵蹲燈臺也

摭言　十九

顧雲大順中同羊昭業等脩史時劉子長僕射有清名雲求高逢休諫議書爲先容雲潛閱之凡一幅並不言雲但云昭業等擬將一尺三寸汗脚踏地燒殘龍尾道懿宗雖薄德不任彼前人羅織執大政者亦大悠悠雲歎息而已

李相讀春秋誤以叔孫婼勑畧呼爲勑咎有小吏曰某緣師受誤呼文字今聞相公呼婼爲婼方悟之耳公曰不然因檢釋文果勑畧反公大慙號小吏一字師

鍾輻建山齋手植一松夢朱吏曰松圍三尺子當及第後三十年策名松圍果然

李賀年七歲名動京師韓退之皇甫湜覽其文曰若是古人吾曾不知若是今人豈有不知之理二公因詣其門賀總角荷衣而出二公令面賦一篇目爲高軒過

陸龜蒙卒顏蕘誌其墓吳子華爲祭文曰編不碎潭下月拭不滅玉上塵

顧蒙爲文慕燕許刀筆

進士榜黏黃紙四張以淡墨氈筆書禮部貢院四字

劉光遠作詩尤能埋没意緒

蜀路有飛泉亭詩板百餘薛能過之盡打去唯留李端巫山高一篇

庾承宣主文六七年方賜金紫門生李石已恩賜矣石以紫袍金魚獻座主

何涓爲瀟湘賦天下傳之同時潘緯以古鏡詩著名或曰潘緯十年吟古鏡何涓一夕賦瀟湘

段維嗜煎餅一餅熟成一韻詩

姚嵒傑與盧肇會于江亭肇改令曰遠望漁舟不闊尺八姚遽飲嘔噦還令曰凭欄一吐已覺空喉

羅虬與宗人隱鄴齊名時號三羅廣明亂後從鄜州李孝恭籍中有紅兒善肉聲虬作絶句百篇號比紅詩大行於時

諸史

宋　沈俶

鬼物之於人但侮其命之當死及衰者爾侮人未當死與命或未衰則縱使爲妖爲孽苟能禦之以正亦無如之何吳興郡有項羽廟自古相承云羽多居郡廳前後太守不敢上南史孔靖字季恭爲守居之無害先是此邪頻喪太守人言卞山王項羽居郡廳事以故多不利于太守何季恭之獨不然也蕭惠明泰始初亦守是邪謂綱紀曰孔季恭嘗爲此郡未嘗有

災遂盛設筵榻接賓數日見一人長丈餘張弓挾矢向惠明既而不見因有背瘡旬日而卒蕭琛字彥瑜惠明從子也後亦爲守其本傳云郡有羽廟土人名爲憤王甚有靈驗于郡廳事安床幕爲神主公私請禱前後二千石皆于廳下再拜祠以太牢既祭而遷居他室琛至著履登廳事閉室中有叱聲琛厲色曰生不能與漢祖爭中原死據此廳事何也因遷之於廟又禁殺牛以脯代肉竟不能害以是觀之魑魅魍魎假羽名以與禍福何獨貽害于惠明而季恭彥瑜羞無聞然此非他惠明之死期將至而二人者福未艾耳今雲川城之北門有祠號覇王廟其城門亦曰覇王門廟有碑本朝雍熙四年九月一日建宣奉郎守太子中允通判張惲文也惠明傳稱郡界有卞山山下有廟當是後人遷之入城云

宣和用兵燕雲厚賦天下緡錢督責甚峻民無貧富皆被其害時有海州楊允秀才妻劉氏寡居二子皆幼積錢十屋一日劉氏謂二子曰國家用兵斂及下戶期會促迫刑法慘酷吾家積錢列屋坐視鄉黨之

困與官吏之負罪而晏然不顧於心安乎遂請于官以緡錢一百萬獻納以充下戶之輸於是一郡數縣之官吏得以逃責而下戶得免於流離死亡者皆劉氏之賜也嗚呼今之積金蓄穀倍息計贏遇災荒而幸糴價之高遭艱危而窖藏之密者滔滔皆是也其視劉氏賢愚何啻霄壤耶

四明戴獻可者踈財尚氣喜從賢士大夫游處而家世雄于財凡客至必延款士聞風而歸者皆若平生歡也獻可死止一子伯簡年十八九未歷世故暴承

家業用度無藝里中惡少因得與交御邪不數歲破
家止有昌國縣魚鹽竹木之租尚存舊僕楊忠主之
自獻可無患時出納無纖毫欺伯簡家業既蕩獨楊
忠所掌猶可賴爲衣食資遂往焉楊忠拜哭盡哀曰
與婦共事之籍其資財之簿以獻伯簡大喜謂我固
有之物仍復妄爲其游從輩謁之又欲誘蕩焉楊忠
哭諫不顧一日伯簡與其徒會飲呼蒲楊忠挺刃而
前執其亡者捽首頓之地數曰我事主人三十餘年
郎君年少爾輩誘之爲不善家産掃地幸民保有此

業汝必欲蕩之靡有孑遺邪我斷汝首告官請死報
吾主人于地下又大叱令伏地受刃其人哀號伏罪
楊忠噤咽良久收刃卻立曰爾畏死紿我耶其人號
曰請自今不敢復至忠曰如此貸爾命再至必屠裂
爾軀遂出帛數端曰可負此亟去其人疾走忠遂揮
涕謝伯簡曰老奴驚犯郎君自今改前所爲但聽老
奴盡心力役不二三年舊業可復不然老奴當即日
自沉于海不忍見郎君餓死以貽主人門戶羞也伯
簡慙泣自是謝絕羣不逞修謹自守一聽楊忠所爲

果數年盡復田宅楊忠事之彌謹吁楊忠其賢矣哉
真不負其名矣其視幸主人之禍敗從而取之者孰
非楊忠之罪人乎

慶曆中貝賊王則倡亂率衆閉門爲不軌知城中子
女無如趙氏女美致帛萬端金千斤聘爲妻且曰女
若不行卽滅爾族父母不敢違獨女不可曰吾雖女
子戴天子天履天子土十九年矣縱不能執兵討叛
奈何妻之泣涕不食父母族人守之以所得后服衣
之女曰妻賊何后也家人掩其口卒逼以往女登輿

自殘于輿中賊盛禮待之聞報皆失色而賊之親信
自殺者三人縋城逃者七十四人懼爲賊所魚肉也
自此賊焰漸衰以至于敗嗚呼識夫就知廉耻仗節
死義者天下皆以是望士君子而不以是望衆庶常
以是望男子而不以是望婦人今趙氏一民家女耳
表表之節如是可謂出于人所甚難而天下之所未
嘗望者彼士君子號爲男子者觀之寧不有愧于心
耶

徐氏名觀妙歷陽人江東曹閣中之女也嫁郡士張

豨建炎巳酉兵犯維揚官軍望風輒潰多肆擄掠那人大恐豨與鄰皆往秭溪避賊獨徐氏不去爲亂兵所掠大罵曰朝廷畜汝輩以備緩急今彼㐫行在不能赴難而乘時爲盜我恨一女子力少勢弱不能斬汝寧肯爲汝曹所辱以苟活耶賊慚恚以刃刺殺投之江中嗚呼士方平時自視霄漢抵掌大言以節義自許一落賊手則蠅營狗苟乞一旦之命或出力而助虐者多矣徐氏眇然一婦乃能奮不顧死與秋霜烈日爭嚴嗚呼壯哉

冏王元儼太宗皇帝第八子也生而頴悟廣顙豐頤凜不可犯名聞外國天聖以來太宗諸子獨元儼存仁宗眷寵尤異儼好坐木馬遇飢則于其上飲食仍奏樂于前或終日在上酣飲慶曆四年封燕王時富鄭公條上河北守禦十二策其首策曰北方風俗貴親率以近親爲名王將相所以視中國用人亦如其國燕王威望著于北方燕薊小兒每夜啼其家必驚之曰八大王來也兒啼即止每牽馬牛渡河旅拒以進必曰八大王在海裏其畏之如此其主每見南使未嘗不問王安否今年王薨識者亦憂之謂王之生一以爲重今王之薨必以朝廷爲輕矣

余每見世情炎涼釋道尤甚幼時嘗侍親遊一二寺觀多有此態歸而相語未嘗不慨然也近閲張文潛雜志忽見一事不覺憮然而書之殿中丞丘浚嘗在杭州謁釋珊見之殊傲頃之有州將子弟來謁珊降階接之甚恭丘不能平伺子弟退乃問珊曰和尚接浚甚傲而接州將子弟乃爾恭耶珊曰接是不接不接是接浚勃然起杖珊數下曰和尚莫怪打是不打

不打是打奇哉殊快人意

京城閭閻之區竊盜極多踪跡詭秘未易根緝趙師睪尚書尹臨安日有賊每於人家作竊必以粉書我來也三字於門壁雖緝捕甚嚴久而不獲我來也之名闐傳京邑不曰捉賊但云捉我來也一日所屬解一賊至謂此即我來也亟送獄鞫勘乃畧不承服且無贓物可證未能竟此獄其人在禁忽密謂守卒曰我固嘗爲賊却不是我來也今亦自知無脱理但乞好好相看我有白金若干藏于寶叔塔上某層某處

可往取之卒思塔上乃人跡往來之衝意其紿侮賊曰毋疑但往此方作少緣事點塔燈一夕盤旋終夜便可得矣卒從其計得金大喜次早入獄密以酒肉與賊越數日又謂卒曰我有器物一甕寘侍郎橋某處水內可復取之卒曰彼處人鬧何以取賊曰令汝家人以籮貯衣裳橋下洗濯潛摸甕入籮覆以衣舁歸可也卒從其言所得愈豐次日復勞以酒食卒雖甚喜而莫知賊意一夜至二更賊低語謂卒曰我欲暫出四更盡即來決不累汝卒曰不可賊曰我固不

至累汝設或我不復來汝失囚必至配罪而我所遺儘可為生苟不見從卻恐悔吝有甚于此卒無奈遂縱之去卒坐以伺正憂惱間聞簷瓦聲已躍而下卒喜復桎梏之甫旦啟獄戶聞某門張府有詞云昨夜三更被盜失物其賊于府門上寫我來也三字師睪撫按曰幾誤斷此獄宜乎其不承認也止以不合犯夜從杖而出諸境獄卒回妻曰半夜後聞叩門恐是汝歸亟起開門但見一人以二布囊擲戶內而去遂藏之卒取視則皆黃白器也乃悟張府所盜之物又以賂卒賊竟逃命雖以趙尹之明特而莫測其姦可謂黠矣卒乃以疾辭役享從容之樂終身沒後子不能守悉蕩焉始與人言

可談

宋　朱彧

元豐間彧先公爲右史　神考遣使治楚州新河面戒之曰東南不慣興大役卿且爲朕憂恤兵民大哉王言簡而有體

元豐六年冬祀先公導駕既進輦輦中忘設衾褥遽取未至上覺之乃指顧問他事少選褥至遂升輦以故官吏無罪聖度如此

舅氏胡宗堯嘉祐初引見改官舉將十七員　仁宗

問其家世彧奏樞密使胡宿之子即有旨更候一任回改官時有因失死罪連坐於條合展舉將員改次第等官上宣諭未令改官凡三經引見幾十餘年大臣彧以爲言上曰此人曾殺朕百姓不可改官

三省俱在禁中元豐間移尚書省於大内西切近西角樓人呼爲新省崇寧間又移於大内西南其地遂號舊省以建左右班直彧云舊省不利宰相自徙省至廢蔡確王珪呂公著司馬光呂大防劉摯蘇頌章惇曾布更九相唯子容居位日淺亦謫罷餘不以存沒彧貶廣南武貶散官

祖宗故事宰相呼相公節度使帶開府儀同三司元豐官制前帶同中書門下平章事亦呼相公謂之使相　三公正真相之任呼公相尚書改令廳爲公相蔡京首以太師爲公相其子攸自淮康軍節度使除開府儀同三司遂父呼公相子呼相公時傳公父子入侍曲宴　上云相公公相子京對云人主主人翁際遇之盛若此

蔡持正自左揆責知安州常作安陸十詩吳處厚摭

摭箋注蔡坐此貶新州其詩又云睡起莞然成獨笑數聲漁笛在滄浪吳注云未知蔡確此時獨笑何事

先公帥廣崇寧元年正月遊蒲澗同越俗也見遊人簪鳳尾花作口號中一聯云孤臣正泣龍鬚草遊子空簪鳳尾花蓋以被遇先朝自傷流落後監司玄論乃指此句以爲罪其誣注云契勘正月十二日　哲宗皇帝已大祥豈是孤臣正泣之時鞫獄竟無他意讒口可畏如此既不得笑又不得哭

都下市井謂不循理者爲乖角又謂作事無據者爲

涉雕當入聲喪儀開擀發以一竿揭之名乖角衛士
駷天幞頭有一腳下垂者其儕呼爲雕當不知名義
所起記之以俟識者
吳處厚善屬辭知漢陽軍毎謂鸚鵡洲沔鄂佳處欲
賦詩未就一日視事綱吏來告覆舟吳問所在吏曰
在鸚鵡堰吳拊案連唱大奇徐曰吾一年爲鸚鵡洲
尋一對不得天俾汝也因得末減王梅運勾骨立有
尻味朋從目之爲風流骸骨崇寧癸未余在金陵府
集見官奴中有極瘦者府尹朱世英語余曰亦識生

色髑髏否余欣然爲王勾得對
滕宗閔知楚州有監司過境本州送酒食書有臣名
即上聞既鞫獄乃書吏誤用賀月旦表無他意滕坐
送吏部監當蓋知州細銜字多欲謹書吏毎患難寫
乘暇用紙寫前後銜謂之空頭表牋用之故巳不虞
向宗傅爲與國軍判官託士人作書與漕使小簡用
金口淸光俞允等字漕使舉行取勘死轉自解僅免
士人於書尺多不識體要往往誤人宜謹用自不能
識者不若不發書

本朝置大宗正寺治宗室濮邸最親嗣王最貴於屬
籍最尊世世知大宗正事自宗晟迄宗漢皆安懿王
子兄弟相繼宗子盡死諸孫仲字復嗣爵判宗人人
謹厚練敏宗子率從其教誨崇寧初分置敦宗院於
三京以居疎冗選宗子之賢者蒞治院中或有尊行
治之者頗以爲難令鄭刻除南京敦宗院發對　上
問所以治宗子之畧對曰長於臣者以國法治之幼
於臣者以家法治之上稱善進職而遣之鄭既至宗
子率敎未嘗擾人京邑甚有賴焉

王介甫居金陵作謝公墩詩云我名公字偶相同我
屋公墩在眼中公去我來墩屬我不應墩姓尚隨公
蓋晉謝安故地也謝字安石介甫名安石
蘇子瞻謫黃州居州之東坡作雪堂自號東坡居士
後人遂目子瞻爲東坡其地今屬佛廟子瞻知杭州
築大堤西湖上人呼爲蘇公堤屬吏刻石榜名世俗
以富貴相高以堤音低頗爲語忌未幾子瞻遷謫時
孟氏皇后京師衣飾畫作雙蟬目爲孟家蟬識者謂
蟬有禪意乆之后竟廢

先公在講筵間　神考言熊本表章用印端謹朱色
鮮明先後無小異由此受知擢用至兩制近世長吏
生日寮佐畫壽星爲獻例只受文字其畫却回但爲
禮數而已王安禮自執政出知舒州生日𥶡吏爲壽
或無壽星畫者但有他畫軸紅綉囊緘之必謂退回
王忽令盡啓封掛畫於廳事標所獻人名銜於其下
良久引客熱香共相瞻禮其間無壽星者或用佛像
或神鬼唯一兵官乃崔白畫二猫既至前慚懼失措
或云時有囊緘墓銘者吏不敢展此尤不可生日祝

壽墓銘凶事非徒失獻芹之意必須貽禮小節不可
不戒古人不欺幽隱正謂此類
熙寧中有常州太守召赴闕其人頗熟時事將有陳
述所主亦大臣有力者或云介甫當無不稱上意既
陛見上首問錫山去郡幾遠去非素備了不能對蓋
常州無錫縣錫山俗呼惠山守不閱圖經故不知也
上顧近臣曰爲守臣而不知境内山川其爲政可料
即罷去竟不曾開陳一言楊傑次公留心釋教嘗因
上殿神考頗問佛法大槩楊並不詳答云佛法實亦

助吾教既歸人咸咎之或責以聖主難遇次公平生
所學如此乃唯唯何也楊曰朝廷端欵明辨吾儕度
作導師不敢妄對
青州王大夫嘗知舒丹二州爲詩極鄙俚每投獻當
路留以爲笑具季父爲青掾王亦與一軸詩他日季
父見其子乃謝之其子曰大人九伯亂道玷瀆高明
蓋俗謂神氣不足者爲九伯豈以一千則足數耶余
中表任朝議大夫以八裹赦恩轉中奉大夫其子對
賀客則曰大人轉此一官方始濟事將來有遺表恩

澤也余記此二事非以爲謔蓋所以開悟爲人子者
司馬温公閑居西京一日令老兵賣所乘馬語云此
馬夏月有肺病若售者先語之老兵竊笑其拙不知
其用心也
王舒王越國吳夫人性好潔成疾王任眞率毎不相
合自江寧乞骸歸私第有官藤床吳假用未還郡吏
來索左右莫敢言王一旦跣而登床偃仰良久吳望
見即命送還
熙寧癸丑先公登第天子擢居第一爲權臣所軋故

居第二大父頗不平湖州道場山有老僧爲大父言此非人事道場山在州南離方丈筆山也低於他州故未有魁天下者僧乃丐緣即山背建浮屠望之如阜一筆既成語州人曰後三十年出狀元大觀賈安宅政和莫儔相繼爲廷試魁此吾家事非誕也

瓊管四郡在海島上士人未嘗有登第者東坡謫儋耳與瓊人姜唐佐遊喜其好學與一聯詩云滄海何嘗斷地脉白袍端合破天荒東坡語姜云俟他日有驗當續成篇崇寧興學丕冒海偶四郡士人亦向進

雖云登闕已久恐鹵瘴終無嘉穀耳

常州諸胡余外氏自武平使樞密宗愈繼執政宗回宗師宗炎奕修皆兩制宗質四子同時作監司家貲又高東南號富貴胡家相傳祖塋三女山尤美甚利子婿余母氏乃尊行如渭陽諸婿錢昂黃輔國李詩蔣廷俊張巨陳彝務存誠皆爲顯官餘無不出常調呂吉甫太尉自言其家不利女婿不唯祿祿無用如長倩余中成婚二十餘年元祐初上疏乞誅呂吉甫謝天下後竟離婚亦云祖塋三女山相刑也余表姪李熙嘏任生登第吉甫以孫女妻之自延安帥遣人納吉禮貌甚盛熙嘏在京師忽詣開封投牒願悔婚蔡元長尹京驚問所以並無違律及不爭財物熙嘏但言不喜與福建子相交元長怒叱出卒成婚時人謂呂家風水已應中州人每爲閩人所窘目爲福建子畏而憎之之辭吉甫元長皆閩人故熙嘏戲之耳

先公素貧元豐間久於右史奉親甘旨不足求外補神考知之將策貴妃故事兩制奉册執政讀册乃賜用先公爲奉册門下侍郎章惇爲讀册官中貴爲宗

道審謂公言上知公貧此盛禮也必有厚賜既事檢會無策妃支賜例止賜酒食而已近歲帝子蕃衍宮闈每有慶事賜大臣包子銀絹各數千疋兩雖師垣尊寵冠廷臣然自辛巳乙酉己丑三出亦有不預賜者唯何執中以藩邸特恩爲宰相首尾未嘗去位不問其他錫賚皇子帝姬六十七人包子無遺之者家貲高於諸公天性節儉未嘗妄費一錢爲三公奉養如平時

余表伯父袁應中博學有時名以貌寢諸公莫敢爲

紹聖間蔡元度引之乃得對袁鳶肩上短下陋又廣顙尖頷面多黑子望之如洒墨聲嗄而吳音　哲宗一見連稱太陋袁錯愕不得陳述而退縉紳目爲奉勅陋朝士王迥美姿容有才思少年間不甚持重爲狎邪輩所誣播入樂府今六幺所歌奇俊王家郎乃迥也元豐中蔡持正薦之可任監司　神宗忽云此乃奇俊王家郎乎持正叩頭謝罪

舒王吳夫人有潔疾其意不獨恐汚已亦恐汚人長女之出省之於江寧夫人欣然裂綺縠製衣將贈其

甥皆珍異也忽有猫卧衣笥中夫人即叱起婢揭衣置浴室下終不肯與人竟腐敗無敢收者余大父至貧掛冠月俸折支得壓酒囊諸子幼時用爲脛衣先公痛念茲事既顯盡以月俸頒昆弟宗族終身不自吝一錢諸父仰祿以活不治生事晚年遷貴族人失俸大有狼狽者五叔父遂不聊生余切謂使舒王與大父易地吳夫人安得有此疾

先公嘗言昔在修撰經義局與諸公聚首介甫見舉燭因言佛書有日月燈光明佛燈光豈足以配日月乎呂吉甫曰日昱乎晝月昱乎夜燈昱乎晝夜日月所不及其用無差別介甫大以爲然吉甫所言中理歷歷可記類如此

子瞻嘗爲先公言書傳間出疊字皆作二小畫于其下樂府有瑟二調歌平時讀作瑟瑟後到海南見一黥卒自云元係教坊瑟二部頭方知當作瑟二非瑟瑟也子瞻好學彌老不衰類皆如此余嘗訪教坊瑟二事云每色以二人如笛二等二總謂之色二不作瑟字不知果如何吉甫子瞻皆不世出之才而不相

好亦猶立朝異時耳

世傳婦人有產鬼形者不能執而殺之則飛去夜復歸就乳多瘁其母俗呼爲旱魃亦分男女女魃竊其家物以出男魃竊外物以歸初虞世和甫名士善醫公卿爭邀致而性不可馴狎往往尤忽權貴每貴人求治病必重誅求之至於不可堪其所得賂旋以施貧者最愛黃庭堅常言黃孝於其親吾愛重之每得佳墨精楮奇玩必歸魯直語朝士云初和甫於余正是一男旱魃時坐中有厭苦和甫者率爾對曰列吾

家便是女旱魃

東坡倅杭州不勝杯酌部使者知公頗有才望朝夕聚首疲於應接乃號杭倅爲酒食地獄其後袁轂倅杭適郡將不協諸司緣此亦相疎袁語所親曰酒食地獄正值獄空傳以爲笑

魯直再謫黔中泊舟武昌初和甫追餞之相與處舟中岸巾危坐魯直側席意甚恭循子無咎與黃士潘觀來不知其爲初和甫頗忽略之潘黃正論本草反覆良久魯直曰吾姪前識初和甫否二人縮舌汗背

世傳杜祁公罷相歸鄉里不事冠帶一日在河南府客次道帽深衣坐席末會府尹出衙皂不識其故相有運勾至年少貴游子弟慢祁公不起揖厲聲問曰足下前任甚處祁公曰同中書門下平章事客矣與坐席固不能還常宜自處卑下最不可妄談事及呼人姓名恐對人子弟道其父兄名及所短者或其親知必貽怒招禍俗謂之口快乃是大病

富鄭公致政歸西都常着布直裰跨驢出郊逢水南巡檢蓋中官也威儀呵引甚盛前卒呵騎者下公舉鞭促驢卒聲愈厲又唱言不肯下驢請官位公舉鞭稱名曰弼卒不曉所謂白其將曰前有一人騎驢衝節請官位不得口稱弼弼將方悟曰乃相公也下馬執銳伏謁道左其候贊曰水南巡檢唱喏公舉鞭去

舒王退居金陵結茅鍾山下策杖入村落有老氓張姓最稔熟王每步至其門即呼張公張應聲呼相公一日王忽大咍曰我作宰相許時止與汝一字不同耳

駙馬都尉李端愿居戚里最號恭慎既失明猶戒勵

子弟故終身無過時京師競傳州西二郎廟出聖水治病輒愈李素不事鬼神一日其子舍有病稚家人竊往請水李聞大怒即杖其子且云使爾子果死二郎豈肯受枉法贓故活之耶若不能活又何求

先公在紹聖初識孟在蓋皇后父也時泰陵未有嗣常因景陵宮行香諸人聚首孟在忽大息或詢其故孟曰中宮蓐月滿望一皇嗣乃誕公主先公歸語所親曰孟在非長守富貴者也果如言后竟廢

沈起待制諸子有見諸王者頗喜之許以薦擢一日

沈盛飾出游過相府舒王聞其在門呼入與其七著先令褫帶沈辭不得已舒王以手褰沈所衣真珠繡直緊速稱好好自後不復得見坐此沉廢政和中臺章言一朝士有濕活居士之目謂飲不擇酒内不擇人此數事乎時人所易犯一被指斥則莫脫故舉以為少俊之戒

蔡元度子仍悟前身是潤州丹陽王家兒訪之果然妻子尚在來見之相語如昔時至八九歲漸熟世境旋忘前事雍丘李三禮生女小師數歲則曰我是黃

州黃陂典吏雷澤男亨甫年十七歲病足瘡死雍丘牛商多在黃陂尋問如合符契他日雷澤往視小師一見便呼為父政和八年小師來黃陂抱其舊母號泣又數與邑人說其平昔皆驗

先公在元祐背馳與蘇轍尤不相好公知廬州轍門人吳儔為州學教授公延鄉人方素於學舍講三經義轍為内應公坐降知壽州後在齊守與東坡邂逅各出詩文相示既得罪范致虛行責詞云締交軾轍密與唱和媚附安李陰求進遷或以轍事語范范曰吾固知之但不欲偏枯却屬對范學於先公或疑其背師蓋國事也范操行非希吉下石者

錢遹德循為侍御史元符末攻曾布章數上正急會其子病明日將對夜其子死德循即跨馬入朝不復内顧既歸而後舉哀朝廷頗知之布敗德循遂除中丞誥詞有云方蹇蹇以匪躬予呱呱而弗恤未幾德循轉工部尚書失言路其僚頗攻擊竟論匿哀之事德循由是得罪責詞數其躁進至云匿哀請對褻瀆軒墀德循投閑久之領宮祠而終

章惇性豪恣忽略士大夫紹聖間作相翰林學士承旨蔡京謁惇惇道衣見之蔡上言狀乃立宰相見從官法王安禮尚氣不下人紹聖初起師太原過闕許見時樞府虛位安禮銳意士亦屬望將至京師答諸公遠迎書自兩制而下皆榻角一幅封詔傲禮簡或於上前言其素行既對促赴新任怏怏數月而死

元豐間詔僧慈本住慧林禪院召見賜茶以為榮遇先公侍上見宣諭慈本上云京師繁盛細民逐末朕要卿來勸人作善別無他語建中靖國元年召僧詣

禁中講經賜十禪師號及御製僧惟白續燈錄序釋徒尤以爲盛事後賜僧皆四字禪師號皆故不受以釣名抑避之際頗不恭朝廷正其罪投之遠方無他異術窮情露敎遂不振又狂逆不道伐家謗略多出浮屠中宣和初乃譯正其敎改僧爲德士復姓氏完髮膚正冠裳盡華其尤爽者

姚祐元符初爲杭州敎授堂試諸生出易題乾爲金坤亦爲金也蓋福建本書籍刊板舛錯坤爲釜脫二點故姚誤讀作金諸生疑之因上請姚復爲臆說而

諸生或以誠告姚取官本視果釜也大慙曰祐買着福建本升堂自罰一直其不護短如此

晉有郭巨公建第落成日設諸匠列坐於子弟右或以爲不可巨公指諸匠曰此造屋者又指其子弟曰此賣屋者固自有序識者以爲名言可爲破家子戒

常州蘇掖仕至監司家富甚嗇每置產吝不與直爭一文至失色尤喜乘人窘急時以微資取奇貨嘗置別墅與售者反復甚苦其子在旁曰大人可增少金我輩他日賣之亦得善價也父愕然自是少悟士大夫競傳其語

潤州一監征與務胥盜官錢皆藏之胥官約曰家滿分以裝我胥僞諾之既代去不與一錢監征不敢索悒悒渡揚子江竟死于維揚胥得全賄遂富告歸治田宅是年妻孕如見監征褰帷而入即誕子甚慧長喜讀書使之就學二十歲登第胥大喜盡鬻其產挈家至京師爲桂玉費其子調官南下已匱乏至中途子病瘵所餘召醫及維揚而死胥無所歸旅寓貧索無聊亦死

沈括存中入翰苑出塞垣爲閩人晚娶張氏悍虐存中不能制時被箠罵捽鬚墮地兒女號泣而拾之鬚上有血肉者又相與號慟張終不恕余仲姊嫁其子清直張出也存中長子博毅前家兒張逐出之存中時往賙給張知輒怒因誣長子凶逆暗昧事存中責安置秀州張時時步入府中訴其夫子家人輩徒跣從勸於道先公聞之頗怜仲姊乃奪之歸宗存中投閑十餘年紹聖初復官領宮祠張忽病死人皆爲存中賀而存中自張亡恍惚不安船過揚子江遂欲墮

水左右挽持之得無患未幾不祿或疑存中平日為張所苦又在患難方幸相脫乃爾何耶余以謂此婦妬暴非碌碌者雖死䰟魄猶有憑藉

廣中富人多畜鬼奴絕有力可負數百斤言語嗜慾不通性淳不逃徙亦謂之野人色黑如墨唇紅齒白髮鬈而黃有牝牡生海外諸山中食生物采得時與火食飼之累日洞泄謂之換腸緣此或病死若不死即可畜久蓄能曉人言而自不能言有一種近海者入水眼不眨謂之崑崙奴

樂府有菩薩蠻不知何物在廣中見呼蕃婦為菩薩蠻方識之南海廟前有大樹生子如冬瓜熟時解之其房如芭蕉土人呼為波羅蜜漬之可食

閩浙人食蛙湖湘人食蛤蚧大蛙也廣南人食蛇市中鬻蛇羹中州人每笑東南人食蛙有宗子任浙官取蛙兩股脯之紿其族人為鶉腊既食然后告之由是東南謗誚少息或云蛙變為黃鶉

蠻管夷人食動物凡蠅蚋草蟲蚯蚓盡捕之入截竹中炊熟破竹而食頃年在廣州蕃坊獻食多用糖蜜腦麝有魚俎雖甘香而腥臭自若也唯燒筍一味可食先公至北　日供乳粥一椀甚珎但沃以生油不可入口諭之使去油不聽因紿令以他器貯油使自酌用之乃許自後遂得淡粥大率南食多鹹北食多酸四邊及村落人食甘中州及城市人食淡五味中只苦不可食

慈聖光獻皇后嘗夢神人語云太平宰相項安節神宗密求諸朝臣及遍詢吏部無有此姓名者久之吳充為上相瘰癧生頸間百藥不差一日立朝項上

癧如拳后見之告上曰此真項安節也蔣之奇既貴項上大贅每忌人視之為六路大漕至金山寺僧了元滑稽人也與蔣相善一日見蔣即手捫其贅蔣心惡之了元徐曰沖卿在前穎叔在後蔣即大喜

故事宰相薨駕幸澆奠褰帷視尸則所陳尚方金器盡賜其家不舉帷則收去宰相吳充元豐間薨于私第上幸焉夫人李氏徒跣下堂叩頭曰吳充貧二子官六品乞依兩制例持喪仍支俸詔許之然倉卒有事不及褰帷駕與諸司飲器皿而去計其所直與二

予特文俸頗相當因謂官物不可妄得如此京畿上
人王庭鯉嘗與邊將作門客得軍功補軍將因詣闕
論父祖文臣及身爲進士乞換文資郎可僥法一州
縣差遣大喜洎詰下乃得石州攝助教不理選限終
身不釐務大凡爵祿豈可以計取哉

宰相禮絕庶官都堂自京官以上則坐選人立白事
見於私第選人亦坐葢客禮也唯兩制以上點茶湯
人腳床子寒月有火爐暑月有扇謂之事事有庶官
只點茶謂之事事無茶見於唐時味苦而轉甘晚採

者爲茗今世俗客至則啜茶去則啜湯湯取藥材甘
香者屑之或凉或温未有不用甘草者此俗遍天下
先公使遼遼人相見其俗先點湯後點茶至飲會亦
先水飲然後品味玄進但欲與中國相反本無他義理

朝辨色始入前此集禁門外自宰執以下皆用白紙
糊燭籠一枚長柄揭之馬前書官位於其上欲識馬
所在也朝時自四鼓舊城諸門啓關放下都下人謂
四更時朝馬動朝士至者以燭籠相圍繞聚首謂之
火城宰執最後至至則火城滅燭大臣自從官及親
王駙馬皆有位次在皇城外仗舍謂之待漏院不與
庶官同處火城每位有翰林司官給酒果以供朝臣
酒絕佳果實皆不可咀嚼欲其久存先公與蔡元度
嘗以冬月至待漏院翰林卒前白有羊肉酒探腰間
布囊取一紙角視之肉臡也問其故云恐寒凍難解
故懷之自是止令供清酒因傳知諸同官

狨座文臣兩制武臣節度使以上許用每歲九月乘
二月撤無定日視宰相乘則皆乘之撤亦如之狨似
大猴生川中其脊毛最長色如黃金取而縫之數十

斤成一座價直錢百千背用紫綺緣以簇四金鵰法
錦其制度無殊別政和中有久次卿監者意必遷兩
制預買狨座得躁進之目坐此斥罷或云狨毛以籍
衣不皺先公使北　時已作兩制乘狨座副使武臣
乘紫絲座故事使雖非兩制亦乘狨張織金帶金魚
重將命也大觀中國信以禮部郎中鄭久中充使奉
寧軍節度使童貫充副使遂俱乘狨座

何執中第五微時從人筮窮達其人云公不第五何
曰然其人拊掌大笑連稱奇絕因云公凡遇五即有

喜慶何以熙寧五年鄉薦余中榜第五人及第五十五歲隨龍崇寧五年作宰相每遷官或生子非五年即五月或五日其驗如此

余幼時從母氏在常州時見錢秀才開圖書知人三世姓男子知婦姓女子知夫姓無不驗吾家三姊長適吳氏次適沈氏錢閱書皆言大姓吳當時怪其差繆後數年沈姊離婚歸宗嫁吳寬夫不知圖書何爲而億中乃爾生齒浩繁豈此數帙文字所能該括

黃州董助教甚富大觀己丑歲歉董爲飯以食饑者

又爲粿餌飼小兒輩方羅列分俵饑人如墻而進不復可制董仆於地頗被毆踐家人咸咎之董不介意明日又爲具但設欄楯以序進退時或紛然迄了餘日無倦色黃岡村氓閭丘十五多積穀每幸凶歲即騰價細民苦之老年病且亟不復飲食但飡羊屎家人憐之以米餌作羊屎狀紿之入手便投去唯食眞者數月方死此猥媢佛多施廬山僧供迹亦凶慳禍至冀事佛少逭責此尤不可也

元祐間有大臣不欲書名氏父常貶死朱崖寓柩不歸既貴自過海迎取已更數十年無識其父柩者於僧房中有數棺枯骨無款記不獲已乃挈一棺歸與其母合葬後競傳誤取亡僧骨殖紹聖初言者欲要非以無驗不敢舉

話腴

宋　陳郁

藝祖微時日詩云欲出未出光辣撻千山萬山如火發須臾走向天上來趕卻殘星趕卻月國史潤飾之云未離海嶠千山黑才到天心萬國明文氣卑弱不如元作

眞西山鎮溫陵有海寇猖獗令正將王大受將卒五百擒獲其渠某等三渠魁及從賊百餘輩大受歸傷重而沒趙宗子也始皆疑西山未易處閱數日獄成

西山引諸囚入教場縛二渠魁於中掩其心令諸軍射箭如蝟而賊未死或斬或撻次第而畢惟置趙於傍觀之次陵遲二渠魁且以心肝祭大受訖補其二子以指使又配其二女以良婿賞罰兼行士民驚服皆以爲趙可生也事畢西山呼趙問之趙稱宗室不絕西山曰宗室爲賊首則非宗室矣宜正以王法決交春二百而死

南康縣外二十里許有劉氏女少而慧父母初以許蔡無故絕蔡而許吳吳亡又以許蔡女曰吾一身而三許人何顔登人門戶投潭水而死鄉社立賢女祠今存焉

菱芡皆水物也胡爲菱寒而芡暖蓋菱花開必背日芡花開必向日故也桃杏雙仁者必殺人其花本五出有六出必雙仁而殺人矣反常故也木實之蠹者必不沙爛沙爛者必不蠹而能浮若不浮者亦殺人蓋既沙爛則不能蘊畜而生蟲瓜至甘而不蠹者以其沙也有物有則若可窮矣

馬友犯長沙向薌林悍之不敵而潰道遇友別將方

舟而來家人蒼惶懼知弗脫矣賊指求薌林愛妾妾聞命無懼色自語賊曰必欲我當以車馬來賊許之妾即盛飾以待家人駭之然猶謂其往可以紓難頃刻肩輿至即奮而登既過河望賊舟不甚相遠妾忽語輿卒欲少止羣卒乃弛轎妾一躍入水急援之已絕矣賊相顧不發薌林亦悠然而去

徽廟一日幸來夫人閣偶灑翰于小白團扇書七言十四字而天思稍倦顧在側璫云汝有能吟之客可令續之乃薦鄉里太學生既宣入內侍省恭讀宸製

不知指意乞爲取旨或續句呈或就書扇左上曰朝來不喜餐必惡阻也當以此爲詞以續于扇續進上大喜會將策士生於未奏名徑使造庭賜以第焉上御詩曰選飯朝來不喜餐御廚空費八珍盤生續曰人問有味都嘗遍只許江梅一點酸

唐李涉過皖口之西遇大艦過其征數十八持兵仗問是何人從者曰李涉博士船也其豪首曰若是李涉聞詩名巳久但希一篇金帛非敢取也李乃贈一絕云暮雨蕭蕭江上村綠林豪客夜知聞相逢不用

相廻避世上于今半是君

眞廟朝寢殿側有古檜秀茂不羣名御愛檜然橫榳殿簷眞皇意欲去之一夕風雷轉摺其枝時以爲瑞

諸葛武侯薦馬超于先主關羽恐其出巳右移書問之武侯曰可與翼德並驅馳衡然非髯將軍比也羽聞而喜余謂武侯此語既不掩超之美又有以結羽之心深沉大畧可涯涘耶當其兵數敗衄時下敎曰今非將不善兵不衆而敗恭亮未聞過耳諸君攻亮之過則兵決可勝夫人有失誰不懷忌而武侯獨願聞其過豈不誠大丈夫哉

明之象山士子史本有木犀忽變紅色異香因接本獻闕下高廟雅愛之畫爲扇面仍製詩以賜從臣云月宮移就日宮栽引得輕紅入面來好向煙宵承雨露丹心一點爲君開又云秋入幽巖桂影團香深粟粟照林丹應隨王母瑤池宴染得朝霞下廣寒自是四方爭傳其木歲接數百史氏由此昌焉一卉之微香色稍異能動至尊入品題且昌其主可以人而不如木乎

世論多以阮籍爲放曠不羈之士守禮法者羞言之蓋以迹而不以心也余見其沉酣不理若與世違然觀漢楚戰場則曰時無英雄使豎子成名豈忘慮於世變哉口不臧否然待人以靑白眼豈無意於人物哉居喪飲酒食肉然慟哭則嘔血數斗豈不情於哀戚哉當其主室不競強臣擅威戮大臣如刺犬豕故張華衛瓘以淸直死嵇康以高簡死王衍以淸談死陸機陸雲以俊才死至文帝將求婚鍾會欲詢以時事而致之罪而籍終皆以沉湎避其祭微見遠寄託

保身非高出數子之上其能脱屣於禍穽哉吁善觀人者當考其迹而逆察其心乃可也

建炎樞密聶昌臨川人也上庠釋褐出身元名山御筆改今名朝廷令往河北割地粘罕令撤傘而後見昌云彼此皆王臣也平交耳安有撤傘之禮竟不從粘罕而莫之屈當時河北百姓不肯割土昌因與力爭死之謚榮愍

寫照非畫物比蓋寫形不難寫心惟難也夫帝堯秀眉魯僖司馬亦秀眉舜重瞳項羽朱友敬亦重瞳沛

公龍顔嵇叔夜亦龍顔世祖日角唐高祖亦日角文皇鳳姿李相國亦鳳姿尼父如蒙魌陽虎亦如蒙魌寶將軍鳶肩豀顔王亦鳶肩揚食我熊虎之狀班定遠乃虎頭司馬懿狼顧周嵩乃狼肮若此者寫之似足矣故□寫形不難夫寫屈原之形而肖矣儻筆無行吟澤畔懷忠不平之意亦非靈均寫少陵之貌而是矣儻不能筆其風騷沖澹之趣忠義傑特之氣峻潔葆麗之姿奇僻贍博之學離寓放曠之懷亦非浣花翁蓋寫其形必傳其神傳其神必寫其心否則君子小人貌同心異貴賢忠惡奚自而别形雖似何益故曰寫心惟難

端平甲午七月八日我師赴復彭城虜下洪福得亡金人手抄詩餘於其中得一二篇逎知河朔幽燕渾厚之氣至此散矣因録於後李國棟夏卿感懷云東金西木兩睽違出此生男不足依但願相忘不相顧莫言誰是復誰非幾家能用三牲養千古空傳五綵衣一把殘骸著無處不歸溝壑欲誰歸自注云珞珠子曰東金西木定生五逆之男僕命庚申日甲申時

政爲此爾梁仲經哀遼東一首云守臣肉食頭如雪夜半羣盜登雉堞十萬人家靡子遺馬蹄殷染衣冠血珠玉盈車宫殿焚娟娟少女嬪獨帶路逢人語辛酸事骨痛心摧不忍聞我今來作遼陽客入境臨風弔宛魄遼水無聲遼地空蕭蕭暮雨天垂泣青綾慣睡直承明偏娶緩胡不稱情見説豺狼當路立自憐鳥鵲遶枝驚安邊許策無何有憂國形骸太瘦生何日凱還思舊職不才猶可爲咸英史舜元哀王旦一首云八月風高邊馬壯健兒彎弓向南望鐵門不守

犯孤城失我堂堂仁勇將將軍之起本儒臣緯武經
文才過人嘗磨盾鼻揮千字箭射戟牙驚六軍憶昔
同時初上疏明日東華聽宣諭我從金轂東巡邏公
總干戈練征戍三月和兵奸始修敵兵一夜襲通州
練衣出郊雖頻戰鏖帳沿河未肯休將軍盡出兵如
水燒敵之車破敵壘倒戈棄甲十萬人亂撒旌旗三
百里金甲煌煌金印光詔書命我守昆陽雖知人有
百夫勇可奈倉無一日糧叛臣暗作開門策一虎翻
為羣犬獲胸中氣憤爆雷聲領下欲張蝟毛磔將軍

雖死尚如生萬里進傳忠義名昔聞陝右段忠烈今
見常山顏杲卿棟朽榱崩人短氣平生况切同年義
試歌慷慨一篇詞定酒英雄千古淚王旦者昆陽守
王子明也余於感懷篇著其無父子之道亡國之本
也於哀遼東王旦篇著其敗亡之迹以見天道之好
還也

談藪

宋　龐元英

王公袞字吉老宣子尚書之弟先墓在會稽西山為
掌墓人奚泗所發公袞訴之郡杖之而已公袞憤甚
奚泗受杖詣公袞謝罪公袞呼前勞以酒拔劍斫之
持其首詣郡宣子時為侍郎奏乞以己官贖罪詔給
舍集議中書舍人張孝祥等議上詔赦之猶鐫一秩
當時公袞孝名聞天下永嘉王十朋以詩美之公袞
性甚和平居常若嬉笑人謂之笑面虎

甄龍友雲卿永嘉人滑稽辨捷為近世之冠樓宣獻
自西掖出守以首春燕客甄預坐席間謂公曰今年
春氣一何太盛公問其故甄曰以果匳并蔗知之根
在公前而末已至此公為罰掌吏槃皆其根率遊天
竺寺集詩句贊大士大書于壁云巧笑倩兮美目盼
兮彼美人兮西方之人兮孝廟臨幸一見賞之詔侍
臣物色其人或以甄姓名聞曰是溫州狂生用之且
敗風俗上曰惟此一人朕自舉之甄時為某邑宰趣
召登殿上迎問曰卿何故名龍友甄罔然不知所對

既退乃得之曰君爲堯舜之君故臣得與夔龍爲友
由是不稱旨猶得添倅後至國子監簿既管領陳安
北山大佛頭云色如黄金面如滿月盡大地人只見
一撅禪人多許之
沈詹事特以坐業丞相論恢復貶筠州沈方售一妾
年十七八携與俱行處筠凡七年既歸呼妾父母以
女歸之猶處子存人以比張忠定公詠會稽潘方仲
矩爲安吉尉獻詩云昔年單騎向筠州覔得歌姬共
遠遊去日正宜供夜直歸來渾未識春愁禪人尚有

香奩愧道士猶懷炭婦羞鐵石心腸延壽藥不風流
處却風流
韓侂胄暮年以冬月携家遊西湖徧覽南
北二山之勝末乃宴于南園族子判院與焉席間
有獻牽絲傀儡爲土偶負小兒者名爲迎春黄胖韓
顧族子汝名能詩可詠郎承命一絶云脚踏虛空手
弄春一人頭上要安身忽然綫斷兒童手骨肉都爲
陌上塵韓大不樂不終宴而歸未幾禍作
唐小説記紅葉事凡四共一本事詩顧況在洛乘間
與一二詩友遊苑中流水上得大梧葉題詩云一入
深宫裏年年不見春聊題一片葉寄與有情人況明
日于上流亦題云愁見鶯啼柳絮飛上陽宫女斷腸
時君王不禁東流水葉上題詩寄與誰後十餘日有
客來苑中又於葉上得詩以示況曰一葉題詩出禁
城誰人酧和獨含情自嗟不及波中葉蕩漾乘春取
次行又明皇代以楊妃虢國寵盛宫娥皆衰悴不願
備掖庭嘗書落葉隨御溝水流出云舊寵悲秋扇新
恩寄早春聊題一片葉將寄接流人顧況聞而和之

既達聖聽遣出禁内人不少或有五使之號況所和
即前四句也其二雲溪友議盧渥舍人應舉之歲偶
臨御溝見紅葉上有詩云流水何太急深宫盡日閒
殷勤謝紅葉好去到人間其三北夢瑣言進士李茵
嘗遊苑中見紅葉自御溝出上有題詩曰與盧渥詩同其
四玉溪編事侯繼圖秋日於大慈寺倚閣樓上忽木
葉飄墜上有詩曰拭翠斂愁蛾爲鬱心中事搦筆下
庭除書作相思字此字不書名此字不書紙書向秋
葉上願逐秋風起天下有心人盡解相思死余意前

三則本只一事而傳記者各異耳劉斧青瑣中有御溝流紅葉記最爲鄙妄蓋竊取前說而易其名爲于祐云本朝詞人罕用此事惟周清真樂府兩用之踏花遊云信流去想一葉怨題今到何處六醜詠落花云飄流處莫赴潮汐恐斷水上有相思字兄得脫胎換骨之妙極矣清眞名邦彦字美成徽宗時爲待制提舉大晟樂府

大溪山在廣州境舊山有一洞其處所人不常識每歲五月五日洞開則見之土人預備墨紙刷帚入其中以手摸石壁覺有罅隙若鐫刻者以墨刷其上紙覆其上印模而出洞亦隨閉持所印紙視之或咒語或藥方所得皆不同亦有不成字無所得者咒術藥方應用無不效驗蓋南法之所出也

嚴州壽昌縣道旁有朱買臣廟貌其地有朱池朱村居人多朱姓朱謙之詩云介賤難堪俗眼低區區何事便雲泥會稽乞得無他念祇爲歸來誑故妻束薪行道自歌呼越女安知有丈夫一見印章驚欲倒相看方悔太糢糊

漁溪云夔在筠州新昌縣嘗出遊歷將至五峯馬上遥見山中草木蠕蠕動疑爲地震馭者云滿山皆猴也數以千萬計行人獨過常遭戲虐旅群呼跳浪而至攀緣頭目胸項手足衣服毛毯雖有兵及亦無所施往往致死夜宿民家犬爲虎銜去明日至寺問山中有虎乎曰無有何以無曰山中皆大林虎安敢來余曰林木森森虎所隱蔽何爲不來曰大木上多鼪鼠虎過其下鼠必鳴噪自拔其毛投虎身着處必至蟲嚙徧身瘡爛以至乎死故畏不敢至方悟宣城包氏畫虎皆平原曠野茅葦叢薄中亦有棘枝尋丈未嘗作林木者以此隋文帝云譬之猛虎人不能害反爲毛間蟲所蠹損又可證也

主术見一卒妻美殺其夫而納之寵嬖殊甚术有所佩匕首極利寢則枕之他日方寢此婦取匕首將殺之术覺驚問婦曰將殺汝术曰何故曰我夫爲汝殺吾欲報仇术默然久之曰吾不忍殺汝當爲汝別求夫乃盡集諸將使自擇婦指一人即以嫁之丘宗卿同客談此曰此

趙德老常戲言明州有三賤燒底賤著底賤喫底賤或問其故曰燒底是燈草着底是草鞋喫底是鹽又云慈谿縣有三薦茶店湯瓶不曾薦客店床上無薦大街上好放薦皆可資笑

蔡元定字季通博學强記通術數遊朱晦翁門極喜之詹元善尤重之薦其傳康節之學命使定曆寄院劄令赴行在蔡辭不應命人猶以聘君稱之晦翁以道學不容於時胡閎章疏併及蔡謂之妖人坐謫道州以死蔡善地理學每與鄉人卜葬改定其間吉凶不能皆驗及貶有贈詩者曰掘盡人家好丘隴寃魂欲訴更無由先生若有堯夫術何不先言去道州

談淵

宋　王陶

天禧中泰州言澶州軍士王貴至州自云得于闐國玉印一以獻初太平興國中貴晝日忽見使者至營急召偕行至河橋驛馬已具即命乘之俄覺騰空而去頃之駐馬但見屋宇宏麗使者使貴入其容衛制度悉爲王者謂貴曰俟年如五十八當往于闐國北通聖山取一異寶以奉皇帝宜志之遂復乘馬凌雲而旋軍中失貴已數日矣驗所乘即營卒之馬也知州宋煦以聞奏太宗釋之至是貴自陳年已五十八願遵前戒西至于闐尋許其行貴至神州以道遠悔懼俄於市中遇一道士引貴至州城登高原問所欲具以實對即命貴閉目少選令開目覩見山川頓異道上曰此于闐國北境通聖山也復引貴至一池池中有仙童出一物授之謂曰持此奉皇帝有令瞑目俄頃復至泰州向之道士已失所發其物乃玉印也文曰國王趙萬年永寶

建隆中曹彬潘美統王師平江南二將皆知兵善戰

曹之識慮尤遠潘所不逮城既破國主李煜白紗衫
帽見二公先見潘設拜潘荅之次見曹設拜曹使人
附語曰介胄在身拜不及荅識者善其得禮二公先
登二舟召煜飲茶船前設一獨木板道煜請之國主
儀衛甚盛一旦獨登舟徘徊不能進曹命左右翼而
登焉既一啜曹謂李郞辦裝詰旦會于此同赴京師
來晚如期而赴焉始潘甚惑之詎可放歸曹曰云遝
獨木板尚不能進畏死甚也既許其生赴中國焉能
取死衆方服其識量

張鄧公士遜三入相景祐五年與章郇公並命已七
十五歲後二十年西賊叛命卽寶元康定之間措置
乖方物議罪之薦引年除正太傅致仕以小詩白郇
公云赭案當衙並命時蒹葭衰朽倚瓊枝如今我得
休官去鴻入高冥鳳在池近輔成和焉當時輕薄少
年改鄧公詩云赭案當衙並命時與君兩個沒操持
如今我得休官去一任夫君鶻露蹄聞者無不大哂
也

江南徐鉉有學問善談吐古儒之流也李氏未歸順
時奉王命至中朝便殿見藝祖升殿端笏緩頰而言
曰江南李煜無罪陛下師出無名久之藝祖再令敷
奏乃曰李煜如地陛下如天李煜如子陛下如父天
乃能蓋地父乃能庇子藝祖應聲荅曰既是父子安
得兩處吃飯鉉無以對識者無不服藝祖神儁矣

翰林侍講學士杜鎬博學有識都城外有墳莊一日
若有甘露降布林木子侄輩驚喜白于鎬鎬味之慘
然不懌子侄啓請鎬曰此非甘露乃雀餳大非佳兆
吾門其衰矣踰年鎬薨有八喪

太祖一日小宴顧江南國主李煜曰聞卿能詩可舉
一聯煜思久之乃舉咏扇詩云揖讓月在手動搖風
滿懷太祖曰滿懷之風何可足尚從官無不歎服

太原王仁裕家遠祖母約二百餘歲形質甚小長約
二四尺許兩眼白睛皆碧飲啗至少夜多不寐每月
餘忽不見數日復至亦不知其往來之迹床頭有梛
箱可尺餘封鎖甚密人未嘗見其中物嘗戒諸孫輩
曰如我出慎勿開此箱開即我不歸也諸孫中有一
無賴者一日恃酒而歸祖母不在徑詣床頭取封鎖

柳箱開之其中有一小鐵篦子餘無他物自此祖母
竟不同矣

談撰

元　虞裕

萬物之理雖有所謂易知事變之起亦有所謂難測易知者常也難測者變也君子道其常而已變則在所不論世人所為常者皆能言之或不明其所以此疑誕所自而生焉因摭所聞以析厥理有生斯有化有形斯有變釋氏為濕生化生之類皆可以理而推然無情者能變而為有情若腐草化為螢陳麥變為蝶之類是也有情者或為無情若婦人化為石山蚯

化為白鴿之類是也蛇化為雉形固不相若也雀化為蛤迹故不相類也不知者或以為異殆非造理者耳

陰陽之氣行乎天地之間其相薄也則感而為雷激而為霆其偏勝也則怒而為風和而為雨故東方之氣雷南方之氣電西方之氣虹蜺北方之氣雲雨雪雹霰中央之氣霧是以陰凝故雨墜為雪雨若水氣也陽氣蒸於九泉之下泯而為雲山雲草莽水雲魚鱗旱雲烟火雨雲水波各從其類耳北方之氣寒東

方之氣温風自北自東者寒温之氣也故爲雲爲雨風高者道遠風下者道近不鳴條擺之者四十里折木枝者四百里折大木者五千里三日三夕者天下盡風二日二夕者天下半風半雨一日一夜者其風行萬里水旱之變雨天地震日月薄食皆出於常數數亦不能無舛有所爲遭之者不能也凡天地囿於有形之中不能逃其數即數以觀象斯可以前知今夫積躔度之數則知日月食辨五雲之物則知水旱變昔張衡作地動儀事無不驗抑又可信矣平治之

世有之而不爲災者常數然矣堯湯水旱是矣邪世或數見積數至此而又德不足以勝之此所以不能無災也春秋所書是矣此皆以天時言之也其所謂桑谷爲祥熒惑退舍又在夫修人事以應之而已

堅土之人肥壚土之人大砂土之人美耗土之人醜此造形者未始不猶乎土也險阻多癭澤氣多腫木氣多傴水氣多痔山氣多男澤氣多女暑氣多夭寒氣多壽陵氣多貪谷氣多仁此土之所産各以其類者也太平之人仁東方也丹穴之仁智南方也太蒙之人信西方也崆峒之人武北方也此四方地氣形之不同也

卉木皆感於春氣而後發生者以木旺於寅卯然也獨梅開以冬其故何哉蓋東方動以生風風生木故曲直作酸則酸者木之性唯梅之味最酸乃得氣之正北方水爲之母以生之則易感故梅先衆木而華

潮者太陽太陰之皷怒之氣所起蓋日月運行陰陽皷怒朝夕爲常故潮來有信自朔至望月去日漸近故陰烝微而潮向小朔望之後自初三漸至十八最

大潮者所從來遠三日而及此也仲夏海無潮者陰氣至微不能自致仲秋最盛者陰陽氣均而陰方壯皷怒之勢雄故也

常言謂鴈爲孤而不及雙謂燕爲雙而不及孤者蓋鴈屬乎陽而燕麗乎陰陽數奇陰數偶如斯而已乾陽也故馬蹄圓坤陰也故牛足拆陽病則陰勝故馬病而卧陰病則陽勝故牛病而立馬陽也故起先前足卧先後足牛陰也故起先後足卧先前足

劈歷之下必有楔柿木中間多有文碪石能引鐵伏

峯善碎尾石脾入水即乾出水即濕獨活有風則息
無風則動物理有如此者
犀有通石有暈木有癭以取妍於人世皆實之斯亦
物之病
器用謂之什物者蓋成周軍法以五人爲五二伍爲
什供其器物故器用通謂之什物
文選言檐石之儲先儒謂齊人名小甖爲檐又謂江
淮之人以一石之重爲檐余竊以一石之重者爲當
理

談撰　八　四

雙陸之戲最盛於唐當武后時宫中夢雙陸不勝則
唐人重此戲可知今人多不能者蓋亦名存而實亡
嘗考其技凡白黑各用六子乃今人所謂六甲是也
何以知其然昔人有對云三個半升升半酒兩行双
陸陸雙棋即是所以知之
熙寧末洛中有民耕於鳳　山下獲石碣方廣二尺
餘乃婦人誌其夫墓之文予　愛其文理高明雖作者
無以復加故錄於是集文曰　漢進士曹禮墓誌銘君
姓曹氏名禮字禮夫世爲洛陽人二十八歲兩兼不
舉卒於長安道中朝廷卿大夫鄉閭故老聞之無不
哀其孝友婣睦篤行能文何其夭之如是邪唯兒聞
之獨不然乃慰其母曰家有南畝足以養其親室有
遺文足以教其子凡累乎陰陽之間者生死數不可
逃夫何悲喜之有哉丙子年三月十八日卒以其年
十月十五日葬于鳳凰山之原予姓周氏君妻也歸
君室十八歲矣生子一人尚幼以其恩義之不可忘
故作銘焉銘曰其生也天其死也天苟達此理哀何
復言其生也浮其死也休終何爲哉慰母之憂

談撰　八　五

醫之爲術乃人之司命不可以妄意爲須中心曉然
指下明白以形證脉以脉究病按指當有法而指無
太過視病必詳惟然後察人之虚實視時之寒燠氣
有强弱体有肥瘠以至風土異宜賦受各稟如西北
之地山廣土厚其俗所食黍麥粱肉故其稟差壯而
多風痹之疾東南之地土薄水深其俗所食粳稻魚
蝦故其稟受差弱而多脾胃之病苟能察此用藥則
亦庶幾乎
寇萊公與丁晉公同在政事堂日閑論及天下語音

何處爲正寇言惟西洛人得天下之中丁曰不然四
方各有方言唯讀書人然後爲正
忠獻韓公素擅輕財好施之德一日帥定州道逢鄉
里一經生作攫公顧左右適無所有乃以所用銀掬
水可及百兩與之經生囘中途又遇一攫客生曰公
途次之物止有一銀掬水我已得之矣幸子勿往客
訴以勢不可已經生乃斷其銀與客分而去盖至誠
能使人篤信如此
榔仲塗開赴舉時宿驛中夜聞婦人私哭其聲婉而

哀曉起詢之乃同驛臨淮令之女令在任悉貪墨委
一僕主獻納及代還爲僕所恃逼其女爲室令度勢
難免因許之女故哭榔素負節義往見令詰其實令
不能諱悉告榔榔忿怒曰顧假此僕一見爲子除害
僕至榔室則令往市酒果鹽椒等物俟夜闌呼僕入
叱問曰脇主人女爲婦是汝邪即督七首殺而烹之
翊日召令及同舍飲共食僕肉飲散亟行令往追謝
問僕安在榔曰適共食者乃其肉也
林逋處士有何云茂陵他日求遺藁猶喜曾無封禪

書當時見者頗高其節余竊謂逋自矜之詞也何足
道蓋不務奔競者皆能之
宋召宜用臣阜有幹才元豐間披廷水殿落成嘉致
既備偶失種蓮宋即購於都城得器缶所植者百餘
本連缶沉水底再夕視之則蓮已開盈沼矣其幹辦
可謂精敏
浙西吳風村有吳子胥廟村俗訛舛相傳爲五卒鬚
因塑其像即鬚分五處傍又有拾遺杜祠歲久像貌
漫毀訛傳爲杜十姨一日秋成鄉老相與謀以杜十

姨嫁伍卒鬚河朔山東之俗以絳帛裝一婦女掛於
神相祠之號九天玄女謂其稱玄故懸之
江浙間多事一姥曰利市婆官或言利市波乃神所
居地名非婆也或謂鄱縣令死而爲神又不知緣何
得此名邪

說郛目錄

弓第三十六

尚書故實 李綽

次柳氏舊聞 李德裕

隋唐嘉話 劉餗

賓客嘉話 韋絢

賓朋宴語 丘昶

廣政雜錄 闕 何光遠

家塾雜記 闕 呂希哲

劉氏新語 闕

法藏碎金錄 晁迥

尚書故實

唐 李綽

賓護尚書河東張公三相盛門四朝雅望博物自同於壯武多聞遂邁於昇臣綽避難圃田寓居佛廟秩有同於錐印跡更甚於酒傭叨遂迎塵每容侍話凡聆徵引必異尋常足廣後生可貽好事遂纂集尤異者兼雜以詼諧十數節作尚書故實云耳

高祖太武皇帝本名與文皇帝同上一字後乃刪去嘗有碑版鑿處具在太武是陵廟中玉冊定 神堯乃母后追尊顏公曾抗疏極論爲袁傪所沮而寢

太宗酷好法書有大王眞跡三千六百紙率以一丈二尺爲一軸寶惜者獨蘭亭爲最置於座側朝夕觀覽嘗一日附耳語高宗曰吾千秋萬歲後與吾蘭亭將去也及奉諱之日用玉匣貯之藏於昭陵

天冊府弧矢尺度蓋倍於常者太宗北逐劉黑闥爲突厥所窘遂親發箭射退賊騎突厥中得此箭傳觀皆歎伏神異後餘弓一張箭五隻藏在武庫歷代郊

丘重禮必陳於儀衛之前以耀武德惜哉今與浃物同爲煨燼矣然此卽劉氏斬蛇劒之比也豈不有所歸乎

司馬天師名承禎字紫微形狀類陶隱居玄宗謂人曰承禎弘景後身也天降車上有字曰賜司馬承禎尸解去日白鶴一作雲滿庭異香郁烈承禎號白雲先生故人謂車爲白雲車至文宗朝并張鷟海槎同取入内

有李纫奇者開元中以藝干柳芳嘗對芳念百韻詩芳已暗記便題之於壁不差一字謂纫奇曰此吾之詩也纫奇大驚異之有不平色久之徐曰聊相戲此君所念詩也因請纫奇更誦所著文章皆一遍便能寫錄

尚書故實　二

鄭虔文作聖善寺報慈閣大像記云自頂至顙八十三尺額珠以銀鑄成虛中盛八石

搆聖善寺佛殿僧惠範以罪沒入其財得一千三百萬貫

載破家籍財貨諸物得胡椒九百石

盧元公好道重方士有王谷者得黃白術變瓦礫泥上立成黃金

進士盧融嘗說盧元公鎮南海日疽發於鬢氣息惙然有一少年道士直來牀前謂相國曰本師知尚書病瘡遣某將少膏藥來可便傅之相國寵姬韓氏遂取膏藥疾貼於瘡上至暮而瘥數日平復於倉皇之際不知道士所來及令勘中門至衙門十數重並無出入處方知其異也盛膏小銀合子韓氏收得後猶在融卽相國親密目驗其事因附於此

尚書故實　三

公自言四世河東公爲中書令着緋絳安邑宅中曾有河東公任中書令着緋衣又說傳遊藝居相位着綠

李師誨者畫蕃馬李漸之孫也爲劉從諫潞州從事知劉不軌遂隱居黎城山潞州平朝廷嘉之就除一縣宰曾於衲僧處得落星石一片僧云於蜀路早行見星墜於前遂劚數尺掘之得片石如斷磬其一端有雕刻狻猊之首亦如磬有孔穿絛處尚光滑豈天上樂器毀而墜歟此石後流轉到絳安邑宅中

一夜遊西園圖顧長康畫有梁朝諸王跋尾處云圖

上若干人並食天廚

貞觀中褚河南裝背題處具在本張維素家收得維素從申之子傳至相國張公弘靖元和中准宣索并鍾元常寫道德經同進入内時張公鎮并州進圖表李人尉衛公作也後中貴人崔潭峻自禁中將出復流傳人間維素子周封前涇州從事在京一日有人將此圖求售周封驚異之遽以絹數疋贖得經年忽聞救闕甚急問之見數人同稱仇中尉傳語評事知清夜圖在宅計閑居家貧請以絹三百疋易之周封憚其迫脅遽以圖授使人明日

果賫絹至後方知詐僞乃是一力足人求江淮大盐院時王庶人涯判盐鐵酷好書畫謂此人曰爲余訪得此圖然遂公所請因爲計取耳及十二家事起復落在一粉鋪内郭侍郎承嘏閽者以錢三百買得獻郭公郭又流傳至令狐家宣宗嘗問相國有何名畫相國具以圖對復進入内賓護親見相國說

公嘗於貴人家見梁昭明太子腦骨微紅而潤澤抑異於常也

又嘗見人腊長尺許眉目手足悉具或以爲僬侥人也

又說表弟盧其一日碧空澄澈仰見仙人乘鶴而過別有數鶴飛在前後適覩自一鶴背遷一鶴背亦如人換馬之狀

國朝李嗣真評事云顧畫屈居第一然虎頭又伏衛協畫北風圖北風圖毛詩義

公平康里宅乃崔司業融舊第有司業題壁處今猶在

蜀王嘗造千面琴散在人間蜀王即隋文之子楊秀

也

又李汧公取桐孫之精者雜綴爲之謂之百納琴用蝸殼爲徽其間三面尤絕異通謂之響泉韻磬絃一上可十年不斷

兵部李員外約言汧公之子也識度淸曠迥出塵表與主客張員外諗同棄官并韋徵君况墻東遯世不婚娶不治生業李尤厚於張每與張匡牀静言達旦不寢人莫得知贈張詩曰我有心中事不向韋二說秋夜洛陽城明月照張八諗即尚書公之群從

佛像本　朴陋人不生敬今之藻繪雕刻自戴顒始也顒嘗刻一像自隱帳中聽人臧否隨而改之如是者積十年厥功方就

絳州碧落碑文乃高祖子韓王元嘉四男爲先妃所製陳惟玉書今不知者妄有指說非也

荀興能書嘗寫狸骨治勞方右軍臨之至今謂之狸骨帖

古碑皆有圓空音孔蓋碑者悲也本墟墓間物每一墓有四焉初葬穿繩於空以下棺乃古懸窆之禮禮曰

公室視豐碑三家視桓楹人因就紀其德由是遂有碑表數十年前有樹德政碑亦設圓空不知根本甚失後有悟之者遂改焉

公自述高伯祖嘉祐開元中爲相州都督廨宇有災異郡守物故者連累政將軍嘉祐終金吾將軍至則於正寢整衣冠通夕而坐夜分忽肅屏間聞歎息聲俄有人自西廡而出衣巾藍縷形器憔悴歷階而上直至于前將軍因厲聲問曰是何神祇來至于此荅曰余後周將尉遲迥也死于此地遺骸尚存願托有心得具葬祭前牧守者皆膽薄氣劣驚悸而終非余所望指一十餘歲女子曰此余之女也同瘞廡下明日將軍召吏發掘果得二骸備衣衾棺器禮而葬之越二夕復出感謝因曰余無他能報効願裨公政節宣水旱唯所命焉將軍遂以事上聞請置廟歲時血食上特降書詔褒異勒碑敘述今相州碑廟見在

中書令河東公開元中居相位有張憬藏者能言休咎一日忽詣公以一幅紙大書台字授公公曰余見居台司此何意也後數日貶官台州刺史

河東公鎮并州上問有何事第言之奏曰臣有弟嘉祐遠牧方州手足支離常繫念慮上因口勑張嘉祐可忻州刺史河東屬郡上意不疑張亦不讓豈非至公無隱出於常限者乎

王平南廙右軍之叔也善書畫常謂右軍吾諸事不足法惟書畫可法後晉明帝師其畫王右軍學其書焉

宣平太傅相國盧公應舉時寄居壽州安豐縣別墅嘗遊芍陂見里人負薪者持碧蓮花一朶以鶻器有

矣云陂中得之盧公後從事浙西因使淮服話於之
尉衛公公令搜訪芍陂則無有矣又徧尋於江渚間
亦終不能得乃知向者一朶蓋神異耳
京國頃歲街陌中有聚觀戲場者詢之乃二刺蝟對
打令旣合節奏又中章程時座中有前將作李少監
韞亦云曾見
京城佛寺率非眞僧曲檻廻廊戶牖重複有一僧室
當門有櫃扃鎖甚牢竊知者云自櫃而入則別有幽
房邃閣詰曲深嚴囊橐奸回何所不有

牛相公僧孺鎭襄州日以久旱祈禱無應有處士不
記名姓衆云豢龍者公請致雨處士曰江漢間無龍
獨一湫泊中有之黑龍也强驅逐必慮爲災難制公
固命之果有大雨漢水泛漲漂溺萬戶處士懼罪亦
亡去十年前有人他處見猶在
汲冢書蓋魏安釐王冢晉時衛郡汲縣耕人於古冢
中得之竹簡漆書科斗文字雜寫經史與今本校驗
多有異同
王內史書帖中有與蜀郡守朱名不記書求櫻桃來禽
日給藤子來禽言味甘來衆禽也俗作林檎又云胡桃種已成矣
問司馬相如楊子雲有後否蜀城門是司馬錯所製
存乎
顧況字逋翁文詞之暇兼攻小筆嘗求知新亭監人
或詰之謂曰余要寫貌海中山耳仍辟善畫者王默
爲副知也
世言牡丹花近有蓋以國朝文士集中無牡丹詩
張公嘗言楊子華有畫牡丹處極分明子華北齊人
則知牡丹花亦已久矣

又說顧況志尚疎逸近於方外有時宰曾招致將以
好官命之況以詩荅曰四海如今已太平相公何用
喚狂生此身還似籠中鶴東望滄洲叫一聲後吳中
皆言況得道解化去
有黄尖生者擢進士第人問與顏同房否對曰別洞黄本溪洞豪姓生故以此對人雖咍之亦賞其眞實也
王僧虔右軍之孫也齊高帝嘗問曰卿書與我書孰
優對曰臣書人臣第一陛下書帝王第一帝不悅後
嘗以橛筆書恐爲帝所忌故也

陸暢字達夫常爲韋南康作蜀道易首句曰蜀道易易於履平地南康大喜賂羅八百疋南康薨朝廷欲繩其旣往之事復閲先所進兵器刻定秦二字不相與者因欲搆成罪名暢上疏理之云臣在蜀日見造所進兵器定秦者匠之名也由是得釋蜀道難李白罪嚴武也暢感韋之遇遂反其詞焉

聖善寺銀佛天寶亂爲賊截將一耳後少傅白公奉佛銀三鋌添補然不及舊者會昌拆寺命中貴人毁像收銀送内庫中人以白公所添鑄比舊耳少銀數

十兩遂詣白公索餘銀恐涉隱没故也

又云士張林說毁寺時分遣御史撿天下所齊寺及收録金銀佛像有蘇監察者不記名巡覆兩街諸寺見銀佛一尺巳下者多袖之而歸謂之蘇杠佛杠烏講反或問温庭筠將何對好遽曰無以過密陁僧也

絳州謝眞人上昇前玉帝錫以鞍馬爲信意者使其安心也刺史李堅遺之玉念珠後問念珠在否云巳在紫皇之前矣一日眞入於紫極宫置齋金母下降[illegible]郭處處有虹霓雲氣之狀乃至白晝輕舉萬目覩焉

魏受禪碑王朗文梁鵠書鍾繇鐫字謂之三絶鐫字皆須妙於篆籀故繇方得鐫刻

張懷瓘書斷曰篆籀八分隷書艸書章艸飛白行書通謂之八體而右軍皆在神品右軍嘗醉書數字點畫類龍爪後遂有龍爪書如科斗玉筯偃波之類諸家共五十二般

公云舒州灊山下有九井其實九眼泉也旱即殺一犬投其中大雨必降犬亦流出

又南中久旱即以長繩繫虎頭骨投有龍處入水即數人牽制不定俄頃雲起潭中雨亦隨降龍虎敵也雖枯骨猶激動如此

五星惡浮屠像今人家多圖畫五星雜於佛事中或謂之禳災者眞不知也

武后朝宰相石泉公王方慶琅琊王也武后嘗御武成殿閲書畫問方慶曰卿家舊法書存乎方慶遂集自右軍巳下至僧虔智永禪師等二十五人各書一卷進上后命崔融作序謂爲寶章集亦曰王氏世寶

也
今延英殿靈芝殿也謂之小延英苗韓公居相位以
足疾步驟微蹇上每於此待之宰相對於小延英自
此始也
臺儀自大夫已下至監察通謂之五院御史國朝盛
歷五院者共三人爲李商隱張魏公延賞溫僕射造
也
裴岳者久應舉與長興于左揆友善曾有一古鏡子
乃神物也于於布素時得一照分明見有朱衣吏導

從他皆類此賓護與岳微親面話之云不虛旋亦墜
失
陳朝謝赫善畫嘗閱祕閣歎伏曹不興所畫龍首以
爲若見真龍
陶貞白所著太清經一名劒經凡學道術者皆須有
好劒鏡隨身又說干將莫耶劒皆以銅鑄非鐵也
八分書起於漢時王次仲次仲有道詔徵聘於車中
化爲大鳥飛去墜三翮於地今有大翮山在常山郡
界

兵部李約員外嘗江行與一商胡舟檝相次商胡
固邀相見以二女託之皆絕色也又遺一珠約悉唯
唯及商胡死財寶約數萬悉籍其數送官而以二女
求配始殮商胡時約自以夜光含之人莫知也後死
商胡有親屬來理資財約請官司發掘驗之夜光果
在其容行皆此類也
公云牧弘農日捕獲伐墓盜十餘輩中有一人請問
言事公因屏吏獨問對曰某以他事贖死盧氏縣南
山堯女塚近亦曾爲人開發獲一大珠并玉盌人亦

不能計其直餘寶器極多世莫之識也公因遣吏按
驗即塚果有開處旋獲其盜考訊與前通無異及牽
引其徒稱皆在商州冶務中時商牧名卿也州移牒
公致書皆怒而不遣竊知者云珠玉之器皆入京師
貴人家矣公前歲自京徒步東出過盧氏復問邑中
具知所說然史傳及地里書並不載此塚且堯女舜
妃也皆死於湘嶺今所謂者豈傳說之誤歟矧貽訓
於茅茨土堦不宜有厚葬之事即此塚果何人哉
飛白書始於蔡邕在鴻門見匠人施堊箒遂創意爲

梁蕭子雲能之武帝謂曰蔡邕飛而不白羲之白而不飛飛白之間在斟酌耳嘗大書蕭字後人匣而寶之傳至張氏賓護東都舊第有蕭齋前後序引皆名公之詞也

杜紫微頃於宰執求小儀不遂請小秋又不遂嘗夢人謂曰辭春不及秋昆脚與皆頭後果得比部員外又杜公自述不曾歷小比此必傳之誤

楊祭酒敬之愛才公心嘗知江表之士項斯贈詩曰處處見詩詩總好及覩標格過於詩平生不解藏人

善到處相逢說項斯因此名振遂登高科也

東都頃千㭊造防秋館穿掘多得蔡邕鴻都學所書石經後洛中人家往往有之

王內史借船帖書之尤工者也故山北盧尚書匡寶惜有年公致書借之不得云只可就看未嘗借人也公除潞州旗節在途纔數程忽有人將書帖就公求售閱之乃借船帖也公驚異問之云盧家郎君要錢遣賣耳公歎異移時不問其價還之後不知落於何人

京師書儈孫盈者名甚著盈父曰仲容亦鑒書畫精於品目豪家所寶多經其手真僞無逃焉王公借船帖是孫盈所蓄人以厚價求之不果盧公其時急切減而賑之曰錢滿百千方得盧公韓大冲外孫也故書畫之尤者多閱而識焉

嘗有一淪落衣冠以先人執友方爲邦伯因遠投謁與有厚需及謁見郎情極尋常所費至寡歸無道路之費愁惌動容因閑步長衢歎吒不已忽有一人衣服垢敝行過于前廻目之曰公有不平之氣余願知

之因具告情旨荅曰此於要厚郵小事耳今夜可宿某舍至暮往郎已遲望門外遂延入謂之曰余隱者也見爲縣獄卒要在濟人之急既夜分取一椀合于面前仰頂揭看見一班白紫綬者纔長數寸此人詬責之曰與人有分不卹其孤可乎紫衣者遜謝乂之復用椀覆於地更揭之則無有矣明日平旦聞傳聲覓其秀才甚急往則紫衣斂板以待情義頓濃遂贈數百縑亦不言其事豈非仙術乎

宗經云佛教上屬鬼宿蓋神鬼之事鬼暗則佛教衰

矣矣先生嘗稱有靈鬼緣佛乃一靈鬼耳

李抱眞之鎭潞州也軍資匱闕計無所爲有老僧大爲郡人信服抱眞因詣之謂曰假和尚之道以濟軍中可乎僧曰無不可抱眞曰但言請於鞠場焚身某當於使宅鑿一地道通連候火作即潛以相出僧喜從之遂陳狀聲言抱眞命於鞠場積薪貯油因爲七日道場晝夜香燈梵唄雜作抱眞亦引僧入地道使之不疑僧仍升座執爐對衆說法抱眞率監軍僚屬及將吏膜拜其下以俸入檀施堆于其傍由是士女

駢塡捨財億計滿七日遂送柴積灌油發焰擊鐘念佛抱眞密已遣人塡塞地道俄頃之際僧薪並灰數日藉所得貨財輦入軍資庫別求所謂舍利者數十粒造塔貯焉

又說洛中頃年有僧得數粒所謂舍利者貯于琉璃器中晝夜香燈檀越之利日無虛焉有士子迫於寒餒因請僧願得舍利掌而觀瞻僧遂出瓶授與遽即吞之僧惶駭如狂復慮聞之於外士子曰與吾幾錢服藥出之僧喜聞遂贈二百緡仍取萬病丸與

俄頃潑痢以盆盎盛貯濯而收之

章仇兼瓊鎭蜀日佛寺設大會百戲在庭有十歲童兒（一作女童）舞于竿杪忽有物狀如雕鶚掠之而去羣衆大駭因而罷樂後數日其父母見在高塔之上梯而取之則神如癡久之方語云見如壁畫飛天夜叉者將入塔中日飼果實飲饌之味亦不知其所自旬日方精神如初

吾書中有飲食名寒具者亦無注解處後於齊民要術并食經中撿得是今所謂饊餅桓玄嘗盛具法書

名畫請客觀之客有食寒具不濯手而執書畫因有涴玄不懌自是會客不設寒具

昌黎生者名父子也雖教有義方而性頗闒劣嘗爲集賢校理史傳中有說金根車處皆臆斷之曰豈其誤歟必金銀車悉改根字爲銀字至除拾遺果爲諫院不受俄有以故人子而憫之者因辟爲鹿門從事也

今謂進士登第爲遷鶯者久矣蓋自伐木詩伐木丁丁鳥鳴嚶嚶出自幽谷遷于喬木又曰嚶其鳴矣

其友聲並無鶯字項歲省試早鶯求友詩又鶯出谷詩別書固無證據豈非誤歟

東晉謝太傅墓碑但樹貞石初無文字蓋重難製述之意也

西平王始將禁軍在蜀戍蠻與張魏公不叶及西平功高居相位德宗欲追魏公者數四慮西平不悅而罷後上令韓晉公善說然後並處中書一日因內宴禁中出瑞錦一疋令繫兩人一處以示和解之意

潞州啓聖宮有明皇帝欹枕斜書壁處并腰鼓馬槽

並在公爲潞州從事皆見之

千字文梁周興嗣編次而有王右軍書者人皆不曉其始乃梁武教諸王書令殷鐵石于大王書中搨一千字不重者每字片紙雜碎無序武帝召興嗣謂曰卿有才思爲我韻之興嗣一夕編綴進上鬢髮皆白而賞賜甚厚右軍孫智永禪師自臨八百本散與人間江南諸寺各留一本永往住吳興永福寺積年學書禿筆頭十甕每甕皆數石人來覓書并請題頭者如市所居戶限爲之穿穴乃用鐵葉裹之人謂爲鐵門限後取筆頭瘞之號爲退筆冢自製銘誌

孫季雍著葬經又有著葬書者言葬用吉禮僧尼並不可令見之也

鄭廣文學書而病無紙知慈恩寺有柿葉數間屋遂借僧房居止日取紅葉學書歲久殆徧後自寫所製詩并畫同爲一卷封進玄宗御筆書其尾曰鄭虔三絕

郭侍郎承嘏嘗寶惜書法一卷每携隨身初應舉就雜文試寫畢夜色猶早以紙緘裹置於篋中及納所寶

書帖却歸鋪於燭籠下取書帖觀覽則程試宛在篋中怨遽驚嗟計無所出來往於棘闈門外見一老吏詢其事具以實告吏曰某能換之然某家貧居興道里儻換得願以錢三萬見酬公悅而許之逡巡賚程試往而易書帖出授公公媿謝而退明日歸親仁里自以錢送諸興道斅關乂之吏有家人出公以姓氏質之對曰主父死三日方貧未辦周身之具公驚嘆乂之方知棘闈所見乃鬼也遂以錢贈其家而去余在京曾侍太傅相國盧公宴語親聞其事今又得之

張公方審其異也云耳

尚書故實　八　二十

次柳氏舊聞

唐　李德裕

太和八年秋八月乙酉上於紫宸殿聽政宰臣王涯等奉職奏事上顧謂宰臣曰故内臣力士始終事蹟試爲我言之涯卽奏曰上元中史臣柳芳得罪竄黔中時力士亦徙巫州因相與周旋力士以芳嘗司史謂芳言先是時禁中事皆芳所不能知而芳亦有質疑者芳默識之及次其事號曰問高力士上令採訪故史氏取其書臣涯等旣奉詔卽召芳孫度支員外

柳氏舊聞　八　一

郎璟詢事璟對某祖芳前從力士問覼縷未竟後著唐曆採取義類相近者以傳之其餘或秘不敢宣或奇怪非編錄所宜及者不以傳今按求其書亡失不獲臣德裕先臣與芳子吏部郎中冕貞元初俱爲尚書郎後謫官俱東出道相與語遂及高力士之說且曰彼皆目覩非出傳聞信而有徵可爲實錄先臣謂臣言之臣伏念所憶授凡一十七章歲祀已久遺稾不傳臣德裕非黃瓊之達練習見故事愧史遷之該博唯次舊聞懼失其傳不足以對大君之問謹編錄

如左以備史官之闕云

玄宗之在東宮爲太平公主所忌朝夕伺察纖微必聞於上而宮闈左右亦潛持兩端以附太平之勢將元獻皇后得幸方娠玄宗懼太平欲令服藥除之而無可與語者張說以侍讀得進見太子宮中玄宗從容謀及說說亦密贊其事他日說又入侍因懷去胎藥三煑劑以獻玄宗得藥喜盡去左右獨搆火於殿煑未及熟怠而假寐盼蠁之際有神人長丈餘具裝身披金甲操戈繞藥鼎三匝煑盡覆無餘焉玄宗

起視異之復增火又投一劑煑於鼎因就榻瞬目以候之而神覆鼎如初凡三煑皆覆之乃止明日說又至告之故說降堦再拜曰天所命也不可去之厥後元獻皇后思食酸玄宗亦以告說說每進輒袖木瓜以獻故開元中說恩澤莫與爲比肅宗之於說子均垍相愛若親戚昆弟之子（柳芳本張說所引說嘗自敘述與高力士詞協也）

玄宗初即位體貌大臣賓禮故老尤注意於姚崇與宋璟引見便殿皆爲之興罷去輒臨軒以送其他宰相優寵莫及至李林甫以宗室近屬上所援用恩意甚厚而禮遇漸輕及姚崇爲相嘗於上前敘進郎吏上顧視殿宇不荅崇語崇恐再以言之冀上少售而卒不對崇益恐趨出高力士曰陛下初承鴻業宰相請事當面言可否而崇亟言之陛下不視臣恐宰相必大懼上曰朕既任崇以庶政事之大者當奏朕與之共決如郎署吏秩甚卑會力士宣事因爲言上意崇自解而喜朝廷聞者以上有人君之度得信任之道焉

魏知古起諸吏爲姚崇所引用及同升也崇頗輕之

無何知古拜吏部尚書知東道選事以吏部尚書宋璟門下過官知古心銜之思有以中之者崇二子並分曹洛邑會知古至恃其蒙恩頗顧請託知古歸悉以聞上召崇從容謂曰卿子才乎皆何官也又安在崇揣知上意因奏曰臣有三子兩人分司東都矣其爲人多欲而寡交以是必干知古然臣未及問之耳上始以丞相子重言之欲微動崇意若崇私其子或爲之隱及聞所奏大喜且曰卿安從知之崇曰知古微時是臣薦以至榮達臣子愚謂知古見德必容之

非故必干之上於是明崇不私其子之過而薄知古之負崇也欲斥之崇爲之請曰臣有子無狀撓陛下法陛下欲特原之臣爲幸大矣而由臣逐知古海内臣庶必以陛下爲私於臣矣非所以裨玄化也上久之乃許翌日以知古爲工部尚書罷知政事

源乾曜因奏事稱旨上悦之於是驟拔用歷戸部侍郎京兆尹以至宰相異日上獨與高力士語曰爾知吾之拔用乾曜之速乎曰不知也上曰吾以其容貌言語類蕭至忠故用之力士對曰至忠不嘗負陛下

乎陛下何念之深也上曰至忠晚乃謬計耳其初立朝得不爲賢相乎上之愛才宥過聞者無不感悦

蕭嵩爲宰相引韓休與同列及在相位稍與嵩不協嵩因乞骸骨上慰曰朕未厭卿卿何庸去嵩俯伏曰臣待罪宰相爵位已極幸陛下未厭臣得以乞身如陛下厭臣臣首領不保又安得自遂因隕涕上爲之動容曰卿言切矣朕思之未决卿歸第至夕當有使如無使明日宜如常朝請及日暮命力士詔嵩曰朕惜卿欲固留而君臣始終貴全大義亦國家之美事今除卿右丞相是日荆州始進黄柑子上以素羅帕包苴其二以賜焉

玄宗好神仙往往召郡國徵奇異士有張果老者則天時聞其名不能致上亟召之乃與使偕來言其所變怪不測又有邢和璞善筭心術視人投筭而能察善惡夭壽上使筭果老懵然不知其甲子又有師夜光者善視鬼復召果老與坐密令夜光視之夜光進曰果老今安在臣願得視之而果老坐于上前久之矣夜光終莫能見上謂力士曰吾聞奇士至人外物

不足以敗其中試飲以堇汁無苦者眞奇士也會天寒甚使以汁進果老遂飲三巵醺然如醉顧使者曰非佳酒也乃寢頃之取鏡視其齒色盡燋且黑命左右取鐵如意以擊齒墮而藏之于衣帶中乃納于懷内出神藥色微紅傅齒穴中不寐久之視鏡齒粲潔白上方信其不誣也

玄宗嘗幸東都天大旱且暑時聖善寺有天竺乾僧無畏號三藏善召龍致雨之術上遣高力士疾召無畏請雨無畏奏曰今旱數當然耳召龍必興烈風雷

雨適足暴物不可爲之也上强使之曰人若暑疾雖暴風疾雷亦足快意無畏不得已乃奉詔有司爲陳請雨之具幡像俱備無畏笑曰斯不足以致雨悉命去之獨盛一鉢水以小刀攪旋之胡言數百祝水須臾有如龍狀其大類指赤色首瞰水上俄復沒于鉢中無畏復以刀攪水頃之白氣自鉢中興如爐煙上數尺稍稍引出講堂外無畏謂力士曰亟去雨至矣力士疾馳去顧見白氣疾起自講堂而西如一疋練既而昏霾大風雷霆而雨力士纔及天津之南風

雨亦隨馬而至馳至衢中大樹多拔力士比復奏衣盡霑濕

玄宗善八分書將命相先以御體書其姓名置案上會太子入視上舉金甌覆其名以告之曰宰相名汝庸能知之乎即射中賜若巵酒也肅宗拜而稱之曰非崔琳盧從愿乎上曰然因舉甌以賜酒巵是時琳從愿皆有宰相望玄宗倚爲相者數矣竟以宗族蕃盛附寄者衆卒不用之也

肅宗在宮爲李林甫所搆勢幾危者數矣無何鬢髮斑白常早朝見上上見之愀然曰爾其歸院吾當幸汝及上至顧見宮中庭宇不洒掃而樂器久屏塵埃積其間左右使令無有妓女上爲之動色顧力士曰太子居處若是將軍盍使我聞乎（上在禁中不名力士呼爲將軍）力士曰臣嘗欲奏太子不許曰無以勤上念上即詔力士下京兆尹亟選人間子女頎長潔白者五人將以賜太子力士趨出庭下復還奏曰臣他日嘗宣旨京兆閱致子女皆囂而朝廷好言事者得以爲口實臣以爲掖庭中故衣冠以事沒入其家者宜可備選

上大悅使力士招掖庭令按籍閱視得三人以賜太子而章敬吳皇后在選中頃之后侍寢不寐吟呼若有痛苦氣不屬者肅宗呼之不解竊自計曰上始賜我卒無狀不寤上安知非吾護視不謹邪遽秉燭視之良久乃寤肅宗問之后以手按其左脅曰妾向夢中有神人長丈餘介金甲以操劒顧謂妾曰帝命吾與汝爲子自左脅以劒決而入決處痛殆不可忍及今未之已也肅宗驗之于燭下則若有綖而赤者存焉遽以狀聞遂生代宗代宗之載誕也三月上幸東

宫賜之金盤命以浴吳皇后年幼皇孫龍體未舒負媪惶惑乃以宫中諸王子同日誕而體貌豐碩者以進見上視之不樂曰此兒非吾兒也負媪扣頭具服上覩曰非爾所知趣取吾兒來於是以太子之子進見上大喜置諸掌中向日視之笑曰此兒福祿遠過其父及上起還宫盡留内樂謂力士曰此一殿有三天子樂乎哉與太子飲樂焉

肅宗爲太子常侍膳尚食置熟俎有羊臂臑上顧使太子割肅宗既割餘汚漫在手以餅潔之上熟視不懌肅宗徐舉餘餅啖之上甚悦謂太子曰福當如此

愛惜

天寶中安祿山每來朝上特異待之爲置坐於殿而偏張金雞幛其來輒賜坐肅宗諫曰自古正殿無人臣坐禮陛下寵之已甚必將驕也上呼太子前曰此胡有奇相吾以此厭禳之爾

興慶宫上潛龍之地聖曆初五王宅也上性友愛及即位立樓于宫西南垣署曰花萼樓朝退與諸王遊或置酒爲樂時天下無事號太平者垂五十年及羯人入關乘傳遽以告上欲遷幸復登樓置酒四顧愴乃命進玉環琵琶琵琶者睿宗所御琵琶也異時上張樂殿中常置之別榻以黃帕覆之不以他樂雜而未嘗持用至是得工賀懷智取調之又命禪定僧段師彈時美人善歌從者三人使其中一人歌水調畢奏上將去復眷眷因視樓下問有樂工歌水調者乎一年少心悟上意自言頗工歌兼善水調使之歌曰山川滿目淚沾衣富貴榮華能幾時不見只今汾水上唯有年年秋鴈飛上聞之爲之潸然出涕顧侍御者誰爲此詞或對曰宰臣李嶠上曰眞才子也不

待曲終而去

玄宗西幸車駕將至延英門出楊國忠請遊左藏庫而去上從之望見千餘人持火炬以俟上駐蹕曰何用此爲國忠對曰請焚庫積無爲盜守上歛容曰盜至若不得此當厚歛于人不如與之無重困吾赤子也命徹炬而行聞者皆感激流涕迭相謂曰吾君愛人如此福未艾也雖太王去豳何以過此

上始入斜谷天尚早烟霧甚瘵知頓使給事中韋

於竪中得熟酒一壺跪獻馬前數四不爲之舉側思
乃注於他器自滿引於前上曰卿以我疑耶始吾御
宇之初嘗大醉損一人吾悼之因以爲戒迨今四十
餘年矣未嘗嘗酒味指力士近侍曰此皆知之非紿
卿也從臣聞之莫不感悅上孜孜警戒如是富有天
下僅五十載豈不由斯道乎

天寶中興慶池上小龍常出遊宮垣南溝水中蜿蜒
之狀靡不瞻覩及鑾轝西幸先一夕皆見龍乘雲雨
自池中望西而去上至嘉陵江將乘舟有龍翼舟而
進上泫然流涕顧左右曰此吾宮中之龍也命以酒
沃酹之於是龍躍而去

天寶中上於內道場爲兆庶祈福親制素黃文及登
壇之際其文乃自然凌空而上騰於天也聞空中有
言聖壽延長王公已下請編入史冊制從之

隋唐嘉話

唐　劉餗

薛道衡聘陳爲人日詩云入春纔七日離家已二年
南人嗤之曰是底言誰謂此解作詩及云人歸洛
鴈後思發在花前乃喜曰名下固無虛士

隋高熲僕射每以盤盛粉置於臥側思得一公事輒
書其上至明則錄以入朝行之

京城南隅芙蓉園者本名曲江園隋文帝以曲名不
正詔改之

李德林爲內史令與楊素共執隋政素功臣豪侈後
房婦女錦衣玉食千人德林子百藥夜入其室則其
寵妾所召也素俱執於庭將斬之百藥年未二十儀
神雋秀素意惜之曰聞汝善爲文可作詩自敘稱吾
意當免汝死後解縛授以紙筆立就素覽之欣然以
妾與之并資從數十萬

煬帝善屬文而不欲人出其右司隸薛道衡由是得
罪後因事誅之曰更能作空梁落燕泥否

煬帝爲燕歌行文士皆和著作郎王胄獨不下帝帝

毎銜之青竟坐此見害而誦其警句曰庭草無人隨
意綠復能作此語耶
僕射蘇威有鏡殊精好曾日蝕既鏡亦昏黑無所見威以爲左右所汙不以爲意他日日蝕半缺其鏡亦半昏如之於是始寶藏之後櫃内有聲如磬尋之乃鏡聲也無何而子夔死後更有聲無何而威敗後不知所在云
洛陽南市即隋之豐都市也初築外垣之時掘得一塚無甎甓棺中有平上朱衣銘云筮言居朝龜言近市五百年間於斯見矣校其年月當魏黄初二年

隋文帝夢洪水没城意惡之乃移都大興術者云洪水即唐高祖之名也
平陽公主聞高祖起義太原乃於鄠司竹園招集亡命以迎軍時謂之娘子兵
秦王府倉曹李守素尤精譜學人號爲肉譜虞秘書世南曰昔任彦昇善談經籍時稱爲五經笥宜改倉曹爲人物志
隋司隸薛道衡子收以文學爲秦王府記室早亡太宗追悼之謂梁公曰薛收不幸短命若在當以中書令處之
太宗將誅蕭墻之惡以匡社稷謀於衛公李靖靖辭謀於英公徐勣勣亦辭帝以是珍此二人
太宗燕見衛公常呼爲兄不以臣禮初嗣位與鄭公語恒自名由是天下之人歸心焉
太宗每見人上書有所裨益者必令黏於寢殿之壁座臥觀覽焉
太宗每謂人曰人言魏徵舉動疎慢我但覺其嫵媚

耳貞觀四載天下康安斷死刑至二十九人而已戸不夜閉行旅不賫糧也
太宗謂羣臣曰始人皆言當今不可行帝王道唯魏徵勸我今遂得功業如此恨不得使封德彝等見之
衛公既滅突厥斥境至於大漠謂太宗曰陛下五十年後當憂北邊高宗末年突厥爲患矣突厥之平僕射溫彦博請其種落于朔方以實空虚之地於是入居長安者且萬家鄭公以爲不亂□非久遠策爭論數年不決至開元中六胡州竟反叛其地復空也

衛公始困於貧賤因過華山廟訴於神且請告以位宦所至辭色抗厲觀者異之佇立良久乃去出廟門百許步聞後有大聲曰李僕射好去顧不見人後竟至端揆隋大業中衛公上書言高祖終不爲人臣請速除之及京師平靖與滑儀衛文昇等俱收衛將既死太宗慮四見請與語固請於高祖而免之始以白衣從趙郡王南征靜巳漢擒蕭銑蕩一揚越師不畱行皆武之於武德末年突厥至渭水橋控弦四十萬太宗初親庶政驛召衛公問策時發諸州軍未到長

安居人勝兵不過數萬 人精騎騰突挑戰日數十合帝怒欲擊之靖請傾府庫賂以求和潛軍邀其歸路帝從其言　兵遂退於是據險邀之　弃老弱而遁獲馬數萬匹玉帛無遺焉

隋吏部侍郎高孝基銓人至梁公房蔡公杜愕然端視良久降階與之抗禮延入內廳共食甚恭曰二賢當爲興王佐命位極人臣杜年壽稍減於房耳願以子孫相託貞觀初杜薨於右僕射房位至司徒秉政二十餘載

太宗之爲秦王府僚多被遷奪深患之梁公曰餘人不足惜杜如晦聰明識達王佐才也帝大驚由是親禮日篤杜僕射薨後太宗食瓜美愴然思之遂輟其半使置之於靈座

鄭公嘗拜掃還謂太宗人言陛下欲幸山南在外悉裝了而竟不行因何有此消息帝笑曰時實有此心畏卿嗔遂停耳

太宗會罷朝怒曰會殺此田舍漢文德后問誰觸忤陛下帝曰豈過魏徵每廷事辱我使我常不自得后

退而具朝服立於庭帝驚曰皇后何爲若是對曰妾聞主聖臣忠今陛下聖明故魏徵得直言妾幸備數後宮安敢不賀

太宗得鷂絕俊異私自臂之望見鄭公乃藏于懷公知之遂前白事因語古帝王逸豫微以諷諫語久帝惜鷂且死而素嚴敬徵欲盡其言徵語不時盡鷂死懷中

太宗謂梁公曰以銅爲鏡可以正衣冠以古爲鏡可以知興替以人爲鏡可以明得失朕嘗寶此三鏡用

防巳過今魏徵殂逝遂亡一鏡矣

太宗令衛公教侯君集兵法既而君集言於帝曰李靖將反至於微隱之際輒不以示臣帝以讓靖靖曰此君集反耳今中夏乂安臣之所教足以制四□矣而求盡臣之術者是將有他心焉

衛公爲僕射君集爲兵部尚書自朝還省君集馬過門數步不覺靖謂人曰君集意不在人必將反矣

太宗中夜聞告侯君集反起繞床而步亟命召之以出其不意既至曰臣陛下幕府左右乞留小子帝許

之流嶺南爲奴侯君集既誅籍其家得二美人容色絕代太宗問其狀曰自爾巳來常食人乳而不飯又君集之破高昌得金箄二甚精御府所無亦隱而不獻至時并得焉

英公始與單雄信俱臣李密結爲兄弟密既亡雄信降王充勣來歸國雄信壯勇過人勣後與海陵王元吉圍洛陽元吉恃其膂力每親行圍王充召雄信告之酌以金椀雄信盡飲馳馬而出槍不及海陵者尺勣惶遽連呼曰阿兄阿兄勣王雄信攬轡而止顧笑曰兒不緣你且了竟充既平雄信將就戮英公請之不得泣而退雄信曰我固知汝不了此勣曰平生誓共爲灰土豈敢念生但以身巳許國義不兩遂雖死之顧兄妻子何如因以刀割其股以肉啖雄信曰示無忘前誓雄信食之不疑

英公雖貴爲僕射其姊病必親爲粥釜燃輒焚其鬚姊曰僕妾多矣何爲自苦如此勣曰豈爲無人耶顧今姊年老勣亦年老雖欲久爲姊粥復可得乎

英公嘗言我年十二三爲無賴賊逢人則殺十四五

爲難當賊有所不快者無不殺之十七八爲好賊上陣乃殺人年二十便爲天下大將用兵以救人死

鄂公尉遲敬德性驍果而尤善避槊每單騎入敵人刺之終不能中反奪其槊以刺敵海陵王元吉聞之不信乃令去槊刃以試之敬德云饒王著刃亦不畏傷元吉再三來刺既不少中而槊皆被奪去元吉力敵十夫由是大忌恨太宗之禦竇建德謂尉遲公曰寡人持弓箭公把長槍相副雖百萬衆亦無奈我何乃與敬德馳至敵營叩其軍門大呼曰我大唐秦王

能鬬者來與汝決耶追騎甚衆而不敢逼禦建德之
役既陳未戰太宗望見一少年騎驄馬鎧甲鮮明指
謂尉遲公曰彼所乘馬眞良馬也言之未已敬德請
取之帝曰輕敵者亡脫以一馬損公非寡人願敬德
自料致之萬全及馳往并擒少年而返即王充兄子
僞代王琬宇文士及在隋亦識是馬實内廐之良也
帝欲旌其能並以賜之

太宗將征遼衞公病不能從帝使執政以起之不起
帝曰吾知之矣明日駕臨其第執手與别靖謝曰老

臣宜從但犬馬之疾日月增甚恐死於道路仰累陛
下帝撫其背曰勉之昔司馬仲達非不老病竟能自
強立勳魏室靖叩頭曰老臣請轝病行矣至相州病
篤不能進駐蹕之役高麗與靺鞨　合軍方四十里太
宗望之有懼色江夏王進曰高麗傾國以抗王師平
壤之守必弱假臣精卒五千覆一本根則數十萬之
衆可不戰而降帝不應既合戰爲賊所乘軍將不振
還謂衞公曰吾以天下之衆困於蕞爾之　何也靖
曰此道宗所解時江夏在側帝顧之道宗具陳前言

帝悵然曰時忽遽不憶也駐蹕之役六軍爲高麗所
乘太宗命視黑旗英公之麾也候者告黑旗被圍帝
大恐須臾復曰圍解高麗哭聲動山谷勳軍大勝斬
首數萬俘　亦數萬

鄭公之薨太宗自製其碑文并自書後爲人所間詔
令仆之及征高麗不如意深悔爲是行乃歎曰若魏
徵在不使我有此舉也既渡遼水令馳驛祀以少牢
復立碑焉

征遼之役梁公留守西京勅以便宜從事不請或詣

留臺稱有密者梁公問密謀所在對曰公則是也乃
驛遞赴行所及車駕於相州太宗聞留守有表送告
人大怒使人持長刀於前而後見之問反者爲誰曰
房玄齡帝曰果然叱令斬腰斬書責梁公以不能自
任更有如此者得專斷之

太宗嘗止一樹下曰此嘉樹宇文士及從而美之不
容口帝正色曰魏公嘗勸我遠佞人我不悟佞人爲
誰意常疑汝而未明也今日果然士及叩頭謝曰南
衙羣官面折廷爭陛下嘗不得舉手今臣幸左右若

不少有順從陛下雖貴天子叟何聊乎帝意復解
太宗使宇文士及割肉以餅拭手帝屢目焉士及佯
為不悟更徐拭而便啗之
趙公宴朝貴酒酣樂闋顧羣公曰無忌不才幸遇休
明之運因緣寵私致位上公人臣之貴可謂極矣公
視無忌富貴何與越公或對為不如或謂過之曰自
揣誠不羡越公所不及越公一而已越公之貴也老
而無忌之貴也少
武衛將軍秦叔寶晚年常多疾病每謂人曰吾少長

戎馬經三百餘戰計前後出血不啻數斛何能無病
乎
秦武衛勇力絶人其所將槍踰越常制初從太宗圍
王充於洛陽馳馬頓之城下而去城中數十人共拔
不能動叔寶復馳馬舉之以還迄今國家每大陳設
必列於殿庭以旌異之
太宗令虞監寫列女傳以裝屏風未及求本乃暗書
之一字無失
太宗將致櫻桃於酅公稱奉則以尊言賜又以卑乃

問之虞監曰昔梁帝遺齊巴陵王稱餉遂從之太宗
嘗出行有司請載副書以從上曰不須虞世南在此
行祕書也
太宗稱虞監博聞德行書翰詞藻忠直一人而已兼
是五善太宗稱虞監亡哭之慟曰石渠東觀之中無
復人矣虞公之為祕書於省後堂集羣書中事可為
文用者號為北堂書鈔今此堂猶存而書盛行於代
太史令李淳風校新曆成奏太陽合日蝕當既於占
不吉太宗不悅曰日或不蝕卿將何以自處曰有如

不蝕則臣請死之及期帝候日於庭謂淳風曰吾放
汝與妻子別對以尚早一刻指表影曰至此蝕矣如
言而蝕不差毫髮
李太史與張文收率更坐有暴風自南而至李以南
五里當有哭者張以為有音樂左右馳馬觀之則遇
送葬者有鼓吹焉
潤州得玉磬十二以獻張率更叩其一曰是晉其歲
所造也是歲閏月造者法月數當十三今缺其一宜
於黃鍾東九尺掘必得焉勑州求之如其言而得之

貞觀中景雲見河水清張率更以爲景雲河水清歌
名曰燕樂今元會第一奏是也
太宗之平劉武周河東士庶歌舞於道軍人相與爲
秦王破陣樂之曲後編樂府云
破陣樂被甲持戟以象戰事慶善樂廣袖曳履以像
文德鄭公見奏破陣樂則俯而不視慶善則翫之而
不猒
太宗閱醫方見明堂圖五藏之系咸附於背乃愴然
曰今律杖笞奈何令髀背分受乃詔不得笞背貞觀

中有河內人妄爲妖言大理丞張蘊古以其素狂病
不當坐太宗以有情令斬之尋悔以無所及自後每
決死刑皆令五覆奏
梁公以度支之司天下利害郎曹當關家之未得乃
自職之
張賓客文瓘之爲大理獲罪者皆曰張卿所罰不爲
枉也
中書令馬周始以布衣上書太宗覽之未及終卷三
命召之所陳世事莫不施行舊諸街晨昏傳呼以警

行者代之以鼓城門入由左出右
人所服唯黃紫二色而已貞觀中始令[illegible]服
紫四品以上朱六品七品綠八品九品以青焉貞觀
中揀材力驍捷善持射者謂之飛騎上出遊幸則衣
五色袍乘六閑馬猛獸皮韉以從李義府始召見太
宗試令詠烏其末句云上林多許樹不借一枝栖帝
曰吾將全樹借汝豈惟一枝
宋謝朓詩云芳洲多杜若貞觀中醫局求杜若度支
郎乃下芳洲令貢州判司報云芳州不出杜若應由
謝朓詩誤太宗聞之大笑判司改雄州司法度支郎

免官
太宗病甚出英公爲疊州刺史謂高宗曰李勣才智
有餘屢更大任恐其不厭伏於汝故有此授今若即
發者我死後可親任之如遲疑顧望便當殺之勣奉
詔不及家而行有梟晨鳴於張率更庭樹其妻以爲
不祥連唾之文收云急灑掃吾當改官言未畢賀者
已在門
貞觀中西域獻胡僧呪術能死生人太宗令於飛騎

中揀壯勇者試之如言而死如言而　帝以告太常
卿傅奕奕曰此邪法也臣聞邪不犯正若使呪臣必
不得行帝召僧呪奕奕對之初無所覺須臾胡僧忽
然自倒若爲所擊者便不復蘇

貞觀中有婆羅僧言得佛齒所擊前無堅物於是士
馬奔湊其處如市時傅奕方臥病聞之謂其子曰是
非佛齒吾聞金剛石至堅物不能敵唯羚羊角破之
汝可往試之焉胡僧緘縢甚固求良久乃得見出叩
之應手而碎觀者乃止今理珠玉者皆用云

閻立本家代善畫至荆州張僧繇舊迹曰定虛得名
耳明日更往曰名下定無虛士坐臥觀之留宿其下
十日不能去張僧繇始作醉僧圖道士每以此嘲僧
群僧於是聚錢數十萬貿閻立本作醉道士圖今並
傳於代

率更令歐陽詢行見古碑索靖所書駐馬觀之良久
而去數百步復還下馬佇立疲則布毯坐觀因宿其
傍三日而後去

貞觀中彈琵琶裴洛兒始廢撥用手今俗謂搊琵琶
是也

貞觀初林邑獻火珠狀如水精云得於羅刹國其人
朱髮黑身獸牙鷹爪也

太宗宴近臣戲以嘲謔趙公無忌嘲歐陽率更曰聳
髆成山字埋肩不出頭誰家麟閣上畫此一獼猴詢
應聲云索頭連背煖俒襠畏肚寒只由心溷溷所以
面團團帝改容曰歐陽詢豈不畏皇后聞趙公后之
弟也

高開道作亂幽州矢陷其頰召醫使出之對以鏃深

不可出則俾斬之又召一人如前對則又斬之又召
一人如前曰可出然王須忍痛因鈹面鑿骨置楔於
其間骨裂開寸餘抽出鏑鏃開道奏伎進膳不輟

太宗之征遼作飛梯臨其城有應募爲梯首城中矢
石如雨而竟無爲先登英公指謂中書舍人許敬宗
曰此人豈不大健敬宗曰健要是不解思量帝聞將
罪之

太宗謂鄂公曰人言卿反何故答曰臣反是實臣從
陛下討逆伐叛蹤憑威靈幸而不死然所存皆鋒刃

也今大業已定而反疑臣乃悉解衣投於地見所傷之處帝對之流涕曰卿衣矣朕以不疑卿故此相告何返爲以恨

太宗謂尉遲公曰朕將嫁女與卿稱意否敬德謝曰臣婦雖鄙陋亦不失夫妻情臣毎聞說古人語富不易妻仁也臣竊慕之願停聖恩叩頭固讓帝嘉之而止

薛萬徹尚丹陽公主太宗嘗謂人曰薛駙馬村氣主羞之不與同席數月帝聞而大笑置酒召對握槊賭

所佩刀子佯爲不勝解刀以佩之罷酒主悅甚薛未及就馬遽召同載而還重之逾於舊梁公夫人至妬太宗將賜公美人屢辭不受帝乃令皇后召夫人告以媵妾之流今有常制且司空年暮帝欲有所優詔之意夫人執心不迴帝乃令謂之曰若寧不妬而生寧妬而死乃遣酌巵酒與之曰若然可飲此酖一舉便盡無所留難帝曰我尚畏見何況於玄齡

許敬宗性輕傲見人多忘之或謂其不聰曰卿自難記若遇何劉沈謝暗中摸索著亦可識

虞監草行本師於釋智永嘗樓上學書業成方下其所弃筆頭至盈甕褚遂良問虞監曰某書何如永師曰聞彼一字直錢五萬官豈得若此曰何如歐陽詢曰聞詢不擇紙筆皆能如志官豈得若此褚恚曰既然某何更留意於此虞曰若使手和筆調遇合作者亦深可貴尚褚喜而退

褚遂良其父亮尚在乃別開門敕嘗有以賜遂良使者由正門而入亮出曰渠自有門

褚遂良爲太宗哀冊文自朝還馬誤入人家而下覺也

太宗征高麗高宗留居定州請驛遞表起居飛奏事自此始也

高宗之將冊武后河南公褚遂良謀於趙公無忌英公勣將以死諍趙公請先入褚曰太尉國之元舅脫事有不如意使上有怒舅之名不可英公曰勣請先入褚曰司空國之元勳有不如意使上有罪功臣之名不可遂良出自草茅無汗馬功蒙先帝殊遇以有今日且當不諱之時躬奉遺詔不効其愚衷何以下

見先帝堪二公而入帝深納其言事遂中寢

王義方將入比之稷禼鄭公每云王生太直高宗朝李義府引爲御史義府以定冊武后勳恃寵任勢王惡而彈之坐是見貶坎軻以至於終矣

薛中書元超謂所親曰吾不才富貴過分然平生有三恨始不以進士擢第娶五姓女不得修國史

有患應聲病者問醫官蘇澄云自古無此方今吾所撰本草網羅天下藥物亦謂盡矣試將讀之應有所覺其人每發一聲腹中輒應唯至一藥再三不應過至他藥復應如初澄自爲處方以此藥爲主其病自除

楊弘武爲司戎少常角高宗謂之某人何因輒授此職對曰臣妻韋氏性剛悍服以此人見囑臣若不從恐有後患帝嘉其不隱笑而遣之

盧尚書承慶總章初考內外官一官督運遭風失米盧考之曰監運損糧考中下其人容止自若無一言而退盧重其雅量改注曰非力所及考中中既無喜容亦無愧容亦無愧詞又改注曰寵辱不驚考中上

唐初宮中少樹孝仁后命種白楊謂何力曰此樹易長三數年間宮中可得陰映何力一無所應但誦古詩云白楊多悲風蕭蕭愁殺人意謂此是冢墓間木非宮中所宜種孝仁遽令拔去更樹梧桐也

許高陽敬宗奏流其子昂於嶺南及敬宗死博士袁思古議謚曰謬昂子彥伯於衆中將擊之袁曰今爲賢尊報讐何爲反怒彥伯慙而止

李義府既居榮寵葬其父祖自京至於三原七十餘里役者相繼始國家以來人臣喪事之盛所未有也

京城東有冢極高大俗謂呂不韋冢以其銳上亦謂

之尖冢咸亨初布政坊法海寺有英禪師言見鬼物云秦莊襄王過其舍求食自言是其冢而後代人妄云不韋也

秘書少監崔行功未得五品前忽有鸛鵲銜一物入其堂置案上而去乃魚袋怏怏數日而加大夫

劉仁軌爲左僕射戴至德爲右僕射人皆多劉而鄙戴有老婦陳牒至德方欲下筆老婦問左右曰此劉僕射戴僕射曰戴僕射因急就前曰此是不解事僕射卻將牒來至德笑令授之戴僕射無異迹當朝俛

不能言及薨高宗歎曰自吾喪至德無可復聞當其在時事有不是者未嘗放我過因索其前後所陳章表盈篋閱而流涕朝廷始追重之

高宗乳母盧本滑州總管杜才幹妻才幹以謀逆誅故盧沒入於宮中帝既即位封燕國夫人品第一盧既藉恩寵屢訴才幹枉見構陷帝曰此先朝時事朕安敢追更先朝之事卒不許及盧以亡復請與才幹合葬帝以獲罪先朝亦不許之

高宗承貞觀之後天下無事上官侍郎儀獨持國政

嘗凌晨入朝巡洛水堤步月徐轡詠詩云脉脉廣川流驅馬歷長洲鵲飛山月曉蟬噪野風秋音韻清亮郡公望之猶神仙焉

高宗時司農欲以冬藏餘菜賣之百姓以墨敕示僕射蘇良嗣判曰昔公儀相魯猶拔去園葵況臨御萬邦而販蔬鬻菜事竟不行

楊汴州德幹高宗朝爲萬年令有宦官恃貴寵放鷂不避人禾稼德幹擒而杖之二十悉拔去鷂頭宦者涕泣袒背以示於帝帝曰你情知此漢獰何須犯他百姓竟不之問

高宗朝以太原王范陽盧滎陽鄭清河博陵二崔隴西趙郡二李等七姓恃其族望恥與他姓爲婚乃禁其自婣娶於是不敢復行婚禮飾其女以送夫家

武后以吏部選人多不實乃令試日自糊其名暗考以定等第判之糊名自此始也

武后時投匭者或不陳事而謾以嘲戲之言於是乃置使先閱其書奏然後投之匭中有司自此始也

徐大理有功每見武后將殺人必據法廷爭嘗與后

反覆辭色逾厲后大怒令拽出斬之猶迴顧曰臣身雖死法終不可改至市臨刑得免除名爲庶人如是再三終不挫折朝廷倚賴至今猶懷之其子預選有司皆曰徐公之子豈可拘以常調者乎

皇甫文備武后時酷吏也與徐大理論獄誣徐黨逆人奏成其罪武后特出之無何文備爲人所告有功訊之在寬或曰彼將陷公於死今公反欲出之何也徐曰汝所言者私忿也我所守者公法也安以私害公

李昭德爲内史婁師德爲納言相隨入朝婁體肥行緩李顧待不即至乃發怒曰耐殺人田舍漢婁聞之反徐笑曰師德不是田舍漢更阿誰是婁師德弟拜代州刺史將行謂之曰吾以不才位居宰相汝今又得州牧叨據過分人所嫉也將何以全先人髮膚弟長跪曰自今雖有唾某面者某亦不敢言但拭之而已以此自勉庶免兄憂師德曰此適所謂爲我憂也夫前人唾者發于怒也汝今拭之是惡其唾而拭之是逆前人怒也唾不拭將自乾何若笑而受之武

后之年竟保其寵祿率是道也

武后初稱周恐下心不安乃令人自舉供奉官正員外多置裏行拾遺補闕御史等至有車載斗量之詠有御史臺令史將入臺值裏行御史數人聚立門內令史下驢衝過其間諸御史大怒將杖之令史云今日之過實在此驢乞先數之然後受罰御史許之謂驢曰汝伎藝可知精神極鈍何物驢畜敢於御史裏行於是羞而止

武后臨朝薛懷義勢傾當時雖王主皆下之蘇良嗣僕射遇諸朝懷義偃蹇不爲禮良嗣大怒使左右牽拽搭面數十武后知曰阿師當向北門出入南衙宰相往來勿犯他

武后使閻知微與田歸道使突厥歸道還云突厥叛知微爭之后乃令知微多持金帛以就延秀徃聘其女突厥果留使者而入寇尊知微與可汗等以示華人大破趙定等州自河以北騷然朝廷以爲知微賣國乃族閻氏知微不知無何逃還武后業已致戮乃云其惡臣子所嫉賜百官甘心焉於是兵刃交下非

要職者或不得其次云

武后初爲明堂明堂後又爲天堂五級則俯視明堂矣未就並爲天火所焚今明堂制度卑狹於前猶三百餘尺

武后爲天堂以安大像鑄大儀以配之天堂既焚鍾復毀絕至中宗欲成武后志乃斲像令短建聖善寺閣以居之今明堂始微於西南傾工人以木於中薦之武后不欲人見因加爲九龍盤糺之狀其圓蓋上本施一金鳳至是改鳳爲珠羣龍捧之

武后將如洛陽至闕鄉肩輿忽不進召巫言晉龍
驤將軍王濬云臣墓　爲樵者所苦聞大駕
至故求哀后勑去墓百步不得耕殖至今荆棘森然
將軍王果嘗經峽口見一棺於崖側將墜使人遷之
平遽得銘云更後三百年水漂我至長江欲墮不墮
逢王果
張易之昌宗初入朝官位尚卑諂附者乃呼爲五郎
六郎自後因以成俗
張昌儀兄弟恃易之昌宗之寵所居奢溢踰於王主

末年有人題其門曰一絇絲能得幾日絡昌儀見之
遽下筆書其下日一日即足無何而禍及
張昌宗之貴也武三思謂之王子晉後身爲詩以贈
之詩至今猶傳
補闕喬知之有寵婢爲武承嗣所奪知之爲綠珠篇
以寄之末句云百年離別在高樓一旦紅顏爲君盡
寵者結於衣帶上投井而死承嗣驚恍不知其故既
見詩大恨知之竟坐此見構陷亡
沈佺期以工詩著名燕公張說嘗謂之曰沈三兄詩
直須還他第一
武后遊龍門命羣官賦詩先成者賞錦袍左史東方
虬既拜賜坐未安宋之問詩復成文理兼美左右莫
不稱善乃就奪袍衣之
狄內史仁傑始爲江南安撫使以周赧王楚王項羽
吳王夫差越王勾踐吳夫槩王春申君趙他馬援吳
桓王等神廟七百餘所有害於人悉除之唯夏禹吳
太伯季札伍胥四廟存焉
魏僕射元忠每立朝必得常處人或記之不差尺寸

魏僕射本名真宰武后朝被羅織下獄有命出之小
吏聞者以告魏驚喜曰汝名何曰元忠乃改從元忠
焉
朱正諫敬則代著孝義自宇文周至國家並令旌表
門標六闕
中宗反正後有武當縣丞壽春周憬存慨有節操乃
與王駙馬同晈謀誅武三思事發同晈見害憬遁於
比干廟中自刎臨死謂左右曰比干忠臣也
神龍中洛城東地若水影纖微必照就視則無所見

長史李承嘉上表慶賀

崔融司業作武后哀策文因發疾而卒時人以爲三百年來無此文

朝儀魚袋之飾唯金銀二等至武后乃改五品以銅中宗反正從舊

景龍中中宗遊興慶池侍宴者遞起歌舞并唱下兵詞方便以求官爵給事中李景伯亦起唱曰迴波爾時酒巵兵兒志在箴規侍宴既過三爵諠譁竊恐非宜於是乃罷坐

景龍中多於側門降墨勅斜封以授人官爵時人號爲斜封官

景龍中妃主家競爲奢侈駙馬楊慎交武崇訓至油灑地以築毬場

兵部尚書韋嗣立景龍中中宗與韋后幸其莊封嗣立爲逍遥公又改其居鳳凰原爲清虚原鸚鵡谷爲幽棲谷吏部南院舊無選人坐韋嗣立尚書之爲吏部始奏請有司供牀褥自後因爲故事

昆明池者漢孝武所穿有捕魚利京師賴之中宗朝安樂公主請焉帝曰前代以來不以與人不可止不悅因大役人徒別掘一池號曰定昆池既成中宗往觀令公卿賦詩李黄門日知詩云但願暫思居者逸無使當時作者勞及睿宗即位謂之曰當時朕亦不敢言非卿中正何能若是無何而遷侍中

李侍中日知初爲大理丞武后方肆誅戮大卿胡元禮承旨欲陷人死令日知改斷再三不從元李使謂李曰胡元禮在此人莫覔活李起謂使者日知語卿李日知在此人莫覔死竟免之

中宗崩既除衰吐蕃來弔深衣練冠待於廟今定陵自有寢廟若擇宗室最長者素服受禮於彼其可乎舉朝稱善而從之

徐彦伯常侍睿宗朝以相府之舊拜羽林將軍徐既文士不悅武職及遷謂賀者曰不喜有遷且喜出軍耳

崔司知琬中宗朝爲侍御史彈宗楚客反盛氣作色帝優之不令問因召勑彈人必先進內狀許乃可自後以爲故事

代有山東士大夫類例三卷其非士族及假冒者不
見錄署云相州僧曇剛撰後柳常侍沖亦明於族姓
中宗朝爲相州刺史詢問舊老云自隋已來不聞有
有僧曇剛蓋嫉於時故隱名氏云

裴知古自中宗武后朝以知音直太常路逢乘馬者
聞其聲竊曰此人即當墮馬好事者隨而觀之行未
半坊馬驚墮殆死嘗觀人迎婦聞婦佩玉聲曰此婦
不利姑是日姑有疾竟死云其知音皆此類也又善
於攝衛開元十二年終年且百歲近代言樂衛道彌

爲最天下莫能以聲欺者

曹紹夔洗之弼皆爲太樂令享北郊監享御史有怒
於夔欲以樂不和爲之罪雜扣鐘磬使夔暗名之無
誤者由是反歎服

元行沖賓客爲太常少卿有人於古墓中得銅物似
琵琶而身正圓莫有識者元視之曰此阮咸所造樂
具乃令匠人改以木爲聲甚清雅今呼爲阮咸是也

太平公主於京西市掘池贖水族之生者置其中謂
之放生池墓銘云龜言水著言市

今上之爲潞州別駕將入朝有軍人韓凝禮自謂知
兆上因以食箸試之既布卦一箸無故自起凡三偃
三起觀者以爲大吉徵既而誅韋氏定天保因此行
也凝禮起家五品至今猶存

今上既誅韋氏擢用賢俊改中宗之政依貞觀故事
有志者莫不想望太平中書令元之璟御史大夫構
河南尹傑皆一時之選時人稱姚宋畢李焉

張同州沛之在州也任正名爲錄事劉幽求爲朝邑
尉沛奴下諸官而獨呼二公爲劉大任大若平常之

交

今上之誅韋氏沛兄涉爲殿中監見殺并令誅沛沛
將出就州正名時假在家聞之遽出曰朝廷初有大
難同州京之佐輔奈何單使一至便害州將請以死
守之於是勸令覆奏因送沛於獄曰正名若死使君
可憂不然無慮也時方立元勳用事於中竟脫沛於
難二公之力

蕭至忠自晉州之入也蔣大理欽緒即其妹壻送之
曰以足下之才不憂不見用無爲非分妄求至忠不

答將退而曰九代之卿族一舉而滅之可哀也哉至忠旣至中書令歲餘以誅死

開元始年上悉出金銀珠玉錦繡之物於朝堂若山積而焚之示不復御用也

姚開府凡三爲相而必兼兵部至於軍鎮道理與騎卒之數皆暗能計之矣

郭尚書元振始爲梓州射洪令徵求無厭至掠部人賣爲奴婢者甚衆武后聞之使籍其家唯有書數百卷後令閱資財所在知皆以濟人於是奇而免之後

爲凉州都督路不拾遺蕃國聞其風多請朝獻自周家善爲凉州者郭居其最

今上之初吐蕃傾國作寇其官薛訥爲元帥以禦之大捷而還時有賀者退曰薛公謙而有禮宜有凱旋

故事每三月三日九月九日賜王宫以下射中鹿賜爲第一院賜綾其餘布帛有差至開元八年秋舍人許景先以爲徒耗國賦而無益於是乃破執之其禮至今遂絕

京城諸州寺貞觀初所造至開元初李尚書入悉賣與居人以錢入官

崔湜之爲中書令河東公張嘉貞爲舍人湜輕之嘗呼爲張底後會商量數事意皆出人右湜驚美久之謂同官曰知無張底乃我輩一般人此終是其坐處湜死十餘載河東公竟爲中書焉

東封之歲洛陽丙御路北市東南隅得銘漢丞相長史朱買臣墓云著言市手載之後阿誰是七十年丞相

源乾曜張說以八月初五今上生之日請爲千秋節

百姓祭皆就此日名爲賽白帝羣臣上萬歲壽王公戚里進金鏡綬帶士庶結絲承露囊更相遺問十九年春詔州縣社及奠祭不得用牲牢薦脯鹽而已十九年夏詔京都置太公廟於孔子廟之西以秋春仲月上戊日致祭漢留侯張良配享置令丞錄事各一員

后土祠隔河與梁山相望舊立山神像以配座如妃匹焉至開元中年始別建室而遷出之或云張燕公之爲也

忻州北有丹水其源出長平山下傳云秦殺趙卒其水變赤因以爲名今上始幸太原知其故改爲懷水

潼津關爲周密

開元初司農卿姜師度引洛水灌朝邑澤盡發以修堤堰墓爲水所湍擊今浸頹削焉

崔潞府日知歷職中外恨不居八座及爲太常於都寺廳事後起一樓正與尚書省相望人謂之崔公望省樓

晉謝靈運鬚美臨刑施爲南海祗洹寺維摩詰鬚寺

人寶惜初不虧損中宗朝安樂公主鬭百草欲廣其物色令馳驛取之又恐爲他人所得因剪弃其餘遂絶

雲陽縣界多漢離宮故地地有似槐而葉細土人謂之玉樹楊子雲甘泉賦云玉樹青葱後左思以雄爲假稱珍怪不詳也

江寧縣寺有晉長明燈歲久火變青而不熱隋文帝平陳已訝其古至今猶存

舊人皆服衮巾至周武始爲四脚國初又加巾子爲

高齊蘭陵王長恭白類美婦人乃著假面以對敵與周師戰於金墉下勇冠三軍齊人壯之乃爲舞以效其指麾擊刺之容今人面是

靈州鳴沙縣有沙人馬踐之輒鎗然有聲持至他處信宿之後而無復聲矣

今開通元寶錢武德四年鑄其文歐陽詢率更所書也

王右軍蘭亭序梁亂出在外陳天嘉中爲僧永所得至太建中獻之宣帝隋平陳日或以獻晉王王不之

寶後僧果從帝借搨及登極竟未從索果師死後弟子僧辯得之太宗爲秦王日見搨本驚喜乃貴價市大王書蘭亭終不至焉及知在辯師處使蕭翊就越州求得之以武德四年入秦府貞觀十年乃搨十本以賜近臣帝崩中書令褚遂良奏蘭亭先帝所重不可留遂秘於昭陵

晉平南將軍侍中王廣右軍之叔父工草隸飛白祖述張衛法後得索靖書七月二十六日一紙每寶翫之遭永嘉喪亂乃四疊綴於衣中以過江今蘄州桑

泉令豆盧器得之墨迹猶存
上右軍告誓文今之所傳即其藁草不具年月日朔其真本云維永和十年三月癸卯朔九月辛亥而書亦真小開元初年潤州江寧縣瓦官寺修講堂匠人於鴟吻内竹筒中得之與一沙門至八年縣丞李延業求得上岐王獻便留不出或云後却借岐王十二年王家失火圖書悉爲煨燼此書亦見焚云

盧黄門思道仕高齊久不得進時和士開方貴寵用事或謂盧曰何不一見和王思道素自高欲往恐爲

人所見乃未明而行比至其門立者衆矣盧駐馬望之彼何人斯森然而與槐柳齊列因鞭馬疾去有過

盧黄門思道者見一婦人在座問此何等答曰從兄浩友語盧浩爲老朋

集常侍徐陵聘於齊時魏收文學北朝之秀收録其文集以遺陵令傳之江左陵遂濟江而沈之從者以問陵曰吾爲魏公藏拙

劉賓客嘉話録序

絢少陸機入洛之三歲多重耳在外之二年自襄陽負笈至江陵挈葉舟升巫峽抵白帝城投謁故贈兵部尚書賓客中山劉公二十八丈求在左右學問是歲長慶元年春蒙丈人許措足侍立解衣推食晨昏與諸子起居或因宴命坐與語論大抵根於教誘而解釋經史之暇偶及國朝文人劇談卿相新語異常夢話若諧謔卜祝童謡佳句即席聽之退而默記或染翰竹簡或簪筆書紳其不暇記因而遺忘者不知

其數在掌中梵夾者百存一焉今悉依當時日夕所話而録之不復編次號曰劉公嘉話録傳之好事以爲談柄也時大中十年二月朝散大夫守江陵少尹上柱國京兆韋絢序

劉賓客嘉話錄

唐　韋絢

張巡之守睢陽玄宗已幸蜀胡羯方熾城孤勢蹙人食竭以紙布切煮而食之時以茶汁和之而意自如其謝加金吾表曰想蛾眉之碧峯豫遊西蜀追綠耳於元圃保壽南山逆賊祿山迷逆天地戮辱黎獻羶闕廷臣被圍七旬親經百戰主辱臣死當臣致命之時惡黲孽盈是賊滅亡之日其忠勇如此又激勵將士賦詩曰接戰春來苦孤城日漸危合圍殆月暈

分守若魚麗屢厭黃塵起時將白羽揮裹瘡猶出陣飲血更登陴忠信應難敵堅貞諒不移無人報天地心計欲何施又夜聞笛詩曰岧嶤試一臨虜騎俯城陰不辨風塵色安知天地心營開星月近戰苦陣雲深旦夕更樓上遙聞橫笛吟

為詩用僻字須有來處宋考功詩云馬上逢寒食春來不見餳嘗疑此字因讀毛詩鄭箋說簫處注云即今賣餳人家物六經惟此注中有餳字緣明日是重陽欲押一餻字尋思六經竟未見有餻字不敢為之常訝杜員外巨顙折老拳疑老拳無據及覽石勒傳卿既遭孤老拳孤亦飽卿毒手豈虛言哉後輩業詩即須有據不可率爾道也

刑部侍郎從伯伯芻言某所居安邑里巷口有鬻餅者過戶未嘗不聞謳歌而當爐興甚早一旦召與語貧窘可憐因與萬錢令多其本日取餅以償欣然持鏹而去後過其戶則寂然不聞謳歌聲謂其逝矣及呼乃至謂曰爾何輟歌之遽乎曰本流既大心計轉麤不暇唱渭城矣從伯曰吾思官徒亦然因成大噱

永徽中盧齊卿暴死及蘇說見其舅李某為冥司判官有吏押案曰宇文融合為宰相舅曰宇文融豈堪作宰相吏曰天符已下數日多少即由判官舅乃判百日既拜果百日而罷公曰官不前定何名真宰

崔丞相造布衣時江左士人號曰白衣變時有四人是盧東美其二遺忘崔左遷在洪州州師曹王將辟為副時德宗在梁奏的合過況曹王有功且親也時有趙山人言事多中崔問之曰地主奏某為副使且的過否對曰不過崔詰曰以時事必合得過也山人

日却得一刺史不久勑到更遠於此崔不信再問曰必定耳州名某亦知之不可先言且曰今月某日勑到必先吊而後賀崔心懼久之蓋言某日即崔之忌日也謂趙山人曰言中奉百千不中輕撻五下可乎山人笑曰不合得員外百千只合得起一間竹屋又問之且我有宰相分無曰有崔曰遠近曰只隔一兩政官不至三年矣及某日私忌洪州諸僚皆知其說是日悉之江亭將慰崔忌衆皆北望人信至酉時見一人從北岸袒而招舟急使人問之乃曰州之脚力

嘉話錄　八　三

將及岸問曰有何除改崔員外奏副使員外過否曰不過却得虔州刺史勑牒在此諸公驚笑果先慰而後賀焉明日說於曹王曹王與趙山人錢百千不受崔爲起竹屋一間欣然徙居之又謂崔曰到虔州後有大經一段驚懼即必得入京也既而崔舅源休與朱泚爲宰相崔憂悶堂帖追入甚憂惕時故人竇參作相拜兵部郎中俄遷給事中平章事

又曰薛邕侍郎有宰相望時有張山人善相崔造相公方爲兵部郎中與前進士姜公輔同在薛侍郎坐中薛問張山人曰坐中有宰相否心在已身多矣張曰有薛曰幾人曰有兩人曰何人曰崔姜二人必同時宰相薛默然不樂既而崔郎中徐問張曰何以同時意謂姜公始前進士已正郎勢不相近也曰命合如此仍郎中在姜之後後姜爲京兆尹功曹充翰林學士時衆知涇將姚令言入城的取朱泚泚曾帥涇得其軍心乃上疏令防虞之疏入十月德宗幸奉天悔不納姜言遂於行在擢姜爲給事中平章事崔後姜半年以夕郎拜相果同而崔在姜後離虔州後第

嘉話錄　八　四

二改官拜官亦不差而薛侍郎竟終於列曹始知前輩不可忽後輩也

李承相泌謂德宗曰肅宗師臣豈不呼陛下爲崧郎聖顏不悅泌曰陛下天寶元年生對外言改年之由或以弘農得寶此乃謬也以陛下此年降誕故玄宗皇帝以天降至寶因改年號爲天寶也聖顏然後悅

德宗降三日玄宗立於高階上肅宗次之代宗又次之保母繈抱德宗來呈色不白皙耳仆前肅宗代宗不悅二帝以手自下遞傳呈上玄宗一顧之曰眞我

見也謂肅宗曰汝不及他謂代宗曰汝亦不及他舅
舅似我既而在位二十七年壽六十三肅宗登位十
五年是不及也後明皇帝幸蜀至中路曰忩郎亦一
遍到此來㚲及德宗幸梁是也乃知聖人應天受命
享國綿遠豈徒然哉

劉希夷曰年年歲歲花相似歲歲年年人不同其舅
宋之問苦愛此兩句懇乞許而不與之問怒以土袋
壓殺之宋生不得其死天報之也

侯亂於中原梁朝誌公太師有語曰兩角女子

嘉話錄　八　五

綠衣裳郄背大行邀君王一止之月必消亡兩角女
子安字綠者祿字也一止正月也果正月敗亡聖矣
符誌公之寓言也時張廵將雷萬春於城上與廵語
次被賊伏弩射中萬春面不動令狐潮疑是木人諭
問廵知萬春乃言曰向見雷將軍方知足下軍令矣

瓊州地名胸䏰胸䏰是蚯蚓也故土多此蟲蓋其狀
物也常至夜江畔出其身半跳於空中而鳴其形胸
䏰上音屈下音忍

䳘曰五夜者甲乙丙丁戊更相送之今惟言乙夜與
子夜何也公曰未詳

大司徒杜公在維陽也常召賓幕閒語我致攻之後
必買一小驄八九千者飽食訖而跨之著一䴥布襴
彩入市看盤鈴傀儡足矣又曰郭令公位極之際常
慮禍及此大臣之危事也司徒深旨不在傀儡蓋自
汚耳司徒公後致仕果行前志諫官上䟽言三公不
合入市公曰吾計中矣計者即自汚耳

刑部侍郎從伯伯芻自王府長史三年爲新羅使始
得郎中朱紱因見宰相自言此事時宰不知是誰曰
大是急流

嘉話錄　八　六

相國李司徒勉爲開封知縣尉捕賊時有不良試公
之寬猛乃潛納人賄俾公知之公召告吏卒曰有納
其賄者我皆知之任公等自陳首不可過三日過則
舁櫬相見其納賄不良故逾限而欣然自賫其櫬至
公令取石灰棘刺置於櫬中令不良入命取釘釘之
送汴河訖乃請見廉使使嘆賞久之後公爲大梁節
度使人問公曰今有害人如此公如何待之公曰即
打腿

上官昭容者，侍郎儀之孤也。儀有罪，婦鄭氏填宮，遺腹生昭容。其母將誕之夕，夢人與秤曰：持之秤量天下。鄭氏冀其男也，及生昭容，母視之：秤量天下，豈汝耶？啞啞如應曰：是。

李丞相絳先人爲襄州督郵，方赴舉求鄉薦。時樊司徒澤爲節度使，張常侍正甫爲判官，主鄉薦。張公知丞相有前途，啓司徒曰：舉人悉不知李某秀才，請只送一人，請衆人之資以奉之。欣然允諾。

菜之菠稜，本西國中有僧將其子來，如苜蓿蒲陶因張騫而至也。絢曰：豈非頗稜國將來，而語訛爲菠稜耶？

杜丞相鴻漸世號知人，見馬燧、李抱真、盧新州杞、陸丞相贄、張丞相弘靖、李丞相藩，皆云並爲宰相。既而盡然。許郭之徒，又何以加也。

范希朝將赴鎮太原，辭省中郎官，既拜而言曰：郎中有事，但處分希朝。希朝第一遍不應，亦且恕；至第三遍不應，即任郎中員外下手插打。得插打爲造箭者插羽打幹，言攢箭射我也。

公曰：諸葛所止，令兵士獨種蔓菁者何？絢曰：莫不是取其纔出甲者生啖，一也；葉舒可煮食，二也；久居隨以滋長，三也；棄去不惜，四也；回則易尋而採之，五也；冬有根可斸食，六也。比諸蔬屬，其利不亦博乎？曰：信矣。三蜀之人今呼蔓菁爲諸葛菜，江陵亦然。

河東張嘉貞爲平姚見河東碑爲文書甚佳，及過面奏天后，天后對之。河東請去簾，曰：臣出自寒微，今蒙召對，然咫尺天顏，猶隔雲霧，伏乞陛下去簾。則天許之，事書史冊。

蔡之將破，有水牛黑色入池浴，既出，身自白皎然，唯頭不變。又有雀數百同爲一窠，皆絲絮爲之。有群鳥同巢，一旦盡棄擲其雛而去。有馬生牛蹄者。蔡州既平，憲宗命道士張某至境，置醮於紫極宮。宮本吳少誠生祠也，裴令公毀之爲宮。有道士院，階前種麻，生高如牆，道士葺爲藩屏。其醮日，蘇麻屏兩片，下有穴五寸已來，有狸迹，尋之上屋，其蹤稍大如馬，亦如人足，直至屋上而滅。其韓碑石本吳少誠德政碑，世與狄梁公碑對立，其吳碑亦流汗成泥，狄梁公碑如

故不十日中使至磨韓之作亟刊改制皆
公嘗與貴人家見梁昭明太子脛骨微紅而潤澤豈
非異也又嘗見人腊長尺許眉目手足悉具或以為
僬僥人也
元公鎮南海日疽生於鬢氣息惙然忽有一年少道
士直來房前謂元公日本師知病瘡遣某將少膏藥
來可便傳之元公寵姬韓氏家號静若遂取膏疾貼
之於瘡上至暮而拔數日平復於蒼黃之際不知道
士所來及令勘中門至衙門十餘重並無出人處方

知是其異也盛膏小銀合子韓氏收得後猶在
蜀王嘗造千面琴散在人間王即隋文之子楊秀也
李汧公勉取桐絲之精者雜綴為之謂之百衲琴用
蝸殼為徽其間三面尤絕異通謂之響泉韻磬絃一
上可十年不斷
絳州碧落碑文乃高祖子韓王元嘉四男訓誼譔諶為先
妃所製陳惟玉書今不知者皆妄有指說與能書
嘗寫狸骨方狸骨理勞方也右軍臨之謂之狸骨帖
中書令河東公開元中居相位有張憬藏者能言

休咎一日忽詣公以一幅紙大書台字授公公曰余
見居台司此意何也後數日貶台州刺史
河東公出鎮并州日上問有何事但言之奏曰臣有
弟嘉祐遠牧方州不記去處手足支離常縈念慮上因口
勑張嘉祐可忻州刺史忻州河東屬郡上意不疑公
亦不讓豈非至公無隱出於常限也
王平南廙右軍之叔也善書畫嘗謂右軍曰諸事不
足法唯書畫可法晉明帝師其書畫右軍學其書
京國頃歲街陌中有聚觀戲場者詢之乃二刺蝟對

打令既合節奏又中章程
汲冢書蓋魏安釐王時衛郡汲縣耕人於古冢中得
之竹簡漆書科斗文字雜寫經史與今本校驗多有
同異桁人忘其姓名
世謂牡丹花近有蓋以前朝文士集中無牡丹歌詩
公嘗言楊子華有畫牡丹處極分明子華北齊人則
知牡丹花亦久矣
王僧虔右軍之孫也齊高祖嘗問曰誰書與我書孰
優對曰陛下書帝王第一臣書人臣第一帝不悅嘗

以撅筆書恐帝所忌故也

陸暢常謁韋皐作蜀道易一首句曰蜀道易易於履平地皐大喜贈羅八百疋皐薨朝廷欲繩其既往之事復開先所進兵器其上皆刻之泰二字不相與者欲窘成罪名暢上疏理之云臣在蜀日見造所進兵器之泰者匠之名也由是得釋蜀道難李白罪嚴武作也暢感韋之遇遂反其詞焉

魏受禪碑王朗文梁鵠書鍾繇鐫字謂之三絕古鐫字皆須妙於篆籀故繇方得鐫刻

張懷權書斷曰篆籀八分隸書草書

章書飛白行書通謂之八體而右軍皆在神品右軍嘗醉書點畫類龍爪後遂爲龍爪書如科斗玉筯偃波之類諸家共五十二般

舒州灊山下有九井其實九眼泉也旱則殺一犬投其中大雨必降犬亦流出焉

南山久旱即以長繩繫虎頭骨投有龍處入水即掣不定俄傾雲起潭中雨亦隨降龍虎敵也雖枯骨猶能激動如此

五星惡浮圖佛像今人家多圖畫五星雜於佛事或謂之禳災真不知也

武后朝宰相石泉公王方慶后嘗御武成殿閱書畫問方慶曰卿家舊法書帖乎文慶遂進自右軍已下至僧虔智永禪師等二十五人各書帖一卷命崔融作序謂之寶章集亦曰王氏世寶

今延英殿紫芝殿也謂之小延英苗韓公居相位以足疾步驟微蹇上每於此待之宰相傳小延英自此始也

八分書起於漢時王次仲次仲有道術詔徵聘於車中化爲大鳥飛去遺二翮於山谷間今有大翮山小

翮山偶忘其處

李約嘗江行與一商胡舟楫相次商胡病固邀與約相見以二女託之皆異色也又遺一大珠約悉唯唯及商胡死財寶數萬約皆籍送官而以二女求配始殮商胡時自以夜光含之人莫知之也後死胡親屬來理資財約請官司發掘驗之夜光在焉其密行有如此者

楊祭酒愛才公心嘗知江表之士項斯贈詩曰度度見詩詩總好及觀標格過於詩平生不解藏人善到

處相逢說項斯項斯由此名振遂登高科
東都頃年創造防秋舘穿掘多得蔡邕鴻都學所書
石經至今人家往往有之
王内史借船帖書之尤工者也盧公尚書寶惜有年
矣張賓護致書借之不得云只可就看未嘗借人盧
公除潞州旌節在途纔數程忽有人將書帖來就公
求售閲之乃借船帖也公驚異問之云盧家郎君要
錢遺賣耳公嗟訝移時不問其價還之後不知落何
處

飛白書始於蔡邕在鴻都學見匠人施堊帚遂創意
焉梁子雲能之武帝謂曰蔡邕飛而不白羲之白而
不飛飛白之間在卿斟酌耳
章仇兼瓊鎮蜀日仇嘗設大會百戲在庭有十歲女
童舞于竿杪忽有物狀如鵰鶚掠之而去群衆大駭
因而罷樂後數日其父母見在高塔上梯而取之則
神形如癡久之方語云見壁畫飛天夜叉者將入塔
中日飼果食飲饌之類亦不知其所自四日方精神
如初

傳記所傳漢宣帝以皂蓋車一乘賜大將軍霍光悉
以金較具至夜車轄上金鳳凰輒亡去莫知所之至
曉乃還如此非一守車人亦嘗見後南郡黄君仲北
山羅鳥得鳳凰子入手即化成紫金毛羽冠翅宛然
具足可長尺餘守車人列云今月十二日夜車轄上
鳳凰俱飛去曉則俱還今日不返恐爲人所得光甚
異之具以列上後數日君仲詣闕上金鳳凰子云今
月十二日夜北山羅鳥所得帝聞而疑之以置承露
盤上俄而飛去帝使尋之直入光家止車轄上乃知

信然帝取其車每遊行輒乘御之至帝崩鳳凰飛去
莫知所在嵇康詩云翩翩鳳轄逢此網羅正謂此也
昔東海蔣潛嘗至不其縣路次林中遇一屍已臭爛
鳥來食之輒見小兒長三尺驅鳥鳥飛起如此非一
潛異之看見屍頭上着通天犀簪揣其價可數萬錢
潛乃拔取既去衆鳥爭集無通驅者潛以此簪上晉
武靈王晞晞薨以襯衆僧王武綱以九萬錢買之後
落褚太宰處復以餉齊故丞相豫章王王薨後内人
江夫遂斷以爲釵每夜輒見一兒遶床啼叫云何爲

見屠割天當相報江夫悪之月餘乃亡
石季龍少好挾彈其父怒之其母曰健犢須走車破
轅良馬須逸鞅泛駕然後負重致遠蓋言童稚不奇
不慧即非其器定矣
人言鶴胎生所以賦云胎化仙禽也今鸕鷀亦是胎
生抱朴子本草說同此豈亦仙禽者乎絢曰但恐世
只知鶴胎生不知鸕鷀亦是胎生鶴便謂胎生也若
緣鸕鷀食腥魚鄙胎生不得與鶴同今見養鶴者說
其鶴食腥穢更甚於鸕鷀若以色黑於鶴則白鶴千

萬年方變爲玄鶴又何尚焉公笑曰是以君子惡居
下流其鸕鷀之謂乎絢曰鶴難見也鸕鷀易見也世
人貴耳而賤目之故也若使鸞鳳如鶴之長見即鶴
亦如鸕鷀矣以少爲貴世不以見爲孳爲瑞而貴之
也所以進士陳標詠蜀葵詩云能共牡丹爭幾許得
人憎處只緣多鸕鷀之謂也
劉僕射晏五鼓入朝時寒中路見賣蒸胡之處勢氣
騰輝使人買之以袍袖包裙帽底啗之且謂同列曰
美不可言美不可言

王承昇有妹國色德宗納之不戀宮室德宗曰窮相
女子乃出之勑其母兄不得嫁進士朝官任配軍將
作親情後適元士會因以流落眞窮相女子也
韓十八愈直是太輕薄謂李二十六程曰某與丞相
崔大羣同年往還直是聰明過人李曰何處是過人
者韓曰共愈往還二十餘年不曾共說著文章此豈
不是敏慧過人也
韓十八初貶之制席十八舍人爲之詞曰早登科第
亦有聲名席既物故友人曰席無令子弟豈有病陰

毒傷寒而與不潔喫耶韓曰席十八喫不潔太遲人
問之何也曰出語不是蓋忿其責辭云亦有聲名耳
元載將敗之時妻王氏曰某四道節度使女十八年
宰相妻今日相公犯罪死即甘心使妾爲春婢不如
死也主司上聞亦賜死
王縉之下獄也問頭云身爲宰相夜醮何求王答曰
知則不知死則合死
元載於萬年縣佛堂子中謁主官乞一快死也主者
曰相公今日受些子汚泥不怪也乃脫穢襪塞其口

而終

公曰盧華州子之堂舅氏也嘗於元載相宅門見一人頻至其門上下瞻顧盧疑與人乃邀以歸且問元載相公如何曰新相將出舊者須去吾已見新相矣一人緋一人紫一人衙西住皆慘服也然二人俱身小而知姓名不經旬日王元二相下獄德宗將用劉晏爲門下楊炎爲中書外間傳說必定疑季子之言不中時國舅吳湊見王元事說因賀德宗而啓之曰新相欲用誰德宗曰劉楊湊不語上曰吾舅意如何

言之無妨湊曰二人俱曾用也行當可見陛下何不用後來俊傑上曰爲誰吳乃奏常袞及某乙翌日並命拜二人爲相以代王元來如季子之說緋紫短長衙之東西無不驗也

趙相璟之入蕃副使謂二張判官曰前幾里合有河河邊柳樹下合有一官者慘服立既而悉然二張問之趙曰某年二十前步此行亦不怨他時相趙相將薨聘長安諸城門金吾官見一小兒衣豹犢鼻携五色繩子覓趙相不經旬日趙相薨

公曰杜相鴻漸之父名鵬舉父子而似兄弟之名蓋有由也鵬舉父嘗有所之見一大碑云是宰相碑已作者金填其字未作者刊名於上杜問曰有杜家兒否曰有任自看之記得姓下是鳥偏旁曳腳而忘其字乃名鵬舉而謂之曰汝不爲相即世世名鳥旁而曳腳也鵬舉生鴻漸而名字亦前定矣況其官與壽乎

袁德師給事中高之子也九日出餻謂人曰某洛陽有僧房中磬子日夜輒自鳴僧以爲怪懼而成疾求

術士百方禁之終不能已曹紹夔素與僧善夔來問疾僧具以告俄擊齋鐘磬復作聲紹夔笑曰明日設盛饌余當爲除之僧雖不信紹夔言冀或有効乃力置饌以待紹夔食訖出懷中錯鑢磬數處而去其聲遂絕僧問其所以紹夔曰此磬與鐘律合故擊彼應此僧大喜其疾便愈

隋末有河間人皻鼻酗酒自號郎中每醉必毆擊其妻妻美而善歌每爲悲怨之聲輒搖頓其身好事者乃爲假面以寫其狀呼爲踏搖娘今謂之談娘

故事每三月三日九月九日賜王公以下射中鹿鳴
賜馬第一賜綾其餘布帛有差至開元八年秋舍人
許景先以爲徒耗國用而無益於是罷之
皇甫文備武后時酷吏也與徐大理論獄誣徐黨逆
人奏成其罪武后特出之無何文備爲人所告有功
許之在寬或曰彼曩時將陷公於死今公反欲出之
何也徐曰汝所言者私忿我所人皇帝陛下是南聽
部洲之聖人
飲酒四字著於史氏出於則天時壁州刺史鄭弘慶

者進之人或知之以三臺送酒當未盡曉蓋因北齊
高洋毁銅雀臺築三窩臺宮人拍手呼上臺因以送
酒
德宗誕日三教講論儒者第一趙需第二許孟容第
三韋渠牟與僧覃延嘲謔因此承恩也渠牟薦一崔
阡拜論德爲侍書於東宮東宮順宗也阡偶事而觭
劉東宮曰臣山野鄙人不識朝典見陛下合稱臣否
東宮曰卿是東僚自合知也
李二十六丈丞相善謔爲夏口日有客辭焉相留更
住三兩日客日業已行矣舟船已在漢口日此漢口
不足信其客掩口而退又因堂弟居守淚收散子斜
者罰之丞相曰何罰之有司徒曰汝向闕時把他堂
印將去又何辭焉飲酒家謂重四爲堂印蓋譏居守
太和元年冬朝廷有事之際而登庸
予與賓丈及王承昇同在朗州日共仮婁後三人相
代爲婁州亦異矣
晉書中有飲食名寒具者亦無注解處後於齊民要
術并食經中檢得是今所謂鐶餅桓玄嘗盛陳法書

名畫請客觀之有客食寒具不濯手而執書因有污
處玄不懌自是命賓不設寒具
昌黎生名父之子雖教有義方而性頗暗劣嘗爲集
賢校理史傳中有說金根車處皆臆斷之曰豈其誤
歟必金銀車也悉改根字爲銀字至除拾遺果爲諫
院不受俄有以故人之子懇之者因辟爲鹿門從事
今謂進士登第爲遷鶯者久矣蓋自毛詩伐木篇詩
云伐木丁丁鳥鳴嚶嚶出自幽谷遷于喬木又曰嚶
其鳴矣求其友聲並無鶯字頃歲試早鶯求友詩又

鶯出谷詩別書固無證據豈非誤歟

東晉謝太傅墓碑但樹貞石初無文字蓋重難製述之意也

千字文梁周興嗣編次而有王右軍書者人皆不曉其始梁武教諸王書令殷鐵石於大王書中搨一千字不重者每字一片紙雜碎無敘武帝召興嗣謂曰卿有才思謂我韻之興嗣一夕編次進上鬢髮皆白而賞錫甚厚右軍孫智永禪師自臨八百本散與人外江南諸寺各留一本永公住永欣寺積年學書後

有筆頭十甕每甕皆數萬人來覓書兼請題頭者如市所居戶限爲之穿穴乃用鐵葉裹之人謂之鐵門限後取筆頭瘞之號退筆冢自製銘誌

鄭廣文學書而病無紙知慈恩寺有柿葉數間屋遂借僧房居止日取紅葉學書歲久殆遍後自寫所製詩并畫同爲一卷封進玄宗御筆書其尾曰鄭虔三絕

郭侍郎承嘏嘗寶惜法書一軸每隨身携往初應舉就雜文試寫畢夜色猶早以紙緘裹置於篋中及納試而誤納所寶書帖却[illegible]　於燭籠中取書帖觀覽則程試宛在篋中遽驚嗟　無所出來往棘門外忽有老吏詢其事具以實告吏曰某能換之然其家貧居興道里儻換得願以錢三萬見酬公悅以許之逡巡賫程試入而以書帖出授公公[illegible][illegible]而退明日歸親仁里遽以錢送詣興道欵關久之吏有家人出公以姓氏質之對曰主人死已三日矣力貧未辦周身之具公驚嘆久之方知棘圍所見乃鬼也遂以錢贈其家

張尚書牧弘農日據獲發孝盜十餘輩中有一人請間言事公因屏吏獨問對曰願以他事贖死盧氏南川有堯女冢近亦曾爲人開發獲一大珠并玉碗人亦不能計其直餘寶器極多世莫之識也公因遣吏發驗其冢果有開處旋獲其黨考訊與前通無異及牽引其徒皆在商州治務中時商牧名卿也州移牒公致書皆怒而不遣竊知者云珠玉之器者入京因貴人家矣然史傳及地里書並不載此冢且堯女舜妃者死於湘嶺今所謂者豈傳說之誤歟刻貽訓弦

茅茨土階不宜有厚葬之事卽此墓果傳人哉

聖善寺銀佛天寶亂爲截將一耳後少傅白公奉佛用銀三鋌添補然猶不及舊者

果州謝眞人上升前在金泉山道場上帝錫以馬鞍使安其心也刺史李堅遺之玉念珠後問念珠在否云已在玉皇之前矣一日眞人於紫極宮致齋金母下降郡郭處處有虹霓雲氣之狀至白晝輕舉萬目覩焉

舊官人所服惟黃紫二色貞觀中始令三品已上服

紫四品五品以朱六品七品以綠八品九品以青

謝朓詩云芳洲多杜若貞觀中醫局求杜若度支郎乃下坊州令貢之判司云坊州不出杜若應由謝朓詩誤太宗聞之大笑改雍州司戶

鄭公嘗出行以正月七日謁見太宗太宗勞之曰卿今日至可謂人日矣

虞公之爲祕書於省後堂集羣書中事可爲文用事號爲北堂書鈔今北堂猶存而書鈔盛傳於世

貞觀中西域獻胡僧呪術能生死人太宗令飛騎中揀壯勇者試之如言而死如言而蘇帝以告宗正卿傅奕奕曰此邪法也臣聞邪不干正若使呪臣必不能行帝令呪奕奕對之初無所覺須臾胡僧忽然自倒若爲物所擊者便不復蘇

閻立本善畫至荊州見張僧繇舊迹曰定虛得名耳明日又往曰猶近代佳手明日又往曰名下定無虛士坐臥觀之留宿其下十日不能去張僧繇遂作醉僧圖每以此嘲之於是諸僧聚錢十萬貲閻立本作醉道士圖今並傳於世

率更令歐陽詢行見古碑晉索靖所書駐馬觀之良久而去數百步復還下馬佇立疲倦則布毯坐觀因宿其下三日而去

貞觀中彈琵琶裴洛元始廢撥用手今俗爲搊琵琶是也

許敬宗性輕傲見人多忘或謂之不聰敬宗曰卿自難記若遇何劉沈謝暗中摸索著亦可識之

高陽許敬宗奏流其子昂於南及敬宗死博士袁思古議謚爲謬昂子彥伯於衆中將擊之袁曰今爲賢

家君報讐何爲反怒彥伯慙而止

褚遂良問虞監曰某書何如永師曰聞彼一字直五百金豈得若此曰何如歐陽詢曰不擇紙筆皆能如志褚恚曰既然某何更留意於此虞曰若使手和筆調遇合作者亦深可尚褚喜而退

盧承慶尚書總章初考內外官有督運遭風失米盧考之曰監運損糧考中下其人容色自若無言而退盧重其雅量改注曰非所及考中中既無喜容亦無愧詞又改曰寵辱不驚考中上

劉仁軌爲左僕射戴至德爲右僕射人皆多劉而鄙戴有老婦陳牒至德方欲下筆老婦問其左右此是劉僕射曰戴僕射因急就前曰此是不解事僕射卻將牒來至德笑令授之戴僕射在職無異迹當朝似不能言及薨高宗歎曰自吾喪至德無復聞讜言在時有不是者未嘗放我過因索其前後所陳章奏盈篋閱而流涕朝廷始重之

高宗承貞觀之後天下無事上官侍郎獨持國政常凌晨入朝巡洛水堤步月徐轡詠云脈脈廣川流驅馬入長洲鵲飛山月曙蟬噪野風秋音韻清亮羣公望若神僊焉

賈嘉隱年七歲以神童召見時長孫太尉無忌徐司空勣于朝堂立語徐戲之曰吾所倚何樹嘉隱云松樹徐曰此槐也何言松嘉隱曰以公配木何得非松長孫復問吾所倚何樹曰槐樹公曰汝不能復矯對耶嘉隱曰何煩矯對但取其鬼木耳徐嘆曰此小兒作獠面何得如此聰明嘉隱云胡頭尚爲宰相獠面何廢聰明徐狀胡也

史東方虬每云二百年後乞你與西門豹作對

昆明池者漢孝武所穿蒲魚之利京師賴之中宗樂安公主請之帝曰前代已來不以與人此則不可主不悅因役人別鑿一池號曰定昆池既成中宗往觀令公卿賦詩李黃門日知詩曰但願暫思居者逸無使時傳作者勞及睿宗即位謂之曰定昆池詩當時獻亦不敢言非卿忠正何能若此尋遷侍中

徐彥伯常侍睿宗朝以相府之舊拜羽林將軍徐既文士不悅武職及遷謝賀者曰不喜有遷且喜出軍

代有山東士大夫類例三卷其非士類及假冒者不
見錄署云相州僧曇剛撰將柳常侍沖亦明於族姓
中宗朝爲相州刺史詢問舊老云自隋以來不聞有
僧名曇剛蓋疾於時故隱其名氏云
晉謝靈運鬚美臨刑因施爲南海祇洹寺維摩詰像
鬚寺人寶惜初不虧損中宗朝樂安公主五日鬬草
欲廣其物色令馳驛取之又恐爲他所得因剪棄其
餘今遂無
洛陽畫師解奉先爲嗣江王家畫像未畢而逃及見

擒乃妄云工直未相當因於像前誓曰若負心者願
死爲汝家牛歲餘王家産一騂犢有白文於背曰是
解奉先觀者日夕如市時開元二十年也
雲陽縣界多漢離宮故地有似槐而葉細土人謂之
玉樹楊子云甘泉賦云玉樹青葱後左思以雄爲假
稱珍怪蓋不詳也
江寧縣寺有晉長明燈歲久火色變青而不熱隋文
帝平陳已訝其古至今猶在
王右軍告誓文今之所傳即其藁本不具年月日朔

其眞本云惟永和十年三月癸卯朔九日辛亥而書
亦是眞小文開元初年閏月江寧縣瓦官寺修講堂
匠人於鴟尾内竹筒中得之與一沙門至八年縣丞
李延業求得之上岐王岐王以獻帝使留不出或云
後借得岐王十年王家失火圖書悉爲煨燼此書亦
見焚
楊國忠嘗謂諸親時知吏部銓事且欲大噱已設席
呼選人名引入於中庭不問資序短小者道州參軍
胡者湖州文學簾中大笑

盧新州爲相令李揆入蕃對德宗曰臣不憚遠使恐
死道路不達君命上惻然免之謂盧相曰李揆莫老
無杞曰和戎之使須諳練朝廷事非揆不可且使揆
去向後差使小於揆年者不敢辭遠使矣揆既至蕃
蕃長問唐家有一第一人李揆公是否揆曰非也他
那箇李揆爭肯到此恐其拘留以此謗之也揆門戶
第一文學第一官職第一致仕東都大司徒杜公罷
淮海入洛見之言及頭頭第一之説揆曰若道門戶
門戶有所自承餘裕也官職遭遇爾今形骸凋悴看

卽下世一切爲空何第一之有

武后以吏部選人多不實乃令試日自糊其名暗考以定等判之糊名自此始也

右韋絢所錄劉賓客嘉話新唐書採用多矣而人罕見仝錄爾家有先人手校舊本因鋟板於昌化縣學以補博洽君子之萬一云乾道癸巳十一月旦海陵卜圜謹書

賓朋宴語

宋　丘昶

王直方父家多侍兒而小鬟素兒尤妍麗王嘗以蠟梅花送晁無咎無咎以詩謝之有云芳菲意淺姿容淺憶得素兒如此梅

明宗問宰相馮道盧質近日吃酒否對曰質曾到臣居亦飲數爵臣勸不令過度事亦如酒過卽患生崔協强言于坐曰臣聞食酒極好不假藥餌足以安心神左右不覺哂之

杜子美詩久爲野客尋幽慣細學何顒免興孤何顒後漢人見黨錮傳蓋義俠者與詩不類當意作周顒或是悞字

孔氏論生之徒死之徒與動而之死地者皆曰十有三人多不能曉曲爲異說不知正謂其形而言爾故河上公解以四肢九竅之數當之不知此說自見韓非子

國初州郡貢士猶未限數目太宗始有意廣收文士于是爲守者率以多士爲貴淳化三年試禮部者[illegible]

二萬人
李端叔有小詩擬借瓊林大盈庫約君孤注賭妖嬈
或云是當塗楊珠者傳者以勝彩累注數者至乘敗
者唯有畸零不累注數謂之孤注

法藏碎金録

宋 晁迥

古德有言曰令人看古教不免心中鬧欲免心中鬧
但知看古教予因擬之而言曰令人學字坐不免尋
思過欲免尋思過但知學宴坐
人多忙中切於辦鬧事我獨閒中切於辦忙事此理
可以智識及不可以言說到
花有榮落果有甘苦木品之常也年有盛衰情有憂
樂人倫之常也人若愛盛惡衰厭憂戀樂偏曲在巳

未離於貪
吾之所貴者三焉身貴安而輕氣貴和而清心貴靈
而明
宵征緣崖不覺落塹者吹火不覺着髭髯則貪冒窮
極則變滅失慮眷及亦復如是
無念為宗法之樞要不住於相然後臻極上智學人
必知理也
人所好者虛名客氣究其莫財予所好者心印衣珠
眞乘寶所

以無思之心合無物之音覽時隨處逾久逾深獨[illegible]

淡樂不在禪林

最勝之智日[illegible]福會之因天獎備唯茲樂欲爲[illegible]

願王

前言有云得全於詩者得全於酒者予亦自謂得全於道腴淡喜禪悅之味也

洞徹天真之靈廓然虛明陶融太和之氣薰然茂遂于茲有得孰曰無修

分段之身非大身也起滅之心非本心也知此身心

者幾何人哉

出士有三執著謂意言事三者於迷中成滯因達人有二脫灑謂身心二者於悟中免拘繫上智當默識吾不能縷述之也

冥心靜慮之學深逆計追思之念息二者不失何勝如之

予今知足寡欲既合人天之業觀書弄翰又得經綸之智私喜緣熟固非自矜

大人質性挺特建拔俗之標志力堅深有濟勝之具可期出世不當自輕

不嬰榮利之緣已逃世網博考身心之淡漸見天機雖非絕倫龐殊流俗

前言有云習禮之家名爲聚訟予謂說禪之家名爲起諍夫禪觀之理無言而自識者上也無心而自得者上之又上也

說郛目録

弓第三十七

春渚紀聞　何薳
曲洧舊聞　朱弁
茅亭客話　黄休復
避戎嘉話　石茂良
閒燕常談　董弅
儒林公議
賈氏談録　張洎
燈下閒談　江洵
蓟堂野史　林子中
退齋筆録　侯延慶
皇朝類苑　江少虞
珩璜新論　孔平仲

春渚紀聞

宋　何薳

哲宗皇帝即位既久而皇嗣未立密遣中貴往秦州天慶觀問徐神公公但書吉人二字授之旣還奏呈左右皆無知其說者又元符已來殿庭朝會及常起居看班舍人必秉笏㧾視班列慮有不盡恭者連聲云躋笏立繼而哲宗升遐徽宗即位自端邸入承大統而吉人二字合成潛藩之名無小差徽宗字佶

信州白雲山人徐仁旺嘗表奏與丁晉公議遷定陵事仁旺欲用牛頭山前地晉公定用山後　之不可仁旺乞禁繫大理以俟三歲驗卒不能回仁旺表有言山後之害云坤水長流災在丙午年丙丁風直射禍當丁未年終莫不州州火起郡郡盜興聞之者初未以爲然至後金人犯闕果在丙午而丁未以後諸郡焚如之禍相仍不絕幅圓之内半爲盜區其言無不驗者

蔡丞相持正爲府界提舉日有人夢至一官府堂宇高邃上有具袞冕而坐者四人傍有指謂之曰此宋

朝宰相次第所坐也及仰視之乃持正也既寤了不解至公有新州之命始悟過嶺宰相盧寇丁至公爲四也其姪子云

元符間宗室有以妾爲妻者因罷開府儀同三司及太宗正職事蔡元長行詞曰既上太宗之印復捐開府之儀章申公謂曾子宣曰此語與手持金骨之孫身坐銀交之椅何異曾復顧申公曰須時記得是有行侍御史詞頭云爰遷侍御之史不記得是誰申公顧許冲元曰此是侍郎向日亂道曾時爲樞密許爲黃門也

春渚紀聞　二

張無盡丞相爲河東大漕日于上黨訪得李長者古墳爲加修治且發土以驗之掘地數尺得一大磐石石面平瑩無它銘妖獨鐫天覺二字故人傳無盡爲長者後身

楊文公之生也其胞蔭始脫則見兩鶴翅交掩塊物而蠕動其母急令密棄諸溪流始出戶而祖母迎見亟啓視之則兩翅歛開中有玉嬰轉久而啼舉家驚異非常器也余宣和間于其五世孫德裕家見其八九歲時病起謝郡官一啓屬對用事如老書生而筆跡則童稚也

姚麟爲殿帥王荆公當軸一日折簡召麟麟不即往荆公因奏事白之裕陵詢之麟對曰臣職掌禁旅宰相非時以片紙召臣臣不知其意故不敢擅往裕陵是之又有語麟馭下過嚴者裕陵亦因事勸之麟恐伏而對曰誠如聖訓然臣自行列蒙陛下拔擢使掌衛兵于殿庭之間此豈臣當以私恩結下爲身計耶裕陵是之

春渚紀聞　三

陶安世云張觀鈴轄家人嘗夢爲人追至一所仰視榜額金書大字云牛王之宮既入見其先姨母驚愕而至云我以生前嗜牛復多殺今此受苦未竟所苦者日食昔飯一升耳始語次即有牛首人持飯至視之皆小鐵蒺藜其大如麥粒而鋒鋩甚利飯始入咽則轉大而下痛貫腸胃徐覺臂體間燥痒即以手爪把搔至于痒極血肉隨爪而下淋漓被體牛首人則取鐵杷鉤之至體骨現露鋩飯盡出一呼其名則形體復舊家人視之恐怖欲逃牛首人即呼持之曰汝

亦嘗食此肉四兩今當食飯二合而去號呼求解不可得即張口承飯才下咽則痛楚不勝宛轉之次忽復夢覺腮頰皆腫不能即語至翌日始能言因述其夢

裴亞卿言紹興九年湖州普安院尼沈大師者聞吳江縣潘氏兄弟析居而家有華嚴經一部惜不忍分試往求之衆議皆允而尼請歸具香花及舟載迎取潘老謂尼曰爾往則恐有中變者我今并具小舟假汝載往如何尼欣然更過所望經既登舟而歲大旱

川港乾涸不能寸進翁曰我更假汝一牛挽引而前也經既至院牛船還家公中夜忽語其嫗曰吾之捨經得供養矣而吾牛何處也嫗問之云我適夢牛而人言曰謝公數年豢養之力又承公遣以挽經之功今得脫此畜身徑生安樂處感德無窮也亟往視之牛已死矣

有名士爲泗倅者臥病旣久其子不慧郡有太醫生楊介名醫也適自都下還衆令其子謁之且約介就居第診視介亦謙退謂之曰聞尊君服藥且更數醫矣豈小人能盡其藝耶其子曰大人疾勢雖淹久幸左右一顧且作死馬醫也聞者無不絕倒

蕭注從狄殿前之破蠻洞也收其資貨珍異得一龍長尺餘云是鹽龍蠻人所豢也藉以銀盤中置玉盂以玉筯攤海鹽飲之每鱗甲中出鹽如雪則收取用酒送一錢匕專主興陽而前此無說者何也後因蔡元度就其體舐鹽而龍死其家以鹽封其遺體三數日用亦大有力後聞此龍歸漢元長家云

姑蘇李章敏于調戲偶赴鄰人小席主人者雖富而

素鄙會章適坐其傍旣進饌章視主人之前一奠鮭特大于衆客者章即請于主人曰章與主人俱蘇人也每見人書蘇字不同不知魚合在左邊者是在右邊者是也主人曰古人作字不拘一體移易從便也章即引手取主人之魚示衆客曰領主人指揮今日左邊之魚亦合從便移過右邊如何一座輟飯而笑終席乃已

龔彥和正言自貶所歸衛城縣寓居一禪林日持鉢隨堂供服日偶過庫司見僧鑼具湯餅問其故云具

殿院晚間藥食羹自此不復晚食云
周正夫言人君所論只一宰相唐明皇欲相張嘉貞却忘其名字不知用心向何處又河北皆陷顏真卿獨全平原乃始云朕不謂有此人夫小大一箇顏真卿自不知姓名顏杲卿忠義貫日月後其子不免飢寒不知平日勾當甚事乃知明皇本無心治天下也
古人作字謂之字畫所謂畫者蓋有用筆深意作字之法要筆直而字圓若作畫則無有不圓勁如錐畫沙者是也不知何時改作寫字寫訓傳則是傳模之

謂全失秉筆之意也又奕棊古謂之行棊宋文帝使人齎藥賜王景文死時景文與客棊以藥置局下神色不變且思行爭劫盜棊斂所以爲人困者以其行道窮迫耳行字于棊家亦有深意不知何時改作着棊着如着帽着屐皆訓答也不知于棊者有何干涉也且寫字着棊天下至俗無理之語而并賢愚皆承其說何也
杜征南與兒書言昔人云借人書一痴還人書一痴山谷借書詩云時送一鴟開鎖魚又云明日還公一痴常疑不同因于孫愐唐韻五之字韻中瓻字下注云酒器大者一石小者五斗古借書盛酒瓻也又得以證二字之差然山谷鴟夷字必別見他說當是古人借書必先以酒醴通殷勤借書皆用之耳
朱象先少時畫筆常恨無前人深遠潤澤之趣一日于鵞溪絹上作小山覺不如意急湔去之故墨再三揮染即有悟見自後作畫多再滌去或以細石磨絹要令墨色着入絹縷者沈珪道人作墨亦常因搗和墨蒸去故膠再入新膠及出灰池而墨堅如石遂悟

李氏對膠法云
劉貢父初入館乃乘一騍馬而出或謂之曰此豈公所乘也亦不慮趨朝之際有從羣者或致奔踶之患耶貢父曰諾吾將處之也或曰公將何以處之曰吾令市青布作小襜繫之馬後耳或曰此更詭異也貢父曰奈何我初幸館閣之際不謂俸入不給桂玉之用因就廉直取此馬以代步不意諸君子督過之深姑爲此以揜言者之口耳有何不可
東坡先生惠州白鶴峯上梁文云自笑先生今白髮

遺傍親種兩株柑時先生六十二歲也意謂不十年不著子恐不能待也章申公父銀青公俞年七十集賓親爲慶會有餉柑者味甘而實極魁大既食之嘉其種即令收核種之後闔坐人竊笑蓋七八也後公食柑十年而終

陳秀公丞相與元參政厚之同日得疾陳忽寄聲問元安否曰參政之疾當即瘥矣其雖小愈亦非久世者竊詰其說秀公曰某病中夢至一所金碧煥目室閣羅列甕器甚多上皆以青帛羃之具題曰元參政

香飯也某問其故有守者謂某曰元公自少至老每食度不盡則分減別器未嘗殘一食此甕所貯皆其餘也世人每食不盡則狼籍委棄皆其餘爲掠剩所得至于減算奪祿無有免者今元公由此當更延十年福算也後數月而秀公薨元果安亨者壽其孫中大公紹直云

陳瑩中爲横海軍通守先君與之爲代嘗與之爲言蔡元長兄弟了翁言蔡京若秉鈞軸必亂天下後爲都司力排蔡氏之黨一日朝會與蔡觀同語云公大阮眞福人觀問何以知之了翁曰適見于殿庭曰覩天日久之而不瞬觀以語京京謂觀曰汝爲我語瑩中既能知我何不容之甚也觀致京語于瑩了翁徐應之曰射人當射馬擒賊當擒王觀默然後竟有郴州之命

蔣穎叔爲發運使至泰州謁徐神公坐定了無言說將起忽自言曰天上也不静人世更不定疊蔣因扣之曰天上已遣五百魔王來世間作官不定疊蔣復扣其身之休咎徐謂之曰發運亦是一赤天魔王也

金陵有僧嗜酒佯狂時言人禍福人謂之風和尚陳瑩中未第時問之云我作狀元否即應之曰無時可得瑩中復謂之曰我決不可得耶又應如初明年時彥御試第一人而瑩中第二方悟其言無時可得之說

畢漸爲狀元趙諗第二初唱第而都人急于傳報以蠟刻印漸字所模點水不著墨傳者厲聲呼云狀元畢斬第二人趙諗識者皆云不祥而後諗以謀逆被誅則是畢斬趙諗也

橫海青池縣尉張澤居于鄆州東城夜自庄舍還而月色昏暗殆不分道行遇道傍木枝燁然有光因折以燭路至家插壁間醉不復省也晨起怪而取視則枝間一龍蛻才大如新蟬之殼頭角爪尾皆具中空而堅扣之有聲如玉石且光瑩奪目遇暗則光燭于室遂寶之于家傳玩好事沈中老云紹聖間其從兄爲青州幙官因修庭前葡萄架亦得一蛻形體皆如張者獨無光彩耳神龍變化故無巨細但不知有光無光又何謂也

陳無求宣事云嘗赴鶴林寺供佛既飯有一舉子雖衣褐不完而丰神秀穎居于座末主僧顧謂無求曰此道人頗有戲術今日告行當薄贈之且求其一戲爲别也舉子亦欣然呼一僧雛取盌器付之令相去二丈餘而立舉子謂之曰我此噓氣汝第張口受之覺腹熱急言不爾當燒爛汝腸也言訖噓氣向之須臾僧雛覺腸間如沸湯傾注乃大呼曰熱甚不可忍因使溺盌中舉子徐舉盌示庄人曰誰能飲此者舉座穢唾之廼大笑舉盌自飲言别而去明日僧雛遂大惡聞食氣日唯飲水數杯月餘出寺不復見也

余族兄次翁鼻間生一瘤大如含桃而懼其浸長百方治之不差行至襄陽於客邸遇一道人喜飲而日與周旋臨别解衣出一小瓢如棗大傾藥如粟粒三授次翁曰汝夜以鍼刺瘤根納藥鍼穴明日瘤當自落其二粒留以救奇疾也次翁如其言因夜取鍼剔瘤根納藥至夜半但覺藥粒趍瘤根而轉至曉捫之則瘤已失去取鏡視之了無疤痕也因大神之秘其餘藥不令人知其女爲兒時蹙倒折齒不生次翁取藥納齒根一夕齒平復因以水銀一兩置銚間取藥投之則化爲紫金方知神仙所煉大丹也

吳興蘭村沈氏子嘗具舟載往平江中道有僧求附舟尾生因容之行十餘里生晨炊僧求飯遂分共之且謂僧曰適與舟人羹魚爲饌無物爲盤羞不罪也僧曰無問魚與菜施當在子心耳生意僧欲得羹因分餉之食竟僧謂生曰汝量出數金爲襯施生曰食魚而須襯施非余所當獻生曰食魚非齋何獻之有僧曰無問魚菜在汝心獻耳生不得已戲謂之曰謫

歔鸕村大王僧遂合掌祝獻既行數里登岸而去明年正月生與社人祭神廟中神降于獨人中謝生曰去歲深承輟飯齋僧而誠心布施得福最多以我獻僧我甚增威生已忘前事神人謂生曰汝至某村有僧附舟汝以魚飯之夾有惡獸欲截汝舟我時已陰護之矣生始記憶因語其詳于社人云

曲洧舊聞

宋 朱弁

太祖在周時受命北討至陳橋爲三軍推戴時杜太后眷屬以下盡在定力院有司將搜捕主僧悉令登閣而固其扃鐍俄而大搜索主僧給云皆散走不知所之矣甲士入寺登梯且發鑰見蛛網絲布滿其上而塵埃凝積若累年不曾開者乃相告曰是安得有人遂皆返去有頃太祖已踐祚矣

太祖皇帝抱帝王雄偉之姿殆出于生知天縱其所注措初不與六經謀而自然相合覓以道云曾子固元豐中奉詔作論論成以吾觀之殊未盡善其嘗謂太祖有二十事皆前代所無出于聖斷而爲萬世利者今實錄中略可數也惜乎子固不及此吾所深惜也

塲務多是藩鎮差牙校不立程課法式公肆誅剝全無譏何百姓不勝其弊故建隆以來置官監臨制度一新利歸公上官不擾而民無害至今便之

五代割據干戈相侵不勝其苦有一僧雖佯狂而言

多奇中嘗謂人曰汝等望太平甚切若要太平須在
定光佛出世始得至太祖一天下皆以爲定光佛後
身蓋用此僧之語也
內中酒盞用蒲中酒法也太祖微時喜飲之即位後
令蒲中進其方至今用而不改
王文政爲參知政事嫉丁晉公姦邪屢欲開陳以宰
執同對未果毎開暇與晉公語色欲言而輒止者數
四晉公詰之文正曰弟某當遠官而老兄又鍾愛茲
事頗亂方寸也晉公曰公可留身面陳其事得旨吾

曹亟奉行爾明日宰執退而文正獨留晉公悟悔之
不及文正具陳謂姦邪簾幃嘉納丁自此黜士論莫
不快之
或有爲宋莒公兄弟可大用昭陵曰大者可小者毋
上殿來則廷臣更無一人是者已而莒公果作相而
景文竟以翰長卒于位
仁宗嘗言尊號非古也自寶元之郊詔羣臣毋得以
請殆二十年嘉祐四年孟冬祫丞相又欲因此上尊
號宋景文曰却尊號甚盛德也臣下乃欲舉陛下不
用之故事是一日受虛名而損實美也上曰我意正
如是于是遂止
張康節爲御史中丞論宰執不已上曰卿孤寒殊不
自爲地康節曰臣自布衣以肖至此有陛下爲知已
安得謂之孤寒陛下今日便是孤寒也上驚而問其
故康節曰內自左右近習外至公卿大臣無一人忠
于陛下者陛下不自謂孤寒而反謂臣爲孤寒臣所
未喻當時有三眞之語謂富韓二公爲眞宰相歐陽
公爲眞內翰而康節爲眞御史也

宋子京西征東歸錄載云知成都陛辭日面請聖訓
上曰鎮靜子京自著其事曰語簡而意盡于治蜀尤
得其要眞聖人之言也
仁宗于科舉尤軫聖慮孜孜然惟恐失一寒畯也毎
至廷試之年其所出三題有大臣在三京與近畿州
郡者多密遣中使往取之然猶疑其或泄也如民監
本是詩題王者通天地人本是論題皆臨時易之前
代帝王閒有留意于取士然未有若是者也
慈聖識慮過人遠甚仁宗一夕飲酒溫成閤中極歡

而酒告竭夜漏向晨矣求酒不已慈聖云此間亦無有左右曰酒尚有而云無何也答曰上飲懽必過度萬一以過度而致疾歸咎于我我何以自明翌日果服藥言者乃歎服

予在太學時見人言仁宗時蜀中一舉子獻詩于成都府某人忘其姓名云把斷劍門燒棧閣成都別是一乾坤知府械其人付獄表上其事仁宗曰此乃老秀才急于仕官而爲之不足治也可授以司戶叅軍不釐事務處于遠小郡其人到任不一年慙恧而死

曲洧舊聞　八　四

昭陵謹惜名節而于敗官之法尤軫聖慮胡宗炎以應格引見上驚其年少舉官踰三倍最後閱其家狀云父宿見任翰林學士乃嘆曰寒畯安得不沉滯遂降指揮令更候一任與敗合入官

李肅之公明文定公子也在三司論事切直仁宗嘉納歐公以簡賀之甚有稱賞之語公明喜曰歐公平日書疏往來未嘗呼我字也此簡遂以字呼我人之作好事可不勉哉

張康節守泰州召兼侍讀以老不能進讀固辭仁宗曰不必讀書但留備顧問遂免進讀未幾擢任風憲

厚陵初張康節預政屢請老不許詔三日一至樞密院進見毋拜蹈康節曰本兵之地豈容尸祿養疾遂力求去

岐王始封昌王聆飛語云昌字兩日並出也裕陵惑之以問大臣大臣無能對者呂申公知開封府因上殿奏事罷上從容曰卿聞昌王之說乎公曰陛下何所疑若聖意不能釋然以臣所見改封大國則妄議息矣裕陵意遂解

曲洧舊聞　八　五

朱行中知廣州東坡自海南歸留數書洛其實和詩亦多行中嘗與坡言裕陵晚年深患經術之弊某時判國子監因上殿親得宣諭令教學者看史是月遂以張子房之智爲論題上舍第一人程文覽之不樂坡曰予見章子厚言裕陵元豐末欲復以詩賦取士及後作相爲蔡卞所持卒不能明裕陵之志可恨也

裕陵彌留之際宣仁呼小黃門出紅羅褡諭之曰汝見郡王身材長短大小乎持以歸家製袍一領見我親分付勿令人知也後數日哲宗于梓宮前即位左

右進袍皆長大不可御近侍以不素備皆倉皇失色宣仁遺宮嬪取以授之或曰小黄門郎邵成章也岐邸之謗大喧成章不平之宵明此事于巨璫巨璫呵之曰無妄言滅爾族也

宣仁同聽政日以内外臣僚所上章疏令御藥院繕寫各爲一大册用黄綾裝背標題姓名置在哲宗御座左右欲其時時省覽或曰此事出于簾幃獨斷外廷初不知也予見故族大家子弟往往皆能言之

哲宗御講筵誦讀畢賜坐例賜扇潞公見帝手中獨

用紙扇率羣臣降階稱賀宣仁聞之喜曰老成大臣用心終是與人不同是日晚問哲宗曰官家知大臣稱賀之意乎用紙扇是人君儉德也君儉則國豐國豐則民富而壽大臣不獨賀官家又爲百姓賀也

國朝以來凡州縣官吏無問大小其受代也必展剌交相慶謝蓋在任日除私過外皆得以去官原免其行慶謝之禮爲此故也自新政初頒大臣恐人情不附乃有不以赦降去官原減指揮自是成例而命官有過犯雖經赦宥及去官必取旨特斷以此恩霈悉

爲空文而公卿士大夫莫有矯正之者

祖宗時州郡雖有公庫而皆畏清議守廉儉非公會不敢過享至有誠燭看家書之語元豐以來厨傳漸豐饋餉滋盛而干監司特厚故王子淵在河北州郡供送非時數出謂之襍巡元祐元年韓川以朝奉郎爲監察御史言其事

祖宗時置京城覘者專爲伺察閭閻有寃枉及權貴恃勢倚法病民耳其後法度有不合人心恐士大夫竊議當政者乃藉此以自助士有正論則謂之謗議

民有愁嘆則謂之腹誹殊失祖宗之意習見既久而人亦不知也

本朝談經術始于王轸大卿著五朝春秋行于世其經術傳賈文元作文元其家壻也荆公作神道碑略云此一事介甫經術實文元發之而世莫有知者當時在館閣談經術雖王公大人莫敢與爭鋒惟劉原父兄弟不肯少屈東坡祭原父文特載其事有大言滔天詭論滅世之語祭文宣和以來始得傳于世

蜀公與温公同遊嵩山各携茶以行温公以紙爲貼

蜀公用小木合子盛之温公見之驚曰景仁乃有茶器也蜀公聞其言留合與寺僧而去後來士大夫茶器精麗極世間之工巧而心猶未厭晁以道嘗以此語客客曰使温公見今日茶器不知云如何也

晁以道讀舊唐書謂予曰杜甫論房琯肅宗大怒當時人莫不爲甫危之而崔圓等皆營救時顔魯公爲御史中丞曾無一言予嘗謂魯公忠烈如此而老杜賦八哀獨不及之豈賦此詩時魯公尚無恙耶將詩人不無所憾初未可知也吾更考之耳

蕎麥秋種夏熟備四時之氣蕎麥葉青花白莖赤子黑根黄亦具五方之色然方結實時最畏霜此時得雨則於結實尤宜且不成霜農家呼爲解霜雨稔西北人呼爲糜子有兩種早熟者與麥相先後五月間熟晉鄭人號爲麥爭場

木香有二種俗説檀心者號酴醾不知何所據也京師初無此花始禁中有數架花時民間或得之相贈遺號禁花今則盛矣

紅蓼即詩所謂遊龍也俗呼水紅江東人别澤蓼呼之爲火蓼道家方書亦有用者呼爲雀滕草取其莖之形似也然澤蓼有二種味辛者酒家用以造麴餘不入用也

歐公作花品目所經見者纔二十四種後於錢思公屏上得牡丹凡九十餘種然思公花品無聞於世宋次道河南志於歐公後又增二十餘名張珣（或云爲瑠臺字）子堅撰譜三卷凡一百一十九品皆敘其顔色容狀及所以得名之因又訪於老圃得種接養護之法各載於圖後最爲詳備韓玉汝爲序之而傳於世大觀政

和以來花之變態又有在珣所譜之外者而時無人譜而圖之其中姚黄尤驚人眼目花頭面廣一尺其芬香比舊特異禁中號一尺黄予在南平城作謝范祖平朝散惠花詩云平生所愛曾莫能天遣花王慰吾願姚黄三月開洛陽曾覩一尺春風面盍記此事也祖平字準夫忠文公之諸孫也以雄倅致仕居許下被停惠予花時年六十一歲矣

鄭州東僕射陂蓋後魏孝文遷洛時賜僕射李冲之陂也後人立祠遠近皆呼爲僕射廟章聖皇帝西祀

過之遺官致祭有祭文刻石在焉近世遂傳爲孝衛公僕射廟上人得衛公行册以藏廟中而崇寧以來賜廟額亦以爲衛公不疑而士大夫莫有是正之者

呂申公公著當李文靖公秉政時自書鋪中投應舉家狀敝衣蹇驢謙退如寒素見者雖愛其容止亦不異也既去問書鋪家知是呂廷平乃始驚嘆

宋次道龍圖云校書如掃塵隨掃隨有其家藏書皆校三五遍者世之蓄書以宋爲善本居春明坊昭陵時士大夫喜讀書者多居其側以便於借置故也當

時春明宅子比他處僦直常高一倍陳叔易常爲予言此事嘆曰此風豈可復見也

古語云大匠不示人以璞蓋恐人見其斧鑿痕迹也黄魯直於相國寺得宋子京唐史藁一册歸而熟觀之自是文章日進此無他也見其竄易句字與初造意不同而識其用意故也

宇文大資嘗爲予言湘山野錄乃僧文瑩所編也文瑩嘗遊丁晉公門公遇之後其中凡載晉公事頗佐佑之予退而記其事因曰人無[illegible]之公未有不爲

愛憎所奪者六一居士詩云後公苟不公至今無聖賢然後世豈可盡欺哉

章子厚與晁秘監美叔同生乙亥年同榜及第又同爲館職常以三同相呼元祐間子厚有詩云三同晁秘監乃謂此也然紹聖初子厚作相美叔見其施設大與在金山時所言[illegible]力諫之子厚怒黜爲陝守美叔謂所親曰三同今百不同矣

泰少游自郴州再編管横州道過桂州秦城鋪有一舉子紹聖某年省試下第歸至此見少游南行事遂

題一詩于壁曰我爲無名抵死求有名爲累子還憂南來處處佳山水隨分歸休得自由至是少游讀之涙涕雨集徽宗踐祚流人皆牽復而少游竟死貶所豈非命耶

劉道原自洛還盧阜時過淮南見晁美叔美叔呼諸子拜之道原曰諸郎皆秀異必有成立無爲試學但自守家法他日定有聞于世試學已爲今日患後三十年横流其患有不可勝言者恕與公老矣諸郎皆自見之勿忘吾言

曾明仲治郡善用耳目於迹盜尤有法路公過鄭失金唾壺明仲見公於舉中公言其事明仲呼孔目附耳囑付之既去不食頃已擒偷唾壺人來矣路公歸朝大稱賞之

劉道原日記萬言終身不忘壯輿亦能記五六千字壯輿之子所記才三千字晁以道戲壯輿曰更兩世當與我相似

東坡嘗語于過曰秦少游張文潛才識學問為當世第一無能優劣二人者少游下筆精悍心所默識而

口不能傳者能以筆傳之然而氣韻雄拔疎通秀朗當推文潛二人皆辱與予遊同升而並黜有自雷州來者遞至少游所惠詩書累幅近居蠻荒得此如在齊聞韶也女可記之勿忘吾言

吳伯舉守姑蘇蔡京自杭被召一見大喜之京入相首薦其才三遷為中書舍人時新除四郎官皆知縣資序伯舉援舊制言不應修京怒落其職知楊州未幾京客有稱伯舉之才者其言此人相公素所喜不當久棄外京曰既作官又要做好人兩者豈可得兼也

蔡京豐吏祿以示恩雖閒局亦例增俸入張天覺作相悉行裁減鄒浩志完以宮祠里居月所得亦去其半嘗謂晁檢討曰天覺此事吾儕無異詞但當貧窶之際不能不悵然乃知天下人喻義者少也

自崇寧以來給舍多不論駁靖康新政人人爭言事唐恪在鳳池謂朝請大夫王仰曰近來給舍封駁太多而晁舍人特甚朝廷幾差除不行也君可語之以道聞其言笑而不答仰字子高王子發之子也室唐

氏子乃晁出也故中書君使之達此意

王平甫談洽善議論與其兄介甫論新政多援據介甫不能聽姪雱病亟介甫命道士作醮大陳楮錢平甫答曰兄在相位要須令天下後世人取法雱雖病丘之禱久矣為此奚益且兄嘗以君法繩吏姦今乃以楮錢徼福安知三清門下獨不行君法耶介甫大怒

王觀恃才放誕陸子履慎默於事無所可否觀嘗以方直少之然二人極相善也觀被疾子履亟候之觀

惡衆以方帽包髮坐複帳中子復笑曰體中少不佳何至是所謂王三惜命也觀應聲復曰王三惜命何如六四括囊當時聞者莫不大笑

上元張燈按唐名儒崧襲漢武帝祠太乙自昏至明故事梁簡文帝有列燈賦陳後主有光璧殿遙詠燈山詩唐明皇光天中東都設燈文宗開成中設燈迎三宮太后是則唐以前歲不常設本朝太宗三元不禁夜上元御端門中元下元御東華門其後罷中元下元二節而上元觀遊之盛冠于前代矣

唐成都府有散花樓河州府有薰風樓綠莎廳楊州有賞心亭鄭州有夕陽樓潤州有千巖樓皆見于傳記今無復存者蓋或易其名或廢而不修也

崇寧初范致虛上言十二宮神狗居戌位爲陛下本命今京師有以屠狗爲業者宜行禁止因降指揮禁天下殺狗賞錢至二萬太學生初聞之有宜言于衆曰朝廷事事紹述熙豐神宗生戊子年而當年未聞禁畜猫也其間有善議論者密相語曰狗在五行其取類自有所在今以忌器諱言使之貴重若此蓋如洪範傳所云則其憂有不勝言者矣

政和初凡人名或字中有天字君字主字聖字王字皆令避而不用蓋從趙野所請也當時如寺觀僧道所稱王字亦行改正或曰此何祥也已而果然

俚語有張王李趙之語猶言是何等人無足掛齒牙之意也宣和間王黼明張子能王履道李士美趙聖從俱在政府是時張王李趙之語喧于朝野聞者莫不笑

無盡居士少有俊聲氣凌輩行然頗以躁進被譏元豐中嘗上裕陵百韻詩有回看同列輩不覺寸心慚之句裕陵讀之大笑

熙寧元年冬介甫初待經筵未嘗講說上欲令介甫講禮記至曾子易簀事介甫于倉卒間進說曰聖人以義制禮其詳至于床笫之際上稱善安石遂言禮記多駁雜不如講尚書帝王之制人主所宜急聞也于是罷禮記

神臂弓蓋熙寧初百姓李宏因中貴張若水以獻其實弩也以檿爲身檀爲弰鐵爲鐙銅爲機麻索繫

礼絲爲弦上命于玉津園試之射二百四十步有竒
入榆中斡有司鋸榆呈上曰此利器也照依樣製造
至今用之

咸平二年秋大閱其日殿前侍衛馬步軍二十萬自
夜三鼓初分出諸門遲明乃絕詰旦上按轡出東華
門從行臣寮並賜戎服既回御東華門閱諸軍還營
奏樂于樓下

歐陽公歸田錄初成未出而序先傳神宗見之遽命
中使宣取時公已致仕在潁川以其間紀述有未欲

廣者因盡删去之又惡其太少則雜紀戲笑不急之
事以充滿其卷秩既繕寫進入而舊本亦不敢存今
世之所有皆進本而元書蓋未嘗出之於世至今其
子孫猶謹守之

王將明當國時公然受賄賂賣官鬻爵至有定價故
當時爲之語曰三千索直秘閣五百貫擢通判

今之中散大夫即昔之大卿監也舊說謂之十樣錦
受命之初不俟赦恩便許封贈父母妻一也妻
封郡君二也（今爲令人）不隔郊奏薦三也奏子爲職官四
也（今爲從侍郎）乘馬許行馳道五也馬鞍上施紫絲座六
也馬前執彼木杖七也宴殿内金器且坐朶殿上八
也身後許上遺表九也國史立傳十也

茅亭客話

宋　黃休復

聖明乾德二年歲在甲午興師伐蜀明年春蜀主出降二月除兵部侍郎參知政事呂公餘慶知軍府事以僞皇太子策勳府爲理政所先是蜀至每歲除日諸宮門各給桃符一對俾題元亨利貞四字時僞太子善書札選本宮策勳府桃符親自題曰天垂餘慶地接長春八字以爲詞翰之美也至是呂公名餘慶太祖誕聖節號長春天垂地接先兆皎然則國之替

興固前定矣

僞蜀廣政末成都人唐李明父失其名因破一木中有紫紋隸書太平兩字時欲進蜀主以爲嘉瑞有識者解云不應此時須至破了方見太平爾果自聖朝弔伐之後頻頒曠蕩之恩救其傷殘之俗後仍改太平興國之號即知識者之言諒有證矣

大中祥符六年緜州彰明縣崇仙觀柘柱上有木紋如畫天尊狀毛髮眉目衣服履舄纖縷悉備知州比部員外郎劉公宗言遂給事奏聞奉聖旨令津置赴闕送玉清昭應宮令其民皆畜畫供養之

成都漆匠艾延祚甲午歲爲賊所驅於郡署令造漆器五月六日或聞鼓鼙聲及南門火起乃天兵至郡也延祚因上樹匿於稠葉間見天軍往來搜捕殺戮至夜遂下樹於積屍中臥至中宵聞傳呼頗類將吏有十數人且無燭炬因竊視之不見其形但聞按據簿籍稱點姓名僵屍聞呼一一應之唯不喝艾延祚而過僵屍相接猶檢閱未已乃知聖朝討叛伐逆屠戮之數奉天行誅故無誤矣

甲午歲五月天兵克益郡至八月賊支進猶據嘉州宿崇儀翰領兵討之軍次洪雅有卒掠獲一　婦人頗有姿色置于兵幕之下每欲逼之云自有伉儷則交臂疊膝俯地而坐軍人怒許其斷頸剖心終不能屈堅肆強暴拒之轉甚三日不飲食以死繼之竟不能犯以非禮主帥聞而憫之使送還本家嗟呼雖蠻

而能堅貞強暴者不能侵侮之華夏無廉潔者得無愧乎

庚子歲天兵討益部賊突圍宵遁王師懸城中民便

招誘出城大軍方入搜捕及平定後盡令歸家南亦渠中有一盲女七八歲叫云父耶母耶兄耶嫂耶何處去不供給我飲食也其盲女爲饑渴所逼不知無家但怨乎父母兄嫂且夕不輟有隣婦云此孫氏女三歲因患瘡痘入眼父母憐其聰慧常教念佛書鞠養甚厚父死於輸給不追母死於憂憤嫂因供給役夫中流矢而斃兄城陷而不知存亡更無親戚覩者痛心洒涕經旬或遇鄰婦云盲女不掇它人飲食但悲號叫呼其親水飲不入口蘇而復絶七日而卒因

憫而拾餘燼之材聚而焚之於盲女衣中獲白金一兩遂鬻之以供僧畫像焉嗚呼城陷日似此者多矣獨書盲女者言雖鄙意有激焉夫家富財饒則禮義興矣財苟不足則禮義俱廢蓋人之常情也當是時也民家財物罄空窘迫尤甚豈謂鄰婦獨能拾餘燼之材焚燒盲女復於女衣中獲金不爲已用與盲女供僧畫像奇哉鄰婦能於困窮窘逼之際存誠如是故特書之且今之見利忘義者不爲斯鄰婦之罪人乎

永康軍太平興國中虎暴大縱悞入市市人千餘叫譟逐之虎爲人逼弭耳牖目而坐或一怒則跳身咆哮市人皆顛沛長吏追善捕獵者李次口失其名衆云李次口至矣虎聞怗然竄入屋下匿身李遂以戟刺之仍以短劍刺虎心前取血亟飲之休復雍熙二年成都遇李因問向來飲虎血何也李云飲其血壯吾心也又云虎有威如一字長三寸許在其脇兩傍皮下取得佩之臨官而能威衆無官佩之無憎疾者凡虎視只以一目放光一目看物獵人捕得記其頭

藉之處須至月黑掘之尺餘方得如石子色琥珀狀此是虎目精魄淪入地而成琥珀之稱用此主療小兒驚癇之疾凡虎鬚拔得者將剔蛀牙無復痛疼凡虎傷者其人衣服器袂乃至巾鞋皆摺叠置於地上倮而復僵蓋虎能役使所殺者人魂也凡爲虎傷死者及溺水死者魂曰倀鬼凡月暈虎必交也凡虎食狗必醉狗虎之酒也凡虎不傷醉人頃有一村夫入市醉歸臨崖而睡有虎來嗅之虎鬚偶入醉者鼻中醉者大噴噓其聲且震虎驚躍落崖而斃此事皆關

之李次曰者

避戎嘉話

宋　石茂良

靖康丙午仲冬金人再犯京師統制姚友仲領右中三軍備禦閏十一月三日賊攻通津門甚急友仲帶領軍將副部隊將子弟効用一千餘人往通津門救護軍兵下城接戰殺傷甚眾初七日晩殿師王宗楚帶領衙兵一千餘人下城與賊接戰高師旦死之是夜友仲正策應南拐子城賊交鋒正在北拐子城下躬率將校施放弓弩監督砲石凡數陣皆爲砲箭所

臨雖不少負亦不大勝賊勢稍退初三至初八凡六日措置稍稍就緒初九日早宣化門告急又帶一行人往宣化門守禦南北拐子城皆捍禦水門者也水門不可遽犯故急攻二拐子城矢石如雨樓櫓皆毀壞友仲於南拐子城上別造兩圓門去馬面三十步許用磚砌成中開下轆門千戈板間下如城門法四面皆置女墻迎敵皆自轆門蕩一賊兵厚重則入門放下千戈板又是拐子城也磚城下濶五尺高丈[illegible]尺五寸不日告成通津門兩拐子城正是受敵

[illegible]有方終不可破皆友仲之力凡守拐子法務
要令人少肅靜可以應敵人少可以迎祭友仲首到
南拐子城便令晝栫子閣西廊每門兩人守踏定板
外鋪匙須敵樓上與虛棚凡三層止是受敵處每間
不得過十五人弓弩槍斧手相間分作三番晝夜輪
轉更其勞逸使得休息萬一賊人不測侵犯自有備
禦之法也初九日到宣化門護龍河內賊橋也益過
半矣但未有砲猶可捍禦友仲遂選神臂弓強弩手
下臨分布牀子弩及九牛弩多置大小砲座又於攻

打處絞縛致勝綳一日而就成衆指爲鬼工凡十日
賊橋不能寸進賊人叠橋之法先用髀浮水面次用
一重柴一重席一重土增渡如初矢石火皆不能入
橋之外面是賊寨瑩之燈火如晝五方百步一望不
斷斧鑿之聲聞於遠近其攻城之具又有火梯雲梯
編橋鵝車洞子（兵法爲卜[illegible]）撞竿兜竿之類火梯雲梯編
橋皆與城樁齊高亦有高於城者皆可以燒樓櫓雲
梯編橋可以倚城而上下皆用車軸推行此三物惟
撞竿可以禦之撞竿用大木長可數丈者又用橫木
數十條中穿而下留手把可以致力頭以鐵裹或以
大鐵鎗或安以托叉鉤頭可也每一樓子上常置撞
竿三兩條候其火梯雲梯編橋至城下則徐急之不
必驚擾既撞定梯橋則衆手用鐵鉤鉤定進不得前
退不得後則火自焚橋亦壞人亦墜矣萬一撞竿不
中則用狼牙槍手砲架槍手禦之亦不能上惟要當
鋒得人通津門拐子城每爲賊人攻打前後共壞火
梯雲梯鵝車編橋十數座皆此也洞子可以治道可
以攻城其狀如合掌上銳下濶人往來其中即次續

之有長數丈者上用牛皮生鐵裹定內用濕氊中用
太麋矢石火皆不能入治道則欲安砲并推梯橋之
類攻城則欲取土透城皆不足恤也兵法之禦洞子
用鐵蒺藜懸下而敦之其法以熟鐵濡徑長一尺二
寸四條縱橫布如蒺藜形鎔生鐵灌其中央重五十
斤上安其鼻連鎖擲下敦瓮以轆轤絞之若洞子上
有牛皮并泥敦著即舉速放火炬油燒火賊人用洞
子穿地道來追於地道上直下穿井以待之積薪草
安井中如火爇之或有用火砲納於其中則敵自燋

灼又用游火用鐵筐盛火如脂蠟菸藥懸絙下燒薫
穴中攻城人有用燕尾炬縛草分爲兩岐如燕尾狀
以油蠟灌之從城墜下騎洞子燒之如此皆禦洞子
法也撞竿至則作屋桑木爲之桶索相連撞竿須速
以環串竿頭於兩旁令壯士牽之鈎竿至則用榜桄
乘其鈎亦令壯士牽之乘勢猛放則竿與人俱倒惟
砲架鼓難制禦金人砲架四旁並用濕榆小椽密簇
定又用生皮并鐵葉裹定鵰鶚須火不能入其砲有
七梢五梢三梢兩梢獨梢旋風虎蹲等砲內七梢可

以致遠其石大五梢等亦可以致遠其上或放雙砲
友仲先於樓子上受敵處設轉棚上羅索網并下攏
搪布袋濕馬糞又於城頭馬面上懸穿濕榆槓木笆
籬格笆雖慢然亦可以遮砲也城下地廣安砲多城
上地狹安砲少最爲受敵十九日夜賊人一夜安砲
五千餘座城上雖棚人皆不可存住死於砲者日不
下二三十人友仲到宣化門上日恐賊人者有破識
措築城身之法視受敵樓子遠近築面闊一丈二尺
五寸下脚闊二丈五尺高五丈四邊皆有虛棚女墻

復於旁置兩小門如城門法萬一賊兵上城類有限
隔可以迎敵不幸爲提刑秦元所阻秦欲幇築耳城
議論不同朝廷遷延不斷進十日後雖竟從友仲之
請然夜息晝作亦如平時功終不成惜哉自十九日
夜賊安砲之後矢石不可盡二十一日橋成先有黑
旗子三人先登岸都統王燮姚友仲擺驍勇使臣與
酒兵數十人下戰亦殺數人賊退橋之南入洞子中
俄頃宰相何桌至黑旗子復如前登岸城中弓弩箭
如雨賊兵畧不顧欲交鋒西壁下秦一兵約六七百

人望風退走賊亦不追城上皆厲聲叫云後面無賊
然勢不可回隔岸矢石如雨中傷者數百人自墳於
隔馬坑者三十餘人賊兵望風輕笑宰相親見之而
不恤初縛虛棚時友仲使多備濕麻刀舊氈衲襖蓋
防賊人有火箭火炮也幸而金人不善制此二物二
十三日賊橋浸廣友仲遣張宗顏闆維段永年領敢
死兵三百人血戰於賊下用純斧隊斫壞洞子七所
賊衆敗走乘勢遂北涉河至中流水解陷死者數十
人返爲賊兵掩擊豈天殆我師也二十四日早晨推

大梯四乘來攻宇號樓子三乘皆爲撞竿所壞又再來撞撞不着火熾遍着樓子焰燒宇號及三樓子賊皆登城舞黑旗鼓譟然爲樓上火盛不可過友仲仗劍擁班直守禦官軍等救火弓弩交發又用鎔金汁潑賊皆墮殺傷衆賊遂退三樓子皆爲大燼矣是夜再安樓子三座又爲賊砲所碎二十四日雪大下至晩深二尺餘加之風聲號怒二十五日風雪愈甚早間大啓宣化門出郭京人馬與賊接戰賊衆見所燒**樓子未成頗殺撞竿未嘗[illegible]遂登城衆潰城陷初京**

之出也城中居民**跂踵延頸于宣化門者數千人立俟捷報及京敗城門急閉賊帥大怒鳴鼓擐旅鐵衣**滿野多若蟻蟻皆沿城而上城遂陷友仲二十五日晩於南城爲軍民所毆打至死肝腦塗地委塡溝壑骨肉星散不知所在家貲刼掠掃地痛哉天不祐善人如此友仲將種也三世忠孝聲聞滿於夷夏自守禦以來夙夜勤勞食息不暇在諸將中尤無負於朝廷者今反被禍若此先是閏月一日百姓毆殺本壁統制辛康宗辛公指揮城上兵軍不見賊不得亂放

箭砲百姓疑其姦細故殺之朝廷縱而不問故軍兵百姓聚衆殺人在一時指揮之間殊不爲怪蓋京師承平之久無知小民游手浮浪最多平居踪旅店外多在大房浴堂櫃房雜處里巷强梁不在數也乘此擾攘聚衆作亂甚者趕罵宰相緣壁内侍打殺統制放火焚燒莫知其數先是今年秋友仲議欲於都城置防巡十六員新門四隅四員舊城内四員每員皆一正一副每員統兵五百人遇有警急則一正將帶領二百五十人救援留二百五十人在地分或有細

民乘勢作過當**以軍法從事仍都巡檢三員在新門内一員在舊門内以總其事惜朝廷不從其請友仲**之議意恐小人喜亂故欲設此防民而友仲親被其禍豈靈於人而不靈於巳耶友仲之死門生故吏無一哭其屍者茂良訴於王樂始收拾遺骸雪寃於朝廷魂而有靈亦少伸也

靖康城陷議和上見二酋作二降表過北皆孫覿受盍之筆其畧云三里之城遂失籓籬之守七世之廟幾爲灰燼之餘既干汗馬之勞敢緩牽羊之請恭惟

大金皇帝陛下云云又云上皇負罪以播遷微臣指
軀而聽命又云社稷不殞宇宙再清粘罕抹去大金
二字止欲稱皇帝又指宇宙二字云大金亦宇宙也
又易負罪二字爲失德朝廷不得巳皆從之
初金人至城下姚友仲與諸將議討之便幸其遠來
賊衆必疲行列未成若選五萬精兵出四門分爲十
頭項乘勢而擊出其不意攻其無備衆必潰亂有可
破之理過此則日復一日賊勢愈盛援兵不至士氣
阻喪雖悔無及矣是時唐恪止其事專在和議而巳

避戎嘉話　八

後攻城旣急友仲復與諸將議急遣使講和爲便累
曰何㮚方料金人糧道不繼不日就擒堅不可和唐
恪謬誤於前何㮚孱謀誤國於後獨姚友仲於閏月
三日往來東南兩壁以來策應至二十五日城陷晝
夜勞苦最爲有功被禍獨甚於二相天意乃不可知
也
金人今春旣出境朝廷措置多不急之務如復春秋
科太學生免解改舒王從祀之類時爲語曰不管肅
王却管舒王不管燕山却管聶山不管山東却管陳
東不管東京却管蔡京不管河北界却管秀才解道
路之言切中時病如此
淵聖幸虜營不返謝元及作憶王孫其詞有云依依
宮柳壓宮墻樓殿無人春晝長燕子歸來依舊忙憶
君王月破黃昏人斷腸
正月十五日淵聖在虜營是日陰雲四垂家家愁苦
向之鼇山教坊百戲景龍燈火之樂不可同年想也
士大夫憂憤作歌行者甚衆獨胡處晦上元行膾炙
人口今附於左上元愁雲在九重哀笳落日吹腥風

避戎嘉話　九

六龍駐蹕在草莽孼胡歌舞蕭衙宮抽釵脫釧到編
戶竭澤枯魚充寶賂聖主憂民民更憂驕子媟天天
不怒向來艱難傳大寶父老談言似仁廟元年二月
城下盟未槪名臣繼嘉祐哀痛今年雁再蒙冠劍夾
道趨辭公卿龍今作九淵卧安得屢困蛟蛇中朝廷
中興無柱石薄物細故昭帝力毛遂不得處囊中遠
慚趙氏厮養卒今日君王歸不得傾城回首歌悲啼
會有山呼聞動地萬家香霧燒天表胡兒胡兒莫躭
躭君不見夕月常虧東北所

鴻臚至節鄧肅作靖康行云女真作意厭人肝掉鞭
直指來長安南渡黃河如履地東望太行不能山帝
城周迴八十里二十萬兵氣烈熾旌旗城上亂雲烟
腰間寶劒橫秋水雪花一日放濛濛皂幟登城吹朔
風我師舉頭不敢視脫兎猪豚一掃空夜起火光迷
鳳闕鉦鼓碎轟地歌裂斯民嗷嗷將何之相顧無言
惟流血僕射何公扣龍墀閉門相臣噬臍疾奇兵化
作乞和使誓指一死生群黎遊談滿空胡師怒九鼎
如山不復顧郊南期說上皇輿截被橫流意歸去陛

下仁孝有虞均忍令胡騎縱吾親不龜太始自鞭馬
一出喚回社稷春胡人慕德猶貪利千乘載金未滿
意叙鈿那為六宮留大索居民幾卷地六龍再為蒼
生出自磨虎牙恬不恤重城兀兀萬胡奴杳隔鑾輿
令十日南城赤子日駢闐爭擲香背自頂燃忿氣如
雲淚如雨漫漫白晝無青天太玉避狄空金帛坐使
十年踰八百天聽端坐民心耳蒼蒼誰云九萬隔會
看春風擁赭黃萬民語呼喜欲狂天宇無塵瞻北極
旄頭落地作頑石後亦被虜乃至三月二十四日放

回
初京城被圍朝廷急於命將有郭京者乃殿前司龍
衛營兵員耳（京師呼為踏著大營）京師盛傳能用六甲法可以
生擒粘罕斡離不餘衆可以掃蕩無遺類其法軍兵
七千七百七十七人嘗自試於內廷其法不得而聞
朝廷深信不疑授以成忠郎錫以金繒動數萬計使
自募兵賜予賞賚恩數備至人皆呼為郭尚書蓋營
寨俚俗呼兵員之稱也其所召人皆市井游惰色色
有之不問騎射善否但擇年命合六甲者足矣有賣

線劉六者與姚宅比鄰僕熟識之郭京一見授以將
命他皆類此賊兵攻圍甚急郭京談笑自若動似有
道者擇日出兵可致太平直殺至陰山而止其所招
軍兵但欲斫首爾不必戰也前置天王旗每壁分三
面以鎮四壁按五方色或畫天王或畫北斗不知何
法也又有劉無忌者乃街市貨藥道人常倒立泥中
懸一服藥牌子亦作統制內外許之蓋取丘濬詩郭
京楊式劉無忌皆在東南角白雲之讖也又有僧傳
詩亦如京募兵稱統制常與京相追隨二十五

日早宣化門大開郭京出兵城中居民跂踵延頸于宣化門者數千人立俟捷報俄頃報云郭京前軍已得大寨立旗於賊營矣又報云前軍又奪賊馬千匹矣姚友仲疑之與石茂良登敵樓而望正見賊兵整定人馬忽有郭京下使臣來傳令云樓子上除守樓子使臣軍兵外餘人並不得上樓子蓋天甲法能使人隱形若樓上人多恐賊兵覘望言猶在耳賊兵兩兩翼翼鼓譟而進衝斷前軍一掃而空若刈茅草居後者悉墮護龍河釣橋已尸積不可拽矣城門急閉

賊帥大怒鳴鼓振旅銕衣滿野多若螻蟻皆㳂城而上止用一舊雲梯可置五十人初有十餘人登盡而上班直榆手皆不向前用命又值百姓搬石城上望風走下其守禦之人與百姓軍兵互相殺戮無一用命向前者其城遂陷乃閏十一月二十五日午時也余目擊其事故志之

開燕常談

宋　董弅

張昌言初與种世衡善及持父喪世衡遺以汝州田十頃辭弗受使者在塗而世衡卒乃以還其子詁詁遵父命不承田遂蕪廢者三十年元豐中鄰人告官移文二家皆弗取郡守劉斐言諸朝願以田給州學朝廷嘉之卒還种氏昌言名問位至給事中夫世有爭鄰畔蹞步之田至相紛競甚者兄弟宗族鬭訟誶不肯已遂爲世讐者亦聞种張之事乎

政和中何執中爲首台廣殖貲産邸店之多甲於京師時有以舊印行吉觀國所試爲君難小經義稱爲上皇御製者人競傳誦會大宴伶官爲優戲相謂曰官家萬機之暇何所爲曰不過燕樂爾曰不然亦如舉子作文義問何以知之遂舉爲君難義誦一過乃以手加額北鄉贊歎謂聖意匪獨侔同皋布之上留神經術仰見兢兢圖治不安持守之深意天下幸甚又問宰相退朝之暇何所爲曰亦作文義問何義曰爲臣不易義乃批其頰曰日掠百二十貫房錢猶自

不易裹蓊俚語以貧窶爲不易也

紹興乙卯夏大旱車駕在臨安府詔禁屠宰以禱雨諫議大夫趙霈上言曰自來斷屠止禁猪羊而不及鵝鴨請并禁止中書舍人胡寅曰一疏無二百言而用字以十數况諫議乃及此乎聞 中統兵者號龍虎大王脱或入寇宜以鵝鴨諫議拒之時人以爲名對

歸田録載梅舜俞受敕修唐書語其妻曰吾之修書可謂胡孫入布袋矣妻應聲對曰君於仕宦可謂鮎

魚上竹竿耶聞者以爲善對大觀中薛肇明知上皇御製詩有日催聲似鳳來啣詔喜氣如雞去揭竿尊子厺戲爲更之曰窘如老鼠入牛角難似鮎魚上竹竿時爲的對尤勝於梅

李端行字聖逵毘陵人崇寧間太學屢中魁選聲名籍甚大觀丁亥歲與諸路貢士群試李士英作魁聖逵第二意不中之嘗曰天下清氣無南北之異但吳中清氣十分鍾於人河朔清氣爲鵝梨占了八分以士英河内人故也士英啣之其後士英拜相聖逵方爲太傅坐小累罷坎壈失志而死

薛肇明謹事蔡元長至戒家人避其名宣和末有朝士新買一婢頗熟事因會客命出侑尊一客語及京字婢遽請罰酒問其故曰犯太師諱一座駭愕婢具述先在薛太尉家每見與賓客會飲有犯京字者必舉罰平日家人輩誤犯必加叱詈太尉脱或自犯則自批其頰以示戒

王將明作賀復燕雲表以昆 維其喙矣對燕民悦則取之鄭達夫特爲領樞密院事亦用上句而以尉

公方且膺之爲對語王曰相公屬對甚的因舉巳對曰此是當家者

王荆公在蔣山一日有傳東坡所作表忠觀碑至介甫反覆讀數過以示坐客且曰古有此體否葉致遠曰古無之要是奇作蔡元度曰直是錄奏狀耳何名奇作介甫笑曰諸公未之知爾此司馬遷三五世家體

章聖朝爲守信爲步軍指揮使遇郊禮其弟欲以巳子目爲守信子以助高蔭守信不可曰吾自行伍蒙

上援擢至此愧無以報稱奈何斯君是歲并其子不蔭以明於弗無所愛予近見士大夫仕至通顯以兄弟之子冒巳子而受高蔭者多矣恬不為非人亦不以為怪評也甚者以他人而為巳之有服親以冒異姓恩澤者聞守信之風盍知愧乎

杜祁公為守兖州石守道卒於郡惡之者謂介偽死而北走　以詔覈實祁公會僚屬語之衆不敢當時龔輔之為掌書記抗言曰介平生遵諒有是耶願以闔族保其必死祁公慨然探懷中奏藁示之曰老夫

既保介矣君年少見義必為豈可量哉今世居下位而能執義抗言如輔之者固難其人而為郡守獎人之言以成就其美名如祁公者亦未之見也

張乖崖公常言見事有三難能一也見而欲行二也當行必果三也前輩於事精思如此是所以大過人也又云事無大小皆須用智智如水也不流則腐若凡一日不用智臨大事之際寧有智來予每佩服斯言

歐陽文忠公謂謝希深曰吾平生作文章多在三上馬上枕上厠上也蓋惟此可以屬思耳

因話錄載韓僕射皐嘗小瘡令醫傅膏藥藥不濡公問之醫云天寒膏硬

近歲許冲元將知西京有一屬稟事云其預錢若干巳有指揮許將來春充預買錢冲元厲聲叱之曰許將如何作則故切得預買錢其人始悟觸諱踧踖謝過而退又元厚之知杭州一吏呈公事云合依元降指揮厚之徐拱手緩聲曰元降何嘗指揮吏惶恐厚之曰爾誤也不之罪

錢中道帥太原一日武官謁見敘舊累數百言而退錢詰坐客曰適來官人口不稱名但稱賤迹不已欲面折之便是要人避巳名也客問似乎門下有舊錢曰舊識其公客曰某亦識之佳士也錢曰只那老賊迹亦坐皆笑

太宗朝王濟主漳州龍溪簿時福建諸郡輸鵝翎為箭羽既非常有之物而官司督責甚急民間苦之濟輒以便宜輸郡民用鵝翎代之因附驛以聞詔可其請施及旁郡民咸德之

宋汝霖澤政和初知萊州掖縣時戶部下提舉司科買牛黃以供在京惠民和劑局合藥用督責急如星火州縣百姓競屠牛以取黃既不登所科之數則相與斂錢以賂上下胥吏丐免汝霖獨以狀申提舉司言牛遇歲疫則多病有黃今太平之久和氣充塞縣境牛皆充腯無黃可取使者不能詰一縣獲免無不懽呼感戴者

裴諝爲史思明所得僞授御史中丞時思明殘殺宗室諝陰緩之全活者數十百人此事見談賓錄靖康

之變乃人盡欲得京城宗室有獻計者謂宗正寺玉牒取有籍可據以取則無遺矣　當立命取籍蒼黃間玉牒所有吏已持至南薰門亭子矣會　使以事暫還此夜惟監交物官數人在焉戶部邵澤民溥其一也遽索視之每揭三二板則掣取一板投之火爐中數曰力不能遍存之得預名被焚者可以免計一籍中掣取而焚者亡慮十二三俄頃　使至吏舉籍以授之遂按籍以取凡京城宗室獲免者皆澤民之力也而人多不知予因閱裴諝事故志之

京城既陷乃遣使籍帑藏至軍器庫點閱兵仗時莫壽明以內相爲館伴因自念兩朝和好當載戢干戈載橐弓矢一使應聲曰我曹脚轉後不請云左屬橐鞬右執鞭弭與君周旋

呂汲公在相位其兄進伯自外郡代還相與坐東府堂上夫人自廊下降堦趨參以二婢掖侍而前進伯遽曰宰相夫人不須拜微仲解其意叱二婢使去而夫人獨拜於赤日中盡禮而退進伯略不顧勞聞者歎服其家法之嚴

何㮚當京城已陷人人入視帑藏倉庾時有胡思者爲司農卿其諸倉米麥數白㮚㮚復㮚送至廳事傍遽屬言曰大卿切勿令亂量思應曰諾至客次方悟其戲蓋語有　思亂量也時謂作宰相如此何以服百僚

儒林公議

宋　亡名氏

成都劉備廟側有諸葛武侯祠前有大栢圍數丈唐相段文昌有詩石在焉唐末漸枯歷王建孟知祥二僞國不復生然亦不敢伐之皇朝乾德五年丁卯夏五月枯枿再生時人異焉三國至乾德初歷年一千二百餘年枯復生於皇祐初守成都又八十年矣新枝籠雲并舊枯幹並存若虯龍之形

太平興國戊寅歲程羽守益都時立春在近縣史納

土牛偶人於府門外觀者頗衆王者恐有高人所損遂移至廳事之左少選程出視事怪問之王者以對程笑曰農夫牧竪非升廳之物兆見於此不祥莫大焉當時聞之以爲過論至甲午歲果有村羝叛竊入據城邑焉人亦服其理識

章聖祥符中行封祀之禮具造宮觀以崇符瑞時王旦作相迎合其事議者或非之旦謂人曰自昔帝王或馳騁田獵或淫流聲色今主上崇眞奉道爲億兆祈福不猶愈於田獵聲色之惑邪

太祖承五代易姓之後知人心未固以太宗身試艱危有英睿之斷可以王天下故居常以主社許之一日太宗被疾憊甚車駕幸其邸勉令灼艾因自指所御赭袍示之曰此當誰着耶末年友愛彌篤終以大寶授之太宗纂嗣下河東海內生靈寢安不知有他嗟夫大哉聖人之治也舍其子而立其弟以公天下追惟堯舜之心豈遠是道哉

太祖下河東回止蹕常山謀伐幽薊及不利班師遂留駕前刻漏及渾儀於行宮蓋深憤　憑陵志在

必復疆宇以拯生民抑亦示艱難於子孫也慶曆甲申歲既平保塞叛卒留住常山繕葺宮殿藻堊一新宴殿特瓌壯兩廡修敞不減京都集英制度蓋宴犒軍校之所也

太祖天表神偉紫黶而豐頤見者不敢正視李煜據江南有寫御容至僞國者煜見之日益憂懼知眞人之在御也

范仲淹富弼初被進用銳於建謀作事不顧時之可否時山東人石介方爲國子監直講撰慶曆聖德詩

以美得人中有惟仲淹弼一夔一契之句氣類不同者惡之若仇未幾謗訾群興范富皆罷爲郡介詩頗爲累焉

太宗志奉釋老崇飾宮廟建開寶寺靈感塔以藏師舍利臨瘞爲之悲涕興國寺構二閣高與塔侔以安大像遠都城數十里已在望登六七級方見佛殿腰腹佛指大皆合抱觀者無不駭愕兩閣又開通飛樓爲御道麗景門内創上清宮以尊道教殿塔排空金碧照耀皆一時之盛觀自景祐初至慶曆中不十年

問相繼灾燬略無遺焉欲爲之福如是其效乎

太宗嘗謂杜鎬曰今人皆呼朕爲官家其義未諭何謂也鎬對曰臣聞三皇官天下五帝家天下考諸古誼深合於此上甚説其對

曹彬下江南城李煜面縛就彬請命彬謂之曰國主可歸宮厚有裝蓄以備歸朝煜深德之諸將爭言不可蓋懼其或自引決爾彬徐曰無畏彼若能死則豈復忍恥以見吾輩耶畢如其言衆皆服其雅量

孫奭起於明經敦履修絜端儀典正發於悃愊章奏崇奉瑞貺廣構宮殿以誇　夏竦累疏切諫上雖不能納用而深憚其正疏語有國之將興聽之於人國之將亡聽之於神其忠朴如此

盧多遜權譎之士也太祖常患耶律氏據幽薊未有策以下之多遜進説願權都鎮州經畫攻取俟恢復漢土則還　於汴聞者畏之

太宗嘗責趙普以下舉將帥普對曰昔明宗舉石晉晉選張彥澤劉高祖拔郭上皇世宗得太祖臣豈敢輕舉耶

張詠治蜀承兵亂之後比防南衆四野寇暴未息城中無旬月之儲乃榜衢市錢官監之直貴米價以博易之糧廩因之充接蜀漸安焉

明道中江淮薦饑乃命王隨爲安撫使隨素無才術不能拯傷救敝以活流殍但令人負緡以散丐者每出則前後擁塞趨導者不能呵隨方切切矜問示爲恩惠識者無不嗤之

薛奎參預宰政頗質厚任眞明肅太后將行恭謝宗廟之禮自呂夷簡而下皆阿順聽命獨奎抗議不屈

明肅深忌之然衆議已定遂備法駕容衛一同帝者識者頗以爲憂及明肅崩班夷簡等皆黜補郡獨奎留焉意將可以爲相及李廸再居相位疎直言遠時務上察其材短未有以濟之者時范諷方以言幸乃論非夷簡不可奎遂穢於大用以至終身知者惜之

景德初契丹大寇河朔章聖將幸澶淵中外人情震懼車駕發京師六軍奏作樂上疑問左右杜鎬前曰周武伐紂前歌後舞上悦遂作樂人情頗安

馮拯在中書孔道輔初拜正言造其第謝之拯謂曰

天子用君作諫官豈宜私謝執政耶道輔慙伏而退後嘗謂人曰如馮公者未足爲賢相然求之于今未易有也

孔道輔自以聖人之後常高自標置性剛介急於進用或有勸其少通者答曰吾豈姓張姓李者耶聞者每笑之爲御史中丞以事被黜知鄆州然非其罪躁憤且甚至胙縣一夕卒於驛舍

元昊未叛前其部落山遇者歸延州告其謀時天章閣待制郭勸守延州乃械鋼還賊示朝廷不疑之意等均徭民益愁擾不知所措

祥符中中書試制舉人六論畢呂夷簡及布衣周啓明將被親策執政以爲封禪有期將告成功於天下不當復訪人以得失遂報罷夷簡特升職位俾啓明免將來進士鄉薦啓明乃歸括蒼隱居聚徒講學不復仕進時論高之

馬亮尚書典金陵於牙城艮隅掘地汞數百斤斷之以備供帳其地乃僞國德昌宮遺此鉛華之灰積也李氏區區偏據江表之地而淫色奢縱如此欲其國

祚之長永其可得耶

賈氏談錄

僞唐張洎

庚午歲予銜命宋都舍於懷信驛左補闕賈黄中丞相魏公之裔也好古博雅善於談論每欵接常益所聞公館多暇偶成編綴凡六條號曰賈氏談論錄貽諸好事者云耳

李贊皇初掌北門嫈記有相者謂公它日位極人臣但厄在白馬耳及登相位雖親族亦未常有畜白馬者會昌初再入廟堂專持國柄平上黨破回鶻立功殊異策拜太尉封魏國公然性多忌刻當途之士有不恊者必遭譴逐翰林學士白敏中大惧遂調給事中韋弘景上言相府不合兼領三司錢穀專政太甚武宗由是疑之及宣宗即位出德裕爲荆南節度使旋属淮海李紳有娛女納之獄上刑部侍郎馬植專鞫其事盡得德裕黨庇之惡由是坐罪竄南海殁而不返厄在白馬其信乎

中土士人不上札翰多爲體院體院者貞元中翰林學士吳通微嘗工行草然體近隷故院中胥徒九所倣其書大行於世故遺法迄今不泯然其鄙則又甚矣

驪山之華清宮殿燔已久今所存惟繚垣而已天寶所植松栢徧滿崖谷望之欝然朝元閣在北山嶺之上基址最爲嶄絶次界即長生殿故基東南湯泉凡一十八所第一是御湯周環数丈悉砌以白石瑩徹如玉面皆隱起魚龍花鳥之狀四面石坐階級而下中有雙白石蓮泉眼自甕口中涌出噴注白蓮之上御湯四面角即妃子湯湯面稍狹湯側有紅石盆四所作菡萏於白石之面餘湯迤邐相属下鑿石作暗竇走水東南數十步復立石涌出灌注石盆中賈君云此是後人置也

白傅葬龍門山河南尹盧貞刻醉吟先生傳立于墓側今猶在洛陽士庶及四方遊人過其墓者必奠以巵酒故塚前方丈之土嘗成泥濘

賈君云僖昭之時長安士族多避寇南山中雖洊經離亂而兵難不及故今衣冠子孫居鄠杜間室廬相比

白傳姪敏中曾奏諫官獻疏請叔謚上曰何不取醉
吟先生墓耶卒不賜謚及後在相奏立神道碑其
文即李義山之辭也
褒斜山谷中有虞美人草狀如雞冠大而無花葉相
對行路人見者或唱虞美人則兩葉漸摇動如人撫
掌之狀頗應節拍或唱他辭即寂然不動也賈君親
見之
予問賈君中土人每日火麵而食然不致壅熱之患
何也賈君曰夾河風性寒故民多傷風河洛東地鹹

水性冷故民雖哺粟食麥而無熱疾又曰滑臺風水
性寒冷尤甚土民共啗附子如啗芋栗

燈下閒談

宋　江洵

呂用之在維揚日佐渤海王擅政害人具載于妖亂
志中中和四年秋有商人劉損挈家乘巨船自江夏
至揚州用之凡遇公私往來悉令偵覘行止劉妻裴
氏有國色用之以陰事取其裴氏劉下獄獻金百兩
免罪雖脫非横然亦憤惋因成詩三首曰寶釵分股
合無緣魚在深淵日在天得意紫鸞休舞鏡斷蹤青
鳥罷銜箋金盃倒覆難收水玉軫傾欹懶續絃從此
蘼蕪山下過秖應將淚比流泉其二鸞辭舊律知何

止鳳得新梧想稱心紅粉尚殘香漠漠白雲將散信
沉沉已休磨琢投歡玉嬾更經營買笑金願作山頭
似人石丈夫衣上淚痕深其三舊嘗遊處徧尋看覩
物傷情死一般買笑樓前花已謝畫眉窗下月空殘
雲歸巫峽音容斷路隔星河去住難莫道詩成無淚
下淚如泉滴亦須乾詩成吟咏不輟因一日晚凭水
窗下見河街上一虬鬚老叟行步迅疾骨貌昂藏睛
光射人彩色晶瑩如曳冰雪跳上船來揖損曰子中

心有何不平之事抱鬱塞之氣損具對之叟曰祇令便爲取賢閤并實貨回卽發不可更停于此也損察其意必俠士也再拜而啓曰長者能報人間不平何不去蔓除根豈更容姦黨叟曰呂用之屠割生民奪君愛室若令誅殛固不爲難實慾過已盈亦神人共怒祇候冥靈聚錄方合身首支離不唯試及一身又須殃連七祖且爲君取其妻室未敢逾越神明乃入呂用之家化形于斗拱上叱曰呂用之背違君親特行妖孽以苛虐爲志以惑亂律身仍于喘息之間更慕神仙之事冥官方錄其過上帝卽議行刑吾今錄爾形骸但先罪以所取劉氏之妻并其實貨速還前人尚更恡色貪金必見頭隨月落言訖鏗然不見所適用之驚懼遽起焚香再拜夜遣幹事併賫金及裴氏還劉損之不待明促舟子解纜虬鬚亦無蹤矣

向鄰林因入對論奏甚久上顧問再三中書舍人潘良貴攄左史忽出位言曰天時暑甚向某不合以無益之言久勤聖聽公退上章待罪且乞致仕或者謂榻前囟奏端研書畫潘有此言五峯行狀大畧相似所奏不同耳

鞠堂野史

宋　林子中

治平三年丙午十一月十八日英宗不豫罷朝外人驚擾不知其詳及十二月二十二日立皇太子中外盡疑四年正月北使兩番在館民間互相語云上已升遐但俟北客去始發哀耳余親聞里媼女掩耳而趨時上至大漸八日早猶召孫奇入診是日北客方出館果呼班吏宣上遺制上竟以北客去日上仙民間之語何不祥也福寧殿御座下微陷塡之復然掘

之深丈餘得一石石上有八字不可辨御書院被應有曉仙家篆者令審解之云歲在申酉汴都不守神宗以丁未即位在位再涉辛酉年無它事不知其何祥也

紹興五年春永興軍田夫段義耕得玉璽上于尚書禮部以爲泰之傳國璽其文曰受命于天既壽永昌詔與禮部翰林祕書御史太常官驗定集議方員二寸半印文深琢如碑字傍白爲地紅非字畫乃蟲篆也

禁中帝及兩宮各有尼道并女冠各七人選于諸寺觀年三十以上能法事者充隨本殿內人居處每早輪一尼一道導上于佛閣前讚念導上燒香佛道者各兩拜又導下殿燒天香四拜又導至殿門後殿出視朝方退應諸閣凡欲請尼道看經者皆此輩每半年或數月一歸元寺觀拆洗本位使臣隨臣隨往五七日還

退齋筆錄

宋　侯延慶

建炎二年戊申楊淵守吉州是年車駕駐蹕維揚江南諸郡日虞北人深入淵時修城得銅鐘於城隅有文云唐京兆李愛子墓誌唐興元初仲春中巳日吾李愛子役築於廬陵殞于西壘之顛吾時訶天文昭政命令晦朔康定之始未欲塋於他山就瘞於西壘之垠吾卜茲土後當大德九九之間世衰道敗浙梁相繼喪亂之時章貢康昌之日復工是壘吾亦復出

是邦東平鳩工決使吾愛子之骨得同何伯聽命于水府京兆逸翁深甫記淵方具版築未成明年果入維揚車駕幸浙東北人遂渡江分兩路一入明越車駕登海舟駐永嘉一入洪吉太母保章貢淵失守既經兵火不知鐘所在癸丑呂源來守下車即修城不數月壁壘皆立東平鳩工之言亦驗云銅鐘文銘得之劉倜

元豐中王荆公乞罷機政寓於劉沆相宅幾兩月神宗未許其去沆之子瑨嘗謁公坐間問公云化成在處在近可令呼來化成者工課命老僧也少頃化成至公作一課更為看命化成曰三十年前與相公看命今仕至宰相更復何問公微作色曰安石問命又不得做官但力乞去上未許只看易便去得否化成曰相公得意濃時正好休要去在相公不在上不疑何卜公悵然歎服去意遂決瑨之子問云

神宗時以陝西用兵失利內地出令斬一漕臣明日宰相蔡確奏知上曰昨日批出斬某人已行否確曰方欲奏知上曰此事何疑確曰祖宗以來未有殺士人事不意自陛下始上沉吟久之曰可與刺面配遠

惡處門下侍郎章惇曰如此即不若殺之上曰何故曰士可殺不可辱上聲色俱厲曰快意事便做不得一件惇曰如此快意事不做得也好呂源云

蔡確之子懋宣和末為同知樞密院事因奏事言及確南遷時事云蘇軾有章救先臣確臣家嘗傳錄因袖出章進上上云蘇軾無此章軾在哲宗朝所上章哲宗以一旋風冊子手自錄次今在宮中無此章也懋悵然而退鄭望之云

皇朝類苑

江少虞

李相簡穆公沆嘗被同年馬亮責之曰外議以兄爲無口匏公笑曰吾居政府然無長才但外陳利害一切報罷聊以此報國爾今國家防制纖悉密若凝脂苟單徇所陳一一行之則所傷實多陸象先曰庸人擾之正所謂也憸人苟一時之進豈念於民耶

王文正公曾爲人持重在中書最爲賢相嘗謂大臣執政不當收恩避怨公嘗語尹師魯曰恩欲歸已怨

使誰當聞者歎服以爲名言

薛簡肅公天禧初爲江淮發運使辭王文正公王無他語但云東南民力竭矣薛退而謂人曰眞宰相之言也

慶曆初仁宗服藥久不視朝一日聖體康復思見執政坐便殿促召二府宰相呂許公聞命移刻方赴召至中書省數輩促公同列亦贊公速行公愈緩步既見上曰久疾方平喜與卿等相見而遲緩之來何也公曰陛下不豫中外頗憂一旦聞急召近臣臣等若奔馳以進慮人心驚動耳上以爲深得府臣之體

文彥博知永興軍起居舍人毋湜鄠人也至和中湜上言陝西鐵錢買物者不肯售長安爲之亂民多閉肆僚屬請禁之彥博曰如此是愈使惑擾也召絲絹行人出其家縑帛數百疋使賣之曰納其直盡以鐵錢勿以銅錢也於是衆曉然知鐵錢不廢而市肆復安矣

曾侍中彬爲人仁愛常知徐州有吏犯罪既立案逾年然後杖之人皆不曉其旨彬曰吾聞此人新娶婦

若杖之彼其舅姑必以婦爲不利而惡之朝夕笞駡使不能自存吾故緩其事而法亦不赦也其用志如此

珩璜新論

宋　孔平仲

周昌以漢高祖比桀紂高祖不以爲罪壺關三老以漢武帝比瞽瞍而武帝爲之感悟眞可謂大度之主也

郊祀志漢武三月出行封禪禮並海上北至碣石巡自遼西歷北邊至九原五月復歸於甘泉百日之間周萬八千里嗚呼其荒唐甚矣

漢文帝封宋昌爲壯武侯唐太宗作威鳳賦賜長孫

無忌可觀其量矣

舊史張易之傳朱敬則之諫大爲醜訐而則天勞之賜綵百段至於殘害諸李自戕其子以惡其母故公主幽閉至年四十不嫁以配當上衛士其悍鷙亦無比焉

光武時尚書令甚卑申屠剛未有官徵爲侍御史遷尚書令以直諫失旨出爲平陰令乃其證也肅宗時尚書令甚重鄧壽自冀州刺史三遷尚書令帝擢爲京兆尹乃其證也

漢時官職不主於遷夏侯嬰有大功無他過自高祖爲沛公時嬰爲太僕又事惠帝呂后訖文帝時只爲太僕楊雄亦曰曠日持久積數十年官不過侍郎位不過執戟也

丞相封侯自漢公孫弘始也三公封侯自魏崔林始也以災異策免三公自東漢馬防始也三公在外自張溫始也唐自武德以來三公不居宰輔者惟王思禮一人已

尚書與尚食尚公主同而世俗相承以平聲呼誤矣

見張耳傳注朝請音才性反非請託之請也見成帝紀注

退之詩好押狹韻累句以示工而不知重疊用韻之病也雙鳥詩兩頭字孟郊詩兩與字李花詩兩花字是也

周武皇帝初服常冠以皂紗全幅向後束髮仍裁爲四脚今之幞頭正是此遺法也

後漢南海貢荔枝桓帝時唐羌上疏罷之唐貢蜀中荔枝盧仝詩天子初嘗陽羨茶是時當未知七閩之

奇

謂天子爲官家蕭梁時已有此語梁簡文諸子傳建平王大棣見武帝禮佛謂毋曰官家尚爾見安敢辭耶

俗所謂平善亦有所出也趙飛燕傳成帝昏夜平善是也

俗所謂阿誰三國時已有此語龐統傳向者之論阿誰爲是

俗所謂見錢見穀漢已用之王莽傳令無見穀王嘉

疏元帝時外戚貲千萬者少爾故水衡少府見錢多也

俗所謂停待晉書已有此語也愍懷太子傳訖下停待是也

今所謂賞教賜之類蜀董和傳諸葛亮爲丞相下教之說葢謂此耳

吳雄之塋巫毉皆言滅族此亦文之病也彼巫毉何預塋事謂之塋師可也

蜀爲險固然守非其人最爲易取秦伐蜀十月取之後唐平蜀王衍七十五日今朝平蜀孟昶只用六十六日也

說郛目錄

弓第三十八

白獺髓 張仲文
清夜錄 俞文豹
貴耳錄 張端義
碧雲騢 梅堯臣
異聞記 何先
芝田錄 丁用晦
避亂錄 王明清

吟嘯錄 朱勝
青關錄 太行山人

白獺髓

宋 張仲文

寧廟朝高文虎知貢舉日以天子大采朝日爲賦題試貢士而舉人困厄於此學舍皆嘆怨後文虎因作西湖放生池碑誤引故事及上殿墮笏失儀兩學齋舍哀金作綵帳贈敎禽獸使人趙十一郎寓意以譏之其中有云鼠猴搢笏而不失其儀士有所愧禽鳥認書而咸知所出人反不如後使人因從官梁李珌沈作賓沈詵輩與高君會于官苑召至呈伎因以此

戲張子闔高君見之曰此必淳爲之耳淳台州人後於毛自知榜第三名及第

嘉定丁丑九月臣僚奏孔燁罷知高安孔本三衢人乙亥生仕至都官以女爲門人鄭復禮盜去遂有此玷復禮乃永嘉士人因善醫而爲孔門館賓與諸子游惟館于民家先數日前因見行都博雜者行都以三文十錢純博雜復禮博之以骰錢視之得純成欲盜此女隨手得純字更借取一視再博而又純還遂因孔君奉令牙齋擅是夜復禮遂盜此女令弟孝禮携往姑蘇

逮喨本家覺復禮與諸子責督警捕人根緝後以復禮之館媼告獲復禮孝禮俱徒刑編置而此女姬免刑押歸本貫且復禮初以傳錢卜共吉凶或者謂使其當時不傳得成或無此禍殊不知造罪背理豈有幸免而鬼神亦得陰治之故使之傳成而作成其罪矣且夫帷薄之間不謹分嚴豈特孔氏之家乎皆托於報緣恐未當理

慶元間有士人姜夔上書乞正奉常雅樂京仲遠承祖主此議送斯人赴太常同寺官校正斯人誇寺與

寺官列坐召樂師賫出大樂首見錦瑟姜君問曰此是何樂衆官已有誚文之歎正樂不識樂器斯人又令樂師曰語云鼓瑟希未聞彈之衆官咸笑而散夫其議遂寢至今其書流行於世但據文而言耳

紹興初行都童謠曰洞洞張河爺娘一似六筆之教場忽民間遺火自大瓦子至新街約數里是時皆華麗屋後嘉泰初童謠曰撇也又曰火裏（此假匿書語）大小皆語及此忽季春楊浩家遺火自龍舌頭山延燒至艮山門外船場自南至北僅五十餘里楊浩父子借竄海南其時守臣趙善堅殿帥吳曦步帥夏侯恪因是罷去

紹定初御街中瓦前賣團子者目爲三火下店如此兩三處先因鄭德懋家遺火焚燒中瓦及御街數千家時有錦城佳麗地紅塵瓦礫場之語後三年間中瓦後娼戶李博士家遺火焚燒中瓦及大街十餘家是夜在家飲酒者府吏王德用連坐被罪至四年九月間李博士橋王德家遺火自北而南焚燒至前湖門外方家峪山亦僅五十餘里宗廟百司一夕迨盡

中瓦又爲灰燼此三火之讖明矣王德取斬是時守臣林介殿帥馮榯步帥王虎因是罷去

嘉定間　交攻廷臣有以和戰守三策爲言者謂戰爲上策守爲中策和爲下策是時胡榘侍郎專主和議會入朝時四明袁燮侍郎與胡公廷爭專主戰守議仍以笏擊胡公額遂下侍從臺諫集議後袁君以此辭歸太學諸生三百五十四人作詩以送袁君曰天眷頻年惜掛冠誰令今日遠長安擧幡莫遂諸王願祖帳應多行路難去草豈知因害稼彈烏何事

却驚鸞韓非老子還同傳憑仗時人品藻看今江東
倉使狀元公甫即其子也
秦檜師垣故第即今之德壽宮西有望仙橋東有升
仙橋後紹興末年師垣甍適值天府開浚運河人夫
取泥盡推積府墻及門有無名人題詩于門曰格天
閣在人何在格天閣乃高宗宸翰賜秦檜之家一德格天之閣偃月堂深恨
已深不向洛陽圖白髮却於郿塢貯黄金笑談便欲
興羅織咫尺那知有照臨寂寞九原今已矣空餘泥
滓積墻陰韓侂胄平原甲第即瑞石北阜爲第後開

禧末罪逐後改爲寺監齋舍生有題二絶于壁曰掀
天聲勢秖冰山廣厦空餘十萬間若使早知明哲計
肯將富貴博清閑花柳依然弄曉風才郎袖手去無
蹤不知郿塢金多少争似廬門席不重兩詩皆用董
卓郿塢事然權勢所歸之地古今皆然也
趙從善尚書自號無著居士家居吳郡從善尹天府
日招郡學喬木在家塾訓子希倉而喬生者實無所
知乃饕餮人爾不能責成其弟子但委靡依隨而已
心敖希倉以旦望祠孔聖令匠依公庠釋菜儀制鑄
造禮器等依奉常行禮同里黄子由尚書聞之欲發
譴會從善知悉令毀棄而逐喬生後希倉公倅紹興
日令庖人造燥子茄子欲書判食單問廳吏茄子吏
曰草頭下著加即援筆書草下用家字乃蒙字郡人
目曰燥子蒙會稽郡治有賢牧堂謂范文正公趙清
獻公翟忠惠公朱忠靖公趙忠簡公史越王張昆陵
守像民祠之從善嘗帥浙東日使門吏諭耆宿經倉
憲兩司陳乞以州治賢牧堂增從善像兩司一時奉
承從請既成有郡士朱萬年題詩于堂曰師罼使衆

作祠堂要學朱張與鄭王大家飛上梧桐樹自有旁
人說短長
行都人多易貧乏者以其無常產且夫借錢造屋棄
產作親此浙西人之常情而行都人尤甚其或借債
等得錢首先飾門戶則有漆器裝折却日逐糴米而
食妻孥皆衣敝衣跣足而帶金銀釵釧夜則賃被似
此者非不知爲費欲其外觀之美而中心樂爲之耳
其語言無實尤可笑如語年甲則曰本末語居止則
曰在前面語[illegible]則曰一箸牙齒語仕祿則曰小差

類如此等詭譎之語甚多

嘉定癸酉臣僚奏請禁止都城青蓋兩學俱以皂蓋出入而天府又復禁止忽有外郡參學士人入都不知所禁被獲入公府士人乞供對而書詩曰冠蓋相望古所然易青爲皂且從權中原多少黄羅蓋何不多多出賞錢州府遂决捕人而遣之然皂蓋終非中都所宜用者

嘉泰末年平原公恃有扶日之功凡事自作威福政事皆不由内出會内宴伶人王公瑾曰今日政如客

人覔傘不由裏面後寧宗恭淑后上仙而曹氏爲婕妤平原特以爲親屬偶值眞里富國進馴象至平原語公瑾曰不聞有眞理富國公瑾曰如今有假埸國忠平原變慽之而無罪加焉

有一世賞官王氏任浙西一監當初到任月吏輩來獻錢物幾數百千仍白曰下馬常例王公見之令作一狀并物白解上司以爲吏輩以此欲汚之吏輩市民等祈告再四而乃令取一櫃以其物悉置之於櫃上對衆封緘寘于廳治戒曰此任中有一少犯即發此任内吏民警懼諜息俱備以至終任榮歸登舟之次吏白廳櫃此公曰尋常既有此例須有文牘吏賚案至俾舁櫃于舟載而歸矣又有一内司出官者姓王人初任江右一尉凡事不少恕尤多刻剝吏民不堪忽於出巡之次偶被市民邀請于宅中宴飲直抵三鼓飲散而歸兵卒皆醉倒初以爲市民好客不暇詢其蹤跡越月餘憲司差人邏捕兵卒及此尉赴憲臺鞫治謂是夜尉携兵卒强盜一部民家賫尉司旗仗等訴于憲司而有是獄尋究得乃其飲于民家其

被苦吏民乘兵卒之醉取其兵器故爲尉來刼掠以敗其任後案成削去仕籍

環衛官趙逢知泰州蔡闢作教官每過廳一揖而已衆官問闢教授何故待使長之薄闢云西班不足道逢聞之罪之不問若彼此小人萬一對衆官問闢闢基太祖是東班是西班闢有何說儒生斗筲之量傚而自滿闢自小職事叨冒入臺專務以勢力巧舉削癸州太守應命不前以私害公而上疏後出臺除太常少卿默儉不曾作邑清臺掃出首言獻長官之一

端也

有一朝士嘗爲相守有醫者以醫藥出入門下頗相善偶元日夜漏未盡在客次伺賀初至已有一客但見此客時時遣人入廳事詢問報云猶未醫亦不敢詢之如是凡三數次皆云猶未繼而迨曉辨色矣客怒罵連聲稱不孝上馬而去醫亦不詢他日從容與守言之問其狀貌乃其先也云適除夜飲酒過多遠庵方享祀耳蓋夫鬼本陰唯夜可以來耳

石湖范參政初官到任參州在客位其同參者聞爲

吳郡人即云獃子石湖先生聞之在懷後因醵會日云請獃子石湖先生書口號曰我是蘇州監本獃與爺上壽獻棺材宗室元來是皇族雨下水從屋上來

石湖入參大政其人尚在選闕老參軍其人來不呼召參政即見顏溫講同官之好謙曰某老獃無用

李晦菴粹伯知杭州除湖北倉使被召除太常寺丞呼太丞一外道知州來于堂入丞相客位問有甚官虞候報李太丞知州者一揖而已更不交談忽發問□公大方脉小方脉都理會得又問病也治難某專治瘡生心術不正之病丞相先請太常寺丞後除秘書省入臺遷侍御史知州者來相見獨請茶罷素湯點豨豕湯

開禧初權臣將用事之日以所賜南園新城會諸朝士席間分題各賦春景以都城外土物爲題時一朝士姓俞在座分得游春黃浪詩（都城春間湖邊則以泥製黃土偶謂之士宜）俞即賦曰兩脚稍空欲弄春一人頭上又安人不知終入兒童手筋骨翻爲陌上塵薄有所譏繼出知苕霅後嘉定戊辰邊警之變果然（游春黃胖起於金門地有杏花園游人取其黃土戲媷爲人形爾）

西湖僧儀嘗以詩上權臣云我本田中一比丘却來乘馬不乘牛如今馬上風波急不似田中得自由權臣以爲謗已遂褫其衣

鄭剛中之鎮蜀也眷奴曰閻王所居曰富春坊忽民間遺火鄭公出鎮於火明中獲一旗上有詩乃借東城海棠詩爲之云火星飛上富春坊天恣風流此夜壯只恐夜深花睡去高燒銀燭照紅粧公一見曰必

山公子也楊湜備古今詞話中亦有一詞

韓邈尚書乃開禧權臣之叔長戶部日嘗親民訟有姓祝人投詞乞文還賣過光廟謚冊玉錢而邈令下所造官司及索其餘欲計其直次據文思院申陳云其餘玉已經嘉泰辛酉回祿焚毀不存而韓於案後判云地理十里有光遂已其事可發一笑

江左士子徐觀國就館于鄱陽尉王君家以館翁被本部告訐減請干州連及觀國被錄到庭遂作驀山溪詞曰儒官猾大是官曰都得斂宰相故祟下呼召也須同太原公子能武又能文閑暇裏抱琴書車馬時相過樽開北海滅請還知麼尀耐這點徒剛入詞把人點汚儒冠屈辱和我被于連累告訐孟嘗君帶累三千個

秦申王晚年昏耄倦於爲政軍國大綱事悉委其子少傅熺處決號爲小相由是賄賂大行申王頗亦自知而危疑焉後因會楊和王曰外廷議論如何和王曰但只聞人言公相不師伊周乃效唐令狐之作申王似有慚色徐曰然則古既不乏老夫何愧乎王退而言於子弟曰秦公出語謬亂不常不死則禍將作

矣未幾果殂

紹興間醫官王繼先以顯仁太后初御慈寧宮春秋高毎遣豫服其藥隨念賴是優游東朝享康寧之福幾二十稔克副高宗事親之孝繼先之功也故恩禮特異官至正任承宣已而繼先恃寵席勢福自已所爲有不可於衆而舉朝附阿之不暇至有稱門生者後太后上仙繼先自是眷遇日衰竟黜福州以卒

浙間以牛乳爲素食佛以爲食嘉定間黄子中大諫言向在廣中見韶陽屬邑乳源民訴于漕司與民爭乳田親引而問之何謂乳田民曰鄉中有地種乳先掘地成窖以粳米粉鋪于窖内以草蓋之用糞壤壅之候雨過氣出則發開而米粉已化成蛹如蠐螬狀取蛹作汁以米粉漬而蒸成乳食之也韶陽乃六祖禪師顯化道場而彼中皆爲此不知其故恐鄉原不以牛乳爲食耳

紹興間行都有三市井人好談今古謂戚彥樊屠尹昌也戚彥乃皇城司快行樊屠乃市肉尹昌乃傭書有無名人賦詩曰戚快樊屠尹彥時三人共坐說兵

機欲問此書出何典昔時曾看王輿之書史人（輿之乃說書史人）
禁中後苑官有後苑使王綱領本苑事有權幹辦後苑官監視苑內事有大王管使臣謂之媛盪官又有前降使臣紹定間內司提轄陳詢益奏乞以苑使謝質新自供奉媛盪舊無此例質自職此愈加戰兢靡敢自解如此年餘後忽闕長官闕員適假歸上特令差謝質次日詢益奏謂質不當遷此上曰汝見彼憂勤許時詢益自慚而退

程覃乃文簡公之子尹京日有治聲唯不甚知字嘗有道民投詞牒乞執狀造橋覃大書照執二字斯人見其誤遂白之合是照執今是昭執乃漏四點爾覃取筆忽於執字下加四點乃爲照熱庠舍諸生作傳議之

清夜錄

宋　俞文豹

東萊先生江觀瀾文謂後赤壁賦結尾用韓文公石鼎聯句敘彌明意文豹謂不然蓋彌明眞異人文公眞紀實也與此不同金剛經曰一切有爲法如夢幻泡影東坡先生貫通內典深悟此理嘗賦西江月云休言萬事轉頭空未轉頭時皆夢赤壁之遊樂則樂矣轉眼之間其樂安在以是觀之則我與二客鶴與道士皆一夢也

王夕郎信掌制誥孝宗覽之曰近日誥詞全似啓事溢美太甚卿甚得體文豹謂其弊始於用四六也詞臣又欲因此結知務腴悅而極工巧拘平仄而捉對偶無復體製開慶元年丁相大全當國江鄂二郡守創例每一漁船日輸五千漁人不堪命遂渡北兵入寇鄂渚八月起舊相吳履齋宅左揆直院洪舍齋芹草麻制中間云予方重宵衣之憂汝不以晝錦爲樂入趨延英之召至奉天章之咨惟事務之孔殷顧弊源之滋甚邪不可以干正而君子小人之限界未明

矣不可以亂華而内夏外夷之名分未肅士氣抑鬱而弗振民力殫弱而莫紓在廷紐於意見之偏在邊玩於守備之弛當饋以歎濟川其誰遺大投艱孰念數寧之計任重致遠實維弘毅之賢云云於戲詩有天保采薇當厲修政攘夷之志道在中庸大學尚明治國平天下之經予欲祈永命汝廸予欲康庶事汝爲惟至忱足以感動神明惟太公足以信服中外綮我耆俊毋煩訓詞細觀此制詞情懇到句語坦明不拘平仄對偶真得制誥體魯齋乃容齋先生嫡派

然前輩四六多喜推故事如先生草吳璘開淮渠獎諭云刻石立作三犀牛重見離堆之利渡波誰云兩黃鵠詎煩鴻郤之謠蓋用杜詩石犀行翟方進開陂事事雖切但非制誥體看坡公制誥用故事明白數暢

開慶元年冬李松壽寇漣水軍帥闕遺毛興將兵禦之興有惛爲松壽用以書來欲且置此軍以靖邊侯鄂寇平再取之并餽銀二匆興曰奉命出戰而縱敵棄地何辭以班師乃請益兵會制帥趙節齋病不報興遂死之而失此軍并雖再歸彊而亦失一良將餘矣

宣和七年預借元宵時有諺詞云太平無事四邊寧靜狼烟聊國泰民安謾說堯舜禹湯好萬民翹望彩都門龍燈鳳燭相照只聽得教坊雜劇歡笑　美人巧寶籙宮前呪水書符斷妖更夢近竹林深處勝蓬島笙歌鬧奈吾皇不待元宵景色來到只恐後月陰晴未保淳祐三年京尹趙節齋與竹　預放元宵十二日十四日諸巷陌橋道皆編竹爲張燈之計臣僚

劄子引此詞末二句爲次年五月五日金入寇之讖十五日早晨遂盡拆去

范文正公鎮錢塘兵官皆被薦獨巡檢蘇麟不見錄乃獻詩云近水樓臺先得月向陽花木易爲春公郎薦之

太宗子元儼有盛名號八大王有人入蜀謁張忠定公投叅政書公納之袖中無語次投丞相書亦如前及投八大王書公曰貟掀鼻曰

曹翰貶汝州有中使來翰泣曰衆口食貧不能活以

袱封故衣一包質十千中使回奏之太宗開視乃書障題曰下江南圖惻然憐之召還

哲宗朝謝悰試賢良方正賜進士出身悰辭免云勅命未敢祗受乃以抵爲祗以授爲受劉安世奏曰唐有伏獵侍郎今有抵授賢良

詹義登科後解嘲詩云讀盡詩書五六擔老來方得一青衫佳人問我年多少五十年前二十三

温公一日過獨樂園見創一厠屋問守園者何從得錢對曰積遊賞者所得公曰何不留以自用對曰只

相公不要錢

孔子問漆雕期曰子事臧文仲武仲孺子容三大夫孰賢對曰臧氏家有守龜名蔡文仲三年爲一兆武仲三年爲二兆孺子容三年爲三兆三人之賢不賢所未識子曰君子哉漆雕氏言人之美也隱而顯言人之過也微而審余每觀此言未嘗不擊節歎服蓋十以決疑不疑何卜行已也正捫心無慊何以卜爲三大夫皆所事何敢以家臣而議主君之賢否但觀其十龜之繁簡則賢否較然矣

嘉定間荆天文以課狀一軸投史衛王當府亦不暇看及羅日愿之變夜在内書院沉思籌度閒行過書架邊信手拏一卷及其課狀閲至後則羅日愿及其黨姓名以至收獲至斷日分地所歷歷該説明白呼來見其藍縷因問其家有何人對曰有老妻及兩男一女遂以百千兩謝遣之歸語其妻曰若再來喚我時斷是一死後羅日愿平定後再呼之至則授以被封一盒戒曰到家方可開及開乃官誥二道省劄二紙補二子充天文官銀一笏爲女兒嫁資其夕一中

而死今靈臺郎同知筭造荆執禮是也

豪傑之士所在有之然豁達大度必如漢高祖英武大志必如唐太宗則能使之聞風作興否則雖楚有材晉實用之或反爲吾國之患燕不能留樂毅而毅爲趙用魏不能用范雎而雎爲秦用晉不能致王猛而猛爲苻堅用後唐不能任韓延徽而延徽爲契丹用蓋必有非常之主而後能用非常之人駱賓王作復唐檄曰一抔之土未乾六尺之孤安在武后覽曰宰相之過也安有如此材而使之流落不偶耶

慶曆間華州士人張元昊累舉不中第落魄不得志負氣倜儻有縱橫材嘗薄遊塞上覩覽山川有經畧西鄙意雪詩云戰罷玉龍三百萬敗鱗殘甲滿天飛又鷹詩有心待搦月中兔更向白雲頭上飛欲謁韓范二帥恥自屈乃刻詩石上使人拽之市而笑其後二帥召見之躊躇未用間已走西夏與曩霄謀抗朝廷連兵十餘年文豹聞秦檜當國時有士人假其書謁揚州守守覺其僞以白金五百兩繳原書管押其回秦接見之即補以官資或問其故曰有膽敢假檜

書若不以一官束縛之則北奔胡南走越矣覩秦此舉加韓范一等矣淳祐十二年朝廷以京學遊士挑撻不純盡行放逐頗聞其間亦有張元其人心非仁厚意則弘深開慶元年各盡照舊例放之黎伍夫學校所以養士科舉所以取人而豪傑之士則非二者所能牢籠全在君相羅之於法度之外也

淳祐十二年六月武學列劄爲同舍求棺木京尹余大監晦差都轄院長伍作十四五人突入搔撿揭帛裂衣暴露兩日齋衆同太學宗學伏闕上書不報名檜堂散去司業蔡久軒抗申朝廷乞罷余太監以謝諸生罷抗以謝京尹余帥密表奏陳隨往見執政至通江橋聞大諫葉大有察院蕭泰來再有按章即就出浙江亭呼吏結案正財賦出榜云嘗職蒙恩權領京尹凡五閱月一毫不敢妄支今當丐去就撥官會一百萬委陳府判照甲牌俵散以表賑卹之意當日過江司業亦出門有旨勸諭諸生歸齋文豹謂汲黯開河南倉賑飢民且伏矯制之罪天府非外郡比府庫皆天子之府庫人民皆天子之人民京尹特擅行其政令小事則專達大事則奏聞雖獨放儭金亦出

於朝旨沉百萬賑濟乎罪去復輒擅出官庫錢出榜差官幾於無君矣久軒家建寧朱文公之高弟西山先生元定之孫九峯先生沉之子淳祐間持憲浙東師幹項廷增挾去相遊克齋書求京削詰以來春俄而克齋奉項亦無復季札掛劍之望明年正月入爲大司成首致克齋之奠以此削自之而後發寶祐丙辰簽書樞密院事數以議論不合翩然高舉

州紭渦王庭玉唐珪初締葉氏姻入太學後結婚

女微跋而又承虛箠公姑銳欲出之庭玉過庭祈豎
謂婚姻前定罪非七出何敢爲此薄德事越三年登
科生三子皆競爽鄉曲高其行義稱爲厚德之家開
慶元年九月辟授天府帥機

東坡先生嘗偶遇坐客行一令以兩卦名證一故事
一人云孟嘗門下三千客大有同人一人云光武兵
渡滹沱河既濟未濟一人云劉寬婢羮汚朝衣家人
小過先生云牛僧孺父子犯罪先斬小畜後斬大畜
蓋爲荆公父子發也

胡文定公安國言自古盛王雖用文德必有親兵專
掌宿衛成王即政周公損虎賁與常伯同戒於王欲
其知䘏虎賁者猶侍衛親兵也康王初立太保俾齊
侯呂伋以虎賁百人逆於廟門呂伋者太公望之子
也自諸侯入典親兵猶今殿步馬軍都帥也勳德世
臣總司禁旅虎賁衛王宿衛王宮其爲國家慮深矣
宋朝法前代命三衛分掌親兵正爲强本弱支消患
預防之計文豹見朝廷自淳祐中邊遽稍稀不爲遠
攷日　兵額日虧殿步戎旅稀疎已甚及寶祐
以來北兵寇蜀又未免定內事外至調閩浙諸郡兵
而每郡率不過三五百人而已今春姚給事希得附
奏云朝廷近調江淮一萬三千人赴上流僅取都吏
姓名曾未有即日就道者軍將稽留在所必誅也而
朝廷乃倥偬他務視此爲萬事中之一事若有若無
且作且止是必待閉城門而後開言路見胡騎而後
括金銀也竊怪今日令三衛與東南之兵猶調遣不
應蜀之見兵僅八千人入動數萬其何以支若以
招兵易養兵難臣則有傾國力一策范鎮曰欲備雲

南莫若寬兩河之民今朝廷若只欲取辦於諸閫諸
閫又不過取辦於民民力竭矣臣謂今牙契一局及
江水分司歲可得三千六百餘萬即可養六萬兵歲
幣銀絹歲二十萬匹兩本以和戎今既不用即可養
一萬兵內帑六設本以備邊金帛充斥歲絹二十萬
即可養一萬兵不知朝廷吝此何爲商亡而鹿臺在
秦亡而敖倉在漢亡而西園在隋亡而洛口在適足
爲寇資爾文豹謂上在位日久明習國家事條戎備
兵刃非所吝皆當國者無遠畧故玩安忽遠苟且歲

月耳開慶初元鄂廣繹騷廪佐軍需犒將士資帥閫
銀楮動百千萬計以至省賦歛鬬逋負釋禁錮弛繫
囚出宮嬪收游士皆出聖意也
范文正公欲求退子弟請治屋宅園圃公曰吾死無
幾何暇爲此西都園林相望孰㝵吾遊豈必有諸已
乃爲樂乎有俸賜且調宗族及歸姑蘇月有絹三十
疋盡散與閭里親族朋舊曰親族鄉里見我生長幼
學壯行爲我助喜何以報之祖宗積德百餘年始發
於我今族衆皆祖宗子孫我豈可獨享富貴乃置田

數千畝爲義庄贍貧族公子忠宣公純仁爲相四世
孫成大又忝大政至今范爲吳門名族今士大夫於
親族發一書判一狀猶靳焉又況庄乎然以忠宣公
之盛德晚乃喪明常令其甥司馬朴扶行斯人也而
有斯疾也
靖康元年冬都城受圍四十餘日易子而食有以子
肥瘦不等而爭訟者

貴耳錄

宋　張端義

宣和七年南郊畢恭謝上清儲祥宮聞金人已破燕
山車駕亟還禁中夜二鼓中人粱竑持宸汗一紙宣
示惟書黃中來既入對上獨坐一横榻兩宮娥擎燭
上曰邊警如此盡是蔡攸匿下不令朕知煩卿先草
一詔盡言朕失以謝天下連進二草皆不稱上意再
三宣諭只要感動人心不須歸過宰輔只說朕不是
第三章少愜上意親筆改寫成即時降出上曰卿未

可去適來李邦彥等皆譸張失措且去外面商量此
詔是朕自思算更有二事待與卿說朕欲遣王黼蔡
攸等分守大河盡籍内臣貴戚倖佞家財祇備犒軍
朕傳與皇太子名淵聖朕移軍長安保扞關中爲根本
卿可就此爲朕處置明日便要都了只是未有人做
宰相是夜二府皆至銀臺門矣罪巳詔下忽吳敏拜
少宰李綱拜尚書左丞淵聖登極道君南幸向來御
筆皆不行内禪之前上諭曰處置許多事蔡攸盡道
不是只傳位一事靠要做他功勞淵聖嗣位臺諫交

章請誅京攸雖楊中立不免宣言蔡攸無罪之語但見論者紛然以誅王黼爲快而右蔡氏矣

徽宗北狩有諜者持一黄巾單來御書云趙岐註孟子付黄潛善諸人審思之孟郎瑤華太后趙郎康王高宗由是中興載泣血錄

真廟宴近臣語及莊子忽命秋水至則翠鬟綠衣一小女童誦秋水一篇聞者竦立

昔聞仁宗時有外臣奏陛下不蚤立太子有播遷之禍仁宗大怒問宰執曰朕未立皇子如何比朕如唐

皇有播遷之禍宰相奏云陛下果是播遷不及明皇當時明皇幸蜀尚有肅宗即位靈武陛下無肅宗爲子委不及明皇仁宗怒霽建立之議始堅

孝皇一日宣押王丞相趙丞相施元樞周大參幸一燕坐咨訪政事駕方御坐見御案上有一黄綾冊上忽駕興二相不敢近看獨周大參略開一看不覺吐舌復掩冊如初移時上來遽問卿等不曾看此冊否皆以不敢對來日周大參入堂首與二相言此冊即是前宰執所進臺諫姓名見今宰執所進臺諫者皆在焉孝皇聖斷不可測度前相既去後相即拜却除前相進擬臺諫後相雖有進擬慮其立黨不除恐臺諫奉承後相風旨以攻前相所以存進退大臣之體今則不然一相去臺諫以黨去一相拜臺諫以黨進况自嘉定副封之弊前帝宏規廢矣

高宗孝宗在御每三年大比下詔先一日奉詔露天默禱曰朝廷用人別無他路止有科舉願天生幾箇好人來輔助國家及進殿試策題臨軒唱名必三日前精禱于天所以紹興淳熙文人才士彬彬在朝此二祖祈天之效如此

壽皇過南内德壽問近日臺臣有甚章疏壽皇奏云臺臣論之閤鄭藻德壽云說甚事不是說他娶嫂壽皇奏云正說此事德壽云不看執柯者誰德壽云朕也壽皇驚灼而退臺臣即時去國

德壽丁亥降聖遇丙慶八十壽皇講行慶禮上尊號周益公當國差官撰冊文讀冊書冊擬楊誠齋尤延之各撰一本預先進呈益公與誠齋鄉人借此欲除誠齋以侍從爲潤筆冊文壽皇披閱至再即宣駐

公楊之文太聱牙在御前讀時生受不若用尤之文溫潤益公又思所以處誠齋奏爲讀冊官壽皇云楊江西人聲言不清不若移作奉冊壽皇過內奏冊寶儀節及行禮官讀至楊某德壽作色曰楊某尚在這里如何不去壽皇奏云不曉聖意德壽曰楊某殿策內比朕作晉元帝甚道理楊即日除江東漕誠齋由是薄憾益公

孝宗朝幸臣雖多其讀書作文不減儒生應制燕間未可輕視當倉卒汗墨之奉豈容宿撰曾覿龍大淵

本名大淵孝宗寫開作二字張掄徐本中王抃趙弗劉碔中貴則有甘昪張去非弟去爲外戚則有張說吳琚北人則有辛棄疾王佐伶人則有王喜棊國手則有趙鄂當時士大夫少有不游曾龍張徐之門者

張景卿因奏對仁宗曰卿亦出孤寒張對曰陳本書生陛下擢至中丞三子皆服冠裳陛下春秋高才[illegible]虛臣非孤寒陛下乃孤寒也上嘉納之

道君北狩在五國城或在韓州凡有小小凶吉喪祭節序北　必有賜賚一賜必要一謝表北虜集成一帙刊在榷場中博易四五十年士大夫皆有之余曾見一本更有李師師小傳同行於時

道君幸李師師家偶周邦彥先在焉知道君至遂匿於床下道君自攜新橙一顆云江南初進來遂與師師謔語邦彥悉聞之檃括成少年遊云并刀如水吳鹽似雪纖手破新橙後云嚴城上已三更馬滑霜濃不如休去直是少人行李師師因歌此詞道君問誰作師師奏云周邦彥詞道君大怒坐朝宣諭蔡京云開封府有監稅周邦彥者聞課稅不登如何京尹不

按發來蔡京罔知所以奏云容臣退朝呼京尹叩問續得復奏京尹至蔡以御前聖旨諭知京尹云惟周邦彥課額增羨蔡云上意如此只得遷就將上得旨周邦彥職事廢弛可日下押出國門隔一二日道君復幸師師家不見師師問其家知送周監稅道君方以邦彥出國門爲喜既至不遇坐久至更初始歸愁眉淚睫憔悴可掬道君大怒云你去那裏去師師奏臣妾萬死知周邦彥得罪押出國門略致一杯相別不知得官家來道君問曾有詞否李奏云有蘭陵王

詞令柳陰直者是也道君云唱一遍看李奏云容臣妾奉一杯歌此詞爲官家壽曲終道君大喜復召爲大晟樂正後官至大晟樂府待制邦彦以詞行當時皆稱美晟詞殊不知美成文筆大有可觀作汴都賦如幾奏雜著皆是傑作可惜以詞掩其他文也當時師師家有二邦彦一周美成一李士美皆爲道君狎客士美因而爲宰相吁君臣遇合於倡優下賤之家國之安危治亂可想而知矣

孝皇聖明亦爲左右者所惑有一川官得郡陛辭有

官者奏知來日有川知州上殿官家莫要笑壽皇問如何不要笑外面有一語云裹上幞頭西字臉恐官家見了笑只得先奏所謂川知州者面大而橫濶故有語來日上殿壽皇見憶得先語便笑卿所奏不必宣讀朕宮中自看愈笑不已其人在外曰早來天顏甚悅以其奏劄稱旨殊不知西字臉先入之言所以動壽皇之笑也

王尚之爲郎日輪對一劄乞減宮嬪之冗壽皇問卿是外臣如何知朕宮中事臣備員内府丞見每月宮中請給歷歷具道大小請給細數壽皇大喜即日除浙漕却不及作侍從曾作太府卿

高孝二朝帥蜀必要臨遣未嘗就外除亦以蜀爲重事廟堂欲除崔菊坡先生覺菊坡之意未就司諫王貫卿上疏指以士大夫辭難避事不肯任朝廷之委用疏上後菊坡之命始出菊坡只得一行在九江時余往見之扣其入蜀之意菊坡自言朝廷以蜀中散亂令其整齊之余進曰今天下散亂豈特一蜀耶朝廷何不留先生整齊天下之散亂而獨私於蜀耶菊

坡唯唯而已近湯季能有辭難避事之疏三十年間而見之恨無菊坡在見此疏也

壽皇問王抃如何北使在庭舞蹈極可觀此間舞蹈皆不及之抃奏云北人袖窄但公裳袖大一舉手便可觀南人袖内外皆寛大舉手便不可看北人視此爲大禮數德壽孝在御時閤門多取北人充贊喝聲雄如鍾殿陛間頗有京洛氣象自嘉以來多是明台溫越人在閤門其聲皆鮑魚音矣

壽皇以孝治天下有大理寺孫寺丞失記其名匿服

不丁母憂壽皇怒欲誅之奏知德壽云孫某不孝欲將肆諸市朝德壽云莫也太甚遂黥面配廣南數年得歸余兒時曾見之今之士大夫甚至聞訃仕宦自榮自若衰絰有不爲者者食道衣錦汝安則爲之聖門之訓天理滅絕去禽獸幾希

宣和元年間高麗遣使一旦忽上奏以其王病求醫上擇二良醫往歲餘方歸二醫奏王館醫甚勤謂曰高麗小國世荷國恩不敢忘聞天子用兵遼實兄弟國苟存之猶是爲　國捍邊其他乃虎狠不可交也

願二醫告諸天子早爲之備

慈寧殿賞牡丹時椒房受冊三殿極歡上洞達音律自製曲賜名舞楊花停觴命小臣賦詞俾貴人歌以侑玉巵爲壽左右皆呼萬歲詞云牡丹半圻初經雨雕檻翠幕朝陽嬌困倚東風羞謝了羣芳洗烟凝露向清曉步瑤臺月底霓裳輕笑淡拂宮黃淺擬飛燕新妝楊柳啼鴉晝永正鞦韆庭館風絮池塘三十六宮簪艷粉濃香慈寧玉殿慶清賞占東君誰比花王良夜萬燭熒煌影裏留住年光此康伯可樂府兩載

壽皇使御前畫工寫曾海野喜容帶牡丹一枝壽皇命徐本中作贊云一枝國艷兩鬢東風壽皇大喜

紹興初楊存中在建康諸軍之旗中有雙勝交環謂之二勝環取兩宮北還之意因得美玉琢成帽環進高廟曰尚御裹偶有一伶者在傍高宗指環示之此環楊太尉進來名二勝環伶人接奏云可惜二勝環且放在腦後高宗亦爲之改色所謂工執藝事以諫

方臘作亂朝廷捕之獻言者曰若急請於朝以劉公安世守南都陳公瓘鎮金陵人望歸之可不勞兵而

破矣此鄭林語也致堂先生行狀中載之

王丞相欲進擬辛幼安除一帥周益公堅不肯王問益公云幼安帥材何不用之益公答云不然凡幼安所殺人命在吾輩執筆者當之王遂不復言

孝皇朝不許宰相進擬鄉人王丞相在相位八年林子中亦鄉人八年不得除命

吳越錢王入朝太祖曰謀下江南許以舉兵援助歸語其臣沈倫倫再三嗟嘆錢王扣之倫云江南是兩之藩籬堂奧豈得而安耶大王指日納土矣宣和

年結　攻契丹契丹果亡隨即二帝北狩此亦自
撤藩籬也
藩籬也喬行簡爲淮西漕便民五事曾說此二項是
亦祖江南之沈倫也
壽皇賜宰執宴御前雜劇妝秀才三人首問第一秀
才仙鄉何處曰上黨人問次曰澤州人問三曰湖州
人又問上黨秀才汝鄉出甚生藥曰某鄉出人參次
問澤州者曰出甘艸又問湖州者曰出黃藥如何湖
州出黃藥最是黃藥苦人當時皇伯秀王在湖州故

有此語壽皇卽日召入賜第奉朝請
何自然中丞曰上疏乞朝廷併庫壽皇從之方且講
究未定御前有燕雜劇伶人妝一賣故衣者持袴一
腰只有一隻袴口買者得之問如何着賣者云兩脚
併做一袴口買者云袴却併了只怕行不得壽皇卽
寢此議
天寶間楊貴妃寵盛安祿山史思明之作亂遂有楊
安史之謠嘉定間楊太后史丞相安撫寄亦有楊安
史之謠時與事異姓偶同耳

有一川官在都乞差遣一留三四年題一詩在僦屋
之壁曰朝看貝葉牢籠佛夜禮星辰取奉天呼召歸
來聞好語初三初四亦欣然初三初四郎二僕也因
此詩傳播京下遂得缺而去
王黼宅與一寺爲鄰有一僧每日在黼宅溝中流出
雪色飯顆漉出洗淨曬乾不知幾年積成一囤靖康
城破黼宅骨肉絶食此僧卽用所囤之米復用水浸
蒸熟送入黼宅老幼賴之無饑嗚呼暴殄天物聖人
有戒宣和年間士大夫不以天物加意雖溝渠汚穢

中亦散五穀及其饑餒之時非脩積累之久一家皆
絶食而死可以爲士大夫暴殄天物者戒
荆公黜詞賦尊經獨春秋非聖經不試所以元祐諸
人多作春秋傳解自胡安定先生始知孫莘老輩皆
有春秋集解則知熙寧元祐諸人議論素不同矣唐
子西云挾天子以令諸侯諸侯必從然謂之尊君則
不可挾六經以令百氏百氏必服然謂之尊經則不
可
禧議和首遣方信孺通書奉使和議未成欲遣輔

漢卿輔辭以考亭諸生老不稱使迺薦王都廂稱代爲行人三往返至四　有一伴使顔元者問韓侂胄是甚麽人答云魏公之孫吳太后之肺腑有擁佑之勳又問云官裏如何信任他不知去得他否王答云大臣去留出自聖斷伴使就懷中取出本朝省劄韓侂胄軍怒已擊死王爲之驚駭當時一語之差豈不失兩國之體則知專對之爲難事也

衛社稷宗社者大臣職也死社稷宗社者大臣之辛也韓侂胄柄國皆由道學諸人激之使然紹熙五年

七月光宗屬疾寧皇未内禪外朝與中禁勢相隔絶趙中定招侂胄通太后意中官關禮同任往來之旨寧廟即位諸公便掩侂胄一日之勞嫉臺諫給舍攻其專輒之罪此時侂胄本不知弄權怙勢爲何等事道學諸公反教之如此爲之弄權如此爲之怙勢及至太阿倒持道學之禍起矣後十年坤鑑一進貲善一疏起於張鎡吳衡王居安之謀其他皆因人成事者也和議成本使許奕吳衡副之　索首謀函首至濠二使不敢進小使往返數次所云既是講和必無捌出禮數國信不必慮函首纔至　界　中臺諫文章言韓侂胄忠於其國繆於其身封爲忠繆侯將函首柎葬于魏公韓琦墓下仍劄報南朝當時丘宗卿開督府在建康備坐北劄徧劄諸州監司先父適漕淮東親得此劄幸一見之

儂智高發三解不得志遂起兵兩廣遂有兩解試攝官之格張元因殿試落第徑往西夏自此殿無黜落之士

施宜生以賀正使來韓子師館伴因語日射三十六

熊賦云雲屯八百萬騎日射三十六熊以八百萬騎對三十六熊何其鮮哉宜生語塞大抵南北二使皆不深書司射所藏熊即侯也非獸也

乖厓張公帥蜀時請於朝捌用楮幣絢以百界嘗見蜀老儒輩言謂此是世數所關七八年前已及九十九界蜀閫建議虛百界不造而更造所謂第一界行之未久而蜀遂大壞時數之論於是爲可信

辛卯歲北來人數百輩暫寓於襄陽府光孝寺有一人題詩于壁云干戈未定各何之一事無成兩鬢絲

蹤跡大綱王粲傳情懷小様杜陵詩脊令信斷雲千
里烏鵲驚飛月一枝安得中山千日酒陶然直到太
平時雖未爲絶唱讀之亦使人增感也
章子厚在政府有停賊邦曲之號一日畢直欲復唐
巾裹子厚曰未消爭競只須公令嗣戴來略看子由
語張文潛曰廟堂之上諕語肆行在下者安得不風
靡
東坡氷龍吟笛詞八字謚楚山修竹如雲異材秀出
千林表此笛之質也龍鬚半剪鳳膺微漲玉肌勻繞

此笛之狀也木落淮南雨晴雲夢月明風嫋此笛之
時也自中郎不見將軍去後知孤負秋多少此笛之
事也聞道嶺南太守後堂深綠珠嬌小此笛之人也
綺窻學弄涼州初試霓裳未了此笛之曲也嚼徵含
宮泛商流羽一聲雲杪此笛之音也爲史君洗盡蠻
烟瘴雨作霜天曉此笛之功也五音已用其四之一
角字作霜天曉歇後一角字
歐陽公論琴帖爲夷陵令時得琴一張於河南劉虮
葢常琴後作舍人又得一琴乃張粤琴也後作學士
又得一琴則雷琴也官愈昌琴愈貴而意愈不[illegible]
夷青山綠水日在目前無復俗累琴雖不佳意則自
釋及作舍人學士日奔走於塵土中聲利擾擾無復
清思琴雖佳意則昏雜何由有樂廼知在人不在器
也若有心自釋無絃可也
濮上陳摶以先天圖傳种放种放傳穆修穆修傳李
之才之才傳邵雍放以河圖洛書傳許堅堅傳范諤
昌諤傳劉牧修以太極圖傳頤頤傳二程濂溪得道
於異僧壽涯晦菴亦未然其事以異端疑之

漢尚氣好博晉人尚曠好醉唐人尚文好狎本朝尚
名好貧
黄初年三月癸卯月犯心大星占曰心爲天王位王
者惡之四月癸巳蜀先主殂于永安宫客星歷紫宫
而劉聰殞慧星掃太微而苻堅敗熒惑守帝座而呂
隆破庾翼與兄冰書曰歲星犯天關江東無他而
季龍頻年閉關余甲子年侍親出蜀在荆南沙市申
未間見一星自東南飛在西北如世之火珠狀其光
數丈長久而成一皇字丙寅冬吳曦叛丁亥年余爲

管見錄參十月二十三日夜因觀天象見一星入月筭歷者鄒淮絕早相別云昨夜星入月恐兩淮兵動不可住徑與渡過建康余問之前有此否鄒云漢獻帝時曾一次星入月今再見也十一月十二日劉倬舉兵僇季姑姑反戈一城猥狽倬以身免繼此兵禍未泯也庚寅年余丞浦江三月間近午日色略覺昏意謂日蝕外看山林屋宇皆成青色及兄弟骨肉相看面皆如鬼其色青甚如此日不移影至酉方動是年有繆春武庫之變余嘗在方冊間或書見怪異終未便信豈謂身自見之

丘宗卿帥蜀陛辭奏壽皇吳家兵太專他日必有可慮此時吳挺為興州都統兼知興州乞得二庚牌臣緩急可用居無何挺殂宗卿急發庚牌檄張詔交軍除興州都統西兵始移於他姓自開禧間吳曦再領興州兵北伐之事興曦果以叛聞人服宗卿之遠見宗卿與京仲遠為代京在蜀時適有瀘州張庭芬之變仲遠寬厚僇其渠魁餘皆從釋京偶帶都吏行宗卿就仲遠舟中擒去立斬之仲遠大不樂後仲遠館

相宗卿家食十年能知吳氏之兵必叛不知仲遠之作相何明於彼不明於此耶開禧兵興始開制閫主行和議復開督府年巳八十餘矣

仕之不稱者許郡將或部使者兩易其任謂之對移漢薛宣為左馮翊以頻陽令薛恭本縣孝者未嘗治民而粟邑令尹賞久用事宜即奏賞與恭換縣乃對移所起也

天道尚左星辰左轉地道尚右瓜瓠右縈蟻穴知雨鳥鵲知風燕避戊巳鵲背太歲魚聚北道鍼浮南指葵知南日菊知隕霜此物之靈也人有不節醉飽不謹寒暑孰謂人為萬物之靈因書為座右銘

士大夫最怕有虛名虛名一勝不為朝廷福眞西山負一世虛名豈西山眞欲受名于天下天下自聞其名而起敬耳及史同叔之死天下之人皆曰眞直院入朝天下太平可望及其入朝前譽小減省試主文為輕薄子作賦曰誤南省之多士眞西山之餓夫都下諺曰若要百錢賤須是眞直院及至換得來攪做一鑊麵如是則聲名自是一項事業自是一項江南

地土淺薄士大夫只做得一項做不得兩項
淳熙間省元徐履因功名之念太重遂有心恙之疾殿試用卷子寫一枝竹題曰畫竹一竿送上試官朝廷亦優容之以省元身後一官與其子子亦恙官亦絕

席大光以母葬碑銘皆數千言俾吳傅朋書之大光立于碑側不數字必請傅朋憩偃終日不能兼備傅朋病之至夜分潛起秉燭而書下光聞之起立以文房玩好之物盡歸之預備六千緡而潤毫或曰傅朋

之貧脫矣未幾而大光死傅朋嘆曰吾之貧分也大光之死由我也

眞定大曆寺有藏殿雖小而精巧藏經皆唐宮人所書經尾題名氏極可觀佛龕上有一匣開鑰有古錦儼然有開元賜藏經勑書及會昌以前賜免折殿勑書有塗金匣藏心經一卷字體尤婉麗其後題曰善女人楊氏爲大唐皇帝李三郎書寺僧珍寶之

吳江長橋焚于庚戌之　紹興四年新橋復成縣令□謀新之始未嘗委一吏未嘗科一夫但命十僧分幹一橋之利可支百年始謀興工亦俾諸僧分諭上戶往往出貲爲助震澤王闡者朱勔之黨乃積逋數千緡逋券百紙請同自督之同笑曰此逋豈可督也徐命闡坐取火盡焚其券同以臺疏言擾民而罷此闡族之

際習菴名塤省元父母求子于佛照光禪師就上寫一偈末後二句云諸佛菩提齊着力只今生箇大男兒此十月三十日書十二月三十日習菴生父母乞名于佛照光曰覺老余親見二狀習菴無髭有則去

之凡有除目卽先夢見住院前身卽一尊宿也

臨安中瓦在御街中士大夫必游之地天下術士皆聚焉凡挾術者易得厚獲而來數十年間向之術行者皆多不驗惟後進者術皆奇中有老于談命者下問後進汝今之術卽我向之術何汝驗我若何不驗後進者云向之士大夫之命占得祿貴生旺皆是貴人今之士大夫之命多帶刑殺衝擊方是貴人汝不見今日爲監司守帥闡者日以殺人爲事汝之術所□不驗也老者嘆服而去

伶者自漢武時東方朔以諧謔進其間以言語盡規導之意至唐高力士輩出入主溺于宴安鴆毒爲君之道絕矣及五代李亞子歐陽公作伶人傳首焉及稱請箭前驅縞素從戎繫燕父子以組函梁君臣首入于太廟還矢先王而告以成功其意氣之盛何其壯哉晚年酖于詼諧與周匝景進敬新磨泄終至亡國死無以葬以樂器焚之何其始英武後荒迷耶嘗讀放翁南唐書有一事可取李玉召一名將欲害之酌酒一杯與其將飲將知內有毒堅不肯飲奉杯前

曰臣當先奉爲王壽君臣交爭不決有一伶人自殿下舞上殿曰此酒臣當先飲奪將手中杯一舉而盡再舞下殿及殿門而卒一時倉卒遂解君臣之疑雖曰小人一死存國體可爲知幾之士矣

晉王衍口不言錢強名阿堵俗言兀底律貪之謂也古語云少則樂無則憂多則累又曰牢收長物金三品總寫虛名墨一行又曰須知世上金銀寶借汝閑看六十年又曰使君且恁埋藏却憐有人曾作乇來積而能散君子題曰爲富不仁古人深戒

曲江有二奇張相國以鐵鑄六祖禪師以銅鑄俗呼云鐵胎相公銅身六祖鐵胎有二身一在廟一在庠銅身在大鑒寺廣州天慶觀有銅鑄劉王像當時鑄時不像其容殺數匠始成衮冕具在

楊誠齋帥某處有教授狎一官妓誠齋怒黥妓之面押往謝辭教授是欲愧之教授延入酌酒爲別賦眼兒媚鬢邊一點似飛蚊莫把翠鈿遮三年兩載千撋百就今日天涯杂楊花又逐東風去隨分落誰家若還忘得除非睡起不照菱花楊誠齋得詞方知教官

是文士即舉妓送之

韶州岑水場以膽水浸銅之地會百萬斤鐵浸鍊二十萬銅且二廣三十八郡皆有所輸或供鉛錫或供銀或供錢歲計四五萬緡饒監所鑄歲止十五萬二廣未嘗曾見一新錢所在州縣村落未嘗一日無銅錢殊不可曉所謂會子皆視之棄物不知朝廷一如二廣只使見錢不知會子孝知可行否乎

乾道間有一媵隨嫁單氏而生尚書夔又往耿氏生侍郎延年及死尚書侍郎爭葬其母事達朝廷壽皇

云二子。無爭。然爲葬之衣冠冢，至今爲美談。

呂婆，即呂正己之妻。淳熙間姓名亦達天聽。燕養直家孫女曰燕婆，其嚴毅不可當，三五十年朝報奏疏琅琅口誦，不脫一字。舊京畿有二漕，一呂摺，一呂正己。摺家諸姬甚盛，必約正己通宵飲。呂婆一日大怒，踰墻相詈，摺之子一彈碎其冠。事徹孝皇，兩漕即日罷，令止除一漕，自此始。呂婆有女事許幼安，因以微事觸其怒，竟逐之。今稼軒桃葉渡詞因此而作。

貴耳錄　八　二十二

碧雲騢

宋　梅堯臣

碧雲騢者，廐馬也。莊憲太后臨朝，以賜荆王，王惡其旋毛。太后知之，曰：「旋毛能害人耶？吾不信。」留以借上閑，遂爲御馬第一。以其物肉色碧如霞片，故號之。世以旋毛爲醜，此以旋毛爲貴，雖貴矣，病可去乎？噫吁哉！

呂夷簡引用醫官陳巽，雜亂士人結也。

張士遜以二女入侍，諫官將言，乃出之。

碧雲騢　八　一

盛度以久任泣於上前，遂參知政事。王博文倣度泣送，自龍圖學士爲樞密副使。時蕭定基爲殿中侍御史，有士人匿名以河滿子嘲之。一日奏事，上曰：「聞外有河滿子。」定基曰：「臣知之。」上令定基自歌於殿上。既而臣之時有語曰：「殿上一聲河滿子，龍圖雙淚落君前。」

趙稹納賄中官羅崇勳，而引爲樞密副使。任布援稹之迹，又因見宰相曰：「布昨知魏府，經南郊賞給軍人，平帖無言。前知府狄樂以南郊賞賜不時，軍人喧噪

樂歸令爲美職其不合使軍人平帖歸守給事中班人多哂之遂亦緣此爲樞密副使

鄭戩結中官黃元吉吉左遷外補戩同列戲曰天休走御爺矣戩笑曰君不知我更有一爺在其不知羞愧如此

范仲淹收羣小鼓扇聲勢又籠有名者爲羽翼故虛譽日馳而至參知政事上自即位視羣臣多矣知仲淹無所有厭之而密試以策觀其所蘊策進果無所有上笑曰老生常談耳因喻令求出遂爲河東陝西

宣撫使因不復用後爲鄧青杭三州專務燕游其政大可笑自謂已作執政又知上厭之不復收羣小籠名士故底裏盡露也仲淹微時甚貧常結中吏人范仲尹爲族弟仲淹及第時姓朱名說自朱改范姓遂與仲尹連名及爲諫官攻呂許公而得罪仲尹亦遭逐仲尹自中書錄事出合爲供奉許公怒仲尹刺探事令仲淹知故秖與三班借職自此家破囊大有貲蓄已爲仲淹取給盡矣仲尹貧范仲淹畧不撫其家

賈昌朝娶陳燒谷女女嘗逐母夫人入宮遂識朱夫人昌朝既貴又因朱夫人而識賈夫人謂之賈婆婆昌朝在府政事多內相關應故主恩甚隆昌朝與吳育論事不平而出因賈婆婆獲厚賜然遭新相於上前言賈婆婆上稍厭之

文彥博相因張貴妃也貴妃父堯封嘗爲文彥博父洎門客貴妃認堯封爲伯父又欲士大夫爲助於是誘進彥博彥博知成都貴妃以近上元令織異色錦彥博遂令工人織金線燈籠載蓮花中爲錦紋又爲秋千以備寒食貴妃始衣之上驚曰何處有此錦妃

曰昨令成都文彥博織來以嘗與妾父有舊然妾安能使之蓋彥博奉陛下耳上色怡自爾屬意彥博彥博自成都歸不久參知政事貝州王則叛朝廷以明鎬往取之賊將破上以近京甚憂之一日宮中語曰執政大臣無一人爲國家丁事者日日上殿無有取賊意何益貴妃密令人語彥博明日上殿乞身往破賊上大喜以彥博往統軍至則鎬已破賊擒矣捷書至遂就路拜彥博同平章事後因監察御史唐介拜疏召彥博殿上面條奇錦事數件質於上皆實事彥

博守本官出知許州明年上元中官有詩曰無人更進燈籠錦紅粉宫中憶佞臣上聞此句亦笑

高若訥母兄楊若拙官宫中因之附中官進也

夏竦雖四中官楊懷敏然自東宫主深知矣麗籍與文彦博爲婚姻遂得譽後爲悍妻因貪而敗遂出守本官知鄆州孫沔緣籍親又因中官石全彬而進至樞密副使沔與妻邊氏俱淫濫世人言沔已爲穢矣籍欲與之地令取南蠻沔至嶺下稱疾不敢進後因狄青破賊有功初沔受秦州而慫諫官彈其穢跡稱

疾泊舟南京上章求徐州實以覲朝廷意陰結中官與麗籍相助於是上遣尚醫視疾令中使押往沔厚賂中使及醫官曰實病既聞儂賊擾南方乃入京去赴秦州麗籍上言南方非沔不能成功乃南征未行沔在大佛寺安下其安曉夕在籍家沔曉夕在南省前陳家通陳之妻陳氏沔之外生既受沔奏爲齋郎沔又奏陳子掌南行機宜歸又奏爲職官南方勠力有考第者不過得縣令入甚嗟恨之

青與文彦博同鄉人青在定州彦博令門客往游索青遺之薄客歸彦博以書責青再遣客往謁青於是厚遺之明年青建節知延州彦博又令客詣青曰延州之行我有力焉合奏異姓一人當以客爲請青遂奏客爲試校書郎會伐蠻賊驚走歸洞乃除青爲樞密使

劉沆亦因張貴妃而進

參知政事張觀嘗知開封府府有犯夜巡者捕致之觀據案詰之曰有證見乎巡者曰若有證見亦是犯夜左右無不大笑於是京師知其謬時赴上才五日

朝廷知之亟罷觀落知制誥守杭州杭州苦其謬政曰舍人文字似政事者也

梁適始與蘇紳有奸邪之迹時號草頭木腳隱語其姓也既同附中官得秉政豪視朝士自三司使楊察而下皆受其慢罵而貨賂公行甚於李林甫除政輕重欺眛又過之殿中侍御史馬遵吳中復呂景初極言其過惡聞於左右或展後揚言御史捃拾宰相自誰敢當者中官傳宣閤門明日閤御史遵曰昨日[illegible]名已許上殿今日班次至而止之必有蒙蔽

聖聰而爲梁適者請中官奏臣不敢退中官曰只知傳宣不管附奏遵等曰某不退閤門人已喧上亦稍知令宰相召御史卽廬舍問所言何遽遵曰御史言宰相過前時不具陳根柢者非謂不知始末蓋言之則宰相不可須臾施面目况此處乎所以未暴露蓋爲朝廷惜體不可使四方聞宰相犯贓今若須陳述根源乞歸臺作文字明日上進於是遵等歸條具日月姓名及物多少適守本官知鄭州左右中官尚復揚言主上不聽然猶恐遵等鍛極其事於是亦出御

碧雲騢　六

史遵知宣州景初通判江寧府吳中復通判虔州俄而適又營求内降爲觀文學士知泰州内降既出丞相未見而堂吏李曰宣張未壽切開其緘於是泄漏人知知適之除觀文内降矣丞相惡之黜曰宣湖南縣令未壽判司御史皆移官遵京西轉運使景初知衛州中復知池州初三御史之出也中復裹行不可帶出外欲令落裹行字守主客員外郎知制誥蔡襄封回詞頭以中復等出無名不可撰詞乞付他舍人必料亦襄執正無敢當遵以熟狀出敕而除之

此卷似刺譏朝紳所作聖俞可謂狂士矣然辭多近雅亦足補當時遺事非唐人小說家可擬云塵輔之校識

碧雲騢　七

異聞記

宋　何先

周宗齊(音匣)字本世家安吉之烏程蚤歲以筆力自傭遊學傍郡至天台適報恩長老了淸有同里之好館憩蕭寺時嘉熙丁酉仲夏也嘗以是年八月六日因出城北歸薄暮足倦神憊急呼童整榻而寢恍惚間聞有車輪聲從簷外來周亟起迎之見騶使者一馬而至車乘蹕而後周方愕視使者遽前啓周曰大王奉召周且疑且辭使者曰大王久欽令譽覬覿光儀

故遣一介致甲詞安車聘召爲席待言此意不越於此先輩其可戀守林之舊循墻之避乎周謙士也不覺汗背請從其命于是乘車而往使者前導其行甚疾路亦不惡道旁寂無人舍約十里許忽覩層闕複道朱甍翠瓦城堞突兀草木葱蒨上扁額其上曰兆離國入門數十步使者曰宮闕不遠請先輩下車周曰某山野草萊終日書案鳴佩曳履夢想所不到上國不以謭陋賜之聘召深恐步武蹉跌取戾朝儀願使者先有以教之使者徐應曰且安心但見綠衢紫陌喧塵衮衮塗謳里詠喜見顏色周頗自安私謂此必樂土使得終老于此不猶愈于粥魚齏鼓荒涼蕭寺之居乎頃刻間已抵王闕道左一館扁曰延英使者揖周入辭曰道路風塵衣冠欹側請先輩草歇周與使者對揖而别甫轉首一丈夫金章紫綬立館右小吏持御狀前曰周視之上題昌化大夫知延英館事皇甫準小吏揖客入各叙起居竟使欲解帶磅礴俄報宮闕已啓周整束冠裳從知館而去曉色猶暝殘月耿耿璇題玉闕稃峙輪奐赫奕目不禁視圭冕

交錯雜遝而進遙望九陛上幃幕粲爛座下設百官以次左右行列有報班齊者王御正御宰彌叙璽躬萬福王亦致答餘各拜舞忽聞呼周姓名有二朱衣引周獨立殿下傳王旨曰寡人濫承先緒涼德是愧持盈守成自古所懼樂得賢者相與商治聞卿學術久富意甚嘉之周曰臣疵賤余生不學無術殿下誤聽釆錄使者親御王命勉臣此行遂得瞻望淸光遭逢盛事王復曰寡人渴想名賢得卿如醴泉甘露慰望可勝勉謂少留共扶國事周叙謝方欲措詞而吏

報班退即有別吏持牒文授周日周宗審可持授文籍監承日赴堂即預議事仍賜第一所俄有從侍數十名姬不下十餘輩擁周入一宅華麗奇巧服御光生周入居其中即日視事同僚各持御狀互賀自此曉則謁王午則入都堂與議一國之事皆參決焉暮則回第荏苒約半載官況益美忽一日報相國木契子齡病王召周而問曰予齡相國二十年矣政事粗舉倘一夕不起何人可代周曰知臣莫若主君曰寡人得之矣翌日子齡薨俄報右丞屈曲蓋拜相國蓋

性險愎貪汚罕倫一閙赦下人皆側目周問之驚甚即上疏諫王曰臣聞植治有階浚流有源自昔英君誼辟不以治爲可喜而常以亂爲憂何則治亂之分自君子小人始一君子之正未足以杜百小人之姦一小人之姦深足以妨千百君子之止君子其爲政也明達洞白其事可行其言可復小人則異是豺軀麟角羊質虎皮喜則摩足以相歡怒則反目而相噬此堯之所以誅四凶成王之所以流管蔡史臣直筆不以四凶之罰爲甚管蔡之遣爲過蓋其人天怒神怨摧折巳曉使尚佚其辜將自速于禍矣然其威姦罪惡頃刻之不忘富貴榮華何慮其不致譬如嘉穀纖莠必除譬彼長隄寸鏬必塞所謂植治之階浚流之源係在乎人君用舍之頃一息不容間矣殿下以神聖之資守太平之緒首任棟梁以付穹隆之寄傍撥蘭蕙以賛熙治之期四民均賴百世允安今天不慭遺大老故相國木契子齡未就衰年遽終奇恙殿下更名耆俊親試登庸于進退間治亂由別豈意私昵並緣乘間竊寵欲以一國之士付之佞人屈曲蓋

之手槃如何其人也蠹毒百端狐媚萬狀內藉掖庭之援外肆溪壑之求昔典户曹攬金珠如瓦礫嘗領郡寄視版籍于弁髦上恩隆寬猶爲涵覆綴班宰府叨逾巳甚素餐公餗顏不知羞相鼎暫虛顧乃歸之掌握此槃之平昔所願望而不可得者一旦得之將使吐胸中之陰蹤詭狀盡肆後之肅方未枝上以誤殿下下以誤蒼生宗社生靈但有不忍言之禍矣且相國之位非殿下所得私一國之相位也任人非正亂源立見根本旣仆枝葉從之勑下之日士爲廢書

民爲龍市殿下聞乎否乎使其聞而不爲動心則一國之事去矣臣所以汲汲爲殿下告者猶喜其未聞而趣爲反汗也臣異國書生蚤承眷遇不恤肝腦敢布腹心惟殿下採擇取進止書上王拊案大怒曰狂生不識時宜輒以右丞爲佞人多見其不知量遣使召對時王御紫宸閣周入王怒色未解叱曰卿跡賤下士何得輒議吾大臣貴爾一死放卿東歸周對曰吾斥退固宜歸則何所王笑曰卿本世上人何不思歸周因大悟涕泣交下願乞骸骨而歸王曰卿雖爲狂

悖亦無甚過惡後十八年歲在班文更當名卿顧宮媵取玉合三枚署甲乙其上賜之且戒之曰卿歸日首開其一脫或遇難次第啓視周再拜泣謝而出宮門有四馬二卒迎曰請監丞上馬周曰我欲回賜第取衣服物卒曰奉朝旨不許周頗悒怏馬匹輒行出城門見向使者迎以訣曰不意監丞事業止此拚而退送至來途而還路人皆叩馬而嘆曰忠臣去矣如國事何亦有焚香酌水西送別者少頃至台城過報恩寺門周即下馬入齋房顧已身偃臥臺上周驚曰吾其死矣忽有呼周姓名者欲唯喏間則已警悟時約五鼓孤燈獨照東壁小豎鼻息如雷鳴周恍然而起視袖間玉合儼存因啓其一內有墨迹如鮮題曰人生無百年世事如一夢可往衡山中峰尋五官子問之周歷歷嘗記柰筆亟識其顛末及曉訪了清言之即往衡岳訪異人了清堅留不可周出所書以示之呼童携牽而去迄今不知其存不了清錄其所書如此

安吉碧蘭堂素有奇怪有士晁棠芝嘗與客遊眺于

彼迫暮其見水而一好女子衣服楚楚手捧蓮葉足履平草而來晁料其鬼物急叱之女子自若且行且吟云水天日暮風無力斷雲影裏蘆花色折得荷花水上游兩鬢蕭蕭玉釵直吟畢由東岍而去

四明定海縣留氏婦病熱三日始甦夢吏攝入冥府見獄掾曰爾姓是甚留氏婦曰陳留之留掾顧曰幾錯乃事遂遣使回送過一冥司土木盛興婦扣使者嘆曰近來世道薄惡皆欲無度冥司新添獄專以鍛鍊罪人耳汝歸遞相警告切須省節且毋通姦爲事

自取其孽可免災傷婦人既痦偏以告人

芝田録

宋　丁用晦

元德秀退居安祿縣南獨處一室去家數十里値大雨水漲七日不通餓死室中中書舍人盧載爲之誄曰誰爲府君犬必啗肉誰爲府僚馬必食粟誰使元公餓死空腹

西蜀有兄弟訟財者畢構侍郎爲廉察呼其兄弟三人以人乳食之所訟皆止

令狐文公除守兗州境内方旱召屬吏至公首問米價幾何州有幾倉問訖屈指獨語曰舊價若干四倉各出米若干以若干定價糶則可以賑救矣左右聽之流語達郡中富人競發所畜物價方平人心欣然以後得稔

賈躭精於術數有一叟失牛詣桑國師占師曰爾牛在賈相公帽筒中叟迎公馬首訴之公笑取筒中展盤據蔽作卦曰爾牛在安國觀三門後大槐鵲巢中叟往探不見傍有繫牛乃獲盜牛者

鑰必以魚者取其不瞑目守夜之義

桓玄於江州造盤龍舟後劉毅爲刺史居之毅小

盤龍

牛奇章公帥維揚杜牧之在幕中夜多微服逸遊公聞之以街子數輩潛隨牧之以防不虞後牧之以拾遺召臨别公以縱逸爲戒牧之始猶諱之公命取一篋來皆街子報帖云杜書記平善乃大感服

魏武帝遷獻帝於許昌有小李色黄大如含桃帝嘗食至今號爲小御李

陶貞白有二刀一名善騰一名寶勝往往飛騰如二

青蛇

李德裕取惠山泉自常州京置遞號水遞

侯景逼臺城梁武帝無所出有小兒獻計以紙爲鳶繫詔書因風縱之冀有外援鳶飛雖數援卒不至臺城遂陷

煬帝在江都代王留守長安郡盜賊蜂起有獻計者刻木鵝繫詔于頸致之渭汭冀關東救兵至凡放百十順流而下竟無救至

隋文帝問賀若弼曰卿識陳天子否弼曰臣未甚識帝召之陳主以弼名重既見先拜之恭謹流汗弼戲曰卿不必如此恐悚必不失歸命侯

魏徵寢疾上曰卿必不起豈無一言徵曰嫠不恤緯上曰眞藥石也徵疾亟上領幼女曰無以報卿功德卿强開眼認取新婦徵曰事去矣終不能望顧主後數年以主與其子叔玉婚

避亂錄

宋　王明清

建炎己酉先兄待制諱舜陟字汝明帥建康與右丞杜充不相能充時領兵駐建康充自遣將來奪取經制司錢物待制聞於朝充往往亦知而後奏朝廷知一公不合十月移待制兩浙宣司參謀時周望自樞府出爲宣撫望老繆本由八行舉與論軍事率不合先有旨令堅守平江所措置初無可守之計待制有奇謀皆不用虜自廣德由安吉抵錢塘渡江破明越

北還假道平江所措置初無守禦者皆知必敗矣待制謂望本司金帛既盡爲虜人所得曷若爲攜往崑山而北庶可存也望既遣金帛來吾家始以船附暨其輜重中船由平江齊門翌日到崑山依李閣崔嘗泊於梅里尋移許浦未幾虜兵犯平江望走青龍平江城不戰而破諸將如郭仲威輩先虜未至已劫略城中殆無遺望嘗不快於韓世忠是時世忠兵盛權重駐鎮江聞望竄遣將董旻邀虜之旻至許浦以爲望在適吾家老小在彼旻來見待制遂邀以行始旻

其兵稍遲皆以爲虜舟率棄船而走吾家船亦留次日命使臣溫宏等守之老小係道弟舜舉任仔徑走吳興唯予侍家君朝散同待制令人等茫無所之且漫去而已夜宿野人家旻遣使臣來追堅欲吾家還船予謂若虜人則不可從若世忠軍則中國兵且此投戈散地之時往其中亦有所托何爲不可待制以爲然因舉家從以還時已行三二十里連夜從其使臣以還偶天晴及曉纔到船皆無恙一簪不失旻乃率待制入其軍於鎮江蓋旻之意虜望不及且取

參謀以塞其責而旻欲虜望未已也始船未行旻軍陣船到於江惟吾家一船在許浦港口未出江旻乃率吾家船入其軍趨水而下往青龍必欲得望及至青龍江口聞望已還軍而西旻遂逆江而上之鎮江吾家船同行及至鎮江待制欲見世忠旻遮之不使見未幾造一船來換意欲取吾船中之米其所謂金帛者未至梅里望已追回矣以諸將不欲令金帛雖平去始有謀焉有言於敵也得所換之船吾家移過自留米餘皆與之本有百餘石所換之船通行船也

亦能行江海有篷帆二物亦足用小泊於焦山雜
韓軍雜物船中既至焦山船中監不可居入寺中占
其方丈老幼悉安堵但日遊戲於焦山而已時虜已
破鎮江日見虜騎馳逐於江岸坐見其焚甘露寺但
留雙塔世忠以江船鑿沉於閘口拒虜人之出虜船
實不可出以閘口沉船縱橫也世忠軍皆海船陣於
江中中軍船長大處於中餘四軍皆分列以簇之甚
可觀輜重船皆列於山後予日登焦山頂觀之山前
但見作院等船耳二人爲兵器於寺齋支有[illegible]

任官及寺中之船皆於寺前大守李汝爲亦在焉汝
爲亦韓軍中人世忠命爲太守者也三月十七晚東
北風作至夜益甚江中飄水皆成冰予嘗夜獨宿船
中守行李時吾家復有一小船同泊以行李載不盡
故也是晚予上船遣人提空籠相隨欲入船搬移衣
物又携錢千百入大船已昏黑風大船薄不可臥稍
了姓朱通州人夜將半叩問朱稍船如何朱曰風太
甚夜甚深但聞朱稍於神前有禱於護衛者復問朱
[illegible]知何朱曰風大了不得也問吾小船安在曰不見

久矣隨風以去也是日晝余觀大船之可索其外
已舊爛其中一截斬新予嘗語朱此船藉此索爲命
何不倒索而用之卷其舊者於裏出其新者於外庶
可恃以牢乎朱曰此當然予曰明日潮來水滿可令
近岸倒其索朱許之至是風作之甚又恐其索舊且
朽逾不遑安是時兵在南岸可索若斷必隨北風至
彼當碎身與船於虜手矣船爲風震不得睡思之惶
恐無限及曉幸吾船無恙但不能舉頭以惡心故也
朱稍尋以面湯來亦不能用伸眉船外視以焦山之

前唯吾一船而已餘皆不知所在遣視趙都監者步
履於山上如神仙中人點心時待制以予在船中遣
小舟來因得登焦山之岸其去死云一髮耳予尋登
山頂望世忠軍極目江中無一船之存輜重在山後
者亦略不一見又一二日山前之船稍集先是世忠
既塞閘口之河虜人乃別開一河出江焦山初不知
之至早飯時有虜船二隻出在江但望見其船上黑
且光耳必是其人衣鐵甲也此閘船皆起可以走是
日世忠家私忌予入方丈見諸方爲佛事未幾諸僧

在船中盜□在山之人皆已登舟府官之□□亦皆登舟隨例起可以下至垂山風適順乃□朱稍張帆順流而下韓軍望見吾家船去有呼住□予令勿應時船中有韓軍二卒亦令船住復勿聽□卒蓋世忠軍令守吾家者也稍行遠始詰二卒待□家至蘇湖以金帛遣汝同否則無好到汝也二卒顧勢不可住乃俛首從之船過圌山風正順夜過江陰曉抵福山不知其幾里福山則得船又正北風作抵常熟過平江望入平江城市並無一屋存者但見人

家後林木而已萊園中間有屋亦止半間許河岸倒屍則無數出城河中更無水可飲以水皆浮屍至吳江止存屋三間其下橫屍無數垂虹亭橫橋皆已無止於亭下能取得少水堪飲自吳江南有浮屍益多有橋皆已斷其處屍最多後問之云虜騎推人過背死於水時燕子已來無屋可巢吾船用帆乃銜泥作巢緣岸皆有瘞圈云虜人緣岸故也所殺牛頭頻有之其骨與頭足並存但皆無角虜人取以去陳思恭□係虜船沉河者尚有數隻於第四橋之南思恭周

□軍統制官也待制皆語望云樞密必欲守平江莫□移軍吳江據太湖天險吾軍以中軍振其前使諸將以小舟自太湖旁擊之可必勝望不主其議但令召諸將議之及諸軍畢集望命待制語方略諸將不從蓋諸將皆賊喜亂志在爲賊而已思恭兵亂□居下闕此謀畢而前日待制之言甚善思恭願爲先鋒自餘不從竟已及虜過吳江思恭不稟望自以兵出太湖橫擊其尾乃中原係虜之民聞兵至皆爲內應縱火焚舟幾虜四太子者思恭雖勝望怒其不白

然竟不遷官所沉虜舟凡半年許尚在河中吾家船至平望方欲首西以行東風又發一帆至吳興時望軍已至吳興矣凡曲折得風自垂山至吳興眞天以相吾家也老幼皆安然而歸始見弟妹已抵吳興旬日待制乃遣使臣以書爲信寄謝世忠董旻輩因送二卒往仍取行李告勅之寄軍中者既取以歸聞世忠舟師敗於虜人始虜在鎮江不可出故卽陸往建康聚吾宋士大夫令籌所以破世忠皆云海船如遇□不可當船大而止且使風可四面卒難制如□使

[illegible]卒難搖動虜然之選舟載兵舟艘七八乘天曉[illegible]夫動急搖近世忠以火箭射之船人救火不暇又無風船不可動遂大敗陷前軍十數舟自餘得遁[illegible]世忠初知虜人往建康亦泝江以舟師與對壘時[illegible]者固已非之曰兵法勿逆於水内半濟而擊之利[illegible]乃逆之於水内安有利也初予在焦山見世忠[illegible]江中而鎭江江口山上有兀立不動下瞰吾軍者[illegible]忠船特大早晚諸將來稟議絡繹不絕皆用小舟明知大者爲世忠自餘隨軍船歷歷可數吾皆自[illegible]

軍中事虜人莫不目見耳聞而虜人賊中事吾軍略不知之亦可慮矣雖抵於敗何智術之疏耶於是虜人安然渡江北歸然世忠進官加恩尤自若也不數月待制守錢唐世忠入覲時軍駕駐會稽所待世忠良厚乃大喜却恨前此失于一見且篤董旻爲之障旻來謁有慚色問世忠將入錢唐界謁旻曰胡待制今却相見如何旻無語但愧汗而已世忠所攜杭妓[illegible]小小郎以附志初小小有罪繫於獄其家欲脫之[illegible]赴待制飯因勸酒啓曰某有少事告訴待制若從所請當飲巨觥待制請言之卽以此妓爲恩待制爲破械世忠欣躍連飲數觥會散攜妓以歸妓後易姓茅

啽囈集

宋　宋無

李煜歸附後鬱鬱不樂見于詞語在賜第之夕命故妓作樂聞于外太宗怒人傳小樓昨夜又東風併坐之遂襲成數江南錄云李國主周后隨後主歸附封鄭國夫人例隨命婦入宮每一入輒數日出必大泣罵後主外尚之主多方宛轉避之云此非汝家又李國主歸附後與金陵舊宮人書云此中日夕只以眼淚洗面

芳儀江南國主李昪女也納土後在京師初嫁供奉官孫某爲武彊都監妻生女皆爲遼中聖宗所獲封芳儀生公主一人趙至忠虞部自北　歸復官嘗任遼爲翰林學士修國史著　庭雜記載其事時是補之爲北都教官覽其書而悲之與顏復長道作芳儀曲云金陵宮殿春霏微江南花發鷓鴣飛風流國主家千口十五吹簫粉黛稀滿堂詩酒皆詞客奪錦揮毫在綺席後庭一曲恣風流國主風流今易收淚洒臨江悲故國公卿獻籍朝未央勅書築第優降王魏俘曾不輸織室供奉一官奔武疆秦淮潮水鍾山樹塞北江南易其土雙燕清秋夢柏梁吹落天涯猶並羽相隨未是斷腸悲黄河應有却還時寧知翻手更朝事咫尺山河不可期倉皇三鼓滹沱岸良人白馬今誰見國亡家破一身存可歎身存抑何顔芳儀加我名字新敎歌遺舞不由人採珠拾翠衣裳好深紅暗盡驚胡塵陰山射虎邊風急嘈雜琵琶酒闌泣無言數徧天河星只有南箕近鄉邑當年千指渡江來十指不知身獨哀中原骨肉又零落黄鵠寄意何當

回生男自有四方志女子那知出門事君不見李陵推髻泣窮邊丈夫漂泊猶堪憐江州廬山眞風觀李王有國日施財修之刋姓氏于后有大寧公主永嘉公主皆李景女不知芳儀者孰是也

陳同甫名亮號龍川嫁聞辛稼軒名訪知將至門過小橋馬三躍而三却同甫忽投鞭揮馬首推馬仆地徒步而進稼軒適倚樓見之大驚異遣人詢之則同甫已及門遂定交稼軒帥淮時同甫與時落落家甚貧訪稼軒于治所相與談天下事酒酣稼軒言南北

之利害南之可以并北者如此北之可以并南者如此且言錢唐非帝王之居據牛頭之山天下無援兵央西湖之水浸城皆魚鼈飲罷宿同甫于齋中同甫夜思稼軒沉重謹言醒必思其誤將殺我以滅口遂盜駿馬而逃月餘同甫至書于稼軒假十萬緡以濟食稼軒如其數與之

壼關錄

唐　太行山人

李密字玄邃遼西人也（又云遼襄平人）本姓居祖凞仕後魏爲東城令（東城在河間）在爲讐人陳渾切齒（渾仕丞相）懼執改姓李氏南奔歸宋宋孝文用之爲市關吏後出爲安固令（安固縣在永嘉）凞子道平仕累朝議郎隨沈慶之出牧江楊道平子遐仙在任爲司州肇縣令爲魏所　北歸魏爲交城尉累入仕隋千　轉副車椽入京後隋征戎將軍遇仙子曜爲周太保轉官至魏國公刑部

尚書未幾卒子弼年三十二轉資襲父爵後轉范陽侯弼子寬上柱國蒲山公知名當代寬死而密起隋晉楊玄感將反密爲畫三策密用書下策據黎陽反玄感敗走自殺盡獲李密等行至魏郡逃去後依翟讓自反魏號國公令祖君彥作書布告天下書曰大魏永平元年四月二十七日魏公府上國公（翟讓也）元帥府左長史邴元眞大將軍左司馬楊德芳等布告天下人倫衣冠士庶等自元氣肇闢厥初生民豎之帝王以爲司牧是以羲農軒項之后堯舜禹湯之君

靡不祇畏上玄愛育黎庶乾乾終日翼翼小心馭朽
索而同危履薄氷而爲懼故一物失所若納溝而媿
之一夫有罪遂下車而泣之謙德軫于責躬憂勞切
于責已溥天之下率土之濱蟠木距于流沙瀚海窮
于丹穴莫不鼓腹擊壤鑿井耕田致政昇平駈民仁
壽是以愛之如父母敬之如神明用能享國多年祚
延長葉未有暴虐臨人克終天位者也隋氏往因周
末豫奉綴衣狐媚而圖聖賢儲僥以取神器續成負
扆狼虎其心始瞻明兩之暉便于少陽之位先皇大
壽闕錄　八　二
漸侍疾禁中遂爲梟獍便行鴆毒禍深于莒僕酷豈
于商臣天地之所不容人神之所嗟憤如以州吁安
忍閼伯日尋劍閣所以懷兇晉陽于焉起亂殉人爲
樂淫刑斯逞夫九族既睦唐帝闡其欽明百代本支
文王表其光大況乃暴壞磐石勦絕維城唇亡齒寒
奚止虞虢欲求長久其可得乎其罪一也禽獸之行
在于聚麀人倫之體別于內外而簡陵公主逼幸告
終莊詣縣乎之賢謁見□□之聯于先皇嬪御並進
承綠諸臭子女□陪金屋牝雞鳴于詰旦雉雊忝其
于飛相服戲陳侯之縣穹廬同冒頓之寢爵賞之出
女謁遂成公卿宣淫無復綱紀其罪二也平章百姓
一日萬幾未曉求衣昃日方食是以大禹不貴于尺
璧光武無隔于本支體此殷憂深慮幽枉而荒耽于
酒色俾晝作夜式號且呼甘嗜聲伎常居窟室每藉
糟丘朝廷罕見其身群臣希覩其面斷決自邇不行
敷奏于焉停擁中山千日之酒酩酊無知襄陽三雅
之盃留連詎化又廣召良家克選宮掖潛爲九市親
爲六驢自比商人見邀逆旅殷紂之譴爲小漢靈之
壽闕錄　八　三
駢更輕內外驚心遐邇失望其罪三也上棟下宇著
在易爻茅茨采椽陳諸史籍聖人本意唯避風雨詎
待金玉之華須絺錦繡之麗故瓊臺雲構商辛以之
滅亡阿房崛起秦政以之傾覆而不遵古典不念前
書廣立池臺多爲宮觀金鋪玉戶青瑣丹墀蔽虧日
月隔閡寒暑窮生人之筋力罄天下之資財使鬼尚
難爲之勞人固其不可其罪四也公田所徵不過十
畝人力所供纔止三日是以輕徭薄賦不奪農時寧
積于人無藏府庫而科□繁弊不知已極猛火屢燒

滆厄難澇頭會箕斂逆折十年之租杼軸其空日有萬金之費父不保其赤子夫乃棄于糟糠萬戶則城郭空虛千里則烟火斷絕西蜀王孫之室翻爲原憲之貧東海麋竺之家俄成鄧通之鬼其罪五也古先哲王十征怨狩唐虞五載周則一紀本欲親問疾苦觀省風謠乃復廣積薪芻多聚糧餼年年歷覽處處登臨從臣疲弊供帝辛苦而飄風凍雨聊竊比于先駈車轍馬跡遂周行于天下秦皇之心未已周穆之意難窮宴西王母以歌雲浮東海而觀日家苦納桔

之勤人阻來蘇之望且天子有道守在海內　不亂非在德非險長城之役戰國所爲乃是狙詐之風非關稽古之法而乃追迹前代版築更興廣立基址延袤萬里骸骨蔽野流血成川積怨比于丘山號哭動于天地其罪六也遼水之東朝鮮之地禹貢以爲荒服周王棄而不臣以羈縻達其聲教苟欲愛人非求拓土强努末矢理無穿于魯縞衝風餘力詎可動于鴻毛石田得而無堪雖勞棄而有用恃衆怙强窮兵黷武唯在吞幷不思長策兵猶火也不戢自焚遂使

億兆夷陵隻輪莫返夫差喪國實爲黃池之盟符堅滅身良由壽陽之役欲捕鳴蟬于前不知挾彈于後復矢相顧莖罪成行義夫切齒壯士扼腕其罪七也正言啓沃王臣匪躬唯木從繩若金須礪唐堯建鼓思聞獻替之音夏禹懸鞀待聽箴規之美而愎諫違卜妬賢嫉能直士正人皆由屠戮左僕射上柱國齊國公高熲上柱國宋國公賀若弼或文昌上相或細柳功臣斷吐良藥之言翻加屬鏤之賜龍逢無罪遂遭夏桀之誅王子何辜乃被商辛之戮致令君子結

舌賢人鉗口指白日而比盛射蒼天而敢欺不悟國之將亡不知老之將至其罪八也設官分職貴在銓衡察獄問刑無聞販鬻而錢神起論銅臭爲功梁冀受金星之蛇孟佗薦蒲萄之酒遂使彝倫放斁政以賄成君子在野小人在位積薪居上同汲黯之言囊錢不如問趙壹之賦其罪九也宣尼有言無信不立用命賞祠義豈食言自昔王嗣位毎歲籌幸南北巡遊東西征伐至于　錦蹕東都固守陶鄉野戰歷門解闈自外　一　記立功勳須酹官爵遂

志懷翻覆言行浮詭臨危則勲賞懸授尅定則絲綸不行與商鞅之齎金同項羽之刻印斈餌之下必有懸魚惜其重賞求人死力走丸逆坂譬此非難凡百驍雄誰不瞥忿至于匹夫蕞爾宿諸不齡況在乘輿二三其說其罪十也有一于此未或不亡況四維不張三靈靡萃無小無大共識殷亡愚婦愚夫咸知項滅罄南山之竹書罪未窮决東海之波流惡難盡是以窮奇災于上國猰㺄暴于中原三河縱封豕之貪四海被長蛇之毒百姓殲亡殆無遺類十分爲計纔

一而已蒼生憀懔同憂杞國之崩赤縣嗷嗷俱恐歷陽之陷且圖祚將改必有常期六百殷喪之符三十姬終之數故讖錄皆云隋氏三十六而滅此則厭德之象以彰代終之屯先見皇天無親唯德是輔況乃攙搶竟天申縮謂之除舊歲星入井甘公以爲義興兼朱雀門燒正陽日蝕狐鳴鬼哭川竭山崩並是宗廟丘墟之妖荆棘被庭之事夏氏則災釁非多殷人則咎徵更少牽牛入漢方知大亂之期王良策馬始驗兵車之會今者順人將革奉天弗違大誓孟津陳盟

景亳三千列國七百諸侯不謀以同詞不召而自至轟轟隱隱如霆如雷雕虎嘯而谷風生應龍驤而景雲起我魏公聰明神武齊聖廣淵總七德而在躬包九功而挺秀周太保魏國公之孫上柱國蒲山公之子家傳盛德武王承季歷之基地啓元勳世祖嗣蕭王之業禹生日水月角之相便彰載誕丹陵天保之文斯著加以姓符圖籙名協歌謠六合所以歸心三靈所以改卜文王厄于羑里赤雀方來高祖隱于碭山形雲自起兵誅不道赤伏至自長安鋒刃難當黃

星出于梁宋九五龍飛之始大人豹變之秋歷試諸艱大敵彌勇上柱國司徒東郡公翟讓功宣締構翼贊經綸伊尹之佐成湯蕭何之輔高帝上柱國揔管歷城公孟讓上柱國左武侯大將軍單雄信上柱國右武侯大將軍徐勣上柱國大將軍邴元真絳郡公裴行儼等並運籌千里勇冠三軍擊劍則截蛟斷鼇彎弧則吟猿落鴈韓彭絳灌成沛公之基寇賈吳馮奉蕭王之業復有蒙輪挾輈之士拔距投石之夫與馬逐風吳戈照日魏公屬當斯運救此億兆躬擐甲冑

跋踄山川櫛風沐雨豈辭勞倦遂與西伯之師將南巢之罪百萬戍旅四七爲名呼吸則江河絶流叱咤則嵩華自拔以此攻城何城不尅以此擊陣何陣不摧譬猶瀉滄海而灌熒爝舉崑崙而壓小阜鼓行而進百道俱前以四月二十一日届于東朝而昏文武留守段達韋津皇甫無逸等昆吾惡念飛廉姦佞尚迷天數敢拒義師驅率醜徒衆有十萬自廻洛倉北遂來舉斧于是熊羆角逐貔豹争先因其倒戈之心乘我破竹之勢曾未旋踵瓦解冰銷坑卒則長平

未多積甲則熊耳爲少逵等助桀爲虐嬰城自固梯衝亂舉徒設九拒之謀斗角將鳴空憑百樓之險燕巢衛幙魚遊宋池殄滅之期匪伊朝夕與洛武牢國家儲積並我先據爲日久矣又得回洛復取黎陽天下倉糧盡非隋有四海赴義萬里如雲足食足兵無前無敵裴光祿仁基雄才上將受脤專征遐邇循歸安危是託識機知變遷虞事夏袁謙擒于藍水須陁獲在滎陽賓慶[illegible][illegible]于淮南郭詢授首于河北隋之亡没料可[illegible][illegible][illegible][illegible]河公房彦藻近持戒律略地東南

師之所臨風行電激安陸汝南隨機蕩定淮安濟陽俄然送款徐圓朗已平魯郡孟海公又破濟陰于是海内驍雄咸來嚮應封人膽取長平之鏡邾孝德據黎陽之倉李士林虎視于長平王溥仁鷹揚于上黨劉典祖起于北朔崔白駒在于潁川各擁數萬之兵俱期牧野之會滄濱之右函谷之東牛酒獻于軍前壺漿盈于道左諸公等並衣冠華胄杞梓良材神歆靈滜之秋列地封侯之始豹變鵲起今也其時鼉鳴鼉應見機而作宜加鳩率子弟共建功名耿弇之赴

光武蕭何之奉高帝功名金章紫綬軒蓋珠輪富貴已重當年珪組仍傳後葉豈不盛哉若隋代官人同夫桀犬尚私王莽之恩仍懷蒯聵之祿審配死于袁氏不如張郃歸曹范增困于項王未若陳平從漢魏公推以赤心當加好爵擇木而處幸不自疑猛虎猶豫舟中敵國夙沙之人共縛其主彭寵之漢自殺其君高官上賞即以相援如暗于成事守迷不返崑山縱火玉石俱焚仗義噬臍悔將何及黃河如帶明余旦旦之言皎日麗天知我勤勤之意布告天下咸使

聞知祖君彥　陽人齊僕射孝徵第六子博學強記
下筆成文贍逸之甚聲馳海內吏部侍郎薛道衡嘗
薦之于隋文帝帝曰豈非歌殺斛律明月人兒耶煬
帝嗣位尤忌知名遂依常調爲東郡書佐校宿城令
稱爲祖宿城自負其才常鬱鬱思亂及李密用爲元
帥府將長史記室參軍恨被隋朝擯棄所以縱筆直
言唐高祖屯兵壽陽衆號五十萬遣仁則齎書至密
負其強自爲盟主密作書報曰頃者皇綱失統人神
龍擾運窮陽九數終百六四海業業常懷逐鹿之心

百姓嗷嗷家有瞻烏之望故炎帝衰則軒轅出夏癸
亂而成湯起尚勤二十七位終勞五十二戰大極橫
流重安區域及周之季世七雄並據漢之末年三分
鼎峙雖由天時亦由人事自大業昏凶年逾一紀牝
雞司晨飛虎擇肉遊略莫返終傷五子之歌宮室奢
侈寧止百金之費加以巡幸靡極役用無窮筋力盡
于征伐賦稅窮于箕斂夫行妻寡父出子孤溝壑如
亂麻之多大陵有積屍之氣況雄圖早著壯志遠聞
白武安之用兵張文成之運策遂能見機而作觀衆

而動奮臂鵲起拂衣豹變是知一繩所繫寧維大樹
之顛阿膠欲投未止黃河之濁昔項伯亂楚微子去
殷非夫明哲豈能及此與兄派流雖異根系本同俱
禀鳳喙之風共成龍德之後實願永作維城長爲磐
石自惟虛薄幸藉時來爲內英雄共推盟主銳師百
萬爲旅上將四七成群牛馬谷量羅紈山積開鉅橋
之粟穩負敘歸發放倉之米人夫斯賫故能長淮之
北滄海以西莫不簞厥玄黃爭獻牛酒轟轟隱隱如
霆如雷滅周者九鼎知輕亡秦者三戶云衆況晉陽

之城表裏山川共爲唇齒天下誰敵所望左提右挈
戮力同心執子嬰于咸陽殪商辛于牧野豈不偉哉
豈不休哉願追步騎數千次于河內聽待至日即欲
會盟當府面奉光儀親論進止東都江都消息來去
具知動靜今涼風已届大火將流戎略務殷唯宜動
息今驩[illegible]親降玉趾側聽金聲雲霧既披適願無已
唐公得書大笑曰李密陸梁放肆不可以折簡致之
吾方安輯西京未遑東伐既欲拒絕便是更生一秦
宜優待之使其遷善記室承指報密曰頃者昆山火

烈海水群飛赤縣丘墟黔黎塗炭布衣戊卒鋤耒
棘争帝圖王狐鳴篝起冀冀京洛强弩圍城膴膴周
原僵屍滿路昭王南巡泯膠船而忘返兇奴北盛將
放髮于伊川葦上無虞群下能舌大盜移國莫之敢
指吾雖庸劣幸承餘緒出爲八使入典八屯雖云位
末爲高足成非幾素飡當職僶俛叨榮從容乎勃之
間誰云不可但顛而不扶通賢所責主憂臣辱物議
徒然等袁安之流涕極賈生之痛哭所以仗旗投袂
大會義兵援撫河朔親和番塞兵陳天下志在尊隋

以弟見機而作一日千里雞鳴起舞豹變先鞭啓宇
當塗聿來中土兵臨郟鄏將覩周鼎屯營敖庾酷似
漢王前遺簡書船爲唇齒今來辱旨莫我肯顧天生
蒸庶必有司牧當今爲牧非子而誰老夫年逾知命
願不及此欣戴大弟攀鱗附翼惟與早膺圖籙以寧
億兆宗盟之長屬籍見容復封于唐斯榮足矣殪商
辛于牧野所不忍言執子嬰于咸陽非敢聞命汾晉
左右尚須安輯盟津之會未暇卜期今日鑾輿南幸
恐同永嘉之執顧此中原鞠爲茂草興言感嘆實

予懷未面虛襟用增勞軫名利之地鋒鏑縱横探性
重堂勉滋鴻業誠大雅之詞也密得書大喜自是信
使頻遣往來有道士徐鴻客上經天緯地策一篇于
密軍旅揮霍失其本文題其封曰大衆雖聚恐米盡
人散師老厭戰難以成功勸密乘進取之機因士馬
之鋭沿流東指直詣江都執取獨夫號令天下密雖
未遑遠略心異其言以書招之曰齊州長史至得所
上奇策一篇理智優長文釆密麗覽而味之佳翫無
已夫天地閉賢人隱少微光處士見故崆峒之上軒

[illegible]問于廣成汾水之陽唐帝從于鋏齧是知肥遯爲
美齊物幽歸雅度與蘭杜俱芳高風共雲霞並等孤
門承世胄地籍餘緒平生大志豈圖富貴只爲時逢
版蕩代屬艱虞厭海水之群飛憫蒼生之塗炭便與
二三人傑白萬武旅欲受降于軹道將問罪于商郊
未遇玄女已思黄石詎有啓沃謀猷弼成韜鈐者也
百戰百勝之奇七縱七擒之略每求將鉴實勞夢想
先師學究本源術苞奇政八風五星之候玉函金匱
之形莫不洞曉于心若指諸掌今龍戰于野鶴翔霄

廓或出或處且變且更濡足授首是曰仁人除暴彰
亂方稱君子贊我興運今也其時師宜疇屬擔登用
虞鄉之蕪披裴輓輅龔婁敬之風引領瞻望拂席相
待遲聽酈生之談方聞左車之說桂樹山幽歲云暮
矣桃花源遠想見其人冬首薄寒比如宜也想攝養
有方當無勞慮庶不遺千里早赴六軍瓜已勒彼州
令以蕪相送冀面非遥遺此不多及書送鴻客晦昧
林野莫知所之宇文化及弑煬帝于江都唐高祖始
即位改元江都凶問至東都越王侗即位李密使房

彥藻詐云密欲降隋猶慮群臣異議者越王乃授密
太尉尚書令兼征討諸校事詔曰我大隋之有天下
于茲三十八載高祖文皇帝聖略神功載造區夏世
祖明皇帝則天法祖混一華戎東暨蟠桃西通細柳
前踰丹徼後越幽都日月之所德風雨之所至圖首
方足稟氣食毛莫不盡入提封皆爲臣妾加以寶貺
畢集祥瑞咸臻作樂制禮移風易俗知周寰海萬物
咸受其賜道濟天下百姓用而不知往因歷試統臨
南服自居遐極順茲望幸所以往歲省方展禮肆覲

停鑾駐蹕安駕清道八屯如昔七華不移豈意纂起
非常退于軒階事生不意延及冕旒奉諱之日五情
殞潰攀號荼毒不能自勝且聞之自古哲王有此逮
剎賊臣逆子何代無之且如宇文化及世傳庸器其
父述往屬時來早霑厚遇賜以婚媾置之公輔位過
九命祿重天下禮極人臣居榮世表從承海嶽之恩
未有涓塵之益化及以此下材夙蒙顧盼出入內外
奉望階墀昔陪藩國統領禁衛從昇聖祚位列九卿
但性本凶狠恣甚貪穢或納交惡黨或侵掠貨財事

重刑篇狀盈獄備在上不遺簪履恩加草萊應至死
辜每蒙恕免三經除解尋復本職再徙邊裔尋即追
還生成之恩昊天罔極獎擢之義人間稀有化及梟
獍爲心禽獸不若縱毒興禍傾覆行宮諸王兄弟一
時殘酷暴于行路尸不忍言有扈之在夏時　之
于周代痛辱之極亦未爲過朕所以殞首崩心飲膽
食血瞻天視地無處容身今公卿士庶群寮百辟咸
以大寶鴻名不可顛墜元兇巨猾須早夷滅翼戴朕
躬嗣守寶位顧惟寡薄志在靖復今者離黼衮而乘

旄鉞釋衰麻而擐甲胄令霓誓衆忍泪興兵指日遄征以平大盜且化及僞立秦王之子幽遏羈縻囚抱其身自稱霸相專權擬于九五履踐禁御據有宮闈昂首揚眉初無慙色衣冠朝士外懼兇威志士誠臣內皆憤怨以我義師順彼天道梟夷醜族匪夕伊朝太尉尚書令魏國公丹誠內發籠略外舉率勤王之師討違天之逆貔虎爭先熊羆競進金鼓震響若火焚毛鋒刃縱橫似湯沃雪魏公志在康濟投袂前驅朕親御六軍星言繼軌以此衆戰遂斯須擧擘山可

以破射石可以穿兕賊擁此人徒皆有離德京師傳檄告憶家鄉江左淳黎南思邦邑比來表疏絡繹人信相尋若王師一臨舊章懸覩自皆卸甲倒戈氷銷鳥散且聞化及自恣天奪其心妄戮不辜誣辱人事莫不道路以目號天蹋地朕今復讐雪恥梟斬者一人拯溺救焚所裹者士庶凡因從駕在賊所者一從原免罪悉不論已詔魏公掎平之日縱授賊官明非本意忽因請討爲賊苦戰前自投赴官軍者量加爵賞表其誠節朕忝即大位克在進賢比來擢引勲舊皆縻好爵其趨儁朝士雖未至東朝皆遥授官職不爲異等父子兄弟咸亦引擢內外朝集晃衣官品祿廩賜物准例給之務在哀矜俾無困乏唯望天監孔殷祐我宗社億兆感化俱會朕心梟戮元兇策勳飲至四海交泰稱朕意焉其兵衛戎機總取魏公節度慮楚之詞也越王仍別與密書以伸厚意皇帝敢問太尉尚書令東道行軍元帥上柱國魏國公司農卿李儉等至覽表具之公以厚地鴻材冠冕當世連城重價領袖一時加以博學令聞雄才上略縉紳攸仰

衆倚傾心朕昔居藩邸久相欽尚眷言敬愛載勞夢想常恨以事塗之情未遂神交之望霄結何似今屬王室不造賊臣作難南征不久蒼梧未歸雖地承丕緒應此盟命泣血晃旒之下飲膽宮闕之中公孝義爲心間于遠邇仁恕待物形于內外且卿相門克昌自久高祖撫運之年明聖在蕃之日非爲義合寔亦家通今公智足匡時威足夷難奮高世之略勳勤王之師經綸國家雪復讐恥此是公之任也更俟何人前度公此懷必可暗寄故馳遣尺一聊布腹心忽得

今表事若符契詞高理至義重情深執對循環以彰
以慰昔韓信之道合漢南實融之功戍河右以古譬
今爲分非一今日以前咸共制蕩使至已後彼此通
懷七政之重佇公匡弼九伐之利委公指麾皇靈在
上幽祇在下福謙禍盈天地常數公率義衆剪戮兇
醜朕與天下共賞之宇文化及滔天構逆顛覆惟扆
朕與天下共誅之且聞元兇初謀誑惑內外及行大
禍殘忍極理文僞覇相據有宮闈文武官大夫凡有
所識心痛鼻酸聲徹天壤今公率有名之師接無妄

之衆類山壓邪覆海滅熒不俟終日元功早建朕以
赤心委公公以素懷付朕魚水一合金石不移師是
韓彭更生伊周再出欲公存心撝挹以效古人而古
往今來彼何人也道高者不以俗務爲累德厚者不
以名賞爲心公運此謀猷除彼喪亂匪躬之節出于
世表豈以名秩而挂雅懷但功高茂賞義弘往策屈
已從務亦達者之心故有今授恩禮之耳既彼此義
合竭類家公所授官秩悉依前定承制封拜事有舊
章任公便宜量加除授必若須行詔勑待報即遲
身務在機權勿爲形迹如摧破凶徒已遂意于洪達
令起兵之黨將獲送身非直朕之甘心亦甚表公深
意梟類才盡命延晷刻待公東行事畢返斾西討赴
復開河橋足可待司農卿李儉等既將君意遠來非
無勞役所以並擄授官以荅來貺總戎之心去此稱
遥東望風烟情深爲據秋首猶熱夙夜務殷念保千
金慰茲延望隱若敵國非獨往賢今與公合圖亦是
幽明注意公其勉之副天心也故遣銀青光祿大夫
大理卿張權等指宣往意權至密北面就臣位拜授

詔敕密至克戰敗歸長安皇朝拜上柱國光祿卿邢
國公以表妹獨孤氏妻獻策勸其舊兵歸鎮東土高
祖許之乃行帝悔敕詔密歸朝廻到桃林反叛時史
寶藏爲熊州留守遣將軍劉善武討之密敗死密妻
獨孤氏爲周宗

說郛目録

弓第三十九
揮麈録 王清臣
揮麈餘話 王清臣
避暑漫抄 陸游
南唐近事 鄭文寶
洞微志 錢希白
該聞録 李畧
從駕記 陳隨隱
東巡記 趙彦衛
青溪寇軌 氣方勺
英藩可録 張萬貲 闕
江表志 鄭文寶

揮麈録

宋 王清臣

仁宗不寶玉帶

李和文遺事云仁宗嘗服美玉帶侍臣皆注目上還宮語内侍曰侍臣目帶不已何邪對曰未嘗見此奇異者上曰當解以遺　主左右皆曰此天下至寶賜外　可惜上曰天下以人安爲寶此何足惜臣下皆呼萬歲

欲封夫子爲帝

北齊顯祖高祥晉陽公李元忠南齊竟陵王蕭子良隋長孫覽俱謚文宣王孔子盖出四謚之後大中祥符元年始加玄聖二字後避聖祖諱易爲至聖熙寧中欲加謚至神元聖帝禮官李邦直以謂夫子周臣也周室諸君止稱王執以爲不可卒從其議

避諱易姓

太上皇帝中興之初蜀中有大族犯御名之嫌者而遊宦參差不齊倉卒之間各易其姓仍其字而更其音者勾濤是也加金字者鉤光祖是也加絲字者絢

穉是也加草頭者苟譔是也改爲句者句思是也增而爲句龍者如淵是也縣是拆爲數家累世之後昏姻將不復別文潞公自云敬暉之後以國初翼祖諱而改今有荀氏子孫與文氏所云相同蓋本一族亦是仕于南北失於相照與此相類

沿襲之誤

崇寧中以王荆公配宣聖亞兗公而居鄒公之上故遷鄒于兗之次靖康初詔黜荆公但昇塑像不復移鄒公于舊位至今天下庠序悉兗鄒並列而虛右雖後來重建者率皆沿襲而竟不能革也

古印章

亡友薛叔器家有關內侯印甚奇古後攷之魏建安二十三年嘗置此名也又友人家有盪　將軍章及明清有橫武將軍印皆不可攷伯氏有新遷長印後考前漢書乃新室嘗以上蔡爲新遷也又友人家有睦子家丞印乃睦郡名既王之子家丞秩甚卑然篆文印樣皆出諸印右嘗捜得之或云亦王莽時印畢少董家有雍未央姓名見於急就章

告身著形貌

本朝及五代以來吏部給初出身官告身不惟著歲數兼説形貌如云長身品紫棠色有髭髯大眼面有若干痕記或云短小無髭眼小面瘢痕之類以防僞冒至元豐改官制始除之靖康之亂衣冠南渡承襲僞冒盜名字者多矣不可稽攷乃知舊制不爲無意也

潮

姚寛令威明清先友也著西溪殘語考古今事最爲詳備其間一條云舊於會稽得一石碑論海水依附

陰陽時刻極有理不知其誰氏復恐遺失故載之觀古今諸家海潮之説多矣或謂天河激涌（葛洪潮説）亦云地機翕張（見洞真正一經）盧以肇日激水而潮生封演云月周天而潮應挺空入漢山湧而濤隨（施師謂僧隱之之言）析木大梁月行而水大（見竇叔蒙濤志）水源殊派無所適從索隱探微宜申確論大中祥符九年冬奉詔按察嶺外嘗經合浦郡（廉州）沿南濵而臨海康（雷州）歷陵水（化州）涉恩平（恩州）往南海（廣州）迨由龍川（惠州）抵潮陽（潮州）洎出守會稽（越州）

移菭句章（明州）是以上諸郡皆沿海濱朝夕觀望潮汐之候者有日矣復以是求之刻漏究之消息（謂進退也）十年用心頗有準的大率元氣噓吸天隨氣而漲斂溟渤往來潮順天而進退者也以日者重陽之母陰生於陽故潮附之於日也月者太陽之精水者陰氣故潮依之於月也是故隨日而應月依陰而附陽盈於朔望消於朏魄於上下弦息於輝朒（朔而日見東方）故潮有大小焉今起月朔半夜子時潮平於地之子位四刻一十六分半月離於日在地之辰次日移三刻七十

二分對月到之位以日臨之次潮必應之過月望復東行潮附日而又西應之至後朔子時四刻一十六分半日月潮水亦俱復會於子位於是知潮當附日而右旋以月臨子午潮必平矣月在卯酉汐必進矣或遲速消息又少異而進退盈虛終不失於時期矣或問曰四海潮平來皆有漸惟浙江濤至則亘如山岳奮如雷霆水岸橫飛雪崖傍峙澎騰奔激勢可畏也其激怒之理可得聞乎曰或云夾岸有山南曰赭北曰龕二山相對謂之海門岸狹勢逼湧而爲濤耳若言岸狹勢逼則東濱自定海（縣名屬四明郡）吞餘姚奉化三江（江以縣爲名一屬會稽一隸四明）俾之浙江尤甚狹逼潮來不聞濤有聲耳今觀浙江之口起自纂風（地名屬會稽）北望嘉興大山（屬秀州）水闊二百餘里故海商舶船怖於江潬（徒旱切）惟泛餘姚小江小江易舟而浮運河達于杭越矣蓋以下有沙潬南北亘之隔礙洪波蹙遏潮勢夫月離震兌它潮已生惟浙江水未消月經巽乾潮來稍遲濁浪推滯後水溢來於是溢於沙潬猛怒頓湧聲勢激射故起而爲濤耳非江山狹逼使之然

也宜哉令威以該洽聞於時恨不能知其人明清心謂必精博之人後以眞宗實錄考之大中祥符九年以燕肅爲廣東提點刑獄遂取兩朝史燕公實錄傳觀之果嘗自知越州移明州卷末又云嘗著海潮圖並行于世則知爲燕無疑

降王舊臣修書

太平興國中諸降王死其郡臣或宣怨言太宗盡收用之寘之館閣使修群書如冊府元龜文苑英華太平廣記之類廣其卷帙厚其廩祿贍給以役其心多

卒老於文字之間云

帝學權輿

仁帝卽位方十歲章獻明肅太后臨朝章獻素多知謀分命儒臣馮章靖元孫宣公奭宋宣獻綬等采摭歷代君臣事跡爲觀文覽古一書祖宗故事爲三朝寶訓十卷每卷十事又纂郊祀儀仗爲鹵簿圖三十卷詔翰林待詔高克明等繪畫之極爲精妙敘事于左令傳姆輩日夕侍上展玩之解釋誘進鏤版于禁中元豐末哲宗以九歲登極或有以其事啓于宣仁

聖烈皇后者亦命取版摹印倣此爲帝學之權輿分賜近臣及館職

赤脚仙人

章懿李后初在側微事章獻明肅章聖過閤中欲盥手后捧洗而前上悅其膚色玉耀與之言后奏昨夕忽夢一羽衣之士跣足從空而下云來爲汝子時上未有嗣聞之大喜當爲汝成之是夕召幸有娠明年誕育昭陵幼年每穿履襪卽令脫去常跣步禁掖宮中皆呼爲赤脚仙人蓋古之得道李君也

高宗卧處龍現

宣和中諸王燕于禁中高宗困于酒倦甚小憩幄次徽宗忽詢康王何在左右告以故徽宗幸其所視之甫入卽返驚愕默然內侍請於上上云適揭簾之次但見金龍丈餘蜿蜒榻上所以亟出久之云天命也繇是異待焉

愼刑

高宗嘗語呂熙浩云朕在宮中每天下奏獄案至莫不熟閱再三求生路有至夜分卿可以此意戒刑寺

官凡欲治獄切當留心勿草草熙浩再拜賛卽以上旨論之

温公得人心

司馬温公元豐末來京師都人疊足聚觀卽以相公目之馬至於不能行謁時相於私第市人登樹騎屋窺瞰人或止之曰吾非望而君所願識司馬相公之風采耳呵叱不退屋瓦爲之碎樹枝爲之折一時得人之心如此

蔡元長南遷

蔡元長既南遷中路有旨取有所寵姬慕容邢者三人以金人指名來索也元長作詩以别云爲愛桃花三樹紅年年歲歲惹春風如今去逐他人手誰復尊前念老翁初元長之竄也道中市食飲之類問知蔡氏皆不肯售至於詬駡無所不道州縣吏爲驅逐稍息元長轎中獨歎曰京失人心一至於此至潭州作詞曰八十一年住世四千里外無家如今流落向天涯夢到瓊池闕下玉殿五回命相彤庭幾度宣麻止因貪此戀榮華便有如今事也後數月卒門人吕川下老醵錢瘗之

碑工辭刻黨人碑

九江碑工李仲寧刻字甚工黄太史題其居曰琢玉坊崇寧初詔郡國刊元祐黨碑姓名呼使仲寧仲寧曰小人家舊貧屢止因開蘇内翰黄學士詞翰遂至飽煖今日以爲姦不忍下手議之者曰賢哉士大夫之所不及也

蘇叔黨榮遇

宣和中蘇叔黨游京師寓居景泰寺僧房忽見快行家者同一轎至傳旨宣名亟令登車叔黨不知所以然不敢拒纔入則以物障其前不見路頂上以小凉傘蔽之二人肩之其疾如飛約行十餘里抵一修廊内侍一人自上而下引之升一小殿中上已先坐披黄背子頂青玉冠宫女環侍莫知其數勿敢仰窺始知爲崇高莫大之居時當六月積水如山噴香若霧寒不可忍俯仰之間不可名狀起居畢上諭云聞卿是蘇軾之子善畫窠石適有素壁欲煩一掃非有他故也黨再拜承命然後落筆須臾而成上起身縱觀

賞歎再三命宫人奉賜醇酒一鍾錫賚極渥拜謝而下復循廊闔登小輿而出亦不知經從所歷何地但歸來如夢復如痴也

揮麈餘話

宋　王清臣

永昌陵

永昌陵卜吉命司天監苗昌裔相地西洛既覆土昌裔引董役内侍王繼恩登山嶺周覽形勢謂繼恩云太祖之後當再有天下繼恩默識之太宗大漸繼恩乃與參知政事李昌齡樞密趙鎔知制誥胡旦布衣潘閬謀立太祖之孫惟吉適洩其機呂正惠時爲上宰鎖繼恩而迎真宗于南衙即帝位繼恩等尋悉誅竄前人已嘗記之熙寧中昌齡之孫逢登進士第以能賦擅名一時與伯固編三元衡鑑參九河爲一者是也逢素聞其家語與方士李士寧醫劉育熒惑宗室世居共謀不軌旋皆敗死詳見國史靖康末趙子崧守陳州子崧先在邸中剽竊此說至是適天下大亂二聖北狩與門人傅亮等歃血爲盟以倖非常傳檄有云藝祖造曆千齡而符景運皇天祐宋六葉而生矜衆知高宗已濟大河惶懼歸命遣其妻弟陳良奉表勸進高宗羅致元帥幕中興後亟欲大用會與大將辛道宗爭功宗得其檄文進之詔置獄京口究治得情高宗震怒然不欲暴其事以他罪竄子崧于嶺外此與夏賀良赤精子之言劉歆易名以應符讖何以異哉豈知接千歲之統皇帝自有真邪

符兆

高宗建炎二年冬自建康避狄幸浙東初渡錢唐至蕭山有列拜於道側者揭其前云宗室趙不衰以下起居上大喜顧左右曰符兆如是吾無慮焉詔不衰進秩三等是行雖涉海往返然天下自此大定矣不衰即善俊之父此與太宗征河東宋捷之祥一也是時選御舟篙工又有趙立畢勝之讖

皇陵中選

紹興壬子詔掌太宗正事安定郡王令畤訪求宗室伯子號七歲以下者十人入宮備選十人中又選二人焉一肥一癯遂留肥而遣癯賜銀三百兩以謝之未及出思陵忽云更子細觀之遂令二人叉手並立忽一猫走前肥者以足踢之上曰此猫偶爾而過何爲遽踢之輕易如此安能任重耶即逐肥者癯者乃

阜陵也肥者名伯

平楚樓

張邦昌僭位國號大楚其坐罪始謫昭化軍節度副使潭州安置既抵貶所寓居於郡中天寧寺寺有平楚樓取唐沈傳師月傷平楚虞帝魂之句也朝廷遣殿中侍御史馬伸賜死讀詔畢張徘徊退避不忍自盡執事者趣迫登樓張仰首急視二字長歎就縊

秦熺

秦熺本王㬇孽子㬇妻鄭氏達夫之女㬇縣婦家而

早達鄭氏怙勢而妒熺既誕即逐其所生以熺爲檜之乞子檜之任中司　拘北去夫婦偕行獨留熺與檜之夫人伯父王仲嶷豐父子恃驕而傲每凌侮之其後檜用事親黨遍躋要途獨豐每以衆議官處之

避暑漫抄　　宋　陸游

上西幸蜀祿山以車輦樂器及歌舞衣服迫脅樂工牽引犀象驅掠舞馬盡入洛陽復散於河北向時之盛掃地而盡矣洎肅宗克復方散求於人間其後歸於京師者十無一二初祿山至東都大設聲樂搖幽燕戎工番　酋長多未之見因誑之曰吾當有天下大象自南海奔走而至見吾必拜舞鳥獸尚知天命有所歸何況人乎於是左右引象來至則瞪目憤怒略無拜舞者祿山大懷慚怒命置於檻穽中以烈火爇之以刀槊俾壯士乘高投之洞中胸臆血流數丈

鷹人樂工見者無不掩泣

蕭瑀嘗因宴太宗謂近臣曰自知一座最貴者先把酒時長孫無忌房玄齡相顧未言瑀引手取盃帝問曰卿有何說瑀對曰臣是梁朝天子兒隋室皇后弟唐朝左僕射天子親家翁太宗撫掌極歡而罷

安祿山敗史思明繼逆至東都遇櫻桃熟其子在河北欲寄遺之因作詩同去詩曰櫻桃一籠子半赤

其一半與懷王一半與周至詩成皆譽美之曰公此詩大佳若能言一半周至一半懷王卽與黃字郎勢稍穩思明大怒曰我兒豈可居周至之下周卽其傳也

元和初□官與中外之親爲婚者先已涉溱洧之譏就禮之夕儐相則有淸河張仲素宗室李程女家索催妝詩仲素朗吟曰舜耕餘草木禹鑿舊山川程久之乃悟曰張九張九舜禹之事吾知之矣群客大笑

李福妻裴氏性妒忌姬侍甚多福未嘗敢屬意鎭滑

臺日有以女奴獻之者福意欲私之而未果一日乘間言於妻曰某官已至節度使矣然所指使者率不過老僕夫人待某無乃薄乎裴曰然不知公意所屬何人卽指所獻女奴裴許諾爾後不過執衣侍膳未嘗得一繾綣福又囑妻之左右曰設夫人沐髮必遽來報我旣而果有以沐髮來告者福卽言腹痛且召其女奴旣往左右以裴方沐不可遽已卽告以福所疾裴以爲信然遽出髮盆中跣問福所苦旣業以疾爲言卽若不可忍狀裴極憂之由是以藥投童溺中進之明自監軍使及將校悉來候問福卽具以告之因曰一事無成固當有分所苦者虛咽一甌溺耳聞者莫不大笑

咸通中優人李可及滑稽諧戲獨出輩流雖不能託諷諭然巧智敏捷亦不可多得嘗因延慶節緇黃講論畢次及優倡爲戲可及褒衣博帶攝齊升座稱三教論衡偶坐者問曰旣言博通三教釋伽如來是何人對曰婦人問者驚曰何也曰金剛經云敷坐而坐非婦人何須夫坐而後兒坐也上爲之啓齒又曰太

上老君何人曰亦婦人也問者益所不喻乃曰道德經云吾有大患爲吾有身及吾無身吾有何患非婦人何患於有娠乎上大悅又問曰文宣王何人也曰婦人也問者曰何以知之曰論語云沽之哉沽之哉我待價者也非婦人奚待嫁爲上意極歡賜予頗厚

漢以孝廉取士而袁本初曹孟德皆舉孝廉唐重進士而黃巢屢舉進士科目之不足據也如此

張廵之守睢陽玄宗已幸蜀　方熾城孤勢蹙人食竭以絺布切煑而食之時以茶紙和之而意氣自

如其謝加金吾表曰想娥眉之碧峯豫遊西蜀追綠耳於玄圃保壽南山逆賊祿山迷逆天地戮辱黎元闕庭震驚陵廟臣被圍七旬親經百戰主辱臣死當臣致命之時惡稔罪盈是賊滅亡之日其忠勇如此又激勵將士賦詩曰接戰春來苦孤城日漸危受圍如月暈分守若魚麗屢厭黃塵起時將白羽揮裹瘡猶出陣飲血更登陴忠信應難敵堅貞諒不移無人報天地心計欲何施又夜聞笛詩曰岧嶤試一臨北騎俯城陰不辨風塵色安知天地心營開星月

近□苦陣雲深旦夕高樓上遥聞吹笛吟

安氏將亂於中原梁朝誌公大師有語曰兩角女子綠衣裳却背太行邀君王一止之月必消亡兩角女子安字綠者祿字也一止正月也果正月敗亡

張易之行成之族孫則天臨朝太平公主引其弟昌宗入侍昌宗薦易之器用過臣即令召見俱承辟陽之寵右補闕朱敬則諫曰臣聞志不可滿樂不可極□欲之情愚智皆同惟賢者能節之不使過度則前□□言也陛下內寵已有薛懷義張易之昌宗固應足矣近聞尚食奉御柳模自言子良賓潔白美鬚眉左監門衛長史侯祥自云陽道壯偉過於薛懷義專欲自進堪充宸內供奉無禮無義溢于朝聽臣愚職在諫諍不敢不奏則天勞之曰非卿直言朕不知此賜綵百段唐史舊章詳載斯語父子兄弟君臣薦進獻納如此亦可謂之穢史矣

唐文皇既以武功平隋亂又以文德致太平於篇詠尤其所好如曰昔乘匹馬去今驅萬乘來詞氣壯偉固人所膾炙又嘗觀其過舊宅詩曰新豐停翠輦譙

邑駐鳴笳一朝辭此去四海遂成家蓋其詩語與功烈真相副也

宣宗微時以武宗忌之遁跡為僧一日遊方遇黃蘗禪師同行因觀瀑布黃蘗曰我詠此得一聯而下韻不接宣宗曰當為續成之黃蘗云千巖萬壑不辭勞遠看初知出處高宣宗續云溪澗豈能留得住終歸大海作波濤其後竟踐大位兆先見於此詩矣然自宣宗以後接懿僖之時海內遂不靖則作波濤之語豈非讖耶

煜歸朝後鬱鬱不樂見於詞語在賜第七夕命故妓作樂聞於外太宗怒又傳小樓昨夜又東風併坐之遂被禍龍袞江南錄云李國主小周后隨後主歸朝封鄭國夫人例隨命婦入宮每一入輒數日出必大泣罵後主聲聞于外後主多宛轉避之又韓玉汝家有李國主歸朝後與金陵舊宮人書云此中日夕只以眼淚洗面

芳儀江南國主李景女也納土後在京師初嫁供奉官孫某爲武疆都監爲遼中聖宗所獲封芳儀生

公主一人趙至忠虞部自北歸明嘗仕遼爲翰林學士修國史著庭雜記載其事時晁補之爲北都教官覽其書而悲之與顏復長道作芳儀曲云金陵宮殿春霏微江南花發鷓鴣飛風流國主家千口十五年來粉黛稀滿堂詩酒皆詞客拳錦揮毫在瑶席後庭一曲風景改收淚臨江悲故國令公獻籍朝未央勑書築第優降王魏俘曾不輸織室供奉一官奔武疆秦淮淪水鍾山樹塞北江南易懷土雙燕清秋夢栢梁吹落天涯猶並羽相隨未是斷腸悲黃河應有却還時寧知翻手共朝事咫尺山河不可期倉三鼓滹沱岸良人白馬今誰見國亡家破一身存薄命如雲信流轉芳儀加我名字新教歌遣舞不由人採朱拾翠太常好深紅暗畫鷩胡塵陰山射虎邊風急嘈雜琵琶酒闌泣無言數徧天河星只有南箕近鄉邑當年千指渡江來千指不知身獨衰中原骨肉又零落黃鵠寄意何當回生男自有四方志女子那知出門事君不見李陵椎髻泣窮邊丈夫漂泊猶堪憐江州廬山眞風觀李主有國日施財修之刊姓氏

于石有太寧公主永嘉公主皆李景女不知芳儀者孰是也

李煜在國微行娼家遇一僧張席煜遂爲不速之客僧酒令謳吟吹彈莫不高了見煜明俊醞藉契合相愛重煜乘醉大書右壁曰淺斟低唱偎紅倚翠大師鴛鴦寺主傳持風流教法久之僧擁妓之屛帷煜徐步而出僧妓竟不知煜嘗密諭徐鉉鉉言於所親焉

一寶主嘗貢一硯山徑長纔踰尺前聳三十六峯皆手指左右則[illegible][illegible]阜坡陀而中鑿爲硯及江南

破硯山因流轉數十人家爲米老元章得後米老
歸丹陽也念將卜宅久未就而蘇仲恭學士之弟
稱好事有甘露寺下並江一古基多群木唐晉人
居時米欲得宅而蘇覬得硯於是王彥昭侍郎兄
與尹北固共爲之和會蘇米竟相易米後號海嶽
者是也硯山藏蘇氏未幾索入九禁矣
聖光獻曹后佐佑仁廟定策立英宗神宗乃本朝
妃盛德之至者也其在父母家時與群女共爲撚
之戲而后一錢輒獨旋轉盤中凡三日方止及既

暑漫抄　八

疾病急顧左右問此爲何日左右對以十月二十
實太祖大忌日也后傾之乃自語曰只此日去只
日去免煩他百官蓋謂不欲別日立忌使百官有
有奉慰行香之勞也遂以是日崩今人學道號超
非常一旦於死生之際未必能達后之始終若此
非天人乎
廟當宁慨然興大有爲之志欲問西北二　罪一
被金甲詣慈壽宮見太皇太后曰娘娘臣著此好
后迎笑曰汝甲甚好也雖然使汝至衣此等物則

國家何堪矣神廟默然心服遂卸金甲
藝祖受命之三年密鐫一碑立于太廟寢殿之夾室
謂之誓碑用銷金黃幔蔽之門鑰封閉甚嚴因勑有
司自後時享及新天子即位謁廟禮畢奏請恭讀誓
詞是年秋享禮官奏請如勑上詣室前再拜陞堦獨
小黃門不識字者一人從餘皆遠立庭中黃門驗封
啟鑰先入焚香明燭揭幔亟走出階下不敢仰視上
至碑前再拜跪瞻默誦訖復再拜而出群臣及近侍
皆不知所誓何事自後列聖相承皆踵故事歲時伏

避暑漫抄　九

謁恭讀如儀不敢漏泄雖腹心大臣如趙韓王王魏
公韓魏公富鄭公王荊公文潞公司馬溫公呂許公
申公皆天下重望累朝最所倚任亦不知也靖康之
變兵人入廟悉取禮樂祭祀諸法物而去門皆洞開
人得縱觀碑止高七八尺闊四尺餘誓詞三行一云
柴氏子孫有罪不得加刑縱犯謀逆止於獄中賜盡
不得市曹刑戮亦不得連坐支屬一云不得殺士大
夫及上書言事人一云子孫有渝此誓者天必殛之
後建炎中曹勛自北中回太上寄語云祖宗誓碑在

猶恐今天子不及知云云
政和初上始躬攬權綱不欲付諸大臣因述蓺祖故
事御馬親巡大内諸司至内後拱宸門之左對後苑
東門有一庫無名號但謂之苑東門庫乃貯毒藥之
所也外官一員共監之皆二廣川蜀每三歲一貢藥
用七等野葛胡蔓皆預鴆猶在第三其上者鼻嗅之
立死於是親筆爲詔謂取會到本庫稱自建隆以來
會有文遣此皆前代用以殺不廷之臣藉使臣下
系有不赦之罪當明正典刑豈宜用此可罷其貢廢

其庫將見在毒藥焚棄瘞于遠郊仍表識之毋令牛
畜犯焉嗚呼上聖至仁大哉堯舜之用心也
中書彥振擴氣宇軒昂有王陵之少戇罷政事去
得意寓揚州喪其偶久之忽於几筵座上時見形
食言語如平生狀仍決責奴婢甚苦彥振徐察非
乃微伺其蹤則掘地得大穴破之羅捕六七老狐
一狐尤耄而白且解人語言向彥振求哀曰幸毋
殺必厚報彥振弗顧悉命殺之迄無他
奉郎劉均國言侍其父吏部公罷官成都行李中

水銀一篋偶過溪渡篋墜遽脫急求不獲即攬取渡
傍叢草塞之而渡至都久之偶欲耒用傾之不出而
斤重如故也破篋視之盡成黃金矣國初征澤潞時
軍士於澤中鎌取馬草晚歸鎌刃透成金色或以草
然釜底亦成黃金焉又臨安僧法堅言有歙客經於
潛山中見一蛇其腹脹甚蜿蜒草中徐遇一草便嚙
破以腹就磨頂之脹消如故蛇去客念此草必消脹
毒之藥取置篋中夜宿旅邸鄰房有過客方呻吟牀
第問客就訊之云爲腹脹所苦即取藥就釜煎一杯

湯飲之頃之不復聞聲意謂良已至曉但聞鄰房滴
水聲呼其人不復應即起燭燈視之則其人血肉俱
化爲水獨遺骸臥牀急挈裝而逃至明主人視之了
不測其何爲至此及潔釜炊飯則釜通體成金乃密
瘞其骸既久經赦客至邸語其事方傳外人也
張守一爲大理少卿平反拆獄死囚出免者甚多後
有白頭老人詣前拜謝曰某非生人明公所出死囚
之父也無以報德儻有防身之求或能致耳俄有詔
捕城中縱觀守一見士人家女甚美悅之計無從

試呼前鬼問曰能爲我致否曰此易事然不得久纔可七日而已遂營靜處設帷帳有頃而至女驚曰此何處守一及鬼在傍紿云此是天上因與款昵情愛甚切至七日鬼復掩其目送還守一私覘女家云女郎卒中惡不識人七日而醒

有神降於鄭淬家吟詩曰忽然湖上片雲飛不覺舟中雨濕衣折得蓮花渾忘却空將荷葉蓋頭歸

富彥國在青社河北大飢民爭歸之有夫婦襁負一子寘之道左空冢中而去後歸鄉過此冢欲取其骨

則兒尚活肥健於未棄時冢中有大蟾蜍如半輪氣咻咻然意兒呼吸此氣故能不食而健自爾遂不食年六七歲肌理如玉其父抱兒來京師以示小兒醫張荊筐張曰物之能蟄燕蛇蝦蟆之類是也能蟄則不食不食則壽千歲若聽其不食不娶則仙道也父喜攜去今不知所在

秦會之有十客曹冠以墊師爲門客王會以婦弟爲親客吳益以愛婿爲婚客施全以劃刃爲刺客李季以章醮爲羽客龔釜以治產爲莊客丁禩以通家爲客曹詠以獻計取林一飛還子爲説客郭知運以離婚爲逐客初止有此九客耳秦既死葬於建康有蜀人史叔夜者懷雞絮舁生芻號慟墓前其家大喜因厚遺之於是謂之弔客以足十客之數

嶺表或見異物自空而下始如彈丸漸如車輪遂四散人中之即病謂之瘴毋海邊時有鬼市半夜而合鷄鳴而散人從之多得異物

宣政宮中用龍涎沉腦屑和蠟爲燭兩行列數百枝豔明而香滃鈞天所無也南渡後久絕此惟太后回

鑾沙漠復値稱壽上極天下之養用宣政故事然僅列數十炬太后陽若不聞上奉卮問此燭頗愜聖意否后曰爾爹爹每夜常設數百枝諸閤亦然上因后起更衣微謂憲聖曰如何比得爹爹富貴

南唐近事

宋　江表鄭文寶

烈祖輔吳之初未踰强仕元勳碩望足以鎮時靖亂然當時同立功如朱瑾李德誠朱延壽劉信張崇柴再同周本劉金張宣崔太初劉威韋建王綰等皆握强兵分守方面由是朝廷用意牢籠終以跋扈爲慮上雖至仁長厚猶以爲非老成無以彈壓遂服藥變其髭鬢一夕成霜洎曆數有歸讓皇內禪諸藩入覲竟無異圖

烈祖嘗晝寢夢一黃龍繚繞殿檻鱗甲炳煥照耀庭宇殆非常狀遍而視之蜿蜒如故上既寤使視前殿即齊王凭檻而立偵上之安否問其至止時刻及視向背皆符所夢上曰天意諄諄信非偶爾成吾家事其惟此子乎旬月之間遂正儲位齊王即元宗居藩日所封之爵也

江都縣大廳相傳云陰有鬼物所據前政令長升之者必爲瓦礫所擲或中夜之後毀去案硯或家人暴疾遺火不常斯邑皆相承居小廳莅事始獲小康江夢孫聞之嘗憤其說然夢孫儒行正直衆所推服洎何自祕書郎出宰是邑下車之日升正廳受賀訖留夜具香案端笏當中而坐誦周易一遍明日如常理事寂爾無聞自始來至終考莫覩恠異後之爲政者皆欽其惠焉

金陵城北有湖周廻十數里幕府雞籠二山環其西鐘阜蔣山諸峰聳其左名園勝境掩映如畫六朝舊跡多出其間每歲菱藕罟網之利不下數十千建康實錄所謂玄武湖是也一日諸閣老待漏朝堂語及

林泉之事坐間馮謐因舉玄宗賜賀監三百里鏡湖信爲盛事又曰予非敢望此但賜後湖亦暢予平生也吏部徐鉉怡聲而對曰主上尊賢待士常若不及豈惜一後湖所乏者知章爾馮有大慚色

朱鞏侍郎童蒙日在廣陵入學其師甚嚴每朝午歸餐指景爲約其時不至當行檟楚朱雖稟師之命然常爲里巷中一惡犬當道過輒嗥吠鞏乃整衣望犬再拜祈之曰幸無齧我早入學中免爲夫子笞責精誠所至涕泗交流犬亦狂吠不顧是夕犬暴卒于室

處士史虛白北海人也淸太中客遊江表十居于西陽落星灣遂有終焉之志容貌恢廓高尚不仕嘗對客奕棋旁令學徒四五輩各秉紙筆先定題目或爲書啟表章或詩賦碑頌隨口而書握管者略不停綴數食之間衆製皆就雖不精絶然詞彩磊落旨趣流暢亦一代不羈之才也晚節放達好乘雙犢板轅挂酒壺於車上山童總角負瓢以隨往來廬阜之間任意所適當時朝士咸所推仰保大末淮甸未寧割江之際虛白乃爲割江賦以諷曰舟車有限泓汀島以

俱閑魚鼈無知尚交遊而不止又賦隱士詩云風雨揭却屋渾家醉不知其譏刺時政率皆類此元宗南幸道由蠡澤虛白鶴氅杖藜謁鑾輅於江左元宗駐蹕存問須之穀帛又知其嗜酒别賜御醞數壺以厚其意也他日病將終謂其子曰皇上賜吾上樽飲之略盡固留一榼藏之於家待吾死日殮以時服置拄杖一條及此酒於棺中葬之足矣四時愼勿享奠有益勞費何利死者吾當不歆矣洎卒家人一遵遺命而其子頓絶時祀每因節序必修奠訖焚紙緡於靈座紙皆不化用意焚之火則自滅遂不復更祭奠

嚴續相公歌姬唐鎬給事通犀帶皆一代之尤物也唐有慕姬之色嚴有欲帶之心因雨夜相第有呼盧之會唐適預焉嚴命出妓解帶較勝於一擲舉座屏氣觀其得失六骰數巡唐彩大勝唐乃酌酒命美人歌一曲以别相君宴罷拉而偕去相君悵然遣之

昇元初許文武百僚觀內藏隨意取金帛盡重載而去惟蔣廷翊獨持一縑還家餘無所取士君子以是而多之終尚書郎

鍾謨性聰敏多記問奏疏理論頗脫時輩自禮部侍郎聘周忤旨左授耀州典午盛夏之月自周徂秦舞見道旁古碑必駐馬歷覽皆默識武止郵亭命筆繕寫一日之行不過數里而已又見一圭首豐碑制度甚廣約其詞旨不下數千餘字臥諸荒灘之中半爲水潦所淹無由披讀謨欣然解衣游泳灘中以手捫揣默記其文志諸紙墨他日徵還重經是路天久不雨無復沈碑之泉乃發笥得舊錄本就灘較之無一字差誤

焉謚總戎廣陵爲周師所陷乃削髮披緇以給周將圖間道南歸爲識者所擒送至行在時鍾謨亦使周人或譏之曰昔日旌旗擁出坐籌之將今朝毛髮化爲行脚之僧世宗甚悅因釋罪歸之終中書侍郎

賈崇自統軍拜使相鎭江都周師未及境盡焚其井邑棄壘而渡元宗引見於便殿責其奔潰之由且曰朝野謂卿爲賈尉遲朕甚賴卿一旦敵兵未至棄甲宵遁何施面目至此耶崇扣首具陳舒元既叛大軍失律城孤氣寡無數旅之兵以禦要害雖眞尉遲亦

無所施其勇臣當孥戮惟陛下裁之以忤旨釋罪長流撫州

元宗少躋大位天性謙謹每接臣下恭愼威儀動循禮法雖布素僚友無以加也一日御小殿欲道服見諸學士必先遣中使數使宣諭或訢以小若巾裹不及冠褐可乎常目宋齊丘爲子嵩李建勳爲史館皆不之名也君臣之間待遇之禮率類於此

沈彬長者有詩名保大中以尚書郎致仕閒居于江西之高安三吳侯伯多餉粟帛嘗荷杖郊原手植一樹於平野之間召諸子戒曰異日葬吾此地違之者非人子也居數年彬終諸子將起墳於植樹之所尋有術士語以吉凶事近樹北數尺之地卜塋家人諾之是夕諸子咸夢家君訶責擅移葬地復違吾言禍其至矣詰朝乃依遺命伐樹掘土深丈餘得一石槨工用精妙光潔可鑒蓋上刊八篆字云開成二年壽槨一所乃舉棺就槨而葬之廣狹之間皆中其度彬第二子道者亦能爲詩以色絲繫銅佛像長寸餘懸于襟上衣道服辟穀隆冬盛夏惟單褐布裙跣足日

日馳數百里狂率嗜酒罕接人事多往來玉笥浮雲二山林棲野宿不常厥居至今尚在南中人多識之

位崇文以舊德殊勳位崇台衮巨鎭名藩節制遠之坐鎭浮競出入三朝喜愠莫形世推名將臨武昌日閱兵於蹴踘場武昌廳有右屋百餘間久經霖雨一旦而頹出乎不意聲聞數里左右色動心恐惟崇文指縱點閱安詳如故亦無所顧問

何敎洙善彈射性勇決微時爲鄂帥李簡家僮李性[illegible]果於殺戮左右給使之人小有過愆鮮獲全宥

何嘗因薄暮與同輩戲於小廳下有蒼頭取李公
愛硯擎于手中謂諸鐘曰誰敢破此何將餘酣乘興
厲色而應曰死生有命吾敢碎之乃擲硯于石階之
上鏗然毀裂羣豎迸散無敢觀者翊日李衙退視事
責碎硯之由主者具以實對李極怒郎命擒何以至
欬不旋踵矣李之夫人素賢明知何有奇相毎曰異
日當極貴至是匿何後堂中旬浹之間李怒未解夫
人亦不敢救一日李獨坐小廳有一烏申喙向李而
[illegible]其聲甚厲李惡之遂拂衣往後園池亭中烏亦隨

其所之叫噪不已命家人多方驅逐略無去意李性
既褊急怪怒愈甚顧左右曰何敬洙善彈亟召來能
斃此畜當釋爾罪何應召而至注丸挾彈精誠中激
應弦斃之李佳賞至再遂捨其罪洎成立擢爲小校
以軍功累建旌鉞建隆初自江西移鎮鄂渚下車之
日小亭中復見一烏顧何而鳴何曰昔日全吾之命
得非爾乎乃取食物自置諸掌烏翻然而下食何掌
中其後何位至中書令守太師致仕功冥崇極時許
與比靈禽之應豈徒然哉

馮僎郎刑部尚書謐之子也舉進士初年少衆譽籍
籍以爲平折丹桂秋賦之間僎一夕夢登崇孝寺播
刹極高處打方響先是徐幼文能圓夢遂詣徐請圓
之徐曰雖有聲價至下地洎來春僎俄成名於侍郎
韓熙載榜下或有責徐之言謬者徐曰誠如吾語後
當知之放榜數日中書奏主司取十不當遂追榜御
試馮果覆落

鄧匡圖爲海州刺史有野客潘扆謁之鄧不甚禮遇
館於外廡忽一日鄧命潘觀獵近郊鄧妻因詣廡中

覘扆棲泊之所弊榻莞席竹籠而已籠中有錫彈丸
二枚其他一無所有艾夜扆從禽歸啟籠之際忽爲
嘆駭之聲且曰定爲婦人所觸幸吾朝來攝其光鋩
不爾斷婦人頸久矣閤人異之乃聞於鄧鄧詰其由
室家具以實告鄧頗驚異遂召潘升堂屏左右曰先
生其有劒術乎潘曰素所習之鄧曰願先生陳其所
妙使某拭目一觀可乎潘曰何不可也明日公當齋
戒三日擇近郊平廣之地可試吾術鄧如其約至期
潘聯鑣而出至城東其始潘自懷袖中出二彈丸

置掌中俄有氣兩條如白虹之狀微微出指端須臾上接於天若風雨之聲當空而轉又繞鄧之頸左盤右旋千餘匝其勢奔掣其聲錚摐雖震雷迅雷無以加也鄧據案危坐喪精褫魄雨汗浹體莫知己身之所從乃稽首祈謝曰先生神術固已知矣幸攝其威靈無相見怖潘笑舉一手二白氣復貫掌中若雲霧之乍收數食間復爲二錫彈丸矣鄧自此禮遇彌厚表薦於烈祖納焉其後欲傳之於人一夕夢其師怒辰擅洩靈術傳非其人陰奪其法既寤不復能劒矣

尋病終於紫極宮臨終上言乞桐棺葬於近地後嘗尸解上從之使中貴人護葬於金波園至保大中元宗命親信發塚觀之骸骨尚在迄無異焉

進士黄可字不可孤寒朴野深於雅道詩句中多用驢字如獻高侍郎詩云天下傳將舞馬賦門前迎得跨驢賓之類又嘗謁舍人潘佑潘教服槐子云豐肌卻老明旦潘公趨朝天階未曙見槐樹煙霧中有人若猿狙之狀追而視之即可也惟問其故乃攀條而謝曰昨蒙明公教服槐子法故今日齋戒而掇之潛大噱而去

孫晟爲尚書郎上賜一宅在鳳臺山西岡壠之間從居之日舉公萃止韓熙載見其門卑巷陋謂孫曰湫隘若此豈稱爲相第耶舉座莫喻其旨明年孫拜御史大夫旬日之間果正台席

昇元格盜物直三緡者處極法廬陵村落間有豪民暑雨初霽曝衣篋于庭中失新潔衾服衣少許計其資直不下數十千居廬僻遠人罕經行唯一貧人鄰垣而已周訪蹤狀必爲鄰人盜之乃訴于邑邑白郡

郡命吏按驗歸罪于貧人詐服爲盜詰其贓即言散鬻于市蓋不勝捶掠也赴法之日冤聲動人長吏察其詞色似非盜者未即刑戮遂具案聞於朝廷烈祖命員外郎蕭儼覆之儼持法明辯甚有理聲受命之日乃絕葷茹齋戒理棹冥禱神祇晝夜兼行佇雪冤枉至郡之日索案詳約始末迄無他狀儼是夕復焚香于庭稽首冥禱願降儆戒將行大辟翊日天氣融和忽有雷雨自西北起至失物之家震死一牛盡剖腹腹中得所失衣物乃是爲牛所噉猶未消潰遂

赦貧民而儼驟獲大用

諫議大夫張義方命道士陳友合還丹於牛頭山頻年未就會義方遘疾將卒恨不成九轉之功一旦命子弟發丹竈竈下有巨虺火吻錦鱗蜿蜒其間若爲神物護持乃取丹自餌一粒瘖瘂而終當時識者以爲氣未盡服之陰者不壽也

劉仁贍鎮壽春用師堅壘三載感而不降一夕愛子泛舟於敵境艾夜爲小校所擒疑有叛志請于贍贍將行軍法監軍使悵救不廻復使馳告其夫人夫人

曰某郎妾最小子携提愛育情若不及柰軍法至重不可私也名義至大不可虧也苟屈公議使劉氏之門有不忠之名妾與令公何顏以見三軍遂促令斬之然後成其喪禮戰士無不墮淚

高越燕人也將舉進士文價藹然器宇森挺時人無出其右者鄂帥李公賢之待以姝禮將妻以愛女越竊諭其意因題鷹一絶書于屋壁云雪爪星眸衆鳥

摩天專待振毛衣虞人莫謾張羅網未肯平原淺

上不告而去後爲范陽王盧文納之爲壻與議南歸烈祖累居清顯終禮部侍郎與江文蔚俱以詞賦著名故江南士人言體物者以江高爲稱首焉

宋匡業劉存忠雖無勳略然以宿舊嚴整皆處環衛之長劉彦貞壽陽既敗我師屢北京師危之元宗臨軒旰食問其守禦之方匡業對曰時來天地皆同力運去英雄不自由遂忤旨流撫州存忠在側贊美匡業之言不已流饒州

薛寅亮渥之子也嘗爲予言渥捐館之日溫陵帥聞其家藏箱笥頗多而緘鐍甚密人罕見者意其必有

珍翫使親信發觀惟得燒殘龍鳳燭金縷紅巾百餘條蠟淚尚新巾香猶鬱有老僕泫然而言曰公爲學士日常視草金鑾內殿深夜方還翰苑當時皆宮妓秉燭炬以送公悉藏之自西京之亂得罪南遷十不存一二矣余丱歲延平家有老尼嘗說斯事與寅亮之言頗同尼即渥之妾云耳

張易爲太弟賓客方雅眞率而好乘醉文人時論憚之嘗侍宴昭愛宮儲后持所愛玉杯親酌易酒捧翫勤至有不顧之色易張目排座抗音而讓曰殿下輕

人重器不止虧損至德恐乖聖人慈儉之旨言訖碎玉杯于殿柱一座失色儲后避席而謝之

廬山九天使者廟有道士忘其姓名體貌魁偉飲啗酒肉有兼人之量晚節服餌丹砂躁於沖舉魏王之鎮潯陽也郡齋有雙鶴因風所飄憩于道館廻翔唳唳若自天降道士且驚且喜焚香端笏前瞻雲霓自謂當赴上天之召命山童控而乘之羽儀清弱莫勝其載毛傷背折血洒庭除仰按久之是夕皆斃翌日馴養者詰知其狀訴于公府王不之罪處士陳沆聞

之爲絕句以諷云啗肉先生欲上昇黃雲踏破紫雲崩龍腰鶴背無多力傳語麻姑借大鵬

慶王茂元宗第二子也雅言俊德宗室罕倫未冠而薨上深軫悼毎顧侍臣曰子夏喪明不爲異也或對曰臣聞仁而不壽仙經所謂鍊形於太陰之中然慶王必將侍三后於三清友王喬於玉除伏望少寢矜念上泫然焉

烈祖輔吳將有禪讓之事人情尚懷彼此一二不樂周宗請之上曰吾夜夢爲人引劍斷吾之頸意所是宗遽下堦拜賀曰當兼立耳居數日而內禪

王會爲當塗宰頗以資產爲務會部民連狀訴主簿貪賄于縣尹會乃判曰汝雖打草吾已蛇驚爲好事者口實焉

鄭亞文高安鄉野之人也烈祖時自尚書郎拜青陽令升廳就案而食自謂尊顯彌極還語兒子輩云當思爲學自致煙霄吾爲百里之長聲鼓喫飯腦後接筆此吾稽古之力也

宋齊丘微時日者相之曰君貴不可說然亞夫下獄

之相君實有之位極之日當早引退庶幾保全齊丘登相位數載致仕復以大司徒就徵保大末坐陳覺謀干紀事乃餓死于青陽

元宗幼學之年馮權常給使左右上深所親倖毎曰我富貴之日爲爾置銀靴焉保大初聽政之暇命親王及東宮舊僚擊鞠歡極須賚有等語及前事卽日賜銀三十斤以代銀靴權遂命工鍛靴穿焉人皆哂之

元宗嗣位之初春秋鼎盛留心内寵宴私擊鞠略無

虛日常乘醉命樂工楊花飛奏水調詞進酒花飛唯歌南朝天子好風流一句如是者數四上旣悟覆杯大懌厚賜金帛以旌敢言上曰使孫陳二主得此一句固不當有銜璧之辱也翌日罷諸權宴留心庶事圖閩弔楚幾致治平

常夢錫爲翰林學士剛直不附貴近側目或謂曰公罷直私門何以爲樂常曰垂幃痛飲向壁而已蓋憑懟擅權之際也

周業爲左街使信州刺史本之子也與劉郎素有隙

郎長公主時爲禁帥無何昇元中金陵告災業方潛飲人家醉不能起有聞上者上顧親信施仁望曰率衛士十人詣災所見其馳救則釋不然就戮于牀仁望旣往亟使召業家語之業大怖衣女子服奔見仁望仁望怒之泊火息復命至便殿門會劉郎先至亦將白災事仁望揣劉意不能蔽業又懼與之偕罪計出倉卒遽排劉越次見上曰火不爲災業誠如聖旨上曰戮之乎仁望曰業父[illegible]方臨敵境臣未敢卽時奉詔上撫几大悅曰幾誤我[illegible]仁望自此大獲奬用業乃全恕

陳誨嗜鴿馴養千餘隻誨自南劍牧拜建州觀察使去郡前一月羣鴿先之富沙舊所無孑遺矣又嘗因早衙有一鴿投誨之懷袖中爲鷹鸇所擊故也誨感之自是不復食鴿矣

章齊一爲道士滑稽無度善於嘲毀倡里樂籍多稱其詞長曰齊二次曰齊三保大中任樂坊判官一旦暴疾齊一齘舌而終

女冠耿先生鳥爪玉貌甚有道術獲寵於元宗將誕

前三日謂左右曰我子非常產之夕當有異及他夕果震雷繞室大雨河傾半夜雷止耿身不復孕左右莫知所產將子亦隨失矣

陳繼善自江寧尹拜少傅致仕富於資產性鄙嗇別墅林池未嘗暫適旣不嗜學又杜絕賓客惟自荷一鋤理小闌成畦以眞珠之餘顆若種蔬狀布土壤之間記顆俯拾周而復始以此爲樂焉

烈祖鎭建業日義祖薨于廣陵致意將有奔喪之計康王已下諸公子謂周宗曰幸聞兄長家國多事宜

抑情損禮無勞西渡也宗慶王似非本意堅請報罷示信於烈祖康王以怨遠爲詞宗袖中出筆復爲左右取紙得故茗紙貼乞年札康王不獲已而札曰幸就東府舉哀多壘之秋二兒無以奔喪爲念也明年烈祖朝覲廣陵康王及諸公子果執上手大慟誣上不以臨喪爲意詛讓百端冀動物聽上因出王所書以示之王赧頓而已

兵部尚書杜業任樞密有權變足機會兵賦民籍指之掌中其妻張氏妬悍尤急室絕婢妾業憚之如事

嚴親烈祖嘗命元皇后召張至內庭誡之曰業位望通顯得置妾媵何拘忌如此豈婦道所宜耶張雪涕而言曰業本狂生遭逢始運多壘之初陛下所藉者駑馬未竭耳而又早衰多病縱之必貽其患將誤于任使耳烈祖聞之大加獎歎以銀盆綵段賞之

烈祖輔吳四方多壘雖一騎一卒必加姑息然群校多從禽聚飲近野或擾擾民庶上欲糾之以法而方藉其材力思得酌中之計問於嚴求求曰無煩繩之易絕耳請敕泰興海陵諸縣罷採鷹鸇可不令而止烈祖從其計朞月之間禁校無復游墟落者

嚴求微時爲陽邑吏陽宰器之待以賓禮每曰卿當自愛他日極人臣之位吾不復見卿之貴幸以遺孤留意朞年嚴亟登公輔宰歿既久其子埋遺命候謁嚴門嚴贈擔石束帛而已其子慊懷而退嚴不甚顧齊遣家人賫黃金數十斤伺于逆旅聞謝之曰非陽宰之子乎相君使奉金以備行李又爲一官地宅僕馬畢爲之置其子他日及門致謝嚴曰聊以報尊府君平昔之遇耳一見後終身謝絕焉

烈祖輔吳日與諸侯會射延賓亭劉信擎牙注矢指擬四座小校孫漢威疑不利于上忽引身障烈祖以巳當之上自此益加寵遇位至待中九江帥

劉信攻南康終月不下義祖譴信使者而杖之詈曰語劉信要背則背何疑之甚也信聞命大怖并力急攻次宿而下凱旋之日師至新林浦犒錫不至亦無所存勞他日謁見義祖命諸元勳爲六博之戲以紓前意信酒酣擲六骰于手曰令公疑信欲背者傾西江之水終難自滌不負公當一擲徧赤誠如前言則

衆彩而已信當自拘不煩刑吏耳義祖免釋不與投
之於盆六子皆赤義祖賞其精誠昭感復待以忠貞
焉
李建勳鎮臨川方與僚屬會飲郡齋有送九江帥周
宗書至者訴以赴鎮日近器用儀注試闕求輟于臨
川李無復報簡但乘醉大批其書一絕云偶罷阿衡
來此郡固無閑物可應官憑君爲報羣胥道莫作循
州刺史看
趙王李德誠鎮江西有日者自稱世人貴賤一見輒

分王使女妓數人與其妻滕國君同妝梳服飾偕立
庭中請辨良賤客俯躬而進曰國君頭上有黃雲羣
妓不覺皆仰首日者曰此是國君也王悅而遣之
陳覺微時爲宋齊丘之客及爲兵部侍郎也其妻李
氏妬悍親執庖爨不置妾媵齊丘選姿首之婢三人
與之李亦無難色奉侍三婢若舅姑禮問其故李曰
此令公寵倖之人見之若而令公何敢倨慢三婢旣
不自安求還宋第李笑而許之
馮延巳鎮臨川聞朝議已有除替一夕夢通舌生毛
翊日有僧解之曰毛生古間不可剃也相公其未替
乎旬日之間果已寢命
張洎計偕之歲爲閒師燕王冀所薦首謁韓熙載韓
一見待之如故謂曰子好一中書舍人頃之韓主文
洎擢第不十年果主綸閣之任
進士李冠子善吹中管妙絕當代上饒郡公嘗聞於
元宗上甚欲召對屬淮甸多故盤桓彌月戎務日繁
竟不獲見出關日李建勳贈一絕云韻如古澗長流
水怨似秋枝欲斷蟬可惜人間容易聽新聲不到御

樓前
鍾傳鎮江西日客有以覆射之法求謁傳以曆日包
一橘致袖中使射之客口占一歌以揭之云太歲當
頭立諸神莫敢當其中有一物常帶洞庭香
程員舉進士將過試夜夢烏衣吏及門告員曰君與
王倫廖衡陳度魏清並已及第員夢中驚喜理服驅
馬詣省門見楊遂張觀會頡立衙中訊圖榜在雞行
何忽至此員悵然而覺祕不敢言其年考功員外郎
張祕權知貢舉果放楊遂等三人員輩卒無微職

夏內降御札尙慮遺賢命張洎舍人取所試詩賦中書重定務在精選洎果取員等五人附來春別榜及第明年歲在癸酉也

李德來任大理少卿持法甚峻忌刻便佞時號李猫兒本無學術詐稱博聞每呼馬爲韓盧樂工爲伶倫謟佞爲謇諤以此貽譏於世

木平和尙不知何許人也保大初徵至闕下傾都瞻禮闐咽里巷金帛之施日積數萬常出入宮禁中他日從上登百尺樓上曰新建此樓制度佳否木平曰

尤宜望火上初不喻其旨居數歲木平卒淮甸大擾自壽陽置烽堠以應龍安山旦夕上多登覽以瞻動靜又上最鍾愛慶王王初幼學上問壽命幾何木平曰郎君聰明哲智預知六十年事壽當七十是歲疾終年十七蓋反語以對之也

李微古宜春人也少時賤遊嘗宿同郡潘長史家是夜潘妻夢門前有儀注鞍馬擁劒錯錄衙隊約二百人或坐或立且云太守在此洎見乃寓宿秀才覺後言于潘曰此客非常人也妾來晨略見餞酒一鍾贈之金拖腕曰郎君他日富貴愼勿相忘李不可知也來年至京一舉成名不二十年自樞密副使除本州刺史離闕日元宗賜內庫酒二百瓶

韓熙載放曠不稽所得俸錢卽爲諸姬分去乃著衲衣負筐令門生舒雅執手板于諸姬院乞食以爲笑樂使中國作詩云我本江北人去作江南客舟到江北來舉目無相識不如歸去來江南有人憶

陶穀學士奉使恃上國勢下視江左辭色毅然不可犯韓熙載命妓秦弱蘭詐爲驛卒女每日弊衣持帚

埽地陶悅之與狎因贈一詞名風光好云好因緣惡因緣只得郵亭一夜眠別神仙琵琶撥盡相思調知音少待得鸞膠續斷絃是何年明日後主設宴陶辭色如前乃命弱蘭歌此詞勸酒陶大沮卽日北歸

韓熙載北人仕江南致位通顯不防閑婢妾有北齊徐之才風侍兒往往私客客賦詩有云最是五更留不住向人枕畔著衣裳之句熙載亦不介意

洞微志

宋 錢希白

太平興國李守忠爲承旨奉使南方過海至瓊州界道逢一翁自稱楊遐舉年八十一邀守忠詣所居見其父曰叔連年一百二十二又見其祖曰宋卿年一百九十五語次見梁上一鷄窠中有一小兒頭下視宋卿曰此吾前代祖也不語不食不知其年朔望取下子孫列拜而已

顯德中齊州有人病狂每唱歌曰踏陽春人間二月雨和塵陽春踏盡秋風起腸斷人間白髮人又歌曰

五雲華蓋曉玲瓏天府由來汝腑中惆悵此情言不盡一丸蘿蔔火吾宮後遇一道士作法治之云每見一紅衣小女引入宮殿皆多紅名紫州小姑令道士曰此正犯天喪毒女郎心神小姑脾神也按醫紅蘿蔔治麵毒故曰火吾宮即以藥兼蘿蔔食之其疾遂愈

有術士於腕間出彈子三丸皆五色叱令變即化雙燕飛騰上下又令變即化二小劍交擊須臾復爲人腕

邢都之南百餘里有剧令公墓墓前一石人能爲怪人或過之多稱脅挍書武云石押衙

僧便聰於五臺將還京師寺有老僧寄以書其上題云東京城北尋勃賀分付僧竊啓封視之云虔衆僧畢早來苟更强住却恐造業復封之乃至京尋訪不見其人一日五丈河側見一小兒逐一大猪名勃賀僧問之云屠者趙氏之子能引牽猪令不亂遂愛婆荷故以名僧試呼其名以書投之猪遂食其書人立而化僧徑之五臺訪老僧亦化去矣

虞部郎中周仁得監永豐倉有通謁者進士吕中及見之十歲小兒出一啓爲贄仁得讀之有莊周之壑巳空孔緒之車初適仁得問孔氏之車出何書乃厲聲呼仁得父祖名化爲大鼠入倉而去

盧多遜未第時面極黑有相告曰此名敗土色貴即明闊復來必多災多遜歷貴仕面色甚瑩將敗數日忽暗黑如故

有人喜食野物捕鴉鵲之未毛者以油塗之復至

中至大不毛取食虢爲鴉殢後其妻產一物正如其
狀

該聞録

宋　李畧

唐路丞相隨父必從渾瑊會平凉爲人所執死焉隨方在𡖖褓中迨十歲母謂隨曰汝還識汝父不隨嗚咽無言母曰視汝眉目宛若父之眉目隨遂覧照覩之殯絶于地後終身不復臨鏡與夫曾參父嗜羊棗而參終身不食同矣豈非孝之純乎世有朝感而暮悦貌慘而心泰者其類甚衆噫斯孝之妄者豈獨孝乎忠亦有之

龍圖閣待制唐公肅文行淵雅莅政有清識之譽先與濟陽丁相同舉進士爲三益友後官各顯著居水櫃街與濟陽宅相對一日朝廷自金陵召濟陽入議有弼諧之命唐遂遷居州北避之畋往謁唐公詰其由唐曰謂之丁相字入郎大拜權勢日隆若數與之往還事涉依附或經旬不見情必猜疑故避之朞歲濟陽因妖誣事黜降嶺表畋復謁唐公公曰果有是日丁之才術實天與之乃唐李贊皇之流蓋動多而靜少任智而鮮仁可以佐三事可以總家廉若得太

祖朝趙中令呂丞相居其上則丁之用不私位不危也至哉言乎

開寶中神泉縣令張某者新到官外以廉潔自矜內則貪黷自奉其例甚多一日自榜縣門云某月某日是知縣生日告示門內與給事諸色人不得有輒獻送有一曹吏與衆議曰宰君明言生辰日意令我輩知也言不得獻送是也衆曰然至日各持縑獻之命曰續壽衣宰一一無所拒感領而已復告之曰後月某日是縣君生日更莫將來無不喧者得之於神泉進

士黃屬時王鼎以鷺鷥詩諷之云飛來疑是鶴下處却壽魚最爲中的

晈生於丑門昌西橋所居之南舊有一宅高敞虛閒人不可居每至昏暝間於堂壁之下有聲漸起若銅鈴之響或四或五繚繞宇內至曉始息先考好接士編訪入問其故時有焦道士曰妖祥之與本由陰陽五行之氣相勉減而然也凡二氣相搏爲聲此必因沴氣畜在一隅故成妖爾謂偏室中屋壁狹隘之處俾其開豁虛明發泄滯氣然後復新其壁先考如其言果妖不復作晈自幼誌之後有朋友凶宅者以此傳之皆驗

范丞相質常言驢馬駒子行有先後偶詰廐吏言俱可驗蓋上旬駒生者行在母前中旬生者行與母並下旬生者行在母後每驗之皆不謬質曰是含靈之類悉稟五行之氣馴至之道得於自然至於魚龍異淵沼虎兕居藪穴分行列於鴻鴈辨尊卑於螽蝗蠢動猶然而況於人乎其有逆天之理矯性之分其大者則爲亂臣賊子曾禽獸之不如也

從駕記

宋　陳隨隱

孟亨駕出則軍器庫御酒庫御廚祗候庫儀鸞司御藥院從物前導騏驥院馬引從舍人內外諸司庫務官繼之前騶親從左右各二十一人控攏親從三百十四沿路喝賛舍人二文武左右各八都下親從如其數閤門宣賛捧駕頭於馬上乃太祖即位所坐香木爲之金飾四足隨其角前小幰織藤冐之至則迎駕者起居引駕圭首左右各五人閤門提點御史臺

諸房副承直御椅子簾書官閤門祗候金鎗銀鎗招箭東一至五西一至二茶酒等班環衛御帶內等子道遥子御輦院官御燎子翰林司官閤門覺察宣賛二人殿侍五十二快行如上數而殺其二御馬數十院官隨之警蹕八人殿侍執從物者十人行門往來禁衛內編排三十人知閤步帥行於中御龍直執從物者八十人引駕長八人祗候左右班各二十人殿前指揮使如上數各殺其六親方圍子二百四十人內殿直御龍直各二百崇政殿親從內外等子各如上數內等子十七人作內圍子王管殿司公事主管禁衛官押之燭籠兩行各六十人快行如初數行門二十四人擎輦六十人中御天顏蓋二扇二挾輦殿前指揮使左右各二十四人內殿直如之挾輦御藥左右各二人插帶內外御帶倍上數帶御器械閤下官又倍之文武親從又各如前數筤一扇二左賢右戚乘馬從駕彈壓宮殿之行門以下豁脚幞頭大團花羅袍擊鞭編排小團花羅袍御龍直茶酒等班紅□方勝練鵲纈羅衫各塗金束帶控攏御馬左右直

□七□素紅瑪瑙鞭各二擎硃紅水地戲珠龍杌子各一皂紗幞青地荷蓮纈羅衫塗金束帶文武親從貼錦幞紫寶相花大神衫銅華帶內外圍子皂紗幞紅地黃白獅子纈羅衫緋線羅背子塗金戲獅束帶前引從並姜牙幞三色纈衫銅帶親事官曲脚幞頭簇四金鵰袍塗金帶百官諸司並朝服阮秀實仰瞻聖駕詩云紫烟飲翠碧天長柳蔭旌旗午尚霜一朶彩雲擎瑞日光華盡在舜衣裳偕必萬云輕塵不動馬蹄催警蹕聲中翟輦來漢代威儀周禮樂太平天

子拜香回若恭謝駕回闕於子内作樂添教坊東西班各三十六人丞相以下皆簪花姜夔云六軍文武浩如雲花簇頭冠樣樣新惟有至尊渾不帶盡分春色賜羣臣萬數簪花滿御街聖人先自景靈回不知後面花多少但見紅雲冉冉來潘牥云輦路安排看駕廻千官花壓帽簷垂君王不輟憂勤念玉貌還如未插時鄧克中云輦路春風錦繡張裁紅剪綠鬪芬芳黄羅傘底瞻天表萬疊明霞捧太陽阮秀實云宮花寄映帽簷新誤蝶疑蜂逐去塵自是近臣偏得賜

繡鞍扶上不勝春先臣云幸驂恭謝覲繁華馬上歸來戴御花老婦稚兒相顧問也頒春色到詩家

東巡記

宋　趙彦衛

台州臨海縣章安祥符寺法堂有高廟御坐寺僧師顔年八十餘矣能言東巡事云時年方十四事悟講主建炎三年十二月二十六日民間讙言天子航海東來泊金鼇山下二十八日平明有十六人皆衣戰袍步自金鼇入寺有黄領者坐頃之問寺有素食否時方修歲戲乃取炊餅五枚以進之食其三巳又食其半悟講主復擷園蔬芼以蕈鹽進之有旨取一内人乃借民間小竹輿乘之以來立語良久復令登舟

晚遂復幸金鼇凡留十四日始航海幸永嘉又留四十五日復航海幸金鼇又留八日忽聞六軍皆呼萬歲捷書至也於是航海由四明還紹興李正民侍郎乘桴錄云巳酉十二月五日車駕至四明十五日大雨遂登舟至定海十九日至昌國縣二十六日移舟之溫台自是連日南風舟行雖穩而日僅行數十里二十九日歲除庚戌正月二日北風稍勁晚泊台州港三日早至章安知台州晁公爲來上幸祥符寺從

官迎拜于道左是日得餘杭把監官陳彥報人馬至縣迎擊乃退六日得張俊奏云二十八二十九日正月二日凡三遇敵殺傷相當八日張忠正奏云張俊出兵擊退北騎十四日張俊自台州來十八日移舟離章安十九日晚雪雨又作二十日泊青嶼門二十一日泊溫州港國史載此事皆在四年正月與顏言不合然今歲儀皆開歲乃修則顏所記誤耶金鼇蓋一獨峰坡阤蔚茂若鼇背然正與柵浦相對兩涘之間略辨牛馬東看海門雲飛波翻渺然無際山頂有

善齊寺與夫祥符塔院紹興三十二年始賜額先是有人題詩云牡蠣灘頭一艇橫夕陽多處待潮生與君不負登臨約同向金鼇背上行高廟覽之以爲詩讖求其人不可得御坐一竹椅寺僧今別造以黃裳之壁間有詩云黃帽當年駕舳艫東浮鯨海出三吳中興事業風波惡好作君王坐右圖不著姓氏

青溪寇軌

泊宅翁方勺

宣和二年十月睦州青溪縣碣村居人方臘託左道以惑衆知縣事承議郎陳光不即鉏治臘自號聖公改元永樂置偏裨將以巾飾爲別自紅巾而上凡六等無甲冑惟以鬼神詭秘事相扇搖數日聚惡少千餘焚民居掠金帛子女提點刑獄張苑通判州事葉居中不能招致欲盡殺乃已故賊得脅　良民爲兵旬日有衆數萬十一月二十九日將領蔡遵與戰於

息坑死之遂陷青溪縣十二月四日陷睦州初七日天章閣待制歙守曾孝蘊以京東賊宋江等出青齊濟濮間有旨移知青社一宗室遙判州事守禦無策十三日又陷歙州秉勢取桐廬新城富陽等縣二十九日進逼杭州知州事趙霆棄城走州卽陷節制直龍圖閣陳建廉訪使者趙約被害賊縱火六日官吏居民死者十三朝廷遣領樞密院童貫常德軍節度使譚稹二中貴率禁旅及京畿關右河東蕃漢兵制置江淮二淛明年正月二十四日賊將七佛引衆六

萬攻秀州統軍王子武聚兵與州民登城固守屬人兵至開門表裏合擊斬首九千築京觀五賊退據杭州二月七日前鋒至淸河堰賊列陣以待王師水陸並進戰六日斬賊二萬十八日再火官舍學宮府庫與僧民之居經夕不絕翌日宵遁大兵入城當是時少保劉延慶由江東入至宣州涇縣遇賊僞八大王斬五千級復歙州出賊背統制王稟王渙楊惟忠辛興宗自杭趍睦取睦州與江東兵合斬獲七百里生擒方臘及僞相方肥等妻印子亳二太子等凡五十

二人亳二太子其子之號於梓桐石穴中殺賊七萬招來老幼四十餘萬復使歸業四月二十六日也餘黨走衢婺而蘭溪縣靈山賊朱言吳邦起應之據處州而越州剡縣魔賊仇道人台州仙居人呂師囊方昂山賊陳十四公等起兵掠溫台諸縣四年三月討平之是役也用兵十五萬斬賊百餘萬自出師至凱旋凡四百五十日收杭睦歙處衢婺六州與五十二縣所殺平民不下二百萬始唐永徽四年睦州女子陳碩眞反自稱文佳皇帝婺州刺史崔義玄平之故梓桐相傳

有天子基萬年樓方臘因得憑藉以起又以沙門寶誌讖記誘惑愚民而貧窮游手之徒相乘爲亂青溪爲睦大邑梓桐幫源等號山谷幽僻處東北趨睦西近歙民物繁庶有漆楮林木之饒富商巨賈多往來江淛地勢迂險賊一旦焚蕩無一存者群黨據險以守因謂之洞而淛人安習太平不識兵革一聞金鼓聲則斂手聽命不逞小民往往反爲賊鄉導劫富室殺官吏士人以徼利渠魁未授首間所掠婦女自洞逃出倮而雉經於林中者由湯嵓椔樹嶺一帶凡八

十五里九村山谷相望不知其數會稽進士沈傑嘗部民深入賊境新覩其事爲余言賊之始末因稽合衆論撫其實著于篇青溪知縣陳光旣坐不治賊就戮朝廷改睦爲嚴州歙爲徽州青溪界至歙州路皆鳥道縈紆兩旁峭壁萬仞僅通單車方臘之亂曾待制出守但以兩崖上駐兵防過下瞰來路雖蚍蜉之微皆可數賊亦不敢犯境宋江擾京東曾公移守青社掌兵者以霧毒爲辭移屯山谷間州遂陷後漢張角張燕輩託天師道陵爲遠祖立祭酒治病

使入出米五斗而病遂愈謂之五斗米道至其滋盛則剽劫州縣無所不爲其流至今吃菜事魔夜聚曉散者是也凡魔拜必北向以張角實起於北方觀其拜足以知其所宗原其平時不飲酒食肉甘枯槁趨靜默若有志於爲善者然男女無别不事耕織衣食無所得則務攘敚以挺亂其可不早辨之乎有以其疑似難識欲痛繩之恐其滋蔓因置而不問馴致禍變則陳光之於方臘是也有令法令一切弗問但魔迹稍露則使屬邑盡驅之死地務絶其本源肅清境

内而此曹急則據邑聚而反則越守劉韐之於仇賊是也仇破剡縣新昌上虞凡三縣此風日熾殆未易察也始知能上體國禁之嚴下念愚民之無辜迷入於此道不急不忘銷患於冥冥之中者良有司也

容齋逸史曰甚哉小人患得患失貽禍之深也初元祐間宣仁太后臨朝天下大政事皆太后與二三大臣議可而行時雖天下稱治哲宗内弗平也一旦太后崩方欲悉反其政以攄宿憤而小人揣知上旨遂引吕武爲喻上益惑焉明年改元紹聖而熙豐群邪彙進矣是後天下監司牧守無非時宰私人所在貪墨民不聊生迨徽廟繼統蔡京父子欲固其位乃倡豐亨豫大之説以恣蠱惑童貫遂開造作局于蘇杭以制御器又引吳人朱勔進花石媚上上心既侈歲加增焉舳艫相銜於淮汴號花石綱至截諸道糧餉綱旁羅商舟揭所貢暴其上篙師柁工倚勢貪横夌轢州縣道路以目其尤重者漕河弗能運則取道於海每遇風濤則人船皆没枉死無算江南數十郡深山幽谷搜剔殆遍或有奇石在江湖不測之淵百計

取之必得乃止程限慘刻無間寒暑士庶之家一石一木稍堪玩者即領健卒直入其家用黄帕覆之指爲御物又不即取因使護視微不謹則重譴隨之及啓行必發屋徹墻以出由是人有一物小異共指爲不祥惟恐芟夷之不速民預是役者多鬻田宅子女以供其須思亂者益衆初方臘生而數有妖異一日臨溪顧影自見其冠服如王者由此自負遂託左道以惑衆縣境梓桐幫源諸洞皆落山谷幽險處民物繁夥有漆楮松杉之饒商賈輻輳臘有漆園造作局

屢酷取之臘怨而未敢發會花石綱之擾遂因民不忍陰取貧乏游手之徒賑恤結納之衆心既歸乃椎牛釃酒召惡少之尤者百餘人會飲酒數行臘起曰天下國家本同一理今有子弟耕織終歲勞苦少有粟帛父兄悉取而靡蕩之稍不如意則鞭笞酷虐至死弗恤於汝甘乎皆曰不能臘曰靡蕩之餘又悉舉而奉之仇讐仇讐賴我之資益以富實反見侵侮則使子弟應之子弟力弗能支則譴責無所不至然歲奉仇讐之物初不以侵侮廢也於汝甘乎皆曰安有

此理臘涕泣曰今賦役繁重官吏侵漁農桑不足以供應吾儕所賴爲命者漆楮竹木耳又悉科取無錙銖遺夫天生烝民樹之司牧本以養民也乃暴虐如是天人之心能無慍乎且聲色狗馬土木禱祠甲兵花石靡費之外歲賂西北二　銀絹以百萬計皆吾東南赤子膏血也二　得此益輕中國歲歲侵擾不已朝廷奉之不敢廢宰相以爲安邊之長策也獨吾民終歲勤動妻子凍餒求一日飽食不可得諸君以爲何如皆憤憤曰惟命臘曰三十年來元老舊臣貶

死殆盡當軸者皆齷齪邪佞之徒但知以聲色土木淫蠱上心耳朝廷大政事一切弗恤也在外監司牧守亦皆貪鄙成風不以地方爲意東南之民苦於剝削久矣近歲花石之擾尤所弗堪諸君若能仗義而起四方必聞風響應旬日之間萬衆可集守臣聞之固將招徠商議未便申奏我以計縻之延滯一兩月江南列郡可一鼓下也朝廷得報亦未能決策發兵計其遷延集議亦須月餘調集兵食非半年不可是我起兵已首尾期月矣此時當已大定無足慮也況

西北二　歲幣百萬朝廷軍國經費千萬多出東南我既據有江表必將酷取於中原中原不堪必生內變一　聞之亦將乘機而入腹背受敵雖有伊呂不能爲之謀也我但畫江而守輕徭薄賦以寬民力四方孰不斂衽來朝十年之間終當混一矣不然徒死于貪吏耳諸君其籌之皆曰善遂部署其衆千餘人以誅朱勔爲名見官吏公使人皆殺之民方苦於侵漁果所在響應數日有衆十萬遂連陷郡縣數十衆殆百萬四方大震時朝廷方約女直夾攻契丹取燕

雲地兵食皆已調集待命適聞臘起遂以童貫爲江淮荆浙宣撫使移師南下臘不虞如是速也貫至蘇州始承詔罷造作局及御前綱運并木石彩色等場前至秀州累敗賊鋒追至幫源洞賊尚二十餘萬與官軍力戰而敗深據巖穴爲三窟諸將莫知所入韓蘄王世忠時爲王淵裨將潛行谿谷問野婦得徑即挺身直前度險數重搏其穴格殺數十人擒臘以出遂并取臘妻子符印及方肥等其黨皆潰前後所戕人命數百萬江南由是凋瘵不復昔日之十一矣迨

建炎南渡經費多端愈益窮困不可復支向非臘之耗亂江淮二浙公私充實南渡後或可藉爲恢復之資亦未可知也噫臘之耗亂可哀也已然所以致是者誰歟泊宅翁之志寇軌也蘄王猶未知名故略之且時宰猶多在朝臘黨陰謀語多忌諱亦削不載吾故表而出之以戒後世司民者

喫菜事魔法禁甚嚴有犯者家人雖不知情亦流遠方財產半給告人餘皆沒官而近時事者益衆始自福建流至溫州遂及二浙睦州方臘之亂其徒處處相煽而起聞其法斷葷酒不事神佛祖先不會賓客死則裸葬方斂盡飾衣冠其徒使二人坐于尸傍其一問曰來時有冠否則答曰無遂去其冠次問衣履遂一去之以至于盡乃曰來時何有曰有包衣則以布囊盛尸焉云事後致富小人無識不知絕酒肉燕祭厚葬自能積財也又始投其黨有甚貧者衆率財以助積微以至於小康矣凡出入經過不必相識黨人皆館穀焉凡物用之無間謂爲一家故有無礙被之說以是誘惑其衆其魁謂之魔王右者謂之魔母

各有誘化且望人出四十九錢於魔公處燒香魔母則聚所得緡錢以時納於魔王歲獲不貲云亦誦金剛經取以色見我爲邪道故不事神佛但拜日月以爲眞佛其説不經如是法平等無有高下則以無字連上句大抵多如此解釋俗訛以魔爲麻謂其魁爲麻黃或云易魔王之名也其初授法設誓甚重然以張角爲祖雖死於湯鑊終不敢言角字傳言何執中守官台州州獲事魔之人勘鞠久不能得或云何處州龍泉人其鄉邑多有事者必能察其虛實乃委之

窮究何以雜物百數問能識其名則非是而置一羊角其間餘皆名之至角則不言遂決其獄如不事神先喪葬之類已害風俗而又謂人生爲苦若殺之是救其苦也謂之度人度人多者則可成佛故結集既衆乘亂而起日嗜殺人最爲大患尤憎惡釋氏蓋以不殺與之爲戾耳但禁令太嚴罕有告者株連既廣又當籍沒全家流放與死爲等必協力同心以拒官吏州縣憚之率不敢按反致增多也

江表志

宋　鄭文寶

江表志者有國之時朝章國典粲然可觀執政大臣以史筆爲不急之務泊開寶中起居郎高遠當職始編輯昇元巳來故事將成一家之言書未成遠疾亟數篋文章皆令焚之無子遺矣太宗皇帝欲知前事命湯悅徐鉉撰成江南錄十卷事多遺落無年可編筆削之際不無高下當時好事者往往少之文寶耳目所及編成三卷方國志則不足比通曆則有餘聊足補亡以俟來者庚戌歲閏二月二十三日序

南唐高祖姓李諱知誥生於徐州有唐疏屬鄭王房之支派父祖榮不仕帝少孤有姊出家爲尼出入徐溫宅與溫妻李氏同姓帝亦通姊往來溫妻以其同宗憐其明惠收爲養子居諸子之上名曰知誥累典郡符溫爲丞相封齊王出鎮金陵留帝在都執楊氏政事帝沉機遠略莫知其際折節謙下中外所瞻幾及弱冠躬秉大權楊都繁浩之地海內所聞帝卒由寒素無所耽溺內輔幼主外弼義父延楊祚十數年

帝之力也丞相㚟盡揔其兵嘗以讖詞有東海鯉魚飛上天之語由是懷遏禪位之心〻〻吳帝加以九錫封齊王丙申年執政者欲盡楊氏一朝然後受禪烈祖不可遂以國稱唐改元昇元更姓李氏名昪追尊丞相爲義祖皇帝吳帝爲讓皇帝在位七年年五十四廟號烈祖謚曰孝高陵曰永陵元敬皇后宋氏祔焉年號昇元

皇子

元宗一子少亡　大弟遂　齊王達　衛王逷

宰相

宋齊丘　李建勲　嚴球　張居永

使相

趙王李得成　張崇　張宣

周本　李簡　王輿　劉威

劉信　王綰　柴再用　劉金

徐介　馬仁裕

樞密使

杜鄴　陳褒

將帥

崔太初　王輿　姚景　祖重恩

李鐇

文臣

楊彥伯　高弼　孫晟　李正明

龔凜　蕭儼　陳幼文　賈潭

嚴球爲相是時王愼辭奉使北朝球在病請告烈祖授以論荼凡數百事皆中機務然嚴球未見更就宅訪之球覽畢尤稱所美請更添事北朝問黑雲長劒

多少來時及五十指揮皆在都下柴再用不曾赴鎭烈祖首問黑雲長劒並柴再用所云愼辭依前致對梁太祖銳意南征即時罷兵球夜宿金山常有詩云淮船分蟻點江市聚蝿聲烈祖性多嚴忌宋齊丘因而與譖以竹籠盛之沉於江口

魏王知訓徐温之子烈祖曲宴引金觴賜酒曰願我弟百年長壽魏王意烈祖宴引他器均之曰願與陛下各享五百歲烈祖不飲久之申漸高乘詼諧併而飲之内金鍾於懷袖亟趨而出到家腦潰而終

宋齊丘鎮鍾陵有布衣李匡堯累贊謁於宋知其忤
物托以它故終不與之見一日宋公喪子匡堯隨弔
客造謁賓司復却之乃就賓次大署二十八字云安
排唐祚挫强吳盡見先生設廟謨今日喪雛猶自哭
讓皇宮眷合如何
讓皇遷於泰州永寧宮數年未卒每有枝葉及五歲
即有中使賜衫笏加官即日而終讓皇居泰州永寧
宮常賦詩云江南江北舊家鄉三十年來夢一場吳
苑宮闈今冷落廣陵臺榭亦荒凉煙凝遠岫愁千點

雨滴孤舟淚數行兄弟四人三百口不堪回首細思
量中漸高嘗因曲宴天久無雨烈祖曰四郊之外皆
言雨足惟都城百里之地亢旱何也漸高云雨怕抽
税不敢入城異日市征之令咸有損除
仲時光者樂部中之宮妓也有寵於永寧生衛王遏
烈祖務嚴峻整有難犯之色常怒作數聲金鋪振動
仲夫人左手擎飯右手捧匙安詳而進之雷電爲之
少霽後封越國太妃
柴載用按家樂於後園有左右人竊於門隙覰之柴
遇之乃召至　圖使覰其按習曰隙風恐傷爾骍耳
元宗名璟烈祖元子也册曰宋太后謙和明睿齊儉
得中搜訪賢良訓齊師族政無大小咸必躬親善曉
音律不至耽溺深知理體洞明物情聖德聞於隣國
矣在吳朝太子諭德後累居丞相常於廬山搆書堂
有物外之意烈祖即位爲皇太子烈祖崩於柩前即
位年四十九在位十九年廟號元宗謚曰明德孝道
陵曰順陵皇后光穆順聖鍾氏年號二保太交泰
皇子

太子冀　陳王少亡　保寧少亡
慶王弘茂少亡　鄭王從善降封南楚國公　從王從嘉
鄧王從謐降封江國公　吉王從謙降封鄂國公　昭公平從慶
宰相
宋齊丘　李建勳　馮延巳　徐游
孫晟　嚴續　謝匡
使相
趙王李德誠　王崇文　郭宗
謝匡　朱鄴　柴克宠　孫漢威

皇暉　劉彥貞　朱鄴

樞密使

嚴續　湯悅　李徵古　陳覺

唐鎬　陳處堯　魏岑

偽王

楚王馬尋　光山王王延政

將帥

馬先進　陳誨　魏部　林仁肇

張漢卿　鄭彥華　丘仁翊　陸孟俊

王建封　祖全恩　馬在貴　鄭再誠

張彥卿　劉從俊　張全約　時厚

武暉　咸師朗　查文徽　許文慎

邊鎬　陳承昭　高弼

文臣

江文蔚　王仲連　李貽業　游簡言

湯悅　常夢錫　朱鞏　陳玄藻

馮延魯　潘承祐　高遠　田霖

張義方　賈潭　李克明

張易　趙宣　陳繼善

元宗爲太子日常問安寢門會烈祖酣寢未解夢便殿有黃龍據闌檻蜿蜒可懼烈祖既寤命左右觀之即太子也

蘇洪進揚州版築發一塚不顯姓名刻石爲銘曰日爲箭兮天爲弓射四時兮無窮但見天將明月在不覺人隨流水空南山石兮高穹窿天人墓兮在其中猿啼鳥叫烟濛濛千年萬歲松栢風

左散騎常侍王仲連北土人事元宗元宗嘗謂曰自

古及今江北文人不及江南才子多王仲連對曰誠如聖旨陛下聖祖玄元皇帝降於亳州真源縣文宣王出於兖州曲阜縣亦不爲少矣嗣主有愧色

兩浙錢氏偏霸一方急徵苛慘科賦凡欠一斗者多至徙罪徐湯嘗使越云三更已聞獐麂號達曙問於驛吏乃縣司徵科矣民多赤體有弊葛褐者多用竹篾繫腰間執事非利不行雖貧者亦家累千金

元宗割江南之後金陵對岸即爲敵境因遷都豫章舟車之盛旌旂絡驛凡數千里百司儀衛洎禁校帑

藏不絶者僅一載上傍北顧忽忽不樂澄心堂承宣秦裕藏徵多引屏風幛之嘗吟御製詩云靈槎思浩渺老鶴憶崆峒

上友愛人之分備極天倫登位之初大弟遂燕王遏齊王達出處遊宴未嘗相捨軍國之政同爲參决云

保太五年元日大雪上詔大弟以下登樓展宴咸命賦詩令中使就私第賜李建勳建勳方會中書舍人徐鉉勤政殿學士張義方於溪亭即時和進元宗乃召建勳鉉義方同入夜艾方散侍臣皆有興詠徐鉉

爲前後序大弟合爲一圖集名公圖繪曲盡一時之妙御容高冲古主之大弟以下侍臣法部絲竹周文矩主之樓閣宮殿朱澄主之雪竹寒林董元主之池沼禽魚徐崇嗣主之圖成無非絶筆侍宴詩繞記數篇而御詩云珠簾高捲莫輕遮往往相逢隔歲華春氣昨朝飄律管東風今日散梅花素姿好把芳姿比落勢還同舞勢斜座有賓朋樽有酒可憐情味屬儂家建勳詩云紛紛忽降當元會著物輕明似月華狂洒玉墀初放杖密粘宮樹未妨花迴封雙闕千尋峭冷壓南山萬仞斜寧意晚來中使出御題宣賜老家鉉詩曰一宿東林正氣和便隨仙仗放春華散飄白獸惟分影輕綴青旂始見花落砌更依宮舞轉入樓偏向御衣斜嚴徐幸待金門詔願布尭言賀萬家義方詩曰恰當歲日紛紛落天賛瑶華助物華自古最先標瑞牒有誰輕擬比楊花密飄粉署光同冷静壓庭枝勢欲斜豈但小臣添興詠狂歌醉舞一千家

陳覺李徵古少日依托鎮南楚公齊丘拔引至樞密使保太之末王室多故覺及徵古屢上變言天命巳

改請元宗深居後苑請國老攝國事令陳高草敕上前日陛下既署此敕臣不復見陛下矣元宗使鍾謨言於周世宗曰罪大臣理合奏啓世宗曰自家國事大國難預命湯悅草制曰惡莫大於無君罪莫深於賣國宋齊丘本一布衣遭遇先帝不二十年窮極富貴陳覺李徵古言齊丘是造國之手理當居攝云云即日齊丘青陽安置覺徵古各賜自盡齊丘將至青陽絶食數日後命至家人亦菜色中使云令公捐館方始供食家人以絮塞口而卒有魂氣一道舟中

直貫元華
朱遵度本青州書生好藏書高尚不仕閑居金陵
鴻漸學記一千卷群書麗藻一千卷漆經數卷皆行
於世
元宗嗣位李建勳出師臨川將行謂所親曰今主上
寬仁大度比於先帝遠甚矣但性昔未足定左右獻
替得方正之事若如目前所圖終恐不守舊業及馮
延魯陳覺出封閩中徵督軍糧急於星火建勳以詩
寄延魯曰粟多未必爲全計師老須防有援兵既而
福州之軍果爲越人所敗歸取司空累表致政自稱
鍾山公詔授司徒不起時學士湯悅致狀賀之建勳
以詩荅曰司空猶不作那敢作司徒幸有山公號如
何不見呼先是宋齊丘自京口求退歸青陽號九華
先生未周歲一徵而起時論薄之建勳年德未衰時
望方重或有以宋公比之因爲詩曰桃花流水須相
信不學劉郎去又來捐館之夕告門人曰時事如此
吾得保全爲幸已甚吾死不須封樹立碑塚土任民
耕鑿無致他日毀斵之弊其後甲戌之難公卿晉
爲兵發遍獨建勳墓知葬所託不及禍
魏王知訓爲宣州帥苛斂暴下百姓苦之因入覲侍
宴伶人戲作綠衣大面　人若神鬼狀傍一人問曰
何者綠衣對曰吾宣州土地神王入覲和地皮掠來
因至於此
張崇帥廬江好爲不法士庶苦之嘗入覲江都廬人
幸其改任皆相謂曰渠伊必不復來矣崇歸聞之計
口徵渠伊錢明年再入覲盛有罷府之耗人不敢措
實皆道路相目捋髭相慶輒歸又徵捋髭錢嘗爲伶
人所戲使一伶假爲人死有遺當作水卒者陰府判
曰焦湖百里一任作獺崇亦不慚
馮謐朝堂待漏因話及明皇賜賀監三百里鏡湖今
不敢過望但恩賜玄武湖三十里亦當足矣徐公曰
國家不惜玄武湖所乏者賀知章耳
徐公撰江南錄議者謂之不直葢不罪宋畄老故也
國初當淮甸失律之後援引門人陳覺李　以古掌樞
密之任且授其意曰天命已去元宗當深居此苑囿
老監國元宗詔之將行陳高草詔諍之而止舉國

聞爲臣之道餘可知矣
文憲太子與既正儲闈頗專國事而又率多不法元
宗一旦甚怒撻之以毬杖且曰當命太弟遂與有懼
色它日密使持酖付昭慶宮宮使袁從範未幾範子
幹爲遂嬖臣宋何九讒搆遂訐寘之法範乃懼而且
怨會遂擊鞠暑渴範進漿遇酖即日未殯而體已潰
矣
元宗誅戮大臣之後暮年於禁中往往見宋齊丘陳
覺李徵古如生叱之不去甚惡之因議太子南幸太

子與既病數見太弟遂爲祟於昭慶宮中
前進士韓熙載江北行止云熙載本貫齊州隱居嵩
岳雖叨科第且晦姓名今則慕義來朝假身爲賈既
及疆境合貢行藏某聞釣巨鼇者不投取魚之餌斷
長鯨者非用割鷄之刀是故有經邦治乱之才可以
踐股肱輔弼之位得之則佐時成績救萬姓之焦熬
失之則遁世藏名卧一山之蒼翠某愛思幼稚便異
諸童竹馬蒿弓固罔親於奸弄杏壇槐里寧不倦於
修身但勵志以爲文每傲身而學武得麟經於

卑惟與圖授豹略於邳垠方騁勇戰占惟奇骨夢以
生松敢期墜印之文上媿擔簦之路於是携龍頷編
虎鬚縉獻捷之師徒築受降之城壘爭雄筆陣決勝
詞鋒運陳平之六奇飛魯連之一箭場中就敵不攻
而自立降旗天下鴻儒遥望而盡摧堅壘橫行四海
高步出群姓名遠列於煙霄行止遂離於塵俗且口
有舌而手有筆腰有劍而袖有鎚時方亂離迹猶飄
泛徒以銜精韜畧氣激雲霓箕口張而陰電搖怒呼
發而暑雷動神駈鬼殿天蓋地車鬪劈歷於雲中未

爲驕捷喝愕蕭於筵上不是酉豪蘊機權而自有英
雄仗勁節而豈甘貧賤但攘袂叱咤拔劍長嗟不偶
良時孰能言志既逢昭代合展壯圖伏聞大吳肇基
聿修文教聯顯懿於中土走明恩於外　萬邦咸貞
四海如砥燮和天地岩廊有禹稷臯陶洒掃烟塵藩
翰有韓彭衛霍豈獨漢稱三傑周舉十人擬王氣於
神都吐祥光於丹闕急賢共理侔漢氏之懸科待旦
旁求類周人之設學而又隣邦接畛敵境連封一條
鷄犬相聞兩岸馬牛相望彼則待之以力數年而兩

見傾亡此則禮之以賢一坐而更無騷動由是見盛
衰之勢審吉凶之機得不上順天心次量人事且向
明背暗捨短從長聖賢所圖古今一致然而出青山
而裹足渡長淮而棄繻泝遥終赴於天池星遠須環
於帝座是携長策來詣大朝伏惟司空楚劍倚天秦
松發地言雄武則平窺絳灌語兵機則高掩孫吴經
受素王書傳玄女莫不鞭撻宇宙駈役風雷勞愁積
而髀肉生憤氣激而臂彎起一怒而豺狼竄攝再呼
而神鬼愁驚撾鼙鼓而皺朱旗雷奔電走掉燕鈍而

揮白刃斗落星飛命將拉龍使兵合虎可以力平鯨
海可以拳擊鼇山破堅每自於先登敵無不廻策馬
嘗奪於後殿功乃非矜國家賴如股肱邊境用爲堡
障勲藏盟府名鏤景鍾今則化舉六條地方千里示
之以寬猛化之以温恭繕甲兵而耀武威緩戶口而
郵農桑漫洒隨車之雨洗活嘉田輕搖逐扇之風吹
消沴氣可謂仁而有斷謙而逾光賢豪向義以歸心
姦先望風而屏迹佇見秉旄仗鉞列土分茅修職貢
　勤王控臨四海率諸侯而定覇壇壓八方遐邇

瞻威名洽著况復設庭燎以待士開雲宮以禮賢前
席請論共甑鈴危坐願聞於興廢古今英傑孰可比
方集才越逦津已覩至化及陳上謌冈棄謏才是敢
輒述行藏鋪盡毫幅况聞鳥有鳳魚有龍草有芝泉
有醴斯皆嘉瑞出應昌期共幸處士倫謬知人理足
以副明君之奬善恢聖代之樂賢昔婁敬布衣上言
於漢祖曹劌草澤陳謀於魯公失范增而項氏不興
得呂望而周朝遂覇使遠人之來格寔至德之克昭
謹具行止如前伏請准式順義六年七月歸明進士

韓熙載狀

後主諱煜字重光母曰鍾太后太子冀薨後主當立
鍾謨以其德輕志放請立弟從謙嗣主不可遂以太
子總百揆嗣主南幸洪州後主留居守金陵數月嗣
主殂遺詔就金陵即位稱北朝正朔建隆壬戌歲也
後主天性純孝孜孜儒學虛懷接下賓對大臣向奉
中朝唯恐不及加以留心著述勤於政事至於書畫
皆盡精妙然頗暁竺乾之教果於自信所以姦邪得
計排斥忠讜土地日削貢奉不克越人肆謀遂爲敵

國又求援於北　行人泄謀兵遂不解矣二十六郎

位十四年巳亥國亡封隴西公贈吳王葬北邙鄭國

夫人周氏祔起建隆二年終開寶八年

皇子

清源郡公仲禹　岐王少亡

宰相

嚴續　徐游　游簡言　湯悅

使相

林仁肇　王崇文　何洙　湯悅

朱鄴　陳海　黄延謙　嚴續

柴克貞　皇甫續貞　鄭彦華

樞密使

嚴續　朱鞏　陳高

將帥

陳謙　陳德成　孫彦祥　李彦虬

沙萬金　劉存忠　胡則　宋克明

彦　林益　張粲　張遇

仁信　蔡振　穆堅　譚宗

張進勍　張仁照　李雄　吳翰

龔愼儀　羅彦原　馬承俊　謝彦賓

謝文節

文臣

徐鉉　徐鍇　韓熙載　王克貞

張洎　龔穎　張佖　湯淨

朱銑　喬舜　潘佑　湯擲

湯滂　郭照度　孫舉　伍喬

孟拱臣　高遠　高越　馮謐

李平　張紹　賈彬　刁霖

顧彝　趙宣輔

後主嗣位之初夜夢有羊據文德殿御榻而坐甚惡之洎乙亥冬太祖吊伐之初首命吏部郎中楊克讓知府事故已陰數定也椰宣爲監察御史居韓熙載門下韓以帷箔不修責授太子右庶子分司南都議者疑椰宣上言無以自明乃上章雪熙載後主叱曰爾不是魏徵頻好直言宣曰臣非魏徵陛下亦非太宗

韓熙載上表其畧云無横草之功可裨於國有滔天之過自累其身又老妻伏枕以呻吟稚子環床而坐泣三千里外送孤客以何之一葉舟中泛病身而前去遂免南行後卧疾終於城南戚家山後主賜衾襚以殮贈同平章事所司以爲無贈宰相之故事後主曰當自我始徐鉉祭文所謂黔婁之衾賜從御府季子之印佩入泉扃

後主奉竺乾之教多不茹葷嘗買禽魚謂之放生北死水心西有清輝殿學士事太子太傅徐遼太子太

保文安郡公徐遊别置一院於後謂之澄心堂臨汝姪元楀元樞爲員外郎及秘書郎皆在後出入內庭密畫中旨多出其間中書密院皆同散地用兵之際降御札移易兵士密院不知皇甫繼勲伏誅之後夜出萬人斫寨招討分兵署字不知何往皆出於澄心堂直承宣命者謂之澄心堂承旨政出多門皆傚此也

宋齊丘爲儒日修啓投姚洞天畧云城上之嗚嗚曉角吹入愁腸樹頭之颯颯秋風結成離緒又云其如千慮萬端無柰饑寒兩字時有識者云當須殍亡後果如其言

胡則守江州堅壁不下曹翰攻之危急忽有旋風吹文學之紙墜于城中其詞曰由來秉節世無雙獨守孤城死不降何似知機早回顧免教流血滿長江翰攻陷江州殺戮殆盡謂之洗城焉

開寶中將興兵革吉州城頭有一大面方三尺睨目多髯狀如方相自旦至申酉時郡人觀覩衆所驚異明年國亡之應也

霓裳羽衣曲自兵興之後絶無傳者周后按譜尋之盡得其聲

二廟父子爲相者嚴可求嚴續父子爲將者劉信劉彥貞王綰王崇周本周業陳德誠皇甫暉皇甫繼勲弟與彥貞姪存忠亦爲將兄弟承恩遇者馮延巳延魯兄弟有大名者徐鉉徐鍇二人連呼文筆則韓熙載徐鉉正直則蕭常權勢則鍾謨李德明建康受圍二歲斗米十數千死者相籍人無叛心後主殂於大梁江左聞之皆巷哭焉

國中暫至寃者多立於御橋下謂之拜橋甚者擽長釘携巨斧而釘脚者又有闖入立於殿庭之下者爲拜殿進士曾凱南省下第其實釘足謝必下第立殿稱寃舉人之風掃地矣後主即位初張泌上書建隆二年七月二十八日將仕郎守江寧府句容縣尉張某言頓首頓首死罪死罪謹上書陛下臣聞行潦之水徒善利而不廣斗筲之器因虛受而無庸雖欲强其所弗能亦不知其量也然當陛下纘服丕圖嗣臨寶位百姓凝視仰徽猷而注目四方傾聽望德音而

竦耳是陛下虛心側席克己納隍將敬忌天恩以布親命慰兆民顒顒之目非有朴直之士不能貢千慮一得之言干視聽也我國家積德累仁重華承聖雖疆里褊小而基構弘遠矧賢智左右前後比肩繼踵以道揚末命致成康之化猶反掌爾又何以規然晉公之聽重人齊侯之用老馬豈重人踰百宗之善老馬過管仲之智蓋尺有所短寸有所長此之謂也臣是以申旦不寐齋沐停思用以廣裨陛下惟親之政萬分之一也伏惟我唐之有天下也造功自高祖重

熙于太宗聖子神孫歷載三百丕祚中否烈祖經大勳未集肆我大行嗣之德則休明降年不永焦勞癯瘠奄棄萬戶民旣歸仁天亦輔德襲唐祚考非陛下而誰陛下居吳邸而庶事康庶事康而卒乘睦升儲位而納百揆納百揆而黎民變當大行修巡狩之禮陛下膺監國之任兢兢業業神人咸和令若秋霜澤如時雨洎憂纍室而無異望臣聞昔漢文帝承高祖之後天下一家僅三十年德教被於物也久矣而又封建子弟委用將相具朱虛東牟之力陳平周勃

之謀宋昌之忠諸侯之助由長子而立可謂究矣及即位戒愼謙讓服勤政事躬行節約思治平舉賢良賑鰥寡除紛挐柎坐之法去誹謗妖言之令不貴難得之貨不作無益之費其屈己愛人也如此晁錯賈誼賈山馮唐之徒上書進諫言必激切至於痛哭流涕之辭者蓋懼靡不有初鮮克有終也而文帝優容不咈聖德克塞幾致刑措王業巍巍千載之下風聲不泯皆勤勉强而臻於此也今陛下當數歲六兵之[illegible]封襲利之日國用匱竭民力疲勞而野無芻[illegible]

興居之人朝無絳侯內逆之佐可謂危矣非陛下聰明睿知視險若夷豈能如是乎設使漢文帝之才處今日之勢何止於寒心消志而已陛下以天未厭德民方載舊則可矣若欲駭遠近之聽慰億兆之思臣敢昧死言之夫人君即位之始必在發號施令行人之所難行者非率漢文帝之心以布政究人臣不知其可也臣以國家今日之急務畧陳其綱要伏惟陛下留聽幸甚一曰舉簡大以行君道二曰畧繁小以責臣職三曰明賞罰以彰勸善懲惡四曰節用愼名器以杜作威擅權五曰詢言行以擇忠良六曰均賦役以役黎庶七曰納諫諍以容正直八曰究毀譽以遠讒佞九曰節用以行克儉十曰克己以固舊好亦在審先代之治亂考前載之褒貶纖芥之惡必去毫釐之善必為審取與之機濟寬猛之政進經學之士退掊克之吏察邇言以廣視聽好下問以開閉塞斥無用之物罷不急之務此而不治臣不信矣臣又聞之詩曰敬之敬之天維顯思書曰儆戒無虞罔失法度易曰其亡其亡繫于苞桑言君人者必懼天之明

威遵古之令典作事謀始居安慮危也臣旋觀今日下民期陛下之致治如百穀之仰膏雨不足喻焉願陛下勉強行之無俾文帝專美於漢臣幸承勲緒恭逢昭代書賢能於鄉老第甲乙於宗伯由文章而進侍待詔于金門比八年于茲矣沐大行育才之化聖鑒不遺當陛下御禮之辰王猷未洽若復優游義府默然無辭則愧然修而有靦面目矣塵黷宸聽伏切兢憂臣誠惶誠恐死罪死罪謹言御批云古人讀書不祇謂詞賦口舌也委質事人忠言無隱斯可謂不辱士子之風矣况朕纂承之始政德未敷衰毀之中知慮荒亂深虞布政設教有不足仰副民望必居下位而首進讜謀觀詞氣激揚決於披覽十事煥美可舉而行朕必繕初而思終卿無令直而後佞其中事件亦有已於赦書處分者二十八日

說郛目錄

弓第四十

歸田錄　歐陽修
嬾眞子錄　馬永卿
陶朱新錄　馬純
東皐雜錄　孫宗鑑
東軒筆錄　魏泰
山房隨筆　蔣子正
北山記事　王遘闕

石室新語　陳懋闕
十友瑣說　溫革

歸田錄卷

宋　歐陽修

太祖皇帝初幸相國寺至佛像前燒香問當拜與否僧錄贊寧奏曰不拜問其何故對曰見在佛不拜過去佛贊寧者頗知書有口辯其語雖類俳優然適會上意故微笑而頷之遂以爲定制至今行幸焚香皆不拜也議者以爲得禮

開寶寺塔在京師諸塔中最高而制度甚精都料匠預浩所造也塔初成望之不正而勢傾西北人怪而問之浩曰京師地平無山而多西北風吹之不百年

當正也其用心之精蓋如此國朝以來木工一人而已至今木工皆以預都料爲法有木經三卷行於世世傳浩惟一女年十餘歲每臥則交手於胸爲結構狀如此踰年撰成木經三卷今行於世者是也

國朝之制知制誥必先試而後命有國以來百年不試而命者纔三人陳堯佐楊億及修忝與其一爾

仁宗在東宮魯肅簡公宗道爲諭德其居在宋門外俗謂之浴堂巷有酒肆在其側號仁和酒有名於京

師公往往易服一作衣微行飲於其中一日真宗急召
公將有所問使者及門而公不在移時乃自仁和肆
中飲歸中使遽先入白乃與公約曰上若怪公來遲
當託何事以對幸先見教冀不異同公曰但以實告
中使曰然則當得罪公曰飲酒人之常情欺君臣子
之大罪一作罪大也中使嗟歎而去真宗果問使者具如
公對真宗問曰一作公何故私入酒家公謝曰臣家貧
無器皿酒肆百物具一作俱備賓至如歸適有鄉里親
客自遠來遂與之飲然臣既易服市人亦無識臣者

真宗笑曰卿爲宫臣恐爲御史所彈然自此奇公以
爲忠實可大用晚年每爲章獻明肅太后言羣臣可
大用者數人公其一也其後章獻皆用之

太宗時親試進士每以先進卷子日賜第一人及第
孫何與李庶幾同在科場皆有時名庶幾文思敏速
何尤苦思遲會言事者上言舉子輕薄爲文不求義
理惟以敏速相誇因言庶幾與舉子於餅肆中作賦
以一餅熟成一韻者爲勝太宗聞之大怒是歲殿試
庶幾最先進卷子遽叱出之由是何爲第一

故參知政事丁公度晁公宗慤往時同在館中喜相
諧謔晁因遷職以啓謝丁時丁方爲羣牧判官乃戲
晁曰啓事更不奉答當以糞墼一車爲報晁答曰得
墼勝於得啓聞者以爲善對

石資政中立好諧謔士大夫能道其語者甚多嘗因
入朝遇荆王迎授東華門不得入遂自左掖門入有
一朝士好事語言問石云何爲自左去聲掖門入石方
趍班且走且荅曰秖爲大音施王迎授聞者無不大笑
楊大年方與客棋石自外至坐於一隅大年因誦賈

誼鵩賦以戲之云止於坐隅貌甚閑暇石遽荅曰口
不能言請對以臆

故老能言五代時事者云馮相道和相凝同在中書
一日和問馮曰公靴新買其直幾何馮舉左足示和
曰九百和性褊急遽回顧小吏云吾靴何得用一千
八百因詬責久之馮徐舉其右足曰此亦九百於是
烘堂大笑時謂宰相如此何以鎮服百僚

錢副樞若水嘗遇異人傳相法其事甚怪錢公後傳
楊大年故世稱此二人有知人之鑒仲簡揚州人也

少習明經以貧傭書大年門下大年一見奇之曰予當進士及第官至清顯乃敎以詩賦簡天禧中舉進士第一甲及第官至正郎天章閣待制以卒謝希深爲奉禮郎大年尤喜其文每見則欣然延接旣去則歎息不已鄭天休在公門下見其如此怪而問之大年曰此子官亦清要但年不及中壽爾希深官至兵部員外郎知制誥卒年四十六皆如其言希深初以奉禮郎鎖廳應進士舉以啓事謁見大年有云曳鈴其空上念無君子者解組不顧公其如蒼生何大年

自書此四句於扇曰此文中虎也由是知名

太祖時郭進爲西山巡檢有告其陰通河東劉繼元將有異志者太祖大怒以其誣害忠臣命縛其人予進使自處置進得而不殺謂曰爾能爲我取繼元一城一寨不止贖爾死當請賞爾一官歲餘其人誘其一城來降進具其事送之於朝請賞以官太祖曰爾誣害我忠良此纔可贖死爾賞不可得也命以其人還進進復請曰使臣失信則不能用人矣太祖乃賞以一官君臣之間蓋如此

魯肅簡公立朝剛正嫉惡少容小人惡之私目爲魚頭當章獻垂簾時屢有補益讜言正論士大夫多能道之公旣卒太常謚曰剛簡議者不知爲美謚以爲因謚譏之竟改曰肅簡公與張文節公知白當垂簾之際同在中書二公皆以清節直道爲一時名臣而魯尤簡易若曰剛簡尤得其實也

宋尚書祁爲布衣時未爲人知孫宣公奭一見奇之遂爲知己後宋舉進士驟有時名故世稱宣公知人公嘗語其（一無此字）門下客曰近世謚爲兩字而文臣必

謚爲文皆非古也吾死得謚曰宣若戴足矣及公之卒宋方爲禮官遂謚曰宣成其志也

嘉祐二年樞密使田公況罷爲尚書右丞觀文殿學士兼翰林侍讀學士罷樞密使當降麻而止以制除蓋徙時高若訥罷樞密使所除官職正與田公同亦不降麻遂以爲故事眞宗時丁晉公謂自平江軍節度使除兵部尚書參知政事節度使當降麻而朝議惜之遂止以制除近者陳相執中罷使相除僕射乃降麻龐籍罷節度使除觀文殿大學士又不降麻蓋

無定制也

寶元康定之間余自貶所還過京師見王君貺初作舍人自契丹使歸余時在坐見都知押班殿前馬步軍聯騎立門外呈榜子稱不敢求見舍人遣人謝之而去至（一無此字）慶曆三年余作舍人呵引者即斂馬駐立前呵者傳聲太尉立馬急遣人謝之比舍人馬過然後敢行後予官於外十年而還遂入翰林爲學士見三衙呵引甚雄不復如當時與學士相逢分道而過更無斂避之禮蓋兩制漸輕而三衙漸重

　制侍

歸田錄　卷一　六

衛親軍與殿前分爲兩司自侍衛司不置馬步軍都指揮使止置馬軍指揮使步軍指揮使（一上作馬步軍指揮使）以來侍衛一司自分爲二故與殿前司列爲三衙也五代軍制已無典法而今又非其舊制者多矣

國家開寶中所鑄錢文曰宋通元寶至寶元中則曰皇宋通寶近世錢文皆著年號惟此二錢不然者以年號有寶字文不可重故也

太祖建隆六年將議改元語宰相勿用前世舊號於是改元乾德其後因於禁中見內人鏡背有乾德之號以問學士陶穀穀曰此僞蜀時年號也因問內人乃是故蜀王時人太祖由是益重儒士而歎宰相（一[illegible]）之（牢）寡聞也

仁宗即位改元天聖時章獻明肅太后臨朝稱制議者謂撰號者取天字於文爲二人以爲二人聖者悅太后爾至九年改元明道又以爲明字於文日月並也與二人旨同無何以犯契丹諱明年遽（一作遂）改曰景祐是時連歲天下大旱改元詔意冀以迎和氣也五年因郊又改元曰寶元自景祐初羣臣慕唐玄宗

歸田錄　卷一　七

以開元加尊號遂請加景祐於尊號之上至寶元亦然是歲趙元昊以河西叛改姓元氏朝廷惡之遽改元曰康定而不復加於尊號而好事者又曰康定乃謚爾明年又改曰慶曆至九年大旱河北尤甚民死者十八九於是又改元曰皇祐猶景祐也六年日蝕四月朔以謂正陽之月自古所忌又改元曰至和三年仁宗不豫久之康復又改元曰嘉祐自天聖至此元年號九皆有謂也

寇忠愍公準之貶也初以列卿知安州既而又貶衛

州副使又貶道州別駕遂貶雷州司戶時丁晉公與馮相拯在中書丁當秉筆初欲貶崖州而丁忽自疑語馮曰崖州再涉鯨波如何馮唯唯而已丁乃徐擬雷州及丁之貶也馮遂擬崖州當時好事者相語曰在見雷州寇司戶人生何處不相逢比丁之南也寇復移道州寇聞丁當來遣人以蒸羊逆於一作迎於境上而收其僮僕杜門不放出聞者多以公一作爲得體

楊文公億以文章擅天下然性特剛勁寡合有惡之者以事譖之大年在學士院忽夜召見於一小閣深

在禁中既見賜茶從容顧問久之出文藁數篋以示大年云卿識朕書蹟乎皆朕自起草未嘗命臣下代作也大年惶恐不知所對頓首再拜而出乃知必爲人所譖矣由是佯狂奔於陽翟眞宗好文初待大年眷顧無比晚年恩禮漸衰亦由此也

王文正公曾爲人方正持重在中書最爲賢相嘗謂大臣執政不當收恩避怨公嘗語尹師魯曰恩欲歸己怨使誰當聞者歎服以爲名言

李文靖公沆爲相沈正厚重有大臣體嘗曰吾爲相無他能唯不改朝廷法制用此以報國士大夫初聞此言以爲不切於事及其後當國者或不思事體或收恩取譽屢更祖宗舊制遂至官兵冗濫不可勝紀而用度無節財用一作力匱乏公私困弊推迹其事皆因執政不能遵守舊規妄有更改一作改更所致至此始知公言簡而得其要由是服其識慮之精

陶尚書穀爲學士嘗晚召對太祖御便殿陶至望見上將前而復卻者數四左右催宣甚急穀終彷徨不進太祖笑曰此措大索事分顧左右取袍帶來上已

束帶穀遽趨入

薛簡肅公知開封府時明參政鎬爲府曹官簡肅待之甚厚直以公輔期之其後公守秦益常辟以自隨優禮特異有問於公何以知其必貴者公曰其爲人端肅其言簡而理盡凡人簡重則尊嚴此貴臣相也其後果至參知政事以卒時皆服公知人

臘茶出一作盛於劍建草茶盛於兩浙兩浙之品日注爲第一自景祐已後洪州雙井白芽漸盛近歲製作尤精囊以紅紗不過一二兩以常茶十數斤養之用

辟暑濕之氣其品遠出日注上遂爲草茶第一

仁宗退朝常命侍臣講讀於邇英閣賈侍中昌朝時爲侍講講春秋左氏傳每至諸侯淫亂事則畧而不說上問其故賈以實對上曰六經載此所以爲後王鑒戒何必諱

丁晉公自保信軍節度使知江寧府召爲參知政事中書以丁節度使召學士草麻時盛文肅爲學士以爲參知政事合用舍人草制遂以制除丁甚恨之

寇忠愍之貶所素厚者九二字一作之人自盛文肅已下

皆坐斥逐而楊大年與寇公尤善丁晉公憐其才曲保全之議者謂丁所貶朝士甚多獨於大年能全之大臣愛才一節可稱也

太祖時以李漢超爲關南巡檢使捍北　與兵三千而已然其齊州賦稅最多乃以爲齊州防禦使悉與一州之賦俾之養士而漢超武人所謂多不法久之關南百姓詣闕訟漢超貸民錢不還及掠其女以爲妾太祖召百姓入見便殿賜以酒食慰勞之徐問曰自漢超在關南契丹入寇者幾何百姓二字一作對曰無也太祖曰往時契丹入寇邊將不能禦河北之民歲遭劫虜汝於此時能保全其貲財婦女乎今漢超所取孰與契丹之多又問訟女者曰汝家幾女所嫁何人百姓具以對太祖曰然則所嫁皆村夫也若漢超者吾之貴臣也以愛汝女則取之得之必不使失所與其嫁村夫孰若處漢超家富貴於是百姓皆感悅而去太祖使人語漢超曰汝須錢何不告我而取於民乎乃賜以銀數百兩曰汝自還之使其感汝也漢超感泣誓以死報

仁宗萬機之暇無所翫好惟親翰墨而飛白尤爲神妙凡飛白以點畫象形物而點最難工至和中有書待詔李唐卿撰飛白三百點以進自謂窮盡物象上亦頗佳之乃特爲清淨二字以賜之其六點尤奇絶

仁宗聖性恭儉至和二年春不豫兩府大臣日至寢閣問聖體見上器服簡質用素漆唾壺盂子素甆盞進藥御褥上衾裀皆黄絁色已故暗宮人遽取新衾覆其上亦黄絁也然外人無知者惟兩府侍疾因
因侍見之爾

陳康肅公堯咨善射當世無雙公亦以此自矜嘗射於家圃有賣油翁釋擔而立睨之久而不去見其發矢十中八九但微頷之康肅問曰汝亦知射乎吾射不亦精乎翁曰無他但手熟爾康肅忿然曰爾安敢輕吾射翁曰以我酌油知之乃取一葫蘆置於地以錢覆其口徐以杓酌油瀝之自錢孔入而一作而入錢不濕因曰我亦無他惟手熟爾康肅笑而遣之此與莊生所謂解牛斲輪者何異

至和初陳恭公罷相並而用文富二公彥博弼正衙宣

麻之際上遣小黃門一有三輩二字密於百官班中聽其論議而二公久有人望一旦復用朝士往往相賀黃門具奏上大悅余時為學士後數日奏事垂拱殿上問新除彥博等外議如何余以朝士相賀為對上曰自古二字一作占者人君用人或以夢卜苟不知人當從人望夢卜豈足憑耶故余作文公批答云永惟商周之所記至以夢卜而求賢孰若用搢紳之公言從中外之人望者具述上語也

王元之在翰林嘗草夏州李繼遷制繼遷送潤筆物數倍於常然用啓頭書送拒而不納蓋惜事體也近時舍人院草制有送潤筆物稍後時者必遣院子詣門催索而當送者往往不送相承既久今索者送者皆恬然不以為怪也

內中舊有玉石三清真像初在真遊殿既而大內火遂遷至玉清昭應宮已而玉清又大火又遷於洞真祠真又火又遷於上清上清又火皆焚蕩無孑遺遂一有又字遷於景靈而宮司道官相與惶恐上言真像所至輒火景靈必不免願遷二字一作乞移他所遂遷於集僖

宮迎祥池水心殿而都人謂之行火真君也

丁文簡公度罷參知政事為紫宸殿學士即文明殿學士也文明本有大學士為宰相兼職又有學士為諸學士之首後以文明者真宗謚號也遂更曰紫宸近世學士皆以殿名為官稱如端明資政是也丁既受命遂稱曰丁紫宸議者又謂紫宸之號非人臣之所宜稱遽更曰觀文觀文是隋煬帝殿名理宜避之蓋當時不知然則朝廷之事不可以不學也

王冀公欽若罷參知政事而真宗眷遇之意未衰特

資政殿學士以寵之時寇萊公在中書定其班位
依雜學士在翰林學士下冀公因訴于上曰臣自學
士拜參知政事今無罪而罷班反在下是貶也真宗
爲特加（一作置）大學士班在翰林學士上其寵遇如此
景祐中有郎官皮仲容者偶出街衢爲一輕浮子所
戲遽前賀云聞君有臺憲之命仲容立馬愧謝久之
徐問其何以知之對曰今新制臺官必用稀姓者故
以君姓知之爾蓋是時三院御史乃仲簡論程掌禹
錫也聞者傳以爲笑

太宗時宋白賈黄中李至呂蒙正蘇易簡五人同時
拜翰林學士承旨扈蒙贈之以詩云五鳳齊飛入翰
林其後呂蒙正爲（一作至）宰相賈黄中李至蘇易簡皆
至參知政事宋白官至尚書老於承旨皆爲名臣
御史臺故事三院御史言事必先白中丞自（一有中山二字）
劉子儀爲中丞始牓臺中今後御史有所言不須先
白中丞雜端至今如此
丁晉公之南遷也行過潭州自作齋僧疏（一有文字）補
仲山之衮雖曲盡於巧心和傳説之羹實難調於衆
口其少以文稱晚年詩筆尤精在海南篇詠尤多如
草解忘憂憂底事花名含笑笑何人（一有之句二字）尤爲人
所傳誦
張僕射齊賢體質豐大飲食過人尤嗜肥豬肉每食
數斤天壽院風藥黑神丸常人所服不過一彈丸公
常以五七兩爲一大劑夾以胡餅而頓食之淳化中
罷相知安州安陸山郡未嘗識達官見公飲啗不類
常人舉郡驚駭嘗與賓客會食廚吏置一金漆大桶
於廳側窺（一作覘）視公所食如其物投桶中至暮酒漿

浸漬漲溢滿桶郡人嗟愕以謂享富貴者必有異於
人也然而晏元獻公清瘦如削其飲食甚微每析半
餅以筯卷之抽去其筋内捻頭一莖而食（一有之事）此亦
異於常（一無此字）人也
宋宣獻公綬夏英公竦同試童行誦經有一行者誦
法華經不過問其習業幾年矣曰十年也二公笑且
閔之因各取法華經一部誦之宋公十（一作五）日夏公
七日不復遺一字人性之相遠（一有也字）如此
樞密曹侍中利用澶淵之役以殿直使於契丹議定

璫奸由是進用當章獻明肅太后時以勳舊自處
傾中外雖太后亦嚴憚之但呼侍中而不名凡內降
恩澤皆執不行然以其所執既多故有三執而又降
出者（一無此字）則不得已而行之久之爲小人（一有之字）所測
凡有求而三降不行者必又請之太后曰侍中已不
行矣請者徐啓曰臣已告得侍中宅妳婆或其親信
爲言之許矣於是又降出曹莫知其然也但以三執
所不能已僶俛行之於是太后大怒自此切齒遂及
曹芮之禍乃知大臣功高而權盛禍患之來非智慮

所能防也

曹侍中在樞府務華僥幸而中官尤被裁抑羅崇勳
時爲供奉官監後苑作歲滿叙勞過求恩賞內中唐
突不已莊獻太后怒之簾前諭曹使召而戒勵曹歸
院坐廳事召崇勳立庭中去其巾帶困辱久之乃取
狀以聞崇勳不勝其耻其後曹芮事作鎮州急奏言
芮反狀仁宗太后大驚崇勳適在側因自請行既受
命喜見顏色晝夜疾馳鍛成其獄芮既被誅曹初貶
隨州再貶房州行至襄陽渡北津監送內臣楊懷敏
揞江水謂曹曰侍中好一江水蓋欲其自投也再三
言之曹不諭至襄陽驛遂逼其自縊

宋鄭公庠初名郊字伯庠與其弟祁自布衣時名動
天下號爲二宋其爲知制誥仁宗驟加獎眷便欲大
用有忌其先進者譖之謂其姓符國號名應郊天又
曰郊音交也交者替代之名也宋交其言不祥仁宗
遽命改之公怏怏不獲已乃改爲庠字公序公後更
踐二府二十餘年以司空致仕兼享福壽而以（一作終）
而譖者竟不見用以卒可以爲小人之戒也

曹武惠王彬國朝名將勳業之盛無與爲比嘗曰自
吾爲將殺人多矣然未嘗以私喜怒輒戮一人其所
居堂室弊壞子弟請加修葺公曰時方大冬牆壁瓦
石之間百蟲所蟄不可傷其生其人心愛物蓋如此
既平江南回詣閤門入見牓子稱奉勑江南勾當公
事回其謙恭不伐又如此

真宗好文雖以文辭取士然必視其器識每御崇政
賜進士及第必召其高第三四人並列於庭更察其
形神磊落者始賜第一人及第或取其所試文辭有

[illegible]者徐奭鑄鼎象物賦云足惟下正[illegible]公餗之
欹傾鉉乃上居實取王臣之威重遂以爲第一蔡齊
置器賦云安天下於覆盂其功可大遂以爲第一人
錢思公生長富貴而性儉約閨門用度爲法甚謹子
弟輩非時不能輒取一錢公有一珊瑚筆格平生尤
所珍惜常置之几案子弟有欲錢者輒竊而藏之公
即悵然自失乃牓於家庭以錢十千贖（一作購）之居一
二日子弟佯爲求得以獻公欣然以十千賜之他日
有欲錢者又竊去一歲中率五七如此公終不悟也

余官西都在公幕親見之每與同僚歎公之純德也
國朝雅樂即用王朴所製周樂太祖時和峴以爲聲
高遂下其一律然至今言樂者猶以爲高云今黃鍾
乃古夾鍾也景祐中李照作新（一作所作二字）樂又下其聲
太常歌工以其（一作爲）太濁歌不成聲當鑄鐘時乃私
賂鑄匠使減其銅齊而聲稍清歌乃叶而成聲而照
竟不知以此知審音作樂之難也照每謂人曰聲高
則急促下則舒緩吾樂之作久而可使人心感之皆
舒和而人物之生亦當豐大王侍讀洙身尤短小常
戲之曰君樂之成能使我長（一有大字）乎聞者以爲笑
樂成竟不用
鄧州花蠟燭名著天下雖京師不能造相傳云（一作亦）
是寇萊公燭法公嘗知鄧州而自少年富貴不點油
燈尤好夜宴劇飲雖寢室亦燃燭達旦每罷官去後
人至官舍見廁溷間燭淚在地往往成堆杜祁公爲
人清儉在官未嘗燃官燭油燈一炷熒然欲滅與客
相對清談而已二公皆爲名臣而奢儉不同如此然
祁公壽考終吉萊公晚有南遷之禍遂殁不返雖其

不幸亦可以爲戒也
故事學士在內中院吏朱衣雙引太祖朝李昉爲學
士太宗在南衙朱衣一人前引而已昉（一有因字）亦去其
一人至今如此
往時學士入劄子不著姓但云學士臣某先朝盛度
丁度並爲學士遂著姓以別之其後遂皆著姓
晏元獻公以文章名譽少年居富貴性豪俊所至延
賓客一時名士多出其門罷樞密副使爲南京留守
時年三十八幕下王琪張亢最爲上客亢體[illegible]　琪

目爲牛琪瘦骨立亢目爲餓二人以此自相譏誚笑嘗嘲亢曰張亢觸墻成八字亢應聲曰王琪望月叫三聲一坐爲之大笑

楊文公嘗戒其門人爲文宜避俗語既而公因作表云伏惟陛下德邁九皇門人鄭戩遽請於公曰未審何時得賣生菜於是公爲之大笑而易之

夏英公竦父官於河北景德中契丹犯河北遂殁于陣後公爲舍人丁母憂起復奉使契丹公辭不行其表云父殁王事身丁母憂義不戴天難下穹廬之拜

禮當枕塊忍聞夷樂之聲當時以爲四六偶對最爲精絶

孫何孫僅俱以能文馳名一時僅爲陝西轉運使作驪山詩二篇其後篇有云秦帝墓成陳勝起明皇宫就祿山來時方建玉清昭應宫有惡僅者欲中傷之因錄其詩以進眞宗讀前篇云朱衣吏引上驪山遽曰僅小器也此何足誇遂棄不讀而陳勝祿山之語卒得不一作不得聞人以爲幸也

楊大年每欲遇一作作文則與門人賓客飲[illegible]

棋二字一作乃至語笑諠譁而不妨構思以小方紙細書揮翰如飛文不加點每盈一幅則命門人傳錄門人疲於應命頃刻之際成數千言眞一代之文豪也

楊大年爲學士時草答契丹書云鄰壤交歡進草既入眞宗自注其側云朽壤鼠壤糞壤大年遽改爲鄰境明旦引唐故事學士作文書有所改爲不稱職當罷因亟求解職眞宗語宰相曰楊億不通商量眞有氣性一作性氣

太常所用王朴樂編鐘皆不圓而側垂自李照胡瑗

之徒皆以爲非及照作新樂將鑄編鐘給銅一作於字鑄瀉務得古編鐘一枚工人不敢銷毁遂藏於太常鐘不知何代所作其銘曰一作云粤朕皇祖寶龢鐘粤斯萬年子子孫孫永實用享其聲與王朴夷則清聲合而其形不圓一有而字側垂正與朴鐘同然後知朴博古好學不爲無據也其後胡瑗改鑄編鐘遂圓其形而下垂叩之掩鬱而不揚其鎛鐘又長甬而震掉其聲不和著作佐郎劉羲叟竊謂人曰此與周景王無射鐘無異必有眩惑之疾未幾仁宗得疾人以羲叟之

言驗矣其樂亦尋廢
自太宗崇獎儒學驟擢高科至輔弼者多矣蓋一作自
太平興國二年至天聖八年二十三榜由呂文穆公
蒙正而下大用二十七人而三人並登兩府惟天聖
五年一榜而已是歲王文安公堯臣第一今昭文相
公韓僕射琦西廳參政趙侍郎槩第二第三人也予
忝與二公同府每見語此以爲科場盛事自景祐元
年已後至今治平三年三十餘年十二榜五人已上
未有一人登兩府者亦可怪也

歸田錄卷二

眞宗朝歲歲賞花釣魚羣臣應制嘗一歲臨池久之
而御釣不食時丁晉公謂應制詩云鶯驚鳳輦穿花
去魚畏龍顏上釣遲眞宗稱賞羣臣皆自以爲不及
也

稍　昊二子長曰佞令受次曰諒祚諒祚之母尼也
有色而寵佞令受母子怨望而諒祚母之兄曰沒藏
訛哤者亦黠　也因教佞令受以弑逆之謀元昊已
見殺訛哤遂以弑逆之罪誅佞令受子母而諒祚乃

得立而年甚幼訛哤遂專夏國之政其後諒祚稍長
卒殺訛哤滅其族元昊爲西鄙患者十餘年國家困
天下之力有事於一方而敗軍殺將不可勝數然未
嘗少挫其鋒及其困於女色禍生父子之間以亡其
身此自古賢智之君或不能免況元昊乎訛哤教人
之子殺其父以爲己利而卒亦滅族皆理之然也

晏元獻公善評詩嘗曰老覺腰金重慵便枕玉凉未
是富貴語不如笙歌歸院落燈火下樓臺此善言富
貴者也人皆以爲知言

契丹阿保機當唐末五代時最盛開平中屢遣使聘梁梁亦遣人報聘今世傳一有學士三字李琪金門集有賜契丹詔乃爲阿布機當時書詔不應有誤而自五代以來見於他書者皆爲阿保機雖今契丹之人自謂之阿保機亦不應有失又有趙志忠者本華人也自幼自北爲人明敏在北中舉進士至顯官既而脫身歸國能述北中君臣世次山川風物甚詳又云阿保機其人實謂之阿保謹未一作莫知孰是一作也字此聖人所以愼於傳疑也

眞宗尤重儒學今科場條制皆當時所定至今每親試進士已放及第自十人已上御試卷子並錄本於眞宗影殿前焚燒制舉登科者亦然

近時名畫李成巨然山水包鼎虎趙昌花果成官至尚書郎其山水寒林往往人家有之巨然之筆惟學士院玉堂北壁獨存人間不復見也包氏宣州人世以畫虎名家而鼎最爲妙今子孫猶以畫虎爲業而曾不得其髣髴也昌花寫生逼眞而筆法輭俗一作劣殊無古人格致然時亦未有其比

寇萊公在中書與同列戲云水底日爲天上日未有對而會楊大年適來白事因請其對大年應聲曰眼中人是面前人一坐稱爲的對

朝廷之制有因偶出一時而遂爲故事者契丹人使見辭賜宴雜學士員雖多皆赴坐惟翰林學士祇召當直一員餘皆不赴諸王宮教授入謝祖宗時偶因便殿不御袍帶見之至今教授入謝必俟上入內解袍帶復出見之有司皆以爲定制也

處士林逋居於杭州西湖之孤山逋工書畫善爲詩

如草泥行郭索雲木叫鉤輈頗爲士大夫所稱又梅花詩云疎影橫斜水清淺暗香浮動月黃昏評詩者謂前世詠梅者多矣未有此句也又其臨終爲句云茂陵他日求遺藁猶喜曾無封禪書尤爲人稱誦自逋之卒湖山寂寥未有繼者

俚諺云趙老送燈臺一去更不來不知是何等語雖士大夫亦往往道之天聖中有尚書郎趙世長者常以滑稽自負其老也求爲西京留臺御史有輕薄子送以詩云此回眞是送燈臺世長深惡之亦以不能

酬醉爲恨其後竟卒於留臺也

官制廢久矣今其名稱訛謬者多雖士大夫皆從俗不以爲怪皇女爲公主其夫必拜駙馬都尉故謂之駙馬宗室女封郡主者謂其夫爲郡馬縣主者爲縣馬不知何義也

唐制三衛官有司階司戈執干執戟謂之四色官今三衛廢無官屬惟金吾有一人每日於正衙放朝唱不坐直謂之四色官尤可笑也

京師諸司庫務皆由三司舉官監當而權貴之家子

弟親戚因緣請託不可勝數爲三司使者常以爲患田元均爲人寬厚長者其在三司深厭于請者雖不能從然不欲峻拒之每溫顏强笑以遣之嘗謂人曰作三司使數年强笑多矣直笑得面似靴皮士大夫聞者傳以爲笑然皆服其德量也

茶之品莫貴於龍鳳謂之團茶凡八餅重一斤慶曆中蔡君謨爲福建路轉運使始造小片龍茶以進其品絶精謂之小團凡二十餅重一斤其價直金二兩然金可有而茶不可得每因南郊致齋中書樞密院各賜一餅四人分之宮人往往縷金花於其上蓋貴重如此

太宗時有待詔賈玄以棋供奉號爲國手邇來數十年未有繼者近時有李憨子者頗爲人所稱云舉世無敵手然其人狀貌昏濁垢穢不可近蓋里巷庸人也不足置之樽俎間故胡旦嘗語人曰以棋爲易解則如旦聰明尚或不能以爲難解則愚下小人往往造於精絶信如其言也

王副樞疇之夫人梅鼎臣之女也景彝初除樞密副

使梅夫人入謝慈壽宮太后問夫人誰家子對曰梅鼎臣女也太后笑曰是梅聖俞家乎由是始知聖俞名聞於宮禁也聖俞在時家甚貧余或至其家飲酒甚醇非常人家所有問其所得云皇親有好學者宛轉致之余又聞皇親有以錢數千購梅詩一篇者其名重於時如此

錢思公雖生長富貴而少所嗜好在西洛時嘗語僚屬言平生惟好讀書坐則讀經史臥則讀小說上廁則閱小辭蓋未嘗頃刻釋卷也謝希深亦言宋公垂

同在史院每走厠必挾書以往諷誦之聲琅然聞於遠近其篤學如此余因謂希深曰余平生所作文章多在三上乃馬上枕上厠上也蓋惟此尤可以屬思爾

國朝宰相最少年者惟王溥罷相時父母皆在人以爲榮今富丞相弼入中書時年五十二太夫人在堂康強後三年太夫人薨有司議贈䘏之典云無見任宰相丁憂例是歲三月十七日春宴百司已具前一夕有旨富某母喪在殯特罷宴此事亦前世未有

皇祐二年嘉祐七年季秋大享皆以大慶殿爲明堂蓋明堂者路寢也方於寓祭圜丘斯爲近禮明堂額御篆以金填字門牌亦御飛白皆皇祐中所書神翰雄偉勢若飛動余詩云寶篆飛雲動輝金耀日晶者謂二牌也

錢思公官兼將相階勳品皆第一自云平生不足者不得於黄紙書名每以爲恨也

三班院所領使臣八十餘人涖事于外其罷而在院者常數百人每歲乾元節醵錢飯僧進香合以祝聖壽謂之香錢判院官常利其餘以爲餮錢羣牧司領内外坊監使副判官比他司俸入最優又歲收糞墼錢頗多以充公用故京師謂之語曰三班喫香羣牧喫糞

咸平五年南省試進士有教無類賦王沂公爲第一賦盛行於世其警句有云神龍異稟猶嗜欲之可求織草何知尚薰蕕而相假時有輕薄子擬作四句云相國寺前熊翻筋斗望春門外驢舞柘枝議者以謂言雖鄙俚亦着題也

國朝之制自學士已上賜金帶者例不佩魚若奉使契丹及館伴北使則佩事已復去之惟兩府之臣則賜佩謂之重金初太宗嘗曰玉不離石犀不離角可貴者惟金也乃創爲金銙之制以賜羣臣方團毬路以賜兩府御僊花以賜學士以上今俗謂毬路爲笏頭御僊花爲荔枝皆失其本號也

宋丞相庠早以文行負重名於時晚年尤精字學嘗[illegible]亦忠恕佩觿三篇寶翫之其在中書堂吏書牒尾以俗體書宋爲宋公見之不肯下筆責堂吏書曰

吾雖不才尚能見姓書名此不是我姓堂吏惶
之乃肯書名

京師食店賣酸䭔者皆大出牌牓於通衢而俚俗昧於字法轉酸從食䭔從𠂢有滑稽子謂人曰彼家所賣餕餡不知爲何物也飲食四方異宜而名號亦時俗言語不同至或傳者傳失其本湯餅唐人謂之不托今俗謂之餺飥矣晉束晳餅賦有饅頭薄持起溲牢九之號惟饅頭至今名存而起溲牢九皆莫曉爲何物薄持荀氏又謂之薄夜亦莫知何物也

嘉祐八年上元夜賜中書樞密院御宴于相國寺羅漢院國朝之制歲時賜宴多矣自兩制已上皆與惟上元一夕祇賜中書樞密院雖前兩府見任使相皆不得與也是歲昭文韓相（一作公）集賢曾公樞密張太尉皆在假不赴惟余與西廳趙侍郎槩副樞胡諫議宿吳諫議奎四人在席酒半相顧四人者皆同時翰林學士相繼登二府前此未有也因相與道玉堂舊事爲笑樂遂皆引滿劇飲亦一時之盛事也

國朝之制大宴樞密使副不坐侍立殿上既而退就御廚賜食與閤門引進四方館使列坐廡下親上人伴食每春秋賜衣門謝則與內諸司使副班于世拱殿外廷中而中書則別班謝于門上故朝中爲之語曰廚中賜食階下謝衣蓋樞密使唐制以內臣爲之故常與內諸司使副爲伍自後唐莊宗用郭崇韜與宰相分秉朝政文事出中書武事出樞密自此之後其權漸盛至今朝遂號爲兩府事權進用祿賜禮遇與宰相均惟日趨內朝侍宴賜衣等事尚循唐舊其任隆輔弼之崇而雜用內諸司故事使朝廷制度輕重失序蓋沿革異時因循不能釐正也

蔡君謨既爲余書集古錄目序刻石其字尤精勁爲世所珍余以鼠鬚栗尾筆銅綠筆格大小龍茶惠山泉等物爲潤筆君謨大笑以爲太清而不俗後月餘有人遺余以清泉香餅一篋者君謨聞之歎曰香餅來遲使我潤筆獨（一作猶）無此一種佳物兹又可笑也清泉地名香餅石炭也用以焚香一餅之火可終日不滅

梅聖俞以詩知名三十年終不得一館職晚年與

唐書昔成未奏而卒士大夫莫不歎惜其初受勅之
唐書謂其妻刁氏曰吾之修書可謂猢猻入布袋矣
刁氏對曰君於仕宦亦何異鮎魚上竹竿耶聞者皆
以爲善對（一作昔梅聖俞以詩名當世然終不得一館職晚年在唐書局充修書官尚冀書成疇勞得一貼職以償素願書垂就而卒時人莫不歎其奇薄其初修唐書也嘗竊歎曰吾今可謂猢猻入布袋）

仁宗初立今上爲皇子令中書召學士草詔學士王珪當直詔至中書諭之王曰此大事也必須面奉聖旨於是求對明日面禀得旨乃草詔羣公皆以王爲

眞得學士體也

盛文肅公豐肌大腹而眉目清秀丁晉公疎瘦如削二公皆兩浙人也並以文辭知名於時梅學士詢在眞宗時已爲名臣至慶曆中爲翰林侍讀以卒性喜焚香其在官舍每晨起將親事必焚香兩鑪以公服罩之撮其袖以出坐定撒開兩袖郁然滿室濃香有竇元賓者五代漢宰相正固之孫也以名家子有行爲館職而不喜修飾經時未嘗沐浴故時人語曰盛肥丁瘦梅香竇臭也

寶元中趙元昊叛命朝廷命將討伐以鄜延環原秦鳳四路各置經畧安撫招討使余以爲（一作謂）四路皆內地也當如故事置靈夏四面行營招討使令自於境內何所招討余因竊料王師必不能出境其後用兵五六年劉平任福葛懷敏三大將皆自戰其地而大敗由是至於罷兵竟不能出師

呂文穆公以寬厚爲宰相太宗尤所眷遇有一朝士家藏古鑑自言能照二百里欲因公弟獻以求知其弟伺間從容言之公笑曰吾面不過楪（一作鏡）子

大安用照二百里其弟遂不復敢言聞者歎服以謂賢於李衛公遠矣蓋寡好而不爲物累者昔賢之所難也

國朝百有餘年年號無過九年者開寶九年改爲太平興國太平興國九年改爲雍熙大中祥符九年改爲天禧慶曆九年改爲皇祐嘉祐九年改爲治平惟天聖盡九年而十年改爲明道

唐人奏事非表非狀者謂之牓子亦謂之錄子今謂之劄子凡羣臣百司上殿奏事兩制以上非特有所

奏陳皆用劄子中書樞密院事有不降宣勑者亦用劄子與兩府自相來往亦然若百司申中書皆用狀惟學士院用咨報其實如劄子亦不書一作出名但當直學士一人押字而已謂之咨報今俗謂草書名爲押字也此唐學士舊規也唐世學士院故事近時隳廢殆盡惟此一事在爾

燕王元儼太宗幼子也太宗子八人眞宗朝六人已亡歿至仁宗即位獨燕王在以皇叔之親特見尊禮契丹亦畏其名其疾亟時仁宗幸其宮親爲調藥平

生未嘗語朝政遺言一二事皆切於理余時知制誥所作贈官制所載皆其實事也

華元郡王允良燕王子也性好晝睡每自旦酣寢至暮始興盥一作額濯櫛漱衣冠而出燃燈燭治家事飲食宴樂達旦而罷則復寢以終日無日不如此由是一宮之人皆晝睡夕興允良不甚喜聲色亦不爲佗驕恣惟以夜爲晝亦其性之異前世所未有也故觀察使劉從廣燕王壻也嘗語余燕王好坐木馬子坐則不下或饑則便就其上飲食往往乘興奏樂於

酣飲終日亦其性之異也

皇子顥封東陽郡王除婺州節度使檢校太傅翰林賈學士黯上言太傅天子師臣也子爲父師於體不順中書檢勘自唐以來親王無兼師傅官者蓋自國朝命官祇以差遣爲職事自三師三公以降皆是虛名故失於因循爾議者皆以賈言爲當也

端明殿學士五代後唐時置國朝尤以爲貴多以翰林學士兼之其不以翰院兼職及換職者百年間纔兩人特拜程戡王素是也

慶曆八年正月十八日夜崇政殿宿衞士作亂於殿前殺傷四人取準備救火長梯登屋入禁中逢一宮人問寢閤在何處宮人不對殺之既而宿直都知聞變領宿衞士入搜索已復逃竄後三日於內城西北角樓中獲一人殺之時內臣楊懷敏受旨獲賊勿殺而倉卒殺之由是竟莫究其事

葉子格者自唐中世以後有之說者云因人有姓葉號葉子青一作清或作晉者撰此格因以爲名此說非也唐人藏書皆作卷軸其後有葉子其制似今策子凡文

字有備檢用者卷軸難數卷舒故以葉子寫之如
彩鸞唐韻李郃彩選之類是也骰子格本備檢用故
亦以葉子寫之因以爲名爾唐世士人宴聚盛行葉
子格五代國初猶然後漸廢不傳今其格世或有之
而無人知者惟昔楊大年好之仲待制簡大年門下
客也故亦能之大年又取葉子彩名紅鶴皂鶴者別
演爲鶴格鄭宣徽戩章郇公得象皆大年門下客也故
皆能之余少時亦有此二格後失其本今絕無知者
國朝自下湖南始置諸州通判旣非副貳又非屬官

故嘗與知州爭權每云我是監郡朝廷使我監汝舉
動爲其所制太祖聞而患之下詔書戒勵使與長使
協和(二字一作調諧)凡文書非與長史同簽書者所在不得
承受施行自此遂稍稍戢然至今州郡往往與通判
不和往時有錢昆少卿者家世餘杭人也杭人嗜蟹
昆嘗求補外郡人問其所欲何州昆曰但得有螃蟹
無通判處則可矣至今士人以爲口實
嘉祐二年余與端明韓子華翰長王禹玉侍讀范景
仁龍圖梅公儀同知禮部貢舉辟梅聖俞爲小試官
凡鎖院(一有經字)五十日六人者相與唱和爲古律歌詩
一百七十餘篇集爲三卷禹玉余爲校理時武成王
廟所解進士也至此新入翰林與余同院又同知貢舉
故禹玉贈余云十五年前出門下最榮今日預東堂
余荅云昔時叨入武成宮曾看揮毫氣吐虹夢寐閒
思十年事笑談今此(一作日)一罇同喜君新賜黃金帶
顧我宜爲白髮翁也天聖中余舉進士國學南省皆
忝第一人薦名其後景仁相繼亦然故景仁贈余云
澹墨題名第一人孤生何幸繼前塵也聖俞自天聖

中與余爲詩友余嘗贈以蟠桃詩有韓孟之戲故至
此梅贈余云猶喜共量天下士亦勝東野亦勝韓而
子華筆力豪贍公儀文思溫雅而斂捷皆勍敵也前
此爲南省試官者多窘束條制不少放懷余六人者
懽然相得羣居終日長篇險韻衆制交作筆吏疲於
寫錄僮史(一作隸)奔走往來間以滑稽嘲謔形(一作加)於
風刺更相酬酢往往烘堂絕倒自謂一時盛事前此
未之有也
往時學士循唐故事見宰相不具靴笏繫鞋坐玉堂

上[illegible]院吏計會堂頭直省官學士將至宰相出迎近時學士始具靴笏至中書與常叅官雜坐於客位有移時不得見者學士日益自卑丞相禮亦漸薄蓋習見已久恬然不復爲怪也

張堯封者南京進士也累舉不第家甚貧有善相者謂曰觀子之相不過一幕職然君骨貴必享王封人初莫曉其旨其後堯封舉進士及第終於幕職堯封温成皇后父也后既貴堯封累贈太師中書令兼尚書令封清河郡王由是始悟相者之言

治平二年八月三日大雨一夕都城水深數尺上降詔責躬求直言學士草詔有大臣惕思天變之語上夜批出云淫雨爲災專戒不德遽令除去大臣思變之言上之恭已畏天自勵如此

章郇公得象與石資政中立素相友善而石喜談一作詼諧嘗戲章云昔時名畫有戴松牛韓幹馬而今有章得象也世言閩人多短小而長大者必爲貴人郇公身既長大而語聲如鐘豈出其類者是爲異人乎其爲相務以厚重鎮止浮競時人稱其德量

金橘產於江西以遠難致都人初不識明道景祐初始與竹子俱至京師竹子味酸人不甚喜後遂不至而金橘香清味美置之罇俎間光彩灼爍一作的皪如金彈丸誠珍果也都人初亦不甚貴其後因温成皇后尤好食之由是價重京師余世家江西見吉州人甚惜此果其欲久留者則於菉豆中藏之可經時不變云橘性熱而豆性涼故能久也

凡物有相感者出於自然非人智慮所及皆因其舊俗而習知之今唐鄧間多大柹其初生澁堅實如石

凡百十柹以一榠樝置其中榅桲亦可則紅熟爛如泥而可食土人謂之烘柹者非用火乃用此爾淮南人藏鹽酒蟹凡一器數十蟹以皂莢半挺置其中則可藏經歲不沙一作[illegible]至於薄荷醉猫死猫引竹之類皆世俗常知而翡翠屑金人氣粉犀此二物則世人未知者余家有一玉罌形製甚古而精巧始得之梅聖俞以爲碧玉在潁州時嘗以示僚屬坐在兵馬鈐轄鄧保吉者真宗朝老內臣也識之曰此寶器也謂之翡翠云禁中寶物皆藏宜聖庫庫中有翡翠盞一隻所

以識也其後予偶以金環於罌腹信手磨之金屑紛紛而落如硯中磨墨始知翡翠之能屑金也諸藥中犀最難擣必先銼屑乃入衆藥中擣之衆藥篩羅已盡而犀屑獨存余偶見一醫僧元達者解犀爲小塊子方一寸半許以極薄紙裹置於懷中近肉以人氣蒸之候氣薰蒸浹洽乘熱投臼中急擣應手如粉因知人氣之能粉犀也然今醫工皆莫有知者

石曼卿磊落奇才知名當世氣貌雄偉飲酒過人有劉潛者亦志義之士也當與曼卿爲酒敵聞京師沙

歸田錄　〈卷二　　十八

行王氏新開酒樓遂往造焉對飲終日不交一言王氏怪其所飲過多非常人之量以爲異人稍獻肴果益取好酒奉之甚謹二人飲啗自若傲然不顧至夕殊無酒色相揖而去明日都下喧傳王氏酒樓有二酒仙來飲久之乃知劉石也

燕龍圖肅有巧思初爲永興推官知府寇萊公好舞柘枝有一鼓甚惜之其鐶忽脱公悵然以問諸匠皆莫知所爲燕請以鐶脚爲巢簧內之則不脱矣萊公大喜燕爲人寛厚長者博學多聞其漏刻法最精今州郡往往有之

劉岳書儀婚禮有女坐壻之馬鞍父母爲之合髻之禮不知用何經義據岳自敘云以時之所尚者益之則是當時流俗之所爲爾岳當五代干戈之際禮樂廢壞之時不暇講求三王之制度苟取一時世俗所用吉凶儀式畧整齊之固不足爲後世法矣然而後世猶不能行之今岳書儀十已廢其七八其一二僅行於世者皆苟簡麤畧不如本書就中轉失乖繆可爲大笑者坐鞍一事爾今之士族當婚之夕以兩倚

歸田錄　〈卷二　　十九

相背置一馬鞍反令壻坐其上飲以三爵女家遣人三請而後下乃成婚禮謂之上高坐凡婚家舉族内外姻親與其男女賓客堂上堂下竦立而視者惟壻上高坐爲盛禮爾或有偶不及設者則相與悵然咨嗟以爲闕禮其轉失乖繆至於如此今雖名儒巨公衣冠舊族莫不皆然嗚呼士大夫不知禮義而與閭閻鄙俚同其習見而不知爲非者多矣前日濮園皇伯之議是已豈止坐鞍之繆哉

世俗傳訛惟祠廟之名爲甚今都城西崇化坊顯聖

寺者本名蒲池寺周氏顯德中增廣之更名顯聖而俚俗多道其舊名今轉爲菩提寺矣江南有大小孤山在江水中嶷然獨立而世俗轉孤爲姑江側有一石磯謂之彭浪磯遂轉爲澎浪磯云澎浪者小姑壻也余嘗過小姑山廟像乃一婦人而勑額爲聖母廟豈止俚俗之繆哉西京龍門山夾伊水上自端門望之如雙闕故謂之闕塞而山口有廟曰闕口廟余嘗見其廟像甚勇手持一屠刀尖銳按膝而坐問之云此乃豁口大王也此尤可笑者爾

今世俗言語之訛而舉世君子小人皆同其繆者惟打字爾（打丁雅反）其義本謂考擊故人相毆以物相擊皆謂之打而工造金銀器亦謂之打可矣蓋有槌檛作擊之義也至於造舟車者曰打船打車網魚曰打魚汲水曰打水役夫餉飯曰打飯兵士給衣糧曰打衣糧從者執傘曰打傘以糊黏紙曰打黏以丈尺量地曰打量舉手試眼之昏明曰打試至於名儒碩學語皆如此觸事皆謂之打而徧檢字書了無此字（丁雅反者）其義主考擊之打自音謫（疑當作滴）耿以字學言之打字從手從丁丁又擊物之聲故音謫耿爲是不知因何轉爲丁雅也

用錢之法自五代以來以七十七爲百謂之省陌今市井交易又剋其五謂之依除咸平五年陳恕知貢舉選士最精所解七十二人王沂公曾爲第一御試又落其半而及第者三十八人沂公又爲第一故京師爲語曰南省解一百依除殿前放五十省陌也是歲取人雖少得士最多宰相三人乃沂公與王公隨章公得象叅知政事一人韓公億侍讀學士一人李

仲容御史中丞一人王臻知制誥一人陳知微而汪白青楊偕二人雖不達而皆以文學知名當世

唐李肇國史補序云言報應敘鬼神述夢卜近帷箔悉去之紀事實探物理辨疑惑示勸戒採風俗助談笑則書之余之所錄大抵以肇爲法（六字一作亦然）而小異於肇者不書人之過惡以謂職非史官而掩惡揚善者君子之志也覽者詳之

嬾眞子録

宋　馬永卿

温公之任崇福春夏多在洛秋冬在夏縣每日與本縣從學者十餘人講書用一大竹筒筒上貯竹簽上書學生姓名講後一日即拈簽令講講不通則公微數責之公每五日作一煖講一杯一飯一麪一肉一菜而已温公先隴在鳴條山墳所有餘慶寺公一日省墳止寺中有父老五六輩上謁云欲獻薄禮乃用瓦盆盛粟米飯瓦罐盛菜羹眞飯土簋啜土鉶也公

享之如大牢既畢復前啓曰某等聞端明在縣日爲諸生講書村人不及往聽今幸略說公即取紙筆書庶人章講之既已復前白曰自天子章以下各有毛詩兩句此獨無有何也公默然少許謝曰某平生慮不及此當思其所以奉荅村父笑而去每見人曰我講讀曾難倒司馬端明公聞之不介意

陝府平陸主簿張貽孫子訓嘗問僕魚袋制度僕曰今之魚袋即古之魚符也必以魚者蓋分左右可以合符而唐人用袋盛此魚今人乃以魚爲袋之飾者古制也唐車服志曰隨身魚符左一右一左者進內右者隨身皆盛以袋三品以上飾以金五品以上飾以銀景雲中表詔衣紫者以金飾之衣緋者以銀飾之謂之章服蓋有據也

古言五角六張此古語也嘗記開元中有人忘其姓名獻俳文於明皇其略云說甚三皇五帝不知來告三郎既是千年一遇且莫五角六張三郎即明皇也明皇兄弟六人一人早亡故明皇爲太子時號五王宅寧王薛王明皇兄也申王岐王明皇弟也故謂之

三郎五角六張謂五日遇角宿六日遇張宿此兩日作事多不成然一年之中不過三四日紹興癸丑歲只三日四月五日角日七月十六日張十月二十五日角他皆倣此

唐秘書省吏凡六十七人典書四人楷書十人令史四人書令史九人亭長六人掌故八人熟紙匠十人裝潢匠六人筆匠六人且世但知鄉村之吏謂之長殊不知唐諸司多有之尚書省志云以亭長啓閉傳禁約則知三省亦有也然裝潢恐是今之表背匠

然謂之濆其義未詳
古今之事有可資一笑者太公八十遇文王世所知者然宋玉楚詞云太公九十乃顯榮兮誠未遇其匡合東方朔云太公體行仁義七十有二乃見用於文武噫太公老矣方得東方朔減了八歲却被宋玉展了十歲此事眞可絶倒
襄鄧之間多隱君子僕嘗記陝州夏縣士人樂舉明遠嘗云二十四氣其名皆可解獨小滿芒種説者不一僕因問之明遠曰皆爲麥也小滿四月中謂麥之

氣至此方小滿而未熟也芒種五月節種該數類之謂種之有芒者麥也至是當熟矣僕因記周禮稻澤草所生種之芒種注云澤草之所生其地可種芒種稻麥也僕近爲老農始知過五月節則稻不可種所謂芒種五月節者謂麥至是而始可收稻過是而不可種也古人名節之意所以告農候之早晚深哉
唐世士大夫崇尚家法柳氏爲冠公綽唱之仲郢和之其餘名士亦各修整舊傳柳氏出一婢婢至宿以韓金吾家未成券聞主翁於廳事上買綾自以手取視之且與駔儈議價婢於牕隙偶見因作中風狀仆地其家怪問之婢乃云我正以此疾故出柳宅也因出外舍問曰汝此疾幾何時也婢曰不然昔曾伏事柳家郎君豈忍伏事賣絹牙郎也其標韻如此想見柳家家法清高不爲塵垢卑賤故婢化之乃至如此雖今士大夫妻有此見識者少矣哀哉聞之田亘直元邈
本朝宰相銜帶譯經潤文使葢本於唐也顯慶元年

正月玄奘法師在大慈恩寺翻譯西天所得梵本經論時有黄門侍郎薛元超中書侍郎李義府問古來譯義如何師荅曰苻堅時曇摩瞿譯中書侍郎趙整執筆姚興時鳩摩羅什譯安城侯姚嵩執筆後魏菩提留支譯侍中崔光執筆正觀之波羅頗那譯左僕射令趙郡王孝恭太子詹事杜正倫太府卿蕭璟等監閲今獨無此正月壬辰敕曰大慈恩寺僧玄奘所翻經論既新纂譯文義頗精宜令太子太傅尚書左僕射燕國公于志寧中書令來濟禮部尚書許敬宗

黄門侍郎薛元超中書侍郎李義府杜正倫爲看閱有不穩當處卽隨事潤色之右出藏經三藏法師傳

天下之事有可笑者今輒記之子路在弟子中號爲好勇天下之至剛强人也而衛彌子瑕者至以色悦人天下之至柔弱人也然同爲友婿故孟子曰彌子之妻與子路之妻兄弟也彌子謂子路曰夫子主我衛卿可得也夷攷其時正衛靈公之時何二人賦性之殊也爾雅曰兩婿相謂爲亞注云今江東人呼同門爲僚婿嚴助傳呼友婿江北人呼連袂又呼連衿

也

今之僧尼戒牒云知月黑白大小及結解夏之制皆五印度之法也中國以月晦爲一月而天竺以月滿爲一月唐西域記云月生至滿謂之白月月虧至晦謂之黑月又十二月所建各以所直二十八宿名之如中國之建寅之類是也故夏三月自四月十六日至五月十五日爲額沙荼月卽鬼宿名日也自五月十六日至六月十五日謂之室羅伐拏月卽柳宿名也自六月十六日至七月十五日謂之婆達羅鉢陀月卽翼星名也黑月或十四或十五日月有大小故也中國節氣與印度遁爭半月中國以二十九日爲小盡盡卽度以十四日爲小中國之十六日乃印度之初一日也然結夏之制宜如西域記用四月十五日乃屬逝瑟吒月乃印度四月盡日也僕因讀藏經故謾錄出之

隴右詩云旊人瓶甕小所任各有宜考功記搏埴之工陶瓬注云瓬讀如甫始知甫鄭玄旊讀如放音義

甫酒切韻畧甫兩切與昉同音注云搏埴工以此考之則旊者乃搏埴之工耳非器也而退乃言旊人瓶甕小者何也考工記旊人爲簋實一觳崇直厚半寸脣寸豆實三而成觳崇尺注觳受斗三升豆實四升故云豆實三而成觳然則旊人所作器大者不過能容斗二升小者不過能容四升耳考工記前作陶旊後作旊人當以後爲正

唐人欲作寒食詩欲押餳字以無出處遂不用殊不知出於六經及楚辭也周禮小師掌教簫注簫編小

竹管如今餳賣餳者所吹有蹔詩簫管備舉箋云簫
編小竹管如今賣餳者所吹也啓如遂併而吹之
招魂曰粔籹蜜餌有餦餭步汪云餦餭餳也但戰國
時謂之餦餭至後漢時亦謂之餳耳

洛中邵康節先生術數既高如心術亦自過人所居
有圭竇甕牖圭竇者牆上鑿門上銳下方如圭之
狀甕牖者以敗甕口安於室之東西用赤白紙糊之
象日月也其所居謂之安樂窩先生以春秋天色溫
凉之時乘安車駕黃牛出遊於諸王公家其來各置

嬾眞子錄　八　七

安樂窩一所先生將至其家無老少婦女良賤咸迓
於門迎入窩爭前問勞且聽先生之言凡其家婦姑
妯娌婢妾有爭競經時不能決者自陳於前先生逐
一爲分别之人人皆得其懽心於是酒殽競進厭飫
數日復遊一家月餘乃歸非獨見其心術之妙亦可
想見洛中上風之美

今印文勝額有之字者蓋其來久矣太初元年夏五
月正歷以正月爲歲首色上黃數用五汪云漢用土
數五五謂印文也若丞相曰丞相之印章諸卿及

相印文不足五字者以之字足也僕仕於陝洛之間
多見古印於蕭氏見廷尉之印章於司馬氏見軍曲
侯丞印此皆太初以後五字印也後世不然印文勝
額有三字者足成四字有五字者足成六字但取其
端正耳非之字本意

古今之語大都相同但其字各别耳古所謂阿堵者
乃今所謂亢氏也王衍口不言錢家人欲試之以錢
繞床不能行因曰去阿堵物謂口不言去却錢但云
去却亢氏爾　如傳神寫照正在阿堵中蓋時以手指

嬾眞子錄　八　八

眼謂在亢氏中爾後人遂以錢爲阿堵物眼爲阿堵
物皆非是

二十八宿今韻畧所呼與世俗所呼往往不同韻畧
宿音秀亢音剛氏音底觜音訾皆非也何以言之二十八宿謂
之二十八舍又謂之二十八次次也舍也皆有止宿
之意今乃音綉此何理也爾雅云壽星角亢也汪云
數起角亢列宿之長故有高剛之義今乃音剛非也
爾雅天根底也汪云角亢下繫於氏若木之有根其
義如周禮四圭有邸漢書諸侯王邸之之邸音低

矣西方白虎而觜參爲虎首故有觜之義音訾誤矣彼音觜不知但欲異於俗不害於義也學當如其字呼也

俗說以人嚏噴爲人說此蓋古語也終風之詩曰寤言則嚏願言則嚏箋云言我願思也嚏當爲不敢嚏咳我其憂悼而不能寐如思我心如是我則嚏也今俗人嚏云人道我此乃古之遺語曰漢藝文志雜占十八家三百一十卷內嚏耳鳴雜占十六卷注云嚏丁計反然則嚏耳鳴皆有吉凶今則此術亡矣

僕仕於関中於士人王毖君求家見一古物似玉長短廣狹正如中指上有四字非篆非隸上二字乃正月也下二字不可認問之君求云前漢剛卯字也漢人以正月卯日作佩之名其一面曰正月剛卯乃知今人立春或戴春勝春幡亦古制也蓋剛者彊也卯者劉也正月佩之尊國姓也與陳湯所謂彊漢者同義

有客問于僕曰古今太守一也而漢時太守赫赫如此何也僕曰漢郡極大又屬吏皆所自除故其勢矣非後世比只以會稽郡考之縣二十六吳即蘇州也烏傷即婺州也毘陵即常州也山陰即越州也山拳注云古之檇李即秀州也大末衢州也烏程湖州也餘杭杭州也鄞明州也以此考之即今浙東西之地乃漢一郡耳宜乎朱買臣等爲之氣焰赫赫如此也

南方朱鳥蓋未爲鶉首午爲鶉火巳爲鶉尾天道左旋二十八宿右轉而朱鳥之首在酉故先曰未次曰午卒曰巳也然南方七宿之中四宿爲朱鳥之象漢

天文志柳爲鳥喙星爲鳥頸張爲鳥嗉翼爲鳥翼成問朱鳥而獨取於鶉何也僕對曰朱鳥之象止於翼宿而不言尾有似於鶉故以名之然謂之鶉尾者常聞元城先生先生曰蓋以翼爲尾云故甘氏星經云鳥之鬬竦其尾鶉之鬬竦其翼以此知之

古人重譜系故雖世胄綿遠可以考究淵明命子詩云天集有漢眷予愍侯赫赫愍侯運當扳龍撫劒夙邁顯茲武功參誓山河啓土開封今按漢書高帝功臣表開封愍侯陶舍左司馬從漢破代封侯世

功臣盟云使黃河如帶泰山若礪國以永存爰及苗裔所謂黍讐山河謂此盟也高帝功臣百有二十人舍其一也又云亹亹丞相允迪前從渾渾長源蔚蔚洪河群川載導衆條載羅時有語默運同隆窳此蓋謂陶青也今接漢高帝功臣表開封愍侯陶舍封十一年薨十二年夷侯青嗣四十八年薨漢百官表孝景二年六月丞相嘉薨八月癸未御史大夫陶青爲丞相七年六月乙巳丞相青免太尉周亞夫爲丞相所謂群川衆條以諭枝派之分散也語默隆窳以言

自陶青後未有顯者也淵明乃長沙公之曾孫然侃傳不載世家獨於此見之後世累經亂離譜籍散亡然又士大夫因循滅裂不如古人所以家譜不傳於世惜哉

唐史載鄭虔集當世事著書八十餘篇目其書爲薈粹老杜哀故著作郎貶台州司戶榮陽鄭公虔詩云薈蕞陶枝癢今按韻畧薈馬外切如薈兮蔚兮之薈蕞徂外切小也蕞爾國之蕞虔自謂其書雖多而皆碎小之事也後人乃誤呼爲會粹意爲會取其純粹也失之遠矣

政和中僕仕閩中於同官蒲氏家乃宗孟之後見漢印文云輯濯丞印印文奇古非隸非篆在漢印文中最佳輯濯乃水衡屬官輯讀如緝濯讀如擢蓋船官也水衡掌上林上林有船官而輯有令承此蓋承印也

尺書稱之爲德美繼之曰不佞不佞意謂不敢諂佞非也左氏昭公二十年藏奮揚之言曰臣不佞注云佞才也漢文帝曰寡人不佞注云才也論語不有祝

鮀之佞注亦云才也古人佞能通用故佞訓才僕嘗與陳子眞查仲本論將無同仲本曰此極易解謂言至無處皆同也子眞曰不然晉人謂將爲初初無同處言各異也僕曰請以唐時一事證之霍王元軌與處士劉平爲衣布交或問王所長於平曰王無所長問者不解平曰人有所短則見所長蓋阮贍之意以謂有同則有異今初無同何況於異乎此言爲最妙故當時謂之三語掾二子首肯之

唐中興頌復復指期此兩字出漢書今按匡衡傳云

所更或不可行而復復之又何武爲九卿時奏言宜置三公官又與翟方進共奏罷刺史更置牧州後皆復復故注云依其舊也不復無目反盍上音復下音福謂復如故也

駙馬都尉之名起於三國故何晏尚魏公主謂之駙馬都尉然不獨官名以駙馬給之蓋御馬之副謂之駙馬從而給之示親愛也故杜預尚晉文帝妹高陸公主武帝踐祚拜鎮南大將軍給追鋒事第二駙馬

同州澄城縣有九龍廟然只一妃耳土人憑龎王之女也夏縣司馬才仲戲題詩云身既事十王女亦妃九龍過客讀之無不笑

陶朱新錄

宋　馬純

貴定者於紹聖間有以牛冤事質司馬温公公因作冤牛問曰華州村徑歲有耕田者日晡疲甚乃枕犁而卧乳虎驚林間怒髭搖尾張勢作威欲啖而食之屢前牛輒以身立其人之體上左右以角拉虎甚力虎不得食垂涎至地而去其人則熟寢未之知也虎行已遠牛具離其體人則覺而惡之意以爲妖因杖牛牛不能言而犇輒自逐之盡怒而得愈見怪焉歸而殺之解其體食其肉而不悔夫牛有功而見殺盡力於不見知之地死而不能以自明向使其人早覺而得虎之害已則牛知免而獲德矣惟牛出身捍虎於其人未覺之前此所以功立而身斃也嗚呼觀此可以見夫天下之大冤於捍虎忠臣之功力於一牛嫌疑之情過於代體不悟之心深於熟寢苟人主或察焉則忠蓁之限何所自別哉傳稱妾佯殭而弃酒上存主父下存主母猶不免於笞則有忠臣獲罪亦猶此夫各有因牛冤之事辨過而吊焉余聞其語感

而書宛牛云又自跋曰是牛也能捍虎于其人未竊之前而不能全其功于虎行之後其見殺宜哉

嘉王楊王昴作狀元娶婚禮夕婦家立需催妝詞昴走筆好事近云喜氣擁門闌光動綺羅香陌行到紫微花下悟身非凡客不須朱粉汚天眞嫌怕太紅白留取黛眉淺處畫章臺春色

王太尉恩自親事官出身上皇時爲三衙其夫人爲買妾甚美恩方許之見恩腰間紆青驚指曰此何物也恩忽自失而回謂夫人曰所買何等人必是良家

子遂訪之妾具言母縣丞也父死貧故見鬻乃呼其母至必不肯言其實又謂之曰不要爾還原聘但言之方道其事與妾同恩遂呼諸小史之未婚者令妾與母自擇得一少年其家亦仕宦父爲右職命卽歸曰其父具聘禮恩又以數百千爲貲送奩具戒其婿使善奉其妻之母云噫恩本一卒而有士君子之行宜其貴也

元祐黨籍凡三等僕家舊有元祐姦黨碑建炎間呂元直作相取去最後者也其間多是元符間臣僚文

曰皇帝卽位之五年旌別淑慝明信賞刑黜元祐害政之臣靡有佚罰乃命有司夷列罪狀第其首惡與其附麗者以聞得三百九人皇帝命書而刻之石置于文德殿門之東壁永爲萬世之臣戒又詔京書之將頒之天下臣竊惟陛下聖神英武遵制揚功彰善癉惡以紹先烈臣敢不對揚休命仰承陛下孝弟繼述之志司空尚書左僕射兼門下侍郎臣蔡京謹書記

元祐姦黨

文臣曾任執政官二十七人

司馬光　呂大防　文彥博　劉摯　范純仁
韓忠彥　梁燾　曾布　王巖叟　蘇轍
王存　傅堯俞　鄭雍　趙瞻　韓維
孫固　范百祿　胡宗愈　李清臣　劉奉世
范純禮　安燾　陸佃　呂公著（俱元符）
黃履　張商英　蔣之奇（俱元祐）

曾任待制官以上四十九人

蘇軾　劉安世　范祖禹　朱光庭　姚勔

趙君錫　馬默　孔武仲　孔文仲　吳安持
孫覺　錢勰　李之純　鮮于侁　趙彥若
趙高　王欽臣　孫昇　李周　王份
韓川　顧臨　賈易　呂希純　曾肇
王覿　范純粹　呂陶　王古　豐稷
張舜民　張問　楊畏　鄒浩　陳次升
謝文瓘俱元祐　岑象求　周鼎　徐勣
路昌衡　董敦逸　上官均　葉濤　龔原
郭知章　張康國　葉祖洽　朱紱　朱服俱元符

陶朱新錄　八　四

餘官一百七十七人
秦觀　黃庭堅　晁補之　張耒　吳安詩
歐陽棐　劉唐老　王鞏　呂希哲　杜純
張保源　孔平仲　湯馘　司馬康　宋保國
黃隱　畢仲游　常安民　汪衍　余爽
鄭俠　常立　程頤　唐義問　余卞
李格非　陳瓘　任伯雨　張庭堅　馬涓
陳郛　陳光裔　蘇嘉　龔夬　王回
吳希績　吳儔　歐陽中立並元符　尹材

葉伸　李茂直　吳處厚　李積中　商倚
陳祐　虞防　李祉　李深　李之儀
范正平　曾犖　楊琳　蘇昞　葛茂宗
劉謂　柴衮　洪羽　趙天佐　李新
衡鈞　兗公適　馮百藥　周誼　孫琮
范柔中　鄧考甫　王察　趙珣　封覺民
胡端修　李傑　李賁　趙令畤　郭執中
石芳　金極　高公應　安信之　張集
黃策　吳安遜　高漸　周永徽　張夙

陶朱新錄　八　五

鮮于綽　呂諒卿　朱紘　王貫　吳明
梁安國　王吉　檀固　蘇迥　何大受
王箴　鹿敏求　曾紆　江公望　高士育
鄧忠臣　种師極　郁犯　韓治　秦希甫
錢景祥　錢希白　何大正　周綽　呂彥祖
梁寬　沈千　羅鼎臣　曹興宗　劉勃
王極　黃安期　于肇　陳師錫　黃遷
黃邦正　許堯甫　胡良　楊朏　梅君俞
寇宗顏　張居　李修　逢純熙　高遵格

黄才　曹興　侯願道　周逸道　林膚
葛輝　宋壽岩　王公彦　王交　張甫
許安修　劉吉甫　胡潛　董祥　楊環寶
倪直孺　蔣津　王守　鄧元中　梁俊民
王賜　張裕　陸表民　葉世英　謝潛
陳唐　劉經國　扈充　張恕　陳并
洪芻　周誘　蕭形　趙越　滕友
江詢　方造　許端卿　李昭玘　向訓
陳察　鍾正甫　高茂華　楊彦璋　廖正一

李夷行　彭醇　梁士並元符
爲臣不忠
曾任宰臣二人
王珪元佑　章惇元符
古今准尚書兵部符備降勅命指揮立石監師聽崇
寧四年二月日比因浙常平司所立碑肆天下監司
郡守皆立之後因人奏遂毀
通判監酒趙師曰昔在金塔一座焉所以鎮商自來
有富貴眞臘之寶者想爲此也有塔山在南門外半
里餘俗傳魯般一夜造成魯般墓在南門外一里許
周圍可十里石屋數百間東池在城東一里周圍可
百里中有石塔石塔之中有卧銅佛一身臍中常有
水流在北池在城北五里中有金方塔一座石屋數
間金獅子金佛銅象銅牛銅馬之屬皆有之
國宮及官舍府第皆面東國宮在金塔金橋之北近
北門周圍可五六里其正室之瓦以鉛爲之餘皆土
瓦黄色梁柱甚巨皆雕畫佛形屋頗壯觀修廊複道
突兀參差稍有規模其蒞事處有金窗櫺左右方柱

上有鏡約四十五枚列于窗之傍其下爲象形聞內
中多有奇處防禁甚嚴不可得而見也其內中金塔
國主夜則臥其下土人皆謂塔之中有九頭蛇精乃
一國之土地主也係女身每夜一見國主則先與之
同寢交媾雖其妻亦不敢入二鼓乃出方可與妻妾
同睡若此精一夜不見則番主死期至矣若番王有
一夜不往則必獲災禍其次如國戚大臣等屋制度
廣袤與常人家迥別周圍皆用草蓋獨家廟及正寢
二處許用瓦亦各隨其官之等級以爲屋室廣狹之

制其下如百姓之家止用草蓋瓦片不許上屋其廣狹雖隨其家之貧富然終不敢僭府第之度也

學校嘗因齋熟寐與衆戲以香燭花果楮錢之類設供於卧榻前而潛伺之寢者既覺見之曰我已死耶歔欷不已少頃復寢久不復起視之真死矣乃徹供設之物竟不敢言其所以其人豈非覺而見此驚散神魂遂不復還體也耶事有不可知者

紹興己酉永嘉火災前數日有熊自楠溪之江濟躍入小舟渡至城下初不傷人命獵士殺之時高開府

世則寓城中謂其倅趙允蹈曰熊于字爲能火郡中宜愼火燭笑不以爲然已而延燒官民舍什七八獨州治存焉

建炎間收陳州賊杜用軍于陳之鄰濟都統制官曹宸塞分韓宏守統制王湊寨門中夜聞小喧徐擁一美婦出斬之行刑者語二將曰其屬斬無辜矣重自歎息曰又適婦人自云陳之胥妻也早來王統制得之賊中欲與之私不允已刺一刀遂又逼之婦人曰統制軍官也隨都統來破賊本爲百姓除害若要新婦充婢使則可若欲見私所不願也王湊欲强之且曰我當殺汝婦人又曰如此統制亦賊耳一死何惧遂命斬之二將嗟嘆通夕不能寢噫保其貞潔而不愛死雖古烈女不能過之

河南廣武山漢高皇廟在其麓殿前有八角井曰漢泉井中有三魚一金鱗一黑鱗一如常而一邊鱗肉與骨皆無獨其首全與二魚並遊水中但其遊差緩不復有揚鬣撥刺之勢觀者凭欄俯窺雖異之而猶未審一日有墮井而死者因濾之遂得三魚鱗色如

在水中時半邊者五内皆無方大異之後復置井中至今三魚尚存俗傳漢高皇食膾庖人治魚及半而楚軍至倉皇弃魚井中而遁此語固無根難信然以剝之魚而遊泳不死亦可怪也

東皋雜錄

宋　孫宗鑑

余頃官海上同僚多吳人盛夸鼃味之美坐有一閩右士人大噱吳人不能平余從旁為解紛漢東方朔言漢都涇渭之南所謂天下陸海之地土宜薑芋汝水多鼃魚顔師古注云似蝦蟇而小長脚人亦取食之漢唐皆都雍東方朔言水多鼃魚是漢都人食鼃也顔師古言人亦取食之是唐都人食鼃也漢都不惟食之宗廟獻亦用鼃霍光傳霍山曰丞相減宗廟

羔兎鼃可以此罪也宗廟薦獻而何吳人大喜曰今日蝦蟇價增三倍矣

今天擲錢為博者戲以錢文面背分勝負曰字曰蟇前漢西域傳云罽賓國以金銀為錢文為騎馬幕為人面如淳曰幕音漫師古曰幕即漫耳無勞借音

漢碑額多篆身多隸隸多門篆多凸惟梁平子墓銘則額與身皆篆唐李文貞暇集曰借之上子夜反下子亦反書籍俗曰借一癡借與二癡索三癡又按王府新書杜元凱遺其子書曰書勿借人古人云古諺借書一嗤還書一嗤後人更生其詞至三四因訛為癡集韻釋瓻音絺持也字酒器也古以借書謂借書餽酒一瓻還書亦餽酒一瓻故山谷从人借書有詩曰勿辭借我千里他日還君一瓶三說可兼存之但惜集韻不載云瓻盛酒借書何典故也

王荆公一日謂劉貢父曰三代夏商周可對乎貢父應聲四詩風雅頌荆公拊髀曰天造地設也

東坡喜嘲謔以呂微仲豐碩每戲之曰公眞有大臣體此坤六二所謂直方大也微仲拜相東坡當制其

詞曰果藝以達有孔門三子之風直大而方得坤爻六二之動一日東坡謁微仲仲方晝寢久而不出東坡不能堪良久見於便坐有菖蒲盆畜綠毛龜東坡曰此龜易得若六眼龜則難得微仲問六眼龜出何處東坡曰昔唐莊宗同光中林邑國嘗進六眼龜見號曰六隻眼兒分明睡一覺抵別人三覺

司馬溫公人傳所製樂府詞有西江月流傳最久今又得一解名錦堂春日遲遲虛廊轉影槐陰迤邐西斜彩筆工夫難狀…景爛霞蝶尚不知春去漫遶

幽砌尋花奈猛風過後縱有殘紅飛向誰家始知青
春無價歎飄零宦路荏苒年華今日笙歌叢裏特地
咨嗟席上青衫濕透算感舊何止易老多少離愁散
在天涯

韓華王汝王兄弟相繼命相持國又拜門下侍郎甚
有華其家搆堂欲榜曰三相微持國辭遂請老

東坡元豐間繫御史獄謫黃州元祐初起知登州未
幾以禮部員外郎召道中過當時獄官甚有愧色東
坡戲之曰有蛇螫殺人爲冥官所追議法當死蛇前

訴曰誠有罪然亦有功可以自贖冥官曰何功也蛇
曰某有黃可治病所活已數人矣吏收驗可不誣遂
免良久牽一牛至獄吏曰此牛觸殺人亦當死牛曰
我亦有黃可治病亦數人矣良久亦得免久之獄吏
引一人至曰此人生常殺人幸免死今當還命其人
倉黃妄言亦有黃冥官大怒詰之曰蛇黃牛黃皆入
藥天下所共知汝爲人何黃之有左右交訊其人窘
甚曰某別無黃但有些慚惶

余嘗言三代秦漢石刻自魏晉以下不錄也西漢以
前金石刻皆完但石刻極少惟石鼓文與吉旦祭祀
文秦李斯篆漢文翁學生題名亦是後漢始作墓碑
故今人所見漢碑皆東京文字也余家所藏最完者
惟淳于長承與逢童子碑無一字訛冀州從事章表
亦其次也近鄢陵縣得故民吳公碑亦甚完好古碑
有三種儀禮注曰宮必有碑所以識日景禮記祭義
曰君牽牲既入廟門麗于碑說者謂繫也祭則繫牲
則必有字也檀公曰公室視豐碑三家視桓楹說者
謂斲大木爲之形如石碑於槨前後四角樹之繫去

碑中之木使之於空穿間爲鹿盧下棺以繂繞天子
六繂四碑諸侯四繂二碑大夫二繂二碑士繂無碑
蓋古葬惟王者有隧諸侯皆懸棺而下晉文公朝王
請隧弗許曰王章也未有代德而有二王亦叔父所
惡也自周衰及戰國秦漢皆以碑懸棺或以木或以
石既葬碑留壙中不復出矣其稍稍書姓名爵里其
上至後漢遂作文字辨識矣今掘地得石碑或文字
而有竅者非麗牲之碑則下棺之碑

封禪書曰大帝使素女鼓五十弦瑟悲帝禁不止

故其瑟爲二十五弦按集韻釋箏字曰秦人薄義子父爭瑟而分之因以爲名箏十二絃蓋破二十五而爲之也

古人通上下稱朕皐陶曰朕言惠作底行象曰干戈朕琴朕抵朕離騷曰朕皇考曰伯庸至秦天子始自稱曰朕漢唐人稱父母伯叔通曰大人疏受謂其叔廣曰从大人議唐劉禹錫曰無辭以白其大人稱父曰大人蓋近語也

劉貢父爲館中會一日朝會幙次與三衙相鄰時諸

東皐雜錄　八　五

帥兩人出果征有一水晶茶盂傳玩良久一帥曰不知何物所成瑩潔如此貢父隔幙謂之曰諸公豈不識此乃多年老冰

神考問荊公云卿曾看歐陽公五代史否公對曰臣不曾仔細看但見每篇首必曰嗚呼則事事皆可嘆也余謂公眞不曾仔細看也若使曾子細看必以嗚呼爲是五代之事豈非事事可嘆者乎

李章奉使北庭　館伴發一語云東坡作文多用佛書中語李荅云曾記赤壁詞云談笑間狂　灰飛煙滅所謂灰飛煙滅四字乃圓覺經語云火出木燼灰飛煙滅北使默無語

八　六

東軒筆錄

宋　魏泰

李太后始入掖庭纔十餘歲唯有一弟七歲太后臨
別手結刻絲鞶囊與之拊背泣曰汝雖淪落顛沛不
可失此囊異時我若遭遇必訪汝此爲物色也言訖
不勝嗚咽後其弟傭于鑿紙錢家然常以囊懸于胸
臆間未常斯須去身也一日苦下痢勢將不救爲紙
家棄于道左有入內院子者見而憐之收養于家怪
其衣服百結而胸懸帶鞶囊因問之具以告院子愁

然驚異蓋嘗奉旨于太后令物色訪其弟也院子復
問其姓氏小字世系甚悉遂解其囊明日入示太后
及具道本末是時太后封宸妃時真宗已生仁宗矣
聞之悲喜遂以其事白真宗遂官之爲右班殿直即
所謂李用和也及仁宗立太后上仙謚曰章懿召用
和擢以顯官後至殿前都指揮使領節鉞贈隴西郡
王世所謂李國舅者是也

曹翰以罪責爲汝州副使凡數年一日有內侍使京
西朝辭太宗密諭之曰卿至汝州當一訪曹翰觀其
良善然慎勿泄我意也內侍如旨往見因弔其遷謫
之久翰泣曰罪犯深重感聖恩不殺死無以報敢望
苦耶但以口衆食貧不能度日幸內侍哀矜欲以故
衣質十千以繼粥飯可乎內侍曰太尉有所須敢不
聽命何須質也翰固不可於是封裹一複以授內侍
收複以十千答之洎回奏翰語及言質衣事太宗命
取其複開示之乃一六幅畫幛題曰下江南圖太宗
惻然念其功即日有旨召赴闕稍復金吾將軍蓋下
江南翰爲先鋒也

有朝士陸東通判蘇州而權州事因斷流罪命黥其
面特刺配某州牢城黥畢幕中相與白曰凡言特者
罪不至是而出于朝廷一時之旨今此人應配矣又
特者非有司所得行東大恐即改特刺字爲準條字
再黥之頰爲人所笑後有薦東之才于兩府者石參
政聞之曰吾知其人矣得非權蘇州日于人面上起
草者乎

王荆公之次子名雱爲太常寺太祝素有心疾娶同
郡龐氏女爲妻逾年生一子雱以貌不類已百計欲

殺之竟以悸死又與其妻日相鬭鬩荆公知其子失
心念其婦無罪欲離異之則恐其誤被惡聲遂與擇
壻而嫁之是時有工部員外郎侯叔獻者荆公之門
人也娶魏氏女為妻少悍叔獻死而幃箔不肅荆公
奏逐魏氏婦歸本家京師有諺語曰王太祝生前嫁
婦侯工部死後休妻

皇甫泌白敏中之壻也少年縱逸多外寵往往涉旬
不歸敏中方秉政每優容之而其女抱病甚篤敏中
深以為憂且有恚怒之詞敏中不得已具劄子乞與

泌離婚一日奏事畢方欲開陳真宗聖體似不和遽
離扆座敏中近前奏曰臣有女婿皇甫泌語方至此
真宗遽應曰甚好甚好會得已還內矣敏中詞不及
畢不覺收淚蓋莫知聖意如何已而傳詔中書皇甫
泌特轉兩官敏中愕然自失欲翌日奏論是夕女死
竟不能辯直其事

王韶罷副樞知鄂州宴客出家妓坐客張續醉挽妓
不前將擁之妓泣訴于韶坐客皆失色韶曰出爾曹
以娛賓乃令客失歡命取大杯罰妓人服其量

仁宗嘗步苑中及還宮顧嬪御曰渴甚可進熱水嬪
御進水且曰大家何不外面取水而致久渴耶仁宗
曰吾屢顧不見僚隣女子苟問之即有抵罪者故忍
渴而歸聖性仁恕如此

太宗嘗與趙普議事不合上曰安得宰相如桑維翰
者與之謀乎普曰使維翰在陛下亦不用蓋維翰愛
錢上曰苟用其長當護其短措大眼孔小賜與十萬
貫則塞破屋子矣

山房隨筆

元　蔣子正

辛稼軒帥浙東時晦菴南軒任倉憲使劉改之欲見辛不納二公爲之地云某日公宴至後筵便坐君可來門者不納但喧爭之必可入既而改之如所教門下果訟譁辛問故門者以告辛怒甚二公因言改之豪傑也善賦詩可試納之改之至長揖公問能詩乎曰能時方進羊腰腎羹辛命賦之改之對甚寒願乞卮酒洒能乞韻時飲酒手顫餘瀝流於懷因以流字

爲韻即吟云拔毫已付管城子爛胄曾封關内矦死後不知身外物也隨樽俎伴風流辛大喜命共嘗此羹終席而去厚餽焉席散南軒邀至公廨置酒語之曰先君魏公一生公忠爲國功厄於命來挽者竟無一章得此意願君有意爲發幽潛改之即賦一絶云背水未成韓信陳明星已隕武矦軍平生一點不平氣化作祝融峯上雲南軒爲之墮淚今龍洲集中不見此二詩豈遺珠邪又稼軒守京口時大雪率僚佐登多景樓改之敝衣曳履而前辛令賦雪以難字爲韻即賦云功名有友易貧賤無交難自此莫逆云

李恭山節汾州人也賦楊妃菊云命委嵬坡萬馬泥驚魂飛上傲霜枝西風落日東籬下薄倖三郎知不知

直北某州有道君題壁一詩曰徹夜西風撼破扉蕭條孤館一燈微家山回首三千里目斷天南無鴈飛

曾閱海上鐵斗膽猶見雲中金甲神乃陸樞密君實挽張郢州世傑詩郢州擁佑景炎祥興于海上擁兵南北岸一日忽大風雨行止皆不利郢州舟覆而薨

翌早尋屍棺歛焚島上其膽如斗更爇不化諸軍感慟須臾雲中現金甲神人且云金天上我關係不小後身出必驅除恢復矣此詩全篇不傳忠誠義烈雖亾猶耿耿也

京口天慶觀主聶碧窗江西人嘗爲龍翔宮書記北朝赦至感而有詩云乾坤殺氣正沉沉又聽燕臺降德音萬口盡傳新詔好累朝誰念舊恩深分茅列土將軍志問舍求田父老心麗正押班猶昨日小臣無語淚霑襟又哀被擄婦云當年結髮在深閨豈料人

生有別離到底不知因色誤馬前猶自買臙脂又
婦云雙柳垂鬟別樣梳醉來馬上倩人扶江南有眼
何曾見爭捲珠簾看鷓鴣觀中有趙太祖真容北來
見者必拜聶因題其上鳳表龍姿儼若新一回展卷
一傷神天顔亦恠君非魯河北山東總舊臣
三水林覯過年七歲嬉遊市中以對詩自命或戲令
詠轉失氣云視之不見名曰希聽之不聞名曰夷不
啻若是其口出人皆掩鼻而過之林試神童科不甚
達

薛制機言有賀自長沙鎮南昌者啓云夜醉長沙曉
行湘水難教檣燕之留朝飛南浦暮捲西山來聽佩
鸞之舞又有賀除直祕閣依舊淦江制置司幹辦公
事云望玉宇瓊樓之邃何似人間從綸巾羽扇之遊
依然江表上巳請客云三月三日長安水邊多麗人
一詠一觴會稽山陰修禊事又云良辰美景賞心樂
事四者難并崇山峻嶺修竹茂林羣賢畢至端平中
余中剛翰分教毘陵題楚人簿云三年大比覲郊祀
天地之禮均萬乘臨軒與封拜公孤之儀等中一聯

云昭陵之仁如天積歲月而養成巨棟歐公之學如
海鼓波濤而放出老龍惜未見全篇
文本心典淮郡蕭條甚謝賈相啓有云人家如破寺
十室九空太守若頭陀兩粥一飯
將復軒鑷白髮詩云勸君休鑷鬢毛斑鬢到斑時已
自難多少朱門少年子業風吹上北邙山
杜氏婦作北行詩江淮幼女別鄉閭一似昭君遠嫁
點點一身歸故國區區千里逐狂夫慵拈簫管吹
羌曲懶繫羅裙舞鷓鴣多少眼前悲泣事不如花柳

舊江都此等多有戲作題之驛亭以爲美譚
元遺山好問裕之北方文雄也其妹爲女冠文而艷
張平章當揆欲娶之使人囑裕之辭以可否在妹妹
以爲可則可張喜自往訪覘其所向至則方自手補
天花版輟而迎之張詢近日所作應聲答曰補天手
段暫施張不許纖塵落畫堂寄語新來雙燕子移巢
別處覓雕梁張悚然而出
遼溪張復題雨竹圖云娟娟而淨森森而立孟宗何
之淚痕猶濕風竹圖云可屈者氣不屈者節故人之

永盡歸秋月有思致可采

天台陳剛中孚在燕端陽日當母誕作大常引二章云綵絲堂上簇蘭翹記生母正今朝無地捧金蕉奈煙水龍沙路遙碧天迢遞白雲何處急雨蕭蕭萬里夢魂消待飛逐錢塘夜潮其二短衣孤劍客乾坤奈無策報親恩三載隔晨昏更疎雨寒燈斷魂赤城霞外西風鶴髮猶想倚柴門蒲醑漫盈樽倩誰寫青山淚痕時爲編修云

三山卓用字稼翁能賦馳聲嘗作詞云丈夫隻手把

吳鈎欲斷萬人頭因何鐵石打成心性却爲花柔君看項籍并劉季一怒使人愁只因撋虞姬戚氏豪傑都休其爲人溺志可想

翰林學士王文炳鐵椎銘朱亥貢金張良受之合以忠義鍛成此鎚銅山可破鎚不可缺金埒可碎鎚不可折噫亂臣滔滔四海嗷嗷長蛇其毒封豕其饕上帝賚之以鎚畀著著王千户名也鎚不自奮假手於汝數未莫先將來敢後曾是一揮元兇碎首匪椎之重唯人之勇匪椎之功惟人之忠長僅數尺重纔數斤物小用大策此奇勳鎚在人亾再用者誰藏之武庫永鎮姦回

陳野水言昔紹興學正任滿後入城給取解由道經婺境至山中村舍時暑行倦饑渴入一野宅見數人檮桐油一老下碓詢所以來野水言自紹典又往問紹典何爲野水言學正任滿往倒解由老笑曰汝自倒解由我自檮桐油上碓不顧野水怪之出問其鄰曰此何人也鄰人云此我郡傳省元兵革以來隱處山中父子碓油種藝以自給野水取紙書一絶云忽

遇山中避世翁居然沮溺古人風白頭方作求名計不滿先生一笑中傳觀詩訖召坐日子真悟者邪郎命置飲食勞之要之山澤之臞長往不返者顛崖果何限也役役蝸蠅苟竊升斗彼視之一唾耳

趙靜齋淮被執於溧陽豐登莊至府辭家廟云祖父有功王室德澤需及子孫今淮計窮被執誓以一死報君刀鋸置上不問萬折忠義猶存急告先靈速引庶幾不辱家門卽登權去至瓜州被刑無敢埋其屍者有一寵姬在焦僉省處此姬啓僉省云趙四知府

今日已死妾元是他娌子笨柳公以妾之故夫許妾將屍焚化也是相公一段陰騭焦許焉乃作一柁焚之又啓收骨散之于水亦許之遂以裙盛骨殖到江下大慟投江而死又聞其孫享祭靜齋降筆云生居四代將門家不幸遭逢被ヽ拏死在瓜州無塟地幽魂夜夜到長沙其兄氷壺滑自京口遷金陵北兵至棄家而遁南從不返死塟海傍山上

探花王昂榜下擇婿時作催粧詞云喜氣滿門闌光動綺羅香陌行紫薇花下悟身非凡客不須脂粉汚

天真嫌怕太紅白留取黛眉淺處共畫章臺春色

湘入陳詵登第授岳陽教官夜踰墻與妓江柳狎頗爲人所知時孟之經守岳聞其故一日公燕江柳不待呼至杖之文其眉鬢間以陳詵二字仍押隸辰州妓之父母詣學宮咎詵云自岳去辰八百里且求資糧陳且泣且悔罄其所有及貧衣物得千緡以六百贈柳餘付監押吏卒令善視且以詞餞別云鬢邊一點似飛鴉休把翠鈿遮二年三載千欄百就今日天涯楊花又逐東風去隨分入人家要不思量除非酒醒休照菱花柳將行會陸雲西以荆湖制司幹官需檄至岳與陳有故將至陳先出迎以情告陸陸即取空名制幹劄填陳姓名檄入制幙既而並迎陸入即開宴陸曰聞籍中有江柳者善謳誰是也孟即呼至柳花鈿隱眉間所文飲間陸越語孟曰能以柳見予否孟曰唯命陸笑曰君尚不能容一陳敎豈能與我孟因叙詵之過陸歎慨既而終席陸呼柳問其事柳出詵送別詞陸大嗟賞而再登席陸舉詞示孟且詣之曰君試目此作可謂不知人矣今制司檄詵入幙

將若之何孟求解於陸并召詵同宴明日列薦詵且除柳名陸遂將詵如江陵見之閫公秋壑俾充幙僚詵不獨洗一時之辱且有倖進之喜至今巴陵傳爲佳話矣

楊州瓊花天下秪一本士大夫愛重作亭花側扁曰無雙德祐乙亥北師至花遂不榮趙棠國炎有絶句弔曰名擅無雙氣色雄忍將一死報東風他年我若修花史合傳瓊妃烈女中

北方王郎中有有歸婦吟其序曰天馬浮江兵殖將

銳所征無敵所掠無遺俘戮之民奚啻億萬然生死
存亡悲歡聚散豈無數存乎其間夫劉氏者吉之永
豐人也問其父母兄弟舅姑夫與子皆在焉夫我不
知則已既知之何獨不令其歸寧於父母乎吾力雖
不能使其死者生亡者存亦可謂歡悲聚散者嗚呼
不幸之幸莫大於斯故不可無一言以送之東平士
王霄詩曰烈火俱焚玉石焚死生契闊憶中分信音
一絕思青鳥淚眼雙穿望白雲殘日鷓鴣還有曲北
風鴻雁正離羣新詩送汝還家去重續當年織錦文

交交桑扈交交桑扈桑滿墻陰三月暮去年蠶時處
深閨今年蠶時游遠路傍忽聞人採桑悵不相與
攜顧僅一身不蠶甘凍死秖憶兒女無衣裳　不如
歸去不如歸去家在浙江東畔住離家一程遠一程
飲食不同言語異今之眷聚皆冤讐開口強笑心懷
憂家鄉欲歸歸未得不如狐死猶首丘　泥滑滑泥
滑滑脫了繡鞋脫羅襪前營上馬忙起行後隊搭駝
來催發行來數里日已低北望燕京在天末朝來傳
令更可怜落後行遲都砍殺　鵓鴣鵓鴣鵓鴣帳房

儂野常前呼阿姊含羞對阿妹大嫂揮涕看小姑一
家不幸俱被　猶幸同處爲妻孥願言相憐莫相妬
這箇不是親丈夫辟意婉切誦之可傷此金沙潘武
子文虎四寓言詞也少有雋才善賦
淡棟隆吉亦作四禽言云不如歸去錦官宮殿迷烟
樹天津橋邊呌一聲呌破中原無住處不如歸去
脫却布袴貧家能有幾尺布寒機織盡無得裁可人
不來廉叔度脫却布袴　提葫蘆近來酒賤頻頻沽
衆人皆醉我亦醉湘江濱起醒三閭提葫蘆　行不

得也哥哥湖南湖北春意多九疑山前呌虞舜奈此
乾坤無路何行不得也哥哥寓意甚遠諸作不及
賈秋壑敗師亡國後有人刺以詩曰深院無人草已
荒漆屏金字尚煇煌底知事去身宜去豈料人亡國
亦亡理考發身端有自鄭人應夢果何祥卧龍不肯
留渠住空使晴光滿畫墻又云事到窮時計亦窮此
行難倚鄂州功木綿菴上千年恨秋壑堂中一夢空
石砌苔稠猿步月松庭葉落鳥呼風客來未用多惆
悵試向吳山望故宮又湯西樓詩云檀板敲殘月上

花過墻荆棘刺簷牙楷麈已失鐵如意賜予寧存玉
辟邪破屋春歸無主燕棲池雨産在官蛙木綿菴外
尤愁絶月黑夜深聞鬼車有和之者云榮華富貴等
浮花膂方難勝國爪牙漢世但知光擁立唐朝誰識
杞姦邪綺羅化作春風蝶絃管翻成夜雨蛙縱有清
漳人去也碧天難挽紫雲車
秋壑在朝有術者言平章不利姓鄭人因此每朝士
鄭姓者多因抑之武學生鄭虎臣登科輒以罪竄之
後遇赦得還秋壑貶師陳静觀諸公欲置之死地遂

尋其平日極仇者爲押送官虎臣遂請爲之乃假以
武功大夫押往爲虎臣一路凌辱求死不能至漳州
木綿菴病篤泄瀉踞虎子欲絶虎臣知其服腦子求
死乃云好教祗侍她死遂槌數下而殂先是履齋吳
相循州安置以秋壑買相私憾之故未幾除承節劉
宗申知循州劉江湖遊士專以口舌哄逼當路要人
貨賄官爵士大夫畏其口姑厚飽彌縫之其得官亦
由此守循之際廟堂意責之以黄祖之事宗申至郡
所以捃摭履齋者無不至其隨行吏僕以入痛死人
謂寘毒循州貢院井中故飲此水者皆患足軟而卒
履齋終不免秋壑後亦遣鄭虎臣之戹其時趙介如
守漳賈門下客也宴虎臣于公舍秋壑亦與焉介如
欲容假道假道不可以讓虎臣稱天使惟謹虎臣不
答假道側坐于下介如察虎臣有殺賈意命館人諭
鄭且以辭挑之于時假道衣服飲食皆爲鄭減抑介
如作綿衣等餽之見其行李輜重令截寄其處得命
放回且就取之去其館人語鄭云天使今日押使至
此度必無生理曷若令速隕無許多苦惱鄭卽云便

是這物事受得許多苦欲其死而不死未幾告殂趙
往哭鄭不許趙固爭鄭無如之何趙經紀棺殮且致
祭其辭云嗚呼履齋死循死於宗申先生死閩死于
虎臣嗚呼祗此四句然哀激之憫無往不復之微意
悉寓其中
秋壑敗後有題其養樂園曰老壑曾居葛嶺西游人
誰敢問蘇隄勢將覆餗不回首事到出師方噬臍蘼
圃更無人作主敗垣惟有客留題算來祗是孤山好
依舊梅花伴月低養樂者以其奉母而樂也壑賜第

正在蘇隄葛嶺孤山之近遊人常往來此地有游騎邏門偵事者密報必爲所羅織有官者被黜有財者被禍世變而凌夷矣

十友瑣說

宋　温革

善記猫事

江南二徐大儒也後主岐王六歲時戲佛像前有大琉璃瓶爲猫所觸劃然墮地因驚得疾薨詔鍇爲墓誌鍇謂鉉曰此文章雖不引猫兒事此故實兒頗記不鉉爲疏二十事鍇曰適已憶七十餘事鉉曰楚金大能記明日又云夜來復得數事兒撫掌而已

啜墨水

滕達道蘇浩然吕行甫暇日研墨水數合弄筆之餘便啜飲之

書畫

晋書有賞鑒好事二家張彦遠云有收藏而不能鑒識能鑒識而不善閱翫能閱翫而不能裝褫能裝褫而無銓次皆病也

亭子名

唐子西云東坡赴定武過京師館于城外一園子中余時年十八謁之問余觀甚書余云方讀晉書卒問

其中有甚好亭子名余茫然失對始悟前輩觀書用意如此

十友瑣說　二